AUTEURS ET DIRECTEURS DES COLLECTIONS
Dominique AUZIAS
Jean-Paul LABOURDETTE

EDITION ✆ 01 53 69 70 18
Stephan SZEREMETA,
Patrick MARINGE, Morgane VESLIN,
Nora GRUNDMAN,

ENQUETE ET REDACTION
Henri BONMARIN, Philippe BRUYERE,
Sébastien FARCIS, Martial DASSE
et Emilie TESTARD

REGIE INTERNATIONALE ✆ 01 53 69 65 34
Anne Sophie OURCIVAL, Karine VIROT

PUBLICITE ✆ 01 53 69 70 13 / 16
Stanislas LEBLANC-BONTEMPS,
Pascaline BEAUX, Caroline de YRIGOYEN
et Stéphane BOUBY

DISTRIBUTION ✆ 01 53 69 70 06
Christophe DIDIERLAURENT,
Xavier THIERCELIN,
Carla de SOUSA et Maud GHISOLFI

STUDIO DE FABRICATION ✆ 01 53 69 70 60
Françoise DEKOWSKI et Jacky LAGRAVE

CARTOGRAPHIE
Philippe PARAIRE

MAQUETTE & MONTAGE
Patrick MALLET, Marjorie CAMBON

SITE INTERNET ✆ 01 53 69 65 35
Stéphan SZEREMETA, Juliette NINET

RELATIONS PRESSE ✆ 01 53 69 70 19
Jean-Mary MARCHAL

Edition 2003
Le Petit Futé de Thaïlande
NOUVELLES ÉDITIONS DE L'UNIVERSITÉ©
Dominique AUZIAS & Associés©
14, rue des Volontaires - 75015 Paris
Tél. : 33 1 53 69 70 00 - Fax : 33 1 42 67 65 54

Photos : Office National du Tourisme, Iconothec.com, David Eyal Fahri, D.R., H. Eveillard, P. Larue, Alain Pons

ISBN - 274 690 781X
Imprimé en France par Corlet, Imprimeur, S.A. – 14110 Condé-sur-Noireau

La Thaïlande a environ le même nombre d'habitants et la même superficie que la France. Ici s'arrêtent les points communs entre ces deux pays. C'est en effet un tout autre monde qui va s'ouvrir à vous. Un monde fait de surprises, toujours, et d'incompréhensions, parfois. Un pays fascinant par la beauté de ses paysages et par ses contrastes : À cette mégalopole éreintante et hallucinée qu'est Bangkok s'opposent les montagnes et forêts de tecks du Nord, les plages de sable couleur ivoire des îles du Sud, la quiétude de la plaine centrale où des buffles tirent encore le soc des charrues dans les rizières immuables du royaume.

Un pays fascinant aussi par le mode de vie de ses habitants, empreint de fatalisme et d'insouciance. Laisser son esprit cartésien à la maison est plus que conseillé. Le Thaïlandais est unique, il n'a rien de comparable avec ses voisins asiatiques même les plus proches. Peut-être est-ce dû au fait que la Thaïlande n'a jamais subi de colonisation (elle en est, à juste titre, très fière) et par là même l'influence de pensée, l'état d'esprit des pays occidentaux. Dans cette langue chantée qu'est le thaïlandais, Thaï ne veut-il pas dire libre ?

Ce pays, c'est aussi le bouddhisme omniprésent, avec ses 30 000 temples répartis à travers toutes les provinces. Là encore, l'indépendance d'esprit des autochtones a fait que la religion s'est adaptée aux coutumes du pays plus qu'elle n'a imposé ses préceptes.

C'est une royauté dont le souverain actuel est vénéré, adulé comme un demi-dieu et dont l'aura a une influence considérable sur la vie quotidienne de ses sujets. Mais c'est, hélas aussi, ses injustices sociales criardes, sa corruption endémique et la vision à très court terme de ses hommes politiques si âpres au gain.

La Thaïlande, c'est également une culture ancestrale et une histoire dont les autorités ont pris récemment conscience en faisant restaurer, comme dans la région de l'I-San par exemple, des temples khmers datant de la période d'Angkor, ou des « prasat hin », des châteaux de pierre édifiés il y a plusieurs siècles.

C'est, bien sûr, son artisanat, dont celui de la soie est le meilleur ambassadeur.

C'est, enfin, sa savoureuse cuisine, qu'elle soit du Nord, du Sud ou royale, teintée d'influences birmane, laotienne, cambodgienne, malaise ou chinoise. Vous y apprécierez les mets délicats d'une des meilleures cuisines du monde.

Sans oublier une atmosphère, une ambiance, une philosophie de l'existence, qui font de la Thaïlande un pays à nul autre pareil.

En 2001, près de la moitié des touristes ayant franchi les frontières du royaume l'avaient déjà visité au moins une fois auparavant, et ça n'est pas par hasard. Vous aussi, quel que soit l'endroit, la saison, la durée de votre séjour, vous succomberez au charme indéfinissable que ce pays distille discrètement, à son parfum enivrant, ensorceleur, qui vous imprégnera longtemps après votre retour en Occident, et qui vous amènera d'une façon irrépressible à revenir dans le royaume de Siam.

Sommaire

Damnoen Saduak

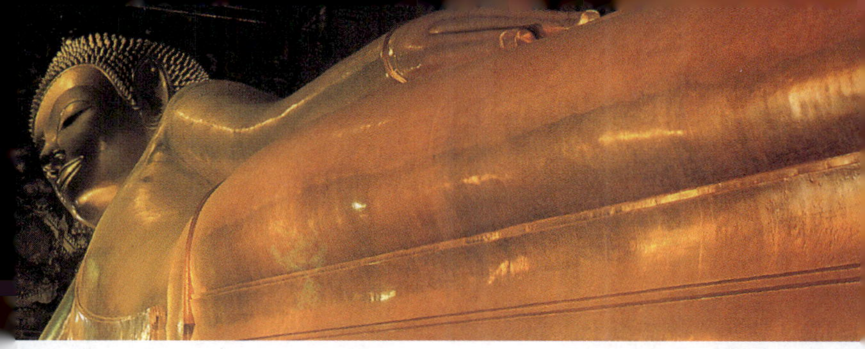

Bouddha couché, Bangkok

BIRMANIE
(MYANMAR)
LAOS
Hainan
Altitude (en mètres)
1500
1000
500
200
Nam Dinh
Thanh Hoa
Vinh
Luang Prabang
Chiang Raï
Monts Thanem
Khun Tan
Monts Phi Pan Nani
Chiang Maï
2 576 Inthanon
Lampang
Nan
Sirikit
Vientiane
Mékong
Uttaradit
2 300 Phou Miang
Loei
Udon Thani
Sakon Nakhon
Thanon
Thong
Chai
Bhumipol
Sukhotai
Tak
Phitsanulok
Yom
Nan
Ping
Ubol Ratana
Lam Pao
Khon Kaen
Chi
Savannkhet
Hue
Da Nang
Moulmein
Kamphaeng Phet
Golfe de Martaban
Nakhon Sawan
Pa Sak
Chao Praya
Mun
Paksé
Ubon Ratchathani
1 805 Wangka
Khao Laem
Srinagarind
Lop Buri
Nakhon Ratchasima
Surin
Ayutthaya
Kwaö
Bang Pakon
Nakhon Pathom
BANGKOK
Samut Sakhon
Samut Prakan
Qui Non
Salouen

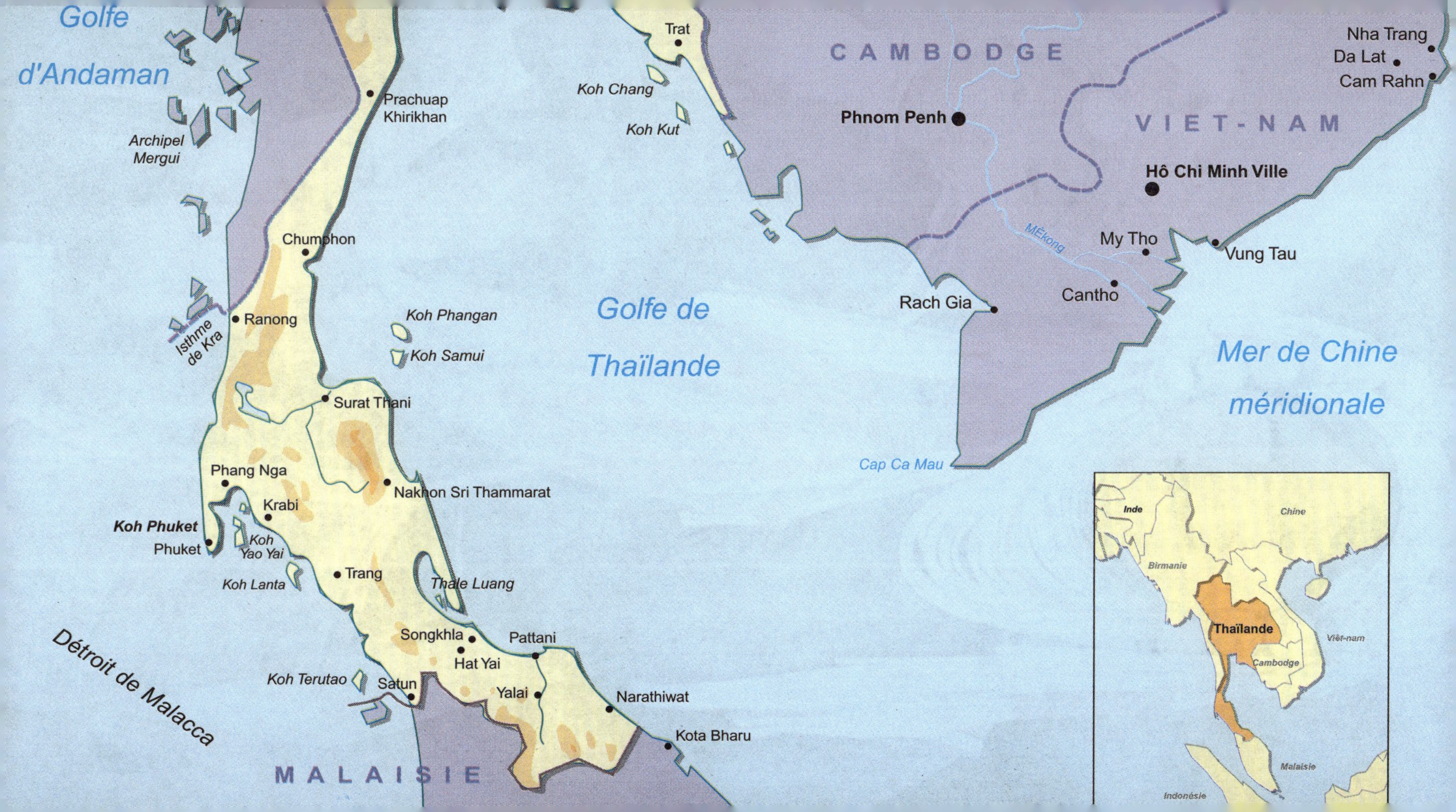
Golfe d'Andaman
Archipel Mergui
Isthme de Kra
Prachuap Khirikhan
Chumphon
Ranong
Surat Thani
Koh Phangan
Koh Samui
Phang Nga
Krabi
Koh Phuket
Phuket
Koh Yao Yai
Koh Lanta
Trang
Nakhon Sri Thammarat
Thale Luang
Songkhla
Hat Yai
Pattani
Koh Terutao
Satun
Yalai
Narathiwat
Kota Bharu
Détroit de Malacca
MALAISIE
Golfe de Thaïlande
Trat
Koh Chang
Koh Kut
CAMBODGE
Phnom Penh
VIET-NAM
Hô Chi Minh Ville
MÉkong
My Tho
Vung Tau
Cantho
Rach Gia
Cap Ca Mau
Nha Trang
Da Lat
Cam Rahn
Mer de Chine méridionale
Inde
Chine
Birmanie
Thaïlande
Viêt-nam
Cambodge
Malaisie
Indonésie

Femme Akha, Chiang Maï

Les plus

Sculpture sur fruits

Climat

La réputation du climat de Thaïlande n'est plus à faire. Ses plages de sable fin et ses eaux d'un bleu transparent vous prouvent bien que vous êtes sous les tropiques ! Ce climat tropical comporte deux saisons principales : la saison sèche (de la mi-novembre à la mi-mars) est la plus agréable, avec une moyenne de 27° C dans tout le pays ; et la saison des pluies (de la mi-mars à la mi-novembre), pendant laquelle le climat est humide et lourd, avec des orages en fin de journée, tout en restant supportable. Les eaux des mers d'Andaman et de Thaïlande, où abondent des poissons somptueux, sont un délice (minimum 26° C).

Grand Bouddha assis, Wat Hin Ngu, Koh Fan

Faune et flore

La diversité des espèces naturelles de Thaïlande est impressionnante. Ce pays, dont la forme fait penser à une grande tête d'éléphant, a érigé cet animal en symbole national. A celui-ci s'ajoutent de nombreux mammifères (léopards, singes, tigres...) qu'il vous sera surtout possible d'apercevoir dans les nombreux parcs nationaux du pays. La Thaïlande est aussi très riche en poissons et surtout en fleurs, dont elle détient près de 10 % des espèces répertoriées de nos jours : orchidées, lotus et autres bougainvillées, qui enchanteront votre voyage et ajouteront au charme de l'accueil de ce pays.

Hospitalité

L'hospitalité des Thaïlandais n'a d'égale que la beauté de leur sourire. Souvent exploité comme argument touristique, vous verrez que ce sourire n'est pas artificiel, et vous le rencontrerez tout au long de votre voyage, dans les transports en commun comme dans les commerces. Une sorte de signe de bienvenue mêlé à de la politesse envers l'étranger ; signe qui sera d'autant plus fort là où le touriste est plus rare et moins envahissant. Les gens d'ici seront aussi toujours prêts à vous aider dans votre parcours et leur naturel curieux et spontané les incitera à engager des discussions avec l'étranger dans toutes les langues possibles.

Singe apprivoisé, Surat Thani

Marché flottant, Damnoen Saduak

Plage et cocotiers, Isan

Confort et calme

Les déplacements en Thaïlande sont aisés et confortables. Le secteur touristique étant pris très au sérieux dans le pays, les transports publics (comme d'ailleurs l'hôtellerie) offrent un service exemplaire. Les trains sont d'une ponctualité étonnante (souvent en avance !), qui ferait honte à beaucoup de pays européens. Les trajets en autocar entre les villes ne sont pas non plus désagréables : bénéficiant de larges autoroutes inspirées de celles des Etats-Unis, les cars sont rapides et très nombreux. On voyage avec la population locale, et on apprécie leur gentillesse et leur naturel bon enfant. Car tout en étant efficaces et sérieux, les Thaïs ne sont jamais brutaux, ils sont doux et calmes. De très nombreuses compagnies privées font également la navette en minibus entre les principaux points touristiques (par exemple de Bangkok vers n'importe quelle île, « de porte à porte »), afin de ne pas faire perdre de temps au touriste venu en vacances.

Bon marché

La Thaïlande n'est pas un pays cher pour un Européen. Il présente aussi l'avantage d'offrir, en dehors des pôles très touristiques, une gamme complète de services et donc de prix. Il est ainsi possible d'emprunter les transports publics entre les villes pour des prix modestes, comme il est possible de s'offrir des services plus personnalisés et haut de gamme pour des prix supérieurs. Il en va de même pour les hébergements : des guesthouses de bonne qualité et pas trop chères abondent dans tous les coins du pays, tout comme des grands hôtels pour les habitués du luxe.

Plongée sous-marine

Amateurs ou passionnés, vous serez émerveillés par la beauté des fonds sous-marins de la Thaïlande : poissons pélagiques, perroquets, anges ou papillons, requins léopards ou baleines, raies pastenagues, anémones de mer, barracudas, tortues ... la vie sous-marine vous ravira par sa diversité et ses couleurs flamboyantes. Mais si le pays fait partie des destinations de plongée incontournables, c'est aussi parce qu'il présente trois atouts majeurs : des eaux tièdes (28° C en haute saison), des mers limpides et un relief très découpé (multitudes de tombantes, grottes, épaves, jardins de coreaux durs et mous) qui offrent différents profils de plongée.

Infos pratiques

Le drapeau thaïlandais

Horizontalement, en partant du haut : rouge, blanc, bleu, blanc, rouge. Le bleu représente la monarchie ; le blanc, le bouddhisme ; et le rouge, la patrie. Le drapeau, institué par Rama VI, flotte sur le pays depuis le 28 septembre 1917.

Argent

Monnaie. La monnaie est le baht (THB, divisé en 100 salag). On trouve des pièces de 50, 25, 10, 5 et 1 baht. La dernière pièce se présente sous trois modèles différents. Les pièces de 50 ou 25 salag sont en cuivre jaune. Les billets de 10 baht sont marron, de 20 baht verts, de 50 baht bleus, de 100 baht orange, de 500 baht violets, de 1 000 baht gris.

Taux de change : 1 euro = 43 THB (décembre 2002).

Idées de budget

Petit budget : si vous voyagez modestement, vous pouvez compter environ 11 euros par jour et par personne (hébergement, nourriture et transports).

Budget moyen : 13,5 à 27,5 euros, si vous regardez moins à la dépense. A Bangkok, la nourriture est dans l'ensemble plus chère, sauf à Thonburi et dans des quartiers ouvriers comme Khlong Toey et Makkasan.

Idées de prix

Pour une course en tuk-tuk, compter de 20 à 50 baht (à négocier avant) ; un repas de base thaïlandais, de 50 à 100 baht ; un paquet de cigarettes américaines, 60 baht ; une course en taxi à Bangkok, 100 baht ; une location de petite moto à la journée, 150 baht ; un repas dans un restaurant occidental de moyenne gamme, 300/600 baht ; une chambre en guesthouse, 300 baht, une location de voiture à la journée, 1 000/15 000 baht ; une chambre d'hôtel moyenne gamme (Bangkok), 1 000 baht ; une fille de bar, une fortune ! ; le guide du Petit Futé Thaïlande, inestimable !

Statistiques

Pays

Nom officiel : Royaume de Thaïlande

Capitale : Bangkok

Superficie : 514 000 km²

Langue officielle : le siamois (aussi appelé thaï)

Langues parlées : chinois, isaan (dans le Nord-Est, mélange avec le laotien), et beaucoup de dialectes des ethnies minoritaires et montagnardes (H'mong, Yao, Karen…)

Population

Nombre d'habitants : 63,5 millions

Espérance de vie : 73 ans

Densité : 124 hab/km²

Economie

PIB : 113 milliards de $US

PIB / hab. : 1 770 $US

Téléphone

Indicatifs téléphoniques

BANGKOK, SAMMUT PRAKAN 02
CHA AM, HUA HIM, PRACHUAP KHIRI 032
KACHANABURI, NAKHON PATHOM 034
AYUTHAYA 035
LOP BURI 036
PATTAYA, RAYONG, BANPHE, SIRACHA 038
CHANTAHABURI, TRAT, KOH CHANG 039
CHIANG HKAN, LOEI, NAKHON PHANON 042

NONG KHAI, SAKHON, UDON, THANI 042
HKON KHAEN, ROI ET 043
BURIRAM, KHORAT 044
SISAKET, SURIN, UBBON RATCHATHANI 045
CHIANG MAI, CHIANG RAI, MAEHONG SON 053
LAMPANG, NAN 054
MAESOT, PHITSANULOK, SUKHOTHAI, TAK 055
PETCHABUN 056
NARATHIWAT 073
HAT YAI, SONGKHLA 074
KRABI, KOH PHI PHI, NAKHON SI, THAMMARAT 075
PHANG NGA, PHUKET, KOHYAO 076
CHUMPHON, KOH SAMUI, KOH PHA NGAN, RANONG, SURAT THANI 077

Comment téléphoner ?

Depuis la France vers la Thaïlande : 00 + 66 (indicatif pays) + indicatif de la ville (sans le 0) + le numéro du correspondant. De 0,85 à 1,07 €/min.

Depuis la Thaïlande vers la France : 001 + 33 + le numéro du correspondant, sans le 0 de la numérotation à 10 chiffres.

En Thaïlande : pour appeler une autre région, composer l'indicatif de la région (02 pour Bangkok par exemple), puis le numéro du correspondant.

Coût du téléphone : une minute de téléphone pour l'Europe : 20 baht ; une heure de connexion Internet (petite ville) 30 baht ; une heure de connexion Internet (ville touristique) 60 baht.

Décalage horaire

+ 5 heures en été et + 6 heures en hiver (en fait + 7h GMT). La nuit tombe tôt (18h30) mais on vit beaucoup après cette heure, car le climat est plus agréable, plus frais que dans la journée. Le soleil se levant très tôt (5h30 – 6h), profitez-en pour vous promener dans les rues et observer la vie thaïe. L'après-midi, reposez-vous, visitez un musée ou un temple, vous y serez à l'abri du soleil.

Climat

Températures à Bangkok

Janvier : 25° C • Février : 27° C • Mars : 28,7° C • Avril : 30° C • Mai : 29,1° C • Juin : 28, 6° • Juillet : 28,3° C • Août : 28, 3° C • Septembre : 28° C • Octobre : 27,5° C • Novembre : 27° C • Décembre : 26° C.

Précipitations annuelles

Bangkok : 1 400 mm (82 jours de pluie par an)
Chiang Maï : 1 200 mm
Phuket : 2 540 mm

Saisonnalité

La saison touristique coïncide avec la saison sèche, de novembre à avril, et connaît une pointe importante en décembre et janvier.

Illuminations pour l'anniversaire du roi, Grand Palais, Bangkok

Idées de séjour

Séjour court : 9 jours

Jour 1 : découvrir Bangkok. Arrivée à l'aéroport de Bangkok. Premier aperçu de la capitale d'une manière paisible et insolite : balade en pirogue sur les « khlong » de la rivière Chao Praya. Escale au temple de l'Aube, le Wat Arun.

Jour 2 : Bangkok culturelle. Visite des deux principaux joyaux de Bangkok : l'architecture composite du très beau Palais Royal et le Wat Phra Kéo, qui abrite le Bouddha d'Emeraude, le plus beau trésor du pays. Visite du Wat Pho, « temple du Bouddha dans l'attente de la mort", le plus ancien temple de Bangkok appelé ainsi car il détient la plus grande représentation d'un Bouddha dans cette posture. Balade dans la ville. Shopping et folies en soirée dans le marché et les boîtes de Patpong.

Jour 3 : de Bangkok à Phitsanulok. Découverte du marché flottant de Damnoen Saduak. Continuation sur Nakhon Pathom où se dresse le plus grand temple du Sud-Est asiatique. Retour sur Bangkok et départ dans la journée, en train ou bus, pour Phitsanulok, ville proche de Sukhothaï, et plus développée.

Jour 4 : Sukhothaï, sur les traces du Siam. Visite des ruines de Sukhothaï, capitale de l'ancien royaume du même nom et symbole de la grandeur de la culture thaïe au XIIIe siècle. Vestiges khmers et thaïs : le Wat Mahathat, ancien palais royal, le Wat Si Chum et le Wat Sa Da Pa Daeng, le plus vieux monument de la cité. Soirée en ville.

Jour 5 : Chiang Maï. Départ dans la matinée pour Chiang Maï, principale ville du Nord et porte ouverte sur la découverte des peuples des montagnes. Visite de cette vieille ville et de ses temples : le Wat Chedi Luang et le Wat Phra Singh, les plus anciens de la cité.

Jour 6 : trekking autour de Chiang Maï. Trouver une agence sérieuse de trekking qui puisse vous accompagner pour une journée de marche à la découverte des multiples ethnies des montagnes : H'mong, Yao, Akha et Lahu, ou encore les Karen. Départ dans la soirée en train couchette pour Bangkok.

Jour 7 : repos au bord de la mer, Pattaya et la côte. Transit à Bangkok et départ en bus pour Pattaya, grande ville balnéaire et touristique. Visite de l'île aux Coraux pour ceux qui veulent s'extraire de la foule de Pattaya. Journée plage bien méritée pour les autres (multiples activités : ski nautique, parachute ascensionnel, plongée...). Soirée endiablée à Pattaya et Jomtien, centre de boîtes et de bars.

Jour 8 : de Pattaya à Koh Chang. Départ dans la matinée pour l'île de Koh Chang, à la bordure est de la Thaïlande. Vous devez aller jusqu'à Trat, ville frontalière avec le Cambodge, pour y prendre un bateau. L'île, encore épargnée par les complexes touristiques envahissants, est plus au calme et offre le même charme tropical : plages, mer transparente et faune luxuriante.

Jour 9 : Koh Chang. Plage et visite : demandez à un chauffeur de camion de vous emmener au sud de l'île, vers un village de pêcheurs qui parlent plus khmer que thaï : on est ici à deux minutes en bateau du Cambodge, et vous aurez alors un premier contact avec le peuple cambodgien !

Jour 10 : retour. Vous pouvez rejoindre Bangkok dans la journée pour prendre votre avion à l'aéroport ; soit par les transports publics, soit par des minibus privés qui font la navette.

Séjour long : 21 jours

Jour 1-2 : découverte de Bangkok et Bangkok culturelle (voir « Séjour court »)

Jour 3 : Bangkok en profondeur. Si vous voulez vous familiariser avec l'art du Sud-Est asiatique, le Musée national présente de nombreuses œuvres d'art provenant des plus grands empires de la région : Birmanie, Japon, Tibet, ainsi que l'art thaï à ses différentes

Démon-gardien du Bouddha d'Emeraude, Bangkok

Damnoen Saduak

époques (Sukhothaï, Ayuthaya...). Balade dans le quartier de la Grande Balançoire, où se trouvent de nombreux temples. Enfin, une visite à la maison de Jim Thompson, où sont exposées de belles pièces de soie.

Jour 4 : Nakhom Pathom et la rivière Kwaï. Découverte du marché flottant de Damnoen Saduak. Continuation sur Nakhon Pathom, où vous pourrez voir le plus grand temple du Sud-Est asiatique. Puis, quittant les alentours de Bangkok, vous arriverez au fameux pont de la rivière Kwaï, au niveau de Kanchanaburi. Le pont y a été construit pendant la guerre sur ordre des occupants japonais. Pour vivre des émotions fortes, vous pourrez prendre « le chemin de fer de la mort » qui emprunte ce pont de Kanchanaburi jusqu'à Nam Tok. Survol impressionnant de la vallée. Possibilité de faire un safari nocturne en partant en début de soirée et de vous rendre dans un camp d'éléphant. Nuit à Kanchanaburi.

Jour 5 : Ayuthaya, l'ancienne ville royale. Retour sur Bangkok pour gagner en bus Ayuthaya, ancienne capitale du royaume du Siam. Visite des ruines des temples et des pagodes plus récentes. Continuation sur Phitsanulok pour y loger la nuit.

Jour 6 : Phitsanulok. Le matin, départ pour la visite des tribus H'mong de Lomsak. Au retour, vous pouvez vous arrêter à la cascade de Kengsopha. Dans l'après-midi, visite du temple de Mahathat, à Phitsanulok. Soirée en ville.

Jour 7 : Sukhothaï. Départ pour Sukhothaï ; visite des ruines de Sukhothaï, capitale de l'ancien royaume du même nom et symbole de la grandeur thaïe au XIIIe siècle. Vestiges khmers et thaïs : le Wat Mahathat, ancien palais royal, le Wat Si Chum et le Wat Sa Da Pa Daeng, le plus vieux monument de la cité.

Jour 8 : Chiang Raï. Départ dans la matinée en bus pour Chiang Raï, à la frontière nord de la Thaïlande. Découverte dans la journée du Triangle d'Or, région mystérieuse et reculée où les ethnies des montagnes font pousser le pavot ; il est ainsi conseillé de ne pas s'y aventurer seul. Promenade en bateau aux confins du Laos et de la Birmanie. Passage aux abords de villages d'ethnies locales (H'mong, Yao, Akha, etc.).

Jour 9 : Chiang Maï. Départ pour Chiang Maï, deuxième ville de Thaïlande. Flânez pour découvrir le charme particulier de cette vieille ville appelée « la Rose du Nord » : les temples du XIIIe siècle (et notamment le Wat Chedi Luang et le Wat Phra Singh, les plus anciens de la ville), les villages artisanaux aux abords de la ville, des petites maisons où vous découvrirez les joies du vrai massage thaïlandais et, enfin, en soirée, le marché de nuit où vous pourrez acheter des produits fabriqués par les tribus des montagnes.

Jour 10 : excursion à Lampang et à Doi Suthep. Depuis Chiang Maï, départ vers Lampang où vous visiterez le plus important centre de dressage d'éléphants. Vous pouvez ensuite aller vous promener dans le très réputé Thung Kwain Forest Market, où sont vendus des plantes et des animaux sauvages à usage médicinal et culinaire. Puis, vous visiterez l'un des plus anciens et des plus beaux sanctuaires de la Thaïlande du Nord, le Wat Phra That Lampang Luang. Retour dans l'après-midi sur Chiang Maï. Vous pouvez aller observer le coucher de soleil depuis le pic du Doi Suthep, situé à 700 m au-dessus de la plaine. Un superbe panorama de Chiang Maï et de ses montagnes.

Jour 11 : trekking autour de Chiang Maï. Trouver une agence sérieuse de trekking qui puisse vous accompagner pour une journée de marche à la découverte des multiples ethnies des montagnes : H'mong, Yao, Akha et Lahu, ou encore les Karen. Départ dans la soirée en train couchette pour Bangkok (ou avion direct Chiang Maï – Phuket pour les plus aisés).

Jour 12 : Phuket. Voyage de Bangkok à Phuket pour les petits budgets (environ 12h en bus), ou journée tranquille de plage et repos à Phuket pour les autres.

Jours 13-14 : Phuket et excursions dans ses environs. Plage et farniente de rigueur. De multiples excursions vous sont aussi proposées dans ce centre balnéaire de la Thaïlande : « l'île aux Coraux », journée entière de plongée et de baignade à la découverte des fonds marins ; journée de visite de la baie de Phang Nga, un des plus beaux sites naturels de Phuket ; enfin, une journée « jungle et aventure » dans le parc national de Phra Thaeo, avec un arrêt au bord de la splendide cascade de Ton Sai. D'autres croisières et activités à n'en plus finir sur place.

Jours 15-16 : Krabi. Allez vous poser dans cette petite capitale provinciale encore assez préservée du tourisme. Quelques plages valent qu'on s'y arrête (Ao Nang et Raï Leh), ainsi que des balades en bord de mer.

Bon point de départ pour visiter les alentours : tour des îles environnantes (Phi Phi, Koh Kai...) ainsi que la faune de la côte. Un marché de jour et un de nuit pourront retenir votre attention.

Jour 17-18 : Koh Samui. Arrivée sur les plus belles plages de la Thaïlande, petit joyau du golfe de Bengale. Vous apprécierez la douceur de sa côte, assez grande et accueillante pour pouvoir s'éloigner des centres touristiques. A l'intérieur des terres, des excursions très agréables d'une journée : tour de l'île en jeep et découverte des nombreuses cascades Koh Samui, parc national d'Ang Thong en bateau, au nord de l'île, que vous pourrez même traverser en kayak...

Par ailleurs, Koh Samui est un excellent spot pour la plongée.

▸ Musée

Jour 19-20 : Koh Phangan et Koh Tao. Deux îles un peu plus reculées pour finir votre voyage. Koh Phangan est la plus grande des deux îles ; à Khao Ra, le point le plus élevé, on bénéficie d'une vue somptueuse. Les plages les plus belles s'étendent à l'est. Allez jusqu'à l'extrémité est de l'île, où se trouve la crique de Had Rin East.

Sa petite sœur, Koh Tao, est aussi charmante. Le meilleur moyen pour découvrir ce petit paradis est de faire des menus sauts de crique en crique. Celles-ci sont pour la plupart désertes et accessibles par des petits sentiers.

Départ de Koh Tao, dans l'après-midi du 20e jour, pour Chumphon, en 6h de bateau.

Jour 21 : retour. Train ou avion entre Chumphon et Bangkok.

Séjours thématiques

Mer et plage : la Thaïlande tropicale

La Thaïlande attire un tourisme de masse en grande partie grâce à ses légendaires plages de sable fin qui enchantent les touristes du monde entier. Cette côte de plus de 2 500 km (plus les îles), allongée entre le tropique du Cancer et l'équateur, est aussi un petit paradis sous-marin pour les fanas de plongée.

La meilleure période pour plonger est entre décembre et mars (voir chapitre « Plonger en Thaïlande » pour connaître les meilleurs sites du pays).

Les transports étant très bons et rapides entre les différents centres balnéaires, qui se trouvent tous à une journée maximum de Bangkok, vous pouvez facilement choisir la durée de votre séjour.

Voici un itinéraire type pour passer du bon temps au soleil.

Cascades de Namuang

Le Sud

Si vous cherchez le sable blanc et l'eau transparente, vous aurez déjà beaucoup à faire avec la bande sud du pays.

Hua Hin – Cha Am

4h depuis Bangkok. Premières stations balnéaires à 30 km l'une de l'autre et à 230 km de Bangkok. Les plus proches de la capitale donc assez fréquentées le week-end, elles ont cependant des atouts incontestables : leurs interminables plages de sable blanc, des hôtels et des animations nocturnes de tout style. Cha Am est moins réputée et plus paisible que Hua Hin.

Koh Tao

Aller jusqu'à Chumphon (1h30 de bus) puis prendre un bateau (3h de trajet). Ile paradisiaque et encore bien épargnée par le tourisme de masse. Des fonds sous-marins grandioses qui en font le paradis des plongeurs. Coin agréable pour buller loin de la civilisation et proche des jolis poissons (et petits requins !).

Koh Phangan

2h de bateau. Classée au niveau supérieur de la civilisation touristique ; pas mal de plages bien développées et disposant de bungalows confortables au bord de la mer. De belles excursions à faire pour aller voir les cascades dans l'intérieur des terres. Ile très peuplée lors de la célébration mensuelle de la « Full Moon Party ».

Koh Samui

1h de bateau. Centre touristique de la côte Est de la Thaïlande, cette île n'en a pas pour autant perdu tout son charme. Un coin magique, bien que de plus en plus visité, mais vraiment le cœur de votre escapade à la recherche des mers du Sud et des cocotiers ! De plus, spot de plongée hors pair où vous découvrirez toute la richesse des eaux de Thaïlande. Nombreuses possibilités d'excursions en bateau autour de l'île.

Ranong

Aller jusqu'à Surat Thani (1h 30 de bateau) puis, en bus, jusqu'à Ranong (2h). Changement de côte, pour arriver sur la côte Ouest, à deux pas de la Birmanie. Ville intéressante pour visiter le parc national marin de Surin (dont vous pouvez vous rapprocher en allant jusqu'à Khuraburi), parc magnifique pour plongeurs confirmés ou amateurs, et encore peu touristique.

Phang Nga

4h de route. Petite ville connue pour sa magnifique baie qui s'ouvre sur Phuket, Krabi et les îles de Koh Phi Phi. Le plaisir des yeux grâce à des excursions organisées dans cette grande crique. L'île de Koh Yao, à côté, est accessible et très paisible.

Plage de Raï Leh, Krabi

Requin-baleine

Windsurfing, Patona Beach, Phuket

Bouddha

Temple, Phuket

Krabi

1h30 de route. Petite ville toute proche de nombreuses plages somptueuses et d'une faune luxuriante. Pas de vrai tourisme de masse, plutôt déversé sur Phuket. A deux pas, vous pouvez accéder à des plages magnifiques, comme Ao Nang ou Raï Leh. De même, les îles de Koh Lanta ou de Koh Yao sont toutes proches.

Koh Phi Phi Don

1h30 de bateau. Peu développée mais assez prisée par l'ensemble des touristes venant vers Phuket et Krabi. Sable doré et mer couleur d'émeraude. Vous pourrez aussi vous balader autour de l'île et trouver des criques désertes. Intéressant aussi d'aller visiter sa sœur Koh Phi Phi Lee, inhabitée.

Phuket

1h30 de bateau. Son animation de plage comme de boîtes est bien connue. Centre du tourisme balnéaire avec Pattaya, cette presqu'île a de belles et nombreuses plages, ce qui permet au moins de s'écarter un peu de la foule.

Pour rejoindre Bangkok de Phuket, le plus simple est de prendre l'avion : 1h20 de vol.

L'Est

Pattaya

2h de Bangkok. Sable chaud, mer transparente et nuits délurées : tout y est à la hauteur de sa réputation.

Koh Samet

2h depuis Pattaya. Pour plus de tranquillité… Parc naturel encore peu développé mais ayant un certain charme et une nature bien préservée.

Koh Chang

3h de Pattaya jusqu'à Trat, puis traversée de 30 minutes. Le petit plus. Très belle île et surtout pas encore prise d'assaut par les touristes. Très belles plages et bungalows les pieds dans l'eau. Plus vous allez au sud de l'île, et plus vous êtes seul. Un village de pêcheurs très sympa à visiter à l'extrême sud.

Faune et flore, la Thaïlande par ses parcs

La Thaïlande possède de très nombreux parcs nationaux, et pour vous donner un bel aperçu de la richesse naturelle du pays, en voilà quelques-uns des plus beaux et des plus accessibles (pour compléments, se référer au chapitre « Parcs nationaux »).

Itinéraire pour un voyage en Thaïlande à la rencontre de la nature.

Le Nord

Les trois premiers parcs nationaux se trouvent dans la région de l'I-Saan, non loin du Laos. Bien que très étendus et possédant une faune magnifique, ce n'est pas dans cette région que vous apercevrez le plus d'animaux… mais c'est peut-être la seule fois que vous verrez des pins en Thaïlande ! Ces trois parcs sont à moins d'une heure de bus de la ville de Loeï.

Pour se rendre à Loeï : 9h de bus de Bangkok ou bien par Oudon Thani, desservie par le train de nuit et l'avion.

Phu Reua

Diverses chutes d'eau au milieu d'une faune très nombreuse et extrêmement protégée. Visites réglementées, mais si vous réussissez à entrer, sachez que ce parc cache un vignoble dont vous pourriez tout à fait profiter !

Phu Kradung

Un parc très riche et surtout très impressionnant car juché sur un plateau à 1 300 m d'altitude. Assez sportif d'y grimper, mais tout est très paisible et beau une fois arrivé. Une forêt de pins à se croire dans les Landes, ainsi qu'une vue spectaculaire sur toute la région.

Nam Nao

Parc proche de la ville de Lomsak, dans la région de Petchabun. Son immense étendue de 1 000 m^2 en fait un des plus variés en faune et en flore. Y vivent, entre les bambous et les pins, des gibbons, des macaques ainsi que des ours d'Asie.

Le Centre

Il vous faut ensuite redescendre sur Bangkok, pour continuer votre périple au beau milieu de l'écosystème thaïlandais.

Khao Chamo et Khao Wong

Province de Rayong. 3h de Bangkok. A près de 200 km au sud-est de Bangkok, près de la ville de Rayong, ce parc est un vrai laboratoire d'études des mammifères. Une faune impressionnante donc, dont il serait vraiment dommage de se priver.

Erawan et Saï Yok

Province de Kanchanaburi. A 3h de bus de Bangkok, 1h de Kanchanaburi. En traversant Bangkok pour passer à l'ouest, deux parcs au cœur de la vallée de la rivière Kwaï. La trop célèbre chute d'eau du premier est impressionnante. La grotte de Phratat est l'autre passage obligé. Le second parc abrite - entre autres - des sites archéologiques du plus haut intérêt.

Kaeng Krachan

A côté de la ville de Hua Hin. Parc plus au sud de Kanchanaburi, situé dans la plus fine frange s'étirant le long de la frontière birmane. Le plus grand parc national du royaume, il couvre près de 300 km, et la faune et la flore y sont de ce fait d'une richesse sans pareille : éléphants, écureuils volants, tapirs…

Le Sud

En descendant dans l'extrême Sud du pays, vous trouverez trois grands parcs où la faune est plus qu'abondante et où, surtout, la flore diffère sensiblement de celle du Nord. Dans cette région qui attire surtout pour ses plages, les amoureux de nature sauvage auront la chance d'être souvent seuls. Les trois parcs sont proches les uns des autres, s'étendant sur une ligne horizontale qui va de Nakhon Sri Thammarat à Phuket.

Khao Luang

A 30 km de Nakhon Sri Thammarat. Une forêt dense abrite des très nombreuses espèces, dont quelques-unes bien rares, comme les tigres et les léopards et aussi quelques éléphants sauvages. De nombreuses plantations fruitières et plusieurs chutes d'eau et, enfin, le mont Luang, de 1 835 m, dominant le tout.

Khao Phanom Bencha

A 20 km de Krabi. Un océan de forêt tropicale et de calme qui ravira les amoureux de nature sauvage. De multiples animaux ainsi que de belles cascades.

Khao Phra Thaew

Au nord de l'île de Phuket. Une réserve animalière et forestière très protégée car sous le patronage du roi. Des arbres et des fleurs impressionnants, ainsi que animaux de toutes sortes : des singes et des écureuils volants vous passant au-dessus de la tête, mais aussi plus petits, une centaine de différentes sortes d'oiseaux ou de papillons. C'est aussi dans cette réserve que se trouve un fameux centre de réadaptation de gibbons.

Randonnées et populations aux confins de la Thaïlande

Les amateurs de randonnées et de treks trouveront leur bonheur en pointant vers les montagnes thaïlandaises qui s'élèvent au nord-ouest du pays, dans la région qui s'étend entre Chiang Maï, Mae Hong Son et Nan, à la frontière avec le Laos et la Birmanie. Croisée des chemins depuis des siècles et région sans frontières, c'est là que vous pourrez apprécier la diversité ethnique de la Thaïlande.

La porte d'entrée de cette région est Chiang Maï, que vous pouvez atteindre en une nuit de train couchette ou en 1h20 de vol depuis Bangkok. A vous ensuite de choisir dans quelle direction vous partirez vous… perdre.

Chiang Maï

La majorité des treks partent de cette région ; les meilleurs comme les pires d'ailleurs. De 2 à 5 jours de randonnées, avec balades à dos d'éléphant et en radeau possibles. Visite de villages Karen et H'mong. Possible aussi d'aller en 5 jours jusqu'à Mae Hong Son et Paï, visitant en chemin des villages Lisu, Karen et Shan. Bien se renseigner sur le parcours et les conditions. Savoir que nombre de randonnées vers les villages autour de Chiang Maï perdent de leur charme avec l'affluence touristique.

Paï et Mae hong son

3 heures de bus de Chiang Maï à Paï, et trois de plus pour Mae hong son. Si vous ne vous arrêtez pas à Paï, vol direct Chiang Maï – Paï en 35 minutes. Ces deux villes sont beaucoup plus intéressantes pour partir en randonnée car moins touristiques. Les pistes

▶ Trekking, Chiang Maï

sont ainsi moins fréquentées et les rencontres avec les ethnies locales plus naturelles. Vous rencontrerez majoritairement des Shan et de Karen entre ces deux villes. C'est aussi dans cette région que vous apercevrez les fameuses « femmes girafes », appartenant à la tribu Padong.

La plupart des treks proposés à Mae hong son effectuent une large boucle partant de cette ville pour rejoindre l'autre côté de la vallée jusqu'à Paï. L'inverse est aussi réalisable.

Il est enfin possible de faire du rafting entre Mae hong son et Paï.

Fête Poy Sang-Song, Mae Hong Son

Chiang Raï

1h20 de vol depuis Bangkok et 35 minutes depuis Chiang Maï. En bus, 12h depuis Bangkok et 4h depuis Chiang Maï. Deuxième pôle de la région pour les treks, mais moins fréquenté que Chiang Maï. De belles balades à pied, en bateau et même à dos d'éléphant, à faire depuis cette ville située au cœur du fameux « Triangle d'Or ». Soit vers Chiang Maï, soit vers les frontières montagneuses du Laos et de la Birmanie. Vous y rencontrerez des villages Karen, Lahu et H'mong.

La ville de Mae Suaï (à 50 km de Chiang Raï) est aussi très intéressante comme départ de trek : les paysages sont splendides et la région n'est que très peu visitée. Des villages encore assez reculés, donc à respecter, de peuples Lisu, Akha, Karen et Lahu.

Sculpture sur le tec, Chiang Maï

Mae Saï

12h de bus de Bangkok, 5h de Chiang Maï, 1h30 de Chiang Raï. Poste frontière avec la Birmanie, cette petite ville est vraiment aux confins de l'Asie du Sud-Est, un brassage de tous les peuples. A partir de là, tous les horizons sont ouverts, et il vous est facile de trouver vos propres chemins vers les villages environnants : la montagne Soï Tung, dont le sommet culmine à 1 320 mètres, est à une vingtaine de kilomètres de Mae Saï. C'est l'occasion d'une très belle balade car les paysages y sont somptueux. Vous pourrez croiser en chemin des villages Shan, Akha ou Lahu.

Nan

3h en avion de Bangkok, avec escale à Chiang Maï ou Phrae. 1h30 de Chiang Maï. 9h de bus de Bangkok, 6h de Chiang Maï, 7h de Chiang Raï. Des balades agréables à faire à la frontière du Laos, au creux des montagnes. Des ethnies d'origine Lao y vivent, comme les Thaï-Lu et les Khamou, ainsi que d'autres d'origine chinoise, comme les Yao et les H'mong.

A une trentaine de kilomètres de Nan, le village Nong Bua, de la tribu Thaï-Lu d'origine chinoise, accueille volontiers les quelques touristes de passage. Peu de fréquentation, ce qui facilite le contact.

Wat Umong, Chiang Maï

Chiang Raï

Religion et histoire : le Royaume du Siam

Le dernier prisme, mais non le moindre, par lequel nous vous proposons de découvrir la Thaïlande est son histoire. Ce pays, l'ancien grand Royaume du Siam, est d'une grande densité culturelle, trait d'union entre les civilisations de l'Inde et de la Chine. Tôt indianisé par des marchands qui apportèrent avec eux le brahmanisme et le bouddhisme, le Siam a bénéficié des apports artistiques des peuples qui descendirent en vagues migratoires successives des confins méridionaux de la Chine : Môn, Khmers, Thaïs... Ces brassages offrent de nos jours l'un des panoramas les plus fascinants du Sud-Est asiatique.

Nous vous proposons un petit itinéraire, qui remonte le pays vers ses monts et traverse son histoire.

Bangkok

2-3 jours de visite. Une grande richesse architecturale dans cette ville qui mêle histoire et modernité. Les joyaux de la ville sont le Wat Phra Kéo, qui abrite le Bouddha d'Emeraude, le Grand Palais et le Wat Pho, temple du Bouddha couché. D'autres lieux valent qu'on leur consacre une visite, comme le « temple de l'Aube », le Wat Arun, le Lak Muang, pilier fondateur de la ville et, enfin, les temples Wat Benchama-pobit et Wat Suthat. Si vous avez le temps, la maison de Jim Thompson vous donnera un aperçu de l'artisanat thaï, et le Musée national vous offrira un panorama assez complet de l'art provenant de toutes les régions du pays.

Nakhom Pathom – Ayuthaya

Une journée. 1h de bus de Bangkok à Nakhom Pathom, 1h de plus jusqu'à Ayuthaya. Visite de Nakhom Pathom, centre du premier Etat môn indianisé ; vous pourrez y voir le Phra Pathom Chedi, un des plus importants chedi du pays, haut de 127 mètres. Vous pouvez aussi vous arrêter sur la route vers Ayuthaya au Phra Phutthamonthon, statue du Bouddha debout de 40 m de haut.

Ayuthaya

1 jour. Visite de cette ville qui était la capitale du Royaume du Siam au moment de son apogée (1350-1767), classée à présent au Patrimoine mondial de l'humanité. Balade dans le site des ruines : le Wat Phra Si Sanphet, Wat Mongkon Bophi et d'autres. De jolis temples plus actuels dans les alentours. En périphérie de la ville se trouve aussi le Bang Pa In, ancienne résidence d'été des rois.

Bouddhas, Bangkok

Peinture murale, Bangkok

Saraburi – Lopburi

1 jour. 2h d'Ayuthaya à Saraburi, 1h ensuite pour Lopburi. Visite, près de Saraburi, du Wat Phra Puttabaat, l'un des six temples royaux du pays célèbre pour abriter une empreinte du pied de Bouddha.

A Lopburi, ancienne cité khmère, vous apprécierez toute l'influence du royaume d'Angkor sur l'art thaï, notamment dans les temples de Phra Pang Sam Yot et Phra Si Ratana Mahathat. Cette ville a reçu les ambassadeurs de Louis XIV venus au Siam.

Kamphaeng Phet – Phitsanulok

1-2 jours. 2 à 3h de Lopburi à Kamphaeng Phet, puis 1 à 2h jusqu'à Phitsanulok. Kamphaeng Phet était le poste de défense avancé du royaume de Sukhothaï. Plusieurs beaux temples s'élèvent au-dessus de la rivière Ping, dont le Wat Phra Borom Mahathat, et d'autres dans le centre-ville comme le Wat Phra Keo. Un sanctuaire khmer, le San Phra Isuan.

Phitsanulok détient une des statues de Bouddha les plus vénérées en Thaïlande.

Sukhothaï

1 ou 2 jours. A 1h de Phitsanunlok. Sukhothaï est un des joyaux architecturaux de la Thaïlande. Ancienne province khmère, la ville est devenue l'emblème de la fondation du royaume siamois. Les vestiges de cet ancien royaume sont dispersés à l'intérieur d'un grand parc. Une visite de ses temples s'impose : le Wat Si Sawaï, temple shivaïte khmer transformé en sanctuaire bouddhiste, ou le Wat Si Chum, le plus grand de tous, entouré de murs et de douves. Vous pouvez aussi monter au Wat Saphaan Hin, accessible par un sentier et un escalier dallé.

Lampang – Lamphun

1 jour. 3h entre Sukhothaï et Lampang. 1h ensuite pour Lamphun. Lampang est située dans une région d'exploitation traditionnelle du teck, et ses temples sont de beaux exemples d'architecture en bois. Le Phra That Lampang Luang est un chef-d'œuvre de l'art du Lanna, et le Wat Si Chum un bel exemple du style birman.

Lamphun est aussi une très ancienne cité, capitale d'un royaume Môn. Son plus beau monument est le temple Phra That Haripunchai, construit en 1044.

Chiang Maï

2 jours. 1h depuis Lamphun. Découverte de cette autre grande cité de l'histoire thaïe, dans un paysage de petites montagnes à la luxuriante végétation et aux étroites vallées rizicoles. Un mélange assez impressionnant de styles et d'influences : le Wat Bupparam, de style birman, ou le Wat Chiang Man, typique du Nord. Vous découvrirez aussi le Wat Phra That Suthep, qui, perché en haut de ses 1 670 mètres d'altitude, surplombe la ville. Cette ville, appelée « la Rose du Nord », mérite qu'on s'y attarde, pour ses marchés comme pour ses campagnes environnantes.

Nan

1-2 jours. 6h de bus de Chiang Maï. La vallée de Nan, à l'est de Chiang Maï, a aussi une riche histoire, ayant subi la domination de divers royaumes : laotien, birman, puis siamois dans les années 30.

Ainsi, la capitale de la province, Nan, reflète bien le brassage de cette région frontalière avec le Laos : le Musée national, le Wat Phumin et le Wat Hua Khuang en témoignent.

Phrae

1 jour. 3h de Nan. Entre Nan et Phrae, visite intéressante du site de Phrae Muang Phii (« la terre des fantômes). La nature, aidée par l'érosion, y a donné naissance à des formes étonnantes et qui sont à l'origine de diverses croyances.

La ville de Phrae a été fondée au XIIe siècle, par les seigneuries thaïes. De beaux temples à visiter : le Wat Luang, parfois recouvert de soie à la manière des Thaïs Lu, ou le Wat Phra Nawn.

Retour possible sur Bangkok en avion depuis Lampang (1h20 de vol) ou en bus de Phrae (environ 9h de trajet).

Découverte

La Thaïlande en vingt-six mots-clés

Chiens

Contrairement aux jolis toutous d'Occident, les chiens de Bangkok vivent sans dieux ni maîtres et font la loi dans les petites rues crados des quartiers populaires. Vagabonds craintifs pendant la journée, ils se retrouvent en meute le soir et sont la terreur des piétons à la nuit tombée. Les chiens des rues n'ont évidemment pas d'endroit où dormir et manquent cruellement de nourriture et de soins. Ils traînent leur carcasse pelée et famélique et semblent ne pas pouvoir s'arrêter de se reproduire à l'infini... La race canine a la dent dure et semble bien décidée à se perpétuer dans la cité des anges. Ils seraient quelque 200 000 à errer dans la mégalopole aujourd'hui. Ils sont un danger pour les quelque 8 millions de Bangkokiens car ils peuvent véhiculer la rage. Attention les mollets !

Choc culturel

C'était autrefois un sacré choc – ça le reste, mais atténué. Tout dépendra cependant des endroits où vous séjournerez. Il est plus intense hors de la capitale ou sur les sites historiques que dans une discothèque de Bangkok ou un Department Store. Regrettons tout de même le développement d'une monoculture internationale, qui multiplie les signes du style de vie à l'américaine : des Mac Donald à tous les carrefours de grands centres, des magasins 7 Up... A Bangkok, les khlong ont laissé la place aux voies rapides et, partout, les blocs de béton surgissent à grande vitesse, comme à Mexico, à Sao Paulo ou au Caire. Un commentaire entendu au sortir d'un bus VIP : " Très honnêtement, ça n'a rien de plus authentique ou de plus exotique que Genève ou Zurich... et encore, ici il n'y a pas la montagne ! En définitive défilé permanent de tennis, jeans sales et canettes de Coca ! "

Conduite (sur route)

Officiellement à gauche. En réalité, au milieu, à droite, en zigzag et sur les trottoirs. Les camions sont particulièrement dangereux. La vitesse est limitée à 60 miles (90 km/h).

Conduire à Bangkok tient du miracle. Les tuk-tuk (scooters-taxis) filent comme des fous entre les voitures, les bus et les motos occupant le reste de la voie. On attend très longtemps (de 15 à 30 minutes) aux intersections importantes ; il faut alors éteindre son moteur pour limiter l'échappement des gaz (ce que très peu de Thaïs font, de peur d'être pris de vitesse quand on passe au vert) et regarder autour de soi. C'est un autre apprentissage de la vie thaïe et du flegme asiatique.

Corruption

C'est un mal endémique en Thaïlande ; quelques oligarchies et quelques grandes familles se partagent le butin. Les militaires ne sont pas en reste. Ainsi, par exemple, à la mort du général Sunthorn, son compte en banque était crédité de 150 millions de dollars ! Avec un salaire de 1 100 dollars par mois, c'est un bien bel exploit. Un de ses amis, pour justifier cette fortune, a déclaré que Sunthorn était très économe et ne buvait que du whisky bon marché quand il sortait. C'est dire l'impunité et l'arrogance de ce genre d'individus.

Discount

Attention aux arnaques en ce qui concerne les divers rabais et remises. La principale spécialité des " discounts " dans les établissements thaïlandais, surtout dans les zones touristiques (mais pas seulement), est de prendre un produit, de multiplier son prix par deux sur une grosse affiche et d'annoncer ensuite un rabais de 50 %. Evidemment le prix est toujours le même, mais le produit se vend beaucoup plus. Pour vous en convaincre, allez dans les hypermarchés (dont certains sont des filiales et corvéables à merci). Ils sont souvent débordés et, les semaines de " promotions ", ils oublient souvent de retirer l'ancienne étiquette cachée sous la grande vantant la superbe affaire. Il suffit de soulever celle-ci pour voir apparaître l'ancien prix, très souvent identique au nouveau.

Enfants

De très nombreux enfants thaïlandais des classes défavorisées sont aujourd'hui encore vendus, prostitués et surexploités par nécessité économique.

Hospitalité

Une gentillesse toute naturelle qui se traduit par des sourires très commerciaux quand vous faites du shopping. Ne pensez donc pas que vous êtes privilégié si l'on vous sourit : c'est naturel.

Hey, You !

C'est comme ça que l'on vous interpellera dans la rue. Ne le prenez pas mal, même si ce n'est pas très agréable de se faire interpeller de la sorte à longueur de journée. Les Thaïs se désignent entre eux par des sortes de " pronoms " qualifiant les rapports hiérarchiques. " Phi " pour un aîné, " Nong " pour un cadet, " Khun " pour une personne respectable... Tout le cartésianisme occidental est mis à bas car le " je " n'existe pas, c'est une illusion. Le " je " n'est pas une entité stable et permanente, l'ego est un leurre de l'esprit, un clignotant qui se prend pour une lumière. Le " Je pense donc je suis " est aboli...

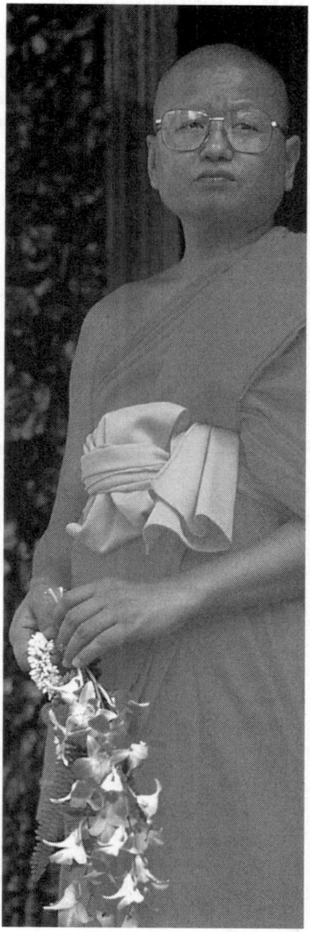

Bonze

Hygiène

Quézaco ? Ne buvez pas l'eau du robinet et lavez-vous souvent les mains.

Les toilettes publiques manquent souvent de serrure : appuyez fermement vos deux mains sur la porte et poussez un cri de gorille privé de dessert si on tente d'entrer.

Invasion touristique

Plus de 10 600 000 touristes ont visité le pays en 2001, soit une progression de 6 %. Le TAT (l'Office du tourisme thaïlandais) table sur la même progression en 2003. Le taux d'occupation des hôtels a été de 62 %, ce qui n'est pas un mince exploit quand on sait le nombre ahurissant d'établissements disséminés dans le royaume. Cela n'empêchait pas les experts de tabler pour 2002 sur un taux de 65 %. En 2001, le tourisme a

Autoroute vue de nuit, Bangkok

rapporté 300 milliards de baht, soit 5,9 % du PIB, et la Thaïlande en a grand besoin. Contrairement ce que l'on pourrait penser, parmi les touristes, la parité hommes-femmes est à peu près respectée. 59 % pour les premiers et 41 % pour les secondes. Les touristes les plus nombreux se situent dans la tranche d'âge 25 – 44 ans : plus de 50 %.

Jeu

Officiellement le jeu est interdit en Thaïlande. Autant interdire le miel à une abeille. Tout le monde parie sur tout et n'importe quoi. Si seules la Loterie nationale et les courses hippiques sont autorisés à avoir des enjeux, nombre de casinos clandestins, loteries pirates et paris au noir vont bon train dans tout le royaume. Le snooker est très prisé par les hommes et pas une seule partie n'est jouée sans un enjeu financier. Les femmes ne sont pas en reste, une sorte de belote thaïlandaise est leur jeu de prédilection et les enchères peuvent grimper rapidement. Il n'est pas rare, qu'elles vendent discrètement un bijou au commerçant chinois du coin afin de rembourser une dette.

Tout est prétexte au pari. Combats de coqs, matches de boxe thaïe, championnat de football anglais, le plus prisé ; mais aussi italien, allemand. Basket américain, tennis, Coupe du Monde de football. En 1998, les Thaïlandais ont perdu des sommes folles lors de la finale France-Brésil. Le plus grand prestige de l'équipe sud-américaine les ayant incités à parier des montants élevés sur cette dernière.

Pour tenter de récupérer cette manne financière qui aboutit directement dans les poches de la mafia, les gouvernements successifs pensent régulièrement à ouvrir des casinos. D'ailleurs les Thaïlandais laissent également des fortunes à la frontière cambodgienne, là où des casinos, appartenant bien souvent à des potentats thaïs, se sont implantés. Mais aucun n'a osé franchir le pas, de peur d'ouvrir la boîte de Pandore et de multiplier les drames déjà fort importants (suicides, règlements de comptes) attribués au jeu.

Krungtheb

Krung Théb Mahanakorn Amon Rattanakosin Mahithrayutthaya Mahadilokphop Noppharat Ratchathani Burirom Udom Ratchaniwet Mahasathan Amon Phiman Awatan Sathit Sakkathatiya Witsanukam Prasit.

" Cité des Anges, immortelle et magnifique ville aux neuf gemmes, siège du roi et des palais magnifiques, demeure des dieux incarnés, érigée par Visvakarman selon la volonté d'Indra. " Tel est le nom complet de Bangkok, la ville des oliviers, mais tout le monde dit " Krungthéb ", c'est plus commode. Le nom de la capitale est aussi réduit à ses initiales " KTM " (non pas Kétamine mais Kotomo). Pourquoi faire simple quand on peut faire compliqué ! La conurbation de Bangkok couvre aujourd'hui 1 600 kilomètres carrés et, avec quelque 8 millions d'habitants, la capitale thaïlandaise concentre 13% de la population du pays.

Marchés

Chaque ville a son marché local.

A ne pas manquer, dans le Nord, le magnifique marché couvert de Chiang Maï (fruits, légumes, vannerie...). Il faut le voir au petit matin, quand les poissons arrivent. Phitsanulok a un petit marché typiquement thaï, très intéressant, qui vaut aussi le détour. Quelques ethnies viennent s'approvisionner sur le marché de Chiang Raï.

A Bangkok

Pratunam : un peu caché et semi-couvert, à l'intersection de Radjami et de Petchburi (demandez à un tuk-tuk de vous conduire à l'hôtel Indra qui se trouve en plein cœur du marché). C'est un dédale de ruelles et d'étages. Les prix y sont cassés.

Marché aux fleurs : dans le prolongement de New Road, ruelles (certaines couvertes) pleines de fruits et de légumes. Allez-y tôt le matin, vous verrez peut-être les marchandises arriver sur de petites embarcations (le marché donne sur le Chao Phraya).

Pahurat : marché indien, très coloré et animé, sur Petchburi Road, spécialisé dans les textiles (dans la journée, après 17h).

Marché du week-end : il a perdu beaucoup de son charme depuis qu'il a quitté le parvis du Palais Royal, pour s'éloigner du centre et se moderniser.

Marché de nuit de Patpong : vêtements, cuirs, sacs, colifichets, montres…

Marché flottant : il a bien sûr du charme malgré ses 99 % de touristes. Mieux vaut louer une embarcation, tôt le matin, pour se promener sur les khlong intérieurs de Bangkok.

Marché noir

Inexistant. La police, l'armée et d'autres corps institutionnels préfèrent les rackets légaux.

Opium

Officiellement, la culture du pavot n'existe plus en Thaïlande depuis 1959. Parfois cependant, au cours d'un trekking dans la région Nord-Ouest au mois de décembre, vous pourrez apercevoir quelques espaces fleuris… Les tribus Lasu, Lisu, Hien et Huang affectionnent la culture du pavot pour sa rentabilité relative, et ses caractéris-tiques de culture (haute altitude, faible charge volumétrique, haute valeur ajoutée, non-putrescibilité, absence de concurrence avec les fermiers des bonnes terres). Dans certaines tribus, les hommes voient leur santé très affectée par leur 20 ou 30 pipes quotidiennes. Leur spectacle est affligeant, peut-être aurez-vous la malchance de les croiser. Des cultures de substitution sont encouragées (fruits, thé, café et certains légumes) et contribuent à freiner la culture de l'opium. Dans certaines vallées non visitées par l'armée, la culture du pavot continue mais dans des proportions moindres qu'au Laos ou en Birmanie.

A l'origine, ce commerce était contrôlé d'une part par l'armée Shan, qui en tirait ses revenus et finançait son armement, et d'autre part la fraction du Guomindang, à l'origine celle du général Lee réfugié dans le Nord de la Thaïlande. Si l'activité du GMD en Thaïlande a été fortement réduite, le trafic des Shan persiste : la Thaïlande est un axe de passage obligé pour les trafiquants. D'ailleurs un certain nombre de généraux et des civils de très haut rang sont officiellement impliqués dans le trafic.

L'opium est à la base des opiacés et de différentes drogues, dont principalement la morphine, l'héroïne et la codéine. Il en faut 10 kilos pour 1 kilo d'héroïne. Dans les bus du Nord de la Thaïlande, faites très attention à vos bagages. Ces derniers font souvent l'objet " d'échanges " avant les contrôles policiers et vous risquez de vous retrouver en possession d'une valise (qui n'est pas la vôtre, mais comment le prouver ?) bourrée d'opium.

Marché, Bangkok

Et surtout, n'achetez rien ! Le trafic est patronné, dans toute l'Asie, par de hauts personnages qui, de temps en temps, ont besoin d'un bouc émissaire. Ne soyez pas celui-là ! Les prisons thaïlandaises sont redoutables.

Ordre moral

Le nouveau ministre de l'Intérieur a lancé une croisade contre la débauche. Drogue, jeux d'argent et prostitution sont, selon lui, les fléaux qui corrompent la société thaïlandaise. Du coup, depuis qu'il est à la tête du Mahad Thaï (ministère de l'Intérieur), Monsieur Purachaï fait la guerre au vice. Interdiction aux moins de 18 ans de traîner dans les rues, interdiction aux moins de 21 ans d'entrer dans des établissements nocturnes, fermeture des lieux de divertissements à 2 heures du matin... La vie nocturne à Bangkok n'est plus ce qu'elle était ! Les périodes de rigueur succèdent au laxisme récurrent, mais cette fois ça a l'air sérieux. Contrôle d'identité, test d'urine et couvre-feu... Pas sanuk du tout !

Quiproquo

Rien de moins international que le langage des signes. Si votre anglais est plus qu'approximatif (ou celui de votre interlocuteur local), vous aurez besoin de quelques notions du langage des signes à la thaï, car ce n'est pas le même que chez vous.

Par exemple, lever le pouce ne signifie pas " super " mais que l'on est fâché. On ne compte pas en partant du pouce mais de l'index : ainsi les unités (que ce soit des kilos, des dizaines ou des centaines) défilent le long des doigts de la main en partant de l'index et le pouce vient en dernier.

Ne saluez pas les employés en faisant le " Waï " (mains jointes au niveau du visage), ici on ne salue que ses supérieurs ou ses aînés et vous passerez pour un idiot si vous saluez une serveuse ou un chauffeur de tuk-tuk de cette manière.

La liste des possibles quiproquos gestuels est longue. Celle des malentendus linguistiques encore plus longue : le " oui ", qui veut dire non, par exemple, ou encore le rez-de-chaussée, appelé premier étage et le premier deuxième. De quoi devenir chèvre.

Sanuk

Sans " sanuk ", la vie serait bien triste. C'est le critère culturel thaï. Si c'est sanuk, c'est bien et si cela ne l'est pas, c'est pas bien du tout. C'est la première question que l'on pose. Et le film, c'était sanuk ? Ton voyage était-il sanuk ? A quoi on répond : " sanuk " ou " pas sanouk ". Tout devrait être sanuk ou amusant. Un film sanuk n'est pas forcément drôle, cela peut être un film d'horreur ou une histoire d'amour qui finit mal, le tout c'est que cela vous ait plu et que vous ayez été captivé. Autres exemples, un bar, une discothèque ou une personne sanuk sont dignes d'être fréquentés. Un travail même peut être sanuk, si la tâche n'est pas rébarbative et si les collègues sont rigolos. Le concept de sanuk est si important dans la société thaïlandaise que le mot peut être décliné en nom commun, en verbe et en complément. Je sanuk, tu sanuk, nous sanukons, vous sanukez, etc. Sans sanuk point de salut !

Sourire

Au pays du sourire commercial et tarifé. Un poncif trop souvent entendu à propos de l'Asie du Sud-Est, mais ce n'est qu'un poncif. Le sourire y est naturel et permanent, il exprime notamment amusement, excuse, remerciement ou dégagement en touche, quand les situations deviennent conflictuelles. Attention, quand le sourire n'est plus, les cendriers volent bas.

Toilettes

Les toilettes à la turque sont la norme, sauf dans les lieux fréquentés par les Occidentaux. Cela demande un peu d'entraînement et de la souplesse... Le papier hygiénique est une chose rare dans les toilettes, alors ayez toujours quelques mouchoirs en papier sur vous. Par contre, il y a toujours un bac avec un bol en plastique qui flotte sur une eau plus ou moins limpide et, au mieux, une petite douchette pour se laver.

Trekking

De très nombreux trekkings sont organisés dans la région Nord et dans les parcs nationaux. Ici, pas de haute montagne comme au Népal, ni de glacier : jungle et forêt au programme, avec des niveaux de difficulté croissants qui vous permettront de trouver un parcours à votre niveau. Certains relèvent surtout de la promenade.

Attention cependant aux conditions climatiques et aux températures : pics de chaleur dans la journée et de fraîcheur la nuit, pluie, humidité... Il est primordial de bien choisir son guide ; voyez si vous avez affaire à un homme de terrain ou à un simple accompagnateur.

Pour les parcs nationaux, logements et renseignements :

ROYAL FORESTRY DEPARTMENT. Paholyothin Road, Bangkok 10900 © 579 1151.

NATIONAL PARKS. Division of Forestry Department. Paholyothin Road Bangkok 10900 © 579 0529 / 579 4842.

Vice national

La rumeur et la médisance. Du commérage considéré comme un des beaux-arts.

Vie à la campagne

Plus plate que chez Brel. Chacun ne rêve que de partir pour Bangkok.

Vins

Le vin thaïlandais gagne peu à peu des parts de marché dans le pays. D'abord parce que sa saveur s'est améliorée, ensuite et surtout du fait que les vins étrangers sont surtaxés à des pourcentages vertigineux.

Week-end

Les riches vont à Pattaya, les autres regardent la télévision.

Zoner

C'est la vraie distraction nationale.

Faire / Ne pas faire

Respecter les ordres religieux et monarchiques

On se lève pendant l'hymne national au début d'une séance de cinéma. Les images de Bouddha et les portraits royaux sont sacrés. Ne pas dire de mal du roi, il est déifié et sincèrement et profondément aimé de tous les Thaïlandais (notamment pour ses actions envers les plus démunis). La Constitution ne lui octroie aucun réel pouvoir, mais son autorité morale est si grande qu'aucun gouvernement n'osera s'opposer à l'une de ses positions ou décisions.

Attention aux séances de photo trop démonstratives dans l'enceinte de lieux sacrés, un sujet tellement sensible que certains maladroits ont fini en prison. Un respect total est dû aux moines, qui ne doivent pas être approchés par les femmes. En général, les sièges arrière des bus leur sont réservés. Tenue décente et chaussures ôtées pendant les visites dans les temples. Eviter les décolletés provocants et les épaules dénudées. En dehors de sites touristiques, éviter les shorts souvent réservés aux enfants, aux modestes ouvriers, voire aux mendiants.

Tabous corporels

Certaines parties du corps sont tabou : la tête est le siège du Kwan, l'essence de vie. Elle ne doit donc jamais être touchée.

Les pieds constituent les parties les moins nobles du corps, à cause de leur contact obligé avec le sol : ne montrez jamais quelqu'un du pied... Et on ne parle pas des pieds sur la table.

Pour d'autres raisons, la main gauche ne doit pas être utilisée pour manger, ni pour les poignées de main. Il est préférable de garder ses distances avec la femme thaïe en général, un faible pourcentage seulement d'entre elles a perdu le sens de la tradition.

Eviter les débordements d'affection en public, il est rare de croiser un couple ▶

thaï se donnant la main dans la rue. Par contre, deux hommes thaïs peuvent se tenir par la main ou l'épaule. Il s'agit de gestes purement amicaux, sans aucune connotation sexuelle.

Naturisme ou nudisme

Que les puristes nous pardonnent l'amalgame. Mais, très sérieusement, le nudisme est déclaré illégal en Thaïlande. A réserver donc pour les seules plages désertes pour autant qu'elles puissent l'être. Si vous ne pouvez pas vous isoler, ce qui est loin d'être simple, évitez aussi le monokini, sauf peut-être dans les stations balnéaires très touristiques : Phuket, Pattaya, Koh Samui ou Krabi.

Waï

On s'adresse à quelqu'un de cette façon selon un protocole très précis : la personne d'un rang social moindre assume physiquement sa position par un " wai " très respectueux : tête baissée, avec déférence, de manière à ce que le nez touche presque le bout des doigts – les pouces – ou plus encore, le front. Entre personnes de même rang ignorant leur statut respectif, le bout des doigts ne doit pas dépasser les épaules et le mouvement d'inclinaison de la tête sera très léger.

Lorsque le wai vient d'un supérieur, il n'y a presque pas d'inclinaison de la tête. Le wai s'utilise aussi en face d'un objet sacré, un temple. L'Occidental peut trouver folklorique cette attitude, lorsque par exemple à un carrefour un chauffeur de taxi lâche son volant pour saluer un temple.

Voici quelques conseils :

1) Un wai n'est pas une poignée de main mais une marque de respect, dont l'intensité est proportionnelle à l'inclinaison de la tête et du corps. Inutile donc de " waier " en permanence.

2) S'agissant d'une marque de respect, en toute logique il ne s'impose pas de recourir au wai en face de quelqu'un d'un " statut inférieur ". Des exemples ? Les enfants, un serveur...

En général, ne prenez pas l'initiative, sauf si vous êtes en présence d'un moine, d'un vieux sage ou d'un officier de l'immigration que vous voulez remercier. D'ailleurs il n'y a pas de retour de wai, quand le statut social est trop différent, ainsi il est inutile de " waier " en retour une serveuse à qui vous venez de donner un pourboire. Répondez d'un sourire.

3) Le wai peut aussi exprimer un remerciement entre Thaïs de même rang. Préférez un franc " Khawp khun ".

Autres règles complémentaires

Ne désignez personne du doigt.

Maîtrisez vos émotions, et affichez la sérénité de votre âme dans un sourire.

Ne croisez pas les jambes, surtout en présence des moines.

Faites précéder le prénom des gens d'un Khum de politesse.

Evitez la couleur noire pour une soirée ou une cérémonie, elle est réservée au deuil.

Souriez pour remercier.

Les cadeaux ne s'ouvrent pas en public.

Ne jetez ni argent, ni objet, ni nourriture.

Pas de wai aux enfants ou personnes d'un rang inférieur, juste souriez !

Celui qui invite paie l'addition, qui n'est jamais partagée ; si personne n'invite, la personne dont le statut social est le plus élevé le fait.

Survol du pays

Géographie

Situation

Située à 9 412 km de Paris, entre le 20° et le 6° degré de latitude Nord et entre le 98° et le 105° degré de longitude Est, la Thaïlande a la forme évoquant la tête d'un éléphant, le front butant contre la Birmanie et la trompe descendant entre la mer d'Andaman (700 km de façade maritime) à l'ouest et la mer de Chine (1 900 km de façade maritime) à l'est. Le pays s'étend sur plus de 1 600 km du nord au sud et sur un maximum de 800 km d'est en ouest. Les pays frontaliers sont le Cambodge et le Laos à l'est, la Birmanie au nord et l'ouest et la Malaisie au sud, pour un total de 3 720 km de frontières terrestres. D'une superficie totale de 513 115 km^2, la Thaïlande est le plus vaste pays d'Asie du Sud-Est, d'une taille à peu près égale à celle de la France.

Relief

La montagne, recouverte de forêts, domine les régions Nord et Ouest et se situe dans le prolongement du massif himalayen. Elle est composée de massifs schisteux, calcaires et granitiques et abrite le point culminant du pays, le mont Doï Inthanon, 2 595 mètres.

A l'est, un plateau gréseux couvre près du tiers de la superficie totale du pays ; la végétation, assez pauvre, est composée de forêts et de savanes. La frontière entre la Thaïlande et le Laos est délimitée par le fleuve Mekong, alors que celle qui la sépare du Cambodge est marquée par les massifs montagneux de Dongrek et Khao Khieu.

La zone du Sud-Est, entre la mer de Chine et le Cambodge, à la pluviosité exceptionnelle, a donné naissance à l'une des jungles les plus épaisses de toute la péninsule. On retrouve également une végétation luxuriante à l'extrême sud du pays, région surnommée la " Malaisie siamoise ". Cette flore recouvre les flancs des montagnes de calcaire primaire qui constituent les premières marches de la chaîne himalayenne. La partie méridionale de cette région comprend également de larges plaines propices à la riziculture. Enfin, la région centrale, autour de Bangkok, concentre 27 % de la population thaïe et s'étend sur 400 km du nord au sud et de 100 à 150 km d'est en ouest. Le sol y est particulièrement fertile.

Hydrographie

L'eau est présente partout en Thaïlande, le réseau hydrographique est donc très développé et a joué un rôle essentiel dans l'essor de l'agriculture et des transports. De nombreuses rivières, au bord desquelles se sont installés des villages, descendent des montagnes du Nord, grossissent et se regroupent pour former la Mae Nam Chao Phraya, à partir de laquelle d'innombrables voies navigables ont été exploitées.

Climat

La Thaïlande, du fait de sa latitude et de l'influence des moussons sud-ouest et nord-est, jouit en toute saison d'un climat tropical humide. La distance du nord au sud-est est d'environ 1 900 km et le gradient de latitude de 15° environ (au nord, Mae Saï, 20,5°N, au sud Betong 5,6°N). Ces éléments réunis confèrent à la Thaïlande un des climats les plus variés de l'Asie du Sud-Est. La mousson nord-est (novembre/décembre à février/mars) apporte de l'air frais et sec, la mousson sud-ouest (mai/juin à octobre/novembre) son cortège de pluies (les moussons déterminent les pluies qui, elles-mêmes, déterminent les saisons). On distingue, avec des différences de gradient thermique entre les régions, deux saisons en Thaïlande (certains disent trois saisons, la troisième étant une sous-partie de la saison sèche, surtout prononcée dans le Nord) :

- **saison sèche :** de novembre à avril.
- **saison des pluies :** de mai à octobre.

Mais, depuis le début de la déforestation, aggravée ces 20 dernières années en Asie du Sud-Est, le climat a beaucoup changé, pour devenir extrêmement imprévisible. Il pleut parfois en saison sèche et l'hiver et, alors qu'il devrait faire moins de 20 °C à Chiang Maï, la température peut monter jusqu'à 28 °C. Pour en savoir plus, tapez 3617 METPLUS.

Pluies

La durée de la saison des pluies est difficile à évaluer. En général, elles débutent en mai ou juin et peuvent durer jusqu'à novembre, avec des pointes en août et en septembre pour le Centre et l'Est (Bangkok et Chantaburi). Octobre est un mois de transition pendant lequel les inondations peuvent être très violentes. Notamment à Bangkok où certains quartiers sont inondés quand déborde le Chao Phraya. La montée des eaux est généralement très soudaine, et elle laisse derrière elle de nombreux sans-abri. C'est ce moment que choisissent des centaines de crocodiles pour s'échapper de leurs fermes.

Mai et octobre sont les mois des maxima de précipitations à Phuket, alors que dans le golfe de Thaïlande (Koh Samui), du fait de la mousson nord-est, il pleut beaucoup d'octobre à décembre (principalement en novembre). Plus vous allez vers le sud, plus la saison des pluies est longue (et plus le gradient thermique est faible). Au nord (à Chiang Maï), la saison sèche peut commencer en octobre et se prolonger jusqu'en mai.

A l'approche de la mousson sud-ouest en mai/juin, au moment où les températures sont les plus fortes, de très violents orages peuvent éclater et les pluies – appelées Mango rain – sont diluviennes. Les Thaïlandais appellent cette période " la saison du diable ", une véritable saison en enfer, car c'est traditionnellement aussi l'époque des coups d'Etat et des révolutions. La saison des pluies en Thaïlande n'est cependant pas comparable à celle de certains autres pays d'Asie du Sud-Est. Car même si certaines routes deviennent des pistes boueuses, même si les superbes plages tropicales sont plutôt grises et la mer agitée, il reste possible de circuler et d'apprécier le pays.

Températures

Plus vous vous rapprochez de l'équateur, plus le gradient thermique est faible. Les températures journalières varient donc moins dans le Nord. Ainsi, au cours des mois les plus frais (de décembre à février, avec des températures moyennes situées entre 20 °C et 27 °C), la température peut approcher le 0 °C la nuit, en hauteur, dans les régions du Nord, alors qu'au cours de la journée, elle se maintient au-dessus de 25 °C. Notez que, pendant cette période, si les températures matinales sont voisines de 10 °C à Chiang Maï, partout ailleurs elles sont supérieures à 20 °C. Les mois les plus chauds sont avril et mai, avec des températures supérieures à 35 °C (et 40 °C à l'ombre ne sont pas rares, surtout au nord).

En conclusion

La saison la plus agréable pour voyager en Thaïlande est naturellement la saison sèche pendant les mois les plus frais, de décembre à février (sauf à Koh Samui, où il pleut normalement davantage en décembre/janvier... mais il est difficile d'être précis pour Koh Samui, tant sa météo est liée aux situations dépressionnaires sur le golfe de Thaïlande). C'est également l'époque des floraisons, ce qui donne de somptueux paysages, notamment dans les vallées du Nord. Malheureusement, c'est aussi la saison de haute affluence touristique. La chaleur des mois d'avril et mai peut perturber votre séjour, surtout si votre destination est le Nord ou le Nord-Est. Les nuages de poussière qui accompagnent la saison sèche y sont permanents. Pour éviter les foules et la saison du diable, vous pouvez choisir de voyager de mai à août en privilégiant le Nord, le Nord-Est, le Centre et Koh Samui. Septembre reste un mois difficile presque partout et, suivant les années, les pluies peuvent se prolonger jusqu'à fin octobre entre Bangkok et le littoral Sud-Ouest. Si vous affectionnez les plages aux couleurs tropicales, les eaux limpides ou la plongée, la deuxième quinzaine de novembre est une garantie. Ceux qui auraient obtenu un séjour à bas prix pendant la saison des pluies à Phuket – entre mai et octobre – auront quelques chances de voir se succéder des journées ensoleillées entre des périodes de dépression pouvant durer deux à trois jours. Considérez également les vacances universitaires européennes et thaïlandaises (de mars à juillet), ce sont bien sûr les périodes de plus grande affluence. Si vous prévoyez un séjour bref, les réservations sont impératives entre Noël et le Nouvel An, pendant le Nouvel An chinois (pleine lune de février) et le Nouvel An thaïlandais (du 13 au 15 avril).

Vue sur le Cambodge depuis Prasat Phanom Rang

Plage, Krabi

Pour les passionnés d'ornithologie

Bird Guide of Thailand, de **B. Legakul et E. Cronin**, Karusapa Laprao Press, Bangkok 1974 : pour les passionnés d'oiseaux.

Forêt d'Erawan, ouest de la Thaïlande

Le royaume des éléphants, Phuket

Faune et flore

De très nombreuses espèces sont recensées : plus de 295 mammifères, 900 oiseaux, des milliers d'insectes et des centaines de poissons. Beaucoup sont en voie de disparition, et les parcs nationaux terrestres et marins sont de piètres sanctuaires face au développement et à l'urbanisation. Léopard tacheté, tigre, tapirs malais et plusieurs dizaines d'autres mammifères menacés connaissent un début de siècle difficile. Les oiseaux sont chassés pour leurs couleurs ou pour leur chair, et il devient difficile de les observer. Souhaitons que ce pays, comptant encore une faune parmi les plus riches du globe par sa diversité, accentue de façon drastique la protection de ses espaces verts.

Eléphants

La nuit, tous les éléphants sont gris. Si vous voyez un de ces jeunes pachydermes errer avec sa troupe de gardiens en guenilles, ne soyez pas surpris. Il y en a plein dans la ville. Le jour, ils se cachent au milieu des herbes folles en banlieue et, le soir, ils sortent pour mendier. Ces pauvres petits éléphants ont un bien triste sort. Tout jeunes, ils partent de leur province natale pour la grande ville si peu hospitalière. Ils parcourent des centaines de kilomètres pour arriver à Bangkok et là, ils vivent cachés et pourchassés par les autorités policières. Dans le bruit et la fumée, beaucoup d'éléphanteaux deviennent fous, quand ils ne sont pas mortellement blessés par une voiture. Pauvres nénéphants !

Geko

Ce petit lézard sympa et mignon se cache dans toutes les maisons. Il veille sur vous et gobe de temps à autre un moustique. Merci petit gecko ! Repu, il lance dans la nuit son petit cri : " ko, ko, ko, ko... géko, géco... ". Son corps n'est pas plus gros qu'un doigt et sa peau transparente laisse deviner toutes ses veines. Il est bien plus joli que son cousin le " toukey ", qui est bien plus timide.

Crocodile

Les inondations des mois de septembre et d'octobre sont, tous les ans, l'occasion d'une floraison d'articles sur les crocodiles des élevages. Ils sont plus de 100 000 en Thaïlande. Le centre du pays compte à lui seul plus de 55 000 spécimens d'eau douce et d'eau salée, installés dans les villes et les villages qui bordent le fleuve Chao Phraya (à Nakhon Sawan, Uthaï Thani, Chaï nat, Thong, Nonthaburi ou Prathum Thani). Le " prix du danger " est de 8 300 Baht quand il est âgé de 2 mois, et plus de 140 000 Baht pour un adulte de 15 ans... et 4 m de longueur. Les prix ont plongé depuis quelques années, principalement à cause de la concurrence des pays limitrophes. Mal aimées, mal cotées, les petites bestioles profitent donc des pluies pour quitter leur bassin. 1995 aura été une année faste pour les crocos épris de liberté. C'est en masse qu'un beau matin ils ne se comptèrent plus. Comme leur seul regret est le plateau-repas, si vous traînez dans leurs parages, attention à vos mollets...

Environnement

Des campagnes de protection de l'environnement commencent à être lancées dans le royaume. La plupart ont comme objectif de contrecarrer la mauvaise habitude qu'a le Thaïlandais moyen à jeter tout et n'importe quoi là où il se trouve. On dénigre tellement le tourisme de masse et souvent à juste raison qu'il faut parfois lui décerner une médaille. Ainsi, suite aux plaintes constantes de nombreux visiteurs étrangers, devant la saleté de certaines villes et des environs, certaines ont retroussé manches. Une cité comme Pattaya par exemple a fait d'énormes progrès du moins en ce qui concerne la pollution visible. Plus spectaculaire encore, KOH SAMUI dont les plages étaient souillées, il y a une dizaine d'années, de détritus divers et de plastique offrent aujourd'hui au regard une île impeccable de propreté. En revanche, dès que vous vous éloignez des régions fréquentées par les voyageurs occidentaux, très souvent, à part de rares exceptions comme YALA dans le Sud, des plages et des sites magnifiques ont leurs beautés gâchées par quantité de bouteilles, canettes, papiers gras et emballages divers.

Pour plus d'infos sur les parcs nationaux

National Parks in Thailand, de **D. Gray**, Communications Resources, Bangkok 1991 : bonne tentative de description de tous les parcs nationaux de Thaïlande.

Ayutthaya

Conseils

Ne partez pas à l'aventure seuls. Il est préférable de prévoir son itinéraire à l'avance, de réserver les bungalows susceptibles de vous héberger en cours de parcours, et puis d'essayer de penser à tout... Cela dépendra évidemment de votre destination, mais n'oubliez pas d'emporter de l'eau (deux litres par personne et par jour), de faire une révision complète du véhicule que vous louerez, de prévoir les antimoustiques contre les pénibles petites bêtes. Toujours gardez en mémoire que, sur votre parcours, ceux que vous croiserez ne parleront même pas l'anglais.

Pour en savoir plus sur les activités de grande nature en Thaïlande

Diving Escapades in Thailand's tropical seas. **Sam Fany**. SNP Publishers Pk Ltd. Une bonne lecture préliminaire pour la plongée.

Thaïland Golf guide, de **Neil Saint John**. Edité par GGI So4. Arc en ciel, Vallandry, Landry. 73210 France © 79 07 97 40.

The Mae Hong Son Loop. The *Golden Triangle and Laos Border area. Chiang Khong - Chiang Kham - Nan)*, de **David Unkovich**. Disponible au DK Bookstore de Chiang Mai et Chiang Rai. Un livre de bord pour sac à dos, et pour ceux qui veulent sortir des sentiers battus. Essentiel à une navigation en moto solo ou en voiture.

Prasat Hin, Wat Sa Srisaked, Kamphaeng Noi

Les Thaïlandais du cru ne sont pas fautifs en valeur absolue. En effet on ne les a jamais éduqués dans le sens de la préservation de la nature. Mais les autorités du pays ont pris conscience du phénomène, et les choses devraient s'améliorer au fil du temps.

Parcs nationaux

Depuis plusieurs décennies, quelque soixante sites sont devenus des zones protégées. Ces zones, maritimes ou terrestres, sont réparties sur l'ensemble du territoire de la Thaïlande. Mais la faune et la flore de ce pays, toutes deux incroyablement diversifiées, ne sont pas forcément complètement sorties d'affaire, beaucoup d'espèces ne survivront pas à la déforestation massive qu'a subie le pays. La mode du tourisme vert est cependant arrivée à point nommé, pour essayer d'offrir un substitut de revenus à des régions survivant auparavant grâce à l'exploitation forestière.

Ours noirs, tigres, oiseaux exotiques, serpents ou poissons multicolores sont aujourd'hui devenus autant d'entrées de devises potentielles. Souhaitons-leur tout de même de ne pas se faire trop rares.

Il n'y a guère plus de trente ans, la forêt couvrait encore plus de la moitié du pays. Aujourd'hui, elle s'étend à peine sur 10 % du territoire, ce qui est insuffisant pour l'auto-entretien de son écosystème.

Le premier parc naturel a été ouvert en 1962 (Klao Yai National Park) et on en dénombre aujourd'hui plus de 75, se partageant quelque 40 000 km². Une augmentation accompagnée d'une réelle prise de conscience écologique des pouvoirs publics, qui ont fait passer les surfaces de coupes légales de 4 800 km² à 380 km² par an.

Ecotourisme

Il est mis en valeur depuis quelques années et les responsables du tourisme cherchent à promouvoir la visite des grands parcs comme Doi Intharon, Mae Ping, Khao Yai, Erawan ou Tura Tao. Des bungalows collectifs sont mis à la disposition des visiteurs, il est possible également d'y faire du camping. Les prix sont modestes, 20 baht pour la location d'une tente, entre 100 baht et 150 baht pour un bungalow.

Certains parcs disposent également d'un restaurant ouvert généralement pendant la saison touristique, de décembre à mai.

Pour réserver, en attendant Internet, il est possible d'écrire, car les téléphones sont rares. Il est conseillé de réserver depuis Bangkok auprès de la National Parks Division, Royal Forestry Department. Paholyothin Road Bangkok 10900 © 579 52 69 / 579 0529 / 579 4842. Pourquoi ne pas louer les services d'un Ranger (pour 500 baht) qui vous composera un programme sur mesure ?

Quelques parcs

Phu Kradung

Pistes balisées. Au nord, nord-ouest du pays. Fermé de juin à octobre. Sur les hautes terres, à plus de 1 000 m d'altitude, dans la province de Loei. Des forêts, des sapins (mais oui !), des cascades, des animaux...

Doï Inthanon

Près de Chiang Maï, ce parc abrite le sommet le plus haut du pays, 2 565 m - sachez qu'il n'y fait pas chaud... quand il n'y pleut pas. Des tribus de montagnards habitent ces régions (H'mong et Karen). Vous y croiserez trois types de végétation, sans compter les cultures de l'homme – qui a pas mal fait des siennes dans la région ! Les ours noirs d'Asie, macaques, léopards et autres mangoustes reviennent de loin. Cascades magnifiques.

Khao Yai

Pistes balisées. L'aîné des parcs nationaux thaïlandais, et l'un des plus importants au monde. Ouvert pendant la journée seulement, après l'adoption, en 1992, d'une curieuse mesure destinée à endiguer une trop grande affluence. Susceptible de rendre service aux nombreuses espèces animales ayant élu domicile ici ? Pas sûr, demandez leur avis aux oiseaux.

Erawan et Saï Yok

Deux parcs dans la province de Kanchanaburi, au cœur de la vallée de la rivière Kwaï. La trop célèbre chute d'eau du premier est impressionnante. Des centaines de milliers de visiteurs sont donc impressionnés tous les ans ; la grotte de Phratat est leur autre passage obligé. Le second parc abrite – entre autres – des sites archéologiques du plus haut intérêt.

Khao Sam Roi Yot

Presque cent kilomètres carrés de collines au-dessus d'étendues marécageuses et de superbes plages. C'est magnifique. Des petits singes, des léopards, 300 espèces d'oiseaux différentes, et des moustiques, que de moustiques !

Khao Chamao- Khao Wong

A trois heures de Bangkok, deux étendues sauvages dans la province de Rayong. Vous êtes dans un véritable laboratoire à ciel ouvert pour les biologistes du monde entier. Le nombre de variétés de mammifères au kilomètre carré est ici incomparable. On peut y dormir – réserver de Bangkok – mais vous risquez d'être la bestiole la moins adaptée à la forêt. Une expérience à ne pas manquer.

Ang Thong (parc marin)

Des dizaines de magnifiques îles et archipels, au large de Surat Thani et près de Koh Samui. Donc l'obligation de se faire prendre en charge par des spécialistes. Partout, au-dessus et en dessous de l'eau, des animaux qui n'auraient pas quitté le paradis terrestre... si seulement un certain mangeur de pomme pouvait un peu se faire oublier.

Hat Nopparat Thara-Koh Phi Phi

Presque 400 km² d'eau salée limpide, limpide... près de Krabi et des îles Phi Phi. Un véritable sanctuaire sous-marin qu'un tourisme exacerbé tuerait. Sous l'eau vous attend, à la bonne saison, tout ce que vous avez toujours voulu voir autrement que par les caméras d'une certaine Calypso.

Fronton d'un temple

Histoire

L'histoire de la Thaïlande peut se résumer en une descente vers le sud des Thaïs du Yunnan, en Chine, puis en une succession de luttes entre les différents princes thaïs pour assurer leur suprématie, tandis que se déroulent d'incessantes guerres avec les royaumes voisins de Birmanie, du Laos et du Cambodge. La colonisation anglaise et française met fin à tous ces affrontements et fixe les frontières de la Thaïlande actuelle. En 1932, un coup d'Etat militaire renverse la monarchie absolue et la Thaïlande entre dans une période d'instabilité politique. Après 60 ans de " démocratie ", la querelle est toujours aussi grande pour savoir qui, des hommes politiques qui représentent les hommes d'affaires ou des militaires, aura le pouvoir. Le coup d'Etat de février 1991 n'avait pas d'autre origine.

Les Thaïs sont partout...

Origines : royaumes de Ngaï Lao et Nanchao (Ier siècle – 1253)

L'origine des Thaïs se situe dans le Sud de la Chine. Du Ier au XIIIe siècle, les royaumes de Ngaï Lao et Nanchao (plus précisément le second) jouent un rôle historique très important.

Le royaume de Nanchao se situe à l'est, dans le Yunnan, alors que celui de Ngaï Lao est plus à l'ouest, au-dessus du Viêt-nam. Peu à peu, le Nanchao absorbe le Ngaï Lao et prend comme capitale la ville de Tali, sur le Fleuve Bleu. Très vaste – il s'étend du Tibet à Canton – le Nanchao, dont le nom signifie " royaume du Sud " (Nan = Sud et Chao = royaume ou principauté), est militairement bien organisé et lutte, du VIIIe au XIIIe siècle, contre les Tibétains et les Chinois, dont il devient un vassal récalcitrant en 791.

La fin du Nanchao est provoquée par la conquête de la Chine, au XIIIe siècle, par les Mongols de Kubilaï Khan. En 1253, ce dernier s'empare de Tali, ce qui provoque la descente des Thaïs vers le sud.

Principautés de l'Inde, de Birmanie, du Viêt-nam et du Laos

Les Thaïs sont installés dans le Nord-Est de la Birmanie depuis les premiers siècles de notre ère. Lorsque les Birmans les dominent, vers le XIe siècle, ils appellent les Thaïs les Shan, par déformation du mot Siam. Ces Thaïs s'appellent en fait eux-mêmes Thaïs Yaï (grands Thaïs) car ils sont d'une taille plus élevée que les Thaïs de Thaïlande, appelés Thaïs Noï (petits Thaïs).

Les premières principautés véritablement organisées apparaissent en 1215. Leurs seigneurs portent le titre royal thaï traditionnel de Chao Fa (prince du ciel).

Dans le même temps, se forme un royaume thaï Ahom dans l'Assam (partie de l'Inde frontalière avec la Birmanie). Ce royaume Ahom est annexé à l'Empire britannique des Indes en 1842 et il restera attaché à l'Inde après son indépendance en 1947. Il y a encore environ 400 000 Thaïs en Inde qui n'acceptent pas la domination indienne et réclament leur indépendance.

Au Viêt-nam, les Thaïs s'organisent en Sip Song Chao Thaï (douze principautés thaïes). Ce sont les Thaïs noirs et les Thaïs blancs, non pas à cause de la couleur de leur peau, mais du fait de la couleur des vêtements traditionnels des femmes. Au XIIIe siècle, leur capitale est Muong Theng (la ville de la citrouille), qui connaîtra plus tard une célébrité mondiale sous le nom vietnamien, donné par les Français, de Diên Biên Phu. Deux à trois millions de Thaïs vivent encore au Viêt-nam où ils occupent pratiquement toutes les montagnes, les Vietnamiens vivant dans le delta du Fleuve Bleu et de la Rivière Noire.

Les Laotiens, qui tiennent leur nom de l'ancien royaume de Ngaï Lao, s'installent d'abord dans la région de Luang Prabang. Puis, au XIVe siècle, ils créent le royaume du Lang Chang (million d'éléphants), que les Français appelleront de son nom d'origine, le Laos.

Chronologie

Ier siècle : royaumes thaïs de Nanchao et Ngaï Lao dans le Sud de la Chine actuelle.

568 : des Thaïs du royaume de Ngaï Lao constituent le royaume de Chieng Sen.

791 : le royaume de Nanchao devient vassal de l'empire de Chine.

1215 : formation des principautés thaïes dans les Etats Shan de la Birmanie actuelle.

1238 : formation du royaume de Sukhothaï.

1253 : prise de Tali, capitale du royaume de Nanchao, par les hordes de Kubilaï Khan (petit-fils de Gengis Khan). Accélération de la descente des Thaïs vers le sud.

1296 : création, par le prince Mangraï, du royaume de Lan Na avec Chieng Maï comme capitale.

XIIIe siècle : formation du royaume thaï Ahom dans l'Assam de l'Inde actuelle.

1347 : formation du royaume d'Ayuthaya.

1349 : le royaume de Sukhothaï accepte la suzeraineté d'Ayuthaya.

1350 : Ramitabodi Ier est couronné roi d'Ayuthaya.

1353 : prise d'Angkor par Ramitabodi Ier.

1378 : fin de Sukhothaï. Le roi de Sukhothaï est rabaissé au rang de gouverneur.

1387 : début de longues guerres entre les royaumes d'Ayuthaya et de Lan Na.

1431 : mise à sac d'Angkor par le roi Boromaraja II d'Ayuthaya.

1509 : ambassade portugaise à Ayuthaya.

1515 : prise de Lampang, ville du Lan Na. Chieng Maï résiste.

1519 : accord Ayuthaya-Portugal. Des commerçants portugais s'installent dans le royaume.

1549 : le royaume birman attaque Ayuthaya. Début d'une guerre de plus de 200 ans.

1556 : allégeance du royaume du Lan Na à la Birmanie.

1563 : prise de Sukhothaï par le royaume birman.

1564 : prise d'Ayuthaya par la Birmanie.

1587 : libération d'Ayuthaya par le prince Naret, futur roi Naresuan.

1595 : le royaume du Lan Na reconnaît la suzeraineté d'Ayuthaya.

1664 : Mgr d'Héliopolis, des Missions étrangères de Paris, arrive à Ayuthaya.

1685 : ambassade du chevalier de Chaumont et de l'abbé de Choisy.

1688 : mort du roi Naraï et fin de la présence occidentale à Ayuthaya.

1767 (avril) : mise à sac d'Ayuthaya par le royaume birman.

1767 (nov.) : le général Thaksin reprend Ayuthaya et défait le royaume birman. Il se fait couronner roi du Siam à Thonburi, qui devient la nouvelle capitale.

1775 : le roi Thaksin reprend aux Birmans Chieng Maï qui restera définitivement dans le royaume thaï.

1782 : mort du roi Thaksin. Le général Chakri se proclame roi, fondant l'actuelle dynastie Chakri. Sa capitale sera Bangkok, de l'autre côté du fleuve Menam Chao Phraya (princesse mère des eaux).

1826 : traité d'amitié et de commerce signé avec l'Angleterre. Retour de la présence occidentale.

1893 : le Siam cède à la France, qui les rattache au Laos, les provinces de la rive gauche du Mekong.

1896 : accord de la France et de l'Angleterre sur l'indépendance du Siam. Le Siam devient un Etat tampon entre la France en Indochine et l'Angleterre en Birmanie.

1907 : le Siam cède les provinces de Battambang, Siem Reap et Sisophon à la France, qui les rattache au Cambodge.

1932 : coup d'Etat mettant fin à la monarchie absolue.

1939 : le Siam prend le nom de Thaïlande.

1957 : coup d'Etat des généraux Sarit Thanarat, Thanom Kittikachorn et Prapat Charusathien. Régime de dictature militaire.

1973 (octobre) : manifestations étudiantes et renversement de la dictature des maréchaux Thanom Kittikachorn et Prapat Charusathien.

1976 (octobre) : manifestations de l'extrême droite et coup d'Etat militaire. Dictature civile de l'extrême droite.

1977 (octobre) : coup d'Etat militaire mettant fin à la dictature civile du Premier ministre Thanin Kraïvichien.

1991 : coup d'Etat militaire le 23 février.

1992 : élections le 22 mars et retour à la démocratie.

1995 : en janvier, la Thaïlande procède à son quinzième changement de Constitution depuis 1932. **En mai**, dissolution du Parlement, suivie d'élections législatives. Les hommes d'affaires entrent en force en politique. Banharn Silpa Archa, du parti Chat Thaï, devient Premier ministre. Quelques balbutiements de réponses aux tensions avec les voisins birmans et cambodgiens.

1997 : le 27 septembre, 16e Constitution.

2001 : le 18 février, élection du Premier ministre actuel, Thaksin Shinawatra.

Eléphant, détail d'une porte, Bangkok

Enfin, dans le Sud de la Chine demeurent encore 12 millions de Thaïs. Ils habitent dans le Yunnan, une région qu'ils nomment les Sip Song Pan Na (12 000 rizières). C'est principalement la branche des Thaïs Lu.

Tous ces Thaïs - Ahom, Shan (Thaï Yaï) Lao, Thaïs blancs ou noirs ou Thaïs Lu du Yunnan - parlent la même langue, avec, évidemment, quelques variantes, mais avec suffisamment de points communs pour qu'un Thaï noir puisse communiquer avec un Thaï Yaï. Ils pratiquent le même animisme et bouddhisme et ont conservé les mêmes traditions. Leur différence avec les Thaïs de Thaïlande tient à ce que ces derniers habitent un pays portant leur nom.

Formation de la Thaïlande

Royaume de Lan Na (1296 – 1595)

Vers 568, des Thaïs venant certainement du royaume de Ngaï Lao constituent le royaume de Chieng Sen. Mais ce n'est qu'en 1261 que ce royaume prend son envol. Cette année-là, le prince Mangraï monte sur le trône. En 1262, il déplace sa capitale vers le sud-ouest et fonde Chieng Raï. Puis il commence à se diriger vers Lamphun (prononcer Lampoun) et, en 1296, fonde Chieng Maï (la ville nouvelle), capitale du nouveau royaume de Lan Na (million de rizières). Le royaume de Lan Na (appelé plus simplement Chieng Maï) demeurera indépendant jusqu'à son annexion par le royaume d'Ayuthaya en 1595.

Royaume Sukhothaï (1238 – 1378)

Au début du XIe siècle, les Khmers poussent leur conquête jusqu'à Lopburi. Au XIIe siècle, ils étendent leur autorité jusqu'à Vientiane, aujourd'hui capitale du Laos, jusqu'à la péninsule malaise dans le Sud et à l'ouest, jusqu'à la frontière birmane, contrôlant ainsi la région de Sukhothaï.

Seul le royaume môn de Dvaravati, dans le centre de la Thaïlande actuelle, demeure indépendant. Sa capitale est alors certainement Nakhon Pathom ou Ayuthaya. Au IXe siècle, ce royaume est étendu à Pegou, en Birmanie. Au XIIIe siècle, le royaume de Pegou est annexé par la Birmanie alors que celui de Nakhon Pathom l'est par l'Empire khmer. Au nord, le royaume môn d'Haripunjaya est lui aussi intégré par le prince Mangraï dans le royaume de Lan Na. Le XIIIe siècle voit donc la fin des Môn en tant que puissance militaire et politique. Il reste, aujourd'hui, environ un million de Môn en Birmanie, en face de la ville thaïlandaise de Kanchanaburi. Ces Môn sont en lutte contre le gouvernement birman et exigent leur autonomie.

Dans ce contexte, ne demeurent face à face que les Thaïs qui continuent leur descente vers le sud, et les Khmers.

En 1220, un prince thaï de Sukhothaï, Pha Muong, s'allie avec un autre prince, Bang Klang Tao. En 1238, ils attaquent et renversent le gouverneur khmer de Sukhothaï. Le prince Bang Klang Tao se faisant alors proclamer roi de Sukhothaï, le suzerain khmer devient le vassal des Thaïs. Le fils de Bang Klang Tao succède à son père et, sous le nom de Rama Kamheng (Rama le Fort), se révèle un roi d'une exceptionnelle grandeur qui va élargir son royaume aux dépens des Khmers. A la fin du XIIIe siècle, le royaume de Sukhothaï s'étend au nord-est jusqu'à Vientiane, au sud jusqu'à Nakhon Sri Thammarat, et à l'ouest jusqu'à Pegou. Rama Kamheng envahit et saccage aussi le Cambodge. Mais, en 1282, inquiétée par ce nouveau puissant voisin, la Chine somme Rama Kamheng de mettre fin à ses conquêtes. Depuis cette date, la Chine, communiste ou non, a toujours veillé à ce que les Thaïs ou les Vietnamiens ne se développent jamais jusqu'au point de devenir un empire concurrent. Il est curieux de constater qu'au XIIIe siècle la Chine impériale empêche le roi de Sukhothaï de s'emparer du Cambodge et qu'au XXe siècle la Chine communiste s'oppose aussi à la prise du Cambodge par le Viêt-nam communiste…

Lorsque le roi Rama Kamheng meurt en 1318, Sukhothaï est le plus important royaume d'Asie du Sud-Est. Mais ses descendants ne seront pas à sa hauteur et le royaume sera absorbé par le nouveau royaume thaï d'Ayuthaya, plus au sud, auquel il sera rattaché en 1378.

Royaume d'Ayuthaya (1350 – 1767)

C'est un prince thaï de la dynastie de Chieng Sen, établie dans le royaume de Dvaravati, qui va constituer le royaume d'Ayuthaya.

En 1350, après avoir fondé la ville de Dvaravati Sri Ayuthaya sur une île de la Menam, ce prince se fait couronner roi d'Ayuthaya sous le nom de Ramatibodi Ier, créant le nouveau centre de la puissance thaïe.

L'existence d'Ayuthaya, qui va durer jusqu'en 1767, sera marquée par des guerres incessantes. Les rois d'Ayuthaya imposent leur autorité au Lan Na, à Sukhothaï, à la Malaisie, au Cambodge et même au Laos, mais ils sont finalement vaincus par les Birmans. L'histoire d'Ayuthaya est donc une suite de guerres tous azimuts.

A la fin du règne de Ramatibodi Ier, le royaume couvre un territoire s'étendant aux villes principales de Suphanburi et Petchaburi à l'ouest ; Nakhon Sri Thammarat et Malacca au sud et Chantaburi à l'est. Le roi s'empare même d'Angkor en 1353 et mène une campagne contre Sukhothaï, mais sans succès.

C'est en 1378, sous le règne de Boromaraja Ier, que Sukhothaï passe sous la tutelle d'Ayuthaya. Son roi sera rabaissé au rang de simple gouverneur de la province de Sukhothaï.

Ce renforcement de l'autorité d'Ayuthaya est le départ d'une lutte de plusieurs siècles contre le royaume de Chieng Maï qui craint l'annexion de son frère de race devenu trop puissant. Le conflit commence en 1387, lorsque Boromaraja Ier intervient pour, prétendument, régler une querelle dynastique parmi les successeurs du prince Mangraï. Il ne va plus cesser : Angkor est mise à sac en 1431 sous le règne de son petit-neveu Boromaraja II. La capitale de l'Empire khmer est transférée à Phnom Penh en 1434.

C'est sous le règne de Ramatibodi II que les premiers Occidentaux font leur apparition. En 1509, les Portugais arrivent, ils prennent Malacca en 1511 et, de retour en 1516 à Ayuthaya, ils y concluent un traité de commerce.

Une nouvelle époque voit le jour avec le roi Mahachakrapat, lorsqu'en 1549 le

Phra Nakhon Si, parc historique, Ayutthaya

Wat Chang Lom, Sri Satchanalaï, Sukhotai

royaume birman attaque Ayuthaya en arrivant par Kanchanaburi. Ainsi débute une guerre qui va durer plus de 200 ans. Ayuthaya soutient un siège de quatre ans et parvient à repousser l'envahisseur. La reine Sri Suriyothaï (leur Jeanne d'Arc !) s'illustre en combattant à dos d'éléphant vêtue d'un habit de soldat, avant de trouver la mort au cours d'un engagement.

La Birmanie reprend son offensive en 1556, en passant cette fois par Chieng Maï, qu'elle prend facilement. En 1563, les Birmans s'emparent de Sukhothaï. En 1564, ils arrivent devant Ayuthaya qui, bizarrement, tombe sans coup férir. La domination birmane va durer 20 ans.

Arrivée de l'Occident

La libération du royaume sera l'œuvre du prince Naret – les Khmers ont auparavant attaqué Ayuthaya entre 1575 et 1582. Pour se servir d'Ayuthaya comme tampon, les Birmans autorisent la reconstruction des fortifications détruites. Vainqueur des Birmans, le prince Naret refuse leur tutelle. En 1568, les Birmans réattaquent donc Ayuthaya mais sont contraints, en 1584, de lever le siège. En 1590, après la mort de son père le roi Maha Thammaraja, le prince Naret monte sur le trône sous le nom de Naresuan. Mais, en 1592, les Birmans repartent à l'assaut. La bataille se déroule près de Suphanburi, où Naresuan tue en combat singulier le prince héritier de Birmanie : les Birmans se retirent dès 1593.

Deux ans plus tard, Naresuan débarrasse Chieng Maï de la domination birmane. En échange, le royaume de Lan Na reconnaît la suzeraineté d'Ayuthaya.

Le règne de Naresuan, qui se terminera en 1605, voit aussi le début de l'arrivée massive des Occidentaux. Dès 1516, Ramatibodi II avait conclu un traité avec le Portugal. Les premiers missionnaires dominicains portugais arrivent en 1555. En 1598, Naresuan conclut un autre traité avec les Espagnols. Les Hollandais ouvrent un comptoir à Patani en 1602 et à Ayuthaya en 1608. La même année, le roi Akatotsarot envoie une ambassade à La Haye.

En 1612, un navire anglais, le Globe, arrive à Ayuthaya porteur d'une lettre du roi Jacques Ier d'Angleterre. Après de courtes négociations, la compagnie anglaise East India Company est autorisée à ouvrir un comptoir à Ayuthaya, puis à Patani.

En 1649, les Hollandais deviennent le souci principal. Encouragés par leurs succès dans l'Insulinde et par la conquête de Malacca, en 1641, ils formulent de nouvelles exigences. Après un premier conflit, une crise sérieuse éclate en 1654. Mettant en pratique la politique de la canonnière, les Hollandais réussissent à conserver leurs privilèges, mais dès lors, les Thaïs leur cherchent des rivaux plus puissants. Ce sera l'œuvre du roi Naraï qui accède au pouvoir en 1647.

Dans sa politique d'équilibre envers les puissances européennes, le roi Naraï est servi très vite par des faits extérieurs favorables à ses projets. Une succession d'événements qui favoriseront l'ouverture du royaume et verront l'influence de la France à son apogée, vont se terminer par une brutale fermeture d'Ayuthaya, pour plus d'un siècle et demi, à tout étranger.

En 1659, la East India Company, chassée du Cambodge par une invasion annamite, se réfugie à Ayuthaya. La même année voit aussi la création à Paris, et grâce à l'aide de Louis XIV, de la Société des Missions étrangères ayant pour but l'évangélisation de l'Annam et de la Chine. Le pape reconnaît immédiatement cette nouvelle société. L'archevêque d'Héliopolis arrive à Ayuthaya en 1664.

Dix ans plus tard, après un voyage en France durant lequel il a rencontré Louis XIV pour lui demander plus d'aide et lui laisser entendre que le roi Naraï pourrait se convertir au catholicisme, le prélat revient à Ayuthaya, porteur d'une lettre dans laquelle Louis XIV remercie le roi Naraï pour l'aide apportée aux missionnaires. Dès ce moment, de bonnes relations s'établissent entre le Roi-Soleil et le roi Naraï, qui songe à faire appel à la France pour contrebalancer la nouvelle présence anglaise et la trop pesante présence hollandaise.

Suite à ce voyage, la Compagnie royale des Indes orientales installe un comptoir à Ayuthaya en 1680 et un bateau de la compagnie, le Vautour, emmène une ambassade d'Ayuthaya vers la France mais fait naufrage en vue du cap de Bonne-Espérance.

En 1684, départ d'une seconde ambassade conduite par deux mandarins accompagnés du père Vachet des Missions étrangères, guide et interprète. Cette ambassade est très bien accueillie par Louis XIV qui, à son tour, envoie, en 1685, une ambassade conduite par le chevalier de Chaumont et

Un aventurier

Constance Phaulkon, ainsi qu'il orthographie lui-même son nom (les auteurs écrivent habituellement Faulcon), est Grec, né en 1650 sur l'île de Céphalonie. Ses origines sont difficiles à établir : il se prétend de famille noble, alors que, selon certains historiens, il serait fils de boutiquier. Quoi qu'il en soit, on sait avec certitude qu'à l'âge de dix ans Constance part sur un vaisseau anglais en Angleterre où il reste jusqu'en 1669. Cette année-là, il s'engage comme garçon de cabine sur un bateau anglais qui part vers l'Asie. Il débarque à Ayuthaya où il travaille pour la East India Company. Au cours d'un autre voyage, il fait naufrage au large de Nakhon Sri Thammarat et est le seul rescapé avec l'ambassadeur thaï qui revient de Perse.

Ce dernier le prend en amitié et le présente au Barkalon (Premier ministre), dont il devient le secrétaire ; parlant le thaï, l'anglais et le portugais, par son travail, son énergie et son intelligence, il parvient au poste de conseiller privé du roi Naraï, ce qui le place au-dessus de tous les autres ministres et lui vaut le titre de Phya, le plus élevé des titres de la noblesse viagère thaïe.

D'origine catholique, il s'est converti au protestantisme lors de son séjour en Angleterre mais redevient catholique en 1682, sous l'influence du père Thomas, missionnaire à Ayuthaya. Il épouse ensuite une Japonaise catholique. Dès lors, il fera tout pour étendre l'influence de sa religion et de la France à Ayuthaya.

Le 1er mars 1687, une escadre de six navires, transportant 636 soldats sous le commandement du général Desfarges et ayant comme nouvel ambassadeur Simon de La Loubère, quitte Brest pour arriver à Ayuthaya le 27 septembre.

l'abbé de Choisy. L'objectif principal de ces relations diplomatiques est toujours la conversion du roi Naraï au catholicisme. Si l'ambassade échoue sur ce point, elle est politiquement un grand succès grâce à l'entremise de Constance Phaulkon, le conseiller privé de Naraï, dont il convient ici de dire quelques mots.

Réveil xénophobe

Les négociations se révèlent moins aisées que prévu par les Français et la maladie du roi Naraï, puis sa mort, le 11 juillet 1688, changent brutalement le cours des événements. En effet, la présence de nombreux étrangers et de la garnison française de Bangkok provoquent un réveil xénophobe chez le peuple. L'évangélisation et les très grandes faveurs accordées aux missionnaires mécontentent fortement le clergé bouddhique, et les hauts dignitaires réclament le départ de Constance Phaulkon. Lorsque le général Petraja, commandant en chef des éléphants de guerre et frère de lait du roi Naraï, est nommé régent puis roi, les persécutions contre les catholiques et les étrangers commencent et s'amplifient, tandis que Constance Phaulkon est décapité sur l'ordre du régent, le 5 juin 1688.

En 1763, les Birmans s'avancent jusqu'à Petchaburi, où ils sont arrêtés par le général Phya Taksin. Mais, en 1765, les Birmans poursuivent leur avance et assiègent Ayuthaya, un an plus tard. Le siège durera plus d'un an. La ville tombe le 7 avril 1767. Elle est réduite en cendres, le roi trouve la mort dans les derniers combats et plus de 10 000 habitants sont emmenés comme esclaves en Birmanie.

Le royaume de Siam, puis de Thaïlande

Le roi Taksin (1767 – 1782)

Peu avant la chute d'Ayuthaya, le général Thaksin, le futur libérateur du royaume, a pu s'enfuir avec environ 500 hommes.

Né en 1734 à Ayuthaya, d'un père chinois teocchiu du nom de Cheng et d'une mère thaïe, Thaksin est adopté par un haut dignitaire qui lui donne le nom thaï de Sin (riche) et l'introduit à la Cour à l'âge de 13 ans. Rapidement remarqué pour ses qualités, il obtient le titre de Phya, le plus haut titre de la noblesse thaïe, devient gouverneur de Tak (d'où son nom), puis est nommé général.

Wat Phra Kaeo, Bangkok

Porte décorée d'un temple

Lorsqu'il quitte Ayuthaya, les Birmans ont laissé 3 000 soldats en garnison dans la ville ruinée. Les 500 fidèles qui suivent Thaksin constituent le noyau de la future armée avec laquelle il va affranchir le pays de la loi d'une puissance étrangère. Le général se dirige vers le sud-est, seule voie restée libre : il arrive d'abord à Ranong, puis occupe Chantaburi et, ayant réussi à réunir 5 000 hommes, il remonte le cours de la Menam en octobre et prend Thonburi. Il poursuit vers Ayuthaya où il écrase les troupes birmanes et revient à Thonburi où il se fait couronner roi à la fin de l'année 1767.

Mais il n'occupe que la partie Sud de l'ancien royaume d'Ayuthaya. Il reste à récupérer Chieng Maï dirigée par un gouverneur birman. Taksin n'y parvient qu'en janvier 1775, profitant de ce que les armées birmanes sont occupées à mater une rébellion môn en basse Birmanie.

Le royaume thaï réformé doit maintenant se préoccuper de ses voisins. Au Cambodge, en effet, les Vietnamiens veulent, par prince interposé, établir leur influence sur le pays. C'est Taksin cependant qui réussit à installer son propre protégé sur le trône.

En 1781, alors que le général Phya Chakri se trouve au Cambodge afin de préserver les intérêts thaïs mis en danger par une querelle dynastique, la situation se dégrade à Thonburi. Le Phya Chakri se rend à Thonburi, le 20 avril 1782, et remet rapidement de l'ordre dans la capitale en ébullition, s'empare du pouvoir et se proclame roi après la mort de Taksin. Devenu Rama Ier, le général fonde ainsi la dynastie qui règne encore, nommée après son titre, dynastie Chakri. C'est lui qui déplace la capitale à Bangkok, en face de Thonburi, sur la rive gauche de la Menam.

La dynastie Chakri

Rama Ier est connu sous le titre de Pra Bouddha Yodfachulaloke (du nom de la statue de Bouddha qui lui est consacrée, dans la chapelle royale du Wat Pra Kheo). Son règne (1782 à 1809) est consacré, à l'intérieur du pays, à restaurer les ruines causées par les invasions birmanes.

A l'extérieur, Rama Ier doit combattre les Birmans, qui ne désespèrent pas de pouvoir imposer leur suzeraineté au royaume thaï. En 1786, leurs attaques sont dirigées directement contre Bangkok, mais les Birmans sont écrasés dans la province de Kanchanaburi puis, en 1787, à Chieng Maï.

Sur la frontière de l'est se déroule un autre conflit. Le Cambodge y est la proie de sa énième querelle dynastique opposant cette fois trois mandarins. Le jeune roi du Cambodge, réfugié à Bangkok, est couronné en toute tranquillité en 1794.

L'année suivante, Rama Ier le fait accompagner par ses armées et l'installe dans sa capitale d'Udong, en échange des provinces de Battambang et Siem Reap. Son fils Ang Chan est sacré à Bangkok en

1806. De retour à Udong, craignant le célèbre et puissant empereur d'Annam Gia-Long (1801-1820), il lui envoie un tribut de vassalité. Au nord-est, les royaumes de Vientiane et Luang Prabang demeurent de paisibles vassaux du royaume thaï. Rama II (Pra Bouddha Lertlah, du nom de la deuxième statue qui lui est consacrée à la chapelle royale du Wat Pra Kheo) monte sur le trône en 1809.

En 1812, une intervention visant à imposer totalement la suzeraineté thaïe sur le Cambodge met en fuite le roi Ang Chan qui se réfugie au Viêt-nam sous la protection de l'empereur Gia-Long. Ce dernier rend le trône à Ang Chan, qui le reconnaît dès lors comme son seul suzerain.

A partir de 1818, l'effort thaï s'exerce sur les sultanats de la péninsule malaise. Cette année-là, Rama II ordonne à son vassal, le sultan Kedah, d'occuper Perak afin de contraindre ce sultanat à reconnaître sa suzeraineté.

En 1821, l'armée thaïe conquiert Perak dont le sultan s'est allié avec les Birmans, lesquels se préparent encore une fois à envahir le royaume thaï. Les affrontements avec la Birmanie vont bientôt prendre fin du fait de la colonisation anglaise. En 1824, les Britanniques s'emparent de Rangoon ; en 1826, la première guerre anglo-birmane se termine par l'annexion de Tennasserim et de l'Arakan, ce qui met un point final à la menace birmane.

A la mort du roi Rama II, le 20 juillet de la même année, son fils Rama III (Nangklao) accède au pouvoir et se trouve confronté aux traditionnelles querelles avec les royaumes voisins. Il sera le premier à entrer véritablement en relation avec les puissances occidentales, bannies du royaume depuis Petraja (1688).

Une nouvelle mission de la East Indian Company arrive en 1826, dirigée par le capitaine Burney. Le roi Rama III désire ouvrir son royaume aux étrangers, non parce que ce nouvel envoyé est plus habile, mais parce que le souverain estime nécessaire de se concilier l'amitié d'un pays qui a su, avec autant de facilité, vaincre les destructeurs d'Ayuthaya.

Le traité d'amitié et de commerce, qui est signé le 20 juin 1826, remplace un système complexe de taxes sur les importations (destiné en fait à interdire le commerce des Européens avec le royaume) par une taxe unique et proportionnelle au tonnage du bateau. Ce traité établit la liberté du commerce, sauf pour le riz que les Anglais n'ont pas le droit d'importer, et l'opium. Un traité est signé avec les Etats-Unis en 1833.

En 1851, à la mort de Rama III, la Thaïlande est en paix et a su s'opposer aux Occidentaux. La Birmanie est en grande partie colonisée, le Cambodge sous codomination avec le Viêt-nam ; Vientiane et Luang Prabang soumises à Bangkok.

Rama IV, âgé de presque 50 ans, quitte la vie religieuse qu'il a choisie à l'accession au pouvoir de son frère Rama III, et devient le nouveau monarque, le 2 avril 1851. Ce roi, qui parle couramment anglais et peut utiliser cette langue pour sa correspondance, possède une très bonne expérience du monde extérieur. Durant sa période monastique, il est entré en contact avec les missionnaires catholiques (en particulier avec Mgr Pallegoix avec qui il entretient des relations d'amitié) et avec les missionnaires protestants américains. Il comprend que les défaites de la Birmanie puis de la Chine, entre 1840 et 1842, marquent le début d'une ère nouvelle pour les nations asiatiques.

La mise en application de cette nouvelle politique commence en 1855 avec la signature, sous la menace d'une escadre anglaise, d'un traité et une mission conduite par John Bowring.

Par ce traité, le Royaume-Uni obtient que les droits de douane pour les marchandises britanniques soient abaissés à un taux très bas (3 % ad valorem) ; que l'importation de l'opium cultivé aux Indes soit faite en franchise, c'est-à-dire sans même payer les 3 % ad valorem ; que des droits soient négociés par les deux parties pour les produits exportés et, enfin, qu'un consulat puisse s'ouvrir à Bangkok, cette dernière concession allant de pair avec le privilège de l'extraterritorialité pour les nationaux anglais.

Toutefois, afin de limiter les méfaits de l'opium, un décret royal impose le port de la natte chinoise à tout Thaï qui le fume et la peine de mort pour tous ceux qui ne se plient pas à cette mesure qui limitera toujours le marché de l'opium dans le royaume.

Afin de neutraliser politiquement une Angleterre bien encombrante, le roi Rama IV s'empresse de reconnaître les mêmes avantages aux autres puissances. Un traité analogue est d'abord signé avec la France le 15 août 1856, le Portugal en 1859, les Pays-Bas en 1860, la Prusse en 1862 et, enfin, avec la Belgique, l'Italie, la Suède et la Norvège en 1868. Ainsi se trouve institué le régime de " la porte ouverte ". La souveraineté politique du royaume ne se trouve amoindrie que dans une faible mesure par les privilèges de l'extraterritorialité.

Le fils de Rama IV, Rama V (Chulalongkorn), continue avec succès la politique de son père mort le 1er octobre 1868. Sous son règne, les frontières du royaume sont définitivement fixées après de difficiles négociations et oukases, aussi bien de la part des Anglais que des Français.

En 1893, la France ayant commencé son occupation du Laos, une série d'incidents opposant les représentants thaïs et français se produisent. La France mettant en œuvre la politique de la canonnière, force l'embouchure de la Menam à l'aide de deux vaisseaux qui arrivent jusqu'à Bangkok. Le 20 juillet, elle présente un ultimatum exigeant la cession des provinces de toute la rive gauche du Mekong, y compris Luang Prabang. Rama V cherche l'appui des Anglais, qui se dérobent, et est contraint d'accéder aux demandes de la France par un traité signé le 3 octobre 1893.

Toutefois, comme la Birmanie a été officiellement incorporée à l'Empire britannique des Indes le 1er janvier 1886 et qu'un expansionnisme des deux pays vers le royaume thaï aurait provoqué une confrontation, le 16 janvier 1896, la France et la Grande-Bretagne signent un accord garantissant l'indépendance de ce royaume.

Par un autre traité signé le 13 mars 1907, la France rattache les provinces de Battambang, Siemreap et Sisophon au protectorat du Cambodge en échange de l'abandon du privilège de l'extraterritorialité pour les ressortissants français.

Enfin, par un traité du 15 juillet 1909, le royaume thaï abandonne sa suzeraineté sur les sultanats malais de Kelantan, Trengganu et Perlis.

L'intervention française en Indochine met donc fin aux querelles entre le royaume thaï et le Viêt-nam, qui, tous deux, désiraient s'emparer du Laos et du Cambodge. La France repousse les Thaïs et les Vietnamiens chez eux et s'approprie elle-même ces deux pays. Mais, si le Viêt-nam n'est pas lésé sur ses frontières, la coupure entre les Thaïs de l'ouest du Mekong et ceux du Laos est tout à fait arbitraire.

Les Anglais, quant à eux, annihilent le principal ennemi des Thaïs, la Birmanie, et séparent les sultanats malais musulmans pour constituer leur colonie de Malaisie. Les limites du royaume thaï ne couvrent désormais que des zones habitées principalement par des Thaïs.

Le régime " constitutionnel " militaire

Le roi Rama VI (Vajiravudh), qui succède à son père le 24 octobre 1910, est loin de posséder les grandes qualités de ses ancêtres. De caractère plus poétique que politique, il aime à écrire des pièces de théâtre (il est ainsi le premier à avoir traduit en langue thaïe et même à jouer Le Marchand de Venise et Roméo et Juliette).

Sur le plan extérieur, il se range du côté des Alliés par une déclaration de guerre le 22 juillet 1917 et l'envoi d'un corps expéditionnaire de 1 200 hommes divisé en un corps ferroviaire et aérien (le roi a personnellement encouragé le développement d'une force aérienne dans le royaume). Cette force arrive en France en août, mais seul le train participe aux engagements, les pilotes suivant encore des stages d'entraînement quand l'armistice est signé. Le royaume gagne d'être admis dans la Société des Nations et surtout de pouvoir amorcer l'annulation d'injustes traités imposés par les puissances coloniales.

Sur le plan intérieur, Rama VI rend, en 1921, l'enseignement primaire obligatoire pour les garçons comme pour les filles. Afin d'améliorer le statut de la femme, il abolit la polygamie. Il développe un nouveau concept pour justifier la monarchie qui, selon lui, est essentielle au maintien de l'indépendance nationale car le roi est le symbole et le leader naturel de la nation. Rama VI est ainsi le premier théoricien du nationalisme thaï.

Cependant, la monarchie va être ébranlée par des étudiants qui reviennent de France. La révolution est alors à la mode et, à cette époque d'ailleurs, se trouvent notamment en France des individus nommés Deng Xiaoping et Hô Chi Minh. Très influencés par la Révolution française et la révolution soviétique, ils estiment qu'il faut faire de même chez eux. Deux meneurs thaïlandais s'associent. L'un, Piboun Songkram, est officier (il a étudié à l'Ecole d'artillerie de Fontainebleau) ; c'est le baroudeur. L'autre, Pridi Banomyong, est docteur en droit ; c'est le doctrinaire. Le 24 juin 1932, les deux hommes fondent le Parti du Peuple, alors que le roi Rama VII se trouve à Hua Hin.

S'emparant du pouvoir, ils exigent l'établissement d'une monarchie constitutionnelle. Le 25 juin, le roi accepte ; le 10 décembre, la Constitution est adoptée. A partir de cette date, rien ne fonctionne plus. Pridi veut un plan de nationalisation des terres et de création de coopératives, projet utopique et marxiste aussitôt rejeté, tandis que les militaires se lancent à grand train dans la corruption. Le roi quitte le pays pour l'Angleterre et abdique le 2 mars 1935, désignant pour successeur son neveu, le prince Mahidon de Songkla, alors âgé de dix ans. La Thaïlande entre dans une période d'agitation.

En 1939, le Siam devient Thaïlande, avec l'ambition de réunir en un seul pays tous les Thaïs d'Asie. Puis la Thaïlande s'allie au Japon et déclare la guerre aux Etats-Unis et à l'Angleterre.

Elle sera pardonnée par les Alliés en 1945. Le roi Rama VIII rentre alors de son semi-exil suisse. Mais le 9 juin 1946, il est retrouvé dans sa chambre, mort d'une balle dans la tête. La rumeur attribue cet assassinat à Pridi. Celui-ci part se réfugier en Chine, où il est accueilli à bras ouverts par Mao Zedong. Le chaos provoqué par cette mort subite sert de prétexte à un coup d'Etat fomenté, le 9 novembre 1947, par les généraux Phin Chunhawan et Piboun Songkram. Ces derniers se trouvent bientôt en conflit avec un jeune général nommé Sarit Thanarat, assisté de deux acolytes : Prapat Charusathien et Thanom Kittikachorn. Le 5 mai 1950, le frère de Rama VIII est couronné sous le titre de Rama IX : c'est le souverain actuel. Le 17 septembre 1957, le général Sarit l'emporte à son tour. Pas pour longtemps puisqu'il meurt en 1962 et Thanom est nommé Premier ministre. La dictature militaire devient de plus en plus insupportable : le favoritisme est trop grand chez les militaires qui doivent payer pour obtenir de l'avancement. De même, les postes de gouverneur de province sont vendus, ainsi que les licences d'importation et d'exportation et les autorisations d'ouvrir des usines. Le roi supporte mal la tutelle des dictateurs. Des hommes d'affaires, certains militaires et la monarchie conjuguent alors leurs efforts pour renverser le régime. En octobre 1973, les étudiants, soutenus par ces puissants alliés, manifestent et renversent le régime en place. La démocratie qui le remplace devient rapidement anarchie. Prétendant gouverner la Thaïlande, les étudiants orientent de plus en plus leurs actions contre la monarchie au profit du communisme. Ceux qui les ont auparavant soutenus s'allient avec les généraux Thanom et Prapat, lesquels rentrent d'exil. Le 6 octobre, lors de l'attaque de l'université de Thammasat, un massacre provoque la mort de dizaines de personnes et la fin du " pouvoir étudiant ". Un coup d'Etat sanctionne le bain de sang et met en place un gouvernement civil qui se transforme vite en une dictature pire encore que celle des militaires. Les investisseurs étrangers s'enfuient et le régime est universellement condamné. Les militaires y mettent fin par un nouveau coup d'Etat le 20 octobre 1977. La Thaïlande entre alors dans une période de démocratie sous la tutelle des forces armées. C'est précisément parce qu'il avait refusé cette tutelle que le Premier ministre Chatchaï Chunhawan, fils de Phin Chunhawan qui organisa le coup d'Etat de 1947, est renversé par le coup d'Etat du 23 février 1991. Après une année de transition sous un gouvernement civil qui a aussi des tendances autoritaires, des élections se déroulent le 22 mars 1992. Un militaire, le général Suchinda Kraprayoun, est désigné comme nouveau Premier ministre. C'est une nouvelle tentative de démocratie sous contrôle militaire, qui échoue immédiatement.

La nomination du général Suchinda est interprétée comme un retour au pouvoir des militaires et la Thaïlande connaît presque la même situation qu'en octobre 1973. Les monarchistes, des hommes d'affaires, des hommes politiques, des universitaires, mais très peu d'étudiants (car ils ne s'intéressent plus à la politique), se liguent et manifestent. Ils sont plus de 100 000 en mai 1992, quand l'armée intervient brutalement. Le bilan officiel est de 52 tués et 600 blessés. Anand Panyarachun est nommé Premier ministre intérimaire et annonce de nouvelles élections pour septembre suivant. Pendant ce temps, le général Suchinda " se cache " à Bangkok et les militaires affirment n'avoir fait que leur devoir.

Le 9 février 2001, Thaksin Shinawatra (53 ans), ancien policier puis homme d'affaire, devient le 23e Premier Ministre de la Monarchie constitutionnelle et son parti s'appelle le " Thai Rak Thai " : littéralement " Les Thaïs aiment les Thaïs ".

Autoroute, Bangkok

Nouvel An chinois

Huay Xay, frontière Thaïlande/Laos

Politique - Economie

Régime politique

La Thaïlande est une monarchie constitutionnelle. Une nouvelle Constitution a été votée le 27 septembre 1997. Depuis 1932, c'est la 16e ! Record du monde battu. C'est dire si le pays est friand de conflits et de guéguerres de clans. Naturellement cette Constitution ne sera pas plus respectée que les autres, le pouvoir étant détenu par quelques oligarchies corrompues et des militaires du même acabit. Depuis février 2001, Thaksin Shinawatra dirige le pays, son parti, le Thaï Rak Thaï ayant remporté haut la main les élections législatives après une campagne très nationaliste.

Le roi Bhumibol

Le roi de Thaïlande est un véritable dieu vivant pour la grande majorité du peuple thaï. Somdet Phra Chao Yu Hur Bhumibol Adulyadej, puisque telle est son appellation officielle, connaît un long règne : cela fera 57 ans en 2003 ! Ses prises de position, rares et donc d'autant plus écoutées, ont une réelle influence sur la politique du pays, alors qu'officiellement de par la Constitution ses pouvoirs effectifs sont plutôt restreints. Garant de l'unité nationale du pays, il a mis fin par un simple discours au coup d'Etat réussi de 1991, fomenté par quelques généraux, qui se sont retirés à la suite de la demande du roi. Plus près de nous, il a pour la première fois depuis le début de son règne critiqué un Premier ministre en exercice, parlant de " promesses non tenues ", " d'arrogance exacerbée " et de politique économique menée " en dépit du bon sens ". L'humiliation a été terrible pour le chef du gouvernement, Monsieur Thaksin. En dehors de ces coups d'éclats, le roi, tout en veillant à maintenir les traditions du pays, s'est employé à ouvrir son royaume au monde moderne. En effet, ses études aux USA et ses nombreux voyages en Europe - c'est d'ailleurs à Paris qu'il fit la connaissance de la future reine Sirikit - lui ont fait comprendre que la Thaïlande ne devait pas rester fermée aux pays occidentaux. Le roi et son épouse ont toujours été très attentifs à la vie quotidienne du petit peuple et des gens modestes du royaume. Le souverain s'est ainsi beaucoup investi dans la défense des petits paysans et dans des projets de développement des richesses agricoles. La reine Sirikit est un défenseur reconnu de l'artisanat local et sa compétence en ce domaine est très grande. Elle ne manque jamais au cours de voyages à l'étranger de vanter telle qualité de soie ou tel vêtement ouvragé. La question est tabou, mais beaucoup s'interrogent sur l'avenir du royaume si le roi Bhumibol venait à disparaître soudainement. Son aura est telle que de graves remous pourraient affecter le royaume.

Economie

Principales ressources

Agriculture : le riz est bien évidemment la première richesse du pays. Au cœur de la plus importante zone de plantation au monde, la Thaïlande produit régulièrement 22 millions de tonnes par an et est le premier exportateur mondial pour la céréale. Plus du quart de la production est exporté, alors que la consommation intérieure est de 150 kg par an et par personne ! Mais il n'y a pas que le riz, puisque le pays occupe également le premier rang mondial pour la production et l'exportation de l'hévéa (caoutchouc) et du manioc, cette culture lui ayant permis de s'insérer dans les circuits préférentiels d'approvisionnement en tourteaux des grands élevages intensifs des pays développés. Bien placée pour d'autres oléoprotéagineux (soja, arachide), la Thaïlande est aussi le deuxième exportateur mondial de sucre.

Commencée à la fin du XIXe siècle, l'exploitation du bois s'est fortement accélérée depuis une trentaine d'années,

Quelques chiffres

PIB-pouvoir d'achat : 410 000 millions $;

PIB-taux de croissance réelle : 1,4 % ;

Population active : 33,4 millions/ 63 millions d'habitants environ ;

Taux de croissance population : 0,88 % ;

Espérance de vie : 69 ans ;

Taux de population vivant au-dessous du seuil de pauvreté : 12,5 % (estimation 1998) ;

Taux d'inflation (prix à la consommation) : 1,6 % ;

Taux de chômage : 3,9 % ;

Taux de croissance de la production industrielle : 3 % (estimations 2001).

Partenaires à l'exportation : USA 23 % ; Japon 11 % ; Singapour 8 % ; Malaisie 6 % ; Chine 4 % ; Taiwan 4 %.

Partenaires à l'importation : Japon 24 % ; USA 11 % ; Singapour 10 % ; Malaisie 6 % ; Chine et Taiwan 4 % (estimations 2000).

Damnoen Saduak

au point que le territoire forestier a perdu près de 60 % de sa superficie.

Enfin, **la pêche** est une source principale de revenus pour le pays : avec un total de prises dépassant régulièrement les 3,5 millions de tonnes par an et la modernisation des techniques de pêche, la Thaïlande s'est hissée parmi les 10 premiers producteurs mondiaux pour les produits de la mer. Conséquence : les eaux territoriales, devenues moins poissonneuses, ne suffisent plus à la flotte nationale, qui va donc pêcher chez les voisins. Ce problème a poussé le pays à développer l'aquaculture, actuellement en plein essor.

Chiffres : terres arables : 33 % ; cultures permanentes : 7 % ; terres irriguées : 47 490 km^2.

Agriculture = 11 % du PIB, emploie 54 % de la population.

Industrie : les industries agroalimentaires, notamment grâce à la pêche, occupent le haut du pavé. On peut citer deux grands groupes spécialisés dans ce secteur : le Groupe CP, leader mondial de l'alimentation pour crevettes ; et la Thaï Union, n° 2 pour la conservation du thon.

Les ressources minérales restent modestes, mais la Thaïlande est un grand producteur d'étain (3e producteur mondial), de tungstène (2e producteur mondial) et l'exploitation offshore du gaz naturel du golfe du Siam est prometteuse.

La Thaïlande est devenue depuis peu le 1er pays d'Asie du Sud-Est pour la pétrochimie et la construction automobile (les ventes de voitures ont bondi de 51 % en août 2002), mais reste très dépendante des investissements étrangers concernant d'autres secteurs du tertiaire (appareils et composants électriques, ordinateurs, circuits intégrés, fournitures, plastiques) concentrés dans les zones urbaines, c'est-à-dire surtout Bangkok, et dont l'exploitation se fait aux dépens du monde rural, qui concerne les deux tiers de la population totale.

Chiffres : industrie = 40 % du PIB, emploie 15 % de la population active ; services = 49 % PIB, 31 % de la population active.

Place du tourisme

Avec 10,6 millions de visiteurs en 2001 (+ 6 % de progression sur un an), le tourisme en Thaïlande se porte bien ; le pays est devenu le 2e pôle touristique d'Asie derrière Hong-Kong et le gouvernement mise sur la venue de quelque 11 millions de personnes en 2003.

La dernière estimation pour 2002, arrêtée au mois d'août, fait déjà état de 7 millions d'entrées. Symbole de cette bonne santé du secteur : l'action de la Thaï Airways, la principale compagnie aérienne thaïlandaise, a doublé depuis le début de l'année 2002.

Le tourisme est la première source de devises étrangères, les visiteurs provenant principalement des autres pays asiatiques (61,5 % au premier rang desquels la Malaisie et le Japon), puis viennent les Européens (25 %) et enfin les Américains (7 %). Parmi les touristes européens, on a compté 251 717 Français, 121 020 Canadiens, plus de 80 000 Suisses et près de 50 000 Belges (chiffres fournis par le Tourism Authority of Thaïland).

Wat Suthat Thepwararam et balançoire géante

La construction de l'aéroport de Bangkok a incontestablement joué un rôle majeur dans l'essor de l'activité touristique, il y a une trentaine d'années ; il s'est rapidement imposé comme une plaque tournante du trafic aérien asiatique et occupe aujourd'hui, avec 16 millions de passagers par an, le 3e rang régional derrière Singapour et Hong-Kong.

Le facteur politique déclenchant le développement du tourisme fut essentiellement l'intervention des Etats-Unis dans les pays de l'ancienne Indochine française : les Américains firent de la Thaïlande leur base arrière principale pour un contingent dépassant les 500 000 hommes engagés au Viêt-nam et les médias, en couvrant le conflit, ont indirectement participé à la promotion du potentiel touristique du " pays du sourire ". Aujourd'hui, la relative stabilité politique permet au gouvernement thaï de mieux contrôler et " discipliner " son tourisme, autrefois organisé de façon anarchique et majoritairement contrôlé par les pays demandeurs.

Danseuse traditionnelle, Isan

Cependant des problèmes demeurent, et non des moindres, que doit absolument régler le pays : d'abord le tourisme sexuel. Cette " activité " concernerait entre 200 000 et 250 000 enfants contraints à se prostituer pour vivre, et représenterait 12 % du PIB national ! Si le nombre de jeunes Thaïlandais impliqués dans ce honteux commerce semble diminuer, la place n'est pas laissée vacante pour autant, puisqu'on

La crise asiatique de 1997

Cette crise financière (retrait massif des capitaux à court terme, 56 sociétés financières fermées) a entraîné la dévaluation du baht (monnaie thaïe). Le gouvernement a longtemps laissé faire, minimisant la gravité de la spirale négative, avant de faire appel au FMI. Cette explosion de la bulle financière a créé une récession économique avec forte baisse du PIB.

Le taux de croissance élevé de la Thaïlande, nécessitant une hausse des importations, a provoqué le déficit de la balance commerciale, d'où une " surchauffe " économique, c'est-à-dire l'inflation.

note l'afflux de Birmans ou de Malais. Une des conséquences prévisibles de cet esclavagisme est la progression du SIDA, constante depuis plusieurs années. Le gouvernement thaïlandais a donc décidé de réagir par une campagne active de prévention, un ambitieux projet de protection de l'enfance et une révision totale du système de l'enseignement : enseignement public gratuit sur 12 ans, promotion de la démocratie et des droits de l'homme, reconnaissance de l'éducation extrascolaire et de la formation permanente, un seul ministère au lieu des trois structures actuelles existantes, décentralisation des responsabilités financières et administratives, soutien de l'Etat aux écoles privées et alternatives.

Le gouvernement thaïlandais doit cependant encore faire des efforts à tous les niveaux, pour éradiquer ce fléau.

Certaines régions sont également transformées en véritables " zoos humains " et doivent être mieux contrôlées pour que cessent ces activités bafouant les droits de l'homme. En effet, des populations originaires d'ethnies minoritaires, comme les femmes girafes, sont parquées et exposées aux caméras et appareils photo des touristes les moins scrupuleux.

Spécificités et enjeux économiques

Se remettant à peine de la crise asiatique de 1997, dont elle est directement à l'origine, la Thaïlande, ancien " pays émergent " dont la croissance s'est faite sur le modèle des NPI (Nouveaux pays industrialisés) comme la Malaisie ou Singapour, est aujourd'hui considérée comme un " nouveau tigre " asiatique. Elle dispute même la première place de ce classement à la Malaisie. Ouverte à l'économie de marché dès le début des années 60, elle semble pouvoir faire face à la mondialisation (sa main-d'œuvre est toujours aussi bon marché). Mais son économie reste fragile car

▶ Shopping

étroitement liée à la conjoncture extérieure. En effet, le retour progressif des investissements étrangers en 2000 et 2001 a fait place à une récession due à une conjoncture internationale défavorable entraînant la baisse des exportations vers les USA et le Japon, ses deux principaux partenaires commerciaux. Or cette situation n'incite pas pour le moment au développement des investis-sements. De plus, la Thaïlande pourrait bientôt subir l'impact négatif de la forte attractivité du marché chinois émergent...

Chômage

Les journalistes économiques trop pressés vous le diront : la Thaïlande est un nouveau pays industrialisé. En réalité, la Thaïlande demeure un pays sous-développé dont plus de la moitié de la population vit de travaux saisonniers et de petits boulots.

Selon le " Labour Administration Board ", il y avait 3 000 000 de chômeurs en 1990. Mais à ceux qui sont officiellement déclarés, s'ajoutent toutes les jeunes filles (ou jeunes gens) qui, fuyant le Nord (sécheresses régulières) et le Nord-Est (proximité de la frontière cambodgienne...), viennent gonfler les villes et souvent finissent dans la prostitution ou la petite criminalité. Certains, plus courageux et plus débrouillards, vendent des cigarettes, gardent des boutiques la nuit en couchant devant les portes ou vendent des journaux dans les bus.

Il n'y a aucune aide sociale : en cas de chômage, ce sont les familles qui entretiennent leurs enfants, les frères ou les sœurs. En Thaïlande, on vit en autarcie familiale. Les gains des frères, des sœurs et des cousins sont mis en commun souvent pour acheter une moto, une TV... Une famille se compose rarement d'un couple, mais d'un couple, plus les parents, les frères, les sœurs et les grands-parents s'il y en a. Ce qui leur permet de survivre, même si deux d'entre eux sont au chômage.

Impôts

Seuls les commerçants, les gens aisés, les fonctionnaires et les militaires paient des impôts. Les employeurs paient pour les autres. Il existe aussi une espèce d'impôt sur le revenu pour les grosses fortunes mais, là aussi, les relations jouent beaucoup (ceux qui investissent dans des monastères, des œuvres sociales ou des hôpitaux peuvent y échapper).

Artisan

Danmoen Saduak

Population

Les Thaïs constituent la grande majorité des habitants du royaume, mais ils n'en sont pas les seuls habitants. On rencontre également en Thaïlande des Chinois un peu partout, des Malais musulmans dans le Sud, différents groupes ethniques dans les montagnes, des Lao sur les plateaux du Nord-Est, des Indiens, des Vietnamiens et des... Occidentaux.

Les Thaïs

Ils sont venus peu à peu, sans doute de Chine, émigrant vers le sud depuis le VIe siècle, le flux s'accélérant au fur et à mesure que l'Empire chinois se structurait, notamment lorsque Kubilaï Khan étend son empire vers le sud. Les Thaïs veulent en effet échapper à la sinisation et maintenir leur autonomie politique et culturelle. Convertis très tôt au bouddhisme, ils occupent les plaines dont ils ont repoussé les habitants vers les montagnes. Ils sont traditionnellement agriculteurs, mais l'urbanisation les a poussés vers les villes où ils sont largement métissés avec les Chinois.

Les Lao

C'est également un peuple d'origine thaïe qui, au cours de l'histoire, s'est établi dans le Nord-Est. Au cours des siècles, le Siam a occupé une partie du territoire de l'ancien royaume lao du Lan Xan (du Million d'Eléphants), ce qui fait qu'il y a aujourd'hui plus de Lao en Thaïlande qu'au Laos. Le lao est une langue très voisine du thaï. Les Lao sont généralement bouddhistes, mais les survivances de l'animisme sont très fortes dans le Nord-Est infertile où ils vivent. Agriculteurs, vivant dans une région particulièrement aride, ils sont amenés à s'endetter et sont nombreux à émigrer, d'abord vers la capitale où ils constituent une main-d'œuvre bon marché, puis vers les pays du Golfe ou Singapour. Pour les mêmes raisons, ils constituent également un réservoir où puisent les entremetteurs qui fournissent en filles les bars de la capitale.

Les Shan

Egalement d'origine thaïe, les Shan se sont installés à l'ouest. S'ils sont quelques dizaines de milliers à vivre aujourd'hui en Thaïlande, essentiellement au nord-ouest de Chiang Maï, ils sont plus de deux millions en Birmanie, où ils forment un des Etats de la Fédération birmane. En rébellion contre les autorités de Rangoon, ils réclament l'indépendance.

Les Chinois

Les Chinois du Sud de la Chine ont émigré dans toute l'Asie du Sud-Est. A Singapour, ils ont créé un Etat. En Malaisie, ils représentent 40 % de la population. Ils forment des minorités importantes dans de nombreux pays comme le Viêt-nam ou l'Indonésie. Partout, ils sont commerçants. Ils sont souvent détestés et servent de boucs émissaires lorsque le gouvernement fait face à des difficultés intérieures : ils ont parfois subi au cours de ce siècle de véritables pogroms, par exemple en Indonésie.

En Thaïlande, au contraire, nombreux sont ceux qui, depuis la fin du siècle dernier, se sont harmonieusement intégrés à la population. Beaucoup de Thaïlandais à Bangkok, dans l'administration, l'armée ou l'industrie privée, sont à moitié ou au quart chinois et ne le cachent pas. Ils contrôlent une grande part du commerce méprisé autrefois par les élites thaïes. Ils ont monopolisé à l'origine le négoce du riz, depuis les " décortiqueries " de villages jusqu'à l'exportation, en passant par le transport, autrefois en barge, aujourd'hui en camion.

Les Chinois qui ont conservé leur mode de vie traditionnel habitent à Bangkok, près du fleuve, dans la " ville chinoise ". Ils vivent en cellule familiale unie, souvent autour d'une boutique, source de revenus, pratiquent le culte des ancêtres et le bouddhisme du Grand Véhicule, et font partie de sociétés d'entraide selon l'origine de leur groupe ethnique particulier.

Les Malais

Les Malais sont environ un million dans le Sud de la Thaïlande. Musulmans, ils constituent la plus importante minorité religieuse du pays. Ils se sentent brimés sur le plan économique – le produit de l'exportation de l'étain et du caoutchouc, richesses du Sud, est largement réinvesti dans le Nord – et sur le plan culturel. Ils constituaient, dans les années 60, une des bases arrière du mouvement de guérilla du Parti communiste malais. Ils ne sont aujourd'hui pas tous insensibles aux sirènes de l'intégrisme musulman.

Les peuples des montagnes

Les H'Mong

Péjorativement appelés Méo – sauvages – par les Thaïs, ils sont venus de Chine au XIXe siècle. Ils habitent, dans les montagnes - entre 1 000 et 2 000 m d'altitude -, de petites maisons de bambou tressé. Ils pratiquent une agriculture vivrière itinérante sur brûlis (riz de montagne, choux, légumes...) qui, avec la croissance de la population, le brusque afflux des réfugiés après la guerre du Viêt-nam, et la relative sédentarisation rendue nécessaire par le manque de terres nouvelles, a contribué à la déforestation des montagnes thaïlandaises. Traditionnellement, ils cultivent également le pavot, une culture qui demande beaucoup de soins ; presque de l'horticulture. Ils en extraient l'opium, qu'ils ne fument eux-mêmes qu'à un âge avancé. C'est un peu une " retraite " que s'offre ainsi le montagnard fatigué par une vie rude. Il allume sa pipe, autrefois richement ornée, effectuant les gestes rituels avec lenteur et application. Avec l'âge, l'habitude et les doses croissantes, le vieillard s'enfonce dans une douce torpeur et meurt sans douleur.

Les H'Mong forment des clans dont la structure est très unie. Traditionnellement, les hommes s'habillent d'un pantalon et d'une veste de toile noire avec une large ceinture rouge. Les femmes portent jupe plissée ou pantalon et tunique brodée, turbans et bijoux - notamment de lourds colliers d'argent qui constituaient autrefois leur seule richesse. Aujourd'hui, ils déposent leur

La Chine en Thaïlande

A visiter : à Bangkok, la " ville chinoise " au moment du Nouvel An chinois.

A lire : *Lettre de Thaïlande*, de **Botan**, éditions Duang Kamol, Bangkok. Une jeune Chinoise raconte, sous la forme d'un roman épistolaire, la vie d'un immigrant chinois au Siam au début du siècle et ses rapports avec les Thaïs. Passionnant.

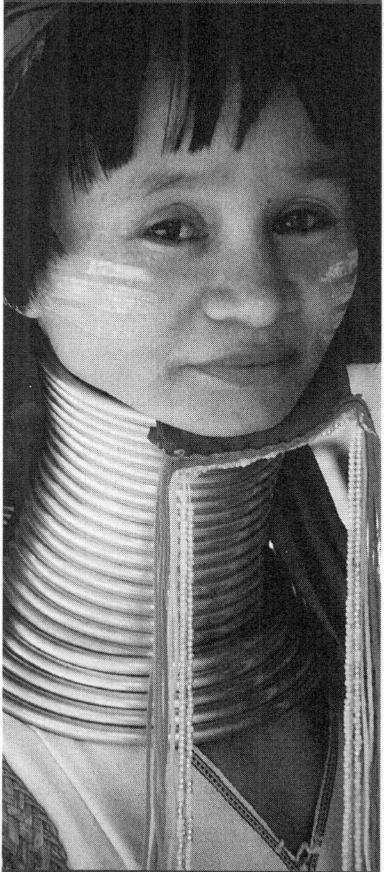

Femme Padaung, Mae Hong Song

Pour en savoir plus sur les populations de Thaïlande

La Thaïlande et ses populations, de **M. Hoang**, Editions Complexes, Bruxelles 1979 : présentation générale de la Thaïlande et de ses différentes ethnies.

argent à la banque et leurs costumes sont largement abâtardis par des apports modernes : baskets, blousons et jeans !

Leur langue est proche du chinois et ignore l'usage de l'écriture. Ils sont animistes, et le chaman, au cours de certaines cérémonies, entre en transe, effectuant un voyage mystique et mythique lui permettant d'entrer en contact avec les esprits. Selon leur cosmogonie, les hommes - les H'Mong - ont été créés à partir d'une courge.

De nombreux H'Mong venus du Laos - où les Américains les avaient utilisés pour lutter contre les communistes - se sont réfugiés en Thaïlande après 1975. Ils se sont adaptés, non sans chagrin mais avec efficacité, au mode de vie sédentaire. Ils exploitent - si l'on peut dire car ils sont sans doute plus exploités qu'exploiteurs - le filon du tourisme. Ils vendent leur production de broderies et de gilets, qui a évolué depuis quelques années pour s'adapter aux goûts de leur clientèle. Un certain nombre de H'Mong christianisés se sont établis après 1975 en Guyane, où ils ont reconstitué, avec leur curé, des villages qui ressemblent fort à ceux d'autrefois. Ceux des H'Mong qui ont émigré aux Etats-Unis se sont remarquablement adaptés.

Les Yao

Comme les H'Mong, ils sont venus de Chine à la fin du siècle dernier. Ils connaissent l'écriture chinoise, mais l'origine de leur langue reste mystérieuse. Ils ne sont que quelques dizaines de milliers à vivre dans les montagnes du Nord de la Thaïlande, mais plusieurs millions en Chine, au Laos et au Viêt-nam. Les femmes portent un costume magnifique : large turban, pantalon finement brodé et tunique ornée de laine rouge en boléro autour du col. Comme les H'Mong, ils cultivent traditionnellement le riz de montagne sur brûlis et l'opium.

Les Karen

Vivant dans les montagnes mais à moins de 1 000 m d'altitude, ils occupent principalement les zones frontières avec la Birmanie, au centre et au sud de la Thaïlande, où leur mouvement indépendantiste met en péril la stabilité birmane.

Les autres groupes de minorités ethniques qu'on rencontre dans les montagnes de Thaïlande comprennent les Akha (les femmes portent des minijupes brodées et des bandes molletières) et les Lisu.

► Tradition et modernité, Damnoen Saduak

95 % des Thaïlandais sont bouddhistes, 4 % sont musulmans, 0,5 % sont catholiques et 0,5 % sont animistes ou autres. Il y a un réel respect de la foi de chacun.

Bouddhisme

Le bouddhisme est en théorie une " école de vie " qui permet d'accéder au Nirvâna, c'est-à-dire, à l'extinction de tout désir (et donc de la douleur de ne pouvoir assouvir ces désirs). Quand on connaît les Thaïlandais et leur soif de jouissance immédiate, on peut se demander, s'il n'y a pas un malentendu quelque part. En fait, la grande majorité des habitants du royaume est bouddhiste " par à-coups ". On fera une offrande pour demander de venir en aide au fils parti travailler à Bangkok, pour soigner une bête malade ou gagner à la loterie. Il faut dire que le bouddhisme thaïlandais s'y prête, car il n'y a ni liturgie ni messe, la ferveur religieuse n'est véritablement présente que lors des grandes fêtes bouddhiques. Dans les campagnes cependant, les visites au temple sont plus régulières, le moine bouddhiste y est très respecté. Il peut donner un enseignement gratuit à certains enfants et aider de ses conseils (particulièrement écoutés) ceux venus le consulter. On est bonze à vie et, dans certaines familles, il est de bon ton qu'un jeune homme - à la fin de ses études - fasse une retraite dans un monastère. De même, tout homme d'affaires peut demander un congé pour effectuer sa retraite (un mois ou deux).

La vie du Bouddha

Le Bouddha est né en 560 avant J.-C., du prince Siddharta Gautama, fils du roi Shuddhodana, et de la reine Maha Maya. Son père régnait sur la principauté de Kapilavastu, sur le versant indien de l'Himalaya. Le Bouddha n'est donc pas une figure légendaire mais un authentique personnage historique dont la vie est très bien connue. Sa mère mourut peu après sa naissance et son père reporta toute son affection sur cet enfant unique. Pour lui éviter de connaître la misère du monde (vu l'Inde d'aujourd'hui, on peut facilement imaginer ce qu'elle pouvait être à l'époque), il lui interdit de s'éloigner des abords immédiats du palais. A 16 ans, le prince épousa une cousine princesse.

A 28 ans, le prince sortit du palais pour parcourir les environs. Il fit quatre rencontres qui changèrent totalement sa vision du monde et de la vie. D'abord celle d'un vieillard décrépit qui lui montra que la jeunesse ne durait pas. Puis celle d'un malade de la peste noire qui lui fit découvrir ce qu'était la maladie. Ensuite, la vue d'un cadavre sur un bûcher lui apprit la réalité de la mort. Lors de sa quatrième sortie, il croisa un ascète mendiant d'une grande sérénité au milieu de toutes ses souffrances. Lorsqu'il rentra chez lui, il apprit que sa femme venait de lui donner un fils, Rahula. " Rahula est né, s'écria-t-il, on vient de forger mes fers ". Plantant là femme et enfant, il s'enfuit dans la forêt. Il avait alors 29 ans.

Pour fuir la souffrance, il suivit d'abord l'exemple de l'ascète mendiant. Pendant sept ans, il s'adonna au yoga, ne mangeant parfois qu'un seul grain de riz par jour. Mais ces épreuves ne lui apportèrent rien. Elles lui apparurent comme une souffrance inutile, qui ne valait pas mieux que l'hédonisme de sa jeunesse. Il se plongea alors dans la méditation sous un ficus (en fait un gros peuplier), et ce fut enfin l'Illumination, l'Eveil à la vérité. Il revit toutes ses vies antérieures. Il devint le Bouddha, l'Illuminé, celui qui reçut la lumière de la Sagesse et trouva la voie du Salut.

L'homme ordinaire doit donc éviter les deux extrêmes que sont l'ascétisme et l'hédonisme, aussi peu naturels et peu bénéfiques l'un que l'autre. Il lui faut suivre une voie entre les deux : la voie moyenne.

Pour celui qui veut atteindre le Nirvâna, une très dure discipline s'impose. Mais qu'est-ce que le Nirvâna ? Le bouddhisme, comme l'hindouisme, croit en la réincarnation. La vie n'est qu'une suite de réincarnations, en plantes, animaux ou êtres humains… en tout ce qui est vivant.

Apprendre la méditation

BOUDDHIST ASSOCIATION OF THAILAND. 41 Thanon Phra Athid Road ✆ 02 281 95 63. Cette association n'est pas un temple (il n'y a pas de moines) mais elle organise de nombreuses cérémonies (comme le mariage à la thaïe) et possède une librairie avec de nombreux ouvrages de langue anglaise sur le bouddhisme.

YOUNG BOUDDHIST ASSOCIATION OF THAILAND. 58/8 Soi Phetkasem 54, Bangduan, Pha Si Charoen, Thonburi (non loin de Future Park). *Ouvert de 8h30 à 17h.* Stages de méditation (en anglais) organisés régulièrement.

WORLD FELLOWSHIP OF BUDDHISM. 33 Sukhumvit, entre les Soi 1 et 3 ✆ 02 251 11 88. Une séance d'introduction à la méditation bouddhiste (en anglais) a lieu tous les premiers dimanches du mois.

Phra Mongkon Ming Muang, Uboirajchathani

Calendrier

L'ère bouddhique commence 543 ans avant l'ère chrétienne (eh non, le monde ne commence pas avec la naissance de J.-C.). Ainsi, l'année 2002 après J.-C. correspond à l'an 2545 de l'ère bouddhique.

Or la vie est souffrance et douleur. Même l'amour est douleur car lorsqu'on est séparé de ce que l'on aime, on souffre. Celui qui parviendra à mettre fin aux réincarnations cessera de souffrir.

Comment ? Il faut annihiler en soi tous les sentiments, les bons comme les mauvais. Il faut renoncer à tout et être indifférent à la mort de ses parents, à la sienne propre, à la maladie, à l'argent, à l'amour, à tous les plaisirs et malheurs terrestres. Celui qui atteint cet état de stoïcisme et de renoncement gagne le Nirvâna.

Le Nirvâna n'est pas un concept positif mais un concept négatif. Bouddha ne dit pas ce qu'il est, seulement ce qu'il n'est pas. Le Nirvâna, c'est la fin du cycle des réincarnations. Intraduisible en langue occidentale, c'est un concept purement bouddhique et, comme pour toutes les religions, on y croit ou on n'y croit pas, on le rejette ou on l'accepte. Les Thaïs y croient.

Durant le reste de sa vie, Bouddha mena une vie de pèlerin pour mettre en pratique sa doctrine. Il ne la prêcha pas par les paroles mais proposa sa vie comme modèle. Il répondait seulement quelquefois aux questions qu'on lui posait. Prêcher et vouloir convaincre, c'est déjà vouloir, c'est déjà s'intéresser aux choses de ce monde. Bouddha propose seulement son exemple de détachement total. Les écrits sur ses sermons sont donc très rares et ce sont des réponses à des questions.

A 80 ans, en 480 avant J.-C., il s'éteignit. Il s'allongea sur le côté droit et attendit d'entrer au Nirvâna.

Doctrine du Bouddha

Evidemment, dès après sa mort, ses disciples embellirent sa vie et n'appliquèrent qu'à peu près sa philosophie.

Bouddha avait interdit qu'on l'adore : de nombreuses statues furent élevées pour l'idolâtrer. Des stupa (tours reliquaires) furent construits pour conserver ses cendres qu'on se disputa. Les temples ne furent pas seulement édifiés pour les moines : on y ajouta une chapelle pour prier le Bouddha et lui faire des offrandes.

C'est une erreur de croire que le bonze mendie sa nourriture, puisqu'il doit être indifférent à tout. Il ne s'humilie pas en mendiant, ce qui serait de l'ascétisme. Tout simplement, devant sustenter l'enveloppe charnelle qui abrite momentanément son âme, il cherche sa nourriture quotidienne. Si des croyants lui en offrent, tant mieux, sinon tant pis. Mais ces derniers offrent car c'est acquérir beaucoup de mérite que d'offrir de la nourriture à un bonze. Laissant les aliments se mélanger n'importe comment dans le vase sans regarder ce qu'on lui donne, le bonze mange une fois par jour en essayant de détacher son esprit de ce qu'il ingurgite.

Le bonze doit se détacher de tout et il n'a que trois droits :

– se vêtir pour cacher sa nudité d'un tissu qu'on lui aura donné (la robe) ;

– avoir un toit, c'est-à-dire une cellule dans le temple ;

– se nourrir en se promenant le matin, un vase à la main pour recevoir la nourriture, et manger une fois par jour et avant midi.

Pour le reste, il doit se passer de tout et vivre à peu près comme un trappiste. Quand il est malade, il doit accepter de mourir dans l'indifférence si trouver des médicaments soulève trop de difficultés.

En menant une vie de bonze ou en suivant la voie moyenne pour le laïc, on peut espérer une réincarnation meilleure. Les mauvais (assassins, voleurs...) se réincarneront soit en animaux infâmes (vers de terre), soit en humains (mendiants, aveugles...) et paieront leurs fautes par cet enfer sur terre.

La vie de Bouddha est devenue légendaire à travers les récits populaires. Il serait né dans le parc Lumpini, à côté du palais familial, en sortant du flanc de sa mère. A sa naissance, la plante de ses pieds était recouverte de signes cabalistiques présageant qu'il serait le Bouddha. Il a dû sans cesse lutter contre Mara (Satan), qui lui envoya des danseuses, des tempêtes et la calomnie sous la forme d'une fille qui se plaignit d'avoir été engrossée par lui. Mais les rats célestes vinrent ronger les attaches du coussin qu'elle s'était mis sur le ventre et la vérité apparut.

Bouddha est tel un héros du Ramakien : les Naga, les dieux et les déesses de l'hindouisme veillent sans cesse sur lui, en particulier la déesse de la Terre. Le Nirvâna devient un paradis de sept étages, chacun d'eux correspondant aux mérites de votre vie sur terre. Si votre vie a été exemplaire, vous allez au septième ciel ; s'il y a eu quelques faiblesses, vous restez au rez-de-chaussée, ce qui est quand même mieux que l'enfer où des diablotins cornus passent leur temps à vous empaler ou vous obligent à grimper sur des cactus.

Au Ier siècle de notre ère, un schisme se produisit. Des bonzes prétendirent mieux comprendre, 500 ans après, l'enseignement de Bouddha. Ils y ajoutèrent le nouveau concept de bodhisattva, c'est-à-dire de saint. Un bodhisattva est un saint qui, prêt à entrer au Nirvâna, y renonce et reste sur terre pour aider les pécheurs. Les bonzes appelèrent leur bouddhisme le Mahâyâna, qu'on traduit par " Grand Véhicule " mais qui veut dire en réalité " le grand moyen de progresser ", sous-entendu : vers le Nirvâna. Le Mahâyâna se développa en Chine et au Viêt-nam où la philosophie pratiquée par les Thaïs, les Birmans, les Laotiens et les Khmers est qualifiée du terme péjoratif de Hînayâna (Petit Véhicule ou petit moyen de progression).

Le bouddhisme, manière thaïlandaise

Dès le XIIIe siècle, les Thaïs adoptèrent le bouddhisme Hînayâna comme religion officielle. D'où l'axiome : " Le bouddhisme est la religion des Thaïs, et être Thaï c'est être bouddhiste ". Aujourd'hui, on compte en Thaïlande plus de 30 000 temples dont les tuiles vernissées rouges, vertes et jaunes brillent de manière permanente sous le soleil. Ils sont habités et maintenus par 300 000 bonzes et moines.

Le bouddhisme cependant, comme toutes les autres religions, est maintenant confronté au problème de la modernité.

La vie dans les villes et même à la campagne laisse peu de temps à consacrer à la religion. Ce n'est pas que les Thaïs croient moins - ils se proclament toujours bouddhistes - mais ils ne pratiquent plus guère. Dans les villes, 4,5 % des habitants seulement vont régulièrement au temple, contre 13 % dans les campagnes.

Le rôle du temple et des bonzes demeure pourtant important dans trois domaines : le mariage est toujours religieux, les morts sont incinérés au temple (tâche qui relève des autorités religieuses et non des autorités civiles) et chaque temple abrite une école gratuite pour les enfants pauvres.

Sujet tabou

Le bouddhisme fait l'objet du tabou le plus absolu car il ne s'agit pas de plaisanter sur ce sujet.

Une femme ne doit jamais montrer ses jambes dans les lieux religieux.

Une femme ne doit jamais rien donner directement à un bonze. Elle doit poser son offrande sur une table et le bonze la prend après un délai décent, le temps que l'empreinte féminine disparaisse.

La statuette de Bouddha doit toujours être placée plus haut que votre tête. Une statue de Bouddha n'est jamais, pour les Thaïs, un objet d'art mais toujours une représentation religieuse. Il faut donc traiter les statuettes avec respect.

Il faut enlever les chaussures avant d'entrer dans un temple.

D'une manière générale, il convient d'éviter toute désinvolture à l'égard de tout ce qui concerne la religion.

▸ Intérieur d'un temple, Phuket

Attention !

Beaucoup d'étrangers croient pouvoir commettre impunément des actions que les Thaïs considèrent comme sacrilèges. En fait, les représailles, comme toujours en Asie, ne sont pas immédiates. Elles sont calculées et réfléchies. L'étranger sera repéré et, ensuite, alors qu'il a déjà oublié ce qu'il considère comme un simple incident, il ne comprendra pas pourquoi on lui a volé son passeport ni pourquoi les services de l'immigration sont si pointilleux ou pire encore. Sans atteindre des sommets, les ennuis risquent de pleuvoir.

Bouddhisme du Grand Véhicule

Ayant pénétré en Chine au IIIe siècle, il se mêle au culte des ancêtres et au confucianisme. Il se caractérise surtout par la présence de saints élevés au rang de dieux, dont Kwan Yin, transformation d'un saint bouddhiste en déesse de la Merci, représentée sous les traits d'une très belle jeune femme au corps gracile et aux traits fins et adoptée par les Thaïs bouddhistes.

Lieux de culte

Un monastère (Wat) est un sanctuaire où les bonzes remplissent leurs fonctions religieuses. En Thaïlande, il existe deux sortes de monastères : les monastères royaux, édifiés sur ordre du roi ou sous son patronage, et les monastères ordinaires fondés grâce aux dons de la population.

Les monastères se divisent en deux sections : l'une appelée Bouddhawat (sanctuaire de Bouddha) et l'autre Sanghawat (sanctuaire des bonzes).

La chapelle (bot ou ubosoth) est le lieu le plus sacré du monastère. Tout le rituel monastique doit s'y dérouler, en particulier les cérémonies d'ordination. A l'intérieur se trouve la principale et la plus sacrée des statues de Bouddha. La statue peut être en bronze, en briques recouvertes de stuc ; certaines, très rares, appelées tambaque, sont en or ou d'un alliage d'or et de cuivre très fin, ou encore en jaspe ou en jade. On y voit Bouddha dans l'attitude de la méditation, de la prise de la Terre à témoin… La statue, toujours placée sur un piédestal, est souvent entourée d'autres statues. Enfin, l'enceinte sacrée de la chapelle est marquée par des plaques de pierre (séma), habituellement érigées aux quatre coins ou sur les quatre côtés. La plaque est double pour un monastère royal et simple pour un monastère ordinaire.

Le viharn, la salle utilisée pour les sermons aux fidèles, contient aussi une ou plusieurs statues de Bouddha. Il convient de signaler que dans le Nord de la Thaïlande, les femmes n'ont pas le droit d'entrer dans la chapelle, et n'ont accès qu'au Viharn.

Dans la chapelle ou le Viharn se trouvent tous les objets nécessaires au déroulement des cérémonies : la chaise où le bonze peut s'asseoir pour prêcher, l'autel où seront placés les cierges, les bâtons d'encens et les fleurs pour les offrandes. Les murs sont souvent décorés de fresques retraçant la vie de Bouddha (Jataka) ou d'épisodes du Ramakien. Les panneaux des portes et des fenêtres sont décorés de laque ou d'incrustations de nacre. Sur les frontons, dans les monastères royaux, on peut voir Vishnu chevauchant sa monture, l'oiseau Garuda. La toiture est simple ou étagée et décorée à ses extrémités de Chofa.

Le monastère est décoré de tours (chedi, prang, that) qui sont des symboles de Bouddha. Des cendres de Bouddha peuvent y être conservées. Il y a aussi une ou plusieurs salles d'enseignement si le wat a une école pour les enfants pauvres, un crématorium dans les plus grands temples, un beffroi et des bibliothèques sacrées. Dans les cours, pousse souvent un figuier, ou bodhi.

Enfin, de nombreux animaux légendaires de l'hindouisme, censés posséder des pouvoirs surnaturels (Garuda, Naga, Yakça, Kinnara) sont représentés pour protéger le wat.

Islam

Les musulmans seraient eux autour de 4 millions, dont 80 % vivant à l'extrême sud, vers la frontière malaise. En avril 2001, Bersa Tu, un groupe extrémiste, a placé deux bombes à la gare de Hat Yaï et dans un hôtel de Yala, faisant un mort et des dizaines de blessés. Actifs depuis 1947, les mouvements séparatistes musulmans sont cependant très isolés et très minoritaires au sein de leur communauté. Cette dernière ayant obtenu entière satisfaction à la plupart de ses revendications, comme le port du voile pour les femmes et des élus spécifiques au Parlement. La très grande majorité de musulmans se sentent thaïlandais à part entière et ne posent aucun problème.

Quant aux chrétiens, ils sont très peu nombreux (environ 300 000).

Christianisme

Les chrétiens sont seulement 300 000 en Thaïlande et les lieux de culte sont relativement rares, mais c'est toujours un étonnement de rencontrer une église en plein pays bouddhiste. Les chrétiens sont des Vietnamiens réfugiés depuis la colonisation, des Chinois arrivés déjà christianisés et des montagnards convertis. Il n'y a jamais eu de conversion au christianisme chez les Thaïs.

Gestes et attitudes de Bouddha

Geste de la prise de la terre à témoin. Ce geste est très souvent représenté. Bouddha est assis en lotus (on dit aussi à l'indienne ou, plus vulgairement, en tailleur). La main droite se trouve sur le genou droit, dirigée vers la terre. C'est l'instant où, avant d'atteindre l'Illumination, Bouddha demande l'aide de la déesse de la Terre pour témoigner de ses mérites et lutter contre les attaques de Mara (Satan).

Attitude de la méditation. C'est aussi une représentation très courante. Les mains sont posées l'une sur l'autre, paumes vers le haut.

Attitude de l'ascèse. Les mains sont croisées sur la poitrine pour obtenir une plus grande concentration et un repli plus profond sur soi-même.

Geste de l'absence de crainte. C'est l'acte du renoncement à tout, même à la peur. Traditionnellement, une seule main est levée, paume tournée vers l'extérieur. Dans l'art thaïlandais, ce sont souvent les deux mains.

Geste du don. Geste enseignant la manière de donner. Debout : le bras est le long du corps, la main ouverte vers l'extérieur. Assis : la main droite est toujours posée sur le genou droit, paume ouverte vers l'extérieur.

Bouddha descendant du ciel après avoir dispensé son enseignement à sa mère (art de Sukhothaï). Récit légendaire de Bouddha qui, avant d'aller au Nirvâna, serait allé enseigner sa mère. Le corps est souple, dans une attitude de danse efféminée, pour témoigner de l'infériorité par rapport à sa mère. C'est faire montre de respect que de prendre une attitude de faiblesse devant quelqu'un.

Bouddha dans l'attente de la mort. Bouddha allongé sur le côté droit, attend d'entrer au Nirvâna. C'est une erreur que de dire " Bouddha endormi ", sauf si l'on considère que c'est un sommeil définitif.

Geste de l'enseignement. Le pouce et l'index sont réunis en un cercle au niveau de la poitrine. Dans l'art thaïlandais, les deux mains font quelquefois ce geste en même temps.

Bouddha marchant. C'est le pas de Bouddha. Regardez bien les bonzes : ils s'essaient souvent à marcher avec cette allure raide et solennelle. Dans la statuaire, la main gauche est levée, l'index et le pouce se rejoignant en demi-cercle. Même lorsqu'il marchait, Bouddha conservait une attitude noble et sereine.

Pour en savoir plus sur le bouddhisme

Le bouddhisme, de **H. Arvon**, Que Sais-je ? n° 468, PUF 1969.

A Concise History of Buddhist Art in Siam, de **R. Le May**, Tyttle Company, Ruthland Vermont, USA, 1963 : la meilleure étude sur l'art thaï.

Wat Phra Si Ariyabot, Kamphaeng Phet

Comme l'islam, le christianisme n'a pas d'influence ou de rapport avec le bouddhisme.

Animisme

Depuis la fondation de la dynastie Chakri, les Thaïs affirment que si leur pays a toujours conservé son indépendance, c'est parce qu'il est protégé par un ange appelé Siam Thevatirate. Au moindre trouble dans le pays, les autorités vont très solennellement le prier de leur accorder son aide.

Cependant que se développait le bouddhisme, l'animisme, religion traditionnelle des Thaïs, a continué de manière parallèle après le XIIIe siècle et les Thaïs sont animistes tout autant que bouddhistes. C'est comme si, en France, les Français continuaient à pratiquer l'animisme gaulois et gréco-romain tout en étant chrétiens. Ce n'est pas logique mais asiatique.

Pour les Thaïs, le Pra Chao (prince du Ciel) est le créateur de l'univers et des hommes. Mais, lassé par leur manque de sérieux, il les abandonna au dur travail et à la transpiration de la culture des rizières (ça nous rappelle quelque chose, ça...). Les Thaïs se retrouvèrent seuls, confrontés aux multiples esprits malins qui sont des êtres humains tellement mauvais qu'ils sont condamnés à errer temporairement (purgatoire) ou pour toujours (enfer) dans l'au-delà.

Il existe aussi un paradis, mais il est temporaire puisque l'homme doit ensuite se réincarner. Cette religion se transmettant oralement, elle est évidemment pleine de variantes selon les régions ou même les personnes, chacun faisant sa propre exégèse.

Les esprits sont craints et, pour se les concilier, on leur érige une maison dans le jardin.

Lorsque, malgré les offrandes et les prières, les esprits continuent à se montrer néfastes, il n'y a plus qu'une solution : appeler les bonzes à la rescousse. Ils viennent alors exorciser ces satans miniatures en aspergeant votre lieu d'habitation à grands coups d'eau bénite et de prières. Dans les cas graves, le Thaï doit se purifier en prenant un bain d'eau lustrale. Si après cela rien ne s'arrange, c'est que les péchés de votre vie passée sont inouïs. Une seule solution : effectuer une retraite dans un temple. Et si le mauvais œil vous poursuit, y rester pour toujours.

Le bonze doit ainsi satisfaire les croyances animistes des Thaïs. Et pourtant Bouddha a bien précisé que les esprits malins n'existent pas et qu'il est vain de croire aux superstitions. Mais le bonze est appelé pour résoudre les problèmes de la vie quotidienne et il joue en particulier le rôle d'astrologue. Il doit deviner le numéro gagnant des innombrables loteries clandestines ou officielles ; les sujets d'examen pour les étudiants ; le meilleur jour pour un mariage ou pour signer un contrat, partir en voyage, faire un coup d'Etat...

Religions des Chinois

Ce sont des syncrétismes de plusieurs religions et philosophies.

Le culte des ancêtres

C'est la vraie religion traditionnelle des Chinois et une forme d'animisme. L'au-delà ressemble au monde terrestre, c'est là que vont les âmes après la mort. Mais la différence est que dans l'au-delà on ne peut gagner sa vie. Le bien-être dépend de vos descendants mâles qui vont vous envoyer là-haut tout ce dont vous avez besoin. Seuls les fils peuvent pratiquer ce culte. D'où l'obsession chez les Chinois d'avoir des fils et leur mépris envers les filles. Une des justifications aussi de la polygamie : plus on aura de femmes et plus on aura de fils.

Le jour de la fête chinoise, la célébration de la nouvelle année, en février, des braseros sont installés devant les maisons sur les trottoirs et on y brûle des imitations de tout ce dont les ancêtres ont besoin : faux billets de banque, maisons de papier, lettres pour les tenir au courant de la vie de leurs descendants sur terre... Tout cela part en fumée et s'évanouit dans l'au-delà. On expose aussi de la nourriture qui est transmise dans l'au-delà par son fumet, et qui est ensuite mangée par la famille sur terre comme un repas familial avec tous les ancêtres.

Confucianisme

A ce culte des ancêtres est venue s'ajouter la philosophie de Confucius, qui vécut de 551 à 479 avant J.-C. et fut donc un contemporain de Bouddha. Pour résumer simplement : selon Confucius, la société doit s'organiser sur la soumission totale des enfants envers le père, de la femme envers le mari et des citoyens

Tabous

Ne jamais ricaner devant une maison des esprits, les conséquences peuvent être pires encore que de ricaner devant une statue de Bouddha.

Des offrandes de nourriture sont régulièrement faites. Les esprits, désincarnés, se nourrissent en humant les aliments offerts.

Mae Hong Son

Tabou

Les Chinois croient que si on ne prend pas soin de ses ancêtres, ils se transforment en fantômes et viennent hanter les humains et en particulier leurs descendants.

Il y a chez les Chinois une peur terrifiante des revenants : ne pas plaisanter à ce sujet.

envers l'empereur. En échange de cette massive démission, le père, le mari et l'empereur doivent exercer une autorité juste et généreuse.

Taoïsme

Le taoïsme, apparu au IIe siècle de notre ère, est une autre religion mais si compliquée qu'elle n'a guère d'influence, sauf en ce qu'elle préconise un régime végétarien.

Hindouisme

L'hindouisme a eu une très grande influence au Cambodge mais une moindre en Thaïlande. Cependant, après la publication du Ramakien, version thaïe du Ramayana, la mythologie hindouiste a infiltré le bouddhisme.

Ainsi, les influences de l'animisme, de l'hindouisme et des Chinois se retrouvent dans l'art thaï et dans les temples. Dans ceux-ci, la décoration pourra être hindouiste (Ramakien) avec la présence des animaux de mythologie hindouiste (Naga, Kinnari...), chinoise avec la statue de Kwan Yin et animiste avec la présence de bonzes astrologues.

Le Ramakien

Le Ramayana est un poème épique écrit il y a 2 000 ans environ en Inde par le poète Valmîki. C'est l'Illiade et l'Odyssée de l'Inde, mais en plus long et plus compliqué, avec beaucoup de rebondissements. Le Ramayana fut transposé en thaï, sous le titre de Ramakien, en 1807, par le roi Rama Ier qui se piquait de poésie. C'est le thème des fresques murales du Wat Pra Kheo. Avant d'en commencer un résumé, disons que Ramayana ou Ramakien signifient " en l'honneur de Rama ", héros principal du récit.

Shiva, le dieu fécondateur et destructeur, a créé deux races sur terre : la première, bonne, est la race humaine ; la seconde, mauvaise, celle des géants. Les humains et les géants se battent. Les humains habitent Ayuthaya et les géants l'île de Lanka.

Shiva règne sur la multitude des dieux par l'intermédiaire d'Indra dont Narayana (Naraï en thaï) est le dieu de confiance.

Shiva, lassé de voir ses créatures s'entretuer, demande à Indra d'intervenir. Indra désigne Naraï qui doit s'incarner en Rama pour remettre de l'ordre et apporter la paix et le bonheur sur terre.

Le Ramakien raconte les exploits guerriers de Rama, mais aussi sa vie privée, marquée par ses amours tumultueuses avec sa femme, la belle Sita.

Sa vie guerrière est dominée, quant à elle, par le combat contre le chef des géants nommé Ravana (en thaï : Totsakan). Ce géant a non seulement dix têtes mais il a en outre le pouvoir de séparer son âme du corps. Ainsi, chaque fois qu'il est traqué par Rama, son âme va se cacher dans un buisson, laissant là le corps. De son buisson, Totsakan ricane. C'est pénible pour Rama.

Rama finira cependant par gagner. Il trouvera la boîte où s'est cachée l'âme de Totsakan et la détruira ainsi que le corps. Mais Totsakan avait un fils et on devine sans peine que l'histoire n'en restera pas là.

Dans son combat, Rama est aidé par Hanuman, le grand singe blanc aux huit bras et aux quatre visages. Son arme est un trident à court manche.

Ce monde mythologique est peuplé d'ermites. Ce sont les sages. Ils possèdent le savoir et le pouvoir de se rendre invisibles. Les Naga, tantôt humains, tantôt cobras, vivent au fond des océans ou sous la terre. Il y a évidemment tous les dieux et déesses du Vent, de la Lune, du Soleil, de la Terre, de la Pluie...

Les scènes d'amour, voire érotiques, sont nombreuses. Les dieux sont de grands fornicateurs. Ces épisodes sont tous aussi épiques que les combats. Ce n'est pas de la rigolade que de s'aimer dans la mythologie indo-thaïe. Cela rappelle plus le match de boxe que Lamartine et son lac. Les héroïnes sont plus proches de Spartacus que de la Belle au Bois dormant.

Le Ramakien a eu une influence fondamentale sur la vie spirituelle et sociale thaïlandaise. L'influence de l'hindouisme, qui était déjà grande, a été accentuée. Les temples offrent un mélange de bouddhisme (statues de Bouddha), d'hindouisme et du Ramakien (décorations murales et statuaire).

Le Ramakien fournit le thème des danses classiques thaïes, les Khon (prononcer cône), que vous devrez voir une fois dans un dîner-spectacle.

Enfin, il faut savoir que le nom du héros du Ramakien, Rama, est aussi le titre des rois de Thaïlande.

Mode de vie

Le mariage

Légalement, la polygamie n'existe pas. Mais tout Thaï qui le souhaite peut se rendre dans une autre ville et vivre avec une autre femme. Il suffit qu'il vive quelque temps avec elle pour qu'on la considère comme son épouse. Une seule épouse cependant sera l'épouse légale. Certains hommes ont ainsi une femme et des enfants dans plusieurs villes. Mais la polygamie n'est pratiquée que par les générations autour de 50 ans. Les jeunes préfèrent la monogamie.

Même si le mariage arrangé n'existe plus, les parents ont encore leur mot à dire.

On se marie généralement vers 22/24 ans en ville, vers 18/20 ans dans les villages et à partir de 14 ans dans certaines tribus. La cérémonie civile consiste en une déclaration. Le mariage bouddhiste est béni par le bonze, ce qui est nécessaire pour que le mariage soit reconnu. Pour les autres religions, le couple fait selon sa confession. En cas de mariage mixte, l'un des deux adopte la religion de la famille.

Le sourire en Thaïlande

La Thaïlande est vraiment le pays du sourire. Mais il y a différents sourires qui expriment diverses attitudes et il est bon de savoir les décrypter. Il y a, tout d'abord, le vrai et beau sourire thaï, illuminant le visage d'un enfant, d'un passant ou de la réceptionniste de votre hôtel. Il est vrai que pour ce dernier, il a plutôt tendance à disparaître au " profit " d'un accueil plus " occidental " dirons-nous. Mais le sourire franc et naturel des habitants du pays est encore très présent et c'est un vrai bonheur.

Il y a ensuite le sourire, voire le rire " de dégagement ". C'est une échappatoire à une question embarrassante ou à une attitude gênante. Par exemple lors d'une chute en public, la personne tombée se relèvera dans un grand éclat de rire. Les spectateurs de la scène également, non par moquerie, mais par empathie avec la victime, comme pour dire ce n'est pas grave, cela arrive à tout le monde.

Enfin, il y a le sourire qui sert de masque à une forte émotion. Au cours d'une discussion vive et agitée, un Thaïlandais gardera le plus longtemps possible un sourire barrant son visage, puis soudain le sourire se fige et une colère d'une rare violence se déchaîne, où les coups peuvent pleuvoir et toutes sortes d'objets voler bas. Les femmes sont spécialisées dans ce genre de réaction, étant très susceptibles. Le fil est donc ténu entre la plaisanterie et l'humiliation. Il convient donc de savoir mesurer vos propos, surtout quand vous êtes dans un lieu public car un reproche, un geste anodin peut changer un sourire en véritable cataclysme dont vous vous souviendrez longtemps.

Le nationalisme

Il semblera incongru de parler de nationalisme dans un pays aussi accueillant que la Thaïlande. Pourtant il faut se méfier des apparences ; quand on connaît les habitants du royaume, on connaît aussi leur chauvinisme et leur fierté exacerbée.

Dès leur plus jeune âge, les enfants apprennent qu'ils n'ont jamais perdu aucune grande guerre (ce qui n'est pas faux puisqu'ils n'en ont fait aucune). L'histoire à été savamment révisée pour donner le beau rôle à la Thaïlande dans tous les cas de figure. Histoire est un grand mot, car on fait totalement l'impasse sur celle des grands pays. Jules César, Napoléon, Churchill, on ne connaît pas ! Plus fort, neufs étudiants universitaires sur dix ignorent ce qu'est la guerre du Viêt-nam, pourtant tout proche. En revanche, tous les rois de l'histoire du royaume sont étudiés, et tous ont été des monarques éclairés, admirés du monde entier...

Tous les matins, dans toutes les écoles, les lycées, les universités du pays, on chante l'hymne national en même temps qu'il est diffusé à la radio, à la télévision et dans des haut-parleurs dans certains villages. De même, dans une région comme celle de Petchabun par exemple, des hameaux autrefois infiltrés par le Parti communiste pendant la guerre du Viêt-nam sont toujours, plus de 30 ans après, réveillés à 6 heures du matin par des haut-parleurs qui diffusent une propagande en faveur de la nation, la patrie, le roi, et exaltant la fierté qu'il y a de servir le pays et de s'enrôler dans l'armée pour défendre le pays. Le Premier ministre à été élu après une campagne on ne peut plus nationaliste, en expliquant que la crise actuelle était le fait des étrangers et que lui élu, les Thaïs allaient retrouver leur prédominance et leur fierté. Son parti, le Thaï Rak Thaï (les Thaïs aiment les Thaïs) a largement gagné les élections. Rassurez-vous cependant, l'hospitalité est une tradition bien ancrée chez les Thaïlandais et vous serez bien accueillis partout, et avec le sourire.

La prostitution

Il faudrait, une fois pour toutes, tordre le cou à cette légende selon laquelle le tourisme aurait apporté la prostitution en Thaïlande. Pour votre information, le premier ambassadeur étranger arrivé au royaume de Siam, qui était français puisque envoyé par Louis XIV, fut très étonné que la première chose que l'on lui demandât était s'il désirait une femme pour la nuit. Les charters n'existaient pourtant pas à cette époque...

Une autre chose est de dire qu'inévitablement, et c'est mathématique, plus le nombre de touristes est important, plus le nombre de prostituées augmente. Mais, là aussi, il faut savoir que les institutions thaïlandaises estiment que trois filles de joie sur quatre ne seront jamais en contact avec des étrangers au cours de leur carrière, qui dure, selon les statistiques, environ dix ans. Les Thaïlandais ont en effet des rapports fréquents avec les prostituées. Divers établissements, comme des salons de massages, des karaokés, parfois des clubs, servent de prétextes à ces rencontres. Selon les sociologues du royaume, 77 % des hommes de plus de 18 ans (mariés ou pas) vont voir les " filles " au moins deux fois par mois. Avec toujours, selon eux, une bonne raison : un contrat signé, une promotion, un gain à la loterie, voire la naissance d'un enfant ! D'ailleurs, dans des villes ou des villages, où aucun touriste ne passera jamais, il y a toujours une " Banpouying ", une maison de filles, plus ou moins discrète. De plus, une coutume non écrite veut qu'un jeune Thaïlandais devienne un homme, un vrai, seulement après avoir eu un rapport tarifié.

Si demain plus aucun touriste ne franchissait les frontières du pays, la prostitution aurait encore de beaux jours devant elle, tant elle est ancrée dans les mœurs, même si, l'hypocrisie aidant, elle est officiellement interdite. Et cela sera ainsi tant que la femme sera considérée comme une inférieure, corvéable à merci et soumise au bon vouloir du mâle. Ce n'est plus le cas dans la seule classe bourgeoise, encore que cette dernière respecte uniquement les femmes issues de son milieu.

Pour lutter contre le SIDA, et sous la pression occidentale dénonçant la prostitution des mineurs et la pédophilie éhontée pratiquées en Thaïlande (qui n'est pas, loin s'en faut, une exclusivité touristique), des campagnes d'information et de sensibilisation ont été mises en place, sans pour autant adopter un cadre juridique vraiment efficace : les pratiques quotidiennes semblent être pour longtemps encore au-dessus des nouvelles lois.

Pour les touristes occidentaux, la prostitution prend essentiellement deux formes :

Les salons de massage (massage parlors), à ne pas confondre avec les massages traditionnels. Du plus crasseux au plus luxueux, on choisit une fille parmi les quelques dizaines d'hôtesses numérotées, assises pendant des heures dans un bocal. De 1h30 à 2h de relaxation, comprenant bain, massage, mousse, body body tel qu'on vous l'a probablement décrit, re-massage et touche finale. On paie la fille et l'établissement (prix catalogue : 1 500 à 3 000 baht, suivant la couleur des numéros). Les clients suivants attendent, avec un drink, que le bocal se remplisse. Existe en version gay.

Pour en savoir plus sur la prostitution en Thaïlande

Sex, Money and Morality. Prostitution and Tourism in Southeast Asia, de **Thanh Dam**, Zed Books, Londres 1990 : une bonne étude sur un sujet difficile.

Faces of the night, de **John Hinds**. Editions Duang Kamal. Quinze nouvelles qui décrivent avec tendresse, mais sans complaisance, la vie de ces filles qui travaillent dans les bars et les gogos de Bangkok. Souvent drôle, parfois touchant, toujours propice à la réflexion

Hello my big big honey, de **Dave Walker & Richard Ehrlich**. Asia Books. Une vaste collection de lettres "d'amour" envoyées à des prostituées de Bangkok par leurs "clients" rentrés au pays, le tout suivi par une interview de ces demoiselles. Edifiant !

Estampe thaïe

Les bars et les gogos : bars à hôtesses, devant, derrière ou sur le comptoir (central pour celles qui savent danser). Atmosphère souvent bon enfant. Moyennant un " bar fee " (argent payé au bar pour faire sortir la fille), vous pouvez ressortir avec l'hôtesse et commencer à discuter ses conditions. La majorité affectionne les cycles courts et souvent plusieurs cycles par soirée !

A l'étage, parfois des spectacles Son et Lumières : parmi les spectateurs, on trouve souvent des couples de retraités en voyage organisé, Monsieur faisant l'étonné devant la souplesse des artistes.

En résumé

Méfiez-vous des effets de scène et d'éclairages : comme les stars, sorties du petit écran et vues de près, elles sont beaucoup moins scintillantes.

Evitez l'alcool afin d'échapper aux surprises : les plus belles filles... n'en sont pas.

Essayez de garder la tête aussi froide qu'il fait chaud dehors.

Les gays

Il n'existe pas de discrimination légale contre les homosexuels et la société thaïe est relativement tolérante vis-à-vis des gays. Tout autant qu'elle l'est vis-à-vis des travestis, qui occupent des emplois courants à Bangkok et dans le reste du pays. L'essentiel est de ne pas être trop démonstratif, et de ne pas choquer la pudeur générale, une pudeur qui concerne toutes les manifestations de caractère intime, quelles qu'elles soient et d'où qu'elles viennent.

En Thaïlande, le monde de la nuit est partout pareillement organisé, avec les mêmes nuances, les mêmes facilités et les mêmes débordements, quel que soit la nature des affinités sexuelles de chacun. En 1995, est paru un guide gay qui répertorie, dans les principales villes, hôtels, magasins et lieux de rencontres. Disponible en librairie ou sur commande.

The Man of Thailand. Guide to Thailand. **Floating Lotus Bualuang Books**. Po Box 44. Ratchawithi Post Office. Bangkok 10408.

Arts et culture

Avant d'aborder le domaine des arts thaïlandais, il faut savoir que ses multiples aspects sont liés au culte de Bouddha (cf. la rubrique " Religions ").

Architecture

Il existe 23 474 temples bouddhiques (ou wat) à travers le pays, dont 381 se trouvent à Bangkok.

Décoration d'un temple

Un wat (monastère) est un sanctuaire où les bonzes remplissent leurs fonctions religieuses. Il existe deux sortes de monastères : les royaux, édifiés sur ordre du roi ou sous son patronage ; les ordinaires, fondés grâce aux dons de la population. Les monastères se divisent en deux sections : l'une appelée Bouddhawat (sanctuaire de Bouddha), l'autre Sanghawat (sanctuaire des bonzes). La chapelle (le bot ou ubosoth) est le lieu le plus sacré du monastère, toutes les cérémonies s'y déroulent. A l'intérieur se trouve la plus importante statue de Bouddha. L'enceinte sacrée de la chapelle est marquée par des plaques de pierre (séma) habituellement érigées aux quatre coins ou côtés ; la plaque est double pour un monastère royal et simple pour un monastère ordinaire. Le viharn est la salle des sermons réservée aux fidèles ; les femmes peuvent y accéder, alors que dans le Nord du pays, elles ne peuvent entrer dans la chapelle. Dans la chapelle ou le viharn se trouvent tous les objets nécessaires au déroulement des cérémonies : chaises, autels, bâtons d'encens, fleurs. Les murs sont souvent décorés de fresques retraçant la vie de Bouddha (Jataka) ou d'épisodes du Ramakien. Les panneaux et portes sont décorés de laque ou d'incrustations de nacre. Le monastère est aussi composé de tours (chedi, prang, that) qui sont des symboles de Bouddha. Il y a également une ou plusieurs salles d'enseignement pour les enfants pauvres, un crématorium dans les temples les plus importants, un beffroi et des bibliothèques. Enfin, de nombreux animaux légendaires aux pouvoirs surnaturels (Garuda, Naga, Yakça, Kinnara) sont sculptés et représentés pour protéger le wat.

Les origines

L'architecture siamoise trouve son origine dans les styles môn, khmer et lao, qui se répartissent en différentes époques, successives ou confondues. La première période s'étend du VIe au XIe siècle de notre ère et concerne l'art Môn Dvaravati. Dvaravati était un Etat indépendant né de la chute de l'empire de Funan et semble avoir été situé au nord du golfe de la Thaïlande, dans la baie de Bangkok. Ses villes principales étaient Nakhon Pathom (dont certains historiens affirment qu'elle aurait été la première ville de Thaïlande et que c'est par ce port qu'aurait pénétré le bouddhisme), Lopburi et U Thong. Le mot désigne donc aussi l'art florissant encore présent dans la plus grande partie de la Thaïlande actuelle. Les ruines du wat Mahathat sont l'un des derniers témoignages de cette lointaine époque et le plus grand temple du Sud du pays. Son chedi, haut de 77 mètres, est recouvert dans sa partie supérieure de 270 kg d'or. Un musée à Nakhon Si Thammarat présente également des objets religieux datant des périodes Dvaravati et Srivijaya (VIIIe- XIIIe siècle). A Nakhon Pathom, le Chedi Phra Pathom est le plus ancien et le plus grand temple de faïence dorée (115 mètres).

Dans le même temps, les Khmers, arrivés vers le VIe siècle par la vallée du Mekong, développèrent leur art, plus connu sous le nom d'art Lopburi (XIe- XIIIe siècle), du nom de la ville du centre de la Thaïlande qui fut leur principal siège administratif. Cette appellation rappelle que les œuvres de cette époque n'étaient pas uniquement dues aux Khmers bâtisseurs d'Angkor, mais portaient aussi l'empreinte des artistes locaux. Le style khmer concerne essentiellement l'architecture et la sculpture. Les bâtiments en bois, matériau de construction utilisé pour les demeures des rois et des nobles de l'époque, ont disparu ; seuls restent les monuments en pierre, c'est-à-dire les temples. L'architecture khmère n'avait pas un but utilitaire mais symbolique. La pierre (brique d'abord, à partir du VIIe siècle, grès ensuite) rendait hommage aux dieux, alors que le bois était destiné aux grands du royaume. A Lopburi, on peut voir les restes d'un monastère du XIIe siècle, le wat Phra Sri Ratana Mahathat. Le prang, tour décorative carrée dont les quatre faces s'élèvent en gradins, est typique de l'architecture khmère. Le terme de " Prasat " désigne en Thaïlande le temple khmer.

Du XIe au XVIIIe siècle

L'art Chiengsaen apparaît au XIe siècle et se développe jusqu'au XVIIIe. Il est originaire d'un royaume connu sous le nom de Lan Na et s'étendant de Chiang Saeng jusqu'aux lointaines villes du Nord, en passant par Chiang Raï, Chiang Maï (capitale), Lamphun et Lampang. Bouddhiste, le royaume partageait également la culture Môn de Haripunjaya dans la région de Lamphung. Le style Lan Na a subi d'autres influences venant d'Angkor, du Sukhothaï, du Sri Lanka, d'Inde et de Birmanie. Le wat Chiang Man est le plus vieux temple de Chiang Maï ; il était habité par le roi Men Raï pendant la construction de la cité, qui a débuté en 1296. Le wat Phra Signh est considéré comme le temple le plus important de la ville : c'est un intéressant ensemble d'édifices, dont une bibliothèque superbement décorée. A l'extérieur des murs d'enceinte, le wat Jet Yod possède un chedi carré à sept spires. Le wat Phra That Doi Suthep est un lieu de pèlerinage situé au sommet d'une colline, à 11 km à l'ouest de Chiang Maï ; son chedi domine la région à plus de 1 000 m d'altitude.

Le style U Thong (XIIe- XVe siècle) date d'avant la fondation du royaume d'Ayuthaya et emprunte son nom au roi U Thong qui bâtit cet empire en 1350, sur les terres du royaume Dvaravati, des Khmers et de Sukhothaï. Les historiens classent généralement les œuvres U Thong en trois époques : XIIe-XIIIe siècle (catégorie A), XIIIe-XIVe siècle (catégorie B) et XIIIe-XVe siècle (catégorie C).

Sukhothaï (l'" Aube du Bonheur ") fut la capitale (1238) du royaume du même nom, un royaume qui dura un siècle (XIIIe-XIVe), après être parvenu à se débarrasser du joug khmer et avant d'être définitivement absorbé par la puissante Ayuthaya en 1438. Royaume éphémère donc, mais dont l'époque est considérée comme un âge d'or et l'un des fondements des traditions actuelles. L'hindouisme khmer et indien y laissa des traces mais c'est le bouddhisme qui était majoritaire. Le wat Mahatat date du XIIIe siècle et s'étend sur un carré de 200 mètres de côté, autrefois entouré de douves. On y trouvait à l'époque 11 chedi, 7 chapelles et 11 viharn. A visiter aussi, à Sukhothaï, le wat Sra Si, le wat San Da Pa Daeng, le wat Si Sawaï, le wat Si Chum et, à l'extérieur de la ville, le wat Sapan Hin, le wat Chang Lom, le wat Sri Chum, le wat Phra Paï Luang.

A l'époque de Sukhothaï s'opère une véritable renaissance artistique. Les architectes vont innover avec des constructions en briques, sur des fondations faites de piliers, et l'utilisation du stuc. Les édifices monumentaux sont réalisés toujours à l'aide des mêmes matériaux, mais agencés différemment. En maçonnerie, on utilisait de la brique liaisonnée en mortier de chaux ou en blocs de latérite. On observe aussi un formidable engouement pour la décoration des Bouddhas.

Le royaume d'Ayuthaya domine donc celui de Sukhothaï à partir de 1350 et va prospérer pendant plus de quatre siècles, jusqu'à son écrasement par les Birmans en 1767, l'arrivée au pouvoir du roi Thaksin, puis la fondation du royaume de Siam. Au temps de sa splendeur, la ville comptait plus d'un million d'habitants. Elle est aujourd'hui devenue un parc archéologique très bien entretenu, s'étendant sur 15 km². Les monuments d'Ayuthaya possédaient les mêmes caractéristiques que ceux de Sukhothaï et d'U Thong. Le temple royal de Sri Samphet était le plus important de la ville et le viharn Phra Mongkol Bopitr abrite le plus grand Bouddha de Thaïlande. Le wat Raj Burana est reconnaissable à son prang qui a échappé aux destructions. A visiter aussi le wat Na Phra Meru.

Du XVIIe siècle à nos jours

La dernière époque architecturale est celle de Bangkok. La plupart des temples thaïlandais (sans compter les ruines, donc) sont neufs et datent de la fin du XVIIIe, du XIXe et du XXe siècle. Le général Phya Chakri s'empare du pouvoir en 1782, prend le nom de Rama et devient le premier monarque d'une dynastie qui règne encore de nos jours. On peut distinguer deux périodes artistiques à cette époque : la première va du règne de Rama Ier à celui de Rama III (1782- 1851), la seconde, de Rama IV jusqu'à nos jours. C'est le style Rattanakosin, du nom d'une île qui fut un temps le siège du pouvoir politique et culturel. Devenue la capitale du pays, Bangkok se dote de nouveaux monastères, qui accueillent notamment diverses œuvres rapportées des régions du Centre et du Nord dévastées par les guerres, et qui sont les symboles d'une politique générale de centralisation. Le roi Chulalongkorn (Rama V, 1868-1910) va faire souffler un vent de modernité sur le pays et adopter un style architectural très " européanisé ", consécutif à ses voyages en Europe. Ainsi, le Ratchadamnoen Khlang, une sorte d'avenue des Champs- Elysées bangkokienne, a été un prélude à l'apparition d'autres larges avenues dans une ville comprenant aujourd'hui plus de 6 millions d'habitants et à la circulation malgré tout saturée… Pour les nouveaux palais, on fera majoritairement appel au talent d'architectes italiens. Le wat Benchamabophit (temple de Marbre) sera ainsi édifié, en 1899, sur les conseils d'Hercule Manfredi ; son bot (chapelle) et son cloître sont recouverts de marbre de Carrare.

Le Grand Palais : inspiré de l'art occidental, il fut construit par des architectes anglais, de 1876 à 1882. Déserté après le coup d'Etat en 1932 et définitivement délaissé en 1946, il sert aujourd'hui aux diverses réceptions officielles. Le Grand Palais est composé de plusieurs édifices, construits au fil du temps : le wat Phra Kaeo, ou temple du Bouddha d'Emeraude, servait de chapelle royale où le roi accomplissait ses devoirs religieux. Bâti en 1782 sur le modèle du temple royal du Grand Palais d'Ayuthaya, c'est le sanctuaire le plus sacré de Thaïlande. Son ubosoth (chapelle) est recouvert de fresques racontant la vie de Bouddha ; les portes sont décorées d'incrustations de nacre, et le chedi, de feuilles d'or. **Le wat Pho** est le plus ancien temple de Bangkok et le plus grand monastère du pays : pavillons et jardins s'y étendent sur presque 8 hectares. Parfois appelé " temple du Bouddha couché " (Bouddha étant dans l'attente de la mort, donc du Nirvâna), il abrite la plus grande statue de Bouddha, longue de 46 m et haute de 15 m, qui remplit tout l'espace intérieur du sanctuaire. A côté du viharn, la bibliothèque, décorée de mosaïques chinoises, conserve les manuscrits sacrés et constitue l'un des plus grands bâtiments de l'ensemble. Temple des sciences et du savoir, destiné aux moines et au peuple tout entier, le wat Pho est considéré comme la première université de Thaïlande.

▸ Grand Palais, Bangkok

Le pavillon de médecine traditionnelle, au pied des quatre grands chedi représentant les quatre premiers règnes, expose des dessins du corps humain avec les points d'acupuncture, ainsi que des recettes à base d'herbes médicinales, celles-là mêmes qui reviennent à la mode aujourd'hui. Le wat Pho est aussi un lieu où l'on peut se faire masser (tradition thaïlandaise...) ou apprendre soi-même les techniques de cet art auquel s'initient de nos jours nombre d'étudiants thaïs. **Le Chakri Maha Prasat** est un bâtiment de style néoclassique, coiffé d'un chedi, au centre duquel se trouve la salle du trône où le roi reçoit les ambassadeurs. Le Palais Intérieur était jadis le domaine des femmes du roi (Rama V en possédait 3 000 !) qui y apprenaient les raffinements en vogue à l'époque. La cour d'honneur du palais est décorée par un jardin à la chinoise avec des ébéniers taillés. **Le Dusit Maha Prasat** (palais Céleste), aux toits à quatre étages, recueille les dépouilles de la famille royale. Près du palais se trouve l'Aphon Phipok Prasat, pavillon dont la porte est située exactement à la hauteur d'un palanquin d'éléphant afin que le roi puisse entrer ou sortir sans démonter. Le Phra Maha Monthien est un ensemble de bâtiments comprenant le Phra Thinang Phaisan Thaksin, où se déroulent les cérémonies du couronnement. De l'autre côté du fleuve, le wat Arun est le " Temple de l'Aurore ", dont la tour principale culmine à 74 m. Le wat Traymit est le sanctuaire du Bouddha en or massif de 3 mètres de haut.

Le sanctuaire de Lak (pilier) **Muang** (ville) est l'endroit le plus sacré après le wat Phra Kaeo. C'est le lieu d'adoration de Siam Thevatirate, l'ange protecteur de la Thaïlande. A l'époque de Rattanakosin, le pilier marquait le centre de la ville.

Dans la banlieue de Bangkok, on peut visiter le **fort Phra Sumen,** construit sous Rama Ier, et qui conserve encore quelques vieux canons et un grand morceau de mur de remparts. **Le wat Bovornivet- Thanon Phra Sumen,** édifié entre 1824 et 1832, est un temple privé. Le Monument de la Démocratie, conçu par un architecte italien après le coup d'Etat de 1932, est une œuvre magnifique composée de quatre ailes en cercle avec, au centre, une constitution en forme de dépliant. C'est le point de départ habituel des manifestations. **Le wat Ratchanaddaram** offre la particularité de posséder une tour de fer, la Lohaprasat (Loha= fer), haute de 33,5 m et d'où la vue est superbe. **Le Bot Phraam** est un sanctuaire que l'on ne peut visiter qu'avec l'autorisation des brahmanes : on y trouve les statues des dieux indiens, dont Vishnu et Shiva. Autre temple dédié à Vishnu, le Sanjao Khek (ou Vishnu Mandir). **La Grande Balançoire** (le Si-kak Sao Ching Cha), brahmanique, est un portique de teck laqué rouge, haut de 25 m. Un jeu y était pratiqué au cours de la fête de Shiva, qui consistait à attraper avec les dents, en se balançant, un sac d'argent attaché à un pilier en face. Ce jeu extrêmement dangereux causa plusieurs morts et fut interdit en 1935. **Le wat Suthat** est un temple dont le viharn offre un très bel exemple de l'architecture du style de Bangkok moderne. **Le wat Sakhet,** le temple de la charité, accueillait les cadavres trouvés dans la rue, qui étaient ensuite incinérés ou laissés comme nourriture pour les vautours. **Le Sanjao Pho Sua** est un authentique temple chinois, de tradition animiste et confucianiste ; d'ailleurs Confucius est là : c'est l'image dorée et barbue.

Le Vimarnmek Palace est un palais en bois de teck de la meilleur qualité (dit teck d'or), alors que le teck de mauvaise qualité est appelé " teck bouse de buffle ". Sa construction, terminée en 1902, fut ordonnée par le roi Rama V pour lui servir de résidence pendant le mois d'avril, quand la chaleur à l'ombre atteignait 40°. C'est le plus grand palais de teck au monde, abandonné en 1932, puis rénové et transformé en musée Chulalongkorn en 1982. Construit en forme de L, de style victorien, il comprend 81 pièces et fut la première résidence disposant de l'électricité. **Le Suan Pakkard Palace** se compose de cinq demeures en bois de teck, c'est le " palais du jardin des choux ", car l'ancienne propriétaire, la princesse Nagor Svarga aujourd'hui décédée, se piquait de jardinage. Le pavillon le plus intéressant est le pavillon de laque, qui date de l'époque d'Ayuthaya, exemplaire unique en son genre. **La Jim Thompson House** est une maison bâtie par un architecte installé en Thaïlande, alors que le pays entrait dans l'ère du béton. Cet esthète subitement disparu en 1967, rachetait les vieilleries abandonnées par les Thaïs. Lesdites vieilleries y sont exposées actuellement et ne manquent pas d'intérêt. **Le Grand Hyatt Erawan Hotel** fut construit au début des années 50, dans des conditions dantesques : les ouvriers tombaient des échafaudages et les architectes passaient leur temps à glisser sur des objets traînant sur le chantier. **La Ferme aux serpents,** bâtie en 1932, est un établissement médical dont le but est d'enseigner les techniques d'extraction du venin des reptiles en cas de piqûre et d'en faire un antivenin. Dans le même style, **la Ferme des crocodiles** offre au visiteur la possibilité d'assister au repas de ces fossiles vivants. **L'Ancient City** est un musée sur 80 ha à ciel ouvert, que fit construire un ancien concessionnaire Mercedes amoureux du Siam et dans lequel on peut admirer tout le panorama de l'architecture locale, 60 édifices y ayant été reproduits grandeur nature ou à l'échelle 1/3.

A Hua Hin, dans le golfe de Thaïlande, le prince Chakrabongse (frère du roi Rama IV) fit édifier **le palais Klaï Klangwan,** le " Sans-Souci " de la Thaïlande. L'hôtel Railway, au même endroit, récemment restauré, témoigne de l'architecture victorienne adoptée par le pays.

Artisanat

La Thaïlande est le pays de l'artisanat par excellence, prévoyez donc un sac supplémentaire pour les coups de cœur !

En ce qui concerne l'or et les pierres précieuses, le choix est plus grand à Bangkok mais méfiez-vous même des adresses les plus réputées. De nombreuses boutiques, généralement tenues par des Chinois, vendent de l'or (bagues, bracelets, colliers…). Pour un achat important, faites-vous accompagner par un ou une Thaï(e). Attention : l'or thaï titre généralement à 24 carats, bref c'est de l'or pur. Un peu mou et très fragile, mais à ne pas confondre avec le plomb plaqué or !

Chiang Maï est l'autre grande place de l'artisanat, mais n'hésitez pas à acheter ailleurs l'objet qui vous tente, parce que vous n'êtes jamais sûr de le retrouver, même dans sa région de production. Vous trouverez : argenterie, bois sculpté (bois

Son et lumière, Ayutthaya

Les antiquaires

N'oubliez pas que les statues ou les reproductions de Bouddha sont interdites à l'exportation. Assurez-vous donc, avant de payer, que l'antiquaire obtiendra les permissions nécessaires auprès des autorités (pour les adresses, voir les rubriques " Shopping " dans la partie " Visites "). Vous trouverez notamment des céladons, des céramiques, des porcelaines chinoises (Ming et Ching), des statues laquées birmanes et des kalaga.

Bouddha, parc historique, Sukhotao

Quelques films célèbres tournés en Thaïlande

Des films très connus ont été consacrés à la Thaïlande. Parmi ceux-ci, citons Le Roi et Moi (avec Yul Brynner, il décrit la vie d'une institutrice, Anna Leonowens, à la cour du roi Rama IV ; Oscar de la meilleure musique de film 1946) ; le remake de 1999 avec Jodie Foster (Anna et le Roi, filmé en Malaisie et interdit en Thaïlande pour cause d'inexactitudes historiques et culturelles, notamment les comportements envers le monarque) ; bien sûr, Le Pont de la rivière Kwaï, qui montre les horreurs commises pendant la construction de la tristement célèbre ligne ferroviaire thaïlandaise ; plus proche de nous, enfin, le film La Plage, avec Leonardo di Caprio et Virginie Ledoyen.

Ont également été tournés en Thaïlande : The Killing Fields (Les Champs d'Honneur,1984), The Deer Hunter (1978), Mortal Kombat (1 et 2), Kickboxer, Rambo 2 (1985) et 3 (1988), L'Année du Dragon (1985) ou encore Cutthroat Island (L'Ile aux pirates,1995).

Ajoutez à cela quelques " James Bond " (L'Homme au pistolet d'or, 1974, Demain ne meurt jamais, 1997) et vous obtenez une destination très prisée ; le pays eut " l'honneur " de recevoir quelques stars internationales comme Mel Gibson (Air America, 1990), Michael J. Fox, Robin Williams (Good Morning Vietnam, 1987) ou Pierce Brosnan.

Artisan

de rose, teck, ébène, jaquier...), bols, écuelles, boîtes, plateaux... en laque noire et dorée sur bambou (la laque rouge ou verte est d'origine birmane), papier mâché (ombrelles peintes de fleurs et d'oiseaux, éventails, paravents et lampes), bronze et laiton (statues, objets, très beaux couverts en bronze ou en bronze et bois), bois précieux (petit et gros mobilier sculpté ou non, certains magasins les expédient), poupées thaïes, soie (la plus belle du monde, tissée main style Shantung), céramique (belle céramique de style Sukhothaï dans les tons gris-bleu, style céladon), kalaga (draperies birmanes rebrodées de perles et de pierres sur fond de velours), cuir (sacs et ceintures en crocodile et serpent, imitations de grandes marques ou non), montres (imitations), vêtements (T-shirts, chemises en coton, jupes, lin, imitations). Lacoste, sacs Vuiton, jeans Lewis 501, Ray Ban, montres Cartier ou Rolex ! Ces imitations abondent en Thaïlande. Vendues dans la rue à Bangkok, on les trouve carrément dans les boutiques en province.

Attention ! En février 1994, la législation française concernant les copies de marques a été révisée et durcie. Si vous vous faites attraper à la douane française avec ne serait-ce qu'un seul faux Lacoste, cela vous coûtera très, très cher. Outre le paiement de la TVA et d'une belle amende, vous risquez maintenant des poursuites pénales. A vous de voir...

Cinéma

Le cinéma asiatique dans son ensemble est encore très largement importateur de fictions américaines. La Thaïlande n'échappe pas à la règle, d'autant que la population raffole de ces films venus d'Occident. La déferlante de films hollywoodiens fait que 95 % des salles diffusent de la pellicule made in USA. Pas mal de cinémas les proposent en version originale. A Bangkok bien sûr, mais aussi à Pattaya, Phuket, Hat Yaï. Quant aux films français, ils sont inconnus au bataillon. Votre seule chance d'en voir se trouve à l'Alliance française de Bangkok ou de Chiang Maï.

Mais le cinéma thaï demeure bien présent et actif, de nombreux (jeunes) réalisateurs tentent leur chance, souvent avec succès. Ainsi le Blissfully yours, de Apichatpang Weerasethakul, a reçu le prix Un Certain Regard au dernier Festival de Cannes : inspiré d'un fait divers survenu en 1998, quand un policier arrêta deux adolescentes immigrées clandestines birmanes, il est tourné presque comme un documentaire (peu de dialogues, nombreux plans de paysages) décrivant la vie quotidienne en Thaïlande. Moon-rack Transistor, film de Pen-Ek Ratanaruang, est une comédie romantique (souvent chantée) narrant les aventures d'un jeune chanteur de kermesse au triste destin, dans une région de la Thaïlande d'aujourd'hui. Le film fit partie de la sélection officielle de Cannes 2002.

D'autres metteurs en scène à la réalisation ambitieuse sont apparus récemment, comme Thanut Jitnukul (Kunpan- The Legend of the War Lord ; Bang Rajan- The Legend of the Village Warrior, évocation de la guerre du XVIIIe siècle contre les Birmans). Un cinéma riche donc, qui n'a pas manqué d'attirer les plus célèbres réalisateurs occidentaux en quête de nouvelles idées : ainsi Coppola a remonté le superbe film de Chatri Chalerm Yukoi, Suriyothaï, épopée sur l'histoire de la Thaïlande. Et on parle déjà d'une sélection officielle pour Cannes 2003 (pour la reprise, bien sûr...). Par ailleurs, chaque année du 10 au 18 août, a lieu le Festival du Court Métrage de Bangkok qui attire un public jeune, rassemblé autour d'une sélection de courts métrages locaux, plus une centaine d'œuvres provenant de Malaisie, Singapour, Allemagne et France, partenaires privilégiés des producteurs thaïs.

Festivités

Si vous allez en Thaïlande et que vous venez d'Europe, vous serez d'un coup plus vieux de quelque 543 ans : faites le calcul, nous sommes en l'an de grâce 2545.

A Bangkok, toutes les grandes fêtes se déroulent au Khao Din Zoo et au Sanam Luang (grand terrain en face du wat Phra Kaeo).

En janvier, les Thaïs fêtent le Nouvel An mais ce n'est pas celui qui compte le plus pour eux.

8 février : férié, jour du Makha Bucha, fête bouddhiste. Ce jour de la pleine lune commémore un événement miraculeux, lorsque 1 250 disciples de Bouddha se réunirent pour écouter les enseignements du Sage, qui leur tint un discours demeuré célèbre : le Magha Puja. Les temples sont alors remplis et le soir, procession aux chandelles.

Avril est LE mois des fêtes en Thaïlande. Le 6, c'est le Chakri Day, qui commémore la fondation de la dynastie en 1782 : les habitants de Bangkok se rendent au Grand Palais pour offrir des fleurs, brûler de l'encens au temple du Bouddha d'Emeraude et rendre hommage aux rois défunts, au Panthéon royal. Mi-avril (autour du 13), c'est l'explosion générale : le Pi May (Pi= année ; May= nouvelle) ou Songkran Festival, est LA fête religieuse, marquant le passage à une nouvelle année : c'est l'occasion de s'asperger joyeusement durant les trois jours que durent les festivités (un jour pour la fin de l'année, un autre de transition, plus le premier jour de la nouvelle année). A l'origine, les Thaïlandais arrosaient uniquement les statues de Bouddha, mais aujourd'hui tout le monde y passe, ce qui est très agréable car ce mois fait partie des plus chauds de l'année.

Mai : le 5 est le jour du couronnement du dernier roi de la dynastie Chakri, Bhumibol Adulyadej. Les hauts fonctionnaires vont présenter leurs hommages au roi dans la Chapelle Royale du Grand Palais. La cérémonie marque également le début de la saison de la plantation du riz. Des grains de riz bénits sont semés et les brahmanes, lors de cette fête hindouiste des labours, prédisent les résultats de la future récolte. Des zébus blancs sont également promenés. Le Visakha Bucha célèbre la naissance, l'Illumination et la mort de Bouddha (le dieu avait choisi la simplicité et la ponctualité en prenant le même jour pour ces trois événements de sa vie). Et re-processions nocturnes aux flambeaux, les temples sont à nouveau envahis et les fidèles en font traditionnellement trois fois le tour.

Juin est particulièrement pauvre en fêtes, puisqu'il ne se passe rien...

Mais **juillet** arrive et avec lui l'Asalaha Bucha qui marque le début du Carême

Défilé

Bonzes

Fête des éléphants à Surin

bouddhiste (le Khao Pansa). Le premier jour correspond au premier sermon de Bouddha à ses cinq premiers disciples. Ce Carême dure trois mois, pendant lesquels les bonzes sont tenus de rester dans les temples et d'observer strictement leurs devoirs religieux. C'est aussi l'occasion pour de jeunes Thaïlandais de faire retraite et procéder à une sorte de communion, pour laquelle ils organisent une fête avec leurs amis et échangent leur robe blanche de novices contre celle, jaune, des bonzes, au cours d'un adieu symbolique au monde. Car on n'entre pas dans les ordres définitivement en Thaïlande comme on le fait en Europe. Le Carême correspond également au début de la saison des pluies, pendant laquelle très peu de festivités sont organisées. Passons sur les mois d'août et septembre (il pleut...) et retrouvons-nous en **octobre** pour la fin du Carême. C'est l'Ok Pansa, et la population se rend dans les temples pour offrir aux bonzes divers présents et des robes. En octobre, les barges royales sont de sortie et donnent lieu à l'un des plus beaux spectacles qui soient. Spectacle cependant très rare car le dernier a eu lieu à l'occasion des 72 ans du roi, en 1989. Le 23, les Thaïlandais célèbrent la mort de Rama V.

Novembre : certainement le mois le plus chargé en fêtes, dont la plus célèbre est le Loy Khratong. Les khratong sont des petits bateaux en feuilles de bananier et en forme de lotus, dans lesquels sont placés bâtonnets d'encens, bougies et pièces de monnaie, bateaux que l'on dépose sur les fleuves et rivières afin d'honorer les esprits et éloigner les péchés. Un spectacle de lumière réellement féerique. A Bangkok, la foire de la Montagne d'Or donne lieu à une procession nocturne autour du wat Sakhet, décoré pour l'occasion de centaines de bougies. La fête hindoue du Divali prend la suite du Loy Khratong ; elle réunit les pèlerins au temple indien du centre-ville situé à Silom Road. A Surin, le traditionnel rassemblement des éléphants se fait devant un public extrêmement nombreux : c'est là que des matches de foot " éléphantesques " sont organisés.

Décembre est enfin le mois de la fête du roi et tout Bangkok se fait beau pour rendre hommage au monarque et à sa famille. Noël, vous l'aurez compris, n'est bien évidemment pas célébré, dans un pays où le catholicisme fait figure de parent très pauvre...

Littérature

Comme par hasard, l'influence khmère et la civilisation môn, qui avait assimilé les textes religieux et juridiques de l'Inde, ont marqué fortement le pays. *La Stèle de Rama le Fort* (XIIIe siècle), chef-d'œuvre du thaï ancien, est considérée comme le premier texte important de la littérature thaïe, qui connaîtra plus tard, avec Ayuthaya, deux périodes fastes. En 1431, les Siamois prennent Angkor, ouvrant la voie à la pénétration au royaume de l'influence angkorienne dans les monastères, où les bonzes commentent les textes bouddhiques et les traduisent en siamois. Au XVIIe siècle, le théâtre royal connaît un essor remarqué sous le règne de Phra Naraï, qui ouvre son pays sur l'Occident. Le XVIIIe siècle correspond au début de la modernité, avec l'apparition de la presse et la vogue des chroniques. La littérature devient un art majeur au XXe siècle, freiné cependant par le phénomène d'analphabétisme encore bien présent de nos jours, qui fait que l'oralité reste privilégiée.

L'œuvre littéraire thaïlandaise la plus célèbre est sans aucun doute le poème composé par Sunthorn Phu au XVIIIe siècle, long de 30 000 vers. Ce poème raconte l'histoire d'un prince en exil qui doit achever une odyssée faite de guerres et d'amours, avant de rentrer en vainqueur dans son royaume. Parmi les auteurs contemporains, citons Kukrit Pramoj, qui a écrit *Quatre Règnes*, ouvrage portant sur la vie à la cour royale, et le *Bambou Rouge*, qui traite le conflit entre le bouddhisme et la politique avec l'arrivée du communisme. Khamsin Srinawk est l'auteur très en vogue de nouvelles, alors que Suwani Sukonta a écrit notamment *Un Homme appelé Karn*, ou l'histoire du combat d'un médecin contre la corruption.

La littérature pour enfants est encouragée par le gouvernement actuel, incluse dans un programme éducatif culturel ambitieux. La littérature française n'est pas oubliée en Thaïlande puisque certains classiques sont traduits dans la langue locale, comme *Les Misérables* de Hugo, grâce à certaines maisons d'édition francophiles telles que Khao Fang.

Musique

A l'image de l'histoire politique du pays, la musique thaïe a été influencée par celles venant de Chine, d'Inde et la musique khmère. L'art musical diffère quelque peu selon les régions. Les premiers instruments furent cependant inventés par les Thaïs eux-mêmes, avant que ne s'exerce l'influence de l'Inde, dont ils reprendront et adapteront les instruments. Ces objets rudimentaires étaient à base de matériaux peu coûteux, comme le bois, le bambou, le cuir, alors que le métal, plus cher, était moins utilisé par un peuple particulièrement pauvre. Puis les Thaïs rencontrèrent la culture indienne, que les Môn et les Khmers avaient déjà assimilée, et de nouveaux instruments furent alors créés : phin, sang, pi chanaï (le pi est une sorte de hautbois), krachap pi, chakhe, thon, notamment à la période Sukhothaï. Aujourd'hui il existe une cinquantaine d'instruments de musique thaïs, dont plusieurs sortes de percussions (gongs, schoung schang, tapôn, crab, tong, clong, tlounpounpan), instruments à vent (flûtes, trompettes) ou à cordes (le trô, sorte de violon à trois cordes). Ces instruments sont essentiellement utilisés à l'occasion de fêtes traditionnelles et religieuses (mariages, enterrements...) mais aussi pour accompagner les scènes de théâtre, un autre art très prisé en Thaïlande.

La musique classique occidentale fut introduite dans le pays à partir du XIXe siècle, sous l'impulsion de la famille royale, qui l'appréciait beaucoup. Aujourd'hui, mais dans un registre plus moderne, le roi Bhumibol Adulyadej est d'ailleurs un compositeur et joueur de jazz hors pair, et la princesse Maha Chakri Siridorn joue de plusieurs instruments traditionnels. Phra Chen Duriyang, dont le père, Allemand, lui enseigna la pratique du piano et d'instruments à cordes, fit beaucoup pour la reconnaissance, en Thaïlande, des Bach, Mozart, Beethoven... Il créa au début du XXe siècle le premier orchestre symphonique thaï, sous l'égide du Département Royal du Spectacle, et forma de nombreux jeunes musiciens. A partir des années 30, d'autres orchestres virent le jour et, en novembre 1982, le Bangkok Symphony Orchestra donna son premier concert, cinq mois après avoir été créé. La musique classique et le jazz restent cependant extrêmement méconnus, de nos jours, des classes populaires ; seuls quelques initiés de la haute société les pratiquent ou les écoutent.

Danseuse, Phuket

La musique populaire occidentale, vers le début des années 50, a été mieux acceptée par les Thaïs : il existe aujourd'hui de nombreux groupes mêlant dans leurs compositions rock, pop de cette époque et musique traditionnelle.

La Thaïlande résiste par ailleurs plutôt bien à l'invasion de la variété américaine et lui préfère les productions locales qui vont de la chanson à l'eau de rose accompagnée du son d'un synthétiseur au metal ou hard rock, musique revendicative et accusatrice. Dans ce domaine, le groupe Carabao connaît un réel succès, son franc-parler assez inhabituel dans un pays comme la Thaïlande étant particulièrement apprécié, surtout par la population jeune. La variété thaïe actuelle a pourtant su allier les rythmes et timbres des instruments occidentaux aux mélodies asiatiques. Enfin, le karaoké, importé du Japon, a fait une entrée fracassante il y a quelques années et est aujourd'hui très apprécié.

Les chants : des chants de l'époque Sukhothaï sont encore pratiqués de nos jours, comme le Phlep Thep Thong. Pendant la période Ayuthaya, les techniques vocales se développèrent, les groupes musicaux s'étoffèrent et les poètes prirent l'initiative de l'écriture des textes, essentiellement tirés du Ramakien (épopée de la guerre entre le Bien et le Mal). Les œuvres étaient principalement une suite de chants appelée Phleng Rua. Cette distribution poursuivit son essor avec l'avènement de Bangkok, qui vit également un développement spectaculaire du théâtre chanté ou accompagné de musique. Les poètes continuèrent à écrire les textes qu'ils adaptèrent aux mélodies de la période Ayuthaya. Les chants traditionnels thaïs sont généralement accompagnés de percussions ou d'instruments à vent quelque peu rudimentaires. Ils sont chantés à l'unisson et les tonalités graves sont quasiment inexistantes. Les tambours sont essentiellement utilisés pour la danse plutôt que pour le chant.

La danse est une activité très importante en Thaïlande : le Ramwong est par exemple une danse traditionnelle encore pratiquée dans les villages à l'occasion des fêtes de famille, mais la jeune génération ne la connaît plus guère et lui préfère de loin les boîtes de nuit, qui fleurissent un peu partout dans le pays, et la techno qui y est diffusée à pleins tubes.

Sculpture

L'histoire de la sculpture thaïe se confond avec celle de son architecture, et toutes les œuvres ont été réalisées dans un but religieux, les représentations de Bouddha étant évidemment les plus nombreuses. La pierre fut le matériau le plus utilisé, mais rien n'était trop beau pour rendre hommage au Sage et les minéraux et métaux les plus précieux servirent également pour son culte. Les premières sculptures étaient donc en pierre ou en bronze et représentaient les divinités bouddhiques et hindoues, les artistes étant contraints de respecter certaines règles édictées en Inde, berceau des deux religions. On ne sait pratiquement rien sur ces premiers sculpteurs, puisque aucun nom n'a été laissé sur les œuvres. Les statues de Bouddha thaï doivent obligatoirement porter certains signes distinctifs, pour qu'elles ne soient pas confondues avec une personne ordinaire ou avec d'autres divinités. Comme il n'existait aucun portrait réel de Bouddha, les autorités bouddhistes inventèrent trente-deux motifs spécifiques à inclure dans toutes les représentations pour qu'il soit reconnaissable au premier coup d'œil. Tous ces signes particuliers ne pouvant évidemment pas figurer en même temps dans les sculptures, il suffisait d'en faire apparaître un seul pour que celles-ci soient réussies. Par exemple, la coiffure de Bouddha, appelée " ushnisa ", est le symbole de la sagesse ; le drap qui recouvre son corps laisse apparaître ses muscles et ses côtes, pour montrer sa supériorité sur l'homme moyen, le vêtement simple pour signifier la parfaite pureté de son esprit. En Thaïlande, son corps est également asexué, symbole de la discipline spirituelle supérieure au désir physique. Ses yeux sont légèrement baissés et en forme de boutons de fleur et il arbore un léger sourire qui témoigne de sa paix intérieure. Bouddha fut représenté de manière différente selon les époques (Dvaravati, Lopburi...) : les Môn, par exemple, le représentaient avec un grand visage aux yeux proéminents, au nez large, aux lèvres épaisses, ou encore debout, droit, les mains dans la position " mudra " (les mudra sont des gestes spécifiques de la main constituant un véritable langage) de méditation, les deux côtés du corps parfaitement identiques. Le premier style Lan Na créait un personnage particulièrement robuste : épaules larges, poitrine gonflée et taille fine, visage rond et coloré, jambes croisées avec les chevilles bloquées dans la position du lotus, plantes des pieds tournées vers le haut ; le second style Lan Na lui donnait un corps plus mince, au vêtement plus long, au visage ovale, à la tête surmontée d'une flamme Sukhothaï au lieu du bouton de lotus. Les artistes du Lan Na créaient aussi des statuettes animales : éléphants, grenouilles, oiseaux à deux têtes... Le Bouddha de Sukhothaï était encore différent : son asymétrie montrait que les sculpteurs ne fondaient pas leurs œuvres sur des critères esthétiques mais en fonction de l'interprétation littérale des textes religieux et des canons rédigés en pali qui indiquaient tous les signes distinctifs (lakshana) de Bouddha. Signes particuliers : nez aquilin en forme de bec de perroquet, coiffure en V à la racine des cheveux, trois plis sur le cou, lobes des oreilles très allongés (témoignage de son précédent statut de prince), bras longs et sinueux, comme il est stipulé dans les Saintes Ecritures.

Style U Thong : séparation étroite entre le front et les cheveux, doigts de longueur inégale, cheveux bouclés, visage carré (mélange d'influences môn et khmère). Le bronze, le stuc et le grès étaient les matériaux les plus utilisés. Les statues préfigurent celles de la période Ayuthaya.

Ayuthaya : les statues sont représentées dans des attitudes beaucoup plus variées et une gestuelle plus riche qu'à toutes les autres périodes de l'art thaï : mains jointes à hauteur de la poitrine, tenant le bol à aumônes, main levée en signe d'apaisement, pouce et index en forme de cercle signifiant l'enseignement ou la prédication. Bouddha fut souvent sculpté dans une position allongée et certaines de ces œuvres ont des dimensions monumentales.

Le style Rattanakosin se caractérise par le foisonnement de décorations majestueuses autour de Bouddha, ce qui rompt avec la simplicité et le raffinement des statues des époques précédentes. Sous le règne de Rama III, trente-quatre nouvelles attitudes tirées des événements

Pour en savoir plus sur la sculpture thaïlandaise

La sculpture du Siam, de **A. Salmony**, G. Van Oest éditeur, Paris et Bruxelles 1925 : bien qu'ancienne, cette étude demeure fort intéressante.

Statue, Bangkok

les plus importants de la vie de Bouddha furent commandées, mais bientôt délaissées du fait de leur impopularité, et seules restent les six attitudes traditionnelles.

Principales représentations

Le Bouddha d'Emeraude (temple du wat Phra Kaeo) : haute de 66 cm, taillée dans un seul bloc de néphrite (et non d'émeraude), cette statue aurait des pouvoirs particuliers. Le roi lui-même vient lui apporter des offrandes rituelles et des tuniques correspondant aux saisons.

Bouddha du wat Pho : la plus grande statue du pays. Haute de 15 m et longue de 46 m, elle remplit tout l'espace du sanctuaire et est couverte d'une épaisse couche d'or. Elle représente Bouddha attendant la mort et proche du Nirvâna. La plante des pieds (15,5 m) est ornée d'incrustations de nacre symbolisant les 108 signes distinctifs du dieu.

Bouddha en or massif : situé à l'intérieur du wat Traymit, il mesure 3 m de haut.

Le Bouddha du viharn Phra Mongkol Bopitr est l'une des plus grandes statues du pays. Celui du wat Na Phra Meru, en position assise, est en pierre ; il est considéré comme une œuvre capitale. Le wat Phra Si abrite un Bouddha en bronze datant de l'époque Sukhothaï. Le wat Si Chum possède un Bouddha assis, en pierre et en stuc, de 14,7 m de haut. Il y a deux statues, particulièrement vénérées, au wat Chiang Man : l'une, en cristal, aurait été rapportée par le roi Mengraï de Lamphun, où elle serait restée pendant 600 ans ; elle est portée chaque 1er avril dans les rues de la ville. L'autre est un bas-relief en pierre qui aurait été rapporté d'Inde au VIIIe siècle. Le wat Phra Singh abrite une statue probablement âgée de plus de 1 500 ans et originaire du Sri Lanka. Si vous allez à Mae Hong Son, vous pourrez contempler une belle collection de statues en bois polychrome et une statue de Bouddha assis haute de 5 m. D'autres statues encore au wat Hua Wiang (en bronze) ainsi qu'au wat Phra Non (inspirées du style birman).

Théâtre

Le théâtre thaï comporte six formes distinctes d'expression, allant du " khon ", drame dansé avec masques, au " nang ", théâtre d'ombres aux traditions séculaires.

Le Khon est le théâtre classique issu d'anciens rituels accomplis dans les temples. **Le " lakhon "** est un théâtre populaire dérivé du khon mais qui met en relief d'autres thèmes, comme les récits des vies antérieures de Bouddha. **La " likay "** est une danse plus légère que le khon, entrecoupée d'intermèdes comiques, de plaisanteries osées et de chansons. Les troupes likay voyagent dans tout le pays et jouent sur des scènes de fortune, en plein air.

Le théâtre d'ombres est apparu il y a environ cinq siècles en Asie du Sud-Est. Il trouve ses origines dans les rituels magiques invocatoires pratiqués en Inde, Chine et Indonésie, les trois principaux foyers de sa naissance. Il met en scène des marionnettes plates, présentées de profil derrière un écran, écran devant lequel se tiennent les spectateurs qui n'y perçoivent que les ombres projetées par une source lumineuse. Il existe plusieurs sortes d'ombres : les ombres à la main (les mains et les doigts représentent les acteurs) ; les ombres transparentes (marionnettes en papier, parchemin ou cuir mince huilé) ; les ombres opaques enfin (marionnettes en bois, carton, cuir épais ou métal) qui sont le véritable théâtre d'ombres. Comme pour les ombres, il y a différents modèles de marionnettes thaïlandaises : **Hun Krabok** (poupée sans bras ni jambes, tête en bois, long cou), **Hun Luang** (marionnettes de cour royale, hautes d'un mètre), **Hun Lakon Lek** (apparues sous le règne de Rama VI) ou encore **Hun Lek ou Hun Wang Na** (Rama V). Toutes ces poupées sont maquillées et somptueusement vêtues. Le " dalang " est celui qui manipule les marionnettes et l'homme-orchestre du spectacle : il est le chanteur, le conteur, l'imitateur, il dirige l'orchestre qui accompagne les scènes et doit tenir en haleine son auditoire pendant toute la durée de la pièce. Il a donc généralement le sens de l'humour et capte l'attention du public grâce notamment à des plaisanteries lancées aux moments opportuns. Il est considéré comme le lien entre les hommes et les dieux pendant le spectacle. En Thaïlande, certains dalang sont de véritables célébrités locales et vivent aisément de leur art : il en va ainsi pour Suchart Subsin, à Nakhon Si Thammarat. Malheureusement, aujourd'hui, les représentations ne sont plus données qu'en de rares occasions. **Le Nang Yai** (ou Nang Sbek, en khmer) est le " Grand Cuir " : ce sont d'immenses marionnettes de cuir ajouré atteignant parfois 2 m de haut et évoluant sur un accompagnement musical. Quant au **Nang Talung,** le" Petit Cuir ", c'est une spécialité thaïlandaise qui s'inspire de la vie quotidienne et des vieilles légendes khmères (Ream khmer, Jakata...).

Pour en savoir plus sur la culture thaï

Bonjour en thaï, de **Jean Pierre Predagne**, interprète de l'ambassade de Thaïlande à Paris. Un livret d'introduction à la langue et à la culture thaï écrit par un spécialiste. Editions Harcus. Toujours recommandé, même si la dernière édition date de 1990.

Thailand, The Lotus Kingdom. **Alister Steacer**. Londres 1989. Une très bonne description du pays et de ses habitants.

Thai Ways et Hose Thai Ways. **Denis Segallet**. Bangkok. Récits humoristiques sur la vie en Thaïlande. Disponible dans la plupart des librairies de Bangkok.

Culture Shock Thaïland, de **Robert et Nanthapa Cooper**, Times Books International, distribué par Asia Books. Les auteurs présentent les principales caractéristiques de la culture thaïe, les usages et leurs origines. L'ouvrage aborde des sujets aussi variés que la religion, la famille, la fête et le business. Passionnant.

PostScript, de **Roger Crutchley**. Post Books. Les meilleures des chroniques de R. Crutchley, parues ces dix dernières années dans le Bangkok Post, un quotidien réputé. Une série d'anecdotes et de réflexions sur les attitudes et les comportements les plus curieux des Thaïs. Il faut aimer (et comprendre) l'humour anglais...

La vie quotidienne dans la péninsule indochinoise à l'époque d'Angkor. 800-1300, de **L. Frédéric**, Hachette, Paris 1981.

Séchage de calamars

Cuisine thaïlandaise

Un repas thaï typique est toujours composé de plusieurs plats (4 ou plus) choisis individuellement et partagés par tous : un curry, un plat sauté pimenté, une friture, un plat de légumes, une soupe et une omelette, accompagnés de riz. On commande généralement une soupe pour accompagner un autre plat, rarement seule. Un " fried rice " peut constituer une bonne alternative à un repas copieux. Il sera servi avec des légumes ou des œufs frits, accompagnés de bœuf, poulet, porc ou crevettes. Les nouilles se dégustent à toute heure et on en trouve de différentes sortes.

Kuai Tieo : nouilles de riz, larges et blanches.

Bami : nouilles de blé, jaunes.

Kieo : nouilles garnies de porc sauté.

La cuisine est très saine dans la plupart des restaurants et des hôtels. Les restaurants sont souvent très peu protocolaires et certaines pratiques que nous avons du mal à imaginer en France y sont généralement tolérées. Ainsi, le droit de bouchon est courant, de même que dans les bars et certaines boîtes de nuit : vous apportez votre bouteille et demandez verres et glaçons... souvent gratuits. Plus étonnant encore, ceux qui préfèrent un plat européen auront droit à la carte du restaurant voisin ! Les échoppes et les petites gargotes des marchés ne sont pas à dédaigner car on peut y manger très bien pour 20 à 30 baht le plat. Veillez à toujours éviter l'eau non bouillie et la glace pilée.

Fruits

Savoureux et fort nombreux, vous les trouvez sur les étalages des marchés, nature ou préparés, à des prix modiques (15 baht un ananas, 10 baht une noix de coco). N'hésitez pas à goûter ceux que vous connaissez le moins, mais modérément à la veille d'un long voyage.

Durian (turian) : sa chair jaune et crémeuse a un goût difficilement définissable mais agréable. De la taille d'un ballon de football, recouvert de piquants, ce fruit repousse par son odeur presque nauséabonde, au point d'être interdit dans les transports publics à Singapour !

Mangustan (Mahng-Koot) : un fruit violet-rouge de 6 à 7 cm de diamètre. Son enveloppe épaisse renferme cinq tranches d'une chair blanche sucrée, fondante et savoureuse. Récolte entre avril et septembre.

Rambutan (Ngoh) : 5 cm de diamètre. Une petite boule rouge avec des piquants flexibles. La chair est blanche et savoureuse et rappelle le lychee de Chine. La bogue est facile à ouvrir. Le rambutan est souvent servi en dessert dans les restaurants. Son nom vient du malais " rambut " qui désigne les poils, et l'appellation thaïlandaise (ngoh) désigne les aborigènes noirs chevelus des jungles du Sud et de Bornéo. Récolte entre mars et septembre.

Jaquier (Jackfruit/Ka Noon) : de 30 cm à 80 cm de long, 25 cm à 50 cm de large. D'apparence similaire au durian, il renferme des fruits blancs à l'intérieur d'alvéoles rangées le long d'un axe central. Se vend par Keed (= 100 g). Récolte entre janvier et juin.

Ananas (Saparot) : l'un des fruits les moins chers des marchés. Le Sud de la Thaïlande est la région la plus productrice. Vous pouvez demander à ce que l'on vous le prépare, la technique de coupe est très intéressante. Récoltes entre avril et août et de décembre à janvier.

Le Durian

Le durian est l'un des fruits les plus appréciés en Asie, mais un des plus redoutés également.

Ainsi, à Singapour, il n'est pas rare de voir certains palaces apposer un écriteau où l'on peut lire : " Ni armes à feu ni durian ". En Thaïlande, certains hôtels affichent : " Prostituées et durians interdits ", ce qui ne manque pas d'humour. Qu'est-ce qui inspire cette terreur, cet ostracisme, qui font du durian une sorte de " fruit défendu ". Tout simplement son odeur ! Si sa saveur est presque unanimement reconnue, son odeur, particulièrement tenace et persistante, l'est aussi. Cependant il serait dommage de ne pas goûter sa chair délicate. Certains Thaïs lui prêtent des vertus aphrodisiaques. C'est un fruit assez cher, même en saison, entre avril et août.

Vous aurez l'occasion de le déguster dans la rue, proposé par des marchands itinérants qui reconnaîtront en vous un amateur de bonnes choses…

Apprendre la cuisine thaïe à Bangkok

UFM FOOD CENTER. 593 / 29-39 Sukhumvit Soi, Bangkok © 259 06 20-30. 180-184 Bakery House Building, Siam Square Soi 1. Cette école qui délivre des diplômes est implantée à Bangkok depuis le milieu des années 70. En bas de l'école il y a une pâtisserie. Méthode d'apprentissage moderne, cuisines propres et bien équipées. Cours de cuisine traditionnelle : 10 jours, 7 200 baht (20 recettes). Cours " Fast Food " : 6 jours, 5 500 baht. Cours de pâtisserie.

THE TAI COOKING SCHOOL AT THE ORIENTAL. 48 Oriental Avenue, Bangkok 10500 © 437 6211 / 437 3080.

L'ORIENTAL © 02 437 62 11, hôtel de prestige, organise des séances d'une matinée à 120 dollars.

LE LANDMARK © 02 254 04 04, propose deux heures d'enseignement pour 1 200 baht ainsi que des cours de sculpture sur fruits.

MODERN WIFE CENTER. 45/6-7 Thanon Sethsiri, Phaya Thai Sam Sen © 02 279 28 31 / 02 279 28 34 / 02 279 35 24.

Longan (Lamyaï) : 2 à 3 cm de diamètre. Un fruit blanc sous une enveloppe brune, facilement séparable. Riche en vitamine C, savoureux et fondant, il est vendu au poids, à 25 baht le kilo. Récolte entre août et novembre.

Pomelo (Som-Oh) : a le goût et l'apparence du pamplemousse mais sous une peau épaisse et verte. Il atteint parfois la taille d'un ballon de football ! Récolte entre août et novembre.

Starfruit/Starapple/Blimbing (Ma-Feung) : dit carambole en français, d'un jaune translucide. A la forme d'une étoile lorsqu'il est découpé en tranches. Rafraîchissant.

Pomme cannelle/Custard Apple (Noi Naa) : peau verte en forme d'écailles. Se mange à la petite cuillère. De nombreux grains, très sucrés, presque écœurants. Récolte entre juin et septembre.

Mangue (Hamuang) : plusieurs dizaines de variétés, celle de couleur verte est mangée en légumes avec une sauce épicée. Récolte entre mars et juin.

Papaye (Marlakor) : de 7 à 50 cm de long, de couleur variée, de vert à orange jaune. Introduite par les Espagnols au XVIe siècle. Riche en vitamine A et en calcium, elle se mange en salade (sohmtumm : verte épicée) ou avec un zeste de citron vert. Récolte toute l'année.

Tamarin (Makhan Wan) : a la forme d'un gros haricot. La peau et le fruit sont marron. L'arbre est d'origine indienne, le nom de tamarin signifie datte indienne en arabe. Utilisé pour parfumer les plats et les sauces. Se mange aussi nature pour ceux qui apprécient son goût acidulé et sucré, qui reste sur la langue. Récolte entre décembre et mars.

Ainsi que tous les autres fruits tropicaux, plus classiques.

Pomme rose (Cham-Pool) : en forme de cloche verte ou rose. Récolte entre avril et juin.

Litchi (Lychee) : très apprécié d'avril à juin.

Langsart : ressemble au longan, peau brune. Attention à ne pas mordre dans le noyau, d'un goût très amer. Récolte de mai à juillet.

Banane (Gluay) : trois variétés : Horm, Nam Wah, Khaï. Disponibles tout au long de l'année presque partout.

Goyave (Farang), pastèque (Taeng Mu) et noix de coco (Maprao) toute l'année.

Au nord, on trouve des fraises de décembre à mars. **Les oranges et les mandarines (Som Khi, O Van**) sont le plus souvent appréciées pour leur jus.

Papaye

Fruits et légumes

Marchand de poulets, Krabi

Jeux, loisirs et sports

Sports nationaux

Tacraw (prononcer tacro)

Se joue avec une balle d'osier ou de plastique rigide de 12 cm de diamètre. La règle de base est de garder la balle en l'air sans jamais utiliser les mains. Le jeu est en général plaisant, toujours spectaculaire. Il en existe plusieurs variantes. Le terrain peut être un cercle au diamètre calculé proportionnellement au nombre de joueurs de chaque équipe, avec ou sans panier, façon basket-ball. La version pratiquée le plus souvent, et qui est aussi celle des rencontres internationales en Asie du Sud-Est, se joue par équipe de trois avec un filet de volley-ball placé légèrement moins haut. Jeu de jambes, souplesse et détente sont indispensables à la victoire.

Boxe thaïe (Muay Thaï)

Le marquis de Queensburry, qui fixa les règles du noble art, s'arracherait les cheveux par poignées s'il assistait à un combat de boxe thaïe. Excepté les gants et les shorts, tout ici manque de respect aux règles.

En gros, tous les coups sont permis, sauf ceux dans les parties nobles. On se tape avec les coudes, les pieds, gentiment de la tête, des genoux... Cela tient de la savate française, du karaté et du pugilat de rue. C'est rapide et violent : chaque combat entrecoupé de pauses de deux minutes, dure de 3 à 5 rounds de trois minutes, afin d'éviter la mise à mort du vaincu, et on passe aux volontaires suivants. Avant 1920, ces gladiateurs avaient les poings entourés de bandes à l'intérieur desquelles ils fixaient des bouts de fer ou de verre. Les morts étaient nombreuses. Le spectacle aurait fait se pâmer Néron. On imposa alors les gants. Le boxeur porte aussi un bandeau sacré autour de la tête censé le protéger des mauvais coups et, pour plus de sécurité, un autre bandeau contenant une amulette de Bouddha autour d'un bras. De telles précautions ne sont pas inutiles.

Ce combat de gladiateurs modernes est réglé de manière sophistiquée. Avant de combattre, le boxeur " waï " (salue) son entraîneur. Il entame ensuite une " danse des esprits " qui dure plusieurs minutes. Danse compliquée, pleine de gestes cabalistiques, destinés à faire peur aux esprits du lieu et à l'adversaire. C'est déjà une part du spectacle : un bon danseur, même s'il perd, sera respecté. Le combat est accompagné d'une musique aigrelette jouée par un orchestre composé d'instruments aux sonorités stridentes, ce qui n'arrange pas l'état des nerfs : c'est bien son rôle d'ailleurs, contribuer à l'excitation générale et particulièrement celle des boxeurs. Une excitation à son niveau et son rythme maximum entre les rounds, ce qui décuple les cris des supporters et probablement anime les boxeurs. Sont organisés en général pas moins de 8 combats par soirée, le plus attendu est en général le 5e, lorsque le spectacle, commencé depuis 21h, atteint son paroxysme. Les boxeurs sont pieds nus (la corne est dure et fait mal) et il n'est pas rare d'assister à un KO sur coup de pied. Les coudes servent de marteau et cherchent à s'abattre sur la tête ; les genoux, servant de bélier, sont en principe réservés à l'estomac et au plexus solaire. Les prises de judo ne sont pas acceptées. Les jours de grands combats, la vie s'arrête dans les quartiers populaires. Les coups sont accompagnés de hurlements approbateurs ou réprobateurs.

C'est Le sport national. C'est aussi un vrai tabou : ne jamais critiquer la boxe thaïe en Thaïlande, vous ne finiriez pas au commissariat du coin mais en charpie.

Le prix d'entrée varie selon la place, bien sûr, mais aussi selon la qualité des champions. Une réservation s'impose.

Pour un aperçu dominical, on retransmet les matchs de l'après-midi sur Channel 7.

Courses de pirogues

Dans toutes les villes qui s'y prêtent. Le spectacle est animé et coloré et les bateaux pirogues parfois impressionnants : jusqu'à 100 rameurs.

Combats de cerfs-volants

Ils se déroulent traditionnellement de mars à mai, à la fin de la saison sèche quand les vents deviennent plus forts. " Mâles et femelles " se livrent à ces joutes sous les yeux impassibles d'un arbitre. Le jeu consiste à faire dégringoler l'adversaire dans son camp. La femelle, de forme ovale, plus petite que le mâle, est munie d'un anneau ; le mâle, en forme d'étoile, est pourvu de crochets en bambou.

Golf

Avec plus de 500 000 pratiquants, des milliers de visiteurs occasionnels et plus de 150 parcours, le golf thaïlandais se porte bien, très bien. A l'instar de quelques autres pays d'Asie du Sud-Est, la Thaïlande est devenue une destination de qualité pour le golf. Les prix sont abordables. La plupart des courts sont situés près de zones de grand tourisme. Si vous voyagez en famille, vous trouverez facilement un parcours près des plages ou des centres commerciaux. Il n'est pas utile de réserver en semaine, par contre le week-end, les parcours sont très fréquentés. L'accès aux greens est aisé, quel que soit le cours – même les plus beaux greens de l'armée (Royal Thai Navy et Royal Thai Army) sont ouverts aux vacanciers. Les prix sont sans comparaison avec ceux pratiqués en Europe : 500 baht en semaine, et le double le week-end pour un parcours très honorable – des extrêmes à 50 baht ou 3 500 baht ! Les caddies sont obligatoires, mais coûtent 200 baht seulement. Vous aurez de surcroît droit à l'attention et au sourire d'une ou plusieurs charmantes Thaïes, avec une ombrelle si le soleil tape trop fort. Question météo, la saison la plus agréable est de novembre à mars/avril. Evitez les fortes chaleurs d'avril/mai et préférez le Sud à cette époque. Essayez le Nord en septembre/octobre, où il pleut plutôt moins que dans le reste du pays. Toutefois peu d'inquiétude, les averses sont aussi brèves qu'elles peuvent être violentes. Voici les parcours les plus appréciés :

NAVATANEE © 02-376 1034 – Fax 02-376 1685. L'un des plus célèbres, mais aussi l'un des plus chers. 18 trous par 72. A ouvert en 1975 pour la Coupe du Monde. Très couru le week-end.

Boxe thaïe

Cours de Muay Thaï

La boxe thaïe autorise tous les coups (ou presque). Super violent et très complet, ce sport a la côte et les Occidentaux sont nombreux à s'y intéresser. Sachez quand même que rares sont les " farang " qui ont pu rester plus d'une semaine dans un centre d'entraînement thaï. Si vous désirez apprendre cet art martial, il vous faudra demeurer quelque temps dans un centre, faire preuve de beaucoup de volonté, être endurant et surtout vous plier au mode de vie des disciples.

FAIRTEX BOXING CAMP. C/O Bunjung Busarakamwongs, Fairtex Garment Factory, 734-72 Trok Kai, Thanon Anuwong. Dans la banlieue Nord de la ville. Accueille des stagiaires étrangers.

FAIR TEX. 99/2 Moo 3 Thanon Theparak, Bangplee © 02 385 51 48-9. *Tous les jours de 9h à 17h.* Le gymnase, avec ses équipements modernes, dépend d'une maison entourée d'un joli jardin. Coût à la journée 500 baht ; à la semaine 4 000 baht, avec logement (c'est moins cher que l'hôtel !). Les formules sont encore meilleur marché.

MUAY THAI INSTITUTE. Rangsit Muay Thaï Stadium. Situé au nord de l'aéroport, ce camp d'entraînement international propose plusieurs programmes : stages d'apprentissage de 10 jours, cours professionnels de 90 jours, stages pour les instructeurs de 15 jours, et, enfin, pour les arbitres et les juges, des formations de 15 jours.

Pour en savoir plus

Pour préparer un séjour de golf, plusieurs guides et brochures sur le golf sont publiés en Thaïlande. Certains sont disponibles à l'Office du tourisme à Paris, ou peuvent être commandés auprès de leurs éditeurs.

Golfing. Brochure publiée par le TAT.

Golfing in the Kingdom. Pacific Rim Press.

Thailand Golf Guide. Edité par GGI – 73 Laundry. De Neil Saint John French-Blake (© 79079740).

D'autre part, plusieurs agences de voyages proposent des Golf Package Tours, de quatre à cinq jours, comportant les parcours et les initiations pour débutants.

KRUNG THEP KREETHA © 02-374 6063 – Fax 02 375 0960. 18 trous par 72. Il est également connu sous le nom de Hua Mark. Très fréquenté par les résidents étrangers, cher et couru le week-end. A récemment fait les frais d'un rajeunissement complet.

ROYAL THAI ARMY © 02-521 1530 – Fax 02 521 1184. 36 trous par 72/72. Probablement l'un des meilleurs parcours au vu du rapport qualité-prix.

KANTARAT © 02-534 3840 – Fax 02 523 6441. Surprenant, car situé entre les pistes de l'aéroport Don Huang. Porte d'ailleurs aussi le nom de Don Huang Golf ou Old Royal Thai Air Force Golf.

Autour de Bangkok

ROSE GARDEN © 034 322 771 – Fax 02 253 2625. Un 18 trous par 72, à 40 km à l'ouest de Bangkok. A connu ses heures de gloire, mais reste très apprécié.

ROYAL GEMS © 02-353 2579 – Fax 02 441 9843. Un 18 trous par 72, à 30 km à l'ouest de Bangkok.

PINE HURST © 02-516 8679 – Fax 02 516 8685. Un 27 trous par 72/36, à 45 km au nord de Bangkok. Un club plus fermé, choisi pour le Thai Open de 1995.

SUBHAPHRUEK © 02-316 2636 – Fax 02 259 4458. Un 18 trous par 72, ouvert en 1993. Situé au sud-ouest de Bangkok, le long de la Highway Bangra Trat.

Pattaya-Chomburi

On y trouvera de nombreux parcours. Parmi les plus renommés :

BANGPRA © 038 341 149 – Fax 038 345 151. Un 18 trous par 72.

SIAM COUNTRY CLUB © 038 249 381 – Fax 02 216 2235. Derrière la ville de Pattaya, le Club House dispose de plusieurs chambres. Très fréquenté le week-end.

Phuket

BLUE CANYON © 076 327 440 – Fax 076 324 358. Compter 50 minutes de Kala Kara Beach. Un 27 trous par 72/36. Parcours très prisé, la réservation ne saurait être trop recommandée. Forte affluence à Phuket, les prix sont calculés en conséquence.

PHUKET GOLF ET COUNTRY CLUB © 076 321 038 – Fax 076 321 041. Ce 27 trous par 72/36 est plus près des plages et des resorts de Kala Karan. Peut-être est-ce la raison de son inconvénient majeur : c'est cher et trop fréquenté.

Chiang Maï – Chiang Raï

LANNA © 053 221 911 – Fax 053 221 743. Un 27 trous par 72/36, propriété de la Royal Thai Army.

GYMKHARA CHIANG MAÏ CITY © 053 241 035. Un 9 trous par 36, qui compte parmi les tout premiers courts de Thaïlande. Il est situé au centre de Chiang Maï, ce qui fait son charme et son principal intérêt.

WATERFORD VALLEY CHIANG RAÏ © 053 718 076 – Fax 012 600 405. Non loin de l'aéroport, plus frais et plus calme.

Sports et activités touristiques

Trekking (dans le Nord)

Ce peuvent être des promenades sympathiques, ne nécessitant absolument pas une condition physique exceptionnelle. Programmes : marches en forêt, visites de villages de montagnards (plus ou moins authentiques), descentes de rivière sur un radeau de bambou, balades à dos d'éléphant… Ne pas vous offusquer si, éventuellement, vous voyez passer une pipe d'opium entre les mains d'une relation de votre guide.

Sports de plage (surtout à Pattaya et à Phuket)

La gamme des possibilités est déclinée sur tous les tons : dériveur, jet-ski (soyez prudent envers les nageurs), parachute ascensionnel (soyez prudent envers vous-même), planche à voile, kayak de mer...

Pêche (à Pattaya et Phuket)

Pêche au gros ou pêche " tranquille ", juste histoire de passer une journée agréable sur un bateau, entre amis. Location du bateau à la journée.

Tir

C'est à la mode. On voit s'ouvrir des stands de tir un peu partout. Attention, on n'y plaisante pas. Celui qui demande un 357 magnum passe pour un mauvais amateur... C'est au M16 ou à la Kalashnikov qu'on massacre des cartons. Vive l'automatique !

Karting

On en trouve dans la plupart des sites touristiques. Bruyant et pas très typique, mais pourquoi pas ?

Sieste

On s'y met très vite, mais attention, c'est une habitude difficile à perdre.

Cours de massage

WAT PHO MASSAGE SCHOOL. 2 Thanon Sanam Chaï © 02 221 29 74. L'école du wat Pho dispense trois cours différents : massage traditionnel, thérapeutique et massage des pieds. Pour les deux premiers types de massage, la durée des cours est de 30 heures, à raison de 3 heures par jour ou 2 heures par jour pendant 15 jours. Ces cours coûtent 7 000 baht et ont lieu au 312 Thanon Maharaj, dans une salle climatisée. Le massage des pieds est enseigné en 15 heures (3 600 baht). Les cours sont donnés sur l'autre rive de la Chao Praya, à Tha Wang Ruang.

Gemmologie

ASIAN INSTITUTE OF GEMMOLOGICAL SCIENCES. 11th floor, Jewelery Trade Center, 919/1 Thanon Silom © 02 267 43 15-9. Pour prendre des cours ou simplement des renseignements.

trekking à Phu Hir

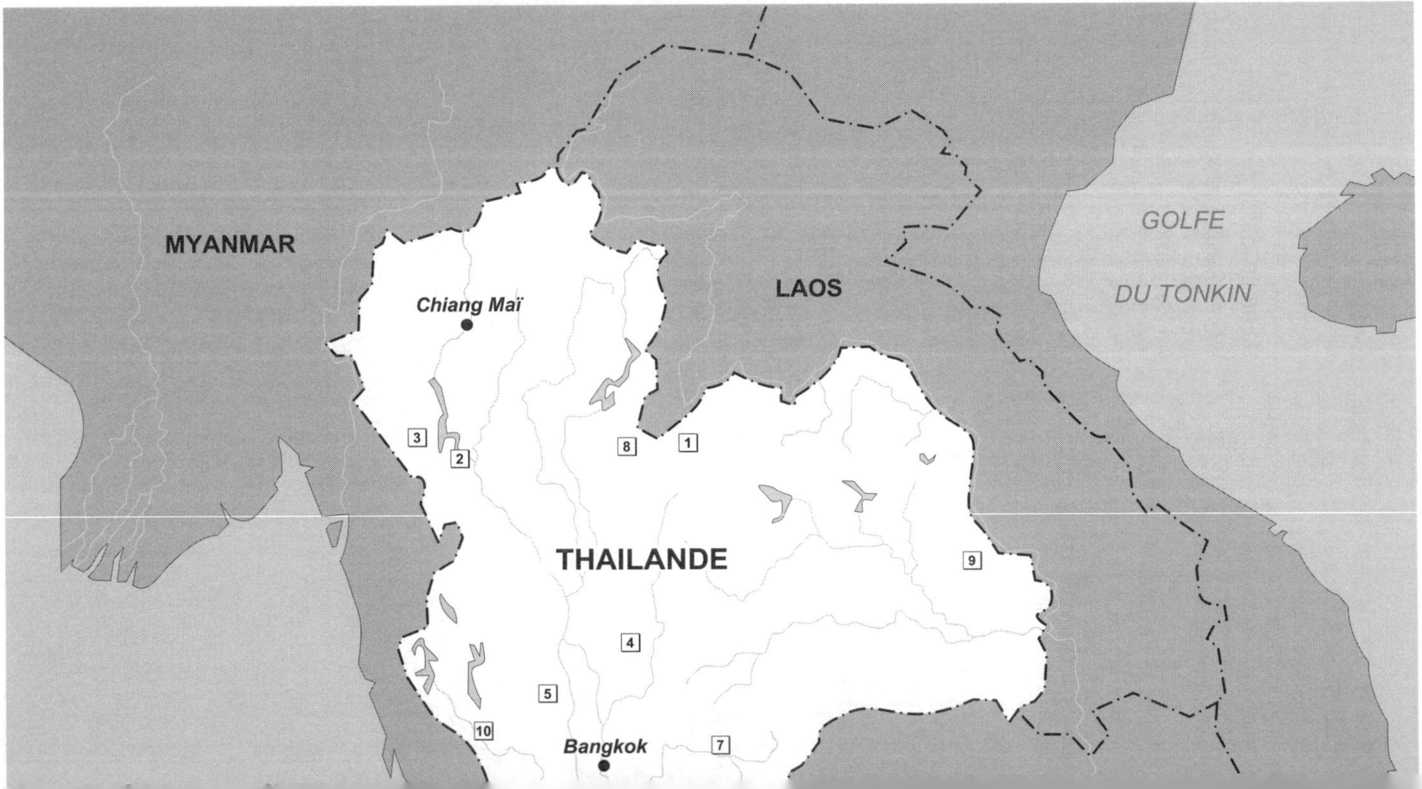
MYANMAR
LAOS
GOLFE
DU TONKIN
Chiang Maï
THAILANDE
Bangkok
1
2
3
4
5
7
8
9
10

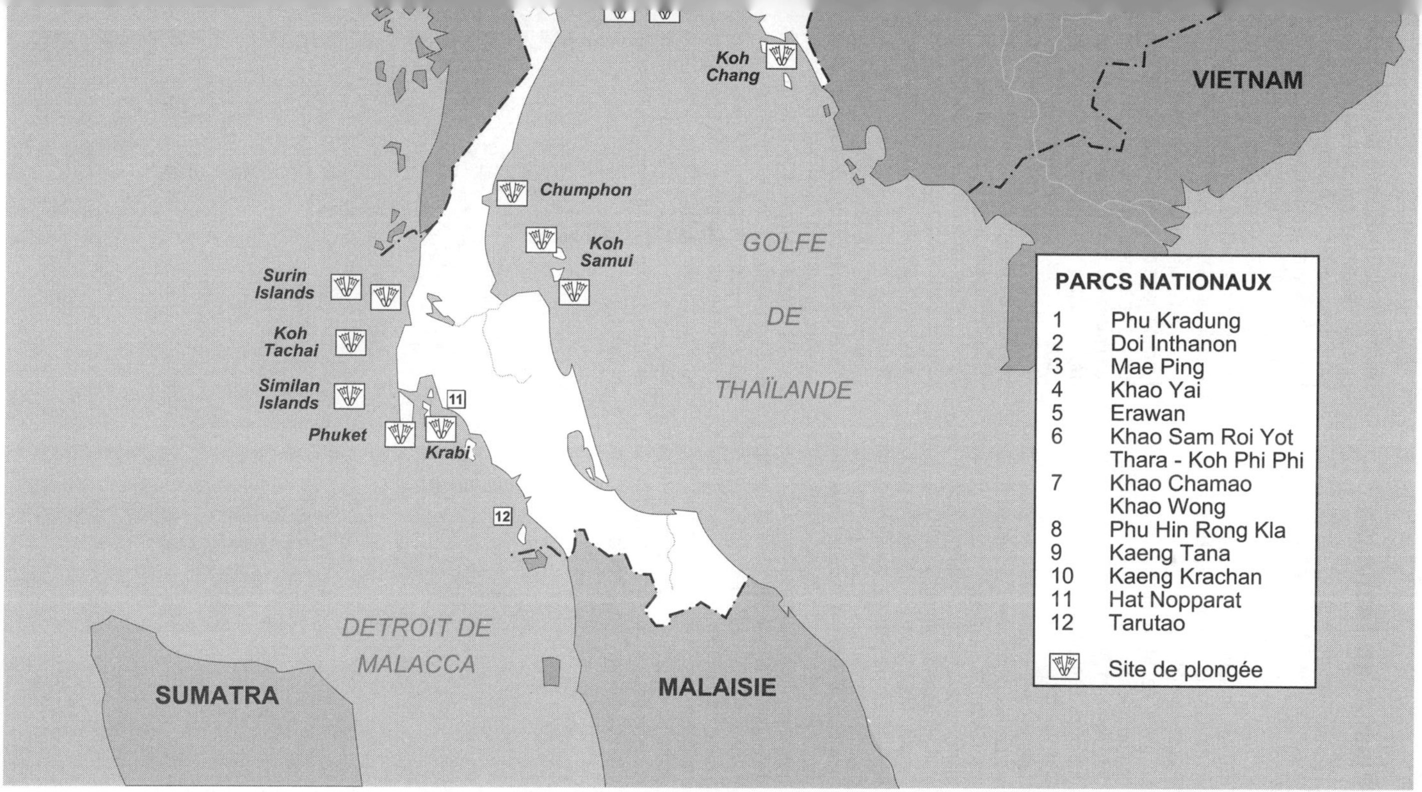
VIETNAM
Koh Chang
Chumphon
Koh Samui
GOLFE
DE
THAÏLANDE
Surin Islands
Koh Tachai
Similan Islands
Phuket
Krabi
11
12
DETROIT DE
MALACCA
SUMATRA
MALAISIE
PARCS NATIONAUX
1 Phu Kradung
2 Doi Inthanon
3 Mae Ping
4 Khao Yai
5 Erawan
6 Khao Sam Roi Yot
Thara - Koh Phi Phi
7 Khao Chamao
Khao Wong
8 Phu Hin Rong Kla
9 Kaeng Tana
10 Kaeng Krachan
11 Hat Nopparat
12 Tarutao
Site de plongée

Plonger en Thaïlande

La Thaïlande présente, à l'ouest et à l'est de son territoire, deux espaces de plongée privilégiés.

La mer d'Andaman qui descend, sur 870 km de côtes, de la frontière birmane et du fameux Burma Banks jusqu'aux rivages du Penang en Malaisie.

Le golfe de Siam qui, de la frontière cambodgienne au sud de Narathivat, déroule ses 1 800 kilomètres de côtes et quelques centaines d'îles et îlots (pas tous habités).

Comme ces deux endroits connaissent des moussons différentes (sud-ouest pour la mer d'Adaman, nord-ouest pour le golfe de Siam), il est généralement possible de plonger dans de bonnes conditions toute l'année. Mais la meilleure saison pour la visibilité est la période qui s'étend entre décembre et mars, à Phuket, et entre mars et mai à Koh Samui. Avec une température moyenne supérieure à 26 °C et une clarté tropicale impressionnante, les eaux thaïlandaises offrent une faune et une flore marines très riches. Un spectacle et une variété de couleurs qui ne laissent jamais indifférent. La Thaïlande peut être aussi, pour le débutant, un superbe terrain d'apprentissage grâce à la qualité des infrastructures, la convivialité des moniteurs et la diversité des sites de plongée. Pour des cours d'initiation au perfectionnement (Advanced Diver), l'environnement est idéal. Les écoles délivrent l'un ou l'autre des diplômes américains : PADI (Profesionnal Association of Diving Instructor) ou NAUI (National Association of Underwater Instructors).

Il vous est conseillé de faire votre choix en fonction de ce que seront vos destinations futures de plongée, même s'il n'existe pas forcément de sectorisation géographique très marquée. Au départ de Phuket, les plages les plus réputées sont Shark Point, Koh Racha, Koh Pee Pee et Koh Doh Maï. Les îles Similan vous permettront une visibilité supérieure à 35 m. Koh Surin et Burna Banks, plus éloignées, sont aussi connues pour le spectacle des requins baleines, des raies manta, et des repas de requins.

Dans le golfe de Siam, Pattaya, par sa proximité avec Bangkok est une base réputée de plongée, ainsi que le point de départ d'excursions vers le parc national de Koh Chang. La région de Chumphon, plus au sud, dispose elle aussi de plusieurs sites renommés : Hin Lak Ngam, Koh Ngam Noï, Koh Kgham Yaie et Hin Pae. De Koh Samui, on accède au parc national de Ang Thong et aux îles Phangan et Tao.

► Krabi

Sites de la mer d'Adaman

Dès la fin de la saison des pluies, en octobre-novembre selon les années, la visibilité s'améliore, les plongées seront ensuite excellentes jusqu'en avril. Les îles Similan, en mars et avril, sont fréquentées par les raies manta et les requins baleine.
Sélection de sites

Phuket

Côte Sud-Est. Shark Point. 10-25 m. Requins léopard.

Koh Dok Mai. 20-25 m. Falaises et coraux.

Koh Racha. 15-30 m. Très beau corail.

Koh Pee Pee. Bidah 20-30 m. Falaises et à- pics.

Krabi

Koh Mae Uraï. 15-20 m. Grottes, labyrinthes.

SIAM DIVING CENTER. 121/9 Patak Road, Mu 4. Kata/Karon Beach, Phuket ✆ 076 330 936 – Fax 076 330 608.

Similan

Le parc national de Similan est constitué de neuf îles préservées, à 80 km au nord-ouest de Phuket, et il est inaccessible pendant plusieurs mois de l'année. Les Similan sont une destination de rêve pour le plongeur. Les îles ne sont pas habitées, mais il est possible d'y faire du camping, dans la mesure des places disponibles. Les réservations sont à faire auprès du

SIMILAN NATIONAL PARK OFFICE, à Thaï Huang ou au PORT DE TAP LAMA ✆ 411 914.

Mais notre conseil est de passer par un tour organisé. Les opérateurs de plongée font par mer le déplacement en 6 heures, au départ de Phuket – ou un combiné route/mer.

SIMILAN SCUBA SPORT. Hôtel Mercure (galerie commerciale). Patang Beach ✆ 076 293120 – Fax 076 219 647. Met à votre service un catamaran, le Scubacat, avec des transferts presque journaliers pour les Similan. 12 cabines doubles indépendantes, d'un confort irréprochable. L'équipement de plongée est moderne et de très bonne qualité, sauf les chambres de décompression qui se font attendre ! Aux Similan, vous n'aurez guère de difficultés à croiser des dizaines de stingraies, raies manta, requins léopard, requins à aileron blanc et noir, et des tortues. Avec un peu de chance, vous approcherez également un requin baleine.

Koh Surin

Un autre parc national composé de cinq îles. Les principales sont Koh Surin Tai et Koh Surin Nua et ne sont habitées que par une petite communauté de pêcheurs. Mais ici la visibilité est d'autant plus

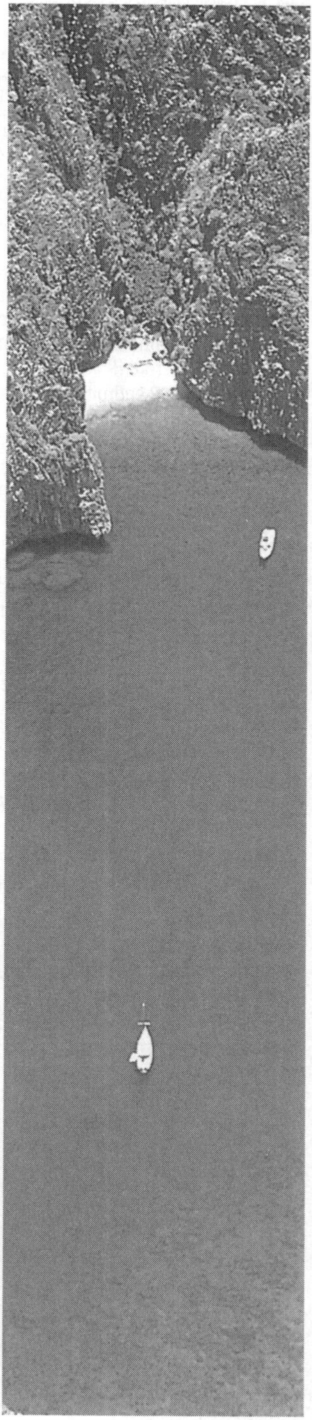

Koh Phi Phi, Krabi

réduite que l'eau est très riche en plancton, ce qui attire les requins baleine. Koh Surin est surtout connu pour le Roc Richelieu, à 1h30 de Surin, où grandes sont les chances de croiser un requin baleine.

Burma Banks

Ce sont une douzaine de bancs rocheux, avec une visibilité dans l'eau supérieure à 30 m, la profondeur étant de 15 m à 25 m. Ici, les vedettes sont les requins (marteaux, tigres...). Plusieurs opérateurs proposent des circuits de 7 à 9 jours pour découvrir les Burma Banks.

FANTASEA DIVERS. Patong Beach ✆ 076 340 088 – Fax 076 340 309.

Golfe de Thaïlande

Saison : une bonne visibilité de décembre à mars dans la région de Pattaya où des opérateurs plongent toute l'année. Mais l'eau étant très riche, la visibilité n'est jamais aussi bonne que sur les sites de la mer d'Adaman.

Pattaya

THE SCUBA PROFESSIONALS (Dusit Resort Hotel). 1/1 Moo 3. Pattaya Naklua Road ✆ 038 221 860-1 – Fax 038 221 618. Organise des croisières vers Koh Chang.

THE REEF DIVERS CO. Ocean View Hotel, Beach Road ✆ 038 428 084.

SEAFARI SPORTS CENTRE. 359/2 Soi 5. Pattaya Beach ✆ 038 429 060 – Fax 038 424 708.

Koh Samui

SAMUI INTERNATIONAL DIVING SCHOOL. Po Box 40. A Na Thon Pier ✆ 077 421 056 – Fax 421 465.

MALIBU RESORT HOTEL ✆ 077 422 386. Lamaï Beach ✆ 077 424 395.

CALYPSO DIVING. Chaveng Beach ✆ et fax 077 422 437.

KOH SAMUI DIVERS. Chaweng Beach ✆ 077 421 465.

KOH PHANGAN. Koh Phangan Divers Haad Rin Nai Beach.

Koh Tao

La Koh Tao Diving Association est constituée de plusieurs sociétés, dont Ko Tao Divers, Big Blue et Ban's Diving Centre sur Hae Haad Beach, Carabao, Master Dive et Ko Nang Yuan Divers.

Prix

Il faut globalement prévoir 700 baht (un peu plus de 15 euros) par plongée. Pour la location d'un équipement complet, entre 500 et 600 baht par jour. Pour une journée d'introduction à la plongée, avec une plongée, compter entre 1 500 et 2 000 baht par jour. Pour des cours " Open Water Divers ", entre 5 000 et 8 000 baht par jour. A titre d'exemple, une journée à Koh Pee Pee, coûte entre 1 800 et 2 000 baht.

Similan Islands : 1 500 baht par jour sur 5 à 6 jours. Transfert, hébergement, repas, cinq plongées par jour. Pattaya : compter entre 1 000 baht et 1 400 baht par jour, 1 800 baht sur épave. Les prix sont évidemment variables suivant les sites et la plongée à Pattaya sera toujours moins chère qu'à Koh Tao par exemple, mais la beauté des lieux est sans commune mesure.

Conseil : vérifiez que la compagnie que vous contactez est réellement l'opérateur sur la destination choisie et non un intermédiaire cautionné.

► Plage, Phuket

Sortir

Bars

Petits, carrés ou rectangulaires, en extérieur parfois, la bière y coule à flots. Il en existe assez peu à Bangkok, mais énormément à Pattaya et beaucoup à Phuket, Koh Samui et Chiang Maï. Propices aux rencontres. Il n'est pas inutile de rester lucide, les hôtesses n'attendent qu'une chose, c'est qu'un client s'intéresse à elles une nuit, ou plus, si affinités.

Boîtes de nuit

Elles ressemblent beaucoup à celles de chez nous. Juste un peu plus cosmopolites. Les Allemands boivent entre eux, les Italiens font les beaux sur la piste, les Américains se plaignent qu'il fait trop chaud ou trop froid, et les Français... ont les coudées franches pendant ce temps-là.

Gogos

Surtout à Bangkok, sinon à Pattaya ou à Phuket. Ce sont des espaces clos, avec une piste de danse en hauteur et sur laquelle quelques filles se trémoussent en string (pour les plus habillées). Les clients boivent et parlent avec les danseuses au repos, qui se transforment régulièrement en hôtesses. En échange de quelques billets, la transformation peut passer à un autre niveau dans un endroit plus tranquille. L'ensemble n'est pas très moral, mais la majorité des clients viennent simplement passer ici une soirée, pour étancher leur curiosité, et sans pour autant entrer dans le business sous-entendu par le nom de l'endroit.

Restaurants

Délicieuse cuisine thaïe ! Elle est certes très épicée, mais les épices sont souvent servies à part, à vous de ne pas dépasser la dose. Essayez les plats courants (Pat Thaï, Kao man Kaï, les soupes et les fruits de mer) et, si votre budget le permet, laissez-vous tenter par la cuisine royale (recettes anciennes) que l'on propose dans les meilleurs restaurants.

Sex shows

Essentiellement à Patpong et à Bangkok. Ils se déroulent à l'étage, une curieuse loi interdisant en Thaïlande les spectacles de nu au rez-de-chaussée... Des rabatteurs sillonnent la ville et vantent les mérites des différents établissements. Attention, une vieille habitude a la vie dure : elle consiste à apporter une note astronomique au client en fin de show, douloureuse et sans grand rapport avec sa consommation effective... sauf celle des yeux, peut-être. Sans être systématique, c'est courant, donc attention au nombre de shows que vous aurez vus.

La parade consiste à demander des précisions avant de vous installer. Si le mal est fait, plusieurs solutions :

1) Pousser une gueulante. Mais vous avez intérêt à être plusieurs, les videurs étant généralement monstrueux.

2) Négocier le prix, lequel sera alors très nettement revu à la baisse – tout en restant une belle arnaque.

3) Garder le sourire, payer la juste note et jouer l'idiot parfait ne comprenant rien à rien, et surtout pas un seul mot d'anglais. Ca marche, avec cependant parfois une variante à cette solution, lorsque l'un des videurs s'approche de vous avec en main une solide batte de base-ball. Passer alors d'urgence à la solution n°2.

Massage Parlors

Ces usines à sexe à peine déguisées réussissent à choquer les caractères les plus endurcis. Mais que le voyageur venu en Thaïlande spécialement pour ça ne s'inquiète pas : il saura les trouver.

Spectacles de travestis

Il y a beaucoup, mais vraiment beaucoup de travestis en Thaïlande (on parle de lady-boys, de lady-men ou de katoeil). Certains cabarets proposent des spectacles dans lesquels " elles " dansent et chantent en play-back. Les Américains s'en montrent très friands.

Les enfants du pays

Chatchaï Choonhawan

Chatchaï, c'est le grand yoyo, presque hors concours. C'est une belle canaille mais une canaille sympathique, libérée et lucide, qui traverse avec beaucoup d'encombres la politique thaïe.

Il est le fils du maréchal Phin Choonhawan qui fit un coup d'Etat et le beau-frère du général Pao Sriyanond qui fut le directeur de la Police et qui, avec le KMT et la CIA, organise le plus magnifique trafic de drogue en Asie du Sud-Est. Les trafiquants d'aujourd'hui se pâment à cette évocation. En 1957, toute la tribu est éjectée par le maréchal Sarit Thanarat. C'est l'exil. Pao mourra en Suisse, mais Chatchaï sera ambassadeur un peu partout dans le monde. Il prendra, dans les cocktails, goût à notre champagne et aux cigares cubains. En 1973, il rentre et fonde le Parti national.

Dès lors, c'est la vie de play-boy, avec toujours un portefeuille ministériel en poche. Enfin, en 1988, il est Premier ministre et apporte un souffle de liberté, un style relax. Hélas, le général Suchinda Kraprayoun l'éjecte et il part à Londres, en vacances. Il rentre peu avant les événements de mai 1992 et rigole de voir le général Suchinda éjecté à son tour. Comme il rigole trop, il repart en vacances à Londres. Il rentre en juillet. On le renvoie du Parti national mais il veut prendre la tête d'un autre parti et continuer. Chatchaï avoue 69 ans depuis plusieurs années déjà et, sans aucun doute, il continuera sa lutte politique et sa vie excentrique jusqu'à l'âge de 69 ans au moins.

Dr Saïsuree Chutikun

Il en fallait une, et c'est une copine à Anand qui l'appelle dans son gouvernement chaque fois qu'on l'appelle pour en former un. A 58 ans, elle est une des rares femmes à avoir été ministre.

C'est une femme très sérieuse. Elle est docteur en éducation de l'université d'Indiana (US) et a été doyenne de la faculté d'éducation de l'université de Khon Kaen (Nord-Est), ce qui n'est pas une sinécure.

Son rôle dans les gouvernements Anand a été Mission Impossible, c'est-à-dire la lutte contre la prostitution et pour les droits des enfants. Tous ses projets sont chaque fois rognés par les députés, mais n'allez pas croire que cela signifie que les députés aient des intérêts dans les bordels. On n'a jamais vu ça dans aucun pays du monde. La police ne l'aime guère non plus. Mais, Dr Saïsuree, vous avez tous nos encouragements !

Khaosaï Galaxy

L'idole des Thaïs, et ce n'est pas peu de le dire. Le critiquer serait commettre un crime de lèse-Thaïlande.

C'est le p'tit gars bien de chez lui. De Petchaboun, dans le Centre-Est, où il est né en 1959 dans une famille de paysans. Son vrai nom est Sura Saenkham, comme tout le monde. Il sera baptisé " Galaxy ", du nom du restaurant (voir " Bangkok ") qui lui facilitera son entraînement. Sa carrière et sa vie sont modèles. Jamais il ne tricha, toujours il fut reconnaissant envers son entraîneur et si finalement il s'est marié en 1992 avec une Japonaise, c'est parce que les parents thaïs de son premier amour s'étaient opposés au mariage de leur fille avec un boxeur.

Il a défendu 19 fois son titre mondial. Son dernier match s'est déroulé en 1991 contre un Mexicain qui aurait mieux fait de rester chez lui à boire de la tequila. Après sa retraite et son mariage, il s'est mis à chanter et a ouvert un restaurant, comme tout le monde.

Autre sportif qui a aujourd'hui ses heures de gloire : Tony Sitchoy, le fabuleux et très célèbre joueur de snooker.

Thong Chai Mc Intire

Ce chanteur ne se produit pas en kilt mais se loue à prix d'or, et est devenu l'idole des jeunes et des moins jeunes. Il officie également sur grand écran et rêve d'Hollywood.

Prawat Nag Javara

Il a connu une gloire éphémère durant les J.O. de Salt Lake City. Il a en effet participé au 30 km... à ski de fond. Pas banal pour un Thaïlandais. Il s'était entraîné très dur pendant 18 mois aux USA, ce qui ne l'a pas empêché de finir bon dernier.

Anand Panyarachun

Il connaît bien Chatchaï, c'est même un ami. Ils ont tous les deux yoyoté mais pas au même endroit ni en même temps.

Anand est le type même du haut fonctionnaire sérieux, entouré de onze frères et sœurs presque aussi talentueux que lui.

Après des études à Cambridge, il entame une carrière diplomatique et atteint le rang de secrétaire d'Etat. Là, en 1976, il se heurte aux militaires qui l'accusent de communisme : il aurait fourni des documents sur la présence US en Thaïlande à des journalistes. Il part yoyoter comme ambassadeur en Allemagne. Blanchi mais écœuré, il rentre en Thaïlande et se lance dans les affaires.

Par un étrange retournement des choses, ce sont les militaires qui l'appellent comme Premier ministre après le coup d'Etat de février 1991. Puis, lorsque ces mêmes militaires tombent après mai 1992, il est rappelé mais pour s'opposer à eux. Anand, qui sait ce que c'est que de yoyoter, ne veut pas recommencer. Il est prudent. Il maintient le cap avec un œil fixé sur les uniformes. Après tout, il n'a que 65 ans et il reçoit les journalistes avec sa chemise ouverte jusqu'au nombril, tel Tom Selleck.

Wijan Ponlid

Ce boxeur est devenu un dieu vivant après avoir remporté en finale des poids mouches la seule médaille d'or du pays. Sa fortune est faite, tant les contrats publicitaires et les rentes diverses se sont déversés sur lui du jour au lendemain.

Khun Purachai

Le ministre de l'Intérieur s'est vite fait remarquer dans le gouvernement. L'inconscient s'était mis en tête de faire respecter les lois votées précédemment et jamais appliquées, et ce depuis des lustres. Il s'en est pris en particulier à tout ce qui touche les " loisirs " de la nuit. Fermeture des établissements à 2 heures du matin, interdiction d'y admettre des mineurs, contrôles urinaires des clients des discothèques pour y déceler les drogues. Le puissant lobby du sexe et de la nuit lui a fait lâcher pas mal de lest. Il était temps, on murmurait que sa tête était mise à prix.

Thaksin Shinawatra

Cet homme d'affaire milliardaire (1re fortune du pays) est Premier ministre depuis février 2001, son parti ayant remporté haut la main les élections de janvier 2001. Il s'est fait élire sur un programme très nationaliste. Son parti, Thaï Rak Thaï (les Thaïs aiment les Thaïs), est très explicite dans ses attitudes : la Thaïlande aux Thaïlandais et après nous le déluge.

Shinawatra et Berlusconi se ressemblent beaucoup, par leur métier d'abord, la communication (téléphone, TV, satellite), et la similitude de leurs arguments : " Je ne taperai pas dans la caisse, puisque je suis déjà très riche ".

Si quelques promesses ont été tenues et pas des moindres, comme le moratoire sur les dettes des paysans envers l'Etat, la création d'un fond de roulement d'un million de baht pour les petites villes, le chef du gouvernement volontiers hautain et donneur de leçons commença, à la fin de l'année 2001, à lasser ses plus fidèles partisans, jusqu'à se faire remettre à sa place par le roi lui-même, qui, et c'est historique, le critiqua personnellement lors d'un discours officiel. Une véritable humiliation pour le Premier ministre. Il faut dire que lui qui devait " redresser l'économie en six mois " a pour le moins échoué. Le déficit prévisionnel pour 2002 était en effet de 200 milliards, record absolu de toute l'histoire du pays.

C'est lui également l'auteur d'un paradoxe désormais célèbre dans le pays : " C'était un mensonge honnête. " A la suite d'une enquête parlementaire, il avait été en effet démontré qu'il avait dissimulé une partie (pas très orthodoxe) de sa fortune. Il lui est arrivé de laisser en plan les affaires du pays pendant près d'une semaine, pour partir en Inde afin de pouvoir renouveler le contrat de son satellite de communication, que les Indiens voulaient abandonner faute de fiabilité. Plus fort, le Premier ministre Thaksin a attribué à Thaksin, l'homme d'affaires, des concessions (téléphonies, Internet) avec un rabais de dernière minute de...106 milliards de baht. A comparer avec le déficit public. Face aux médias, il a joué tout aussi franc jeu, en prenant le contrôle de la seule chaîne non gouvernementale, ITV, qu'il trouvait trop critique à son égard, et a menacé les autres médias de leurs retirer la publicité des secteurs publics (plusieurs centaines de millions) s'ils étaient encore aussi vindicatifs envers le gouvernement. Bref, il semble que ce n'est pas encore cette fois-ci que la Thaïlande a tiré le bon numéro, et les Thaïlandais l'ont vite compris.

Sulak Sivaraks

Sulak est un personnage fort intéressant et cultivé, mais il est difficile à rencontrer. Dans cette Thaïlande où les " intellectuels " pratiquent à chaque instant la trahison des clercs pour un plat de riz, il passe son temps entre deux exils. Actuellement, il navigue entre les USA et l'Angleterre, qui lui accordent refuge et subsides.

En 1991, lors d'une conférence à l'université Thammasat, il aurait insulté les militaires et la monarchie. Les " universitaires " sont toujours là, mais Sulak s'est enfui grâce à l'aide d'amis étrangers.

La démocratie, ce ne serait pas seulement que le Premier ministre soit un député, mais aussi que Sulak puisse rentrer, n'est-ce pas messieurs les " diplômés " ?

Comme Suk, Sulak tient une librairie nommée Suksit Siam mais qui est peu fréquentée, puisque le propriétaire est pourchassé par les puissants. Cet écrivain, pamphlétaire et journaliste, passe pourtant son temps à défendre l'authenticité thaïe et bouddhiste.

▶ Huay Xay, frontière Thaïlande/Laos

Suk Soongswang

" Je ne sais ni lire ni écrire, mais j'ai les palmes académiques, je ne comprends pas ".

Il n'est pas le seul. Mais si on comprend, on a été méchant et ses palmes, contrairement aux autres décorations qui se ramassent à la pelle à Bangkok, comme aurait dit Gainsbourg, sont justifiées.

Le personnage est bizarre. Si vous le rencontrez, il vous dira froidement qu'il a 59 ans, bien qu'il en paraisse 79. Il a passé dix ou vingt ans en France, il ne sait plus très bien.

Il était aidé par les Missions étrangères, mais lorsque la bourse se révélait insuffisante, il faisait les poubelles. Il rentre sans diplômes mais avec un goût prononcé pour le châteauneuf-du-pape. Il ouvre alors une librairie et vend des livres français, ce qui est une gageure à l'époque. Il réussit. La presse et le livre de poche trouvent leur place à Siam Square. En même temps, il promeut notre pinard en emportant des bouteilles de rouge sous le bras dans les restaurants chinois. Ca marche aussi, et d'ailleurs, ça va très bien avec le canard laqué.

Il est aussi éditeur, mais parvient rarement à vendre les livres qu'il imprime. Ca ne fait rien, il ouvre dans toute la Thaïlande la chaîne de librairies D.K. Book House, de Chiang Maï à Pattaya.

Il est catholique et Chinois ou Chinois et catholique, on ne sait, et sa prière quotidienne est : " Mon Dieu, donnez-moi beaucoup d'argent ". Son vœu n'a pas encore été exaucé, mais on lui pardonne certainement car sous toutes les dictatures, ses librairies furent souvent pillées par les flandrins des despotes.

Chatri Soponpanich

Casanova du dimanche, le plus riche banquier d'Asie du Sud-Est, pas méchant et plutôt sympa, faisait la Une des chroniques mondaines du pays pour ses frasques et son poids qui frisait le quintal. Depuis, il a maigri. Il porte un veston croisé. Mais c'est dur d'avoir hérité un milliard de dollars et d'être le plus gros actionnaire de la Bangkok Bank, première banque d'Asie du Sud-Est. Son papa, le fondateur de la banque, aurait pu y penser avant de lui léguer un si pesant destin. La sœur de Khum Chatri, Khunying Chitchoy Soponpanich, fait dans l'écologie et a lancé un programme " Magic Eye Project for Environnement ", qui purifie les viviers, enlève les détritus des plages et en appelle à la bonne conscience de nos amis thaïlandais qui, malheureusement, à l'instar des citoyens de la plupart des pays d'Asie du Sud-Est, n'ont aucune culture écologique.

Paradorn Srichaphan

Tennisman âgé de 23 ans, ce jeune joueur, très respectueux des coutumes thaïes, est entré dans les 100 premiers mondiaux au classement ATP, a remporté à Stockholm le 2e tournoi de sa carrière et vient d'obtenir un passeport diplomatique lui permettant d'entrer sans visa dans n'importe quel pays du monde : un excellent ambassadeur pour le gouvernement thaïlandais, une vedette pour la population.

Meechaï Viravaïdya

Diplômé en Australie, c'est la vue de la poche du kangourou qui lui a apporté la révélation de sa vocation : le préservatif.

Rentré en Thaïlande, il se consacre avec succès au planning familial. Troubadour de la famille peu nombreuse, il pratique les vasectomies en public et en plein air à Sanm Luang et va à Patpong pour faire souffler les " hôtesses " dans des capotes anglaises avec lesquelles, ensuite, elles jouent au volley-ball. Aujourd'hui, il s'entête toujours dans la capote, mais pour lutter contre le sida.

Son nez un peu proéminent et son crâne plutôt dégarni lui confèrent un air marrant, ce qu'il est d'ailleurs. Bon vivant, il est le mouton à cinq pattes de la " haute " société thaïe. Les temps étant durs pour lui, comme pour tout le monde, il fait la publicité d'une carte de crédit habillé d'un kilt, et ça paie, croyez-nous. A 55 ans, il est de ceux qui croient que la vie commence à 60.

La Thaïlande sur Internet

www.tourismthailand.org et www.tat.or.th. Les sites officiels du ministère du Tourisme.

Parmi eux, " Amazing Thailand " : ce site en français propose un guide sur les provinces, des articles de journaux récents, des chiffres et de très nombreux renseignements sur Bangkok et les provinces. Tout ce que vous vouliez savoir sur la Thaïlande : articles provenant de la presse, chiffres et stat, tourisme, etc. Disponible en thaï, anglais, japonais, allemand, chinois, italien roumain et en français.

www.nectec.or.th. Fournit une multitude de renseignements, adresses des ambassades et des consulats, des informations relatives à l'obtention d'un visa et un bulletin météo remis à jour quotidiennement. Un site d'avant-garde.

www.thaiindex.co. Pour des renseignements généraux. Vous y trouverez nombre d'informations utiles : organismes gouvernementaux, agences de voyages, adresses d'hôtels et d'autres liens web. Ce sont en général les établissements chers qui se paient le luxe d'avoir un site web et un lien avec ce site.

www.mahidol.ac.th/Thailand. Pas mal ce site où l'on peut chercher par mot clé. Il dépend de la faculté de Mahidol.

www.bang-kok.com

www.bangkok-post.com. Avec une soixantaine d'articles et des photos provenant du quotidien en langue anglaise.

www.groovymap.com. Site des cartes Groovy. Top cool, giga bien.

www.destinationthailand.com

www.ethailand.com

www.siamweb.org

www.hotelthailand.com. Pour s'organiser un week-end ailleurs.

www.restaurantsbkk.co. Annuaire des restaurants. Un site alléchant.

www.asiabugle.com. Inventaire et descriptifs des restos. Un de nos sites favoris.

www.bangkokgigguide.com. Guide pour les noctambules fêtards, mis à jour toutes les semaines.

www.a-roi.com/th/index.html. Le site " Aroy ", " c'est bon " en thaï : pour se mettre l'eau à la bouche.

www.siam-sarch.com

www.utopia-tours. Agence gay

www.france-thailande.com. Un tout nouveau site Internet en français. Nombreuses informations concernant le pays. Très bien écrit.

www.thaigov.go.th/index_eng.htm. Site officiel du gouvernement. Politique du gouvernement, biographie et photos de Thaksin Shinawat, Premier ministre, un sac d'amphétamines dans les bras. On peut aussi lui envoyer un e-mail commençant par " Dear Prime Minister "...

Et les " Chat room "

La plus anglophone est celle de Yahoo (section Thaïlande). Pour se faire des amis avant même de partir.

La plus jeune est celle du site sanuk.com. On y tchatche en thaï.

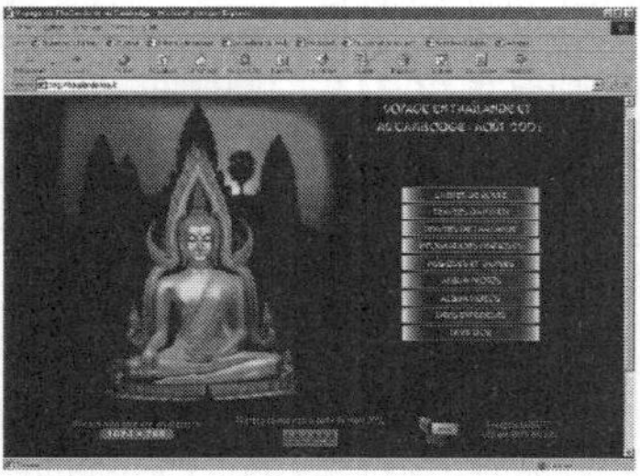

▶ http://khailande.free.fr

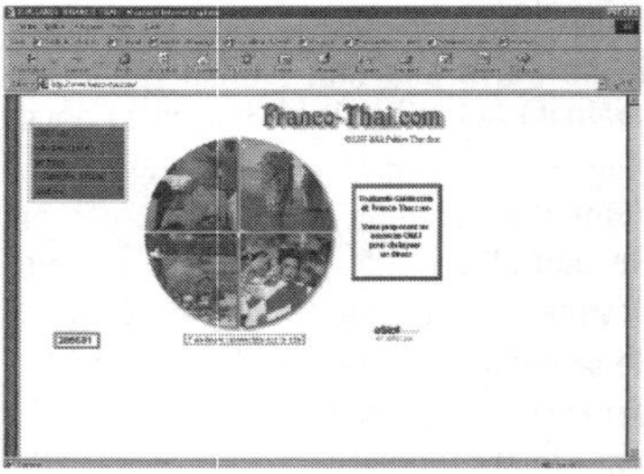

▶ http://franco-thai.com

Lexique et glossaire

Dans l'apprentissage de la langue thaïe, la véritable difficulté réside dans les cinq niveaux de tons différents employés pour donner au mot sa signification. Cette légère difficulté surmontée, le reste suit facilement puisque les mots sont invariables, alternativement employés comme verbe, nom ou adjectif. Il n'y a pas d'articles, de conjugaison, ni d'adjectifs possessifs. Le thaïlandais étant ainsi une langue chantée, il serait illusoire de l'apprendre en le lisant phonétiquement. Il faudrait accompagner le lexique d'une portée musicale. A l'impossible nul n'est tenu, aussi nous vous indiquons seulement quelques mots dont la prononciation n'est pas trop ardue.

Pour ceux qui souhaitent aller plus avant, les éditions DK ont publié trois manuels basiques : grammaire élémentaire, vocabulaire élémentaire et lexique élémentaire (Jean-Charles Delagnan). 120 à 150 bahts le livret.

Expressions utiles

Salut : Sawasdi krap ou, pour une femme : Sawasdi ka
Comment allez-vous ? : Sai bai di ru ?
Vous, il ou elle, nous : Khun, Khao, Rao
Bien, merci ! : Sa bai di, kop khun
Oui, non : Chai, Mai chai
Excusez-moi : Khor tot
Très joli : Suay mak
Faites attention, svp : Proad ra wang
Ce n'est pas grave : Mai peng rai
Très bien, pas bien : Di mark, Mai di
Un peu, trop : Nit noi, Mak pai
Au secours ! : Tchoueï doueï
Je ne parle pas thaï : Chan (pour les femmes) / pom (pour les hommes) poud thai mai dai
Venir : Ma
Revenir : Klap
Voyager : Dene tang
Se promener : Dene léne
Vacances : Wan yout pak ron
Avoir faim : Hiou kao
Avoir soif : Hiou nam
Police : Tam rouat
Moto : Motesaï
Louer une moto : Tchao motesaï
Jour : Wane
Nuit : Cancoun
Semaine : Atit
Mois : Duane
Rabais : Souane lot
Pas cher : Maï peng
Trop cher : Peng paï
Comptant : Gnene sote
A crédit : Gnene tchua
Docteur : Mo
Dentiste : Mo fane
Coiffeur : Tat pome
Tailleur : Tchang tat sua
Commerçant : Po kha
Photos : Roup
Bagages : Kra pao
Ticket : Toua
Aller simple : Toua paï
Aller-retour : Klap paï

Glossaire

Arbre de la bodhi. Figuier des Indes sous lequel Bouddha atteignit l'Illumination. On les trouve dans les cours des temples et leur tronc est ceinturé d'un tissu safran, semblable à celui de la toge des bonzes.

Achaan. Maître ou professeur, très respecté de ses disciples.

Amphoe. District.

Amphoe Muang. Chef-lieu de district.

Ao. Baie.

Avatar. Réincarnation.

Ban ou baan (prononcer bâne). Maison ou village.

Bang. Village au bord d'un fleuve ou d'un khlong. Parfois aussi gros village de campagne.

Ba nam ran. Source chaude.

Bangkok (ou mieux Ban Kok). Village des oliviers. Capitale de la Thaïlande depuis 1782. Les Thaïs appellent Bangkok du nom de Krungthep Maha Nakorn, c'est-à-dire

" la capitale grande ville des anges ", du nom donné par Rama Ier (voir Rattanakosin).

Bodhi. Illumination, Eveil.

Bodhisattva. Etres supérieurs ou saints du bouddhisme du Grand Véhicule (Mahâyâna) qui, prêts à atteindre le Nirvâna, y renoncent pour guider les hommes sur le chemin du Salut.

Bot ou Ubosoth. Chapelle du wat où se trouve l'image la plus sacrée de Bouddha.

Bouddha. L'Illuminé. Titre de celui qui a atteint la Sagesse, l'Illumination. Il est alors libéré des réincarnations et atteint le Nirvâna.

Brahma. Dieu suprême et créateur du monde. Ses deux adjoints sont Shiva, dieu destructeur et fécondateur, et Vishnu, dieu conservateur du monde.

Bung. Lac.

Buri. Ville.

Brahmanisme. Première forme de l'hindouisme. En fait, hindouisme et brahmanisme, c'est bonnet blanc et blanc bonnet.

Céladon. Nom donné au XVIIe siècle aux porcelaines chinoises d'un vert très délicat. Céladon était le nom d'un berger dans le roman L'Astrée, de H. d'Urfé. Il portait, le malheureux, des rubans de cette couleur.

Çhakra. Disque solaire et arme de Vishnu. Dans le bouddhisme, c'est la Roue de la Loi, le symbole de la vie, qui tourne avec ses hauts et ses bas, ses retours à la case départ, l'incertitude du futur… La vie, quoi !

Changwat. Province – l'équivalent des départements français.

Chao. Royaume, principauté. Prince, seigneur.

Chaoley/chao nam. Gitans de la mer, que l'on rencontre surtout dans le Sud.

Chakri. Dynastie royale régnant depuis 1782.

Chedi (ou stupa). A l'origine, tertre funéraire originaire du Sri Lanka. Il est constitué d'une base circulaire, d'un corps en forme de cloche et se termine par une pointe. Très répandu dans l'art thaï.

Chiang. Ville ou cité.

CPT. Communist Party of Thailand.

Chiang Maï. Ville nouvelle. Capitale du royaume du Lan Na (million de rizières) fondée en 1296, par Mangraï, prince de Chiang Sen.

Chiang Sen. Ville sise sur le Haut-Mekong.

Chofa. Ornements des extrémités du toit d'un temple symbolisant le Garuda.

Deva ou Theva. Etre céleste, ange.

Dharma ou Thamma. La loi bouddhique, la Doctrine, la norme de la vie religieuse.

Doi ou Doï. Mont, montagne.

Dvarapala. Statue de gardien placée à l'entrée d'un temple.

Dvaravati. Royaume môn établi dans le delta de la Menam (prononcer Méname). Art bouddhique du VIIe au XIe siècle environ. Un million de Môn en Birmanie, face à Kanchanaburi, luttent contre le gouvernement birman et exigent l'autonomie.

Erawan. Eléphant à trois têtes. Monture de Brahma.

Farang. Homme blanc au long nez qui n'enlève pas ses chaussures à l'intérieur de la maison. A méditer !

Ganesh. Dieu hindou à tête d'éléphant, fils de Shiva et du dieu du savoir.

Garuda. Oiseau mythique et monture de Vishnu. Représenté sous une forme associant les traits d'un rapace, d'un félin ou d'un être humain.

Gopura. Pavillon d'entrée devant un temple.

Hang. Cygne.

Hang yaaw ou yao. Bateau pirogue motorisé que vous croiserez absolument partout.

Hanuman. Grand singe blanc, allié de Shiva dans le Ramakien.

Hat. Plage.

Hin. Pierre.

Haripunjaya. Royaume môn du Nord ayant eu Lamphun comme capitale. Fondé vers le milieu du VIIe siècle, il fut absorbé par le royaume de Lan Na à la fin du XIIIe siècle.

Hînayâna. Bouddhisme du Petit Véhicule qui respecte strictement l'enseignement de Bouddha, alors que le Mahâyâna (Grand Véhicule) du Viêt-nam a subi des retouches de la part des disciples.

Hongse ou hanesa. Cygne mythique et monture de Brahma.

Huban. Village.

Indra. Dans les Veda, le plus grand des dieux, maître du ciel et de la foudre.

Isaan : Nord-Est.

Jataka. Les naissances. Récits légendaires des réincarnations de Bouddha (environ 570, si le compte est bon) en animaux et êtres humains. Les dix dernières sont les plus importantes.

Kala. Animal mythique accompagnant Shiva, dont la face est vaguement humaine mais les oreilles pointues et la bouche énorme avec d'énormes dents. Gardien des temples bouddhistes et hindouistes, il symbolise aussi l'éternité.

Kathin ou Krathin. C'est le Noël des moines, mais qui dure un mois, celui qui précède le 8e mois lunaire.

Katoeil. Gay ou plus exactement travesti. En Thaïlande, parler de Katoeil provoque instantanément un fou rire général.

Khao. Colline, petite montagne.

Kinnari (femelle) et Kinnara (mâle). Etres célestes, mi-humains, mi-oiseaux, dont le corps se termine souvent par une queue de paon. Très populaires dans l'art thaï.

Koh ou Ko. Ile.

Khon (prononcer cône). Danses classiques thaïes.

Khlong. Canal.

Krating. Buffle sauvage. Le Krating Doeng est un stimulant vendu en bouteille, littéralement " le buffle rouge ".

Lakhon. Danses classiques thaïs/nakhon (ou nakhorn) : cité ou ville.

Laem (prononcer Lème). Cap.

Lingam. Symbole phallique.

Lopburi. Cité môn qui passa sous la domination khmère puis thaïe.

Maenam (ou Menam) Chao Phraya. Princesse mère des eaux. Nom du fleuve qui traverse Bangkok et qui est le plus important de Thaïlande. Pour les touristes : Fleuve des Rois.

Maha. Grand, illustre.

Maï ku. Flûte de Pan dont on use lors des matchs de boxe thaïe.

Maï pen raï. Avec le sanuk, c'est le deuxième mot clef du vocabulaire thaï. " Cela ne fait rien, cela n'a pas d'importance ". Cela reflète moins une attitude j'menfoutiste qu'une disposition de l'esprit, un détachement, une sorte de fatalisme positif face aux contingences de la vie.

Mara (prononcer mâne). Le démon, le Satan du bouddhisme. Très vilain, il expédia des danseuses du ventre à Bouddha qui n'en voulut point !

Mondop. Bibliothèque, mais aussi édifice carré abritant une relique ou tout autre objet sacré.

Muang. Ville ou cité ou district.

Muay thaï. Boxe thaï.

Mucalinda. Nom du roi des Naga. Il a protégé la méditation de Bouddha contre les tempêtes soufflées par Mara en soulevant le Sage sur ses anneaux et en le couvrant de ses sept têtes.

Naga. Serpent mythique à forme de cobra.

Nakorn. Ville.

Nam. L'eau

Nam Tok. Cascade.

Naraï ou Narayana. Dans le Ramakien : dieu envoyé par Shiva pour lutter contre le pouvoir du Mal.

Nirvâna (Nipane en thaï). Fin du cycle des réincarnations pour celui qui a atteint l'Illumination.

Nong. Lac.

Phi. Un des nombreux esprits malins de Thaïlande.

Pra ou Phra. Sacré. Titre des bonzes et aussi des temples.

Prang. Tour décorative carrée qui prend son origine dans l'architecture hindoue et khmère. Les quatre faces s'élèvent en gradins.

Prasat. Tour khmère. Le mot est surtout utilisé en Thaïlande pour désigner le temple khmer.

Pak tai. Les habitants du Sud de la Thaïlande.

Phu. Montagne.

Raï. Unité de mesure communément utilisée. 1 hectare = 6,25 raï. 1 raï : 16 000 m^2.

Rajah. Roi.

Rama. Incarnation de Naraï. Envoyé sur terre par Shiva pour faire régner l'ordre et le bonheur. Son nom est devenu le titre des rois de Thaïlande.

Rattanakosin. Premier nom donné par Rama Ier à la nouvelle capitale et qui signifie le " suprême joyau ".

Reua. Bateau. Reua hang yao. Longtail boat. Reua duan. Express boat.

Rot ae/rot hua. Bus A.C.

Rot thammada. Bus classique.

Sala. Petit pavillon ouvert et rafraîchi par les vents, où l'on peut se reposer en discutant religion ou autres.

Samlor (trois roues). Engin diabolique servant de taxi dans les rues de Bangkok.

Sangha. Communauté des bonzes.

Sanuk. Amusement et, par extension, plaisir, bonheur, gaieté. Etre sanuk ou pas, voilà la question, en tout cas, tout ce qui est maï sanuk est terrible.

Saphan. Pont.

Séma. Plaque délimitant l'enceinte sacrée de la chapelle.

Shan. Déformation birmane du nom Siam. Les Etats shan de Birmanie sont habités par des Thaïs.

Singha. Lion mythique placé comme gardien à l'entrée de la porte des chapelles. C'est aussi la marque de la meilleure bière thaïe (le lion thaï est sur l'étiquette).

Soi (prononcer soï). Rue, ruelle.

Songkhran. Nouvel An thaï, du 13 au 15 avril, ou la fête de l'eau, principalement dans le Nord.

Songthaew. Taxis collectifs qui ressemblent à des pick-ups avec des banquettes. Rouges à Chiang Maï et bleus à Chiang Raï. Moins cher que le tuk-tuk si la route n'est pas directe.

Stupa. Voir Chedi.

Suan (prononcer souan). Jardin.

Susaan. Cimetière.

Talat. Marché. Talat nam. Marché flottant. Talat yen. Marché de nuit.

Takraw. Volley-ball où le reste du corps remplace les mains.

Tambon. L'équivalent d'un canton, une division administrative qui regroupe plusieurs villages.

Tha. Port.

Talapat. Eventail des bonzes.

Thale. Lac ou mer.

Tham. Cave.

Tamnak. Palais, dans le dialecte du Nord.

Thanon. Rue, à compléter par la Soi pour avoir l'adresse complète.

That. Tour d'origine laotienne à la base carrée et au corps renflé.

Thonburi. Capitale de la Thaïlande de 1767 à 1782. Fondée par le roi Thaksin (prononcer Taksine) après l'abandon d'Ayuthaya.

Tuk-tuk. Samlor motorisé, engin diabolique servant de taxi dans les rues de Bangkok.

Urna. Touffe blanche, joyau ou légère protubérance placée entre les sourcils de Bouddha. Symbole du troisième œil de la vision spirituelle.

Veda. Les quatre livres d'hymnes sacrés de l'Inde. L'ensemble de la doctrine sacrée révélée aux prophètes, aux saints et aux visionnaires.

Viharn. Salle du temple destinée aux sermons.

Waï. Geste de salutation ou de respect qui s'effectue en joignant les deux mains, comme pour une prière, à hauteur du front, du visage, de la poitrine selon les personnes auxquelles on s'adresse. Un protocole très compliqué.

Wang. Palais.

Wat. Monastère.

Yakça (mâle) et Yakçi (femelle). Serviteurs géants à face de monstre qui gardent les lieux sacrés. De beaux couples.

Apprendre le thaï

ALLIANCE FRANCAISE. 29 Thanon Sathorn Taï © 02 213 21 22-3. Web : alliance-francaisebkk.a-net.net.th. Des cours de français, dispensés aux Thaïlandais, mais aussi des cours de thaï, pour les francophones et par des professeurs français. Ca aide pour comprendre des subtilités du langage que les natifs trouvent naturelles et ne peuvent vous expliquer. Bibliothèque, vidéothèque, médiathèque, cours de français et d'art, café 1912... Idéal pour rencontrer d'autres francophones et francophiles. Beaucoup de lycéens et de lycéennes prennent l'option français car cela permet de gagner des points au concours d'entrée à la fac.

AUA. 179 Thanon Rajdamri © 02 252 81 70, 02 252 83 95. La méthode d'AUA (American Alumni Association), c'est l'immersion. Les professeurs font la leçon en thaï et, au bout d'un moment, comme par magie, vous comprenez. Très efficace. Beaucoup d'amis ont suivi cette formation et se débrouillent très bien à l'oral. Les tarifs sont bien plus intéressants qu'à l'Alliance. Il y a aussi toutes les facilités d'un centre culturel et des cours d'anglais. Plus grand public.

Bangkok et sa région

Bangkok (Krung Thep)

Bangkok... Prononcer le nom de la ville, c'est déjà faire un peu le voyage, tant celle-ci évoque tous les rêves, fantasmes et mythes attachés à l'Asie. Cette ville de légende se compose de mille facettes, toutes si dissemblables qu'il vous sera difficile de l'appréhender dans son ensemble.

Que de différences en effet entre le Bangkok millénaire des khlong, là où le temps semble s'être arrêté, et le Bangkok de Silom Road, le quartier des affaires, où les costumes trois-pièces et les attachés-cases sont de rigueur. Ou encore entre la quiétude de l'île de Rattanakosin et la folie survitaminée de Patpong, célèbre quartier des nuits agitées, aux filles allumeuses et aux néons jamais éteints.

Bangkok, parfois éreintante, repoussante avec ses embouteillages monstres, sa pollution, ses injustices sociales énormes, mais encore et toujours fascinante, séduisante à cause justement de ses contrastes, de son foisonnement de races, de religions et de destins entremêlés.

Des mois, voire des années ne suffiraient pas à apprivoiser Bangkok, alors prenez à pleines mains ce que la ville vous offrira pendant le temps, petit ou long, que durera votre séjour.

QUARTIERS

Cette ville ne laisse personne indifférent. Certains en raffolent, d'autres ne la supportent pas. Ce sera à vous de décider des dosages entre temples, bouddhas, marchés, embouteillages, pollution, tuk-tuk casse-cou, chaleur, inondation, nuits trépidantes, visites possibles dans des centaines de bars, gogos, salons de massage, autant d'ingrédients épicés qui font de cette mégalopole un cocktail explosif.

Il n'y a pas de centre-ville à Bangkok mais, hors de l'île de Rattanakosin, de grands quartiers aux caractéristiques diverses.

Sukhumvit Road, Ploenchit Road, Rama I Road, Siam Square

Sukhumvit Road a été la première avenue chic de Bangkok. A l'intérieur de presque toutes ses " Soi " (voir " Glossaire "), on découvre de belles villas, avec jardin et jardiniers, habitées par les Thaïs fortunés ou par les expatriés à haut salaire. Sukhumvit s'est ensuite commercialisée. Un restaurant puis deux se sont ouverts. C'était vulgaire. Aujourd'hui Sukhumvit est devenue une avenue de restaurants, européens surtout, d'hôtels et de condominiums. Pire encore, les Soi 3 et 4 font concurrence à Patpong pour les discothèques, les bars et les strips. La partie " civilisée " va de la Soi 1 à la Soi 55 et de la Soi 2 à la Soi 38. Les Soi 38 et 55 se font face de chaque côté de l'avenue. La Soi 55 est devenue une rue " in ", avec pubs et restaurants à la mode. Très BCBG. En face, l'entrée de la Soi 38 est, au contraire, chaque soir, un marché de la bouffe populaire avec de multiples étals et restaurants ambulants vendant soupes et plats de riz. C'est bon et pas cher.

En allant vers le centre de la ville, Sukhumvit se poursuit par Ploenchit Road, qui n'offre rien de spécial, et Rama I Road qui a, sur sa gauche, Siam Square.

Siam Square a été le premier centre commercial à la mode de Bangkok et continue d'être intéressant. C'est un rectangle découpé par six Soi parallèles qui divisent l'ensemble en blocs. L'hôtel Novotel domine le tout de sa hauteur. C'est là que fut lancée la célèbre librairie D.K. Book House, toujours présente. On y trouve d'excellents restaurants chinois bon marché, comme le Scala et le Marina, et aussi le Kirin (prononcer Kirine), l'emporium de Sukiyaki, l'énorme restaurant Coca Siam et de petits restaurants spécialisés dans l'aileron de requin, ainsi que des fast-food, des pizzerias et des restaurants japonais. Peu de magasins : Siam Square est désormais un centre gastronomique de qualité, avec cependant quelques cinémas comme le Lido ou le Scala.

Rectangle Silom Road – Suriwongse Road – Sathorn Road

Sur ces trois avenues pratiquement parallèles, vivent les gens " arrivés " et se concentre la richesse mercantile de Bangkok.

Silom Road est l'avenue des affaires avec, comme symbole de la réussite financière, le bâtiment de la Bangkok Bank. Il y a aussi les hôtels : Holiday Inn et Naraï, des boutiques de soie, d'antiquités (plus souvent fausses que vraies), des bijouteries (ne croyez pas au coup du diamant au prix d'une bouteille de bière) et des restaurants. Les touristes avalent les trottoirs comme un rien, fascinés par tous ces étalages qui brillent sous un soleil de feu.

Suriwongse représente l'avenue sœur de Silom, mais en moins chic. Comme elle est moins large, on y est moins exposé au soleil et on marche mieux sur les trottoirs.

La nuit, la vie continue à Patpong, un bloc de trois rues entre Silom et Suriwongse. Les trottoirs sont envahis par les vendeurs de contrefaçons et par les marchands de soupes. Le néon vous éblouit partout. Bangkok vit sa vie.

Sathorn Road se divise en deux parties : Sathorn Nua (au nord) et Sathorn Taï (au sud). Les deux côtés sont séparés par un khlong. Du côté de Sathorn Nua, il n'y a pas grand-chose. Sathorn Taï est le quartier des ambassades en général, et du consulat de France en particulier. Or, comme disait le président Pompidou, les diplomates n'étant bons qu'à tremper des madeleines dans du thé, ce ne sont pas par conséquent de grands agités et l'avenue est calme.

Le bord du fleuve

Le bord du fleuve " civilisé " va de Taksin Bridge, au bout de Sathorn, au Royal Orchid Sheraton. C'est un quartier habité par des Indiens, des Pakistanais, des Chinois et même par des Vietnamiens catholiques. Les Thaïs y sont plus que rares. L'ensemble est plutôt sale, voire très sale, avec des îlots de superluxe. En effet, se dressent ici des hôtels de grand standing, comme le Shangri-La, l'Oriental et le Royal Orchid Sheraton, avec le River City Shopping Complex. L'ambassade de France jouxte l'Oriental. Au milieu de ce quartier, au bord de Charoen Krung Road, se trouve la General Post Office (GPO), c'est-à-dire la poste centrale, vaste bâtiment d'où des centaines de " routards " expédient chaque jour leur courrier. Il y a là une salle pour les fax, télex et téléphones pour l'étranger. Si vous téléphonez, vous devez verser 400 baht.

▸ Vue aérienne, Bangkok

Royal Plaza, Parlement et Zoo

Voilà un quartier rarement signalé et pourtant intéressant. Au centre de la place Royale se dresse la statue équestre du roi Rama V (Chualalongkorn). Elle tourne le dos à un bâtiment en marbre blanc construit en 1907, qui fut la salle du trône avant de devenir le Parlement, après la fin de la monarchie absolue. Juste à droite, se trouve le Parlement, résolument moderne, datant du début des années 80. La Chambre des députés est rectangulaire et plate. Il n'y a donc ni droite, ni gauche, ni montagnards, ni marais. Il n'y a que les députés de devant et ceux de derrière. Plus exactement, chacun s'assoit à côté de ses relations d'affaires ou de famille, sans aucun souci du parti auquel il appartient. Pendant les séances, les députés discutent entre eux de leurs affaires privées. Ensuite, ils s'amusent à s'invectiver et vont déjeuner ou dîner ensemble. Les militaires ponctuent le tout de coups d'Etat réguliers et vident le Parlement. Puis on recommence.

En face du Parlement (un symbole ?), le Dusit Zoo (ouvert de 7h30 à 18h, entrée 10 baht + 1 baht si vous avez un appareil photo). On peut y faire une halte et boire un pot au restaurant au bord de l'eau : l'établissement n'est pas cher, mais sert des portions invisibles à l'œil nu.

De chaque côté de la statue équestre, c'est-à-dire à gauche en lui faisant face, vous voyez le Suan Amporn Garden, réservé aux expositions, et le Commandement suprême des Forces armées, qui dispose d'un immense jardin dans lequel il est interdit aux touristes de s'ébattre. Réservé uniquement aux militaires.

Little India

Il s'agit d'un petit quartier, mais il donne une (petite) idée de l'Inde à ceux qui n'y sont jamais allés.

Itinéraire. Little India se compose de la seconde moitié de Pahurat Road et de Chakrapet Road, qui se trouve à droite et perpendiculairement à Pahurat. A gauche, Mahachaï Road ne présente aucun intérêt.

Vous descendez Pahurat et, arrivés au Central Department Store sur le côté gauche de la rue, vous êtes en Inde. Les Thaïs s'évanouissent. Il n'y a plus que les turbans des hommes et les saris des femmes. Tous sont les descendants des immigrés arrivés en Thaïlande au milieu du siècle dernier. Il y a aussi l'odeur, douce-amère, aigre-sucrée. L'air y est comme plus moite, la poussière plus dense et le soleil plus chaud.

De l'autre côté de Pahurat Road, face au Central Department Store, se trouve le Pahurat Market, le marché aux tissus. Prenez une ruelle quelconque et pénétrez dans cet univers. Vu l'air raréfié, la visite n'est pas recommandée aux cardiaques. Si quelque chose vous intéresse, le marchandage est de rigueur. Pour les Indiens, marchander est un plaisir de la vie, comme boire un pastis pour un Marseillais.

En continuant sur ce même trottoir, vous arrivez à Chakrapet Road (prononcer Chakrapette). Vous prenez le trottoir de droite et, juste avant le ATD Department Store, une allée étroite conduit au temple sikh Siri Guru Singh Sabba. Terminé en 1987, au prix de 100 millions de baht, c'est le deuxième plus grand temple sikh après celui de Londres. Il y a du marbre et beaucoup de tapis sur les cinq étages. On peut le visiter à l'heure indienne, c'est-à-dire quand il y a quelqu'un d'assez bonne humeur et à qui votre tête revient assez pour consentir l'effort de vous ouvrir la porte.

Au rez-de-chaussée, des bureaux et une clinique ; au premier étage, les cuisines ; au 2e, les salles de réunion ; au 3e, les lieux de prière ; aux 4e et 5e, les écoles pour les enfants. On visite seulement le quatrième étage et on enlève ses chaussures à l'entrée.

Poursuivant votre balade, vous arrivez à un temple chinois (qui marque la fin de l'influence indienne) nommé Sanjao Mae Tabtim, ce qui signifie " pavillon sacré de la mère du grenadier ". Rien à voir avec les grognards de l'Empire, c'est le nom donné par les Thaïs à la déesse de la Merci (Kwan Yin ; voir chapitre sur le bouddhisme) des Chinois. " Mère " doit être pris dans le sens " sainte ", quant au grenadier, c'est l'arbre que les Chinois plantent souvent dans leurs temples.

Vous traversez la rue et vous tombez en pleine zone des guesthouses avant tout destinées aux commerçants indiens venus d'Inde, qui s'entassent dans chaque chambre. Ces G.H. portent des noms fleuris, comme Pop G.H., Bobby G.H. ou Roma G.H., l'un des plus chers (200 baht la nuit). Empruntez l'une des ruelles, sordides, et vous trouverez, derrière ces gentils bâtiments, le bidonville aligné le long du khlong Chakrapet parallèle à la rue du même nom.

Encore plus loin, vous voilà au Royal India, 392/1 Chakrapet Road © 221 65 65 (ouvert de 10h à 15h30 et de 17h30 à 22h), et pour ceux qui ne font pas trop attention à la propreté, c'est bon et très bon marché. Très typique avec ses serveuses habillées à l'indienne et seulement sept tables dans une petite salle avec air conditionné. Continuez encore et vous arrivez à la Soi Wanit 1 (Sampeng Lane) qui fut la grande artère de Chinatown. Si vous êtes d'un courage nettement au-dessus de la moyenne, si vous avez le nez bouché et si vous aimez être bousculé dans une ruelle large d'à peine plus d'un mètre, vous y serez à votre aise. Sinon, prenez un taxi pour la Soi Thanon Mongkon (prononcer Tanone Monkone) en précisant Cathay Department Store. Cela vous coûtera entre 60 et 70 baht.

Chinatown

L'oasis, le point de repère pour une visite de Chinatown, sera impérativement le Cathay Department Store. Tout d'abord, il est climatisé ; ensuite, il est propre ; enfin, il s'y trouve deux coins café où l'on pourra se rafraîchir et manger un fruit ou un gâteau. En outre, la Thanon Mongkon est en plein centre de Chinatown.

Il peut paraître curieux de parler d'un Chinatown dans un Bangkok où 60 % des 6 millions d'habitants sont Chinois. Mais les Chinois de Chinatown sont ceux qui ne se sont pas adaptés à la Thaïlande, qu'ils soient riches ou pauvres. C'est un coin de Chine.

Chinatown est constitué de trois rues presque parallèles : Charoen Krung Road, Yaowarat Road et la Soi Wanit 1 (Sampeng Lane). Entre ces trois rues, s'éparpillent d'innombrables rues avec un nom, sans nom ou ayant perdu leur nom et même avec un double nom. Un vrai labyrinthe. Chinatown, c'est avant tout les halles des Chinois. On y trouve les denrées les plus chères et les plus recherchées : des produits non seulement purement chinois comme les fameux champignons noirs, les ailerons de requin, les nids d'hirondelles de mer, mais aussi des produits occidentaux, comme les poires et les pêches, des légumes, comme de très belles asperges, ou encore des melons, des avocats, du raisin. On y verra aussi le mets très curieux qu'est le canard aplati rôti : les canards sont pratiquement aussi plats et ronds que des crêpes et entassés les uns sur les autres. L'effet en est un peu bizarre. Chinatown, c'est aussi une concentration de pharmacies traditionnelles dont, à en juger par ce qui est exposé, les vessies de toutes sortes d'animaux sont l'article principal. Dans cette ville dans la ville, dans ce souk chinois, on trouvera aussi des temples, des bordels innombrables, des hôtels et des abattoirs.

Itinéraires : Sampeng Lane, rue étroite et tortueuse, fut la grande rue de Bangkok au XIXe siècle. C'était le Patpong de l'époque. Là, se trouvaient réunis les tripots, les bordels, les fumeries d'opium et la cour des miracles. La police ne parvenait jamais vraiment à y maintenir l'ordre et les vols et les meurtres y étaient monnaie courante. Aujourd'hui encore, les Thaïs n'osent pas trop s'y promener la nuit. Vous remarquerez d'ailleurs que les policiers thaïs, avec d'énormes Smith and Wesson, traînent partout. Ils maintiennent un certain ordre et rackettent les rackets. On fait vite fortune lorsqu'on est muté à Chinatown.

Itsanuraphap est une rue perpendiculaire à Sampeng Lane et à Yaowarat Road. Dans sa première partie, qui commence au fleuve Menam Chao Phraya, on marche à l'aise. Dans sa deuxième partie, après le croisement avec Yaowarat Road, c'est un véritable boyau, une rue commerçante où se succèdent épiceries et grossistes en peaux de porc cuites de telle manière qu'elles deviennent jaunes, craquelées et comme pleines de bulles.

A l'embranchement d'Itsanuraphap et d'Yaowarat Road se trouve une place dite Talad Kao (ancien marché) qui date de près de 200 ans. Le matin, elle est très animée et expose tous les ingrédients de la cuisine traditionnelle chinoise. Vous pouvez aussi entrer dans les boyaux qui partent de cette place. Mais à deux conditions : être muni d'une boussole (ou posséder l'instinct des pigeons voyageurs) et d'un masque à gaz. L'odeur (encore) y est pestilentielle. Mais quel pittoresque !

Thanon Mongkon est la rue des abattoirs. Le jour, on y égorge quelques cochons de lait mais la nuit, c'est un véritable carnage de canards et de poulets qu'on saigne, comme ça, à l'air libre : le spectacle a un côté fantasmatique.

Yaowarat est le cœur de Chinatown avec ses grandes boutiques de " luxe " pour l'épicerie fine, les médicaments et l'or. Les trottoirs sont encombrés mais vous pouvez y acheter des poires bien de chez nous dont on se demande comment elles sont arrivées là.

Les temples, peu nombreux, sont animistes ou animistes-bouddhistes, la vraie religion des Chinois étant l'animisme conjugué au culte des ancêtres, et le bouddhisme. Au début et à la fin d'Itsanuraphap, se trouvent deux de ces temples. Dans Charoen Krung Road, face à Thanon Mongkon, se dresse le Wat Mongkon. Dans Ratchawong Road, à peu près parallèle à Thanon Mongkon, près de la poste, se trouve le Wat Maeploy. Une fois qu'on a vu un temple chinois, on les a tous vus. Des colonnes rouges avec des dorures partout, une statue dédiée à un personnage mythologique et quelquefois à Bouddha, des bâtons d'encens... Exactement comme dans les films de Kung Fu. Là encore, on abandonne ses chaussures à l'entrée.

Chinatown by night, ça c'est quelque chose ! Absolument interdit aux demoiselles, sauf si elles sont dûment accompagnées, et les hommes iront par paires, comme les hirondelles d'il y a peu.

Soi Texas et les alentours

Que vient faire le Texas à Chinatown ? me demanderez-vous. Eh bien, pour ces Chinois-là, le Texas est terre de luxure et de dépravation réunies. Pourquoi ? Nul ne le sait.

La Soi Texas se trouve dans Yaowarat. Quand vous sortez de Cathay sur Yaowarat, vous tournez à gauche. Vous passez le White Orchid Hotel et vous arrivez dans une rue sans nom mais dont toutes les enseignes commencent par Texas. Immédiatement, d'ailleurs, vous voyez un panneau annonçant Texas Suki.

En face, un panneau indique la rue Phadung Dao Road. Continuez un peu et regardez bien, quelques mètres plus loin, l'entrée d'un boyau où sombre le jour car les auvents de toile des boutiques empêchent la lumière du soleil de parvenir jusque-là. Ce boyau sans nom, c'est la rue des bordels sordides située presque en face du Chinatown Hotel.

Au coin de Soi Texas et de Yaowarat, une " maison de thé " annoncée en chinois et en thaï. C'est ouvert. En bas, un type est assis sur une chaise bancale. Les filles descendent prendre l'air sur le trottoir et discuter avec les flics qui montent la garde. ,a, c'est durant le jour...

La nuit, c'est néon et compagnie. Des " katoeils " (travestis) partout, et des filles, vieilles, jeunes, grosses, maigres, affreuses ou plutôt jolies... Dans un coin, un drôle de type sort un cobra vivant d'une caisse, le serpent s'agite, l'autre lui refile un coup de couteau, le sang tombe dans un verre de mékhong (alcool de riz). Un client vous siffle ça d'un coup, fait signe à une fille et monte. Le sang du cobra est considéré comme le plus puissant des aphrodisiaques. Dans certains coins, des épaves se droguent. Dans les restaurants (bons d'ailleurs), les Chinois engloutissent des ailerons de requin entiers, un autre terrifiant aphrodisiaque. C'est dans la Soi Texas et dans les alentours que les coolies, les chauffeurs de taxi et de tuk-tuk se transforment, la nuit, en clients.

Encore une fois : ne pas y aller seul !

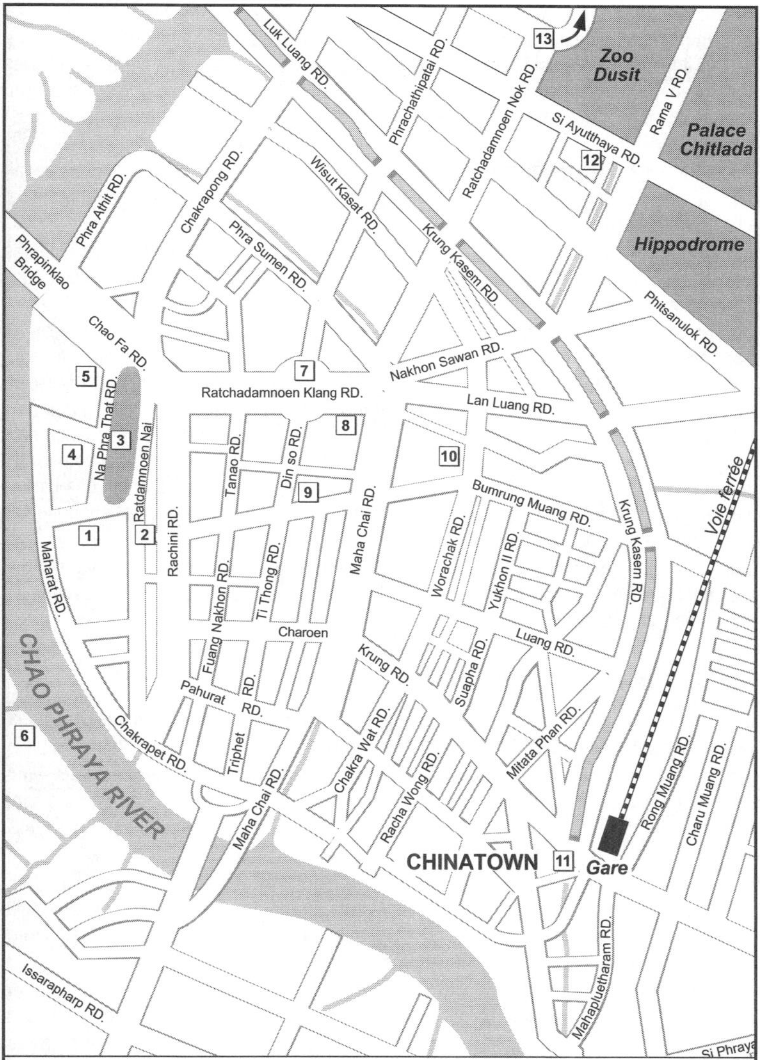

LE CENTRE HISTORIQUE DE BANGKOK

0 — 1 km

1 Wa Pra Kéo et Grand Palais
2 Sanctuaire de Lak Muang
3 Sanam Luang
4 Wat Mahatat
5 Musée National
6 Wat Arun
7 Monument de la Démocratie
8 Wat Ratchanaddaram
9 La Grande Balançoire
10 Temple de la Montagne d'Or
11 Wat Trimit
12 Wat Benchaobopit
13 Vimornmek Palace

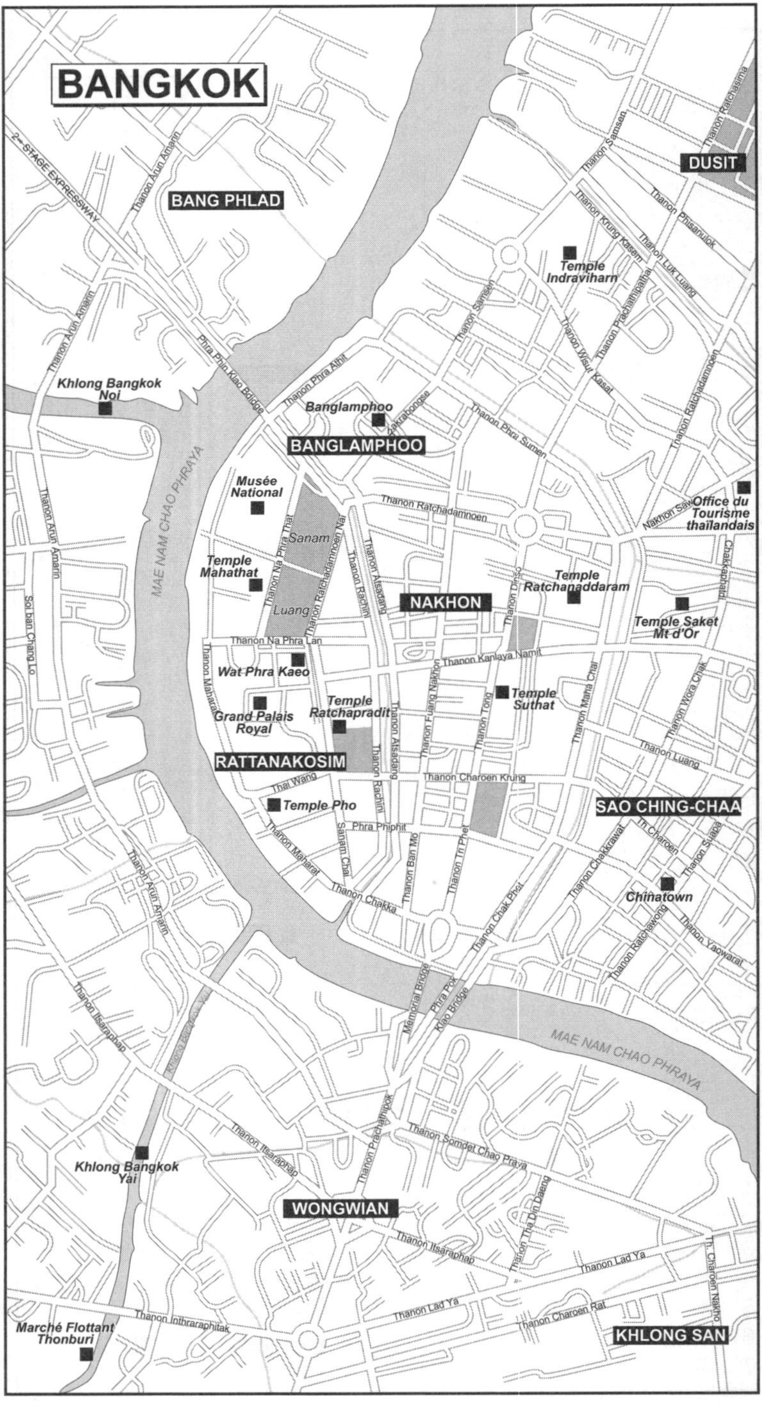
BANGKOK
BANG PHLAD
DUSIT
BANGLAMPHOO
NAKHON
RATTANAKOSIM
SAO CHING-CHAA
WONGWIAN
KHLONG SAN
MAE NAM CHAO PHRAYA
2nd STAGE EXPRESSWAY
Thanon Arun Amarin
Thanon Samsen
Thanon Ratchasima
Thanon Phisanulok
Thanon Krung Kasem
Thanon Luk Luang
Temple Indraviharn
Thanon Prachathipatai
Thanon Wisut Kasat
Thanon Ratchadamnoen
Phra Phin Klao Bridge
Thanon Phra Athit
Khlong Bangkok Noi
Banglamphoo
Chakrabongse
Thanon Phra Sumen
Musée National
Thanon Ratchadamnoen
Nakhon Sawan
Office du Tourisme thaïlandais
Sanam
Luang
Thanon Na Phra That
Thanon Ratchadamnoen Nai
Thanon Atsadang
Thanon Rachini
Temple Mahathat
Temple Ratchanaddaram
Thanon Dinso
Chakkaphadi
Temple Saket Mt d'Or
Soi ban Chang Lo
Thanon Na Phra Lan
Thanon Kanlaya Namit
Wat Phra Kaeo
Thanon Maharat
Temple Suthat
Thanon Fuang Nakhon
Thanon Tong
Thanon Maha Chai
Thanon Wora Chak
Grand Palais Royal
Temple Ratchapradit
Thanon Luang
Thanon Charoen Krung
Thai Wang
Temple Pho
Phra Phiphit
Sanam Chai
Thanon Ban Mo
Thanon Tri Phet
Thanon Chakkrawat
Tn Charoen
Thanon Suapa
Chinatown
Thanon Chakka
Thanon Chak Phet
Thanon Ratchawong
Thanon Yaowarat
Memorial Bridge
Phra Pok Klao Bridge
Thanon Ilsaraphap
Khlong Bangkok Yai
Thanon Prachathipok
Thanon Somdet Chao Praya
Thanon Tha Din Daeng
Thanon Lad Ya
Th. Charoen Nakhon
Thanon Inthraraphitak
Thanon Charoen Rat
Marché Flottant Thonburi

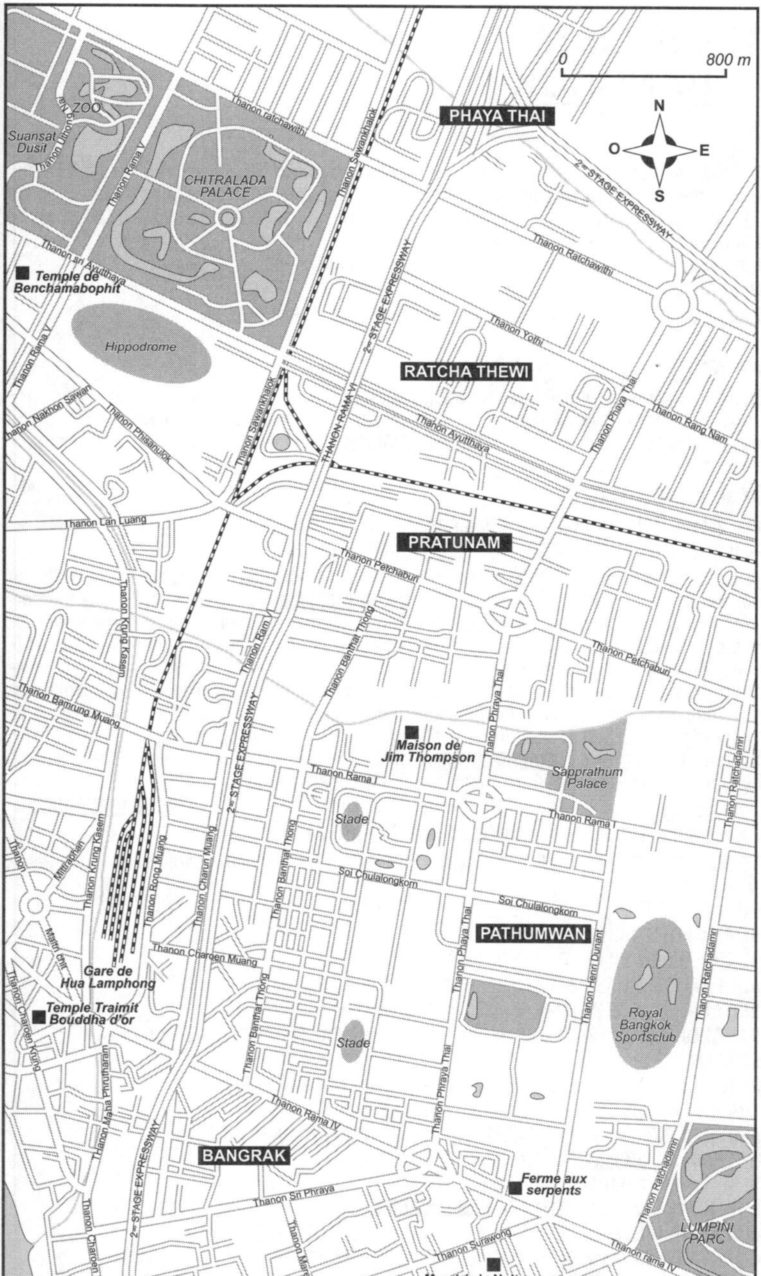

0
800 m
N
O
E
S
PHAYA THAI
RATCHA THEWI
PRATUNAM
PATHUMWAN
BANGRAK
SATHORN
ZOO
Suansat Dusit
CHITRALADA PALACE
Temple de Benchamabophit
Hippodrome
Maison de Jim Thompson
Sapprathum Palace
Stade
Stade
Royal Bangkok Sportsclub
Gare de Hua Lamphong
Temple Traimit Bouddha d'or
Ferme aux serpents
LUMPINI PARC
Marché de Nuit de Patpong
Ambassade de France
Thanon ratchawithi
Thanon Rama V
Thanon Sri Ayutthaya
Thanon Sawankhalok
2ᵉ STAGE EXPRESSWAY
Thanon Ratchawithi
Thanon Yothi
Thanon Ayutthaya
Thanon Rang Nam
Thanon Phaya Thai
Thanon Nakhon Sawan
Thanon Phisanulok
THANON RAMA VI
Thanon Lan Luang
Thanon Petchaburi
Thanon Krung Kasem
Thanon Banthat Thong
Thanon Bamrung Muang
Thanon Rama I
Thanon Phraya Thai
Thanon Ratchadamri
Thanon Rong Muang
Thanon Charun Muang
Soi Chulalongkorn
Thanon Charoen Muang
Thanon Henri Dunant
Thanon Charoen Krung
Thanon Maha Phruttharam
Thanon Rama IV
Thanon Sri Phraya
Thanon Surawong
Thanon Maret
Thanon rama IV
Thanon Silom
Thanon Charoen Krung (New Road)

TRANSPORTS

Aéroport

BANGKOK INTERNATIONAL AIRPORT. Phahonyothin Road ✆ 535 1111. Plaque tournante du trafic asiatique, à l'instar de Singapour et Hong-Kong, avec plus de 21 millions de passagers internationaux et 5 millions d'usagers domestiques, l'aéroport de Bangkok est l'un des plus fréquentés d'Asie du Sud-Est. De plus, de nombreux passagers transitent par Bangkok avant de se rendre en Chine du Sud.

Pour quitter Bangkok :

BANGKOK DOMESTIC AIRPORT. Phahonyothin Road ✆ 535 2081-82-83.

Formalités

Deux documents à remplir. L'un pour l'immigration, l'autre pour la douane. Ces formulaires vous sont en principe remis avant l'atterrissage par la compagnie d'aviation. Egalement disponibles au guichet affichant le panneau " Writing Desk ", avant le contrôle des passeports.

Taxe d'aéroport

Elle est de 100 baht pour les vols domestiques, 500 baht pour les vols internationaux.

Hall d'arrivée

Après le passage en douane, et la zone réservée, il est possible que vous soyez sollicité par de nombreux individus en uniforme. Malgré leur apparence, ce ne sont que des agents touristiques cherchant des clients pour une quelconque prestation. Leurs tarifs sont plus chers que ceux du marché. Evitez-les. Vous pouvez en revanche vous rendre au guichet 6, Hotel Reservation Counter, pour y sélectionner un hôtel dans la gamme de prix de votre choix. Passez au guichet 4, Tourist Information, pour y prendre cartes et documentations sur Bangkok. Le guichet 7 est celui du Limousine Counter, on y achète les billets de train Express avant d'emprunter leur navette jusqu'à la gare. Le taux de change pratiqué par les banques de l'aéroport est quasiment le même qu'en ville. La consigne située sur la gauche est sûre et bon marché (20 baht par jour et par bagage).

Quelques numéros de téléphone utiles à l'aéroport

TOURISM AUTHORITY OF THAILAND ✆ 02 694 12 22. E-mail : center@tat.or.th -Web : www.tat.or.th

BUREAU MÉTÉO ✆ 535 11 97.

BUREAU DES TAXES ✆ 535 16 38.

AEROFLOT EN VILLE ✆ 251 0617-8.

AIR FRANCE ✆ 535 2112-3. En ville ✆ 02 635 11 99.

ALITALIA ✆ 535 26 02-5. En ville ✆ 233 4000-4.

BANGKOK AIRWAYS ✆ 535 34 86, 535 2497-8. En ville ✆ 229 3434-56.

BRITISH AIRWAYS ✆ 02 535 22 20. En ville ✆ 236 0038-8655.

CATHAY PACIFIC ✆ 535 21 55. En ville ✆ 263 0606-16.

EVA AIR ✆ 535 3531-5. En ville ✆ 240 0890.

FEDERAL EXPRESS ✆ 535 2397-8. En ville ✆ 253 1443.

GULFAIR ✆ 535 2313-7. En ville ✆ 254 7931-4.

KLM ✆ 535 2190-2. En ville ✆ 254 8325-7.

LUFTHANSA ✆ 535 2210-1. En ville ✆ 264 2400-1.

MALAYSIA AIRLINES ✆ 535 2288. En ville ✆ 263 0565-71.

QUANTAS AIRWAYS ✆ 535 2220. En ville ✆ 267 5188-99.

SINGAPOUR AIRLINES ✆ 535 2260. En ville ✆ 236 0440.

SWISSAIR ✆ 535 2371-2. En ville ✆ 233 2930-9.

THAI AIRWAYS INTERNATIONAL ✆ 535 2846-7 ou 513 0121-9. En ville ✆ 280 0060.

UNITED AIRLINES ✆ 535 2232. En ville ✆ 253 0558.

VIETNAM AIRLINES ✆ 535 2671. En ville ✆ 251 4242.

Aéroport, Bangkok

Fleurs et fruits

Si, pour le retour, vous avez oublié d'acheter des fleurs au marché (moins chères évidemment), vous pouvez vous rabattre sur le magasin de l'aéroport. Ouvert de 6h à 1h du matin. Le magasin des fruits est ouvert 24h/24.

Transit

Si vous souhaitez vous reposer pendant un transit à Bangkok, vous pouvez louer une des 59 chambres de repos à l'aéroport, disponibles par tranche de 6 heures (800 baht avec salle de bain, 620 baht sans). Si vous êtes en transit pendant au moins 12 heures à Bangkok, le TAT vous a concocté différentes visites de la ville. Renseignements au © 02 260 60 77.

De l'aéroport vers Bangkok et Pattaya

Au départ de l'aéroport de Don Muang à 25 km de Bangkok, il est préférable d'utiliser le train car la circulation dans Bangkok est de plus en plus infernale et les bouchons sont habituels. Les nouvelles lignes de métro ne vont ni à l'aéroport ni dans le quartier des guesthouses. De nombreux moyens de transports sont cependant à votre disposition.

De l'aéroport, vous pouvez directement rejoindre Pattaya. Des bus de l'aéroport font la navette avec la ville. Le prix est de 300 baht et les départs sont à 9h, 12h et 19h. Sinon, toujours de l'aéroport, un taxi vous demandera environ 2 000 baht.

Taxi meter

Le moyen le plus simple. Prenez un ticket au Public Taxi Compter, le guichet est situé à gauche en sortant du contrôle des douanes, tout au fond. Ne vous occupez pas des rabatteurs tout sourire, qui vous coûteront deux ou trois fois plus cher. Après avoir pris votre ticket, un chauffeur vous mènera à son véhicule. Arrivé à destination, vous payez le prix inscrit au compteur plus (et uniquement à partir de l'aéroport) 50 baht, somme forfaitaire instaurée depuis peu pour compenser la longue attente des conducteurs à Don Muang.

Trains

En face de l'hôtel Amari se trouve la gare. Pour la station centrale de Hualamphong, au cœur de Bangkok, les départs se font de 3h40 à 22h. Voici quelques horaires que vous pourrez rapprocher de votre vol d'arrivée : 7h27, 10h38, 12h50, 13h34, 16h33, 18h53, 20h35... Les prix vont de 5 baht en 3e classe, en train ordinaire, à 65 baht en express 2e classe ; le trajet dure environ 45 minutes.

Pour quitter Bangkok :

BANGKOK RAILWAY STATION (Hua Lam Phong). Rama IV Road Bangkok © 02 223 74 61.

Bus

Des bus sont à la disposition des passagers. C'est un service de l'aéroport. Ils se trouvent à la sortie du terminal international sur la gauche, à environ 200 mètres. Le prix est de 100 baht par personne. Il y a quatre trajets proposés. Vous pouvez consulter les itinéraires affichés. Ils s'arrêtent bien sûr aux endroits stratégiques, soit touristiques, soit là où les hôtels sont les plus nombreux. Le bus A3 par exemple passe par Sukhumvit Road. Les bus publics doivent être pris sur la route nationale en face de l'aéroport. Si votre bagage est trop encombrant, on vous refusera l'accès du bus. Les prix vont de 3,5 baht pour un bus ordinaire (généralement bondé ; le n° 59 vous mènera vers le coin favori des sacs-à-dos, Khao San Road) à 18 baht avec air conditionné. Les bus n° 29 et n° 13, pour des destinations divergentes, passent par Sujhumvit Road ; il vous en coûtera 16 baht.

Pour quitter Bangkok :

NORTHERN AND NORTHEASTERN BUS TERMINAL (Mochit). Kamphaeng Phet Road © 02 936 36 60/02 936 06 67. C'est la plus grande gare routière de Thaïlande. Malgré qu'elle soit axée en priorité vers le nord et la région de Chiang Maï et tout le nord-est (ou I-San), des bus partent aussi en direction de Pattaya, Rayong et tout le sud-est.

SOUTHERN BUS TERMINAL. Phrapinklao Road © 02 435 12 00.

EASTERN BUS TERMINAL (Ekamai). Sukhumvit Road Soi 40. Bangkok © 391 6846.

Limousine service

Peu de différence avec un taxi, sinon que la voiture est de marque allemande en général, et, que vous paierez environ le triple du prix d'un taxi ordinaire.

Hélicoptère

Si vous voulez épater votre petite amie, l'hôtel Shangre l'a fait : la navette héliportée depuis l'aéroport. Le prix est de 14 000 baht par personne, avec un minimum de 3 personnes. Quand on aime on ne compte pas...

Se déplacer dans Bangkok

La circulation, avec son corollaire la pollution, est le gros point noir de la capitale. Une éclaircie dans ce paysage enfumé, le Sky Train (métro aérien). C'est une véritable aubaine. On vous conseillerait presque de choisir votre hôtel en fonction de ses lignes. Cela sera pour vous une économie de temps, d'argent et de stress.

Pour parcourir cette mégapole dont personne ne sait vraiment où elle commence et où elle finit, les moyens de transport sont légion.

Taxi meter

La formule la plus simple en dehors du métro, même si, bien sûr, il est recommandé d'éviter les heures de pointe (en semaine, de 8h à 20h !). Les voitures sont toutes climatisées et vous payez à l'arrivée le prix inscrit au compteur. N'écoutez pas les bonimenteurs, il n'y a aucun supplément à payer (sauf à l'aéroport).

Tuk-tuk

Vous n'allez sûrement pas résister à la tentation de prendre un de ces engins qui sentent si bon l'exotisme. Sachez donc qu'entre la chaleur et la pollution, vous perdrez au minimum une année d'espérance de vie par demi-heure parcourue dans ce sauna ambulant à la hauteur savamment étudiée pour être au niveau de la sortie des pots d'échappement des bus. De plus, ils sont plus lents et plus chers que les taxis. A vous de voir donc.

Glossaire des transports

Taxi : Thek si • **Train** : Rot faï • **Bus** : Rot me • **Avion** : Khruagn bin • **Moto** : Mote daï • **Vélo** : Djak kra yan • **Gare ferroviaire** : Sa tha ni rot faï • **Gare routière** : Sa tha ni rot bat • **Aéroport** : Sanam bin • **Port** : Tha rua • **Bateau** : Rua.

Bangkok à bicyclette

Pour parcourir la capitale d'une façon originale (au risque de passer pour un dangereux aliéné auprès des Thaïlandais), la bicyclette est le moyen de transport adéquat. Un Hollandais habitant la capitale depuis plus de vingt ans vous servira de guide. Encore qu'il refuse ce terme, car il a une sainte horreur d'expliquer le pourquoi du comment des divers lieux traversés. Ceux-ci alignent des grandes avenues comme Sukhumvit Road (avec une impression bizarre d'être comme un extraterrestre parmi tous ces véhicules motorisés) et des ruelles désertes. Vous traverserez même le fleuve Chao Praya où, à l'embarcadère du wat du khlong Toey, des bateaux " longues queues " vous mèneront, vous et vos vélos, sur la rive opposée où règnent le calme et la sérénité. Une belle balade à faire donc, qui vous permettra de découvrir des endroits que vous n'auriez jamais pu visiter sans le concours de M. Van Kessel, l'organisateur de cette étape du tour de Bangkok. Le prix, de 750 baht, comprend le prêt d'un vélo, les boissons diverses, les fruits pour vous refaire une santé et les traversées A/R en bateau. Inutile de préciser que l'appareil photo est fortement conseillé. Une casquette est indispensable car le soleil des tropiques sait jouer des mauvais tours. Pour tous renseignements supplémentaires, contacter :

M. CO VAN KESSEL © 023 229 481, de 9h à 19h. E-mail : abc_2000@yahoo.com - Web : www.amazingbangkokcyclist.com.

Motos-taxis

A l'heure des embouteillages, si vous n'avez pas de bagages, cela peut-être une bonne solution. Ils savent très bien se faufiler parmi la circulation. Serrer les genoux est fortement conseillé. Quelques inconvénients cependant : la chaleur, la pollution et des prix souvent à la tête du client. Négociez donc " serré " avant de vous embarquer pour le voyage grande vitesse.

Bus

C'est une excellente affaire, surtout en ce qui concerne les bus climatisés orange qui, pour 12 baht, peuvent vous laisser à l'autre bout de la ville. Il faut bien sûr avoir une bonne connaissance de Bangkok, et ce ne sera pas votre cas. Une bonne carte peut cependant compenser cet handicap.

Sky train

Le métro aérien constitue vraiment un gros progrès. Il est pourtant dommage que par rapport à l'immensité de la ville, ses deux lignes soient trop modestes en amplitude. On prévoit cependant de nouvelles lignes dans les années à venir. Une ligne à partir de la Soi 77 (station On Nut) suit toute l'avenue Sjkhumuit Road. A Siam Square, elle bifurque jusqu'à la station de Mo Chit, où se trouve la gare routière principale. L'autre ligne va du quartier des affaires de Silom Road (Saphan Taksin) et se termine également à Mo Chit. Le seul changement de rame peut se faire à la station de Siam Square. Suivant la course, le trajet coûte de 10 à 70 baht. Pour 280 baht, vous pouvez acheter un Pass qui donne droit à un accès illimité au métro pendant 4 jours et 3 nuits. Très pratique et très rentable. Le métro est ouvert de 6h à 24h.

Voitures de location

Vu les embouteillages monstres, la topographie de la ville et la folie furieuse de la plupart des conducteurs, on déconseille fortement cette solution. Mais si vous êtes suicidaires ou masochistes, voici quelques adresses :

AVIS RENT A CAR. 2/12 Witahayu Road © 02 255 53 00 – Fax 253 37 34.

BUDGET CAR RENTAL. 127 Petchburi Road © 02 202 02 50 – Fax 203 02 49.

Conseils futés

On circule à gauche en Thaïlande, bien que les gouvernements soient toujours à l'extrême extrême droite. Traverser une rue, même au passage clouté, est une entreprise auprès de laquelle le parcours du combattant est un jeu d'enfant.

Le gouvernement a décidé de s'attaquer au problème de la pollution des rues : il vous coûtera 2 000 baht si vous jetez un simple mégot de cigarette sur le trottoir ; il y a des agents de police (brassard vert) qui ne s'occupent que de ça.

Prendre l'autobus est complexe. C'est une activité spécialement réservée aux amateurs de mots croisés ou de rébus. Ils auront en outre le temps d'en résoudre une douzaine tant les trajets sont longs et lents (à condition bien sûr de trouver une place assise).

Par contre, si vous disposez d'une carte (nous recommandons la Bangkok Bus Map Quick Guide Map, qui ne coûte que 35 baht), si vous êtes prêt à utiliser le taxi et le tuk-tuk et un bon guide comme celui que vous avez entre les mains, tout s'arrange, tout devient (presque) simple.

Pour l'île Rattanakosin, il sera facile de la visiter à pied ou en tuk-tuk si vous êtes jeune, en taxi ou encore en tuk-tuk si vous l'êtes moins.

N'hésitez pas à porter un chapeau de paille ou de toile, le soleil peut taper fort pendant la saison sèche.

Si vous disposez de peu de temps et si les difficultés vous rebutent, vous avez toujours la ressource de vous adresser à l'agence de voyages de votre hôtel qui arrangera les choses au mieux. Comparez les prix qu'on vous propose pour une excursion avec ceux que vous obtiendrez vous-même, et vous verrez que la différence ne vaut pas, le plus souvent, qu'on se donne la peine de tout faire par soi-même. Grâce aux services des professionnels du voyage, pour une petite somme d'argent supplémentaire, vous verrez la Thaïlande comme dans un fauteuil.

Ne vous sentez pas non plus complexé d'avoir l'air " riche " dans un pays " pauvre ". Au contraire, grâce à vous, le tourisme fait vivre des dizaines de milliers de familles, depuis celle du chauffeur de votre autocar climatisé à celle de la serveuse de votre hôtel. Vous avez mérité des vacances, profitez-en !

PRATIQUE

Ambassades et institutions

AMBASSADE DE FRANCE. 35, Charoen Krung 36. New Road ✆ 234 09 50. Service culturel ✆ 266 8250-6. PEE 233 1592. Visa ✆ 285 6104-7.

AMBASSADE DE BELGIQUE. Sathorn City Tower. 175, South Sathorn Road ✆ 02 679 54 54. E-mail : embelwr@loxinfo.co.th.

CANADA – CONSULAT DU CANADA. 138, Silom Road Boonmitr Building. 11th floor. Bangkok ✆ 237 4125. Visa ✆ 238 4452.

SUISSE – CONSULAT DE SUISSE. 35 Road 10 120 Bangkok ✆ 253 0156/60.

CONSULAT DE FRANCE. 29, Sathorn Tai Road 10120 Bangkok ✆ 285 6104-07 – Fax 213 1291. Ouvert du lundi au vendredi, de 8h30 à 12h et de 13h30 à 15h.

DÉLÉGATION DE LA COMMISSION EUROPÉENNE. Kian Gwan House 2, 19e étage, 140/1 Thanon Wittayu ✆ 02 255 91 00.

IMMIGRATION. 507, Soi Suan Plu ✆ 02 287 31 01-10 ou 02 287 17 74. Ouvert du lundi au vendredi de 8h30 à 17h30 (service limité entre 12h et 13h). Le samedi de 8h30 à 12h (seulement pour les touristes).

MINISTÈRE DU TRAVAIL ET DES AFFAIRES SOCIALES ✆ 02 248 55 58.

MINISTÈRE DES AFFAIRES ÉTRANGÈRES ✆ 02 981 71 07-99.

MINISTÈRE DES TRANSPORTS. 1032, Thanon Phaholyothin ✆ 02 272 53 22. Pour les permis de conduire ✆ 02 272 36 14/15. Ouvert toute la semaine de 8h30 à 16h30 (fermé entre 12 et 13h).

ADFE (Association démocratique des Français à l'étranger). 113-115 Charoen Nakorn Soi 37, Thonburi. E-mail : adfethailand@hotmail.com. Cette association défend les intérêts des Français expatriés auprès des instances représentatives. Elle réunit vos compatriotes et leurs conjoints dans une ambiance conviviale et détendue. Bals et soirées, réunions sportives et culturelles sont organisés tout au long de l'année.

UFE. GPO Box 1325. L'Union des Français à l'étranger est la première association de Français à avoir été créée. Elle a été fondée par des patrons de grands groupes français. " Une mission dans le monde ; servir les intérêts des Français à l'étranger " : informations, animations, réunions. Tournois de golf, bal annuel.

ACCUEIL FRANCOPHONE DE BANGKOK. L'association (essentiellement féminine) organise des activités pour ceux et celles qui veulent mieux connaître le pays où ils résident. Contacter la présidente de l'association ✆ **02 213 15 81. E-mail : ducros@cscoms.com.**

Numéros utiles

RENSEIGNEMENTS TELEPHONIQUES ✆ 1154 et 1133.

HORLOGE PARLANTE ✆ 181.

HORAIRE DES TRAINS ✆ 1690.

METEO ✆ 02 399 01 12-3.

POLICE TOURISTIQUE ✆ 1155, ext. 1, 02 281 50 51.

POLICE ✆ 191. **CRIME** ✆ 195. **POMPIERS** ✆ 199.

EVACUATION SANITAIRE ET AMBULANCES ✆ 02 255 11 33-6.

RECHERCHE D'UNE PERSONNE DISPARUE ✆ 02 455 00 88.

AMBULANCES ✆ 252 2171-5. Elles dépendent des hôpitaux.

Citoyenneté française à Bangkok

Si vous avez décidé de vous installer en Thaïlande, n'oubliez pas de vous enregistrer auprès de votre ambassade. Geste citoyen qui vous permettra de voter pour certaines élections dans votre pays d'origine ; l'immatriculation peut s'avérer utile en cas de gros pépin.

Urgences santé

Hôpitaux

BANGKOK GENERAL HOSPITAL. Petchburi Soi 37 ✆ 02 318 00 66, 02 310 31 01-2. Ouvert tous les jours de 8h à 17h. L'hôpital général de Bangkok est, nous a-t-on dit, le centre de dépistage HIV le plus pointu de la ville. Coordinatrices francophones : Khun Suwalak et Khun Phongphan.

BUMRUNGRAD HOSPITAL. 33 Soi Nana, Thanon Sukhumvit ✆ 02 667 10 00. L'hôpital est doté d'un coordinateur de soins pour les patients francophones : Monsieur Bao Le Thaï. Chirurgien généraliste, il est un ancien interne des hôpitaux de la Ville de Paris. A ses côtés, Céline et Kristel, deux infirmières francophones.

GLOBAL DOCTOR MEDICAL CENTER. Holiday Inn Crown Plaza, 981, Thanon Silom ✆ 02 236 84 44. Web : www.eglobaldoctor.com. Ouvert du lundi au vendredi de 9h à 19h. Samedi de 9h à 13h.

CHULALONGKORN HOSPITAL. Thanon Rama 4 ✆ 02 252 81 81.

SAMITIVEJ HOSPITAL. 133, Sukhumvit Soi 49 ✆ 02 392 00 11 / 02 82 20 00. Super complexe hospitalier. On y soigne tout, du petit bobo au gros dégât. L'hôpital est privé et donc cher. Mais la santé ça n'a pas de prix

DAN OUYANG. Peter's Mansion 9D, 22, Soi Ekamaï 2, Sukhumvit Soi 63 ✆ 02 381 84 13. Médecine traditionnelle chinoise. Le docteur Dan Ouyang prescrit des soins non médicamenteux. Diagnostic personnalisé selon les principes du Ying et Yang en acupuncture, moxibution, ventouses, thérapie par le massage chinois, pharmacopée traditionnelle... Mieux vaut le consulter avant d'être à l'article de la mort.

SURIWONG MEDICAL CENTER. Thanon Suriwong (entre les Soi Patpong et Thaniya) ✆ 02 235 26 62-4. Allez, prenons notre courage à deux mains et allons faire une petite visite au toubib. Pour les petites maladies bénignes, pas de panique, un peu d'abstinence et une bonne dose de médicaments et votre organe retrouvera son apparence initiale. Si c'est plus sérieux, le centre médical de Suriwong se chargera d'analyser vos sécrétions et votre sang pour savoir de quels maux vous souffrez et vous prescrire le traitement à suivre. Enfin, pour éviter ce genre de désagrément, le mieux c'est quand même de sortir couvert !

Pharmacies

En général, les médecins ont une pharmacie dans leur cabinet, donc inutile d'aller à la pharmacie. On vous prépare la dose dans un petit sachet plastique et vous pouvez rentrer chez vous. Pour les maladies bénignes, vous pouvez faire un saut dans une des pharmacies de quartier. Pas besoin de passer de diplôme pour avoir sa boutique et exercer le métier de pharmacien. Il y a des petites pharmacies un peu partout en ville mais si vous faites moyennement confiance à ces apothicaires de quartier, allez dans les grandes pharmacies de la ville. Voici quelques noms où vous pouvez aller sans risque. En zone tropicale, il est préférable de prendre du paracétamol plutôt que de l'aspirine qui fluidifie le sang. En cas de doute, n'hésitez pas à aller dans un hôpital. Vous ne trouverez pas ici de médicaments homéopathiques, alors faites votre stock avant de partir.

SIAM DRUGS. 5 Patpong 2 (en face de Food Land) ✆ 02 237 13 10. Ouverte tous les jours de 10h à 3h et le dimanche à partir de 15h.

FOOD LAND. Patpong Soi 2. Les pharmacies de supermarchés sont fiables, les vendeurs sont devenus pharmaciens par expérience et il vous proposent des médicaments importés ou produits localement. Ils parlent un peu anglais et on peut leur faire confiance.

BOOTS ET WATSON, un peu partout en ville et dans les stations de métro. Chez Boots et Watson, c'est le supermarché. On y trouve bien sûr des médicaments mais aussi un tas de choses non médicamenteuses. Du shampooing, du maquillage et même des gâteaux. Superette ou pharmacie ? Un peu les deux.

Dents

Rage de dents ? Chute de couronne ? Les dentistes thaïlandais sont vraiment super. Pour tous les soins qui ne sont pas remboursés par la Sécurité sociale ou par votre assurance maladie, ils proposent des prix incroyables. Ils sont en général formés aux Etats-Unis, donc vraiment il n'y a rien à craindre, ils sont (à notre humble avis) aussi capables que n'importe lequel de nos dentistes occidentaux.

SIAM DENTIST. Siam Center 4e étage © 02 252 21 36. Pourquoi ne pas profiter de vos vacances pour faire ce petit implant qui vous permettra de sourire sans gêne ? Siam Dentist est un très bon cabinet dentaire et, si pour les gens d'ici c'est un centre de soins un peu luxueux, il pratique quand même des prix raisonnables. Docteur Wanee parle un peu le français et sa main est aussi légère qu'une plume. Les autres dentistes sont tout aussi recommandables et doux comme des agneaux.

Médecins francophones

PSE CLINIC. 1 Thanon Naret © 02 236 13 89.

VANVAROTHAI MANSION. Soi Saladèng © 02 233 47 06. Consultations à partir de 18h.

Agences de voyages

On parle le français dans ces trois agences :

COMPAGNIE GÉNÉRALE DU SIAM. 37 Petchburi, Soi 15 © 252 9707, 09 826 55 48.

EXOTISSIMO. 21/17 Sukhumvit Road Soi 4 © 02 253 52 40.

JP TRAVEL. 6 Sukhumvit Soi 4 © 02 252 96 44 – Fax 02 255 22 33.

Poste centrale

NEW ROAD (Charoen Krung Road). Ouvert de 8h à 18h du lundi au vendredi. Week-ends et jours fériés de 9h à 13h.

Cybercafés

Les Thaïlandais se sont très vite mis à la page du Web. Vous trouverez quantité de lieux où vous connecter. Cybercafés à Khao San Road, Thanon Silom, Suriwong, Sukhumvit... Byte in @ Cup (Siam Discovery), Cyber Café (Ploenchit Center, Sukhumvit Soi 2), Imagine (Siam Square). Les établissements proposant des jeux en réseaux sont nombreux dans la ville. Allez sur le site netcafeguide.com pour avoir un listing exhaustif.

BRITISH COUNSIL. Chulalongkorn University, 254 Chulalongkorn Soi 64, Thanon Phaya Thaï © 02 652 54 80/9. Un des accès à votre boîte les moins chers de la ville. Le site se trouve dans le campus de l'université de Chulalongkorn. L'ennui, c'est qu'il y a souvent pas mal de monde et aux heures d'affluence, il faut faire la queue.

CAFÉ DIGITAL. 1921/42-43 Thanon Rama 4 © 02 251 92 23. *Ouvert de 9h à 1h du matin.* Service Internet : 15 baht pour une demi-heure de connection, 30 baht pour une heure. Même tarif pour les jeux en réseau. Machines surpuissantes, restauration acceptable et personnel anglophone.

WALLY HOUSE RESTAURANT. 189 189/1-2 Thanon Khao San © 02 282 70 67. *Ouvert tous les jours de 6h à 23h.* Café Internet, dans la gamme de prix de tous les accès du quartier (à savoir 1 baht par minute et 45 baht pour 1 heure). L'atout de cette adresse est d'être plutôt un endroit coquet où l'on peut boire et manger thaï pour 100-150 baht.

WISARD BOOKS AND INTERNET. Soi Rambutri (en face du temple Chanasongklam) © 02 281 57 81. En attendant qu'un poste se libère, vous pouvez chercher l'inspiration en feuilletant les livres bien rangés dans les rayonnages. La section des livres en français est plus limitée que le coin anglais. Beaucoup de romans de gare et de guides touristiques abandonnés ou revendus pour se payer un petit souvenir avant de repartir. Le service téléphonie est des plus complets. " Allo, allo, vous pouvez me rappeler ?"

HELLO INTERNET CAFÉ. 63-65 Thanon Khaosan ✆ 02 629 12 80. Web : www.hellocafe.co.th. L'adresse pour les backpackers modernes. Tout en un : maison d'hôtes, adresse postale, coffres pour garder vos affaires le temps d'un séjour en province. En plus, cette guesthouse se met en quatre pour fournir tous les services dont un touriste peut avoir besoin. L'Internet y est des plus rentables. Pour " Check Mail ", surfer ou chatter, c'est 1 baht la minute et 40 baht de l'heure. Si vous prenez un café, la maison vous fait cadeau de 10 minutes de connexion gratuite. A la happy hour, la minute tombe à 50 satang et l'heure de connexion est à 30 baht.

SARABAN. 106/1 Soi Rambutri ✆ 02 629 13 86. thatri39@hotmail.com. Une librairie avec des bouquins en français et en anglais. L'Internet n'y est pas différent des cyber-espaces du quartier.

EMAIL-CAFÉ COM. 159/12 Soi Thonglor, Sukhumvit 55 ✆ 02 392 65 18. C'est un des rares cyber restaurants dotés d'un I Mac (le seul à notre connaissance). Pour les inconditionnels du pomme-truc, c'est une aubaine, pour les autres qui sont plutôt PC, c'est l'exception qui confirme la règle. On y mange des super Burgers et des tartes salées mais face à l'écran pas de place pour les snacks. Manger ou surfer, il faut choisir !

B2S. Silom Complex et Robinson Bangrak. Tout beau, tout neuf, le Bi Two èS est un espace librairie, papeterie, presse et informatique. Un petit café à l'intérieur permet de boire en feuilletant son journal tout frais et d'attendre que le poste Internet se libère. C'est gratuit, alors il doit y avoir foule. Manque de pot, le jour où nous y sommes allés, l'ordinateur était HS.

Bibliothèques et centres culturels

ALLIANCE FRANÇAISE. 29 Thanon Sathorn Tai ✆ 02 213 21 22-3. E-mail : alliance-francaise@bkk-net.th. *Ouvert du lundi au vendredi de 8h à 18h30 et le samedi de 8h30 à 13h30. Service de visas de 8h30 à 12h.* Carte de membre à 1 750 baht pour l'année et pour les étudiants (sous présentation de la carte) 600 baht. De nombreux livres en français, des magazines, des BD, des romans, du théâtre, de la poésie, des livres scolaires, des dictionnaires, des cassettes vidéo, des CD Rom et TV 5...

BIBLIOTHÈQUE NATIONALE. Thanon Samsen ✆ 02 281 52 12. *Ouverte tous les jours, sauf les jours fériés, de 8h à 16h30.* Ambiance studieuse dans cette bibliothèque historique qui possède un nombre impressionnant d'ouvrages en thaïlandais datant de plusieurs siècles mais aussi quelques bouquins en langues occidentales. La bibliothèque nationale, Ho Phra Samut Vajirayan, déménagea de l'enceinte du Grand Palais pour s'installer entre les embarcadères Tha Théwét et Tha Wasukri en 1963. Les stèles historiques sont précieusement conservées au centre Narathip ainsi que tous les documents religieux ou profanes relatifs de près ou de loin à l'histoire du royaume. Il y a aussi la bibliothèque musicale du prince Paribatre Sukhumbandhu et le centre audiovisuel où sont organisés régulièrement des projections et des séminaires.

BIBLIOTHÈQUE DAMRONG RACHANUPHAB. Thanon Lan Luang. *Ouverte du lundi au vendredi de 8h30 à 16h30.* Située dans les territoires du palais Wang Voradit, cette bibliothèque fut fondée en l'honneur de Somded Phra Chao Borommawong Ther Krom Phraya Damrong Rachanuphab. Ce grand prince fut le premier historien du Siam et sa bibliographie fait de lui l'un des auteurs les plus prolifiques du pays. La bibliothèque Damrong est une référence pour les chercheurs en sciences humaines.

BRITISH COUNSIL – LIBRARY AND INFORMATION CENTER. 254 Siam Square Soi 64, Phaya Thaï ✆ 02 652 54 80/9 ext. 504-503. *Ouverte du mardi au vendredi de 10h à 19h et les samedi et lundi de 10h à 17h. Inscription 1 100 baht par an.* Le prestigieux British Counsil est aussi à Bangkok. En plus des classiques de la littérature d'outre-Manche, vous y trouverez des romans et de la poésie contemporaine. La section " UK Ressource Center " propose des bons plans pour un futur séjour au bord de la Tamise. Impressionnante collection de magazines " made in UK " et plus de 900 vidéos, que l'on peut emprunter ou visionner sur place si l'on devient membre.

Cartes et plans

Il est impossible et impensable de se balader dans Bangkok sans carte de la ville. En voici de bien faites :

Nancy Chandler's Map of Bangkok : un must. Cette carte, qui ressemble un peu à une bande dessinée, est indispensable !

N°1 Best Seller. Tour 'n Guide Map Bangkok Thailand. Beaucoup plus classique, cette carte comprend une carte de la Thaïlande, une carte de Bangkok, une carte des khlong de Thonburi, les itinéraires des bus, la liste des cités touristiques, les numéros de téléphone des hôtels et des guesthouses, une liste d'adresses utiles...

Bangkok Bus Map. 40 baht. La meilleure pour les bus.

Bangkok Thailand Tour n' Guide Map. Last Tour's Map to Bangkok and Thailand. Disponible à l'Office du tourisme, pour 40 baht.

The Bangkok Metropolitan. Une carte gratuite en 3D, pas inintéressante, elle permet une bonne vision en relief de la ville, plutôt ludique. Vous la trouverez chez les annonceurs comme dans les hôtels ou les compagnies aériennes.

Toponymie

Thanon : rue, avenue, boulevard. **Soi :** ruelle, impasse.

Il arrive que les rues portent un nom thaï et un nom anglais. Exemples :

Wihaya : Wireless, ou **Charoen Krung :** New Road. Quelques **Soi** portent des noms ou des numéros. Exemples, sur Sukhumvit : **Soi Nana Nua :** Soi 3. **Nana Tae :** Soi 4. **Tonglor :** Soi 55. **Ekamaï :** 63. **Prakanong :** 71. **Asoke :** 21.

Baby-sitting

Dur, dur de trouver des baby-sitters. Dans un pays où le service est roi, c'est étonnant. Les Bangkokais ont souvent une domestique préposée à la garde des enfants et dans les grands hôtels, le staff s'occupe de tout pour qu'enfants et parents puissent profiter de leur séjour. Prenez contact dès votre arrivée car ça n'a pas l'air simple. Autre solution : les hôpitaux de la ville se proposent de vous envoyer une garde-malade ou une nurse...

MAID SERVICE ✆ 02 266 52 50-1, 09 168 25 34. Cette agence propose de vous trouver des femmes de ménage en conformité avec vos exigences. Demandez Khun Tony (son numéro de portable est le 01 611 39 51) et expliquez-lui votre cas. Il peut vous trouver une jeune fille thaï pour veiller sur vos enfants ou une nounou parlant anglais qui prendra soin du nourrisson. Selon vos exigences, le prix de la prestation variera. Vous pouvez avoir recours à leurs services un jour, une semaine ou un mois. Super service mais cher.

SEN DI NURSURY. Sukhumvit Soi 101/1 ✆ 02 361 43 04.

YEN JIT NONTHABURI ✆ 02 927 94 75, 01 570 94 83.

▸ Fresque murale, Bangkok

Business Centers

THE LANDMARK SERVICE OFFICE CENTER. Landmark Center Sukhumvit Road ✆ 255 8401 – Fax 255 8411.

BANGKOK BUSINESS SERVICE. 3 Road Floor. Ploy Mitr Building. 81 Soi 2. Sukhumvit ✆ 251 0649 – Fax 253 9184.

INTERNATIONAL TRANSLATIONS OFFICE. 22 Silom Road 10500 Bangkok ✆ 233 7714.

Culte

EGLISE CATHOLIQUE. Chapelle catholique des pères des missions étrangères. 254 Silom Road ✆ 234 17 14. Offices quotidiens : 7h30 et 11h. Dominicaux : 7h30 et 10h30.

HOLY REDEEMER CATHOLIC CHURCH. 123/119 Soi Ruam Rudee ✆ 253 0305/253 8411.

TEMPLES PROTESTANTS. Calvery Baptist Church. 88 Sukhumvit Soi 2 ✆ 251 8278.

CHRIST CHURCH. 11 Cumvit Road ✆ 234 3634.

SYNAGOGUE. Jewish Association of Thailand. 121/3 Sukhumvit 22 ✆ 258 2195.

MOSQUÉE. Haroon Mosque. Charoen Krung Road.

▶ Temple, Bangkok

HÉBERGEMENT

Du plus simple au plus luxueux, de la chambre à 100 baht dans une guesthouse, aux suites à 100 000 baht des plus grands palaces, aux noms évocateurs, chargés d'histoire et évoquant des clients célèbres. Le choix d'un hébergement se fera en fonction des prestations offertes, mais aussi au vu de son emplacement.

A Bangkok on comprend vite que les temps de déplacement sont déterminants. Les hommes d'affaires et les noctambules choisiront un établissement à proximité des quartiers commerçants et d'affaires, Silom Road, Suriwong Road, Siam Square ou Sukhumvit Road, plutôt que les grands palaces au bord du fleuve. Ces derniers pêchent encore par leur accès difficile, tant qu'une voie express aérienne – en projet – ne sera pas venue désenclaver cette partie de la ville.

Les petits budgets trouveront des hôtels convenables dans l'ancien Bangkok, autour d'attractions touristiques diverses. C'est dans cette zone que sont situées une ancienne Mecque des voyageurs et des dizaines de guesthouses : Khaosan Road (la rue du riz... poli). Faites jouer la concurrence, qui est forte à Bangkok (des hôtels ouvrent et ferment tous les jours). Les agences de voyages locales, ou basées dans votre pays de départ, peuvent dans certains cas obtenir des prix très intéressants dans des hôtels de première catégorie. Ne débarquez pas directement à leur réception, vous seriez sûr de payer les mêmes prestations beaucoup plus cher – cette remarque étant valable pour toutes les villes de Thaïlande. Il est d'ailleurs presque impossible d'indiquer des prix exacts d'hôtels de Bangkok, tant ceux-ci dépendent des promotions, des agences, et de la saison.

Auberges de jeunesse

PROMWIT PRAM PHAIBOON. 25/2 Thanon Phitsanulok, Théwét © 02 282 09 50, 02 628 74 13-5. Web : www.tyha.org. La branche thaïlandaise d'Hostelling International à Bangkok. Proches l'une de l'autre, l'association et l'auberge sont situées dans le quartier populaire de Théwét. L'auberge occupe deux bâtiments bas et propose des lits en dortoir de 8 places, ventilé (70 baht) ou climatisé (120 baht) ; des chambres simples (280 baht) ou doubles (350 avec et 250 sans clim). Ambiance sympathique malgré le confort rudimentaire. La maison possède une petite bibliothèque, un salon commun et un resto indépendant au rez-de-chaussée. Pour y loger, mieux vaut prendre sa carte de membre.

BAN SANAÏ. 8/137 Ladprao Soi 71 © 02 539 01 50, 02 932 92 00. *Chambres doubles 600 baht par jour pour les non-membres et 450 baht pour les membres de HI (Hostelling International). Aussi chambres au mois 3 500 baht.* Climatisé et doté d'un restaurant, Ban Sabaï (ou " maison confortable ") propose des chambres doubles, équipées d'une télé, d'un frigo et d'eau chaude. Le grand luxe pour une bouchée de pain.

Temples

Si vous êtes de sexe masculin et bouddhiste, vous pouvez demander à l'abbé la permission de dormir dans le temple. Il vous faudra quand même donner quelque chose en échange et vous plier à une discipline très stricte. Le confort y est plus que rudimentaire et il faut vous lever très tôt. Ce mode de logement est plus recommandable en province, et ce sera même sympathique. Parfois, on ne trouve pas grand-chose, alors le temple apparaît comme la seule solution, mais à Bangkok et dans les villes on peut toujours se loger quelque part et c'est un peu déplacé de demander le gîte dans un temple. A tenter uniquement en cas de dèche totale (vous vous trouvez sans un sou et en plus on vous a piqué vos papiers et tout et tout) !

Hôtels et guesthouses

Dans de nombreuses guesthouses, il faut quitter ses chaussures à l'entrée, tout comme dans les maisons thaï privées. Dans les maisons d'hôtes du quartier de Khao San, où défilent de très nombreux jeunes backpackers (sacs-à-dos), la direction exige souvent que l'on paie sa nuit à l'avance.

Glossaire hôtel

Hôtel : Rong laem.

Chambre : Hong.

Avez-vous une chambre libre ? Mi hong wagn mai krap ?

Quel est le prix ? Raka tao rai krap ?

Un rabais est-il possible ? Tam souan lot dai mai ?

Ventilateur : Pat lom.

Climatisation : Prap a kat.

TV : Tho ra that.

Téléphone : Tho ra sap.

Eau chaude : Nam ron.

Damnoen Saduak

Au bord du fleuve, à plus de 3 000 baht

THE ORIENTAL BANGKOK. 48 Oriental Avenue 10500 Bangkok ✆ 236 0400 ou 236 0420 – Fax 236 1937-9. Situé au bord du Chao Phraya, cet hôtel de renommée mondiale appartient à l'histoire de Bangkok depuis 1887. Sa situation est vraiment privilégiée, avec un débarcadère privé, des jardins et une piscine dominant le fleuve. L'architecture pourra cependant sembler à certains un tantinet vieillotte. Du côté Thonburi, le restaurant Sala Rim Noam est un must. Il est agréable de venir prendre un verre le soir au bar de l'Oriental. Attention, tenue de circonstance.

SHANGRI-LA HOTEL. 89 Soi Wat Suan Phu. New Road Bangkrak, 10500 Bangkok ✆ 66 2 236 77 77 – Fax 66 2 236 85 79. Situé à proximité de l'Oriental, le Shangri-La est une masse impressionnante. Le service y est impeccable, courtois et sans servilité. Et quel luxe ! Dans la Krungthep Wing (aile des anges), ouverte en 1992, le lobby ressemble au palais d'un maharaja. La terrasse, destinée aux buffets du soir, est divine. Grand jardin et piscine irréprochable. Service d'Express Boat et d'hélicoptères.

ROYAL ORCHID SHERATON. 2 Captain Bush Lane, Si Phraya Road ✆ 234 5599 – Fax 236 8320. A la chance de se doubler du River City Shopping Centre, avec notamment les 3e et 4e étages de l'Antique House, le Louvre des Antiquaires de Bangkok. La qualité est remarquable, les prix sont en conséquence.

DUSIT THANI. Rama IV Road ✆ 236 0450 – Fax 236 6400. En face du Lumphini Park, et donc plus proche des quartiers d'affaires. Restaurants et boîtes très cotés en ville… Le rez-de-chaussée est un véritable labyrinthe où l'on passe son temps à monter et à descendre des escaliers et à errer de cafétéria en salle de conférences. Le restaurant panoramique de cuisine chinoise et américaine est tout à fait intéressant et compte parmi les tables les plus branchées de la ville. La jeunesse chic aime à s'y retrouver à midi. Le soir, c'est le Spasso, un restaurant italien, qui remporte leurs suffrages.

GRAND HYATT ERAWAN. 494 Raja Damri Road 10330 Bangkok ✆ 254 1234 – Fax 253 5856. Tenant autant de Khéops que d'Angkor Wat, le Grand Hyatt peut paraître aussi froid qu'imposant. Ses installations sportives sont superbes. L'ensemble est évidemment très américanisé. Sa pâtisserie a la réputation d'être la meilleure de Bangkok.

SUKHOTHAÏ. 13/3 Sathorn Tai Road ✆ 287 0222 – Fax 287 4980. Il est situé de manière idéale sur Sathorn Road, à proximité de l'Alliance française. Les chambres sont très belles. L'hôtel cependant, dans son ensemble, malgré une architecture tout à fait extraordinaire, gagnerait à s'humaniser un peu.

Quartier Sukhumvit, Ploenchit, Siam square

Ce quartier est vraiment pratique du fait de la proximité du métro aérien. De plus, les restaurants, les hôtels, les lieux de sorties nocturnes y sont très nombreux.

Hôtels à moins de 500 baht

Le quartier n'est pas riche en adresses de ce type. En voici cependant quelques-unes.

CROWN HOTEL. 7 Soi 8 Sukhumvit Road ✆ 02 053 56 72 – Fax 02 253 56 75. *Compter 490 baht, avec TV et climatisation.* Un hôtel ayant connu ses heures de gloire dans les années 1970. Les années et les peintures son passées. Mais, pour le quartier, c'est une bonne adresse.

MIAMI HOTEL. Soi 13 Sukhumvit Road ✆ 02 253 03 69 – Fax 02 253 03 67. *De 400 à 500 baht.* Hôtel bien fatigué également. Les chambres sont cependant encore convenables.

WHITE LODGE. 36/8 Soi Kasem San 1 ✆ 02 216 88 67 – Fax 02 216 82 28. *Compter 400 baht.* Situé dans le quartier de Siam Square, un hôtel où l'accueil était autrefois exceptionnel. Les choses semblent avoir changé, mais les petites chambres sont correctes et propres.

SUK 21. 1/13 Sukhumvit Soi 11 ✆ 02 253 59 27/8. E-mail : suk11@suk11.com. Web : www.suk 11.com. Cachée dans un petit sous-sol, Suk 21 ne ressemble à aucune guesthouse des alentours. Bien que le quartier ne soit pas vraiment un fief des routards, chez Suk, la maison du bonheur, l'ambiance est jeune, simple et super sympa, et ce à des prix pour les jeunes un peu fauchés. Bref, c'est un endroit parfait ! La patronne est gentille, efficace, elle parle un anglais sans faute et connaît plein de choses pour faciliter votre séjour.

Enfin, précisons que le **Golden Palace Hotel**, encore indiqué sur toutes les cartes vendues à Bangkok, était vraiment une bonne affaire mais n'existe plus depuis... 4 ans. Inutile donc de le chercher.

De bons hôtels à moins de 1 500 baht

MAJESTIC SUITES. 110/1 Sukhumvit Road ✆ 02 656 82 20. E-mail : msuites@loxinfo.co.th. *De 1 060 à 1 760 baht, petit déjeuner compris.* Un nouvel établissement de 55 chambres très confortables.

NANA HOTEL. Soi 4 Sukhumvit Road ✆ 02 255 01 21 – Fax 02 255 17 69. *De 960 à 1 500 baht.* C'est une institution à Bangkok. Les chambres ont toutes été rénovées en 2001. Du fait de la proximité du Nana Plaza, un des quartiers chauds de Bangkok, l'hôtel est plutôt fait pour les célibataires.

STABLE LODGE. Soi 8 Sukhumvit Road ✆ 02 653 00 17 – Fax 02 653 00 17. *De 995 à 1 295 baht.* L'accueil y est vraiment polaire, les chambres sont plutôt vieillottes et les tarifs sont injustifiés. Faites donc baisser les prix... et forcez le personnel à sourire.

DYNASTY INN. Soi 4, 5 Sukhumvit Road ✆ 02 252 45 22. E-mail : front@dynastyinn.comm. *A partir de 950 baht.* Cet hôtel, lui aussi tout proche de Nana Plaza, est donc réservé également, en principe, " aux célibataires ", qui ne le restent pas très longtemps. Ses chambres sont d'un très bon rapport qualité-prix.

PREMIER INN. Soi 20 Sukhumvit Road ✆ 02 261 04 01 – Fax 02 261 04 14. *De 800 à 1 200 baht, petit déjeuner inclus.* Encore une bonne adresse. Chambres et petites suites avec vidéo. Que demander de plus ?

THE CONNECTION. 6/7-9 Soi Saï Namphueng Sukhumvit Soi 22 ✆ 02 663 57 94-6. *Chambre double climatisée 800 baht.* Cette jolie guesthouse tenue par une très belle jeune femme, Khun Khanok Rat, est parfaite. Les chambres, spacieuses, sont très propres et le confort est digne d'un bon petit hôtel. Au rez-de-chaussée, le restaurant propose des plats végétariens ou pas, à des prix tout à fait raisonnables. Le service Internet est calme.

THAI HOUSE INN. 1/1 Sukhumvit Soi 5 ✆ 02 255 46 98. thaihouseinn@hotmail.com. *Chambres doubles 550 baht.* Si vous venez ici, vous ne pourrez plus aller nulle part ailleurs. Une maison sans soucis pour un séjour tranquille à Bangkok. La bâtisse n'est pas laide, les chambres sont climatisées, le personnel est dévoué… Le patron est Anglais mais la maison est thaïe et tournée vers le service (précieuse agence de voyages).

BANGKOK INN. 155/12-13 Sukhumvit Soi 11/1 ✆ 02 252 28 34. Web : www.bangkok-inn.com. *Chambres à 700 et 800 baht.* La direction allemande de ce petit hôtel de 18 chambres veille à ce que tout soit parfait. Lesdites chambres offrent un confort convenable : moquette, chauffe-eau, frigo garni de mignonnettes, téléphone, TV et vidéo.

ATLANTA. 78 Soi Phansak, Sukhumvit Soi 2 ✆ 02 252 16 50, 02 252 60 69. Pas un palace, mais un établissement historique, presque un musée. Du temps des GI qui venaient oublier le " Bloody Nam " dans cet hôtel cheap, avec une compagne louée qui leur susurrait : " Oh, You Big ! ", et de la jeunesse hippy qui aujourd'hui monopolise l'opinion et les bons postes.

A plus de 3 000 baht

THE LANDMARK. 138 Sukhumvit Road ✆ 02 254 04 04 – Fax 02 253 42 59. *A partir de 3 000 baht.* Un grand hôtel de confort international, disposant de 415 chambres, au milieu des restaurants et de la vie nocturne.

MARRIOTT HOTEL. Soi 2 Sukhumvit Road ✆ 02 656 77 00 – Fax 02 656 77 11. *A partir de 3 200 baht.* Très bel hôtel, faisant honneur à la réputation internationale de la chaîne du même nom. Les prix sont en rapport avec la qualité des prestations.

NOVOTEL SIAM SQUARE. Soi 6 Siam Square ✆ 02 255 68 88. E-mail : novotel@ksc.th.com. *A partir de 4 400 baht.* Idéalement placé dans le centre du quartier commercial et tout proche de la station de métro du même nom. Très belles chambres.

AMBASSADOR HOTEL. 171 Sukhumvit Road ✆ 02 254 04 44. E-mail : loxinfo.co.th.amtel@ksc.th.com. Cet immense hôtel de 826 chambres est rarement plein, et c'est un euphémisme. D'où possibilité de marchander les prix, surtout en basse saison.

JADE PAVILION HOTEL. 30 Soi 2 Sukhumvit Road ✆ 02 259 46 75. E-mail : jadepavilion@baiyoke.co.th. *218 chambres de 2 350 à 2 850 baht.* Un très bon confort et un service impeccable, pour un établissement situé entre Sukhumvit et Siam Square.

PARK HOTEL. 6 Soi 7 Sukhumvit Road ✆ 02 255 43 00 – Fax 02 255 43 09. *Chambres à partir de 2 000 baht. Réductions possibles jusqu'à 999 baht en basse saison (la dernière fois était en mai 2002).* Hôtel très apprécié des touristes habitués du voyage en Thaïlande.

Quartier Silom Suriwong Road

Patpong, c'est le quartier mondialement célèbre des affaires, des grands magasins et des grandes banques.

A moins de 500 baht

Pour trouver des hôtels à moins de 500 baht et qui tiennent la route, mieux vaut s'éloigner un peu de Suriwong et Silom Road où, à cause de la présence de Pat Parg et de ses bars, on trouve principalement des hôtels de passe. Vous pouvez vous diriger vers la Soi Ngam Su Phli, qui est au cœur d'un petit quartier regorgeant de guesthouses pas chères.

Comme Silom Road, il est longé par la grande avenue Rama VI Road. Si vous recherchez des hôtels à moins de 500 baht, c'est vers Banglamphy qu'il faut vous diriger. C'est le port d'attache des " sacs-à-dos " du monde entier en escale à Bangkok, avec en vedette la renommée Khao San Ro, qui a vu défiler des générations entières de voyageurs. Si vous n'êtes pas à quelques baht près, on vous conseille de choisir le haut de gamme de ce bas de gamme, la faune fréquentant les guesthouses à très bas prix étant généralement peu reluisante. Il y a cependant de bonnes adresses parmi ces établissements et nous vous en indiquons quelques-unes.

CHARLIE HOUSE. 1034/36 Soi Saphankhu ✆ 02 679 83 30. E-mail : charlie_house_th@yahoo.com. *Entre 450 et 750 baht pour des chambres avec climatisation et TV.* Ce petit hôtel de 17 chambres fait sa publicité dans les cartes gratuites " Thaiways ". Publicité non mensongère car si les chambres sont plus vieillottes que sur les photos, l'accueil est très bon et le rapport qualité-prix très correct. Attention, l'hôtel est réservé aux non-fumeurs.

FREDDY GUEST HOUSE. 27/40 Soi Sri Bumphen ✆ 02 286 78 26 – Fax 02 213 20 97. *Entre 300 et 400 baht.* Petite guesthouse sympa et correcte aux chambres propres. L'établissement jouit d'une bonne réputation, si bien que le patron a ouvert un numéro deux.

SALATHAI MANSION. 15 Soi Sri Bumphen ✆ 02 287 14 36. *Entre 200 et 400 baht.* Pas très loin du précédent, tout au fond de la même Soi. Une bonne adresse également, avec des chambres propres et bien agencées.

De bons hôtels à moins de 1 500 baht

NEW FUJI HOTEL. 299-301 Suriwong Road ✆ 02 234 5664 – Fax 02 233 8274. *De 1 100 à 1 350 baht.* Hôtel d'un bon confort proposant des chambres correctes.

PLAZA HOTEL. 178 Suriwong Road ✆ 02 235 17 60 – Fax 02 237 07 46. *144 chambres entre 1 800 et 2 500 baht.* Sauf pendant 2 ou 3 mois dans l'année, les prix peuvent baisser jusqu'à 999 baht par l'intermédiaire des agences de voyages de Bangkok.

SATHORN INN. 37 Soi Suksawitthaya Silom Road ✆ 02 238 48 48 - Fax 02 236 18 62. *Compter 900 baht.* Belle petite chambre et, pour ce prix, une excellente affaire. Suivant les cartes de la ville, la Soi porte trois noms différents, elle n'est donc pas facile à localiser.

BANGKOK CENTER HOTEL. 328 Rama IV Road ✆ 02 238 48 48 – Fax 02 236 18 62. *De 850 à 3 500 baht.* Un hôtel de 250 chambres, sur la grande avenue de Rama IV et donc facile à trouver. Il offre une grande diversité de prix et de confort. Il y a sûrement une chambre conforme à vos souhaits.

ROSE HOTEL. 118 Suriwong Road ✆ 02 266 82 68 – Fax 02 266 80 96. *70 chambres de 800 à 1 500 baht.* Hôtel un peu vieillot mais offrant encore de bonnes prestations.

RYN'S CAFE'N BED. 44/16 Convent Road Silom ✆ 02 632 13 27. Web : www.cafeandbed.com. *De 250 baht par personne à 700 baht la chambre double avec salle de bain ; chambre familiale 950 baht.* Ouvert en février 2001 par Ann Ryn, une Suisso-Thaïe, cordon bleu, Ryn's est une bonne petite auberge comme on les aime. Cette maison d'hôtes de rêve a une belle vue sur le temple protestant de Convent. L'immeuble au mur rose et aux fenêtres rappelant l'Europe renferme une des meilleures guesthouses de la ville. Elle mérite bien tous les éloges avec ses sept chambres mignonnes comme tout. A la différences des autres établissements de ce genre, on se sent vraiment chez une tata sympa. Les draps imprimés batik donnent à la chambre climatisée un genre bohème chic. Chambres doubles familiales (un lit double et lits superposés), salles d'eau individuelles ou communes. Le resto en bas mérite aussi des étoiles.

Entre 1 500 et 2 500 baht

MANHORA HOTEL. 412 Suriwong Road ✆ 02 234 50 70 – Fax 02 237 76 62. *De 1 200 à 3 000 baht.* Les prix peuvent être revus à la baisse en marchandant. Un hôtel de 175 chambres qui a connu des jours meilleurs.

Incontournable Khao San Road

La rue Thanon Khao San abonde en guesthouses. Pour ceux qui sont vraiment limités dans leurs dépenses, rien ne vaut le dortoir. Toutes les maisons n'étant pas pourvues de telles installations, il vous faudra aller de porte en porte et demander s'il y a un " dorm " ou " dormitory ". Pendant le pic de la saison touristique, de décembre à février, il ne faut pas faire le difficile. Prenez le premier lit que vous trouverez. Vous chercherez une chambre plus à votre goût le lendemain. Enfin, sachez que les conditions d'hébergement bien que très diverses ne sont en rien luxueuses. Les chambres se limitent souvent à une alcôve minuscule avec un matelas pouilleux posé à même le sol et où la porte donne sur un couloir commercial dont vous n'êtes séparé que par une fine paroi en contreplaqué. Mieux vaut s'aventurer dans les rues adjacentes où l'on peut trouver, pour la même somme ou pour quelques baht de plus, des petites maisons en bois avec des chambres un peu plus sympas et surtout plus calmes.

SILOM VILLAGE INN. 286 Silom Road © 02 635 68 10 – Fax 02 635 68 17. *Chambres standard 1 800 baht.* Les chambres sont d'un très bon confort. En basse saison, il n'est pas rare de les obtenir à moitié prix, ce qui fait du Village une excellente adresse.

PINNACLE HOTEL. 17 Soi Ngam Duplee Rama IV Road © 02287 01 11 – Fax 02 287 34 20. *Compter 1 800 baht. En basse saison, les prix chutent autour de 1 000 baht.* Situé à la périphérie du quartier, un hôtel aux chambres très confortables.

A plus de 3 000 baht

LE SOFITEL. 188 Silom Road © 02 238 19 91. E-mail : info@sofitelsilom.com. *A partir de 4 200 baht.* Cet hôtel à la direction française a ouvert ses portes au cours du 2e semestre 2002. Il dispose de 454 chambres d'un confort remarquable dont le point d'orgue est la très belle salle de bain.

SUDIT THANI. 946 Rama IV Road © 02 236 04 50 – Fax 02 236 64 00. *A partir de 600 baht.* Encore un établissement de très haut niveau. Ses 500 chambres sont d'un confort exceptionnel.

NARAÏ. 222 Silom Road © 02 237 01 00. E-mail : narai@narai.com. *471 chambres de 600 à 2 900 baht.* Hôtel prestigieux également.

Banglamphu et Khao San Road

Les " dorm "

BONNY GUEST HOUSE. Dans une petite rue entre Thanon Khao San et Rajdamnoen. *Lit 80 baht par jour, chambre individuelle ventilée 130 baht.* C'est un peu une cabane en bois qui mérite d'être rasée mais c'est le dortoir le plus sympa de Khao San. Si vous prévoyez de dormir quelque temps en dortoir, emportez un paréo et une housse d'oreiller. Pensez également à cadenasser votre sac, car la prudence est une garantie pour passer de bonnes vacances.

BANGKOK GUEST HOUSE. 42-44 Soi Tom Yam Kung, Thanon Khao San. *Lit 130 baht.* Quelle poésie : c'est comme si vous disiez Hôtel de Paris, allée de la Soupe au Chou, rue du Blé ! Enfin ledit lieu n'est pas aussi poétique que son adresse. C'est le genre dortoir on ne peut plus basique où vous payerez pour avoir le droit de poser vos sacs et dormir dans un lit à la propreté douteuse. A notre avis, c'est bien trop cher pour ce que c'est. Et puis, dans cet habitat communautaire, inutile de vous dire que le matin et le soir aux heures de pointe, il y a du monde devant les sanitaires.

Guesthouses

PRAKOP'S HOUSE. 52 Thanon Khao San © 02 629 07 14. *Compter 100 à 200 baht.* Avec seulement sept chambres (deux simples et cinq doubles), Prakop est vraiment une toute petite auberge. Les chambres sont nickel (du moins le jour de notre passage et comparativement aux autres établissements bordant la fameuse rue du riz (Thanon Khao San). Dans le quartier il y a bien pire pour bien plus cher. De plus, le petit resto d'en bas est cosy à souhait. La carte des plats est assez fournie, la cuisine est bonne et il y a du super café pour 30 baht. Si vous réussissez à trouver une chambre ici, vous ferez vraiment partie des mieux lotis du coin.

KHAO SAN PRIVACY GUEST HOUSE. 86 Thanon Khao San ✆ 02 281 75 12. *150 à 350 baht.* Coincée tout au fond d'une impasse minuscule, l'auberge Khao San Privacy a l'avantage d'être vraiment au calme. Un salon de tatouage squate au premier. Ils ont la main, ça c'est sûr, mais nous n'irions pas chez eux de prime abord. Ça n'a pas l'air très propre et pourtant ils disent respecter toutes les règles d'hygiène (aiguilles propres, désinfectant...). Ça doit être vrai puisque plein de gens se font tatouer ou retatouer en arrivant à Khao San. Ils ont de nombreux catalogues avec des dessins et des couleurs pour satisfaire toutes les envies. Des motifs discrets pour les douillets et les conformistes ou des dessins extravagants pour les plus endurants. Les photos accrochées aux murs montrent des corps intégralement tatoués. Impressionnant !

HARN GUEST HOUSE. 140/1 Thanon Khao San ✆ 02 281 35 85, 02 281 97, 02 280 21 30. *Chambre simple 100 baht.* Cette petite auberge propose des chambres proprettes, pas trop horribles (en terme de peinture), et d'un calme relatif. Le ventilo est personnel et la salle de bain est commune. Dans le genre simple, c'est parfait. Lit, ventilo, point barre. Mais on ne peut guère prétendre pour une somme aussi dérisoire.

ROYAL GUESTHOUSE. 126 Thanon Khao San ✆ 02 282 32 76. *Ouverte 24h/24. Chambres simples ventilées 120 baht, climatisées 250 baht.* Cette auberge occupe un immeuble de trois étages sans grande prétention. Rien de royal vraiment... A Khao San le confort climatisé, qui n'est qu'une illusion de confort, se monnaie à bon prix. Et pourtant, les clim sont vieilles, bruyantes et sales. En plus, il fait un froid arctique, ce qui n'est pas mal non plus pour la santé. A vous de voir. Les habitués disent que sans la clim c'est mieux. Vous avez dit Royal ? C'est un peu présomptueux.

SIAM ORIENTAL INN AND RESTAURANT. 190 Thanon Khao San ✆ 02 629 03 12-13. *Chambre ventilée 300 baht, climatisée 700 baht.* Décidément les propriétaires de guesthouses aiment les noms pompeux du style Palace, Royal, etc. Ici, nous imaginions une petite chambre style wagon couchette privée dans l'Oriental Express. Que nenni ! C'est plus que basique le Siam Oriental... Mais enfin, ce n'est pas cher, bien moins cher qu'une nuit dans ce train de prestige. Cela dit, on trouvera aussi bien, voire mieux, pour bien moins cher autre part. Heureusement toutes les chambres ont leur cabinet de toilette privatif, avec l'eau chaude, s'il vous plaît. A la réception, des petits coffres sont disponibles pour garder vos affaires précieuses en sécurité et on peut même disposer d'un casier pour entreposer ses affaires le temps d'une escapade de quelque jours hors de la ville. Au restaurant, on mange convenablement, sans plus. Sur l'écran géant de la salle à manger sont projetés des films à " grand spectacle " et " grand public ".

LUCKY BEER AND GUEST HOUSE. 133 Thanon Khao San ✆ 02 282 61 57. *Ouverte 24h/24. Chambre avec sanitaires communs 100 baht, privés 200 baht.* Une autre auberge typique sise au beau milieu de Khao San. Lucky Beer n'a rien à envier aux autres guesthouses du quartier : les prix sont sans surprise et le confort n'a rien d'exceptionnel. Confort spartiate, propreté suffisante et décoration minimale. Quant aux chambres, elles ne sont vraiment faites que pour dormir... Comme son nom l'indique, la guesthouse sert de la bière, et comme il faut bien manger un peu, la cuisinière peut vous concocter un " Tom Yam " aux fruits de mer en un tour de cuillère à pot et moyennant 90 baht. On peut boire de la bière toute la nuit et puis monter se coucher. La route pour retrouver sa paillasse n'est pas trop longue.

LEK GUEST HOUSE. 125-127 Thanon Khao San ✆ 02 281 84 41. *Chambres simples, doubles et triples de 170 à 280 baht.* Mini-mini, tout est petit dans notre vie. Lek, c'est court comme mot et ça veut dire petit. Et c'est vraiment le mot qui convient car tout est petit chez Lek. Une guesthouse lilliputienne avec des lits minuscules posés dans des chambres " boîte d'allumettes ". Ce n'est vraiment pas drôle d'avoir les pieds qui dépassent toute la nuit. Par ailleurs, vérifiez la propreté du lit avant de payer votre nuit. Les puces et les morpions ne sont pas rares dans la literie du quartier. Cela vaut pour Lek comme pour toutes les petites guesthouses du quartier.

CH1 GUEST HOUSE. 216 Thanon Khao San © 02 280 22 92. *Chambres simples de 150 à 180 baht, doubles 200 baht.* Peut-être avez-vous vu le film *La Plage,* avec le beau Léonardo. Eh bien, si ça se trouve, la séquence tournée à Khao San a peut-être été filmée à la CH1. L'ambiance y est un peu oppressante. Les touristes ne manquent pas et tout le monde laisse traîner ses sacs au milieu du chemin. Les employés font des mines résignées mais sont légèrement abrupts dans leurs manières. C'est que à Khao San ça tourne et qu'ils soient aimables ou qu'il ne le soient pas, ils auront tout autant de clients. Les guesthouses du coin ne désemplissent jamais. Khao San est une attraction et un point de chute pour tous les moins de 30 ans qui voyagent pas cher. Et ça fait un sacré paquet de monde ! En bas, un service Internet fonctionne jusqu'à 2h du mat.

NAT GUEST HOUSE AND CYBER PLACE. 217/219 Thanon Khao San © 02 282 64 01. *Compter 250-300 baht par nuit.* Pas trop minable et pas trop chère, la Nat Guest House est tout ce qu'il y a de plus prévisible comme logement dans le quartier. Des petites chambres sans prétention, et sans vis-à-vis (normal, certaines ne sont même pas pourvues de fenêtres). Grand avantage, il y a Internet dans les parties communes en bas et ça ne coûte qu'un baht par minute. La cuisinière fait des salades thaïlandaises (pour 60-70 baht), ce qui aide à se remettre du décalage horaire.

CHADA FRIENDLY GUEST HOUSE. 183 Thanon Khao San © 02 629 34 32. *Ouverte de 5h à 2h. 15 chambres de 120 à 180 baht la nuit.* Basiques, les petites chambrettes de Chada. Mais en bas, c'est pas trop mal : le restaurant sert des plats thaïs ou des spécialités internationales pour les palais délicats fraîchement débarqués. Le cadre est amical et plutôt calme, vu l'agitation qui règne à deux pas. L'Internet est aussi disponible : 60 baht pour 1 heure. Une guesthouse dans les normes en plein cœur de Khao San Road.

GRAND GUEST HOUSE. 183 Thanon Khao San © 02 281 98 72. *Ouverte 24h/24. 150 baht la chambre simple, 200 baht la double.* Ça reste dans les prix de Khao San. La réception nous a semblé un peu blasée par toute cette jeunesse " voyageuse " qui ne cesse de se renouveler. Ce n'est pas de la méchanceté mais une sorte de lassitude qui donne cette ambiance si particulière aux commerçants de la rue Khao San. On baragouine l'anglais plutôt bien que mal mais on va pas se mettre en quatre pour votre satisfaction. Bref, Khao San n'est pas une référence en ce qui concerne la qualité et la gentillesse de l'accueil.

CHART GUEST HOUSE. 6 Thanon Khao San © 02 629 114 77. E-mail : chartguesthouse@hotmail.com. Web : chartguesthouse@yahoo.com. *Chambres à 400 et 500 baht.* Vraiment recommandée bien qu'un peu plus chère que la moyenne. Mais c'est aussi mieux que la moyenne. Salle de bain dans toutes les chambres, quelles soient ventilées ou climatisées, le prix variant surtout en fonction de la taille du lit. Monsieur Chart est une figure de proue dans le quartier. Ses grands-parents, ses parents et lui-même vivent à Khao San. S'il s'y passe quelque chose, il en est le premier informé. Il est le propriétaire de nombreux établissements et semble regretter le temps jadis, cette douce époque où les jeunes voyageurs étaient moins nombreux et plus chevelus.

MARCO POLO HOSTEL. 108/10 Soi Rambutri © 02 281 1715. *Ouverte nuit et jour sans interruption. 120 baht la nuit pour une chambre simple ou double, avec ventilo ; un supplément de 50 baht pour l'eau chaude ; 400 baht pour les chambres avec eau chaude et climatisation.* Situé au bout d'un escalier qui s'engage entre les salons de massage, le Marco Polo est tout sauf très engageant. Les prix pratiqués sont standard. Ce n'est ni cher ni bon marché, enfin vu le coin, on trouve ça un peu cher. Pour ce prix, vous trouverez mieux pour vous loger. Mais bon, à Khao San la saison est haute presque toute l'année, alors au cas où vous auriez déjà erré un moment dans le quartier et usé vos chaussures pour rien, essayez le Marco Polo. C'est tout à fait sans surprise.

DO INN. 68-70 Thanon Khao San © 02 629 05 26, 02 629 14 41-2. E-mail : ddin@hotmail.com. *150 chambres de 350 à 1 000 baht.* C'est le seul établissement (pas cher) de la rue à posséder une piscine. Mais attention, cette piscine sur le toit est strictement réservée à la clientèle de l'hôtel. Idéal pour se bronzer sans sortir de Bangkok. On peut même, comble du luxe, s'offrir un petit cocktail. L'entrée de l'hôtel ne laisse pourtant rien présager de tout cela, bien que le bâtiment ait été rénové tout récemment. Le porche est illuminé d'une arche lumineuse où le nom de l'hôtel s'inscrit en lettres de néon phosphorescent. L'ascenseur brille comme une devanture de Las Vegas (on n'a pas l'air malin avec un gros sac à dos et des tongs dans un tel ascenseur). Les chambres ne sont pas super, elles sont même un tantinet glauques, mais c'est quand même mieux que beaucoup d'endroits et en plus serviettes et savonnettes sont mises à votre disposition. Malgré sa prétention au luxe, l'hôtel n'accepte pas les cartes de crédit.

KHAO SAN PALACE. 139 Khao San Road © 02 282 05 78. *Chambres avec ventilateur de 290 à 380 baht, avec climatisation et TV de 400 à 580 baht.* Très connu parmi les routards qui ne sont pas trop près de leurs sous. De bonnes chambres et de très bonnes.

SIAM ORIENTAL HOTEL. 190 Khao San Road © 02 630 03 12. *Chambres simples avec ventilateur 300 baht, pour 4 personnes, avec climatisation, 650 baht.* Une bonne adresse si vous voyagez en bande. Toutes les chambres sont très correctes. Un seul bémol, l'hôtel est un peu bruyant.

SWEETY GUESTHOUSE. Soi 2 Radjadamnoen Road © 02 282 23 47. *Chambres claires et propres 200 baht, climatisées 350 baht.* Il y a encore des chambres moins chères mais nous ne les conseillons pas. Au diable l'avarice !

NEW SIAM GUEST HOUSE. Soi Chana Songkaam © 02 282 45 54 – Fax 02 281 74 61. *Chambres à partir de 200 baht. Avec salle de bain individuelle 300 baht et avec climatisation 500 baht.* Des chambres très bien tenues, même pour les moins chères. Une très bonne adresse.

PRASURI GUEST HOUSE. 85/1 Soi Prasuri © 02 280 14 28. *De 200 à 400 baht, suivant le confort.* L'accueil du patron chinois est antipathique au possible, mais le rapport qualité-prix des chambres est bon. Attention, le 1er escalier est vraiment très raide, pas facile du tout quand on a un bagage encombrant. Et ne comptez surtout pas sur le personnel pour vous aider !

AU THONG. 78 Soi Rambutri, Banglampoo © 02 6292172, 02 629 25 79. au_thong@hotmail.com. *Chambres avec ventilateur 300 baht, avec climatisation 500 baht.* Dans cette maison en bois bleu, seules les chambres climatisées ont une salle de bain privée, pour les autres, il faut partager les sanitaires avec ses contemporains. Si, de l'extérieur, Au Thong a l'air charmante, les chambres elles n'ont rien de particulier.

TUPTIM HOTEL. 82 Rambutri Road © 02 629 15 35. E-mail : mick@ksc.th.com. *Chambres de 250 à 550 baht.* Les chambres les plus chères sont très bien, avec la climatisation et l'eau chaude, et le petit déjeuner (très frugal, il est vrai) inclus.

SUKSAWADI HOTEL. 90 Samsen Road © 02 281 76 22. E-mail : suksawadi@yahoo.com. *A partir de 250 baht.* Pour ce prix, on a des chambres propres avec ventilateur et salle de bain. A conseiller, d'autant plus que la TV fait partie du deal. Une bonne adresse.

Le luxe à bas prix

Dans ce même quartier, des hôtels plus luxueux ont apparu qui proposent souvent, à la basse saison, des prix cassés. A vous d'en profiter, par exemple au :

VIENG TAI. 42 Tani Road © 02 280 53 92. Web : www.viengtai.co.th. 215 chambres très claires et bien agencées, avec climatisation, moquette, TV, frigo… Les prix vont de 1 225 à 2 800 baht mais fondent à la saison creuse.

NEW JOE. Soi Troy Mayom © 02 281 29 48 – Fax 02 281 55 47. *De 200 à 380 baht.* Dans cette rue parallèle à Khao San Road se trouvent quelques bons établissements, dont celui-ci qui propose des chambres propres et claires avec climatisation.

Quartier de Chinatown

Un quartier où de nombreux établissements proposent des chambres à prix modestes, mais dont beaucoup sont des hôtels de passe et/ou bruyants et peu recommandables. En voici quelques-uns où, pour une ou trois nuits, on peut loger convenablement à petits prix. On précisera que l'accueil y est vraiment en dessous de tout.

A moins de 500 baht

KRUNG KASEM SAIKUNG. 1860 Krung Kasem Road © 02 225 01 32 – Fax 02 225 47 05. *Compter 500 baht.* Sur la grande avenue menant au célèbre Bouddha d'or, cet hôtel convenable propose des chambres avec climatisation, TV et douche chaude. L'accès est nul, mais c'est le cas partout dans le quartier.

NEW EMPIRE HOTEL. 572 Yaomarat Road © 02 234 69 90 – Fax 02 234 69 97. *A partir de 450 baht.* Sur la grande Yaomarat Road, très passante et très bruyante et proche du Bouddha d'or, cet hôtel, où l'accueil est presque poli, propose des chambres tout à fait convenables. L'idéal si vous voulez vous plonger dans la folie de Chinatown et de ses ruelles labyrinthiques.

A partir de 750 baht

Chinatown possède bien sûr des hôtels plus luxueux et, parmi ceux-ci, le très connu :

CHINATOWN HOTEL. 526 Yaomarat Road © 02 225 02 04. E-mail : info@chinatownhotel.co.th. *Chambres standard 750 baht, ensuite jusqu'à 2 500 baht.* Proposé naguère par un voyagiste français, cet établissement était très fréquenté par les francophones. A présent, il l'est plutôt par les Asiatiques. Les chambres standard sont très correctes.

GRAND CHINA PRINCESS. 215 Yaomarat Road © 02 224 99 77. E-mail : gcp@grandchina.com. *A partir de 3 000 baht.* Beaucoup plus luxueux, l'établissement dispose de 155 chambres d'un très grand confort, avec TV, climatisation, moquette…

Quartier Pratunam, Phetchaburi Road

La très grande avenue de Phetchaburi prolongée par New Petchaburi Road, ainsi que Pratunam, constituent le quartier du commerce des vêtements de diverse qualité et à tous les prix. Tout près d'une station de métro aérien, on trouve de nombreux hôtels moyens et haut de gamme. Les standards, avec climatisation, TV, moquette, frigo, sont plus que confortables et leurs prix débutent à 2 900 baht.

A moins de 1 000 baht

SIAM HOTEL. 1777 New Petchaburi Road © 02 252 50 10 – Fax 02 254 66 09. *De 750 à 1 200 baht.* Hôtel de 120 chambres d'un bon confort, avec climatisation et TV.

CLASSIC PLACE. 1596 New Petchaburi Road © 02 255 44 44 – Fax 02 255 44 50. *258 chambres. Chambres standard 1 400 baht ; en basse saison les prix baissent en dessous de 1 000 baht.* Fort prisé de la clientèle asiatique, un établissement de très bon confort.

BEST BANGKOK HOUSE. 68/1 Petchaburi Road Soi 15 © 02 251 80 01. E-mail : info@bestbkk.com. *A partir de 900 baht.* Des chambres correctes. Si vous réservez par E-mail, les tarifs descendent à 750 baht, ce qui est une bonne affaire.

FIRST HOTEL. 2 Petchaburi Road © 02 255 01 11 – Fax 02 255 01 21. *De 700 à 1 200 baht.* Grand hôtel de 353 chambres au confort assez inégal. Toutes sont avec climatisation et TV. Demandez à en visiter plusieurs, bien qu'en tant que " Farang ", on vous donnera certainement les meilleures.

FLORIDA HOTEL. 43 Phaya Thai Road © 02 247 09 90 – Fax 02 247 74 19. *Chambres standard 800 baht, luxe 2 000 baht.* Un hôtel de 100 chambres, toutes avec climatisation, frigo, TV…

OPERA HOTEL. 16 Soi Somprasong Road Petchaburi Road © 02 252 40 31. Fax 02 253 53 60. *De 600 à 750 baht.* Un des établissements les moins onéreux du quartier qui propose des chambres avec TV et climatisation.

Appartements – Hôtels

Si vous restez seulement deux ou trois nuits à Bangkok, les " Condotels " peuvent être une bonne occasion de mener une vie de pacha pour le prix d'un hôtel de catégorie moyenne. Ces appartements, avec un service identique à celui fourni par les hôtels, sont loués au mois, mais en raison du nombre de places vacantes, ils font souvent l'objet des promotions dans la presse (Le Bangkok Post par exemple) où l'on propose un forfait de deux ou trois nuits avec divers " bonus ". Les prix sont très compétitifs, compte tenu du caractère luxueux de ce type de logement.

SATHORN PLACE. 42/4 Rama III Road © 02 678 44 88. *3 jours et 2 nuits pour 2 600 baht, petit déjeuner inclus.* Appartements avec chambres et living room.

ROYAL PRESIDENT. 43 Soi Sukhumvit Road © 02 253 94 51. Web : www.presidentpark.com. *3 jours et 2 nuits pour 2 400 baht.* Avec petits déjeuners en appartement, corbeille de fruits et journaux à domicile.

ONGLONG PHYA HOUSE. 53/3 Soi Ton Son, Ploenchit © 02 252 68 22 et 09 899 91 94 (demandez Khun Udom). *Petites chambres 7 000 baht par mois, grandes 9 000 baht.* Soi Ton Son, ou rue des Pins, est très probablement l'une des plus jolies rues du centre-ville. Cette parallèle à Thanon Wittayu est reliée à Soi Lang Suan, " derrière le parc ", par de nombreuses ruelles transversales. L'endroit est super romantique, et en plus c'est vraiment pas cher ! " L'eau et l'électricité sont comprises ", précise Udom, le gardien de cette accueillante maison.

HOUSE BY THE POND. Sukhumvit Soi 22/2 © 02 259 35 43-7. *Chambres 800 baht par jour, studio de 36 m^2 10 000 baht par mois.* Dans la maison " au bord de la mare ", logement classique ou moderne.

RIO MONTE APARTMENT. 3597/265 Soi Pradu 1, Soi Shalamnimith © 02 292 12 34. *Studio 8 000 baht par mois, suite 16 000 baht.* C'est le confort dans les normes d'un condominium, propre, fonctionnel. Murs en béton peint, mobilier standard, carrelage clair au sol, installation d'hôtel mais pas beaucoup de caractère. Soi Pradu est un peu difficile à trouver mais bien placée, pas loin du centre-ville et de la rivière

CITY MANSION. 16 Sukhumvit Soi 3 © 02 253 49 44, 02 252 65 34. citymansion.com. *Studios à 15 000 baht par mois, le " une-pièce " à 20 000 baht.* Pas cher, idéalement placé en plein cœur de la soi 3, dite Nana, et à deux pas du métro, City Mansion concentre tous les avantages requis par une clientèle friande de plaisirs urbains.

KC COURT 2. 1755/6 Thanon Chan © 02 67886 70 – 5. *A partir de 10 000 baht par mois.* Notre chouchou de la ville. Pourquoi chercher ailleurs quand ici il y a tout ce dont on peut rêver. Réparties sur 8 étages, les chambres de KC Court sont des petits appartements. Il y a un petit salon, un grand lit bien ferme, une salle de bain claire, un coin cuisine aménagé à l'américaine…

GARDEN TOWERS. Bangna Trad © 02 751 99 90. Web : www.garde.tower.com.

OAKWOOD RESIDENCE. New Sathorn Road © 02 672 02 00. Web : www.oakwood.com

Grand luxe

BAIYOKE SUITE HOTEL. 130 Rajprarop Road © 02 255 03 30. Web : www.baiyokehotel.co.th. *De 2 800 à 7 500 baht.* Cet hôtel possède deux particularités : il n'est composé que de suites et toutes ont une magnifique vue sur la ville. Un restaurant panoramique se trouve au 43e étage.

RESTAURANTS

Bangkok, capitale gastronomique

La cuisine chinoise a longtemps dominé la scène culinaire thaïlandaise mais, ces dernières années, elle s'est trouvée durement concurrencée non seulement par d'autres cuisines tout aussi exotiques, mais aussi par des cuisines européennes et surtout française.

La première à avoir enfoncé un coin dans l'hégémonie chinoise fut la cuisine royale thaïe, qui depuis toujours conservait ses secrets. Les cuisiniers, sous peine d'être découpés en rondelles ou empalés, devaient en effet en garder les recettes pour l'usage exclusif des monarques. Seuls des anges réincarnés en rois avaient droit à cette " nourriture céleste ", comme on l'appelle en thaï. Il y a quelques années, des nobles, consta-tant les durs effets de l'inflation, décidèrent d'ouvrir des restaurants. Aussitôt les cuisiniers vendirent leurs recettes à des concurrents. A quoi la noblesse répondit en publiant carrément des livres de recettes. La cuisine royale était lancée. Elle atteint aujourd'hui son apogée au restaurant Benjarong, de l'hôtel Dusit Thani.

La cuisine traditionnelle populaire s'est, parallèlement, grandement améliorée et aussi largement répandue. Sans être aussi fine, elle peut cependant être délicieuse. A la même époque, une Vietnamienne avait ouvert un restaurant nommé le Dalat, au charme discret et à la cuisine raffinée. Ce fut un succès et bientôt des rivaux surgirent d'un peu partout. Puis vint le Mandalay, magni-fique restaurant birman. Le Japon intervint en force et lança sa cuisine sur le marché. Mais cette cuisine à base de poissons et poulpes crus est tout aussi impénétrable que les Nippons eux-mêmes. On goûte et on aime ou pas. Les Coréens arrivèrent enfin mais leur cuisine est un mélange sino-japonais.

La cuisine française était jusqu'à ces dernières années dédaignée en Asie et considérée comme fade, ce qui n'est pas étonnant en des pays où les mets épicés emportent la bouche. Mais le goût du luxe apporté par le développement économique a provoqué un assouplissement du palais : aujourd'hui, non seulement notre cuisine est reconnue comme grande et valeureuse mais manger au Bistrot ou au Banyan est un symbole de réussite sociale. Il faut avoir en effet réussi pour honorer leurs additions sans sourciller !

Des restaurants allemands comme Bei Otto, anglais comme Jool's et surtout italiens comme le Paesano, ont aussi fait leur trou. Pour achever de donner une image mondiale de Bangkok, capitale culinaire de l'Asie du Sud-Est, des restaurants libanais et mexicains se sont ouverts. Enfin, le dernier snobisme est la cuisine indienne, à laquelle le qualificatif de succulent convient tout à fait. Les hôtels de grand luxe se battent pour attirer les meilleurs chefs indiens et le Tandoor de l'Holiday Inn et le Bukhara du Royal Orchid Sheraton sont de pures merveilles.

Glossaire des restaurants

Restaurant : Ran a han

Avoir faim : Hiou khao

Goûter : Tchim

Menu : Meniou

Pas trop épicé : Phet nit noi

Bœuf : Neua

Porc : Mou

Poulet : Kai

Poisson : pla

Rassasié : Him leo

Délicieux : Aroi

Glossaire des boissons

LAO : Alcool **LAO A GNOUM** : Vin

NAM SOM : Jus d'orange **NAM SAP PA ROT** : Jus d'ananas

BIA : Bière **KWAT** : Bouteille

KHEO : Verre **MAO** : Ivre

KHI MAO : Ivrogne

Où aller ?

Les meilleurs restaurants se trouvent dans les hôtels de grand luxe. Les ingrédients y sont frais et choisis avec soin. Les cuisines sont récurées et les cuisiniers compétents. Ce sont des repas inoubliables, tant par la saveur des mets que par le poids de l'addition. On baigne dans la soie, le teck et le bois de rose, les céramiques étincelantes et les vues grandioses sur la ville ou sur le fleuve.

Les restaurants chinois sont les plus chers car on y sert des nids d'hirondelles de mer et des ailerons de requin à des prix qui donnent le vertige. Mais quel délice qu'une soupe d'ailerons de requin au bouillon de poulet, champignons noirs et crabes ! Il faut savoir toutefois que les mets rares et savamment préparés sont chers non seulement à cause de leurs qualités gustatives, mais aussi à cause de leurs supposées qualités médicales : prolongation de la vie ou pouvoirs aphrodisiaques. Ce sont des eaux de jouvence et des remèdes autant qu'une nourriture. **Au Mayflower,** vous ne vous en tirerez pas à moins de 1 000 baht par personne pour un repas modeste accompagné d'eau. **Au Scala ou au Marina,** pour le même prix, vous aurez droit à un vrai gueuleton pour trois ou quatre. Il en va de même pour les restaurants thaïs : les restaurants de grand luxe coûtent trois à quatre fois plus cher que les restaurants convenables. Mais ils sont toujours pleins et il est prudent de réserver.

Que boire ?

Dans un restaurant de grand luxe, le vin s'impose. Les experts affirment que parmi les vins d'Alsace, le gewurztraminer atténue parfaitement les rudes épices de la cuisine thaïe, alors que le riesling relève adroitement le côté douceâtre de la cuisine chinoise ou japonaise. Comptez environ 1 000 baht la bouteille. Dans les autres restaurants, on boira l'une des trois excellentes bières thaïlandaises : la Singha, la meilleure (de 60 à 100 baht), la Kloster, plus légère mais plus chère, ou l'Amarit, la moins connue. On peut boire aussi, sauf dans les grands restaurants, un Coca-Cola (5 baht la canette). Il n'est pas déshonorant de se contenter d'une eau minérale locale (Singha comme la bière, ou Polaris au même prix qu'un Coca). Parmi les eaux minérales françaises, on trouve de la Volvic et du Perrier pratiquement partout. Les Thaïs âgés fonctionnent à la bière, les jeunes au Coca et les plus aisés au vin français. Il est considéré comme misérable et ringard, sauf pour les femmes, de boire du thé. Le plus chic est de faire un repas au cognac ou à l'armagnac XO. Les Chinois (sauf dans les hôtels) entrent à l'aise dans les restaurants avec une ou plusieurs bouteilles de cognac sous le(s) bras. Précisons que les restaurants, à l'exception de ceux des hôtels, ne servent pour tout alcool que de la bière.

Comment manger ?

Les Chinois et les Japonais utilisent les baguettes et, évidemment une cuillère pour la soupe. Vous pouvez demander une fourchette et un couteau si nécessaire. Inutile de chinoiser à tout prix et risquer d'attraper des crampes, de tacher votre belle cravate ou de baver dans les plats. Les Thaïs utilisent depuis toujours cuillère et fourchette. Ils n'ont pas besoin de couteau, la nourriture étant déjà découpée en petits morceaux ou si tendre qu'on la coupe avec un rien. La cuisine royale est censée être si tendre qu'on n'a même plus besoin de ses dents ! Elle doit littéralement fondre dans la bouche.

Il est à noter que le Chinois, à table, affiche sans complexe le plaisir qu'il prend à ingurgiter. Le spectacle peut être pénible. Les Thaïs, et surtout les femmes, chipotent à l'extrême, faisant mille manières prétentieuses pour bien montrer qu'on connaît déjà " tout ça ", et qu'on mange mieux chez soi. C'est assez crispant. Gardons donc, à Bangkok, nos manières naturelles, à la française.

Pour bien profiter d'un repas, il faut être trois ou même quatre. En effet, chacun commandera une série de plats différents, qui seront placés en même temps sur la table. Chacun pourra ainsi essayer les plats du voisin. C'est le repas-coopérative. Evidemment, les transvasements entre plats lointains et votre assiette entraînent des chocs dus à des croisements mal ajustés avec les autres convives. Ce n'est pas grave et ça fait travailler les teinturiers.

L'heure, c'est l'heure

Les restaurants sont quelquefois ouverts de 11h à 23h, mais en général les horaires sont de 11h30 à 14h et de 18h30 à 22h. Il est préférable d'arriver tôt pour déjeuner, car à 14h juste, on vous apportera peut-être un peu brusquement l'addition en vous disant que le cuisinier est déjà parti et que le dessert est remis à une autre fois. On n'a jamais très bien su où tous ces cuisiniers filent si vite ou même si cela est vrai. Encore un des grands mystères de l'Asie. Pour dîner, il convient encore d'arriver tôt, non parce que le cuisinier va partir, au contraire, il a plutôt l'air de vouloir s'éterniser, mais parce qu'après 21h, on risque de vous dire qu'il ne reste plus rien, sauf le cuisinier justement. Et il est difficilement mangeable.

A l'exception des établissements de grand luxe où les horaires et les cuisiniers sont réguliers, les restaurants offrent de nombreuses surprises. Vous risquez de tomber sur un restaurant fermé ou sur une carte dans laquelle deux ou trois plats seulement seront disponibles (le cuisinier, encore lui, est malade, il s'est disputé avec sa femme et n'est pas venu, un serveur le remplace...). Les horaires sont très variés aussi : le gardien qui avait la clé l'a perdue, il est retourné en province, la serrure ne fonctionne plus... Remarquons que ces coutumes se sont transmises aux expatriés. Il ne faut pas s'énerver et se mettre plutôt à l'ombre car en Thaïlande il fait encore plus chaud qu'à Marseille.

Le pourboire

Les Thaïs laissent rarement un pourboire. Il convient donc, si vous êtes satisfait, de donner discrètement un pourboire qui ne dépassera pas un billet de 100 baht dans les restaurants de grand luxe et 50 baht dans les très grands. Dans les convenables, ce sera un billet de 10 ou 20 baht et dans les gargotes, quelques pièces de 1 baht.

Ailleurs

Ceux qui ne veulent ou ne peuvent pas aller au moins une fois dans un restaurant renommé, seront bien inspirés en fréquentant les petits restaurants des G.H. C'est assez propre, les prix sont à peu près fixes et ces établissements sont habitués aux touristes. Nous déconseillons plutôt les innombrables échoppes sales où l'on vole les étrangers en leur servant des plats minables. Par contre, la nuit, spécialement à l'entrée de Sukhumvit Road et presque partout sur les trottoirs, des étals vendent des soupes et des petits plats à des prix raisonnables (15 à 30 baht). La nourriture est bonne car préparée pour les Thaïs qui travaillent de nuit. Ces étals sont habitués à servir les touristes et les résidents étrangers et ne trichent pratiquement pas.

Les buffets des grands hôtels. N'oubliez pas que le dimanche est souvent jour de fête dans les plus grands hôtels, et donc jour de buffet (parfois le samedi soir aussi). Le prix est souvent modique, et les quantités pantagruéliques.

Procurez-vous à votre arrivée Bangkok Dining Entertainment. Disponible dans la plupart des grands hôtels.

Restaurants thaïs

Bien et pas cher

Il n'est pas possible d'éviter les incontournables échoppes de rues. Que ce soit dans des petites bâtisses ou sur des roulottes, on en trouve dans tous les quartiers et à toute heure du jour et de la nuit. Saucisses ou calmars à la sauce piquante, nouilles en soupe ou sèches et petits stands de cuisine terroir (omniprésent le Kaï Yang-Som Tam). Du salé, du sucré, de la volaille ou des fruits de mer... il y a de tout, même des insectes ! N'hésitez pas, c'est aussi par la bouche que l'on découvre une ville.

LES LYS. 75/2 Langsuan Road Soi 3 ✆ 02 652 24 01. E-mail : lelysbangkok@yahoo.com. Un bon petit restaurant tenu par un Français et sa femme, et proposant une cuisine thaïlandaise traditionnelle à petits prix.

THE BEACH. 15 Samsen Road Soi 6 ✆ 02 628 89 16. Un autre restaurant tenu par un Français, Thierry, et sa femme Saïfon, servant une cuisine simple mais bonne, dans le quartier routard de Banglamphu.

AROY DED. 269 Thanon Khao San ✆ 02 629 03 20. *Ouvert tous les jours de 7h à 22h. Soupes de 25 à 40 baht.* La plus vieille échoppe de nouilles au bœuf du quartier. Situé à l'angle de Khao San et de Thanon Tanao, ce vieux " noodle shop " est un pôle d'attraction pour les touristes mais aussi pour les Thaïlandais du quartier. Avant même d'entrer, on salive. Le bouillon sent bigrement bon, et maître renard, par l'odeur alléché...

THEB PRATHAN. Dans le marché Ambassy, à l'angle de Witthayu et Chidlom. *Ouvert de 10h à 17h.* Un boui-boui propre et savoureux dans un quartier plutôt cher. Ce n'est pas pour le décor ni pour l'ambiance que le resto a été distingué d'un " Bol d'or ", mais pour sa soupe de nouilles au canard et sa soupe de nouilles croustillantes du Nord, au poulet ou au porc (toutes les soupes de nouilles coûtent 25 baht). De nombreuses variétés de nouilles au choix : Sén Lék, pâtes fines, Sén Yaï, pâtes plates et larges, Sén Mi, de taille intermédiaire, et Ba Mi, nouilles jaunes. Pour le dessert, il y a des glaces thaïes. Essayez le parfum Ruam Mit (méli-mélo ; 10 baht).

SOUPE D'ENTRAILLES. Thanon Rama 4. *Ouvert de 6h30 à 9h30.* Devant le parc de Lumpini Rama 4, en face de l'immeuble HSBC ou U Chu Liang, vous verrez une colonie de vendeurs dont les roulottes sont bien rangées de part et d'autre du pont menant au parc. Parmi les différents stands, l'un se distingue et connaît une certaine renommée. Le vendeur de soupe a d'excellentes entrailles de poisson " Kapho Pla ". Ça vous semble suspect ? Et pourtant, en prenant votre courage à deux main devant le bol fumant, vous serez surpris et, espérons-le, convertis. La soupe d'entrailles, c'est excellent pour la santé ! Bizarrement, ça n'a pas le goût du poisson, ni ne sent la mer ni la vase, mais le bouillon. Un jus épais et riche, avec de l'œuf de caille et des lamelles de poulet. Bon appétit !

Les marchés de nuit

NIGHT MARKET. Sukhumvit Road Soi 38. Ce marché de nuit est rempli de stands de nourriture venant de toute la Thaïlande mais aussi chinoise et malaise. Très petits prix.

NIGHT MARKET. Silom Road Soi Pradi. Dans le quartier de Silom cette fois, c'est le même genre de marché, avec des charrettes ambulantes proposant des plats divers et savoureux autour de 30 baht.

PRATUNAM MARKET. A l'angle de Petchaburi Radjaprarop Road. Dans le quartier des vendeurs de textiles, de nombreux restaurants de rues proposent de déjeuner sur le pouce sur des tables très simples. Poisson, riz frit, brochettes... le choix est vaste.

CHATUCHAK MARKET. Pahol Yothin Road. Durant le marché du week-end, des dizaines de gargotes disposent ici d'innombrables plats différents, et toujours à bas prix, pour satisfaire votre désir de cuisine thaïe, chinoise ou laotienne.

Marché de poisson

A Khao San

Dans la rue de Khao San, les roulottes arrivent vers le soir. La vendeuse de " Phat Thaï " (nouilles sautées à la thaïe) est connue internationalement. Dans une barquette en polystyrène, elle dépose un monticule de nouilles et vous donne deux petits bâtons pour manger (10 baht). Ça n'est vraiment pas pratique. Depuis peu, elle a une concurrente : la vendeuse d'omelette. Il y a aussi les roulottes qui proposent de drôles d'insectes, sauterelles, larves, vers et scorpions. Les jeunes " aventuriers " de Khao San adorent ça.

▸ Mangues

Reour au terroir

La crise économique a accéléré une tendance apparue il y a quelque temps. Le retour à la cuisine des " anciens ". Cafards caramélisés, cigales panées au jaune d'œuf, chenilles à la vapeur, termites grillés... Si cela ne vous dit rien, vous avez encore le choix entre des scarabées, grillons, larves ou des œufs de fourmi. Certains de ces mets délicats vos seront proposés sur de grands plateaux dans les rues autour de Patlong ou de Sukhumvit Road. Cette mode " revival " à décidé un homme d'affaires thaïlandais à commercialiser ces petites bêtes en conserve. Un petit cadeau qu'apprécieront vos amis sans doute.

HUALAMPONG FOOD STATION. Sukhumvit Road Soi 34. Encore des stands, cette fois-ci un peu plus élaborés, éparpillés dans la Soi et qui servent principalement une cuisine I-San, du Nord-Est du pays.

KHAO MANKHAI SIAM. Rama I Road. Face au Siam Center, un petit restaurant sans prétention servant une cuisine vraiment délicieuse et à petit prix.

Si vous trouvez que les restaurants de rues sont trop bruyants ou si la chaleur vous y incommode, des " Food Centers " sont présents dans de nombreux centres commerciaux climatisés. Par exemple :

WORKD TRADE CENTER. Ploenchit Road 7e étage. Des stands de cuisine thaïlandaise de toutes les régions ainsi que de la cuisine chinoise. Vous achetez des coupons que vous donnez ensuite aux divers vendeurs du Food-Center.

MAHBOONKRONG. Intersection de Phayathaï et Rama I Road. Plus connu sous le nom de MBK, cet énorme centre commercial accueille au 7e étage des gargotes proposant des plateaux des nombreuses régions de Thaïlande.

Enfin sachez que les supermarchés Food Land ont tous, à leur entrée, un petit restaurant en forme de comptoir, où vous vous installez tandis que l'on cuisine devant vous votre commande. Là encore, c'est bon et pas cher. Le plus difficile sera de trouver une place pour s'asseoir.

Bonnes tables

The Mango Tree. 37 Soi Anumarn Rachton (près de Coca Suriwong 5e) © 236 2820. Une belle demeure traditionnelle, pour un repas accompagné de musique thaïe classique. Dépaysement assuré.

ALL GAENGS. 173/8-9 Suriwongse Road © 233 3301. *Ouvert de 6h30 à 15h et de 18h30 à 23h.* Une belle cuisine traditionnelle.

D.K. KITCHEN. 109 Suriwongse Road © 233 2808. *Ouvert 24h/24.* Très coté.

CABBAGES AND CONDOMES. 10 Soi 12, Sukhumvit Road © 252 7439. *Ouvert de 11h à 22h.* Bonne cuisine traditionnelle dans un cadre simple et dans une atmosphère détendue.

MY CHOICE. Soi 33 Sukhumvit Road © 258 2736. *Ouvert de 11h à 23h.* Très connu. Nourriture et prix raisonnables.

LEMONGRASS. 5/1 Soi 14 Sukhumvit Road © 258 8637. *Ouvert de 11h à 14h et de 18h à 23h.* Peut-être le plus réputé parmi les résidents étrangers, qui sont d'ailleurs l'absolue majorité des habitués.

BAN KHRUA. 29/1 Soi Saladaeng, Silom Road © 233 6912. *Ouvert de 10h à 22h, sauf le dimanche.* Un décor simple pour une cuisine savoureuse.

BAN CHIANG. 14 Srivieng Road (à côté de Silom Club) © 236 7045 / 6994. *Ouvert de 11h à 14h et de 17h30 à 22h30.* Une très grande cuisine traditionnelle dans une maison en bois ancienne rénovée. On y mange d'excellentes soupes.

AD MAKERS. 51 51 1 Soi Lang Suan, Ploenchit Road © 652 0168. L'ambiance thaïe, et uniquement thaïe, vous séduira. Le curry seafood et les beignets à la crevette y sont particulièrement savoureux.

ONCE UPON A TIME. 32 Phetchaburi Road Soi 17 © 02 252 86 29. *Ouvert de 11h à 23h.* Malgré son nom anglo-saxon, c'est bien une cuisine thaïe que l'on vous servira. Une curiosité, le poulet à l'ananas (150 baht).

PATEE THAI. 898 New Rama IV Road Soi 46 © 02 718 98 71. *Ouvert de 11h30 à 22h30. Menu à 350 baht.* Dans une magnifique maison de bois, une cuisine du Nord vous est servie.

THANYING. 10 Soi Rramuan Silom Road © 02 236 43 61. *Ouvert de 11h à 23h.* Un beau décor et une bonne cuisine royale. Le propriétaire est une star du cinéma thaïlandais, mais l'important est que les mets sont savoureux.

Luxe

BENJARONG. Dusit Thani Hotel, 946 Rama IV Road © 236 0450. *Ouvert de 11h30 à 14h et de 18h à 22h.* Les Mille et Une Nuits de la cuisine royale. Les serveuses portent des vêtements traditionnels de soie. Un régal pour le palais et pour les yeux. Reconnu comme le meilleur.

SALATHIPH. Shangri-La Hotel, Soi Wat Suan Phu © 236 7777. *Ouvert de 11h30 à 14h et de 18h à 22h.* Cuisine royale et traditionnelle dans une réplique d'un pavillon thaï ancien, avec vue sur le fleuve.

SPICE MARKET. The Regent, 155 Rajdamri Road © 251 6127. *Ouvert de 11h30 à 14h30 et de 18h30 à 23h.* Merveilleuse cuisine traditionnelle dans le cadre d'un entrepôt à épices.

SMOOTH CURRY. Hotel Plaza Athenee Wireless Road © 02 650 88 00 – Fax 02 650 85 00. *Ouvert de 11h30 à 14h30 et de 18h à 22h30.* Un décor sobre avec chaises et tables noires. Le soir, les chandelles donnent un ton très romantique. Le " Pla Salmon " est à 280 baht.

Grand luxe

BUSSARACUM. 425 Soi Pipat 2, Silom Road © 234 2600. *Ouvert de 11h30 à 14h et de 17h à 22h30.* Cuisine royale dans un très beau cadre.

GREEN TAMARIND. 31/1 Sukhumvit Soi 39 © 261 5727. *Ouvert de 11h à 14h et de 17h à 22h30.* Un des rendez-vous de la jet-set thaïe, tenu par une ancienne de Bussaracum.

BAAN K HANITA. 36/1 Sukhumvit Road Soi 23 © 02 258 41 81. *Ouvert de 11h à 14h et de 18h à 22h.* Dans une maison traditionnelle toute en bois, une très bonne cuisine thaïlandaise, très fine et délicieuse.

BASIL. Sheraton Hotel, 250 Sukhumvit Road © 02 653 03 33 – Fax 02 653 04 00. Ce restaurant, au décor thaïlandais très classique, a acquis une bonne réputation (justifiée) au fil des ans.

Dîners-spectacles traditionnels

La danse classique thaïe, inspirée des danses royales khmères, raconte des épisodes du Ramakien. Ce n'est pas la peine de chercher à comprendre, puisque personne n'a lu l'intégrale de cette épopée ; on se contente d'apprécier la beauté du spectacle.

Appelées Khon (prononcer cône), ces danses sont exécutées par des hommes et des femmes au visage très maquillé et revêtus de somptueux habits de cérémonie en soie. Ceux qui jouent les démons ou les singes portent un masque. Ces shows comportent également des danses folkloriques, charmantes, du Nord, du Nord-Est et du Sud, dans les habits traditionnels de ces régions. Chaque show comporte en général cinq à sept numéros et le spectacle dure de 45 à 60 minutes. Le dîner a lieu avant, vers 19h-19h30, et le spectacle commence vers 20h-20h30. On peut rester dans la salle jusqu'à 22h.

Le prix du dîner ne comprend pas les boissons. Si vous voulez boire une bière ou du vin, ils seront comptés en supplément. Mais vous pouvez fort bien vous contenter d'eau fraîche.

Pour les meilleurs dîners-spectacles, la réservation est impérative. Les salles ne sont en général pas très grandes et les amateurs sont nombreux.

De nombreux établissements ont inclus ces spectacles au cours de leurs dîners. Voici les meilleurs.

SUPATRA RIVER HOUSE. 266 Soi Wat Rakhang © 02 441 03 05. *Spectacle de 11h à 22h30. A midi, le menu est à 400 baht, le soir de 650 à 850 baht.* Dans une maison traditionnelle située au bord du fleuve est servie une cuisine très fine. Tous les vendredis et samedis soir, un spectacle de danse Patravadi (théâtre traditionnel) est proposé aux convives. Difficile de faire plus authentique.

SALA RIM NAM. Oriental Hotel © 02 437 29 18. *Dîner à 19h. Spectacle de 20h30 à 21h30.* L'hôtel a sa propre école de théâtre. La représentation est donc très fidèle à la tradition. De plus, le pavillon où l'on dîne est somptueux. Une très bonne soirée en perspective.

CHAO PHRAYA CULTURAL CENTRE. 94 Charoen Nakhon 21 Khlongsan © 02 439 34 77.

SALA THAI. Indra Regent Hotel, Ratchaprarop Road © 02 208 00 20.

SAWASDEE. 66 Soi Phiphat Sathorn Road © 02 237 63 10.

SIAM ERAWAN. 468 Siam Square Soi 7 © 02 250 12 52.

Dîners croisières

Un dîner croisière sur le fleuve des Rois, voire jusqu'à Ayuthaya, peut être une occasion d'appréhender Bangkok d'une manière autre et de profiter d'un paysage grandiose. Une petite carte distribuée par le TAT (Bangkok Rivers and Khlong) est remarquablement bien faite, et vous donnera un aperçu des possibilités des balades à faire.

Vous avez le choix entre 14 compagnies avec des prix allant de 70 à 1 900 baht. Voici notre sélection.

LOY NAVA DINNER. Quai Si Phraya © 02 243 73 29. *De 18h à 20h et de 20h à 22h. Adultes 1 150 baht, enfants 575 baht.* Sur une ancienne barge à riz tout en teck. Belle balade et bon repas.

MANOHRA CRUISE. Marriott Riverside © 02 476 0021, ext. 1413. *Durée environ 2h30 ; déjeuner 950 baht, dîner 1 200 baht. Départ de l'hôtel Marriott.* Vous pouvez y aller les yeux fermés (ouvrez-les le temps de la promenade). Organisation impeccable et repas remarquable.

SHANGRI–LA HORIZON. Shangri-La Hotel © 02 236 77 77. *Adultes 1 400 baht, enfants 700 baht. Ayuthaya 1 600 et 800 baht.* Là aussi vous serez choyés comme des princes. Vous avez le choix de faire la croisière sur le fleuve ou l'aller-retour vers Ayuthaya.

YOK YOR MARINA. 885 Somdejchaophraya Road © 02 863 05 65. *Départ 20h, retour 22h30. Promenade 70 baht, repas (basique) environ 200 baht.* Très grand bateau d'une capacité de 560 personnes. Les prix sont peu élevés, mais c'est un peu l'usine.

Au fil de l'eau

S & P. Tha Maharad ✆ 02 222 70 26-7. " Simply Delicious ". La chaîne S and P a étendu son empire d'un bout à l'autre de la ville. La maison mère a beau être du côté de la rue Soi Thonlor, notre préféré est le satellite de l'embarcadère Tha Maharad. Un restaurant à ne manquer sous aucun prétexte !

BUA. S.V. City Tower, Thanon Rama 3 ✆ 02 682 73 00-1. La chaîne Bua est très appréciée par les Bangkokais. Vous verrez des Bua, ou fleurs de lotus, en divers endroits de la ville. Prenez un canard grillé au café, vous nous en direz des nouvelles. Et pour accompagner cette succulente volaille, commandez des champignons noirs.

KRUA KHUN KOUNG. SV City Tower, Thanon Rama 3 ✆ 02 682 68 93. *Ouvert de 11h à 23h.* Il y a évidemment tous les plats thaïs possibles et imaginables mais aussi quelques spécialités introuvables ailleurs. Du curry orange aux pousses de cocotier (Kèng Som Yod Ma Prao) aux travers de porc ou encore au " Nam Prik Krakham ", avec du piment mais pour les autres ingrédients, c'est la plus grande interrogation.

Spécialistes des fruits de mer

A RESTAURANT. 1087/1 New Petchaburi Road ✆ 02 251 40 79. *Ouvert de 11h à 23h.* Un grand établissement proposant toutes sortes de poissons, crabes, langoustes... Les prix sont très raisonnables.

SEAFOOD MARKET. 89 Sukhumvit Road Soi 24 ✆ 02 261 20 71. *Ouvert de 11h à 23h30.* Un établissement gigantesque où vous choisissez vos fruits de mer et poissons en faisant votre marché avec un chariot ! Ensuite, on pèse le tout et vous payez à la caisse.

SEAFOOD TOLUN. 7 Sukhumvit Road Soi 24 ✆ 02 262 42 38. *Ouvert de 11h à 23h30.* Dans le même coin, un autre immense restaurant de 500 places, dont les propriétaires, des Chinois de Hong-Kong, font très attention à la fraîcheur des produits.

SEAFOOD PALACE. 348 Sukhumvit Road ✆ 02 653 11 45. *Ouvert de 11h à 23h.* Vous pouvez choisir votre repas dans les aquariums où nagent, insouciants, des soles, crabes et autres crevettes. Egalement cuisine japonaise à la carte.

SAVOEY SEA FOOD. River City Center 23 Yotha Road ✆ 02 661 12 52. *Ouvert de 11h à 22h30.* Au 1er étage, en terrasse avec vue sur le fleuve. Très agréable le soir. Cette chaîne est connue pour la qualité de ses produits.

SOMBOON SEAFOOD. Suriwong Road ✆ 02 233 31 04. *Ouvert de 16h à 23h.* Dans le quartier de Patlong, un restaurant réputé pour son crabe au curry dont certains disent qu'il est l'un des meilleurs de la capitale.

▶ Langoustes, volailles

Les douceurs de Charoen Krung

MS. Charoen Krung Soi 44 ✆ 02 683 30 65. MS comme " Mango and Sticky Rice " (mangue et riz gluant) et non pas " Mark et Spencer ". Dans cette minuscule échoppe ouverte sur la rue, vous découvrirez les saveurs des desserts thaïlandais. Il y a des centaines de Khanom (gâteaux). Khanom Babine, Thong Yib (aux œufs), Méd Khanoun (noyau de jaquier), Foy Thong (cheveux d'ange), Louk Choup, Khanom Chan (étages de gélatines parfumées), Woun (gelée), Khanom Sali (génoise rose), etc. Le riz gluant parfumé au lait de coco et à la feuille de pandamus accompagne à merveille la mangue dorée, mais vous pouvez aussi essayer la version flan (Sang Kaya). Le kilo de riz coûte 80 baht, les barquettes de desserts prêts à emporter coûtent entre 15 et 30 baht.

CHAO KOUAY. Thanon Charoen Krung. En sortant du métro à la station Saphan Taksin, tournez à gauche dans la rue Charoen Krung et dirigez-vous vers le magasin Robinson. Faites quelques mètres et vous trouverez sur le trottoir de gauche un magasin qui propose un dessert frais et savoureux, le Chao Kouay, qui pourtant en rebutera plus d'un. C'est une sorte de gelée noire coupée en petits morceaux et servie avec un sirop de sucre de palme et de la glace pilée. Vous seriez bien timoré de ne pas l'essayer, c'est si bon ! Le goût rappelle très légèrement celui de la réglisse. Vous pouvez également essayer quelque chose de plus conventionnel : fruit de palme, lamelle de jaquier, sirop et glace pilée. C'est bon, sucré, parfumé et très rafraîchissant (20 baht). Vous y reviendrez, c'est sûr.

SAKHOU. Thanon Charoen Krung. Qu'est ce qui est blanc ou vert et onctueux ? C'est le Sakhou Saï Mou. Vous voilà bien avancé, nous direz-vous. Et juste pour attiser encore d'avantage votre curiosité, nous vous dirons que le magasin qui prépare ces boulettes se trouve juste après celui qui fait les desserts noirs. C'est délicieux, ça fond dans la bouche, c'est sucré-salé, un peu gluant... Ces boulettes de tapioca blanches ou vertes sont fourrées d'une farce à base de porc et d'ail.

MADELEINE. Thanon Charoen Krung. Le top du top c'est évidemment celle de Proust mais celle de Charoen Krung fera aussi bien l'affaire. Vous trouverez ces petites madeleines joufflues devant le mont-de-piété Méng Méng. Elles offrent leur ventre charnu à vos quenottes gourmandes et découvrent leur chair parsemée de raisins de Corinthe. Une bouchée d'enfance au beau milieu d'une rue thaïlandaise... Le sachet coûte 20 baht, il y en a pour toute la journée.

GLACES AU COCO. Soi Sri Wieng, Thanon Charoen Krung. Dans la petite soi Sri Wieng, juste devant le coiffeur pour hommes Dusit Barber, il y a une marchande de glaces. Un seul et unique parfum depuis dix-sept ans mais toujours autant de succès. Les écoliers du quartier s'y ruent après les cours et pour rien au monde ils ne se priveraient de ce petit remontant. Nous non plus... La marchande remplit le gobelet en plastique de fruits confits ou de riz gluant et de boules blanches et verse sur le tout une rasade de lait concentré ou de chocolat. Comment résister ?

Restaurants chinois

Bonnes tables

SCALA THEATRE. 218 Soi 1 Siam Square ✆ 234 7739. Marina. 216/1 Soi 1 Siam Square ✆ 251 1968. *Ouverts de 11h30 à 14h et de 18h30 à 22h.* Deux frères face à face et aussi bons l'un que l'autre.

KIRIN. 226/1 Soi 2 Siam Square ✆ 251 2326. *Ouvert de 11h à 14h et de 18h à 22h.* Dans le cadre rouge bœuf et or vif d'un chinois qui se veut exotique. De la bonne pâtisserie en vente à l'entrée.

NEW GREAT SHANGAI. 648 Sukhumvit Road ✆ 258 7042. *Ouvert de 11h30 à 14h et de 18h à 22h.* Cuisine rustique qui a ses adeptes.

SILVER PALACE. 5 Soi Pipat, Silom Road ✆ 235 5118. *Ouvert de 11h à 14h et de 18h à 22h.* Se flatte de servir la meilleure cuisine impériale de Bangkok. L'addition est tout aussi impériale.

PERM ROSE KITCHEN. 99 Sukhumvit Road © 254 4417. Evitez ce qui ressemble à des pommes dauphines, car ce sont des œufs de cent ans, et nos palais occidentaux ne savent pas les apprécier.

HOME KITCHEN. 30 Sukhumvit Road Soi 26 © 02 665 65 97. *Ouvert de 11h à 23h.* Une bonne cuisine dont le saumon à la vapeur (350 baht) est un must. A noter que le propriétaire conseille d'apporter sa propre bouteille de vin !

SILVER PALACE. 5 Soi Pipat Silom Road © 02 235 51 18. *Ouvert de 11h à 14h et de 18h à 23h.* Très bonne cuisine cantonaise. Egalement grand choix de poissons et crustacés.

TIDBIT TREASURE. 593/19 Sukhumvit Road © 02 258 50 86. *Ouvert de 11h à 14h et de 18h à 22h. Menus à partir de 99 baht.* Un restaurant à la décoration branchée et aux menus fréquemment renouvelés. Une adresse de qualité.

Grand luxe

MAYFLOWER. Dusit Thani Hotel, 946 Rama IV Road © 236 0450. *Ouvert de 11h30 à 14h et de 18h30 à 22h. Fermé le dimanche.* Cuisine de Canton sur les lieux de l'ancien " massage parlor " de l'hôtel. Le rendez-vous de l'élite des affaires. Reconnu comme le meilleur de Bangkok. Les prix sont en conséquence.

HOI TIEN LAO RIM NAM. 1449/1 Lad Yah Road klon San. Thonburi © 437 3791. Un monument de la cuisine chinoise, sur la rive du fleuve, côté Thonburi. On y va par ferry à partir du Royal Orchid Sheraton qui est en face

CHINA HOUSE – ORIENTAL HOTEL. 48 Oriental Hotel Road © 02 659 90 00. *Ouvert de 11h30 à 14h30 et de 18h30 à 22h30. Rôti à la pékinoise 850 baht, rouleaux de printemps 750 baht.* Situé dans un hôtel mythique, cet établissement haut de gamme sert une cuisine exceptionnelle.

GRAND SHANGARILA RESTAURANT. 58/4-9 Thanyia Road. *Ouvert de 11h à 14h et de 18h à 22h30.* Un chinois vraiment très chinois.

XING FU NOVOTEL LOTUS. 1 Sukhumvit Road Soi 33 © 02 261 11 11. *Ouvert de 11h30 à 14h30 et de 18h à 22h30. Filet au poivre noir 350 baht.* Un restaurant de grande classe, avec petites salles privées à disposition.

RICE MILL. MARRIOTT HOTEL RIVERSIDE, 257 Charoen Nakhornrd © 02 476 00 21. *Ouvert de 11h30 à 14h et de 18h à 22h. Déjeuner 290 baht, dîner 360 baht.* Cet excellent restaurant chinois propose un buffet à volonté.

EMPORIR RESTAURANT. MONTIEN HOTEL, 372 Ramaï Road © 02 292 29 99. *Ouvert de 11h30 à 14h et de 18h à 22h30.* Situé au 4e étage de l'hôtel, ce restaurant offre une magnifique vue sur le fleuve Chao Pheaya. Les crevettes de rivière au citron sont conseillées.

Restaurants indiens

Bonnes tables

KOMALS'S. 15 Sukhumvit Soi 20 © 02 663 59 71. *Ouvert de 11h à 23h.* Proche du précédent, un restaurant indien qui sert de nombreuses spécialités végétariennes. Bon rapport qualité-prix.

SURIYA MANHORA HOTEL. 412 Suriwong Road © 02 236 24 70. *Ouvert de 11h30 à 14h et de 18h à 22h30. Menus à partir de 150 baht.* Dans un beau décor, une cuisine convenable. Un groupe indien accompagne votre dîner.

HIMALI CHA CHA. 1229/11 New Road © 235 1569. *Ouvert de 6h à 22h30.* Cha Cha, le cuisinier, fut autrefois au service de Nehru.

NAWAB. 64/39 Soi Wat Suan Phlin New Road © 233 2503. *Ouvert de 11h à 23h.* Curry et kebab dans un décor vraiment simple.

BANGKOK BRINDAWAN. 15 Sukhumvit Soi 35 © 258 8793. *Ouvert de 11h à 23h.* Cuisine indienne végétarienne du Sud.

Luxe

RANG MAHAL – REMBRANDT HOTEL. 19 Sukhumvit Road Soi 18 ✆ 02 261 90 90. *Ouvert de 11h30 à 14h30 et de 18h à 22h30. Menus de 255 à 950 baht.* Situé sur le toit de l'hôtel, un restaurant à la décoration somptueuse. Musique indienne " live " pendant le dîner.

BUKHARA. Royal Orchid Sheraton, 2 Captain Bush Lane ✆ 234 5599, ext. 3326. *Ouvert de 11h à 14h et de 18h30 à 22h.* Somptueux. Dans un cadre d'une sobre élégance – tables de bois sans nappe – une merveilleuse cuisine indienne du Nord-Ouest, la meilleure selon les experts.

TANDOOR. Holiday Inn, 981 Silom Road ✆ 238 4300, ext. 1364. *Ouvert de 11h à 14h et de 18h30 à 22h.* La cuisine des maharaja avec de la musique indienne en fond sonore. Grandiose.

MOGHUL ROOM. 1/16 Sukhumvit Soi 11 ✆ 253 6989. Luxueux décor pour une cuisine indienne et pakistanaise. Selon certains c'est un joyau, selon d'autres c'est du tape-à-l'œil.

Restaurants japonais

NABE YA PRINCESS HOTEL. Phayathaï Road ✆ 02 216 37 00. *Ouvert de 11h à 14h30 et de 18h à 23h30. Chabu chabu 250 baht.* Décor moderne et branché pour une cuisine authentique.

TAKUMI MERCHANT COURT HOTEL. 202 Ratchadapisek Road ✆ 02 694 22 22. *Ouvert de 12h à 14h30 et de 18h à 23h30.* Cuisine de la province de Kyoto, décor zen et minimaliste et plats savoureux. A noter que le Takumi se trouve juste à côté du bureau principal de l'Office du tourisme. De quoi faire d'une pierre deux coups.

GENJI. Hilton International, 2 Wireless Road ✆ 253 0123. *Ouvert de 11h30 à 14h et de 18h30 à 22h30.* Sophistiqué. Reconnu comme le meilleur de Bangkok.

SHOGUN. Dusit Thani Hotel, 946 Rama IV Road ✆ 236 0450. *Ouvert de 11h30 à 14h et de 18h30 à 22h30.* Très bon, mais ruineux si vous prenez ce qu'il y a de mieux. Tenu par des Japonais qui font venir les produits du Japon.

Convenables

IKKYU-AN. 635 Sukhumvit Road ✆ 02 260 33 32. *Ouvert de 11h à 24h.* Les traditionnels sushis, sashamis et autres suki yaki… La maison propose un menu pour enfants.

OTUFUKU. 488 Siam Square Soi 6 ✆ 252 5038. *Ouvert de 11h à 14h et de 17h30 à 23h.* Style bistrot japonais.

Restaurants végétariens

WHOLE EARTH. 93/3 Soi Luang Suan, Ploenchit Road ✆ 257 5574. *Ouvert de 17h30 à minuit.* Très couru, très connu, très bon. Un beau décor. Sert aussi des plats thaïs pour ceux qui ne peuvent se contenter de légumes.

VEGETARIAN COTTAGES. 41/19 Soi Chokchaï Ruamit. *Ouvert de 11h à 14h et de 18h à 23h.* Une ribambelle de plats à tous les prix, le point commun étant la saveur des mets présentés.

MANGSWIRAT. 455/26 Soi Prasatkong, Suan Plu ✆ 02 287 46 06 / 02 286 88 86. *Ouvert le matin et jusqu'à 13h, fermé le dimanche.* Le meilleur restaurant végétarien de toute la ville. Mangez tant que vous pouvez, désaltérez-vous avec du jus de fruits de la passion et en dessert prenez un yaourt au lait de soja avec des fruits. Mais attention, il est interdit de fumer et de se faire des bisous.

Les végétariens aussi ont leur festival !

Si vous êtes un adepte de la cuisine végétarienne, tous les ans à Bangkok a lieu, vers la fin septembre-début octobre, un festival végétarien. Cela se passe sur Charsen Krung Road, dans Chinatown, près du temple Mangkon Kamalawat. Des dizaines de stands y vendent toutes sortes de mets végétariens à des prix imbattables.

KHUN CHURN. Sèng Arun Ashram 10 Thanon Chong Nonsi © 02 236 94 10. En quête de spiritualité ? Ici c'est yoga et méditation à longueur de journée. L'Ashram de la lumière de l'aube est le rendez-vous des nouveaux gurus. Quand vous êtes ici, le septième ciel n'est plus très loin. Commandez un Khao Soy végétarien ou le spécial Khun Churn dans le restaurant du rez-de-chaussée. Après, si vous êtes trop plein pour faire le vide, vous avez le choix entre le sauna, le massage ou les exercices tantriques.

VEGETARIAN. Chatuchak, Thanon Kampheng Phet. *Ouvert les samedi et dimanche de 8h à 12h. Compter 7 à 12 baht par plat.* Ce restaurant peu cher est situé dans le marché, près de la rue Kampheng Phèt, non loin d'un grand arrêt de bus et d'un temple chinois. Les adeptes de la secte Santi Asoke sont un peu intégristes sur les bords. Dans cette gargote, il est formellement interdit de fumer, de se bécoter, etc. Le chef de cette branche dissidente du bouddhisme conventionnel est un moine défroqué par la Sangha officielle mais il a toujours du succès malgré les nombreuses escroqueries dont il est accusé (il vend des terrains au paradis). Tout le personnel (tous des volontaires) est de blanc ou de bleu vêtu. Foin du superflu, surtout quand cet abandon profite au fondateur de la secte. Bon appétit quand même…

HUA SENG RESTAURANT. Thanon Charoen Krung. Végétarien pendant le festival végétarien. Les Chinois délaissent alors leurs animaux pour se rattraper sur un délicieux tofu.

Restaurants mexicains

EL GORDO. 130/8 Silom Road 8 © 237 1415, 234 5470. *Compter 300 baht pour deux.* Un tex-mex très abordable, avec un orchestre philippin. Les Philippins sont des virtuoses de la guitare, et sont souvent appelés les Latins de l'Asie.

LA FIESTA. 109/111 Patpong Road © 02 632 78 98. *Ouvert de 11h à 2h du matin.* Chili con queso 110 baht. Une cuisine sans prétention mais bonne.

TIA MARIA. 120/29 Sukhumvit Road Soi 29. *Ouvert de 11h à 24h.* Beau décor dont les inévitables sombreros. Oubliez les hamburgers proposés et préférez les enchiladas (200 baht).

Restaurants français

Bonnes tables

LE MOULIN DE SOMAÏ. 39 Sukhumvit Road, Soi 22. Washington Square © 259 6257. *Compter entre 1 000 et 1 500 baht pour deux personnes.* Yoan, le patron, vous accueille dans un cadre agréable. Les spécialités de la maison sont servies généreusement.

LE CAFÉ DE PARIS. 377/9 Plaza Building, Patpong II © 237 2776. Un peu plus sophistiqué, dans la même rue. Terrasse et salle climatisée. Un peu plus cher, forcément.

LE BOUCHON. 37/17 Patpong 2 Road © 02 234 91 09. *Ouvert de 11h à 23h30.* Dans la célèbre Soi de Patpong, Serge, Lyonnais, propose une bonne cuisine dans une ambiance agréable : vol-au-vent, saucisson chaud lyonnais, rognons de veau madère…

INDIGO. 6 Soi Convent Silom Road ✆ 02 235 32 68. *Ouvert de 18h à 24h.* Dans un décor agréable, cuisines française et antillaise, bonnes et aux prix très raisonnables.

L'AIOLI. 18/5 Sukhumvit Road Soi 23 ✆ 02 258 42 37. E-mail : aioli99@hotmail.com. *Fermé le dimanche.* Très bon accueil de la part d'un jeune Corse et de sa femme Philippine. Cuisine méditerranéenne : soupe à l'ail (230 baht), assiette aïoli...

EURASIAN. 91 Soi 24 Sukhumvit Road ✆ 02 829 40 43. *Ouvert de 15h à 24h.* Dans une déco hyper branchée couleur orangée, ce nouvel établissement propose une bonne cuisine française traditionnelle.

LES CHEVALIERS. 1/5 Soi 3 Sukhumvit Road ✆ 02 253 26 73. *Ouvert de 11h à 14h et de 18h à 23h. Menu de midi 250 baht.* Un beau décor pour un restaurant dont le chef, Lionel, est spécialisé dans le caneton pressé.

AUBERGE DAB. MERCURY TOWER, 540 Ploenchit Road ✆ 02 658 62 22. *Ouvert de 11h30 à 14h et de 18h à 22h.* Franchise du restaurant parisien du même nom. Décor genre brasserie parisienne. Un peu cher pour la qualité de la cuisine.

BIGOUDEN CREPERIE. Ploenchit Center 2 Sukhumvit Road ✆ 02 656 87 86. *Ouvert de 8h à 23h.* Une crêperie bretonne à Bangkok, et ça marche ! Crêpes traditionnelles, crêpes au blé noir, sucrées, salées, pour tous les goûts. Egalement cuisines thaïe et française.

Luxe

MA MAISON. Hilton Hotel 2 Wireless Road ✆ 02 253 01 23. *Ouvert de 11h à 14h et de 18h30 à 22h. Soufflé au Grand Marnier 200 baht, canard style Escoffier 850 baht.* Dans un somptueux décor tout en teck donnant sur un jardin tropical. Une atmosphère de rêve et des mets délicats.

LE NORMANDIE. Oriental Hotel ✆ 02 236 04 00, ext. 3380. *Ouvert de 11h30 à 14h et de 18h à 23h.* Un autre restaurant prestigieux et renommé, abrité par le légendaire hôtel Oriental. La cuisine française au sommet de son art.

CHEZ PHILIPPE. 20/15 Soi 39 Sukhumvit Road ✆ 02 259 47 77. *Ouvert de 11h à 14h et de 18h à 22h.* Tenu par un cuisinier de grand talent, ce restaurant s'est fait une excellente réputation en très peu de temps. Bisque de homard (200 baht), carré d'agneau (480 baht), tout est savoureux.

Grand luxe

LE BANYAN. 59 Sukhumvit Road Soi 8 ✆ 02 253 55 56. *Ouvert de 11h30 à 14h et de 18h à 22h30.* De la nouvelle cuisine (dans le bon sens du terme) dans une jolie maison thaïlandaise. La spécialité maison est le canard au sang, mais les raviolis au foie gras ne sont pas mal non plus ! Michel, le patron français, demande à ses hôtes une tenue de soirée, standing de l'établissement oblige. Le cadre est exceptionnel, la vue est magique, le tout est inoubliable.

CHARLIE'S RESTAURANT. 924 Ruamrudee soï 2, Ploenchit Rd Lumpini ; Tél/Fax : 253814 ; email : reservation@charlies-thailand.com; web site : www.charlies-thailand.com. Le restaurant Charlie's est le fruit d'une longue amitié entre deux passionnés de cuisine traditionnelle et de produits du terroir. Charly d'origine franco-vietnamienne en serait les jambes. La cuisine française, asiatique mais aussi africaine n'ont plus de secret pour lui, qui a bourlingué un peu partout avant de se poser à Bangkok. Il veille lui-même à choisir patiemment les meilleurs produits sur les marchés de la capitale ou les meilleurs arrivages venant d'Europe. Paul, lui, serait la tête de cette association, attentif à chaque détail de la décoration (le cadre est d'ailleurs assez exceptionnel pour Bangkok, puisque vous serez accueillit dans un grand mas style provençal, entouré d'un jardin) et doit l'entregent et sa connaissance de la Thailande en font un hôte idéal. Vous vous régalerez des coquilles St Jacques à 310 baths, du filet de daurade au coulis d'olive ou peut-être avez-vous besoin de rappeler à vos papilles le goût délicat du bœuf bourguignon à la saveur incomparable chez Charlie's. Pour que la fête soit plus belle encore, si vous venez avec votre petit futé en main, vous aurez droit à 5% de réduction sur la restauration.

Restaurants italiens

Luxe

PARC AVENUE. Mercury Tower 540 Ploenchit Road © 02 658 58 80. *Ouvert de 18h a 22h30.* Voici un tout nouvel établissement au décor cosy, spécialisé dans la viande rouge. Le chef new-yorkais, Nicolas Tsikis, concocte aussi à merveille des plats de poissons et de crustacés. Une très bonne adresse.

SORRENTO. 66 North Sahorn Road © 02 234 99 43. *Ouvert de 11h30 à 14h et de 18h à 23h.* Osso buco 480 baht. Décor style toscan. Le chef est thaïlandais, ce qui n'empêche pas un vrai talent pour la cuisine italienne.

BABB FASHION CAFE. 540 Mercury Tower Ploenchit Road © 02 658 62 00. *Ouvert de 11h à 1h du matin.* Décor design ultramoderne. Ici le chef est un Italien pur jus. Les lasagnes (220 baht) sont parfaites.

Convenables

IVOLO. 66 Lad Prao Road Soi 71 © 02 538 09 63. *Ouvert de 11h à 14h30 et de 18h à 24h.* Tenu par un Italien… ex-Hell's Angel rangé des motos. Il s'est mis, avec succès, à la cuisine.

PAESANA. 96/7 Soi Ton Son, Ploenchit Road © 252 2834. *Ouvert de 11h à 14h30 et de 17h à 22h30.* Considéré comme l'un des meilleurs de Bangkok. Le rendez-vous " in " des hommes d'affaires dont les affaires sont bonnes.

Grand luxe

ANGELINI. Shangri-La HoteL 89 Soi Wat Suan Pu © 02 236 77 77, ext. 1205. *Ouvert de 11h à 14h et de 18h à 23h. Carré d'agneau 540 baht.* Sur deux niveaux, ce restaurant de grande classe, avec vue sur le fleuve, propose une cuisine délicieuse et raffinée.

BISCOTTI REGENT HOTEL. 155 Radjadamri Road © 02 251 61 27. *Ouvert de 11h à 14h et de 18h à 22h30.* Une autre adresse exceptionnelle, peut-être même légèrement supérieure à la précédente.

Restaurants suisses

LAGUNA FONDUE. 65 Sukhumvit Road Soi 15 © 02 250 10 16. *Ouvert de 11h30 à 14h et de 18h30 à 23h.* Dans une belle demeure ancienne. La fondue, bien sûr, mais aussi le homard sauce thermidor (350 baht)…

WILLIAM TELL. 19 Sukhumvit Road Soi 20 © 02 258 15 16. *Ouvert de 11h30 à 23h.* Ce restaurant avec terrasse propose toutes les fondues possibles. La bourguignonne est à 295 baht.

BILOU FONDUE. Sukhumvit Soi 31 Soi Sawasdi © 02 662 01 20. *Fermé le dimanche.* Dans une salle tout en longueur, un décor épuré. Grandes spécialités de fondue, mais aussi les cuisines française et italienne.

Restaurants vietnamiens

LE DANANG. SOFITEL CENTRAL PLAZA, 1695 Pahdyothin Road © 02 541 12 34, ext. 4041. Un décor indochinois époustouflant pour, peut-être, le meilleur restaurant vietnamien de la capitale. Une cuisine vraiment délicieuse.

LE DALAT. 47/1 Sukhumvit Road Soi 23 © 02 258 41 92. *Ouvert de 11h30 à 14h et de 18h à 22h.* Les serveurs en costumes d'apparat vous apporteront des mets délicats, dans un beau décor.

TAN DINH. 20/6 Soi Ruam Rudee Ploenchit Road © 02 650 89 86. *Ouvert de 11h à 14h et de 18h à 22h30.* Là encore, un décor somptueux, de meubles anciens, une cuisine de grande classe et une serre luxuriante où l'on peut dîner.

Autres cuisines

Cajun

BOURBON STREET. 29/4 Sukhumvit Road Soi 22 © 02 259 03 28. *Ouvert de 11h à 1h du matin.* Le propriétaire, un Américain de la Nouvelle-Orléans, propose une cuisine authentiquement cajun et créole.

Coréen

KOREANA. Siam Square Soi 7 © 02 252 93 98. *Ouvert de 11h30 à 22h30. Porc grillé 150 baht.* Très grand restaurant de 250 places, ouvert depuis plus de 30 ans et qui connaît toujours le même succès.

Espagnol

RIOJA. 91 Sukhumvit Road Soi 24 © 02 661 06 48. *Ouvert de 11h à 14h et de 18h à 23h30.* Le chef espagnol sert de bons petits plats comme les gambas à l'ail (250 baht) ou du jambon cru ibérique.

► Plat traditionnel thaï

Grec

ATHENA. Soi 63 Sukhumvit Road ✆ 02 392 76 44. *Ouvert de 11h à 14h et de 18h à 23h. Souvlaki à 150 baht.* L'unique restaurant grec de Bangkok propose une cuisine traditionnelle. Choix de vins grecs et, le week-end, démonstration de danses helléniques.

Laotien

CAFE DU LAOS. 60 Soi Pan Silom Road ✆ 02 635 23 38. *Ouvert de 11h à 13h30 et de 18h à 22h30.* Dans une maison de style colonial, une bonne cuisine laotienne et de la région de l'I-San.

Libanais

CEDAR. 4/1 Sukhumvit Soi 49/9 ✆ 02 391 44 82. *Ouvert de 11h à 15h et de 18h à 23h. Compter plus de 500 baht.* Le plus ancien des restaurants libanais de Bangkok et qui a gardé son côté familial. Le décor semble sortir des Mille et Une Nuits. Derrière les lourds rideaux se trouve... une piscine. On y sert également de la cuisine grecque.

Philippin

JOE'S PLACE. 245/12 Sukhumvit Road Soi 31 ✆ 02 259 81 64. *Ouvert de 11h à 14h et de 18h à 23h.* Dans un décor sympathique, une bonne cuisine traditionnelle, un accueil vraiment aimable et des sièges très confortables (c'est si rare dans les restaurants !).

Restaurant de nuit

MOO HAN HONG KONG. Thanon Ratchada ✆ 02 678 22 17. Après Central Plaza (Rama III) et le carrefour de Narathiwat, de très nombreux restaurants en plein air proposent leur spécialité qui est le cochon de lait à la broche : à la mode de Hong-Kong (550 baht) normal (400 baht), poisson 5 étoiles (200 baht), et d'autres plats thaïlandais ou chinois tout à fait bons et pas très chers. L'ambiance est conviviale. Les tables rondes s'alignent au bord de la route. A éviter pendant la saison des pluies car les salles couvertes sont bien moins sympa.

Les " branchés "

SPHINX. 98/10 Silom Soi 4 ✆ 02 234 72 49. Web : www.shinxpub.com. *Ouvert de 18h à 2h. Accepte les cartes American Express, Diner's, Master et Visa.* Ce joli resto sombre dans la soi la plus gay de la ville est le meilleur resto gay de la soi (!). A l'entrée, deux sphinx paisibles gardent la porte, qui ouvre sur un très bon et très beau restaurant. Pas cher pour autant. Super " Khao Soï ", soupe de nouilles croustillante typique du Nord de la Thaïlande (125 baht).

GREYHOUND U. Chu Liang Building, Thanon Rama 4. *Ouvert de 11h à 22h30. Compter 100 à 200 baht par plat.* Lieu super tendance. Malgré une clientèle très mode, l'endroit est un peu désaffecté. On y sert de la cuisine hybride, thaïo-italienne. Les desserts sont vraiment bien et méritent leur réputation. Sachez qu'à l'addition s'ajoutent 10 % pour le service et 7 % de TVA.

BARLI. 12/1 TBI Building, 12e étage, Sukhumvit Soi 26-28. L'ascenseur privé vous mène directement dans ce bar-restaurant-appartement tapissé d'un moquette cotonneuse. Ce concept unique à Bangkok est en passe de devenir la nouvelle coqueluche de la jeunesse branchée. Pour bavarder entre amis autour d'un cocktail, en toute tranquillité, optez pour le salon. Sur la terrasse en plein air envahie par une végétation luxuriante on dîne devant une vue panoramique sur la cité des anges. Passé 22h, le restaurant se transforme en piste de danse. Le ghotta de Bangkok se laisse alors aller au son de la " French Touch ".

KUPPA. 39 Soi Sukhumvit 16 ✆ 02 663 04 95, 02 663 04 50- 4, 02 663 88 06. E-mail : kuppa@loxinfo.co.th. *Ouvert du mardi au dimanche de 10h30 à 23h30. Accepte les cartes Amex, V, MC et D.* Chicos et friqués, telle est la clientèle du thaïo-autralien Kuppa. Dans ce lieu luxueux, le moderne et le classique se mélangent harmonieusement. Kuppa est devenu

La Mecque du dessert. Les meilleurs plans sont le Cheese Cake (150 baht) et la tarte aux cerises (135 baht). Autre atout, le brunch du dimanche. Il y a aussi thés et cafés à la tasse ou dans un petit sac adorable (200 baht les 100 g).

Livraison à domicile

La livraison à la maison est un phénomène récent à Bangkok. Il s'est développé au cours des dernières années avec l'essor de l'habitat en appartement et autres condominiums. Juste quelques numéros pour les jours de grande paresse ou les soirées frileuses.

ROOM SERVICE. 408/36 Paholyothin Building, Thanon Phaholyothin ✆ 02 299 09 92, informations ✆ 02 619 04 73-7. Web : roomservicethailand.com. Quelque 350 restaurants de la ville sont répertoriés dans le catalogue de la maison. De quoi satisfaire les goûts, les exigences et les possibilités de chacun. Le " Delivery Man " vient chez vous dans sa livrée bordeaux.

S&P ✆ 02 369 22 22, 02 718 70 00. Web : sandprestaurant.com. Grande favorite des familles thaïlandaises, la chaîne " S and P " sera sûrement aussi la vôtre. Prix sympas, menus variés et grande fraîcheur.

JJ Delivery ✆ 02 712 30 00. Garantis sans OGM, les sets proposés par ce livreur intrépide sont typiquement thaïs.

Boulangeries

De nombreuses boulangeries ont ouvert ces dernières années. A noter que de par le climat humide, les viennoiseries et pâtisseries doivent être consommer rapidement. Ainsi vers 19 heures les boutiques font d'importantes ristournes en vue de se débarrasser des invendus de la journée. Avis aux gourmands, c'est une bonne heure pour s'offrir un éclair au chocolat ou un ou deux croissants.

LA BOULANGE. 2/1 Convent Road Silom Road ✆ 02 631 03 54. Pain de campagne, croissants, tartes aux pommes, rien n'y manque. Une annexe se trouve Soi 24 de Sukhumvit Road.

LA BRIOCHE. NOVOTEL SIAM SQUARE Soi 6 ✆ 02 255 68 88. Dans cet hôtel se trouve peut-être la meilleure pâtisserie de Bangkok : viennoiseries, pâtisseries diverses, dont de sublimes gâteaux au chocolat. Le magasin est assailli vers 19 heures, quand les ristournes (pouvant aller jusqu'à 70 %) commencent.

MARIA BAKERY. 909/911 Silom Road. Situé en face du Central Department Store, cet établissement propose une cuisine thaïe et vietnamienne mais surtout de délicieuses pâtisseries françaises pas chères du tout.

FOLIES. 309/3 Nanglichee Road ✆ 02 286 97 86. Grand choix de bonne qualité dans cet établissement à la direction française.

▶ Préparation de fête

SORTIR

Une vie ne suffirait pas pour explorer tous les bars, pubs et autres discothèques de Bangkok. Dans les bars à entraîneuses et les gogos, pas besoin de longs discours, vous savez déjà ce que vous y trouverez.

Dans les boîtes des grands hôtels, la clientèle est composée d'hommes d'affaires, de touristes et de jolies femmes du cru, quelquefois vénales. Les consommations y sont relativement chères.

D'autres discothèques, comme celles de Patpong par exemple, sont uniquement fréquentées par des professionnelles et des touristes en quête d'une compagne pour la nuit, d'autres encore sont un cocktail explosif des deux catégories avec un mélange de touristes, d'expatriés, d'hommes d'affaires en goguette, des représentants de la bourgeoisie thaïe, d'étudiantes et de jolies femmes venues faire admirer et parfois monnayer leur beauté.

Si vous aimez les pubs avec musique live, Bangkok fera votre bonheur pour le prix dérisoire d'une consommation : rock, country, pop, jazz, la qualité des groupes est souvent d'un grand niveau.

Pubs

LE SAXOPHONE. 3/8 Phayatha Road Victory Monument © 02 246 57 72. Web : www.saxophonepub.com. *Cocktails à 140 baht.* Un must à Bangkok. La qualité des groupes qui s'y produisent est souvent remarquable. Clientèle composée de vieux branchés, jeunes étudiantes, touristes et résidents de tous les âges.

BROWN SUGAR. 231/20 Soi Sarasin © 02 250 01 03. *Ouvert de 18h à 1h30 du matin.* Autre établissement de renommée, dont les heures de gloire sont passées mais qui garde cependant sa qualité musicale. Musique souvent axée sur le jazz et le blues.

TAPA'S ROOM. 114/7 Soi 4 Silom Road © 02 632 79 82. Web : www.tapas-cafe.com. *Ouvert de 20h à 2h du matin.* Un des endroits à la mode. Sur deux étages, des DJ s'en donnent à cœur joie. Funk, rock, soul... Si vous commandez une bouteille, un CD des meilleurs morceaux joués vous sera offert.

ROOTS REGGAE CLUB. 6/7 Soi 26 Sukhumvit Road © 02 259 70 02. E-mail : reggaebkk@hotmail.com. Tenu par un jeune Français, Mathieu, un pub qui monte, qui monte... Décoration africaine sur deux étages, en bas ambiance pub avec musique soul et reggae, en haut des DJ mixent de la jungle, de la house, du funk. Très bonne ambiance, une réussite.

BARBICAN BAR. 9/4 Thaniya Road © 02 234 35 90. *Ouvert de 11h à 2h du matin.* Bar à tapas. Clientèle mélangée des Thaïlandais et des touristes, ce qui n'est pas si fréquent à Bangkok.

ROCK PUB. Phayathaï Road © 02 208 96 84. *Ouvert de 19h à 2h du matin.* Il devrait s'appeler plutôt Hard Rock Pub ! Des groupes thaïs s'y relaient pour jouer du heavy metal à fond les manettes, quand ce n'est pas du gothique ou du trash. Les amateurs vont se régaler.

Boire un verre dans l'espace

ROOFTOP. Baiyoke Kky Hotel, Thanon Pratou Nam © 02 656 30 00. La tour Baiyoke passe pour être la plus haute de la ville. Elle s'élève au-dessus du quartier de Pratou Nam et semble vouloir attendre les étoiles. Quatre-vingt-trois étages ! ! Stop au 77e pour changer d'ascenseur et atteindre le Rooftop Bar and Music au 83e étage, le dernier. Le personnel vous accueille comme si vous étiez le commandant Spock. On se croirait dans Star Treck. Les malins, ils font payer 200 baht la montée en ascenseur ! On peut dîner au Baiyoke Sky Restaurant, aux 76e et 78e étages, ou au Stella Place au 79e.

Les jardins à bière ou " Rong Bier "

Les " Bier Garden " ne demandent pas beaucoup de logistique. Une centaine de tables pliantes et des chaises en plastique, une scène en plein air avec un groupe de rock docile et une ribambelle de serveuses choisies pour leurs morphologies agréables. Vous trouverez quantité de Bier Garden dans la rue Thanon Sukhumvit

WTC. World Trade Center, Thanon Rajdamri. Système de coupons sur l'esplanade du World Trade Center-Zen-Isetan. Vous échangez vos billets contre un carnet de coupons et payez vos consommations avec cette monnaie fiduciaire. On boit et on chante avec l'orchestre jusque tard dans la nuit.

METAL ZONE PUB. Soi Langsuan Ploenchit Road © 02 255 19 13. *Ouvert de 10h à 2h du matin.* Même genre que le précédent. La clientèle y est majoritairement thaïe... et déchaînée.

WITCH'S TAVERN. 306/1 Soi 55 Sukhumvit Road © 02 391 97 91. *Ouvert de 18h à 2h du matin. Cocktails à 160 baht.* Musique de jazz ou ballade rock. Très British, les lundis et jeudis " les Misters Sister " (sic !) viennent réveiller tout le monde en jouant du funk et du hip hop.

Q BAR. Sukhumvit Road Soi 11 © 02 252 32 74. *Ouvert de 19h à 2h du matin.* Ce pub s'est fait une renommée parmi la jeunesse branchée de Bangkok et les touristes. Ambiance délirante avec DJ et music house.

LA RUEDA. 2/3 Soi 18 Sukhumvit Road © 02 261 56 69. *Ouvert de 18h à 2h.* Pub cubain très sympa. Des professionnels y donnent des leçons de salsa aux dames. Cocktails cubains (daïquiri, Cuba libre), cigares et musique latino bien sûr.

THE BULL'S HEAD PUB. 595/10 Soi 33 Sukhumvit Road © 02 259 44 44. *Ouvert de 11h30 à 2h du matin.* Pub à l'anglaise avec cuisine de bistrot. Le soir, musique des années 60 et 70. Le dimanche, entre 17h et 19h, on commande une boisson et on la joue à pile ou face.

DUBLINER. 440 Sukhumvit Road © 02 204 18 41. Le pub irlandais type, avec son extérieur vert Irlande et son intérieur tout en bois. L'ambiance n'y est pas folichonne, mais les serveuses sont tellement charmantes qu'on se sent presque obligé de reprendre un verre.

SHENANIGANS. 1/5 Convent Road Sivadon Building © 02 266 71 60. *Ouvert de 11h à 1h du matin. Cocktails à 160 baht.* Pour les amateurs de bière irlandaise. Du mardi au dimanche, un groupe joue les tubes éternels du patrimoine anglo-saxon.

COMPASS ROSE. WESTIN HOTEL, Sathorn Taï Road © 02 679 12 00. *Ouvert de 11h30 à 1h du matin.* Ce bar n'aurait rien d'exceptionnel s'il n'était placé au... 59e étage de l'hôtel Westin Banyan Tree. La vue y est bien sûr superbe.

Discothèques

MINISTRY OF SOUND. 4 Sukhumvit Road Soi 12 © 02 229 58 88. *Entrée 500 baht, donnant droit à 2 consommations.* Sur trois niveaux, une boîte toute récente qui a rapidement gagné une clientèle jeune et branchée.

NARCISSUS. 112 Soi 23 Sukhumvit Road © 2 258 25 49. *Entrée 500 baht.* Un établissement plus ancien mais toujours au top. Décor grandiose et baroque. Très fréquenté par les célébrités thaïlandaises.

TAURUS. Soi 26 Sukhumvit Road © 2 261 39 91. S'est inspiré du précédent avec succès, puisqu'il attire la jeunesse dorée de Bangkok et donc de nombreuses jolies Thaïlandaises qui aiment tout ce qui brille.

RIVA'S HOTEL SHERATON. 250 Sukhumvit Road ✆ 02 653 03 33. Groupes live jouant les derniers et avant-derniers tubes du moment. Atmosphère plus feutrée et clientèle un peu plus âgée que dans les précédents.

DANCE FEVER. 71 Radchadaphisek Road ✆ 02 247 42 95. Grand complexe avec restaurants. Des écrans vidéo géants permettent de se voir danser sur la musique des groupes de grande qualité. Le groupe BLUR s'y était produit avant de connaître la consécration internationale.

SPASSO. HOTEL GRAND HYATT ERAWAN. 494 Rajdamri Road ✆ 02 254 12 34. Egalement des groupes d'une grande qualité musicale. L'ambiance est assez guindée mais pas désagréable, peut-être la beauté de certaines Thaïlandaises y est pour beaucoup.

TONY'S ITALIAN. Thaï Tower. Petchaburi Road* ✆ 02 716 08 01. Musique live, interrompue par des temps de pause où la sono passe les derniers tubes du moment. Tony, le patron, met souvent la main au clavier. Une clientèle faite de touristes, résidents et de jeunes filles à la beauté éblouissante.

CM2 NOVOTEL. Siam Square 392/44 Rama I Road ✆ 02 255 68 88. Suivant les soirs, vous aurez droit à de la musique live ou à de la dance music mixée par un très bon DJ. Clientèle mélangée, touristes, hommes d'affaires et, inévitablement, de jolies femmes au sourire ravageur.

NASA SPACE DROME. 999 Ramkhamhaeng Road. Gigantesque boîte de nuit avec écrans géants, lasers, fumigènes et toute la poudre aux yeux dont les Thaïs raffolent. Très peu de " Farang " car très excentrée.

RADIO CITY. Patlon 1 Suriwong Road ✆ 02 266 45 67. Un groupe reprenant des tubes de légende des années 70 et 80. De jolies Thaïes à la recherche d'un client. Leurs sourires... et le reste ont donc un prix. N'oubliez pas que vous êtes à Patpong.

Dans ce quartier, de nombreuses boîtes du même genre se font concurrence. Une petite piste de danse, un groupe et une sono et des jeunes filles pas farouches du tout qui cherchent à alpaguer le touriste... La discothèque du Nana Hotel, dans la Soi 4 de Sukhumvit Road, a le même genre de clientèle. Depuis peu l'entrée est payante : 160 baht.

Boîtes de jazz

Les hôtels du haut de gamme comportent souvent des clubs où jouent de très bons groupes de jazz. Voici les plus connus.

BAMBOO BAR. ORIENTAL HOTEL 48 Oriental Road ✆ 02 236 04 00. *Ouvert de 20h à 2h du matin. Consommations à 400 baht.* Un club très prestigieux avec des musiciens de grand talent.

THE LIVING ROOM. SHERATON HOTEL, 250 Sukhumvit Road ✆ 02 653 03 33. *Ouvert jusqu'à minuit.* Tient également le haut du pavé et a même peut-être détrôné le Bamboo Bar, aux dires des amateurs éclairés. Des jazzmen au top niveau.

SUNDOWNER'S. IMPERIAL QUEEN'S PARK HOTEL 199 Sukhumvit Road Soi 22 ✆ 02 261 90 00. Autre temple du jazz de la capitale, autre endroit magique de luxe et de volupté, autre boîte relativement chère.

Les moins chers

BOH ! Tha Tien, le long de la rivière Chao Praya. *Ouvert du mardi au dimanche de 19h à 2h.* Même si sa clientèle allumée et branchouille l'a un peu déserté, Boh reste un super lieu où boire un verre pas cher. Après 23h, il semble improbable de trouver une place assise. Boh est un des rares lieux où l'on fait la queue pour entrer.

CHEAP CHARLIE'S. 1 Sukhumvit Soi 11, Nana ✆ 02 253 466 48. *Ouvert tous les jours de 15h à 12h25.* Un des bars les moins chers de Bangkok, fréquenté par des Thaïs, des expatriés et des touristes. Il y a foule tous les soirs dans ce bar ouvert sur la rue.

Cabarets

CALYPSO CABARET. ASIA HOTEL. 296 Phayathai Road © 02 261 63 55. Web : www.calypsocabaret.com. *Spectacle à 20h15 et 21h45. Entrée 700 baht.* Cabaret très connu en Thaïlande pour ses shows de travestis. Le spectacle est remarquable (le chorégraphe, Allemand, a travaillé à Broadway).

MAMBO CABARET. Soi 22 Sukhumvit Road © 02 259 51 28. *Spectacle à 20h30 et 22h. Entrée 500 baht.* Etablissement du même genre que le précédent. Beaucoup plus récent, il est déjà fort couru.

Bars à entraîneuses et gogos

La réputation des nuits chaudes de Bangkok n'est plus à faire. Certains le déplorent, d'autres s'en réjouissent. Deux quartiers tiennent le haut du pavé en ce qui concerne les bars à filles et autres gogos. Patpong, dans le quartier de Silom Road, et Sukhumvit Road, où le Nana Plaza dans la Soi 4 et la Soi Cow-Boy près de la Soi 21 sont les plus connus.

Patpong

Le quartier s'est assagi depuis quelques années, les autorités ont en effet voulu donner une autre image de ces deux célèbres Soi. Elles ont ainsi créé le Patpong Night Bazaar, un marché de nuit fait pour attirer une autre clientèle que les touristes célibataires. De nombreuses familles qui logent dans les hôtels environnants se faufilent le soir venu entre les divers stands de T-shirts, montres, briquets et autres souvenirs, et jettent quelques regards intrigués et curieux sur les bars et gogos des ruelles les plus célèbres de la capitale. La création de Patpong date du début des années 1950. La famille Patpong Phanit (à l'origine du nom de la rue), qui venait d'acquérir le terrain, louait des locaux aux compagnies aériennes nouvellement installées en Thaïlande. Voyant que les hommes d'équipage, pendant les escales, et le personnel administratif s'ennuyaient ferme, la famille décida d'ouvrir des bars et, pour que les hommes se sentent moins seuls, des entraîneuses vinrent bientôt leur tenir compagnie. La formule eut du succès, et bientôt la guerre du Viêt-nam et la démocratisation des vols internationaux assurèrent à Patpong une renommée mondiale et aux Patpong Phanit une fortune colossale. Un des patriarches des temps héroïques vit encore et, selon la rumeur, se montre impitoyable en cas du moindre retard de loyer que lui versent chaque mois les centaines de tenanciers des Soi Patpong 1 et 2.

Difficile de conseiller un établissement plus qu'un autre, tant les ambiances, les patrons, les filles aussi changent au fil des mois. Mais là où vous verrez une enseigne " King ", l'arnaque et les petites magouilles de Patpong n'y seront pas de mise, le groupe appartenant à une famille chinoise très implantée dans le quartier et qui tient à sa réputation. Les King Castle 1, 2 et 3 et les King Lounge sont donc des adresses fiables.

Patpong est réputée pour ses " sexy shows " que les aboyeurs des divers établissements en étage vantent sur les trottoirs. Sans vouloir jouer les pères la pudeur, on ne peut que déplorer ces spectacles dérisoires où des jeunes filles se livrent à toutes sortes d'exhibitions scabreuses et dégradantes devant un parterre de beaufs l'écume aux lèvres. Peut- être sont-ils ravis de voir plus malheureux qu'eux, ce serait là la seule circonstance atténuante de ces tristes individus. Tout autre commentaire serait superfétatoire.

SUKHUMVIT BY NIGHT. UTOPIA 116/1 Soi 23 Sukhumvit Road © 02 259 96 19. Situé dans le quartier de Sukhumvit près de la Soi Cow-Boy, c'est un bar mais aussi une galerie d'art et un centre d'informations pratiques.

SOI COW-BOY. Situés entre les Soi 21 et 23 sur Sukhumvit Road, les bars et les gogos auparavant réduits à une petite Soi ont poussé comme des champignons tout autour, si bien que la plupart sont souvent déserts. L'ambiance est triste comme la clientèle qui s'y presse (de moins en moins). Ici tout change plus vite qu'ailleurs tant les " heureux propriétaires " des bars ont tôt fait de comprendre dans quelle galère ils se sont embarqués et essayent donc de repasser le mistigri à un autre pigeon, et cela fait plus de vingt ans que ça dure.

Dernier arrêt : le Grace Hotel

Depuis la fermeture quotidienne, à 2h du matin, du célèbre établissement de nuit, le Thermae, la Cafétéria d'un hôtel connaît un retour en grâce assez inespéré. Le Grace Hotel, puisque c'est de lui qu'il s'agit, sis dans la Soi 3 de Sukhumvit Road, accueille tous les insomniaques de la capitale à l'heure où la plupart des bars ont fermé leurs portes. Ainsi cet établissement devient le dernier salon où l'on cause, pour des clients encore assoiffés de rencontres et ivres de paroles, prostituées thaïlandaises à la recherche d'un pigeon occidental, loosers n'ayant plus rien, dealers vendant de tout, flics corrompus (pléonasme à Bangkok), m'as-tu-vu, voyeurs, résidents blasés, touristes ébahis, boit-sans-soif, crève-la- faim... Tout ce que la capitale compte de noctambules se retrouve dans cette cour des miracles, où une seule étincelle pourrait mettre le feu aux poudres, mais elle ne s'allume jamais. En vous y rendant vers 2h ou 3h du matin, vous en apprendrez plus sur la nature humaine que dans bien des traités d'ethnologie.

NANA PLAZA. Au début de la Soi 4 de Sukhumvit Road se trouve cette place qui, au fil des années, a vu elle aussi les établissements proliférer mais avec cette fois une certaine réussite, prenant même des " parts de marché " à la mythique Patpong. Les affaires sont donc plus stables que dans le temps. Voici quelques adresses mais, vu leurs activités, on précise que l'impression fugitive d'un soir n'est pas un blanc-seing attribué à l'établissement.

BIG DOGS. C'est le tout premier bar en entrant sur la gauche. Un peu surélevé, il offre un poste de choix pour observer tout à loisir la faune qui fréquente la place et les couples d'une nuit parfois totalement surréalistes qui s'y forment.

PHARAOHS. Encore un endroit stratégique puisque ce bar se trouve au milieu de la place. Les filles qui y travaillent ne sont pas agressives et comprennent très vite si vous êtes venus pour consommer un verre ou... autre chose.

LOLLIPOP. Sur la gauche après les escaliers, un petit bar extérieur plutôt sympa où les filles vous fichent une paix royale. S'en est presque vexant !

CARNIVAL. Pour être un carnaval, c'est vraiment un carnaval, ce gogo avec sa musique à fond les manettes, ces danseuses survoltées et ces touristes qui n'en croient ni leurs yeux ni leurs oreilles... Une ambiance de folie noyée dans des flots d'alcool !

G. SPOT. Un autre gogo du même genre, avec des dizaines de filles attendant de trouver le pigeon idéal.

SOI 33. Toujours sur Sukhumvit Road, dans la Soi 33, on trouve des établissements plus classe. Mais ne vous y trompez pas, malgré leurs belles robes toutes à l'identique, leur anglais parfait et leurs yeux de velours, toutes les belles femmes qui vous y accueillent ne voient en vous qu'un portefeuille sur pattes. On ne sait comment on doit prendre la chose mais beaucoup de noms de ces établissements sont à consonance française, le tout est de savoir si c'est grâce à notre charme ou à cause de notre mauvais goût. N'écoutant que notre courage, nous sommes entrés dans quelques-uns de ces bars.

NAPOLEON CLUB. 9/1 Sukhumvit Road Soi 33 ✆ 02 261 45 65. *Ouvert de 16h à 22h. Jusqu'à 21 heures, boissons à 80 baht.* Dès l'entrée, on se trouve entouré de deux ou trois jeunes filles qui s'empressent de nous mettre à l'aise. L'ambiance est bon enfant et toujours empreinte d'un humour trop souvent absent de Patpong ou de Nana Plaza.

RENOIR CLUB. 10/3 Sukhumvit Road Soi 33 ✆ 02 258 57 20. *Ouvert de 16h à 2h du matin. Jusqu'à 21 heures, bières et whiskies à 90 baht.* Ici aussi bonne ambiance empreinte d'espièglerie, avec toujours dans le regard le désir de soupeser votre portefeuille.

CHRISTIES'S CLUB. 1/1 Sukhumvit Road ✆ 02 258 57 30. *Ouvert de 16h à 2h du matin.* Là, c'est la grande classe, vous êtes accueilli par un portier en livrée. Ambiance feutrée et malicieuse. Pour les timides, un billard est un bon moyen de faire connaissance. Tous les mercredis, pour le prix d'un verre, deux consommations sont proposées.

D'autres établissements du même type se trouvent le long de la Soi, comme le Manet, le Vangogh...

Pour les femmes

Les gogos pour la gente féminine sont très rares mais, par souci d'égalité, nous en citerons deux.

CHIPPENDALE'S CLUB. Mahannaton Hotel, Sukhumvit Soi 20 ✆ 02 252 71 41.

MONTE CARLO CLUB. Windsor Hotel, Sukhumvit Soi 20 ✆ 02 258 01 60.

Gay

Tout près de Patpong, dans la Soi 4 de Silom Road, se trouve le quartier gay avec ses bars, ses restaurants et ses discothèques. Parmi les établissements les plus connus figurent le bar Telephone et le très prisé restaurant le Sphinx, mais l'endroit incontournable pour la communauté homosexuelle est le DJ Station.

DJ STATION. 8/6-8, Silom Soi 2 ✆ 02 266 40 29. Web : www.dj-station.com. *Ouvert tous les jours de 22h à 2h.* QG des gays branchés de Bangkok, peuplé de drag queens et de mecs aux bouilles angéliques et à la carrure athlétique, le DJ Station est la boîte gay la plus connue de Bangkok. Ambiance détendue, on n'y sera vraiment pas considéré comme un intrus. La foule euphorique danse allègrement dans un décor métallique postindustriel.

TELEPHONE. 114/11-13, Silom Soi 4 ✆ 02 234 72 49. Web : www.telephonepub.com. *Ouvert tous les jours de 19h à 12h.* Appelé aussi Jurassic Parc parce que ce sont les aînés de la communauté gay qui fréquentent ce bar ouvert depuis presque vingt ans... Des téléphones sont disponibles pour pouvoir appeler les jeunes gens à des tables voisines. La cuisine est bonne, l'ambiance hystérique.

BALCONY. 86-88 Silom Soi 4 ✆ 02 235 58 91. E-mail : info@balconypub.com. Web : www.balconypub.com. *Happy hour de 19h à 21h.* Très populaire. Super terrasse, ambiance marais-cage. Karaoké, coin Internet, jeux vidéo, bar-restaurant. Gays et non-gays y sont les bienvenus.

SAKE COFFEE PUB. Soi Damnoen Klang Tai, Tanao ✆ 02 622 13 8 33-4. *Ouvert tous les jours de 20h à 2h.* Cette boîte a l'avantage (ou le désavantage) de ne pas se trouver dans la rue gay de Bangkok, à savoir la Soi Silom 4. Des spectacles " cabaret " en prime.

Cinéma

A Bangkok, il est possible de trouver des salles diffusant des films en version originale (anglais). Avant le début de la séance, il faudra vous lever dès les premières notes de l'hymne royal. Quelquefois le son est poussé au maximum et cela peut être pénible. L'entrée coûte entre 70 et 120 baht selon le film et la salle. Quelques adresses :

LIDO MULTIPLEX. Siam Square Rama I Road.

SCALA. Siam Square Soi 1 Rama I Road.

WORLD TRADE. World Trade Center Ploenchit Road.

UNITED ARTIST. Emporium Building Soi 24 Sukhumvit Road (6e étage).

MAJOR CINEPLEX. Soi 63 Sukhumvit Road.

ALLIANCE FRANCAISE. 29 Sathorn Taï Road. Passe des films francophones en V.O. Pour tous renseignements ✆ **02 213 21 22**.

Les salles climatisées

La première fois que vous irez au cinéma en Thaïlande, le fait de voir des autochtones avec des sweats à manches longues, voire des blousons à la main, vous intriguera. Dès l'entrée, vous aurez compris : avec les climatiseurs grands comme des autobus et poussés à leur maximum, vous donneriez cher pour avoir la petite laine que votre voisin thaïlandais a enfilée.

Plus un commerçant est prospère, plus il le montre en faisant la course au climatiseur dernier cri. La chaleur, c'est pour les pauvres ! L'air conditionné est un signe intérieur de richesse. Plus la salle ou le magasin est chic, plus vous approchez du climat de la banquise.

De même, dans certains trains, il faudra vous protéger d'une couverture alors qu'au dehors un soleil de plomb assèche les rivières. Pendant que vos voisins vous lanceront des regards courroucés, soupçonnant que c'est pour votre seul et unique confort d'Occidental que règne dans le compartiment un climat sibérien, vous attendrez avec impatience de retrouver les 35° à l'ombre de l'extérieur.

Méfiez-vous du chaud et froid. Cela ne ferait pas très sérieux à votre retour en France de dire que vous avez attrapé une bronchite en Thaïlande.

Festival : première !

Le 1er festival du film international de Bangkok a eu lieu du 10 au 21 janvier 2003, et ensuite tous les ans à la même période.

Théâtre et spectacles traditionnels

Le Théâtre National de Bangkok a pour mission de perpétuer la tradition des danses nationales. Les danseurs portent des tenues d'apparat et des masques ancestraux.

THEATRE NATIONAL. Na Phra Lane Road ✆ 02 224 13 42. *Ouvert de 8h à 16h30.* Ici on vous donnera tous les renseignements sur les horaires des futurs spectacles.

NATIONAL THEATRE. 2 Rachinee Road ✆ 02 221 01 71, 02 224 13 42, 02 221 58 61, 02 221 81 91. *Renseignements du lundi au vendredi de 8h30 à 16h.*Construit juste à côté du musée dirigé par le Département des Beaux-Arts, le National Theatre programme des danses traditionnelles et de la musique thaïe les derniers vendredi et samedi de chaque mois. Représentation le week-end. Le meilleur spectacle de théâtre dansé (Lakorn et Khon) de 20 à 200 baht. Le Khon, spectacle dansé avec des masques, est un spectacle royal.

CENTRE CULTUREL. Thanon Ratchadaphisek ✆ 02 247 00 28 02 24-7, 02 427 00 28, 02 247 32 01. *Ouvert du lundi au samedi de 9h30 à 16h30. Entrée libre. Représentations régulières.* L'objectif principal du centre est de donner conscience aux Thaïlandais de la valeur de leur culture. Grand amphithéâtre en plein air, salle de réunion, librairie, laboratoire de langues et salle audiovisuelle. Immense terrain pour le choc des cultures ! Appelez afin de connaître le programme des activités. Les spectacles de type ballet et opéra sont rarement des références et de toute façon bien trop chers. Par contre, les spectacles pour la promotion de l'art local sont gratuits et c'est tant mieux parce que même si c'est gratuit, c'est bien.

CENTRE SANGGKHIT SIN. Thanon Rajdamnoen ✆ 02 282 23 96. *Ouvert tous les vendredis de 17h30 à 19h30. Entrée libre.* Lubie d'un érudit mécène des arts, ce mini centre culturel loge dans les locaux de la Bangkok Bank du quartier Saphan Fa. Tous les vendredis, musique traditionnelle et débats sont proposés au public.

Opéra

En plein Chinatown vous pourrez assister à des représentations dignes de l'Opéra de Pékin. Dire, à votre retour en France, en réponse aux questions graveleuses sur vos activités à Bangkok : " J'ai été à l'Opéra ", pose son homme.

LOW SAI POH HONG. 527/5 New Road ✆ 02 291 61 52.

VISITER

Rattanakosin

Lorsque Rama Ier crée la capitale de Thaïlande, il veut qu'elle soit aussi magnifique qu'Ayuthaya. Erigée sur le site de Bangkok (village des oliviers), l'île portera les noms de Rattanakosin, qui signifie " joyau suprême ", et de Krungthep Maha Nakorn, qui signifie " grande ville capitale des anges ". Rama Ier fera venir les architectes, les artisans et même les matériaux d'Ayuthaya.

Mais ce nouveau royaume de Siam est toujours en guerre. Rattanakosin sera donc adossée au fleuve et entourée de canaux, de fossés de défense et de remparts longs de 7 kilomètres, avec 15 fortins, 16 entrées principales et 47 petites portes. Les canaux sont le khlong Lote qui ceint l'enceinte sacrée ; le khlong Ong Ang et le khlong Bang Lamphu qui, eux, entourent la " banlieue ". Rattanakosin se divise, en effet, en deux parties. L'enceinte sacrée abrite les palais du roi et du vice-roi ainsi que les temples royaux. Dans la banlieue se trouvent d'autres temples et d'autres palais.

Aujourd'hui, Bangkok est devenue une capitale internationale de six millions d'habitants et la ville royale est appelée " île Rattanakosin ". C'est le quartier des ministères qui occupent les anciens palais nationalisés après le coup d'Etat de 1932. C'est aussi le quartier le plus calme de Bangkok, mais il n'y a pas de boutiques (voir " Les grands quartiers de Bangkok ").

Enceinte sacrée

WAT PO (ou temple du Bouddha dans l'attente de la mort). Au coin de la Thanon Chetuphon et de la Thanon Maharat. *Ouvert de 8h à 17h. Entrée 20 baht.* (Wat = temple, et Po = abrégé de boddhi, c'est-à-dire arbre de la boddhi.) On l'appelle quelquefois temple du Bouddha couché. C'est dans la Thanon Chetuphon que le général Chakri s'autoproclama roi sous le nom de Rama Ier et qu'en 1789 il fit agrandir l'ancien temple qui s'y trouvait déjà.

Ce temple, le plus ancien de Bangkok, est coupé en deux par Chetuphon où se trouve l'entrée. D'un côté se dresse le temple proprement dit et, de l'autre, le quartier monastique.

Le Wat Po est principalement connu pour son **Bouddha** dans l'attente de la mort ; c'est la plus grande image de Bouddha dans cette attitude. La statue mesure 46 mètres de long et 15 mètres de haut. La plante des pieds, incrustée de nacre, porte les 108 signes que Bouddha avait dès sa naissance.

A côté du viharn, **la bibliothèque,** décorée de mosaïques chinoises, conserve les manuscrits sacrés. Elle constitue l'un des plus grands bâtiments de l'ensemble.

On peut voir encore quatre grands chedi qui représentent les quatre premiers règnes. Le chedi recouvert de mosaïques vertes mesure 41 mètres de haut et contient une image de Bouddha provenant d'Ayuthaya et détériorée par les Birmans. Ce chedi fut édifié par Rama Ier. Le roi Rama III fit construire le chedi blanc en l'honneur de son père Rama II et le chedi jaune en son propre honneur. Le bleu fut érigé par Rama IV pour commémorer la reine Sri Suriyothaï d'Ayuthaya.

Le pavillon de médecine traditionnelle, au pied de ces chedi, expose des dessins du corps humain avec les points d'acupuncture ainsi que des recettes à base d'herbes médicinales, celles-là mêmes qui reviennent à la mode aujourd'hui.

Enfin, les statues en pierre, avec des barbes et des chapeaux qui vous rappelleront les Européens, ont été ramenées de Chine au XIXe siècle. Ce sont les " démons " qui gardent le temple. Rappelons que les Chinois appellent les Européens, les " démons rouges ".

La chapelle est habituellement fermée aux visiteurs. La statue de Bouddha dans le style d'Ayuthaya est sans grand intérêt. Sur les murs sont peintes les biographies de quarante-sept éminents disciples de Bouddha. Plus intéressants sont les bas-reliefs en marbre de la balustrade qui entoure la statue : ils dépeignent des scènes du Ramakien.

Les quatre Viharn aux quatre points cardinaux comportent d'intéressantes images de Bouddha, le montrant assis sur un rocher et acceptant les offrandes d'un singe et d'un éléphant, ou protégé par le roi des Naga.

Wat Po est un temple " relax ". Dans une petite et très simple cafétéria, vous pourrez boire le jus d'une noix de coco qu'on ouvrira devant vous. Outre des astrologues amusants, près du mur bordant le Thanon Sanam Chaï (mur de l'Est) se trouve le Massage Institute, où, pour 180 baht de l'heure, vous aurez droit à une torture dite " massage " effectuée par les doigts d'acier d'étudiants qui s'initient là à cet art traditionnel. Mais la renommée du massage au Wat Po est quelque peu surfaite, la qualité des prestations restant tout à fait inégale. Comment pourrait-il en être autrement, avec les cadences imposées par les longues files d'attente, l'environnement public (les lits sont alignés dans deux chapiteaux) et le principe même du massage à la chaîne ? Ce n'est pas tout, il fait chaud (c'est en plein air), le masseur transpire, vous aussi, les draps ne sont pas systématiquement changés (en fait, sur demande, avec un supplément modeste). Et ici, pas de pyjamas de soie… on vous masse à même les vêtements - évitez donc d'arriver en jean. Certains voyageurs apprécient tout de même l'endroit, peut-être prennent-ils soin de demander à se faire masser par un professeur… Mais on préfère souvent l'intimité - et la disponibilité - de certains salons de massage traditionnels. Là, vous serez littéralement pris en main par votre masseur. Le massage étant un réel acte thérapeutique, vous devriez en ressortir léger, léger… et rajeuni. Dernières remarques : un massage douloureux n'est jamais un bon massage. Vous pouvez demander à ce que le masseur insiste particulièrement sur une partie du corps, si vous souffrez des lombaires par exemple. 90 minutes paraît l'idéal, le standard étant souvent deux heures. Dans un même centre, il faudra essayer plusieurs masseurs avant de tomber sur le bon.

WAT PRA KEO ET GRAND PALAIS © **281 1518.** *Ouvert de 8h30 à 12h et de 13h à 15h. Entrée 200 baht (vous aurez droit à un ticket gratuit pour Vimarnmek Palace ; si vous êtes entré avant 12h, vous n'êtes pas obligé de sortir, on ferme uniquement pour permettre au personnel de déjeuner).* L'exemple le plus remarquable est **le temple du Bouddha d'Emeraude** (Wat Pra Kéo), dont **la chapelle** (" ubosoth ") est un classique de cette époque. La paire centrale de lions en bronze qui flanquent l'entrée principale fut rapportée du Cambodge par le roi Rama Ier, tous les autres lions sont des imitations.

Wat Pho, Bangkok

Avertissements sans frais

On ne veut pas vous décourager mais au contraire vous aider : se déplacer dans Bangkok n'est pas facile pour les multiples raisons suivantes :

Très peu de Thaïs parlent le français, sauf quelques fonctionnaires, que vous avez peu de chances de rencontrer, et quelques commerçants. La langue étrangère est l'anglais, mais elle est pratiquée essentiellement par les élites. Le Thaï moyen parle le thaï, qu'il est inutile d'apprendre car il faut savoir le chanter (chanter, oui, parfaitement, puisqu'il y a cinq tons). Ainsi le mot " Kao ", prononcé de cinq manières différentes, signifie, au choix : genou, neuf (9), riz, elle ou blanc. Inutile donc de risquer une méningite pendant les vacances.

La transcription du thaï en langue latine est totalement fantaisiste. La transcription du nom d'une rue sur un document officiel n'est pas forcément la même que celle sur le panneau de ladite rue, ou sur la carte de visite d'un commerçant. Ainsi, le quartier Banglamgphu s'écrit encore Banglamphoo mais se prononce en français Banlampou. Nous préciserons chaque fois, s'il y a lieu, la bonne prononciation entre parenthèses.

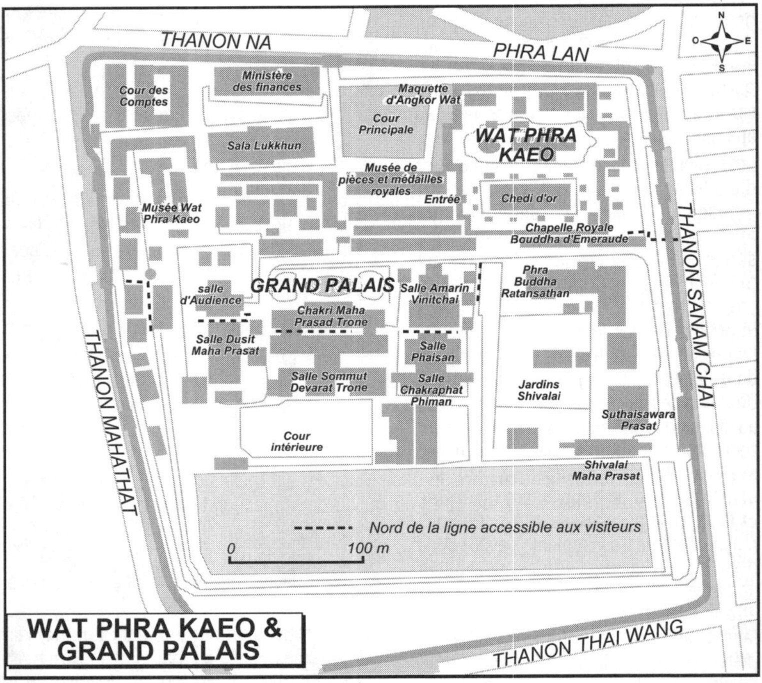

La base de l'ubosoth, ornée de hauts-reliefs représentant des Garuda saisissant leurs ennemis, les serpents, est remarquable. A l'intérieur, les fresques qui racontent la vie de Bouddha datent du premier règne : elles ont été restaurées par la suite. La statue la plus vénérée de Thaïlande, le célèbre Bouddha d'Emeraude, a une origine difficile à retracer. On admet qu'elle fut primitivement trouvée dans un temple de Chieng Raï, vers 1431. Elle était alors couverte d'une feuille d'or. Plus tard, le stuc sous la feuille d'or s'effrita et la pierre verte apparut. On prétendit ensuite que c'était une statue d'émeraude (en réalité de jaspe) et elle fut aussitôt considérée comme sacrée. Le gouverneur de Chieng Raï en parla au roi de Chieng Maï, qui désira l'obtenir. Des éléphants furent envoyés pour la rapporter mais, sur le chemin du retour, ils se dirigèrent en direction de Lampang et non vers Chieng Maï. Le roi y vit un présage divin et permit à cette dernière ville de conserver la statue.

En 1468, le nouveau roi de Chiang Maï fit venir la statue dans sa capitale. L'un de ses successeurs partit, en 1552, combattre les rebelles à Luang Prabang et emporta le Bouddha d'Emeraude avec lui. Il s'établit par la suite à Vientiane et le conserva dans cette ville.

En 1778, le roi Rama Ier, alors général, prit Vientiane et ramena le Bouddha d'Emeraude à Thonburi. Après sa montée sur le trône, il fit construire le Wat Pra Kéo, qui accueillit la fameuse statue.

Ce **Bouddha dit d'Emeraude** mesure 75 cm de haut et 45 cm de large. Il repose sur un piédestal d'or au sommet d'un autel doré de 11 mètres et sous un parasol de 9 étages. Il change de vêtements selon les saisons : en été, il porte une tunique d'or émaillée, ornée de pierres précieuses ; pendant la saison des pluies, une toge de bronze émaillée de bleu ; en hiver, c'est une robe de mailles en or qui le couvre de la tête aux pieds.

Dans l'axe de la porte d'entrée, une plate-forme de marbre sert de socle au panthéon royal. Les statues grandeur nature des huit rois y sont gardées. Le panthéon n'est ouvert qu'un jour par an, le 6 avril, jour de la commémoration de la dynastie Chakri. Derrière, on trouve la bibliothèque (" mondop ") où un très beau cabinet de nacre contient les manuscrits sacrés. Le plancher est recouvert de nattes d'argent. A droite, on remarque une reproduction miniature d'Angkor Wat. Enfin, aux quatre coins, se tiennent quatre statues de Bouddha, de style javanais, des XIVe et XVe siècles.

Derrière la bibliothèque s'élève **la flèche dorée** du grand chedi Pra Si Ratana, qui fut édifié par le roi Rama IV. Des reliques de Bouddha sont conservées à l'intérieur, d'où le respect dû à ces lieux.

Les fresques du cloître racontent le Ramakien.

On remarquera que ce temple est très bien gardé par des Yakça de 6 mètres de haut, armés d'une épée, au visage de différentes couleurs. Partout également, des Kinnari et des Naga.

Enfin, les huit prang alignés sur le côté oriental, revêtus de faïence et de mosaïques, sont dédiés à la Trinité bouddhiste : le Bouddha, la Loi et la Communauté des bonzes, ainsi qu'à certains disciples dont les cendres sont conservées là.

Le Grand Palais, quelque peu inspiré de l'art occidental, est moins intéressant et seule une partie peut être visitée.

Ce qu'on appelle le Grand Palais est le Chakri Maha Prasat construit sous le règne du roi Chulalongkorn, de 1876 à 1882, par des architectes anglais, ce qui explique son style européen. A l'intérieur, le hall est fermé par une haute porte à doubles battants donnant accès à la salle du trône où se déroulent des réceptions officielles.

A droite, sur une terrasse de marbre, le Dusit Maha Prasat (palais céleste) est de style thaï mais en forme de croix. Le trône placé au milieu de la pièce est entouré d'objets ayant appartenu aux précédents rois.

Sur le bord de la terrasse de Dusit Maha Prasat se trouve le pavillon Aphon Phipok Prasat dont la porte est située exactement à la hauteur d'un palanquin d'éléphant afin que le roi puisse y entrer et sortir sans démonter.

Enfin, entre le Amarindra Hall et le Grand Palais se trouve une porte toujours gardée qui conduit au jardin du harem où les concubines et les reines pouvaient batifoler. Le jardin est fermé, sauf en de rares occasions quand les dignitaires étrangers y sont reçus, et la rumeur dit qu'ils sont moins distrayants que du temps des premières occupantes.

Le Grand Palais fut déserté après le coup d'Etat de 1932 et définitivement délaissé en 1946. Il sert aujourd'hui aux diverses réceptions officielles.

SANCTUAIRE DE LAK MUANG. *Ouvert de 9h à 17h. Entrée libre.* (Lak = pilier et Muang = ville.) Au coin de Sanam Luang, au bout de Thanon Naphralan et au bord de Thanon Lak Muang se trouve le pilier qui marquait, à l'époque Rattanakosin, le centre de la ville. De là sont mesurées toutes les distances en Thaïlande. Mais surtout, ce que beaucoup ignorent, Siam Thevatirate, l'ange protecteur de la Thaïlande, est vénéré dans ce sanctuaire. C'est le deuxième endroit le plus sacré du pays après le Wat Pra Kéo. Le pilier est aussi un lingam (symbole phallique), sans aucune référence à l'érotisme. Le phallus, en ce sens, est l'esprit de la reproduction. C'est pourquoi les femmes stériles viennent le prier. Pour honorer le sanctuaire, des danses classiques s'y déroulent pratiquement toute la journée.

Sanam Luang (Sanam = champs et Luang = royaux). C'est l'ancienne place où avait lieu la crémation des rois. Après 1932, s'y tint le marché du dimanche, véritables halles, transférées depuis à Chatuchak Park (voir " Marchés ").

THANON MAHARAT. Cette rue débute par l'université des Beaux-Arts, qui occupe les locaux d'un ancien palais, et se termine par le Wat Mahatat, sans intérêt particulier mais qu'on peut visiter librement de 9h à 17h. En face, dans les ruelles qui conduisent au fleuve ainsi que sur le trottoir du Wat Mahatat, se trouve un marché aux amulettes, aux Bouddhas et aux phallus de toute taille (voir " Lak Muang ") pour les hommes et les femmes stériles.

Ce marché se poursuit sur le trottoir côté temple, face à l'université Thammasat,

THANON PRACHAN. Les hommes recherchent avant tout les amulettes ayant le pouvoir de protéger contre les balles et les coups de couteau (au pays du sourire !), mais aussi celles qui procurent un pouvoir séducteur (au pays des " massage parlors ! "). Certains en ont ainsi jusqu'à une douzaine qu'ils font cercler d'or, et qu'ils portent pendues à une grosse chaîne d'or elle aussi, ce qui fait un collier d'un sacré poids.

Wat Benja, Bangkok

Wat Phra Keao, Bangkok

Palais, Bangkok

MAHA UMA DEVI. Silom Road. *Entrée libre.* Ce petit temple hindou est très fréquenté par la communauté indienne présente en nombre dans le quartier. On y voit des représentations de Shiva, de Vishnu et d'autres divinités indiennes.

ORATOIRE DE L'ERAWAN. Thanon Rajdamri. Au carrefour de Rajdamri et Ploenchit. *Métro Rajdamri. Ouvert de 6h à 20h tous les jours de la semaine.* Il est dédié au dieu Brahma (Phra Prom) et à sa monture Erawan, l'éléphant aux 33 têtes qui est la monture du dieu Indra. L'autel fut érigé en 1956, pour apaiser les esprits qui en avaient été délogés suite à la destruction des arbres qui précéda la construction de l'hôtel Hyatt Erawan. Les fidèles viennent honorer le dieu aux quatre faces en lui offrant feuilles d'or, encens, bougies, fleurs et spectacles de danse. Ce petit sanctuaire noyé dans la fumée d'encens est comme suspendu hors du temps, à ce coin de rue où tradition et modernisme se côtoient. Enchanteur !

WAT BOWONNIWET. *Ouvert de 8h à 21h. Entrée libre.* Ce temple est le quartier général d'une communauté très minoritaire chez les bouddhistes, le Mahanikaï, qui est pratiquement assimilée à une secte. Paradoxalement, ce même temple héberge une université bouddhique, la 2e en importance de la capitale. Dans le passé, plusieurs rois ont plus ou moins adhéré à la " secte ". Ceci expliquant cela.

THANON PRA PRATHAT. Cette rue longe l'université Thammasat connue depuis la révolution d'octobre 1973, lorsque les étudiants de toutes les facultés s'y étaient rassemblés, car ils pouvaient camper sur Sanam Luang avant de se réunir autour du proche monument de la Démocratie. Cette rue qui n'a rien de révolutionnaire est surnommée " la pétaudière ". Aucun intérêt. Plus loin se trouvent le Musée national et le Théâtre National, qui occupent les locaux du palais du vice-roi.

Si vous avez déjà visité le Wat Po, le Wat Pra Kéo et si vous envisagez d'autres visites de temples, et en particulier une croisière (voir " Croisières enchanteresses ") vers Ayuthaya, perdre du temps enfermé dans ce musée, avec le temps qu'il fait dehors, serait inadmissible. Mais si vous êtes vraiment intéressé par l'histoire de l'art, alors, pourquoi pas ?

MUSÉE NATIONAL. *Ouvert de 9h à 16h. Fermé les vendredi et samedi. Entrée 20 baht (on reçoit un opuscule en anglais, en prime).* Le mercredi, une visite guidée par un guide parlant le français est organisée par la direction du musée. Le musée se compose de deux buildings, le bâtiment Sud (à gauche) et le bâtiment Nord (à droite). Toutes les salles sont numérotées.

Bâtiment Sud : S1 : Birmanie, Chine, Inde, Japon, Tibet et Sri Lanka. S2 et S3 : Grande tête de Bouddha et tout particulièrement une statue du roi khmer Jayavorman VII, assis, dont le réalisme est stupéfiant. S6 : Belles statues de Bouddha en pierre de Dvaravati. S8 : Statues de Java.

Bâtiment Nord : N1 : Bouddha de la période rattanakosin o N4 : Bouddha assis de style Dvaravati, tête de bronze doré d'Ayuthaya et deux têtes de Sukhothaï o N7 : Style de Chieng Sen o N8 : Style de Sukhothaï o N9 : Style d'Ayuthaya o N10 : Style d'Ayuthaya.

La visite est terminée. Vous pouvez la compléter par le Wat Arun (temple de l'Aube) de Thonburi, quasiment en face du Wat Po.

WAT ARUN. *Ouvert de 8h30 à 16h30. Entrée 20 baht.* On s'y rend à partir de la jetée Tha Tien, dans la prolongation de Thanon Thaiwang. La traversée coûte en principe 10 baht. Le seul intérêt de ce temple est de posséder un prang qui, selon les experts, dont on sait qu'ils sont toujours d'accord, est de 74, 81, 82 et 84 mètres de haut. De toute façon, c'est entre 60 et 100 mètres. Le nom du temple vient de la déesse hindouiste Aruna, qui est la déesse de l'Aube. Si vous ne désirez pas le visiter, vous pouvez vous asseoir sur la rive de Rattanakosin vers 18h et attendre le coucher du soleil : le prang illuminé par le soleil couchant est un spectacle peu banal.

La " banlieue "

C'est avant tout devenu le quartier des guesthouses et des petites boutiques, principalement de vêtements. Le quartier a la forme d'un quadrilatère délimité par la Thanon Ratchadamnoen puis, à la hauteur du monument de la Démocratie, par la Thanon Prachathipataï qui croise la Thanon Phra Sumen (ou Sumeru) et se continue par la Thanon Phra Athit jusqu'à l'université Thammasat.

FORT PHRA SUMEN. Construit sous Rama Ier, il conserve encore quelques vieux canons et un grand morceau de mur de remparts. On le voit immédiatement à la jonction de Phra Sumen et de Thanon Phra Athit.

WAT BOVORNIVET. THANON PHRA SUMEN. *Ouvert de 9h à 17h. Entrée libre.* Edifié entre 1824 et 1832, il n'a pas d'intérêt particulier, sauf qu'il s'agit du temple où le roi Rama IX fit une retraite en 1956. C'est aussi le temple où les hauts personnages en disgrâce venaient revêtir la toge de bonze pour échapper aux vicissitudes de la vie politique. Bien que l'entrée soit libre, il est poli de ne pas s'y attarder car c'est un temple réservé, en quelque sorte !

Quartier de la Grande Balançoire

Il est délimité par la Thanon Ratchadamnoen, Charoenkrung Road qui lui est presque parallèle, khlong Lote et khlong Ong Ang. La partie située entre Charoenkrung et le fleuve appartient à Little India et à Chinatown (voir " Quartiers insolites ").

MONUMENT DE LA DÉMOCRATIE. Impossible de ne pas le voir en plein milieu de Ratchadamnoen. Il se compose de quatre ailes en cercle (qui doivent représenter la démocratie toujours prête à s'envoler) avec, au centre, une constitution en forme de dépliant (militaires et hommes politiques la déplient pour jouer de l'accordéon) scellée à un réceptacle. Cette œuvre magnifique, conçue par un architecte italien après le coup d'Etat de 1932, est le point de départ des manifestations.

WAT RATCHANADDARAM. Au bout de Ratchadamnoen et le long de Mahachaï Road. *Entrée libre.* Le temple était autrefois caché par un cinéma qui a été détruit et remplacé, en 1990, par une jolie place où trône Rama III. La vue y est très belle. Ce temple a la particularité de posséder la " tour de fer ", Lohaprasat (Loha = fer et Prasat = tour), haute de 33,5 mètres. Si vous voulez y monter, il faudra trouver un bonze de bonne volonté et disposant de la clé. Mais la vue est belle. C'est ici que se trouve le fameux marché aux amulettes.

CHEZ LES BRAHMANES. En plein milieu de ce quartier, vivent des brahmanes, caste des prêtres de l'hindouisme. Ils portent la toge blanche (" dhoti ") et les cheveux longs coiffés en chignon. Ce sont les astrologues de la Cour et ils déterminent les dates des cérémonies...

BOT PHRAAM (DEVA SATHAN). Au début de Ban Dinsor Road en partant du Wat Suthat. On ne peut visiter ce sanctuaire qu'avec l'autorisation des brahmanes. On y trouve des statues de tous les dieux indiens, dont Vishnu et Shiva.

SANJAO KHEK (prononcer Kêke) ou VISHNU MANDIR. Thanon Unakan. *Ouvert de 10h à 22h. Entrée libre.* Ce temple, vieux seulement de vingt ans et dont le premier nom signifie " sanctuaire indien " (ainsi l'appellent les Thaïs), est dédié à Vishnu, comme son second nom l'indique (nom donné par les Indiens). De 19h à 22h, de nombreux Indiens et Thaïs s'y rassemblent pour prier Vishnu qui y a sa statue, et c'est intéressant.

GRANDE BALANÇOIRE. Elle se situe exactement entre les deux sanctuaires, Bot Phraam et Sanjao Khek. Elle fait 25 mètres de haut et, depuis 1935, le jeu indien a été interdit. Ce jeu consistait, en décembre ou en janvier, selon le calendrier, au cours de la fête de Shiva, à se balancer en essayant d'attraper avec les dents un sac d'argent attaché à un pilier, en face, haut de 23 mètres. Les Indiens tombaient comme des mouches mais ne volaient pas aussi bien et s'écrasaient à terre.

WAT SUTHAT. Bamrung Muang Road. En face de la balançoire. *Ouvert de 8h à 17h. Entrée libre.* Un temple méconnu mais très beau. Il se compose de deux importants bâtiments : le Viharn du côté de la balançoire, et le Bot. Le Viharn, étonnant par la grâce de ses proportions offre un très bel exemple de l'architecture du style de Bangkok. La statue de Bouddha, qui provient du Wat Mahathat de Sukhothaï, est également remarquable. Le bot est surtout intéressant pour ses fresques. En particulier, les espaces entre les fenêtres qui représentent les épisodes de la vie de Bouddha. Ce temple dégage une impression de grande paix et il est vrai qu'avec les Indiens à côté, l'atmosphère est à la spiritualité.

THANON BAMRUNGMUANG (MARCHÉ DES BONZES). A partir du Wat Suthat. Ce ne sont pas les bonzes qui y font leurs achats puisqu'ils n'ont pas le droit de toucher à l'argent, mais les fidèles. Dans cette rue étroite, on trouve, dans de multiples magasins, tout ce qui est nécessaire à la vie du bonze et du temple : toges, encens, vases pour la nourriture, éventails…

TEMPLE DE LA MONTAGNE D'OR ET WAT SAKET. *Entrée libre pour le Wat Saket, ouvert de 8h à 18h. 10 baht pour monter.* Le temple est situé juste en dehors de la " banlieue ", face à fort Mahakan, le dernier qui subsiste avec celui de Phra Sumen. Le Wat Saket (en bas) était le temple de la charité où on déposait les cadavres trouvés dans les rues de Bangkok. Ici avait lieu la crémation de ces morts abandonnés. Quand il y en avait trop, on les laissait dans la cour comme nourriture pour les vautours. Cette pratique persista jusqu'au début du siècle. La Montagne d'or s'élève à 18 mètres. Elle contient une relique de Bouddha donnée par le gouverneur anglais de l'Inde au roi Rama V, en 1899. Belle vue.

SANJAO PHO SUA. THANON TANAO. *Ouvert toute la journée. Entrée libre.* (Sanjao = sanctuaire, Pho = père et Sua = tigre.) Un petit mais authentique temple chinois, sans influence du bouddhisme, de tradition animiste et confucianiste. D'ailleurs, Confucius est là : c'est l'image dorée et barbue. Le tigre, vous le reconnaîtrez plus facilement. Le " père tigre " de l'animisme chinois est surtout courtisé pour ses conseils. On lui apporte des morceaux de porc cru en offrande, lesquels sont ensuite distribués aux pauvres. A Confucius, on apporte des vêtements. Aux deux, d'énormes cierges rouges et des bâtons d'encens.

WAT BENCHAMABOPIT (LE TEMPLE DE MARBRE). *Angle de la Thanon Sri Ayuthaya et de la Thanon Nakhon Pathom. Ouvert de 9h à 17h. Entrée 10 baht.* Il fut construit sur ordre du roi Rama V et terminé en 1899. Il est très célèbre car sa chapelle (Bot) est recouverte de marbre blanc de Carrare.

L'entrée du Bot est gardée par deux lions de style khmer. A l'intérieur se trouve une réplique de bronze (2,5 tonnes) du Bouddha Phutta Chinarat du Wat Phra Sri Ratana Mahatat de Phitsanulok. Dans son socle sont conservées les cendres de Rama V.

La visite vaut aussi par le cloître où sont disposées 51 magnifiques statues de Bouddha de divers styles. Les explications en langue anglaise figurent sur les socles. On remarquera en particulier deux très beaux Bouddhas marchant, de style Sukhothaï ; des Bouddhas birmans provenant de Pagan et Rangoun et, enfin, des copies de Bouddhas japonais. C'est un temple calme et reposant, avec ses arbres qui donnent de l'ombre et son canal où vivent de très nombreuses tortues.

WAT TRAIMITR (OU TRIMIT). Soi Traimitr, à l'angle de Charoen Krung Road et de Yaowarat Road. *Ouvert de 9h à 17h. Entrée libre.* Si vous voulez voir un lingot d'or de 5,5 tonnes en forme de Bouddha, c'est l'endroit. Ce Bouddha a été découvert par hasard en 1953, alors qu'il était soulevé par une grue pour être transféré d'une salle de dépôt à la chapelle. Le Bouddha glissa, le stuc qui le recouvrait craqua et on découvrit une magnifique statue d'or de l'époque de Sukhothaï, que les rois d'Ayuthaya avaient ainsi dissimulée pour qu'elle échappe à la convoitise des Birmans. Située dans Chinatown, cette statue est vénérée par les Chinois qui croient qu'elle apporte le succès dans les affaires.

Palais et maisons de teck

Si vous n'avez le temps que pour une seule visite, celle du Vimarnmek Palace s'impose. Après, tout dépendra de votre choix.

VIMARNMEK PALACE (VIMARNMEK MANSIONS). Face au Zoo, face au Parlement. Entrée 16 Rajavit Road. *Ouvert tous les jours de 9h30 à 16h. Entrée 50 baht et 20 baht pour les enfants.* La construction de Vimarnmek Palace, qui signifie " palais céleste " (aussi appelé Vimarnmek Mansions), a été ordonnée par le roi Rama V et terminée en 1902. Ce palais lui servait de résidence durant le mois d'avril, lorsque la chaleur atteint les 40 °C à l'ombre.

C'est le plus grand palais de teck au monde, et du teck de la meilleure qualité, dit " teck d'or ", alors que celui de la plus mauvaise qualité est appelé " teck bouse de buffle ".

Tombé en désuétude après le coup d'Etat de 1932, le palais a été rénové et transformé en musée Chulalongkorn en 1982. Il est construit en forme de L, non pas dans un style thaï mais plutôt dans le genre anglais victorien, et comprend 81 pièces dont on peut seulement visiter le tiers. On y voit, parmi les antiquités, les cadeaux reçus par le roi de la part des dignitaires étrangers et aussi la première douche de Thaïlande ! Des serviteurs versaient l'eau dans un réservoir et le roi pompait dur pour qu'elle tombe. Ce palais fut aussi la première résidence disposant de l'électricité.

SUAN PAKKARD PALACE. 352 Thanon Sri Ayuthaya. *Ouvert du lundi au samedi de 9h à 16h. Entrée 150 baht.* Le palais se compose de cinq demeures en bois de teck. Si l'on veut explorer l'ensemble en détail, il faudra compter de une à deux heures : il s'agit en effet d'un véritable musée. Son nom signifie " le palais du jardin des choux " car l'ancienne propriétaire, la princesse de Nagor Svarga, aujourd'hui décédée, se piquait de jardinage.

Dans les demeures sont exposées des antiquités : des statues de Bouddha de l'époque Dvaravati et d'Angkor, des épées, des céramiques ainsi que la plus grande collection de vases de Bang Chieng, site préhistorique du Nord-Est de la Thaïlande découvert seulement au début des années 70.

Le pavillon le plus intéressant, le pavillon de laque, date de l'époque d'Ayuthaya et représente un exemplaire unique dans son genre. On peut y voir des panneaux de laque noire ornés de dessins d'or décrivant la vie de Bouddha et aussi la vie à Ayuthaya avec l'arrivée des Français, dépeints avec beaucoup d'humour.

JIM THOMPSON HOUSE. Soi Kasemsan, Rama I Road. *Ouvert du lundi au vendredi de 9h à 16h30. Entrée 100 baht.* Jim Thompson est-il une légende ou un mythe ? Arrivé en Thaïlande après la deuxième guerre mondiale et n'ayant jamais participé à aucune action militaire, il s'établit comme architecte, puis comme vendeur de soie. On perd définitivement sa trace en mars 1967. Les Thaïs affirment qu'il aurait disparu en Malaisie – moyen habile de détourner la question – et sa sœur a été assassinée aux Etats-Unis au cours de la même année. De là, les nombreux fantasmes...

Quoi qu'il en soit, la Thaïlande entrait à l'époque dans l'ère du béton. Les Thaïs détruisaient leurs maisons en bois ; Thompson les rachetait alors pour rien. Les Thaïs faisaient les yeux doux à la machine à laver et jetaient leurs vieilleries ; Thompson les récupérait. Tout cela est rassemblé dans sa résidence.

Cependant, si vous avez déjà visité le Musée national, Suan Pakkard ou autres bâtiments, la visite de celui-ci n'en vaut pas la peine, d'autant plus que le prix à l'entrée est plus élevé que partout ailleurs.

Musées, galeries d'art et centres culturels

Outre le Musée national déjà cité d'autres lieux culturellement très intéressants peuvent se visiter.

NATIONAL GALLERY. *Ouverte de 9h à 16h du mercredi au dimanche. Entrée 10 baht.* Situé près du Théâtre National, ce musée accueille de nombreuses œuvres d'artistes thaïlandais contemporains.

MUSEE DE LA POTERIE. 5 Phra Athit Road ✆ 02 224 13 73. *Entrée 50 baht.* Ce petit musée, niché dans une demeure privée, expose de nombreuses poteries anciennes dont certaines valent une petite fortune. Les heures d'ouverture étant aléatoires, mieux vaut téléphoner avant de faire le déplacement.

MUSEE DE LA PHOTOGRAPHIE. Chalalongkorn University. *Ouvert de 10h à 16h uniquement le samedi. Entrée 100 baht.* Exposition de divers appareils photo dont certains très anciens, mais ce sont surtout les photos de Bangkok du début du siècle qui sont à voir. Il s'en dégage un sentiment de nostalgie d'une Thaïlande disparue.

BANGKOK DOLLS MUSEUM. Soi Moleng. Ratchaprarop Road. *Ouvert de 8h à 17h. Entrée libre.* Collection de poupées anciennes ou modernes de tous les pays. On peut acheter les poupées thaïlandaises en souvenir.

STONESAND MINERAL MUSEUM. Rama IV Road. *Ouvert de 9h à 16h. Entrée libre du lundi au vendredi.* Grandes collections de minéraux fossiles et de pierres précieuses. Le moins que l'on puisse dire est que vous ne serez pas dérangé par la foule.

PRASART MUSEUM. Soi Khrungthep Kritha 4 Phattana kan tat maï Road. *Ouvert de 10h à 15h du vendredi au dimanche.* On conseille vivement de visiter ce musée qui expose de somptueux meubles d'une facture exceptionnelle et des antiquités de l'ère Rattanakosin. Un enchantement pour qui aime l'histoire.

CARPETUEM GALLERY. Soi 55 Sukhumvit Road. *Ouvert de 10h à 19h. Entrée libre.* Exposition d'œuvres d'artistes contemporains, peintures, sculptures, mobiles. Pour avoir un aperçu de la culture thaïlandaise actuelle.

KYOTO GALLERY. 52/4 Soi Ton Son. *Ouvert de 10h30 à 19h. Entrée libre du mardi au vendredi.* Ici ce sont des artistes de toute l'Asie qui exposent leurs œuvres. Une débauche de couleurs, d'idées et de surprises.

CENTRE CULTUREL JAPONAIS. 159 Soi 21. Sukhumvit Road Serm Mitr Tower. *Ouvert de 10h à 18h, sauf le dimanche. Entrée libre.* Situé au 10e étage, un centre fait pour vous initier à la culture japonaise. Cérémonie du thé, peintures et sculptures d'artistes nippons et, parfois, projections de films des maîtres japonais comme Kurosawa.

ALLIANCE FRANCAISE. 29 Sathorn Taï Road ✆ 02 213 21 22. E-mail : bangkok@alliance-francaise.or.th. Organise de temps en temps des expositions d'artistes francophones. Projections de films en version originale.

Autres curiosités

GRAND HYATT ERAWAN HOTEL ET ERAWAN SHRINE (AUTEL). L'histoire nous a été racontée telle quelle par des témoins de l'époque. Lors de la construction de l'hôtel Erawan, au début des années 50, les accidents succédaient aux accidents : des ouvriers tombaient des échafaudages et les architectes passaient leur temps à déraper sur des objets traînant sur le chantier. Puis le bateau apportant le marbre d'Italie coula. L'affaire devenait sérieuse. On consulta des astrologues. Chou blanc. On s'adressa à un brahmane, qui déclara que les esprits du lieu étaient mécontents du tapage et qu'il fallait construire un autel à Brahma (Tao Maha Prom, en thaï). Ce qui fut fait. Et la construction put reprendre avec une facilité miraculeuse. Dans les années 60, la femme d'un général de police pauvre (cela existe) promit à Tao Maha Prom de danser nue devant lui si elle gagnait à la loterie. Elle gagna. On dressa des toiles blanches autour de l'autel et la gente dame se sacrifia. On ne sait si Tao apprécia, car elle approchait de la soixantaine. Quoi qu'il en soit, on offre depuis des danses classiques à Tao, tous les soirs à 19h.

Brahma, ici, se présente sous une forme humaine, bien qu'à quatre têtes et quatre paires de bras. Tous les jours, les fidèles déposent des guirlandes de fleurs et des bâtons d'encens, et demandent l'exécution de leurs vœux, souvent exaucés, dit-on. Le soir, entre l'odeur du jasmin, de l'encens et des tuyaux d'échappement des voitures qui passent dans Ploenchit Road, on a du mal à respirer. Les autres hôtels, jaloux, ont copié cette représentation qu'on retrouve aussi dans la cour de certains buildings.

Tabou : ne pas se montrer ironique, on vous écharperait.

FERME AUX SERPENTS (PASTEUR INSTITUTE). *Angle de la Henri Dunant Road et de la Rama IV Road (campus de la Thai Red Cross Society). Show à 11h et à 14h30. Les samedi, dimanche et jours fériés à 11h seulement. Entrée 70 baht + 20 baht pour un appareil photo.* Créé en 1923, c'est le plus ancien établissement de ce genre en Asie. Le but est d'enseigner ce qu'il faut faire en cas de piqûre et d'extraire le venin des bestioles pour en faire un antivenin. Les shows montrent comment attraper un cobra à mains nues et lui faire cracher son venin dans le récipient adéquat. C'est impressionnant.

Il y a environ 160 espèces de serpents, dont 46 à venin mortel. On peut voir aussi des cobras royaux de plus de 4 mètres de longueur.

Les ruines

Les ruines archéologiques de Thaïlande ne présentent pas des qualités artistiques pouvant être appréciées dans le détail. Pour un Occidental, il s'agira plutôt d'un dépaysement, du choc d'une différence culturelle. Et en cela, c'est une découverte fort intéressante.

La plupart de ces sites peuvent être vus en une journée. A moins d'être particulièrement passionnés par les vieilles pierres, ceux qui auront déjà visité la partie ancienne de Bangkok, pourront se contenter d'une visite organisée d'une demi-journée. On ne peut pas, tout de même, se limiter aux plages ou aux montagnes lorsqu'on est en Asie !

▶ Linteau de Phanom Rung

SHOPPING

Il y a beaucoup de belles choses à acheter à Bangkok. La ville des anges est la capitale de la soie, de l'artisanat en bois de teck et de l'artisanat montagnard. Mais les qualités diffèrent et il s'agit de savoir où acheter.

En ce qui concerne les antiquités et les pierres précieuses, attention ! Tout d'abord, ne jamais croire les personnes polies et bien habillées qui vous transporteront en BMW à l'usine où vous pourrez acheter les bijoux au prix de gros. Quelquefois, ces escrocs poussent le vice jusqu'à se faire accompagner par un faux agent de police qui se présente comme un parent du commerçant. Pour les antiquités, sachez que les Chinois sont passés maîtres dans l'art du faux. On vous copie une statue en bronze ou une tête de Bouddha khmer comme un rien. Il est impossible de faire la différence. Les imitations paraissent plus vraies que les originaux. Pour les vieillir, on les enterre et, excusez l'expression, on pisse dessus, ce qui provoque une moisissure dans la terre et donne ce merveilleux vert-de-gris pris pour une érosion très antique. Soyez donc plutôt à la recherche de l'objet qui provoquera le coup de foudre et, si le prix vous convient, achetez-le. Fantasmer sur les antiquités mène aux traumatismes et aux désillusions.

Les meilleurs endroits pour les achats sont **les boutiques des plazas et des arcades dans les hôtels de grand luxe.** Les prix n'y sont pas plus élevés qu'ailleurs et les hôtels, tenant à leur réputation, veillent. Exigez un certificat pour les bijoux et, en cas de déception, vous pourrez toujours écrire à l'hôtel, ce qui est plus sûr que la police ou le TAT (Office du tourisme de Thaïlande) démuni de tout pouvoir.

Par ailleurs, **les bijouteries chinoises** qui exposent leurs bijoux en or ne sont pas sûres. Il existe deux catégories de bijoux en or 22 ou même 24 carats. Les vrais sont pour les Thaïs (si un Thaï est trompé, il n'hésitera pas à prendre son revolver et à exécuter sommairement et discrètement le coupable. Cela fera un commerçant de moins et la police a autre chose à faire). Pour les étrangers, les bijoux peuvent être en plomb plaqué or. Avis.

Pour les contrefaçons, **le Bazaar de Patpong et les trottoirs de Silom** (plus particulièrement autour du Silom Village Trade Center) en offrent un bon assortiment. Les trottoirs au début de Sukhumvit Road débordent aussi de marchandises, surtout la nuit. Il est à noter que si les Allemands ont la réputation de venir pour les sex-tours et la Soi Nana, les Français, eux, ont celle de hanter les trottoirs spécialisés dans les étals de contrefaçons.

Nous proposons ici des listes de boutiques et de marchés reconnus comme compétents par les expatriés de longue date.

Les heures d'ouverture sont généralement de 9h-10h à 19h pour les magasins et 21h pour les plazas. En outre, les magasins sont fermés le dimanche, alors que ceux des plazas sont en général ouverts tous les jours.

Le marchandage est souvent présenté comme une chose allant de soi. Cela est vrai dans la plupart des boutiques peu sûres, mais un peu moins dans celles des plazas et des hôtels. Pour les boutiques des listes indiquées ci-dessous, allez-y prudemment, tâtez le terrain pour une réduction qui, sauf si le propriétaire est tombé amoureux de vous, ne dépassera pas les 10 %. Dans les marchés ouverts indiqués, le marchandage entre Thaïs peut aller jusqu'au pugilat.

Comme en toute chose, ne jouez pas les aventuriers. Les Thaïlandais ont tendance à faire bloc contre les étrangers. Après tout, vous avez joué, vous avez perdu, tant pis pour vous.

Expertise

A condition qu'il s'agisse d'achats importants. On expertise la qualité, mais on n'estime pas le prix. Asian Institute of Gemological Science. 484 Rajadapisek Road ✆ 51 32 112.

Soies et cotons

De manière générale, les magasins de soie vendent en même temps des cotons si fins qu'on peut les prendre pour de la soie. Nous conseillons de faire plusieurs magasins pour être sûr de son choix.

JIM THOMPSON. 9 Suriwongse Road © 234 4900. Une soie éblouissante, réputée être la plus belle mais aussi la plus chère. Même chose pour la coupe. Annexes à l'Oriental, à l'Erawan et au Royal Orchid.

DESIGN THAI. 304 Silom Road © 235 1553. Le deuxième classique après Jim Thompson.

KHOMAPASTR. 52/10 Thai Style Building, Suriwongse Road © 236 7998. L'antique famille de Lady Khomapastr s'est lancée depuis 30 ans. Des soies douces et tendres. Des cotons pour la confection

THAI SHINAWATRA. 94 Soi 23, Sukhumvit Road © 258 0225. Un grand nom.

SILK CORNER. River City Shopping Center (3e étage) Si Phraya Road © 237 0077. L'authentique soie thaïe haut de gamme.

PERRY THAI SILK CO. 60/6-7 Silom Road © 233 9236. La boutique des touristes pour les robes prêt-à-porter.

JACTAR. 37 Sukhumvit Road Soi 11 © 255 7380. Une soie resplendissante.

SILK MASTER. World Trade Center, 7e étage, Ploenchit Road. Très grand choix et bonne qualité.

ANITA THAI SILK. 294/5 Silom Road. Réputé pour sa compétence et sa qualité

ATM GRAND MAGASIN. Soi 71 Sukhumvit. Un très grand choix de tissus, du lin en particulier.

FROM SIAM WITH LOVE. 1328 New Road (près de l'Oriental Lane). Soies chinoises et thaïes pour la confection.

MUN MANG THAI BOUTIQUE. Silom Complex, 3e étage. Soies et textiles anciens du Laos.
Moins prestigieuses mais plus abordables sont **les boutiques de Sampaeng Lane** dans Chinatown, où il fait parfois bon farfouiller. Remontez la rue à partir de Rachawang, vous trouverez des tissus divers à bas prix.

Marchande d'ombrelles

Antiquités

PAUL'S ANTIQUES. 41 Soi 19 Sukhumvit Road ✆ 02 651 00 32. Web : www.paulsantiques.com. Grand choix de meubles thaïs et de Birmanie. Réputation sérieuse.

MY COLLECTION. 2/10 Wireless Road ✆ 02 655 75 02. Web : www.my-collection.com. Sur trois étages, antiquités coloniales importées de Birmanie.

KALAE. 1040 Soï Suan Plu, Sathorn Tai Road ✆ 02 286 51 29. Meubles antiques chinois et nombreux meubles de décoration.

COLONIAL LEGEND. 20/20 Soi Ruamrudee ✆ 02 255 53 54 – Fax 02 255 53 55.

ELEPHANT HOUSE. Soi Pattana Silom Road ✆ 02 630 15 86. Magasin de bonne réputation.

OLD MAPS AND PRINTS. River City Complex. Siphya Road. Au 4ᵉ étage, n° 432 ✆ 02 237 00 77. Situé près du fleuve, un magasin spécialisé dans les cartes anciennes et illustrations diverses. Les 3e et 4e étages du centre proposent de nombreux magasins spécialisés dans les antiquités.

Artisanat

THANIYA PLAZA. 3ᵉ étage. Silom Road. Artisanat, poteries de l'I-San. *The Royal Folk Arts and Crafts. Center Bang Sai (à 70 km de Bangkok, sur la route d'Ayuthaya). Ouvert de 10h à 18h.* Autre centre sous le patronage de la reine, situé à l'intérieur d'un joli parc. Prix sympathiques.

HILL TRIDE FOUNDATION (195 Phayathai Road ✆ 351 9816) et CHITLADA STOP (Chitlada Palace) sont deux magasins patronnés par la reine, au profit direct des tribus.

ARTISAN'S. Silom Village. 282 Silom Road.

GOLDEN TRIANGLE. River City Shopping Center, Si Phraya Road ✆ 237 0777, ext. 301. Les plus beaux vêtements montagnards. Certains sont vraiment magnifiques.

LAO SONG. 2/56 Soi 41 Sukhumvit Road ✆ 02 261 66 27. Artisanat montagnard renommé et authenticité garantie.

HOUSE OF HANDICRAFTS. The Regent, room E23, 155 Rajdamri Road ✆ 250 0724. Artisanat de luxe.

RASI SAYAM. 32 Soi 23 Sukhumvit Road ✆ 258 4195. Poteries, laques et teck.

Bronzes, poterie, céladon

Bronzes

Le travail du bronze est une vieille tradition dans le pays, la qualité et la finition y sont très bonnes en général. Des entreprises spécialisées organisent des visites de leurs ateliers avec ventes de leurs produits. Et leurs prix sont les plus bas qu'on puisse trouver sur la place de Bangkok.

SOMJIT BRONZE. 1194 Petchaburi Road ✆ 02 251 08 91

SIAM BRONZE. 1250 Charoen Krung Road ✆ 02 234 94 36

Céladon

THAI CELADON. 8/6 Ratchadaphisek Road ✆ 02 229 43 83. Un choix immense et une bonne qualité.

Poterie

Pour les poteries, outre Lao Song déjà cité dans la rubrique " Artisanat " :

UNITED SIAM OVERSEAS. Soi On Nut Sukhumvit Road ✆ 02 721 63 20. *Terminus métro aérien.* Un très grand choix et à des prix plus compétitifs qu'ailleurs.

Mobilier thaï

MANDALAY. 113/ Charoen Nakorn Soi 37 © 02 439 36 65. Web : www.mandalao.com. Ses meubles présentent un mélange de styles colonial et Art déco. Vraiment splendides, en particulier les sofas et les lits à baldaquin.

SOPHA LEE. 8 Amara 3 Lukhumvit 49/11 © 02 391 99 16 – Fax 02 712 83 22. Très beaux meubles de Corée et du Japon et des porcelaines de Chine.

Bijoutiers

GEMS GALLERY. 198/23 Rama IV Road © 02 271 01 50. Se targue d'être le joaillier le mieux fourni en pierres dans Bangkok. C'est en effet impressionnant, il y en a pour pas mal d'euros !

LAMBERT HODING. 807 Silom Road © 02 236 43 43. Moins de choix, mais une bonne réputation. Ici, pas de copies !

RUBICON. 241 Silom Road © 02 236 42 71. Web : www.rubicon.co.th. Un joaillier francophone installé à Bangkok. Saphirs, rubis et autres pierres précieuses.

A noter que de nombreuses agences de Bangkok proposent un tour en minibus climatisé des temples de Marbre, du palais royal, du Bouddha d'or et, pour finir, une visite d'une grande entreprise de joaillerie où l'on vous montrera tout le processus de la fabrication du bijou, de la taille jusqu'au sertissage de la pierre. A la sortie, vous pourrez faire une folie en achetant une des pierres de la boutique.

Quant à l'or, achetez toujours vos bijoux dans une grande galerie marchande ou un grand hôtel ; le prix sera le même et l'authenticité garantie. La Galeria Plaza, sur Silom Road, est spécialisée dans les bijoux.

Maroquinerie

Un artisan français, Monsieur Begey, vend ses produits au **Peninsula Plaza.** Sacs à main, portefeuilles, chaussures en croco, à des prix imbattables.

LE SRI RACHA. 153 Ratchadamri Road (2e étage) © 02 252 19 47.

Chinatown, le paradis des chercheurs d'or

La ville chinoise est tellement vaste que c'est presque un continent dans la ville. Le quartier n'a pas changé depuis des décennies et les " Shop-houses ", ces immeubles à la devanture grillagée ouvrant sur une sombre boutique au rez-de-chaussée, se succèdent dans des ruelles tortueuses.

Les devantures chinoises vous plongent dans un univers où dominent le rouge, couleur auspiciatoire, et l'or. A chaque quartier sa spécialité commerciale : bijouteries, quincailleries, alimentation… Il y a aussi le quartier des offrandes pour les ancêtres, le coin des pharmacies traditionnelles et le fief des métallurgistes, etc. De nombreux magasins à Sampheng ne vendent qu'en gros.

YAOWARAD. Thanon Yaowarat. La ruée vers l'or, comme à l'époque du Far- West. L'attrait pour ce métal précieux est effrayant. Tous les jours, les gens s'agglutinent autour des vitrines. L'or est jaune, les joailliers pas toujours très sympa.

Voici une liste non exhaustive des vendeurs d'or sur Yaowarat, où l'on peut s'aventurer sans risque.

24 Karat Gold Ban Hua Long, Chin Hua Heng, Hua Seng Heng, Leng Hong, Liang Seng Heng, Sow Seng Heng, Tang Toh Kung, Thong Bai Yaowarat, Thung Po Heng, Tao Kang Yaowarat et, enfin, **Yoo Long Kim Kee…** Pour ne citer que les plus grands.

Mais Chinatown, c'est aussi

SAPHAN LEK (OU PONT DE FER). Ce fut à une époque un centre commercial vendant disques et phonographes. Aujourd'hui on y troue des engins électriques et des aquariums.

NAKORN KASEM. Thanon Yaowarat et Boriphat. Ce " Marché aux voleurs " était renommé autrefois pour ses revendeurs d'objets anciens à la valeur aléatoire. Le marché Nakorn Kasem est aujourd'hui spécialisé en ustensiles de cuisine.

WAT CHAKRAWAT. Thanon Chakrawat. Les commerçants qui se tiennent devant le temple Chakrawat sont des apothicaires traditionnels. Les herbes sont vendues par paquets et tout le quartier embaume. (Inutile de chercher la Marie-Jeanne.)

Centres commerciaux

Les centres commerciaux abondent à Bangkok. Les plus grands proposent des kilomètres de boutiques de toutes sortes où l'on vend tout et n'importe quoi en provenance du monde entier. Ne succombez pas à l'attrait de l'exotisme. Vous trouverez parfois les mêmes articles vendus moins cher en France dans des solderies.

PENINSULA PLAZA. 153 Ratchadamri Road. Vous y trouverez des boutiques de grandes marques étrangères, des restaurants occidentaux et de nombreuses bijouteries.

WORLD TRADE CENTER. Ploenchit Road. Un immense complexe où tout se vend. Des centaines (des milliers ?) de boutiques réparties sur 8 étages. Au 7e étage se trouve un Duty Free et au dernier une patinoire.

EMPORIUM. 622 Thanon Sukhumvit (près de la Soi 24) © 02 664 80 00. Web : www.emporiumthailand.com. *Métro Prom Phong.* Le plus chic, le plus beau et aussi le plus cher. L'immense galerie de 35 000 m² répartis sur 5 étages a été décorée par un architecte d'intérieur français. Aujourd'hui elle reste de loin le spot le plus friqué de toute la ville. Les marques les plus prestigieuses y sont représentées, à des prix prohibitifs.

SIAM CENTER. Rama I Road. Ce premier Shopping Center à avoir été construit en Thaïlande fait maintenant un peu " riquiqui " comparé à ses concurrents.

THE EMPORIUM. Sukhumvit Road, Soi 24. Le dernier-né. Il propose des marques prestigieuses dont beaucoup sont françaises.

TERMINAL SHOP CABIN. 2117-19 Sukhumvit Soi 24 © 02 663 51 83-7. Web : www.terminalshopcabin.co. *Métro Prom Prong.* Coincé à côté de l'Emporium, l'immeuble passe inaperçu. Pourtant sa déco intérieure est unique en son genre à BKK.

RIVER CITY CENTER. Si Phraya Road. Situé au bord du fleuve, il est spécialisé dans les antiquités (3e et 4e étages). Abrite également un Duty Free.

CENTRAL. Thanon Chidlom © 02 655 7777, 02 255 38 33. E-Mail : services@central.co.th. Web : www.central.co.th. *Métro Ploenjit.* **CENTRAL PLAZA RAMA III © 02 613 6000. Silom Complex © 02 632 11 99.** Située dans le centre-ville, à la station Chidlom, cette antenne du Central est de loin la plus complète et la plus prestigieuse. Chic et cher.

GAYSORN PLAZA. Ploenchit Road. Fournit les boutiques en meubles de plus ou moins mauvais goût, comme ces meubles " d'époque " Louis XV authentiquement toc aperçus au détour d'une allée.

SEACCON SQUARE. Srinarindra Road. Un des préférés des Thaïlandais, qui adorent s'y balader le week-end. Nombreux restaurants et cinémas.

Méfiez-vous des contrefaçons !

Le temps béni des contrefaçons est bel et bien terminé. Les douaniers sont maintenant intraitables et le polo de grande marque payé à petit prix peut finalement valoir très très cher. En Thaïlande aussi la répression est féroce. Sous la pression de grandes marques internationales et avec l'aide de l'O.M.C., les autorités thaïlandaises se sont attaquées aux trafiquants de base. Les descentes de police sur les marchés ne se comptent plus, au grand désarroi des revendeurs qui ne comprennent pas qu'on les sanctionne pour un commerce qui s'exerce depuis des décennies. Cependant, on trouve encore en plein Bangkok des magasins ayant pignon sur rue et qui vendent ce type de marchandises. Cela fait partie des mystères insondables de la Thaïlande de voir de tels îlots d'impunité. Pourquoi dans tel quartier la loi est inflexible et dans tel autre tout est permis ? Bouddha seul le sait.

Librairies

Les librairies proposent seulement des livres anglo-saxons. Rares sont les possibilités de trouver des livres francophones, sauf à la librairie :

DK BOOKS. 29 Sathorn Road © 02 287 19 26. Dans les locaux de l'Alliance française.

En revanche, de nombreuses librairies **OK Books ou Asia Books** distribuent des journaux français avec 48 heures de décalage (par exemple, la DK Books sur Sukhumvit Road entre les Soi 3 et 5). Dans certains endroits, vous trouverez également un très intéressant magazine francophone, Le Gavroche. Fait par des résidents, il est d'une remarquable tenue et donne de nombreuses infos sur la Thaïlande.

PASSPORT. 142 Thanon Pra Athid © 02 629 06 94. *Ouvert de 9h à 21h.* Ambiance librairie de voyage de Hugh Grant dans le très mélodramatique Notting Hill. Les deux partenaires, las de devoir négocier avec les maisons d'édition, ont décidé de promouvoir de jeunes auteurs locaux en fabriquant des livres à la main. On peut aller feuilleter ces livres au deuxième étage, qui fait également office de café et de galerie.

BOOK@53. Sukhumvit Soi 53 © 02 258 77 47. *Station Thonglor. Ouvert tous les jours de 10h à 19h30. MasterCard et Visa acceptées.* Petite librairie toute mignonne, avec un peu d'intimité et de service. Musique classique et grands fauteuils en velours.

CHULALONGKORN UNIVERSITY BOOK CENTER. Soi 64 Chulalongkorn University, bâtiment du British Council © 02 251 61 41, 02 218 98 88. Grande librairie universitaire, le Chula Book Center se trouve au sous-sol d'un immeuble à une extrémité du campus (Sala Pra Kièw). Toutes les disciplines littéraires ou scientifiques mais aussi des ouvrages d'intérêt général. Quant à la langue française, on y trouve surtout des dictionnaires Thaï-Français et les traductions de grands auteurs (au programme). Avec un peu de chance, vous trouverez quelques livres en français et des traductions de romans thaïlandais dans votre langue.

DK BOOK STORE. Alliance française, 29 Thanon Sathorn Tai. Des romans en français et de nombreux classiques à découvrir ou à relire. Quelques Pléiades également, beaucoup d'ouvrages scolaires et les derniers magazines venant de France. La vendeuse n'est pas libraire, alors ne lui demandez pas des conseils de lecture.

TECK HENG BOOK STORE. 1326 Thanon Charoen Krung © 02 234 18 36. *Ouvert du lundi au samedi de 10h30 à 21h et le dimanche de 10h30 à 18h.* Petite librairie indépendante spécialisée dans le livre d'occasion en langue étrangère. Beaucoup d'ouvrages de référence sur la culture asiatique, livres d'histore et d'art. Idéalement placée entre le Shangri-La et l'Oriental, cette librairie doit faire l'objet de votre visite.

Disques

Dans les " Department Stores " ce sont des originaux. De la musique en toute légalité dans les magasins **Meng Pong** (à Siam Square par exemple) ou chez **Jam Music Session** (au World Trade Center). Les petits stands dans la rue vendent surtout de la musique thaïlandaise. Par contre, les CD achetés à Panthip Plaza (Thanon Petchburi) et sur Thanon Khao San sont piratés. Certes, ce n'est pas cher mais si vous êtes pris, vos CD seront confisqués et vous aurez à payer une grosse amende.

ME MAI PLENG THAI. Mah Boon Krong Center, rez-de-chaussée (juste à côté du Mc Do) © 02 217 97 05. Mè Maï Pléng Thaï est un label spécialisé dans la chanson rétro. Musique traditionnelle thaïe, chanteurs qui faisaient rêver les grand-mères d'antan.

PANTHIP PLAZA. Que du pirate ! 100 baht le CD, qui dit mieux ? De la variété en pagaille, des formats MP3 pour avoir l'intégrale de son groupe de rock préféré et des vidéo CD des concerts ou clips vidéo. En toute illégalité.

Du vin et du tabac

HANG PO. PRANDI. 392/7 Siam Square Soi 5 © 02 252 58 76, 02 252 58 77. C'est la seule épicerie qui vende aussi bien des articles de première nécessité que des spiritueux sophistiqués.

WINE CONNECTION. 39/13-14 Sukhumvit Soi 31, Soi Sawatdee (à côté d'un 7/11). Vous y trouverez des bouteilles à bon prix. Le bordeaux voyage mieux que le bourgogne, qui vire une fois sur deux dans l'avion.

Thés et cafés

KRATAI. Thanon Chakraphet © 09 180 45 52. Thé de Chine, jasmin, oulong et thé vert.

BAICHA ONG IEGN. CHOUN 91-93 Thanon Chakraphet, Pakhlong Talad © 02 222 92 82, 02 225 77 64. Pakhlong Talad est une étape à ne pas manquer (voir rubrique " Marchés ").

Souvenirs

Quelques boutiques sérieuses et d'autres moins. Si vous avez le temps de passer au **marché de Chatuchak**, vous y trouverez grosso modo les mêmes choses. Ne ratez Chatuchak pour rien au monde. Si, par malchance, vous ne restez à Bangkok que très peu de temps, vous pouvez passer à **Suan Lum Night Bazaar**, dont le principal défaut est d'offrir trop de tentations.

SILPA THAI. 231-3 Thanon Si Phaya © 02 236 26 09. *Ouvert du lundi au samedi de 7h30 à 18h.* Spécialiste de l'osier, Silpa Thaï propose des paniers de toutes les tailles et de toutes les formes. Jonathan Hayssen, citoyen des Etats-Unis d'Amérique, collectionne l'artisanat local. Grâce à ses réseaux en province, il s'approvisionne en objets d'artisanat contemporain : paniers, vannerie, métiers à tisser, arcs, céramique.

NARAI PHAN 127, Thanon Ratchadamri © 02 252 46 70-6. *Ouvert tous les jours de 10h à 20h.* Centre commercial spécialisé en artisanat. Un résumé de tout ce que l'on peut trouver sur les marchés de nuit et de Chatuchak.

LAO SONGS HANDICRAFT. 2/56 Sukhumvit Soi 41 © 02 261 66 27. Les boutiques des associations à but non lucratif sont fréquentées par des touristes- consommateurs éclairés. Non seulement ces boutiques pratiquent des prix raisonnables mais en plus elles assurent aux minorités ethniques et surtout aux femmes de ces groupes un revenu subsidiaire. En faisant la promotion de l'artisanat local, les associations contribuent à lutter contre le trafic de drogue et la prostitution.

Tatouage et piercing

TATTOO. 213/5 29 Plaza, Thanon Phayathaï, 1er étage, Mah Boon Krong Center (à l'entrée du supermarché Top's) © 01 835 13 02, 01 330 55 27. *Ouvert tous les jours de 10h à 21h. Piercing de 150 à 1 000 baht, tatouage de 500 à 1 000 baht.* La famille Wong est passée maître en la matière.

Marchés

Bangkok ne sait faire que dans la démesure. Ses marchés sont pléthoriques et leurs dimensions sont parfois hallucinantes. Commençons par le plus dément.

CHATU CHAK WEEK-END MARKET. Autour de Phahonyothin Road. *De 7h à 18h.* Le marché de tous les superlatifs. Le ministère du Commerce estime à 200 000 le nombre des visiteurs qui, chaque jour, parcourent Chatuchak. Plus de 9 000 magasins, stands, échoppes, gargotes y sont réunis. Le pire et le meilleur s'y côtoient. Le pire étant peut-être tous ces animaux en cage (en particulier les chiens), visiblement drogués afin qu'ils restent calmes. Le meilleur pourraient être les prix bas que l'on y pratique. A noter que le terminus Nord du Sky Train se trouve à Mochit, tout près des premiers stands, ce qui est très pratique.

PRATUNAM MARKET. Petchaburi Road. La Mecque des vêtements, pour petits, grands, hommes, femmes, à tous les prix et pour tous les goûts. Des modèles dernier cri et des invendus des années 80 mais encore emballés.

BANGLAMPU MARKET. Khao San Road. Autrefois la clientèle y était pratiquement composée des seuls Thaïlandais, mais les nombreux sacs-à-dos et le bouche à oreille en ont fait un marché très populaire parmi les touristes. Banglampu est très avantageux en ce qui concerne les bagages, les vêtements et les chaussures.

THEWET MARKET. Installé dans le quartier de la Librairie Nationale, ce marché coloré et parfumé est spécialisé dans les plantes et les fleurs. Nombreuses orchidées. Formé à l'origine de cinq marchés distincts, ce grand marché ne fait plus qu'un aujourd'hui. C'est donc le plus grand, et le mieux fourni en fleurs, plantes et fruits et légumes de la ville.

KHLONG TOEY MARKET. Près de Rama IV Road. Un des marchés les moins chers de la ville en ce qui concerne les ustensiles et articles les plus divers : cadenas, lunettes, chaussures, chaussettes…

LANGSUANG MARKET. Atsadang Road. C'est, en grande partie, un marché d'occasion : vêtements, chaussures, ceintures, mais aussi appareils photo, CD, walkman…

KHLONG TOM MARKET. Mahachak Road. Proche de Chinatown, ce marché est spécialisé dans l'outillage (de mauvaise qualité en général) mais aussi dans le " hardware ", où les bonnes affaires sont très possibles.

TALAD PACHY ou TALAD LUNG PERM. Derrière l'immeuble de la Thaï International, Thanon Wipawadi. *Tous les jours jusqu'à 18h.* Le plus mode de tous les marchés de vêtements. Principalement fourni par les hôtesses de la compagnie d'aviation nationale qui arrondissent ainsi leurs fins de mois.

Marionnettes, Krabi

Le marchandage

Le marchandage en Thaïlande est une chanson de geste, un spectacle mimé fait de regards éplorés et d'attitudes compréhensives. C'est un art qui s'apprend avec le temps. En attendant, quelques conseils de base ne pourront que vous aider.

D'abord garder le sourire en toutes circonstances et ne surtout pas jouer le type à qui on ne la fait pas ; aucune chance de se voir consentir un bon prix de cette manière.

Quant à ce prix, comment l'estimer à son juste prix justement ? La bonne affaire est une affaire bonne pour vous et pour le vendeur. Comment savoir, surtout dans les ghettos touristiques, si le vendeur vous demande 10, 30 ou 50 % de plus que le juste prix ? Un bon moyen de vous situer est, une fois que l'on vous a indiqué un tarif, de vous désintéresser de l'objet convoité et de regarder négligemment les marchandises exposées sur l'étal. Puis, toujours négligemment, prendre la calculette du vendeur et taper le chiffre de la première offre, diminué de 30 %. Si le vendeur semble offusqué, vous avez tapé trop fort, en revanche s'il inscrit une offre se rapprochant de la vôtre, vous êtes sur la bonne voie et vous continuerez le marchandage, toujours avec le sourire. Si les palabres durent, éloignez-vous lentement, si on vous rappelle, vous avez gagné.

Sachez aussi que c'est le matin, à l'ouverture des petits magasins, que l'on fait les meilleures affaires. En effet, une vente réussie très tôt dans la matinée laisse présager d'autres ventes fructueuses au cours de la journée. Le vendeur sera donc beaucoup moins intraitable quant à sa marge

BANTHIP PLAZA. Petchaburi Road. Spécialisé dans l'informatique, ordinateurs, cartes mères, software, ce centre commercial est le top en Thaïlande. Au 3e étage se trouve le magasin Global Solution, peut-être le meilleur en ce qui concerne les ordinateurs portables d'occasion.

BOBE MARKET. Krung Kasem Road. Marché spécialisé dans le vêtement. Seuls les grossistes y exposent et tout s'achète à la douzaine. Si vous avez une grande famille ou de nombreuses petites amies…

PATPONG NIGHT BAZAAR. Soi Patpong, Silom Road. Toute une série de stands en enfilade proposant montres, briquets, divers souvenirs et T-shirts. Les contrefaçons ont presque toutes disparu car la répression est devenue féroce même ici.

PAHURAT MARKET. Pahurat Road. Le marché indien est un éblouissement pour les yeux. Les tissus, soie, coton, lin, batik multicolores abondent aux devantures des magasins.

Marchés de nuit

A l'approche de la nuit, les ouvriers s'activent. En une heure, ils auront construit une centaine d'échoppes. Serrés les uns contre les autres, les stands envahissent la rue de Patpong 1, ne laissant que d'étroits passages pour les promeneurs. Les rues touristiques sont à leur apogée la nuit. Montagnes de marchandises, éclats de voix des marchands, joutes verbales, marchandages fiévreux, un tourbillon d'activité qui vous met dans un état second. Que de monde, que de marchandises ! Au milieu de ce capharnaüm, les gens déambulent semblables à des zombis, mus par une énergie mystérieuse qui les contraint à des achats qu'ils regretteront une fois revenus à la raison. Les rues de Silom, Sukhumvit, Khlongsan s'animent le soir et deviennent le théâtre d'une étrange comédie.

SUAN LUM NIGHT BAZAAR. Wittayu et Rama 4. *Ouvert toute la semaine de midi à minuit.* Situé dans l'ancienne école des cadets, Suan Lum Night Bazaar fait sérieusement de l'ombre aux marchés de nuit de Silom et de Sukhumvit. Ouvert depuis moins d'un an, il est de plus en plus fréquenté mais il n'y a pas encore foule.

SAPHAN PHUT. Memorial Bridge, dans le prolongement de Thanon Triphet et de Thanon Chakrawat. C'est le moins touristique des marchés nocturnes, 100 % thaï. Fringues neuves ou d'occase et portraitistes débutants qui peignent dans l'obscurité la plus totale. Au marché de Saphan Phut, on peut également acheter tous les insectes comestibles.

Chinatown

YAOMARAT ROAD – SAEMPANE LANE. Des bijouteries, des magasins de jouets, de vêtements, des officines avec pharmaciens et médecins chinois auscultant et prescrivant ensuite des crapauds séchés, des hippocampes ou autres scorpions que l'on peut voir en vitrine. C'est un plaisir de se perdre dans les allées de ce marché, se perdre étant bien le mot tellement il est difficile de s'y retrouver dans ce labyrinthe de ruelles étroites.

Enfin sur **SILOM ROAD,** un marché improvisé se tient en semaine entre 12h et 14h. Des tréteaux, des petits stands, voire une simple toile posée par terre sont tenus par des vendeurs louant leurs emplacements deux heures par jour à prix d'or mais apparemment ils s'y retrouvent. Nous sommes en effet dans le quartier des assurances et des banques, et des milliers d'employés et de Golden Boys descendent dans la rue vers midi pour déjeuner. C'est ici également que sont lancés les nouveaux produits avec une publicité tapageuse. Ainsi, de jolies Thaïlandaises distribuent des échantillons gratuits de savons, shampooings, etc. D'autres jeunes filles (impossible de savoir si elles sont jolies), déguisées en frites géantes, saucisses ou bouteilles de ketchup, invitent à la dégustation de diverses denrées pas toujours appétissantes. Bref, surréaliste et très dépaysant.

LOISIRS

Balades et croisières

Balades sur le fleuve des rois

La Venise de l'Orient - un des surnoms de Bangkok - est sillonnée par de nombreux canaux, appelés ici khlong, et qui étendent leurs ramifications à travers toute la capitale. Les Thaïlandais savent très bien les utiliser à bon escient afin de se déplacer plus rapidement et pour beaucoup moins cher que sur l'asphalte. Cela pourra être pour vous l'occasion de promenades qui seront sans doute un moment fort de votre séjour ; vous découvrirez une ville immuable et sereine, bien loin de la folie quotidienne de la cité.

Pour une simple promenade sur le fleuve, les moyens de transport peu onéreux ne manquent pas, en voici quelques-uns.

CHAO PHRAYA RIVER EXPRESS. *De 6h à 18h. Prix 15 baht (30 baht aller-retour).* Vous pouvez faire une balade de 1h30 (3h aller-retour) en prenant la navette de cette compagnie. Du quai Wat Ratchasingkhon jusqu'au terminus du quai Wat Khema, au nord de Bangkok, vous naviguerez des deux côtés du fleuve et, bien sûr, rien ne vous empêchera de vous arrêter sur l'une des rives du fleuve pour une visite improvisée d'un quartier vierge de touristes.

CROOS RIVER FERRIES. *De 5h à 17h. Prix 2 baht.* Pour une promenade sur l'île de Rattanakosin, des bateaux font la navette et traversent le fleuve. Du quai Si Phraya, on vous mènera au quai Khlongsan. Le quai Thien vous laissera au quai du Wat Arun.

Le long des klong clairs

Les promenades sur les divers canaux qui s'étendent vers la campagne environnante sont véritablement féeriques et constituent un charmant moyen de changer un peu d'univers. Plusieurs compagnies se chargent d'organiser ces balades pour les touristes. En général, les prix sont d'environ 400 baht de l'heure, boissons et petits repas compris.

DIETHELM TRAVEL ✆ 02 255 92 00.

WORLD TRAVEL SERVICE ✆ 02 233 59 00.

ASIAN TRAILS ✆ 02 658 60 80.

DESTINATION ASIA ✆ 02 272 14 58.

EAST WEST SOA ✆ 02 256 71 68.

Si les balades organisées vous rebutent, vous pouvez prendre un taxi comme font nombre de Thaïs. Pour des trajets en bateau-taxi (jusqu'à plus d'une heure), compter entre 4 et 30 baht. Voici quelques canaux à faire de préférence.

KHLONG BANGKIK NOI. Quai Phra Chan. *De 6h à 23h.* Belle balade qui passe près du musée des Barges royales et du Wat Suwan Naram. A vous de faire halte quand bon vous semble, aux différents arrêts du bateau- taxi.

KHLONG OM. Quai Nonthaburi. *De 4h30 à 21h, toutes les 15 minutes environ.* Très jolie balade à travers la campagne commençante, avec des plantations de durians, ces fruits odorants très appréciés des Thaïs, et de nombreux temples. Difficile de croire que l'on se trouve à Bangkok.

KHLONG MON. Quai Thien. *De 6h30 à 18h, toutes les 30 minutes.* Pendant cette promenade, on verra une ferme des orchidées et l'on découvrira la vie quotidienne des Thaïlandais qui vaquent à leurs occupations tout le long du canal.

KHLONG BANG WAEK. Quai Saphan Phut. *Entre 6h et 17h, toutes les 15 minutes.* Des maisons traditionnelles en teck, des temples plus ou moins anciens et une ferme d'orchidées…

CANAL TOURS Co. ✆ 02 221 22 97. *Excursion en bateau tous les jours entre 7h30 et 22h30. Prix 125 baht.* Départ du quai Chang pour une promenade incluant le Wat Arun, les barges royales, la ferme des serpents, la ferme des orchidées. Certainement le meilleur rapport qualité-prix sur le marché actuellement.

Croisières Bangkok-Ayuthaya

Une petite croisière de deux jours est une excellente idée pour s'éloigner de la moiteur de Bangkok. Les prix comprennent la cabine, la pension complète et le retour en minibus climatisé à votre hôtel.

MAHOHRA SONG. Marriott Riverside ✆ 02 476 00 21, ext. 1413. Au lieu d'une simple promenade avec dîner, vous pouvez opter pour une véritable croisière en cabine luxueuse, avec repas délicieux à volonté et un service haut de gamme. Le prix est d'environ 30 000 baht suivant les cabines, mais comme vous n'avez rien à refuser à votre bien-aimée…

MEKHALA. Menan Hotel ✆ 02 256 71 68. Prix entre 1 200 et 6 400 baht suivant la cabine simple ou double, tout compris.

PHIPHITMAYA Co. LMD ✆ 02 718 55 20. Cette agence vous mettra en contact avec J.M. Beurdeley, un ancien antiquaire français, qui vous accompagnera pendant les deux jours de croisière dans une antique barge à riz remarquablement aménagée. Prix d'environ 12 000 baht.

Massages

Pas de malentendu ici : les salons de massage que nous avons répertoriés sont bel et bien et uniquement des salons de massage traditionnels. Sont donc indiqués ci-dessous les meilleurs établissements en la matière. Nul besoin de vous donner une liste de salons plus olé olé, ils sont autrement plus nombreux et plus faciles à trouver que les " convenables ".

FOUNDATION FOR THE EMPLOYMENT PROMOTION OF THE BLIND. 2218/86 Thanon Chan Kao ✆ 02 678 07 63-8. *Compter 200 baht pour 1h30 de massage.* La morale est sauve ! Dans ce salon de quartier, ce sont des aveugles qui vous malaxent, et c'est tout sauf érotique. Ici les aveugles ne sont pas aussi bien encadrés que dans nos pays. A la fondation pour la promotion pour l'emploi des aveugles, les pensionnaires apprennent le beau métier de masseur. Un art dans lequel ils excellent car leur sens du toucher est extrêmement développé.

WAT PHO, CENTRE DE MASSAGE. Thanon Thaï Wang et Sanachaï ✆ 02 221 29 74. WatPoTTM@netscape.net. *Ouvert tous les jours de 8h à 20h. 250 baht de l'heure, 150 baht pour les locaux.* Le vrai massage, tel qu'il a été transmis à travers les âges. Le temple de Wat Pho (ou Wat Chétuporn) est la référence en matière d'enseignement de cet art thérapeutique ancestral. Le centre de massage du temple pratique deux tarifs : les Occidentaux paient plus cher que les Thaïlandais et rien ne sert de parlementer. Le temple propose aussi d'autres thérapies : massage aux herbes (350 baht), massage des pieds (150 baht)…

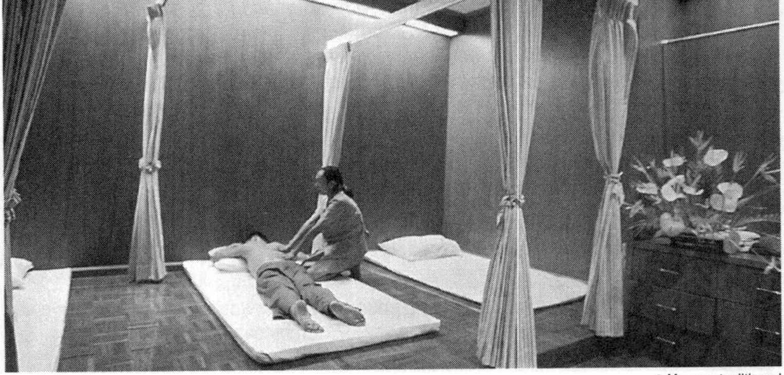

▶ Massage traditionnel

PHUSSAPA THAI MASSAGE SCHOOL. Sukhumvit Soi 26 ✆ 02 204 29 22 3. *Massage 300 baht pour 2h, massage à l'huile 400 baht, massage des pieds 250 baht de l'heure.* Il n'est nul besoin de réserver dans ce salon en plein cœur de Sukhumvit. Avec plus de 10 masseuses diplômées du centre de Wat Pho et 5 chambres privées, ce salon très clean est notre chouchou dans ce quartier où les salons sont le plus souvent un peu douteux, if you see what we mean…

Parcs

Parcs publics

Si, au cours d'une journée de shopping, la chaleur et la foule vous incommodent soudain, les parcs publics peuvent être un bon moyen de repli pour une pause fraîcheur et de relaxation. Certains sont de véritables oasis.

LUMPINI PARK. *Ouvert de 4h30 à 20h.* Entouré par les rues Rama IV, Sarazin et Witthaya, c'est le plus grand parc de la ville et le plus apprécié des Thaïlandais. Au centre se trouve un lac artificiel. Des kilomètres d'allées arborées font oublier la ville de Bangkok. Tôt le matin, on y rencontre de nombreux joggers, des groupes pratiquant le Taï Chi, une gymnastique chinoise, ou de l'aérobic. Après l'exercice, quelques-uns se dirigent vers des stands vendant du " dang " et de la bile de serpent, afin de reprendre des forces. Divers stands de boissons et d'alimentation proposent également des mets plus communs.

ROMANINAT PARK. Mahachaï Road. *Ouvert de 4h30 à 20h.* Autrefois un lieu de détention, ce parc agréable est agrémenté de bassins et d'allées ombragées bien précieuses les jours de chaleur. Des stands y proposent des objets fabriqués par des prisonniers de la maison d'arrêt de Bangkok.

CHATUCHAK PARK. Phahon Yothin Road. *Ouvert de 4h à 20h.* Si le bruit et la fureur de Chatuchak Market vous épuisent pendant le shopping, ce parc peut offrir une halte salvatrice. Les grandes allées bordées d'arbres, les vastes bassins vous feront un bien fou.

ROYAL PARK RAMA IX. *Ouvert de 6h à 20h. Entrée 10 baht.* Relativement récent puisque ouvert depuis 1987, ce grand parc abrite un jardin botanique et un parc de loisirs nautique très prisé le week-end par les familles thaïlandaises.

Parcs de loisirs

DUSIT ZOO. Ratwthi Road. *Ouvert de 9h à 18h. Entrée adultes 30 baht, enfants 10 baht.* Situé au nord de Bangkok, ce grand zoo de plus de 19 hectares abrite notamment des crocodiles, des hippopotames et des tigres. Un grand lac artificiel, entouré de stands d'alimentation, est très apprécié des familles thaïlandaises le week-end. On peut y louer des pédalos.

DREAM WORLD. Rangsit Ongkharat Road. *Ouvert de 9h30 à 17h (19h le week-end). Entrée adultes 95 baht, enfants 80 baht.* Grand parc de loisirs comprenant de nombreux manèges et des attractions sur des thèmes différents, comme par exemple le " Love Garden ". Allez-y avec vos enfants, c'est fait d'abord pour eux.

Parcs divinatoires

Pendant les week-ends principalement, les parcs publics sont hantés par des " voyants " de tout bord, qui y installent leur attirail sur un simple tapis afin de dire la bonne aventure aux passants. Jeux de tarots, enveloppes et baguettes chinoises aux signes mystérieux sont les objets les plus utilisés pour les divinations.

Les Thaïlandais, surtout les femmes, sont très crédules et croient en la parole de ces devins, mais ces derniers sont loin de gagner les fortunes qu'amassent les charlatans occidentaux. Ici, cela leur permet souvent de juste subsister.

SAFARI WORLD. 99 Raminthra Road. *Ouvert de 9h30 à 18h. Entrée adultes 280 baht, enfants 180 baht.* Situé à la sortie de Bangkok, ce parc animalier se divise en deux unités : un espace avec des animaux en quasi-liberté (girafes, zèbres, lions, tigres) et un parc marin proposant un show de dauphins. Un petit train fait le tour de tout ce joli monde.

SAMPHRAN ELEPHANT PARK © 02 284 18 73. *Entrée adultes 220 baht, enfants 120 baht.* A une vingtaine de kilomètres de Bangkok, ce parc propose des spectacles de crocodiles et d'éléphants exécutant divers numéros. Ces shows ont lieu entre 12h45 et 15h30. De nombreuses agences de Bangkok proposent un forfait ticket, minibus.

Sports

De nombreux hôtels disposent de salles de sport pourvues de derniers appareils proposés sur le marché. Il est possible de pratiquer votre sport favori dans les endroits suivants :

Bowling

BRUNSWICK MAX PINKLAO BOWL. Central Plaza Pinklao 5e étage, 7/735 Thanon Baromrajnonee. *Ouvert du lundi au jeudi de 10h30 à 1h, du vendredi au dimanche jusqu'à 2h. Du lundi au vendredi 45 à 90 baht par jeu selon l'heure, le week-end 55 à 90 baht par jour. Location chaussures 30 baht.* Grand bowling Rock n'Roll, avec boule luminescente et éclairage en spot light style Saturday Night Fever.

Boxe

JITTY'S GYM. Thanon Chakraphong, Banglamphou © 02 282 78 54. *Ouvert tous les jours de 7h à 9h et de 15h à 19h. Forfait de 30 jours pour 3 000 baht.* Un club de boxe tout proche de Khao San Road. C'est tout petit et en plein air. Le strict minimum est là : sac de sable, petit ring et quelques accessoires. Jitty enseigne aux étrangers (occidentaux et japonais) et propose de faire de vous un champion.

Patinoire

WORLD ICE SKATING CENTER. World Trade Center, 8e étage, Zone C, Thanon Rajdamri. *Ouverte tous les jours de 10h à 20h30. En semaine, la journée 130 baht ; le week-end, deux sessions à 130 baht chacune : de 10h à 14h30 et de 15h30 à 20h30, location des patins à votre taille comprise.* Prévoyez une petite laine, c'est l'Antarctique ici. Mais comme dehors il fait 40°, la patinoire a tendance à devenir un grand marécage.

Piscines

BANGNA. Tennis Court and Swimming Pool. 55/455 Soi Bangna © 02 393 82 76.

SAITHIP. Swimming Pool. 140 Soi 56 Sukhumvit Road © 02 331 20 37.

RACQUET CLUB. 8 Soi 49 Sukhumvit Road © 02 391 11 94. Piscine, tennis, squash, aérobic.

Snooker

FIRST SNOOKER. Charn Issara Tower 2, niveau 4, Thanon Petchburi © 02 308 28 13. Ouvert tous les jours 24h/24.15 tables.

GRAND GUEST HOUSE. 179 Khaosan Road. *Ouvert de 12h à 2h. 20 baht la partie.* Une guesthouse avec une terrasse où une immense télé passe des films vidéo ou les matchs, comme dans beaucoup de guesthouses du quartier. Mais celle-ci possède aussi deux tables de snooker dans une petite salle au fond.

Tennis

KAN PAIBUN. Tennis Court. 10 Soi 40 Sukhumvit Road © 02 391 87 84.

CENTRA. Tennis Court. 13/1 Soi Arakanprasit Sathorn Road © 02 213 19 09.

> DANS LES ENVIRONS DE BANGKOK

Dans la proche banlieue de la capitale, quelques petites villes intéressantes sont à visiter.

SAMUT PRAKAN

Distante de Bangkok d'une trentaine de kilomètres environ, cette ville est connue pur deux attractions inscrites au programme de toutes les agences touristiques de la capitale :

ANCIENT CITY. Bureau des réservations à Bangkok, 78/1 Democraty Monument, Ratchadamnoen Klang Road © 02 224 10 57. *Ouvert de 8h à 17h. Entrée adultes 50 baht, enfants 20 baht.* Un musée à ciel ouvert sur 80 hectares, avec plus d'une centaine de répliques des plus célèbres monuments de Thaïlande. Avec également un jardin stylisé représentant des épisodes du Ramakien. Belle balade à faire pour vous évader de la fureur de Bangkok.

Toujours dans cette petite ville de Samut Prakan se trouve la très connue ferme des crocodiles.

CROCODILES FARM © 02 387 00 20. *Enfants et adultes occidentaux 200 et 300 baht ! Spectacles de 9h à 11h et de 13h à 16h.* Plus de 30 000 crocodiles. Vous pourrez assister à diverses démonstrations et emporter un souvenir sous forme... de sac à main ou de ceinture. De nombreuses agences organisent le déplacement.

▶ Bangkok

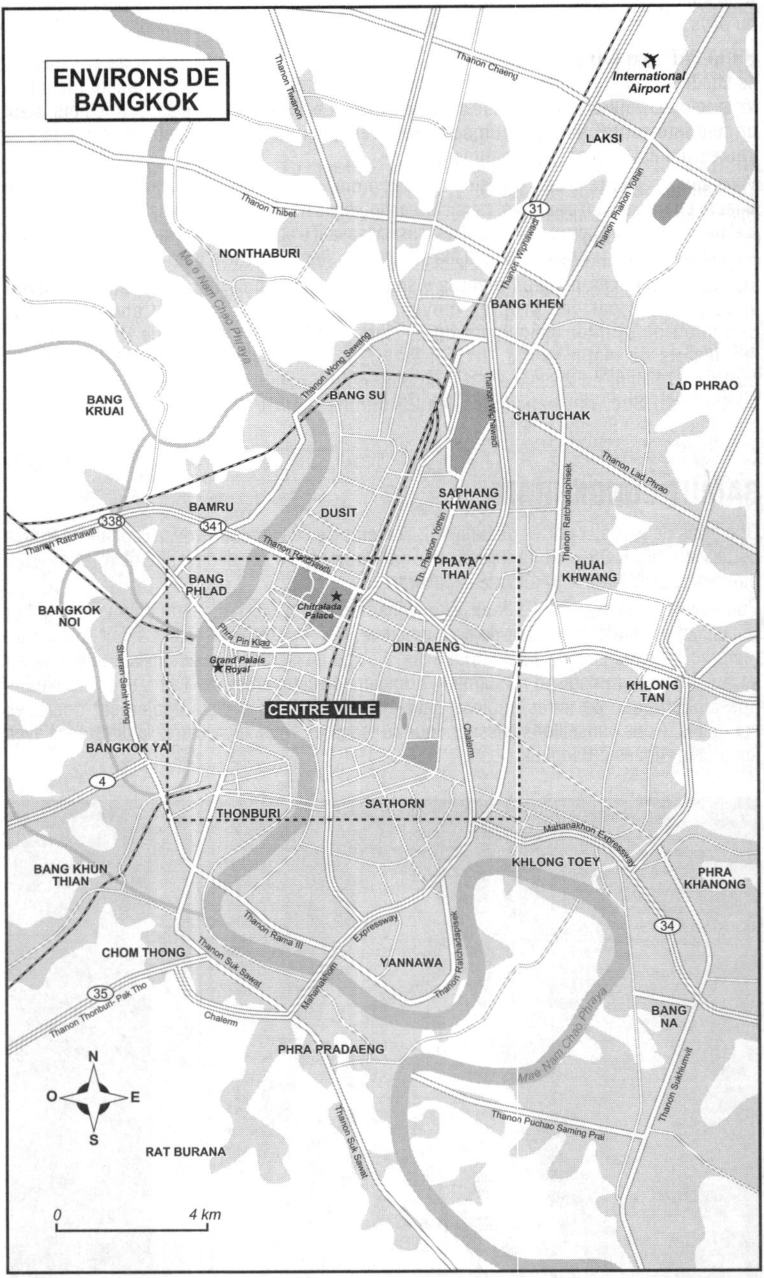
ENVIRONS DE BANGKOK
International Airport
Thanon Chaeng
Thanon Tiwanon
LAKSI
Thanon Thibet
Thanon Phahon Yothin
Thanon Wiphawadi
NONTHABURI
Mae Nam Chao Phraya
BANG KHEN
Thanon Wong Sawang
BANG SU
LAD PHRAO
BANG KRUAI
CHATUCHAK
Thanon Lad Phrao
SAPHANG KHWANG
BAMRU
DUSIT
Thanon Ratchawiti
Thanon Ratchadaphisek
Th. Phahon Yothin
PHAYA THAI
HUAI KHWANG
BANG PHLAD
BANGKOK NOI
Chitralada Palace
Phra Pin Klao
DIN DAENG
Grand Palais Royal
Sharam Sanit Wong
KHLONG TAN
CENTRE VILLE
Chalerm
BANGKOK YAI
THONBURI
SATHORN
Mahanakhon Expressway
KHLONG TOEY
BANG KHUN THIAN
PHRA KHANONG
Thanon Rama III
Expressway
CHOM THONG
Thanon Suk Sawat
YANNAWA
Thanon Ratchadapisek
Mahanakhon
Thanon Thonburi-Pak Tho
Chalerm
BANG NA
PHRA PRADAENG
Thanon Sukhumvit
Thanon Puchao Saming Prai
Thanon Suk Sawat
RAT BURANA
N
O
E
S
0
4 km
31
338
341
4
34
35

NAKHON PATHOM

A 56 km de la capitale, cette ville de 50 000 habitants environ est une des plus anciennes du pays. Elle est surtout connue par les Thaïlandais pour son grand chedi.

PHRA PATHOM CHEDI. *Ouvert de 9h à 16h. Entrée 20 baht.* D'une hauteur de 127 mètres, ce chedi est vénéré par les bouddhistes du monde entier, pour son ancienneté (début du VIe siècle) et pour son architecture monumentale. Les Thaïlandais en sont très fiers, c'est un peu leur tour Eiffel, avec un sentiment religieux en plus. Un petit musée pas très intéressant est attenant au monument.

Vous aurez peut-être aussi l'occasion de vous promener dans **le parc principal** de la ville de **Sanam Chan,** un parc plaisant et rafraîchissant puisque traversé par un canal. Quelques stands d'alimentation vous permettront de vous rassasier avant d'aller choisir un dessert sur le marché à mi-chemin entre le chedi et la gare ferroviaire. Les stands de fruits frais y abondent.

Toutes les agences programment la visite de la ville depuis Bangkok. Si vous deviez vous y rendre par vos propres moyens, le train est un excellent choix qui vous permettra de profiter pleinement du paysage. De la gare centrale de Hualamphong, les départs du matin sont à 7h15 et à 12h25 ; arrivée à 9h et à 14h15. Compter à partir de 71 baht en 2e classe. En bus, plus rapide mais moins plaisant, des départs, du terminal Sud, ont lieu toutes les 20 minutes, entre 6h et 22h, au prix, en bus climatisés, de 45 baht.

SAMUT SONGKHRAM

Une oasis de paix aux portes de Bangkok. A moins de 80 kilomètres de la capitale se trouve cette ville de 35 000 habitants environ qui vous offrira un dépaysement total et vous plongera au cœur de la Thaïlande séculaire.

Vous visiterez le Wat Phet Samut Worawihan ou encore le Wat Satthatham dont le bot (chapelle) est entièrement fait de bois précieux. Une maison-musée est à voir (ouvert du mercredi au dimanche de 9h à 16h). En fait, il s'agit de plusieurs résidences traditionnelles se voulant un hommage au roi Rama II, originaire de cette province. Fait rare en Thaïlande, une bibliothèque de livres anciens peut être visitée. On y verra également quelques antiquités. Nous conseillons aussi un tour au marché ; vous apprécierez la différence avec les prix pratiqués à Bangkok.

▶ Phratat Ranom, Nakhom Phanom

De plus, trois marchés flottants se trouvent dans les alentours proches et ils sont bien plus authentiques que le Damnden Saduak Floating Market (pas très loin non plus) que toutes les agences de Bangkok font visiter aux touristes pressés. Le plus authentique est peut-être le Talat Nanm Tha Ka.

Vous pourrez également aller admirer la ferme d'orchidées au nord de la ville ou encore visiter une petite usine de céramique, la Ban Benjarong, où l'on vous montrera le travail des artisans peignant à la main de magnifiques pièces. Tous les chauffeurs de motos-taxis ou de tuk-tuk connaissent et ils se feront un plaisir de vous y emmener. Pour vous rassasier, les petits restaurants à l'accueil sympathique ne manquent pas. Le golfe de Siam n'étant pas loin, les restaurants de fruits de mer ne sont pas rares, à des tarifs trois fois plus bas que dans la capitale. Les hôtels sont rares et plus que modestes. Aussi, tant qu'à faire, modestie pour modestie, il serait judicieux de vous immerger totalement dans l'environnement local. Depuis quelque temps, dans le petit district de Mphawa, une dizaine de maisons traditionnelles installées le long d'une rivière accueillent les touristes. Vous logez chez l'habitant et, encore une fois, si le confort est basique, l'expérience est tout à fait unique.

Voici l'adresse :

THED THAI AGRICULTURAL HOUSE WIWES GROUP 34 MOO 9 TAMBON MUNG MAI, AMPHOE MPHAWA © 034 735 073. Quand vous téléphonerez, mieux vaudrait avoir près de vous un Thaïlandais bilingue car l'anglais est très peu utilisé dans ce charmant village. Les prix sont de 350 baht par nuit, avec petit déjeuner et dîner compris. Le soir venu, il sera possible de louer une petite embarcation guidée par son propriétaire, qui, pour 200 baht, vous fera visiter les environs le temps que vous désirez. Nul doute que cette expérience vous laissera un délicieux souvenir.

BANGKWANG PRISON. Nonthaburi. Web : www.bangkwang.net. *Immeuble 1 à 3, visites lundi et mercredi. Immeuble 4 à 6, visites mardi et jeudi. Enregistrement à 9h pour les visites de 9h30 à 11h30 et à 13h pour les visites de 13h30 à 15h.*

Si vous voulez faire une bonne action, allez rendre visite à un compatriote emprisonné. Les prisonniers de Bangkwang sont des prisonniers de droit commun qui ne sont pas là par hasard. Mais ils purgent leur peine dans un univers carcéral infernal et la visite d'un ami français leur fera vraiment du bien. Vous pouvez acheter des vivres et des affaires de toilette au supermarché du pénitencier, mais pas de cigarettes. Pas d'appareil photo et tenue convenable pour les filles comme pour les garçon, jambes et épaules couvertes. Emportez votre passeport avec vous, il vous sera demandé lors de l'enregistrement, et sachez que vous serez fouillé de fond en comble. Soyez souriant avec les détenus comme avec leurs geôliers. Rien ne sert de contester les conditions de vie des détenus. C'est comme ça et les gardiens n'y peuvent rien non plus. Vous n'avez aucun droit et les détenus encore moins.

Pour rendre visite à des prisonniers francophones, contactez le **Père Olivier © 02 246 00 74, ext. 137.**

Miss mauvais goût

Le mauvais goût n'est pas l'apanage des seuls Occidentaux. Tous les 1er mai, la ville de Nakhon Pathom organise le concours de Miss Eléphant. Des dames de tous âges défilent et la plus obèse gagne la couronne de Miss. C'est un événement très populaire en Thaïlande. La reine d'un jour est oubliée dès le lendemain, mais son apparition dans tous les journaux télévisés fait que le concours est de plus en plus prisé par les prétendantes.

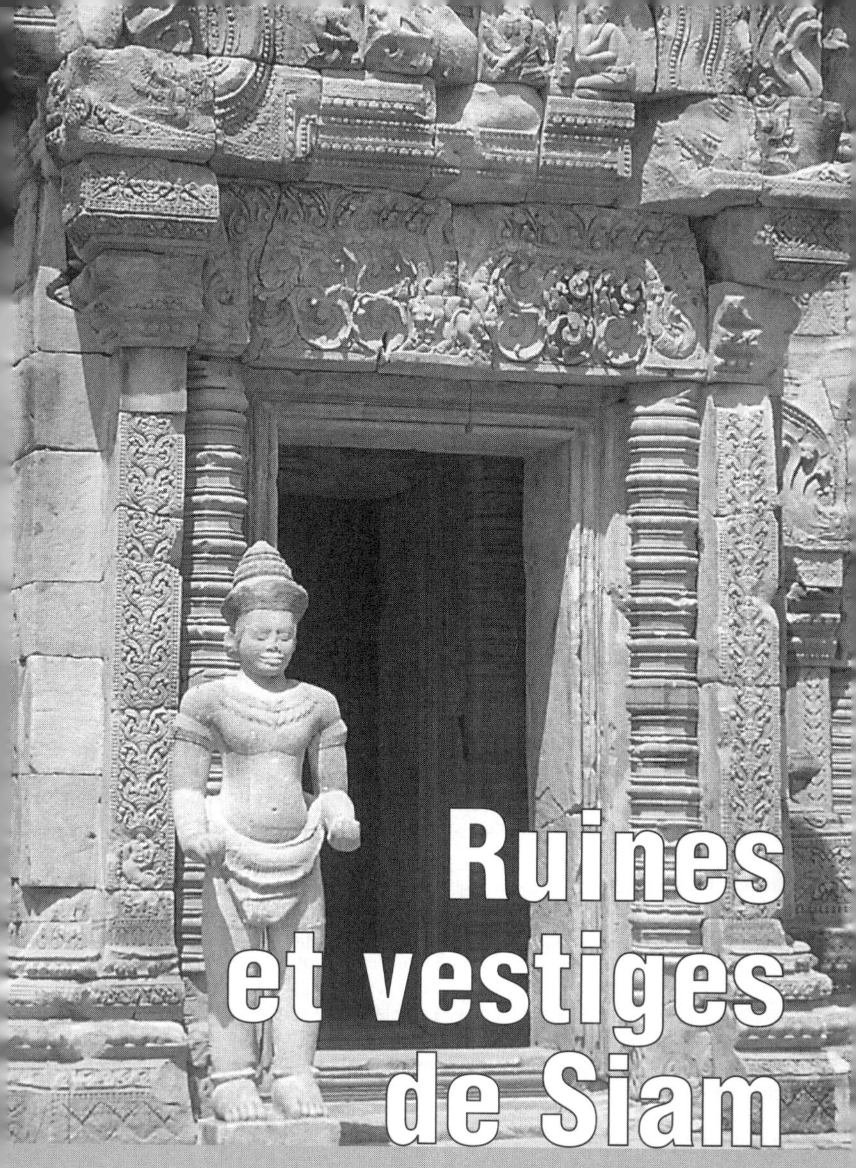

Ruines et vestiges de Siam

Le Siam

AYUTHAYA

A une centaine de kilomètres de la capitale, cette ville au passé prestigieux sera une visite incontournable pour qui aime les vestiges historiques. Capital de l'ancien royaume de Siam de 1350 à 1767, elle comptait à son apogée près d'un million d'habitants contre à peine 60 000 aujourd'hui.
Indicatif téléphonique : 035.

Transports

Train

De la gare de Hualamphong, 15 départs entre 5h40 et 23h25. Durée du trajet entre 1h20 et 1h50.

Bus

De la gare de Mochit, les bus 1e classe partent toutes les 20 minutes entre 5h40 et 20h30. Compter 52 baht pour 1h30 de route. Les bus 2e classe partent entre 4h20 et 19h20 toutes les 15 minutes. Compter 41 baht.

Hébergement

La vétusté de nombreuses guesthouses d'Ayuthaya ne manquera pas de vous surprendre. Nous vous conseillons de choisir un hôtel de milieu de gamme.

Bien et pas cher

WIENG FA HOTEL. 1/8 Rotchana Road © 035 241 353. *Chambres avec TV et climatisation environ 500 baht.* Un très bon rapport qualité-prix pour cet établissement à l'accueil souriant.

U-THONG HOTEL. 23 U-Thong Road © 035 251 136. *Chambres de 400 à 450 baht.* L'accueil laisse à désirer mais les chambres climatisées avec TV sont très correctes.

PHRAERI THONG. 8/1 U-Thong Road © 035 246 010. *Lit en dortoir 150 baht, chambre climatisée 600 baht.* Gamme de prix très étendue pour cette bonne guesthouse.

Confort ou charme

AYUTHAYA HOTEL. 12 Tessaban Road Soi 2 © 035 232 855 – Fax 035 251 018. *Chambres standard à partir de 1 000 baht.* Très bel hôtel à l'accueil charmant. Les élégantes chambres décorées de boiseries ont toutes TV, climatisation, frigo.

Ayuthaya, merveille du monde

Inscrit sur la liste du Patrimoine mondial de l'UNESCO depuis 1991, le parc historique d'Ayuthaya accueille à la mi-décembre un festival qui commémore son passé. Processions, danses traditionnelles et un spectacle Son et Lumières de grande beauté. A ne pas manquer si vous êtes dans la région à cette époque de l'année.

Les voyages en bus forment la jeunesse

Un conseil essentiel si vous voyagez à travers le royaume vers une destination lointaine : prenez un véhicule climatisé. En tant qu'Occidental, il serait en effet étonnant que vous résistiez à la chaleur insupportable d'un bus ordinaire. L'économie réalisée sur le prix du billet ne vaut pas la peine de s'infliger cette épreuve.

Un autre conseil, bien que vous n'ayez pas toujours le choix, est de ne pas vous installer à proximité du chauffeur. Le chauffeur pratiquant forcément la conduite à la thaïlandaise, pour un profane c'est un véritable supplice. Vitesse pied au plancher, doublement par la gauche ou la droite (bref par où ça passe). Sur une voie à sens unique, véhicules venant à contresens (mais lentement et toujours sur le bas-côté, ce qui est déjà faire preuve d'un grand civisme aux yeux des Thaïlandais). Le plus terrible, c'est quand le chauffeur qui roule à 90 kilomètres heure suit un véhicule à 1 ou 2 mètres derrière.

Si vous demandez au conducteur ce qu'il adviendrait en cas de freinage brusque de la voiture ou du camion le précédant, il répondra invariablement : " Maï pen raï " (ce n'est pas grave). Qu'il nous soit permis d'en douter !

Une autre épreuve, peut-être encore plus terrible, est la télévision. Le volume est souvent poussé au maximum. Les dialogues des films d'arts martiaux chinois sont faits de : Aie ! Ouille ! Aah ! Une grande fréquence de l'onomatopée " oye " signe la version thaïlandaise. Si vous êtes vraiment malchanceux, on passera une vidéo de comiques du cru, et c'est à pleurer. Quelques solutions : avoir un bon walkman qui permette l'évasion, prendre une masse et briser la TV. Préférez cependant la première solution car la musique a aussi l'avantage d'adoucir les mœurs. Nous vous souhaitons un bon voyage ! (Le supplice de la télévision ne dure heureusement qu'environ deux heures..

U-THONG INN. 210 Rotchana Road © 035 242 236. *209 chambres de 1 000 à 1 500 baht.* Négociez, il en sortira toujours quelque chose. Bon hôtel avec piscine et tout le confort moderne.

AYUTHAYA GRAND HOTEL. 55/5 Rotchana Road. *De 1 200 à 1 500 baht. Prix revus à la baisse en basse saison.* Un hôtel de 160 chambres.

KRUNGSRI RIVER HOTEL. 27/2 Rotchana Road © 035 244 333 – Fax 035 243 777. *A partir de 1 600 baht.* C'est l'hôtel le plus prestigieux de la ville. Ses chambres sont très belles. On peut profiter d'un bowling et d'une piscine.

Restaurants

NIGHT MARKET. Ce marché de nuit situé près de la rivière, à environ 250 mètres du quai d'arrivée, regorge de stands de cuisines thaïe et laotienne à tout petits prix (20 ou 30 baht).

CHAO PROM MARKET. Face au quai des ferries, des gargotes abondent qui vous serviront des mets appétissants et pas chers du tout.

FRIENDSHIP RESTAURANT. 15/1 Naresuan Road © 019 946 722. Restaurant tout en bois. On y sert une cuisine thaïe et laotienne. Les plats sont bons et copieux. Surprise, c'est un Français, Cyrille, qui tient l'établissement, avec sa femme Tanase.

Visiter

Ayuthaya fut la capitale du Siam (voir " Histoire ") et connut le règne de trente rois qui, tous, furent des bâtisseurs. **Avant sa chute en 1767,** Ayuthaya comptait 800 000 habitants. Les étrangers se regroupaient par quartiers. Il y avait ainsi un Little India, un Chinatown, une enclave japonaise, mais aussi des quartiers européens pour les Portugais, les Français, les Hollandais…

A sa chute, Ayuthaya comptait 400 temples, 3 palais, 12 km de remparts, 17 fortins aux emplacements stratégiques et 100 portes. Elle possédait en outre 50 km de canaux, ce qui l'avait fait surnommer la " Venise de l'Est ". Le cœur d'Ayuthaya était une île cernée par trois fleuves : la Chao Phraya au sud et, à l'ouest, la Lopburi River au nord et la Pa Sak River à l'est. L'île mesure 2,5 km sur 4,4 km. Il serait vain d'espérer la visiter à pied car la recherche des monuments multiplie les kilomètres à parcourir et il faut tenir compte de la chaleur. La U-Thong Road fait le tour de l'île. **Aujourd'hui** l'île se divise en deux parties, l'ancienne et la moderne. Elles sont séparées par la Chi Kun Road, qui coupe l'île en deux du nord au sud. Ainsi la partie Est correspond à la ville moderne avec tous les hôtels et les guesthouses, tandis que la vieille ville est à l'ouest.

Les ruines

Le prix d'entrée pour la visite des ruines est de 20 baht mais on trouve rarement l'endroit où il faut payer, c'est donc souvent gratuit.

GRAND PALAIS (WANG LUANG OU ANCIENT PALACE OU GRAND PALACE). Des allées ont été tracées autour des vestiges de ce palais, qui était limité, au nord, par la Lopburi River. Sa partie la plus ancienne date du roi Traïlok (1448-1488). Au fil du temps, d'autres parties furent ajoutées, dont les principales sont :

• **Suriyat Amarin Hall** d'où l'on regardait la procession des bateaux royaux sur la Lopburi River ;

• **Viharn Somdet** qui servait aux cérémonies royales, en particulier à celle du couronnement. Son toit était recouvert de plaques d'or ;

• **Sanpet Prasat** qui offrait des salles de réception pour les visiteurs de marque et spécialement pour les ambassadeurs ;

• **Chakrawat Païyachon** d'où l'on assistait aux défilés militaires et autres processions ;

• **Banyong Rattanat** qui, construit sur une pièce d'eau, est un lieu de repos et de méditation ;

• **Phlapphla Chaturamuk**, à l'origine une construction en bois et qui abrite aujourd'hui le Chankasem National Museum, assez pauvre en antiquités (ouvert du mercredi au dimanche de 9h à 16h) ;

• **Wang Lang** (palais de l'arrière), près du mur de l'ouest, où se trouve la distillerie. A l'origine, ce fut un jardin pour les promenades royales. Plus tard, des appartements y furent construits pour les membres de la famille royale. On y voit le chedi de la reine Sri Suryiothaï, qui mourut les armes à la main en combattant les Birmans (voir " Histoire ").

WAT SRI SANPHET. Il s'agit de l'ancienne chapelle royale qui était située dans l'enceinte du palais. C'est le temple le plus important et le plus beau. Il se caractérise par ses trois grands chedi alignés côte à côte, érigés en l'honneur des trois premiers rois d'Ayuthaya. Il contenait aussi une statue de Bouddha debout, haute de 16 mètres et recouverte de 263 kg d'or. Les Birmans s'emparèrent de l'or et endommagèrent la statue. Rama Ier la récupéra et la fit sceller à l'intérieur du chedi à mosaïques vertes du Wat Po de Bangkok, qui porte ainsi le nom de chedi Sri Sanphet.

VIHARN PHRA MONGKOL BOPITR. Sur la place Phra Mane avaient lieu les crémations royales, tout comme à Sanam Luang, à Bangkok. Il y avait là un viharn avec une statue de Bouddha assis, de 22 mètres de haut. Les Birmans enlevèrent l'or et mirent le feu au viharn. Depuis le XVe siècle, la statue demeura exposée aux intempéries, jusqu'en 1956, lorsque le nouveau temple fut construit pour la protéger. Aujourd'hui, sur la place, de nombreuses boutiques vendent des souvenirs.

WAT RATCHABURANA. Il fut construit par le roi Boromaraja II (1424-1448). Ce dernier édifia d'abord deux chedi, encore visibles, pour conserver les cendres de ses deux frères aînés, les princes Aï et Yi, qui s'entre-tuèrent au cours d'un duel à dos d'éléphant. Ensuite fut construit le prang majestueux, encore en très bon état, quoique légèrement cimenté, dans la chambre duquel on retrouva plus d'une centaine de milliers de tablettes votives. Sur les murs demeurent des traces de peinture de l'époque.

WAT MAHATAT. En face du précédent et autant digne d'intérêt. Il remonterait à Boromaraja Ier (1370-1388). Il était dominé par un prang haut de 46 mètres, qui s'écroula et que l'on releva à 50 mètres en 1633, mais qui fut ensuite rasé par les Birmans. Dans ses fondations on découvrit, en 1956, de nombreux objets de culte en or. Il reste quelques prang et chedi, dont un avec une statue de Bouddha qui lui est adossée, de nombreuses statues de Bouddha amputées, des murs et des colonnes. Et aussi une curieuse tête de Bouddha enserrée dans les racines d'un banian.

WAT NA PHRA MERU (à l'extérieur de l'île). Il comprend deux parties : la chapelle (bot) et le viharn. La chapelle est un édifice blanc à colonnes et à toit étagé, avec à l'intérieur un Bouddha de style d'Ayuthaya. C'est un bâtiment d'un beau classicisme de cette époque. Mais, à droite, c'est le nec plus ultra : un petit viharn abrite une extraordinaire statue en pierre noire de style Dvaravati, assise sur un trône, les mains posées sur les genoux. La pureté des proportions et la perfection de l'exécution de l'ouvrage, la sérénité (un peu moqueuse semble-t-il) de ce Bouddha à l'attitude royale, sont mises en valeur par l'espace étroit dans lequel il se trouve. S'il y a une statue à voir à Ayuthaya, c'est celle-là.

KRAAL DES ÉLÉPHANTS. Ces énormes pieux d'époque sont vraiment impressionnants. Ce kraal est authentique et inchangé depuis Ayuthaya. C'est là que ces énormes animaux étaient dressés pour la guerre, enfermés dans un enclos très étonnant. Ça vaut le coup d'œil.

Mais aussi

CHAO SAM PHRAYA NATIONAL MUSEUM. *Ouvert de 9h à 16h du mercredi au dimanche. Entrée 10 baht. On le signale pour les obsédés des vieux cailloux.* Tout ce qui n'a pas été pillé à Ayuthaya par les bouddhistes de cette bonne ville est là et, en particulier, les restes des trésors des Wat Ratchaburana et de Mahatat.

BANG PA IN. Distante d'une vingtaine de kilomètres de Auythaya, cette ville est aussi au programme de bon nombre de tours opérateurs de Bangkok. L'intérêt de cette visite est pourtant très mince.

LE THAI PAVILION. Ce fameux pavillon, dont la photo orne toutes les brochures touristiques thaïlandaises, est posé au milieu d'un lac. Rien d'extraordinaire mais les Thaïlandais s'en délectent.

LE WAT NIWET THAMAPRAWAT. Ressemble plus à un bâtiment gothique qu'à un temple bouddhique. Pourquoi ce délire architectural datant du roi Rama V ? Mystère. Si vous êtes à Auythaya, pourquoi ne pas y faire un saut ? Cela dit, depuis la capitale, le jeu n'en vaut pas la chandelle.

▸ Wat Phanom Chung, Ayuthaya

Les temples bouddhiques

La beauté, la grandeur, la fréquentation diffèrent selon le lieu et le degré de la sacralisation du Wat. En revanche, leur construction repose toujours sur le même principe. Ils comportent plusieurs bâtiments indispensables dont voici les principaux :

Le chedi : c'est en général le bâtiment le plus haut du temple. Sa structure se termine souvent par un dôme en forme de flèche. Nous pouvons l'apparenter aux clochers de nos églises. Plus le temple est sacré, plus le chedi sera orné de dorures et de belles peintures, voire d'or pur. Dans son enceinte sont exposées des reliques ayant appartenu à Bouddha lui-même ou à quelques moines très méritants.

Le bot : c'est la structure principale du Wat, toujours de forme rectangulaire. C'est ici que se déroule le cérémonial bouddhique : prières, ordinations des prêtres. Il abrite la statue de Bouddha la plus vénérée du temple.

Le sala : c'est un pavillon largement ouvert sur l'extérieur, tant au niveau architectural qu'au niveau spirituel, puisque ce bâtiment où les moines se réunissent pour lire et parler, accueille aussi des visiteurs qui peuvent délibérer avec les bonzes, demander un conseil, voire y passer quelques nuits.

Ho main : une structure plus discrète que les autres, très souvent bâtie à l'arrière du Wat. Il s'agit du crématorium, là où finiront tous les moines du Wat. Si la vie du moine décédé a été particulièrement méritante, ses cendres seront recueillies et exposées dans le chedi.

Kuti : c'est en général le bâtiment le plus modeste. Il est réservé à la vie quotidienne des moines, qui s'y restaurent et y dorment.

Ho traï : ce bâtiment est la bibliothèque du Wat. Elle renferme des livres de prières, des livres sacrés ayant appartenu à des moines respectés ou d'innombrables documents sur la vie de Bouddha.

Enfin, sachez qu'il y aurait **en Thaïlande plus de 32 000 temples recensés.** Il vous faudra donc prendre de très, très longues vacances si vous voulez les visiter tous. Les moines bouddhistes seraient autour de 450 000 dont quelques-uns sont occidentaux, comme le bonze Hans, un Suisse de 55 ans qui officie au Wat Tam Krabok, à 130 kilomètres de Bangkok. Quant aux femmes, elles sont très minoritaires. En effet, les nonnes seraient moins de 10 000. Le machisme thaïlandais est présent également à l'intérieur des monastères puisqu'elles sont écartées des grandes cérémonies religieuses et que leur prestige auprès de la population est bien moindre que celui d'un moine. Si la tunique de ces derniers est orange, celle des nonnes est blanche. Enfin, si la philosophie bouddhique vous intéresse vraiment, une adresse à Bangkok :

WORLD FELLOWSHIP OF BUDDHISTS. 616 Soi 24 Sukhumvit Road © 026 612 284.

SUKHOTHAI

440 km de Bangkok. Indicatif téléphonique : 055.

En 1257 elle fut la première capitale officielle du Royaume de Siam. Sa prospérité d'alors en faisait un phare de l'Asie tout entière. Les historiens parlent de cette période de l'histoire comme de l'âge d'or de la civilisation thaïlandaise. Des vestiges, dont le très visité parc archéologique, seront la raison principale d'une possible halte dans la ville. Si vous n'aimez pas les vieilles pierres et les statues de bouddhas, Sukhothaï n'est pas faite pour vous.

Transports

Avion

Bangkok Airways dessert la ville. Il y a un vol par jour **au départ de Bangkok** à 9h10, arrivée à 10h20. Les lundis, mercredis, vendredis et dimanches, un vol à 11h30 ; les mardis, jeudis et samedis, un vol à 7h50. Le prix est de 2 020 baht. Les **bureaux** se trouvent à l'**aéroport de Sukhothaï © 055 647 224.** L'aéroport est à une trentaine de kilomètres de la ville même, mais un service très utile de navettes peut vous conduire à Sukhothaï pour 80 baht.

Bus

Des bus de 1re classe partent de Bangkok de la **gare de Mochit** à 9h45, 10h, 12h30 et 14h ; compter 256 baht et environ 7h de trajet. Des bus de 2e classe partent à 9h20, 12h, 14h et 21h ; compter 199 baht. Enfin, deux bus ordinaires (sans climatisation) partent à 7h15 et 9h ; compter 155 baht et 7h30 de trajet.

Hébergement

Cette petite ville de 20 000 habitants dispose d'un très faible parc hôtelier.

RATCHATHANI. 299 Jarot Withi Thong Road © 055 611 031 – Fax 0055 612 583. *Chambres à 1 200 baht (facilement négociables), chambres climatisées avec TV à 600 baht (prix ferme).* Cet hôtel a visiblement subi les outrages du temps...

RIVER VIEW. Nikhon Kasem Road © 055 611 656. *Compter de 350 à 550 baht.* Petites chambres au mobilier modeste mais propres.

SUKHOTHAI HOTEL. 15/5 Singhawat Road © 055 611 133. *Chambres de 180 à 400 baht, avec ventilateur ou climatisation.* Cet hôtel de 48 chambres s'est fait une bonne réputation auprès des voyageurs occidentaux, par le bouche à oreille. Son rapport qualité-prix est en effet excellent.

Restaurants, bars

NIGHT MARKET. Près de la grande avenue Nikhon Kasem, proche de la station de bus. Comme tout marché de nuit en Thaïlande, il dispose de stands proposant des yalats délicieux et pas chers du tout.

MARCHE MUNICIPAL. Situé en face de la station des bus partant pour Sawankalok, ce marché propose de nombreuses et odorantes gargotes.

DEAR HOUSE. 127 Nikhon Kasem Road. Si la cuisine occidentale commence à vous manquer, cet excellent établissement vous servira de bons sandwiches et des petits déjeuners.

Parc historique de Sukhothai

Transports

Des songthaew (taxis collectifs) partent entre 6h30 et 18h de Jarotwithithong Road ; compter 20 mn de trajet et 20 baht. Tout près de l'entrée principale du parc se trouve une guesthouse.

Hébergement

VITOON GUESTHOUSE. *Deux catégories de chambres : modestes et petites, avec ventilateurs, à 250 baht, et belles et grandes, avec climatisation, à 500 baht.* Cela peut être une bonne idée de résider ici, loin du bruit de Sukhothaï.

Visite du parc

Le parc de Sukhothaï est divisé en cinq zones. Le prix d'entrée de chacune d'elles est de 30 baht, sauf pour la zone centrale qui, elle, est tarifée à 40 baht. Vous pouvez acheter un ticket à 150 baht, qui donne droit à l'accès illimité à toutes les zones, plus aux deux musées nationaux attenants... pendant un mois.

WAT MAHATAT. C'est par là que commence traditionnellement la visite. Le Wat Mahatat était le temple d'un palais dont il ne reste rien. C'est sur le site de ce palais que l'on retrouva la pierre du roi Rama Kamheng qui créa l'alphabet thaï (44 consonnes, 32 voyelles et 5 tons). Une inscription de 1292 nous dit, grosso modo, qu'il y a des poissons dans les rivières, du riz dans les champs... et que le roi est bon, ce qui est vrai.

Il régnait en père de famille et son titre était d'ailleurs Po Khun (père Khun). Mais, plus tard, les rois d'Ayuthaya copieront le despotisme des rois khmers, qui exigeaient notamment de leurs sujets qu'ils se tiennent à plat ventre devant le roi et qu'ils parlent d'eux-mêmes en termes méprisants : " Moi qui suis un grain de poussière sous votre auguste pied ", par exemple.

Le Wat Mahatat date des XIIIe et XIVe siècles. Il est caractérisé par de multiples chedi et un grand Bouddha assis. Il s'étend sur un carré de 200 mètres de côté, autrefois entouré de douves. On y trouvait, à l'époque, 185 chedi, 7 chapelles et 11 viharn.

A l'ouest, non loin de là, sur une petite île au centre de la grande pièce d'eau dite " le lac d'argent ", se trouve le **Wat Traphang Ngoen.** Un chedi se détache de l'ensemble, se mirant dans l'eau. A la saison des pluies, on a la curieuse impression qu'il flotte à la surface. Au nord, se dresse le **Wat Chana Songkram** dont le chedi est entouré par deux sanctuaires.

WAT SRA SI. Situé à l'ouest du bassin, il se compose d'un viharn, érigé sur une plate-forme de brique avec un Bouddha assis. Derrière, sont deux chedi, l'un tout simple avec son corps en cloche, et l'autre ornementé de quatre niches.

WAT SAN DA PA DAENG. C'est le plus ancien édifice de Sukhothaï, avec un prang de latérite, du XIIe siècle.

WAT SI SAWAÏ. Plein sud-ouest, à 300 mètres du Wat Mahatat, c'est un temple khmer avec trois prang construits en latérite au XIIe siècle. Il était dédié à Shiva mais fut transformé par la suite.

MUSÉE RAMA KAMHENG. Ouvert de 9h à 12h et de 13h à 16h du mercredi au dimanche. Les objets découverts sur le site sont réunis dans ce lieu, inauguré le 25 janvier 1964.

WAT SAPAN HIN. *2 km à l'ouest, sur une petite colline haute de 200 mètres.* Une très belle vue sur les environs et sur le Bouddha debout, de 12,5 mètres de haut.

WAT CHANG LOM. Très curieux. La base carrée du chedi est entourée de 24 avant-trains d'éléphants. Wat Pa Sak, Wat Tuk et Wat Si Ton sont des ruines intéressantes mais sans éclat particulier.

WAT SRI CHUM. *1,5 km au nord de Wat Mahatat.* Un remarquable Bouddha assis, de 15 mètres de haut sur 11 mètres dans sa plus grande largeur (genoux). Les murs de 3 mètres d'épaisseur abritent un passage jusqu'au sommet.

WAT PHRA PAÏ LUANG. *500 mètres au nord de la porte Sanluang.* Construit sous le règne de Jayavarman VII (1181-1201) et entouré de pièces d'eau, ce fut d'abord un temple hindouiste. Des trois prang originaux, il ne reste qu'un seul. Au XIVe siècle, il fut transformé en temple bouddhiste.

Escapade à Kamphaeng Phet

Si Sukhothaï ne vous a pas rassasié des vieilles pierres et des temples, Kamphaeng Phet (25 000 habitants), distante de 70 kilomètres, vous propose encore une vingtaine de Wat à explorer, dont certains sont situés dans la vieille ville déclarée Patrimoine mondial par l'UNESCO en 1991. Deux musées sont aussi à voir. Une cité donc très culturelle, bordée par la rivière Ping et absente des circuits touristiques habituels, ce qui ajoute à son attrait. Pour y passer une nuit ou deux, une bonne adresse :

NAVARAT HOTEL. 2 Soi 15 Thesa Road © 055 711 106 – Fax 055 711 961. *Chambres standard avec climatisation et TV 600 baht, ensuite jusqu'à 1 800 baht.* Un hôtel de 78 chambres. Les chambres les moins chères sont très bien.

Plus modeste, mais d'un bon rapport qualité- prix :

PHET HOTEL. 99 Wijit Road © 055 712 810 – Fax 055 712 816. *Chambres propres avec climatisation et TV de 350 à 590 baht.* Pour vous restaurer, de très nombreuses gargotes servent une excellente cuisine. Celles situées à une centaine de mètres de l'hôtel Navarat, proche de la rivière Ping, sont parmi les meilleures. Des bus assurent le trajet Sukhothaï - Kamphaeng Phet en 1h10 environ et pour 42 baht.

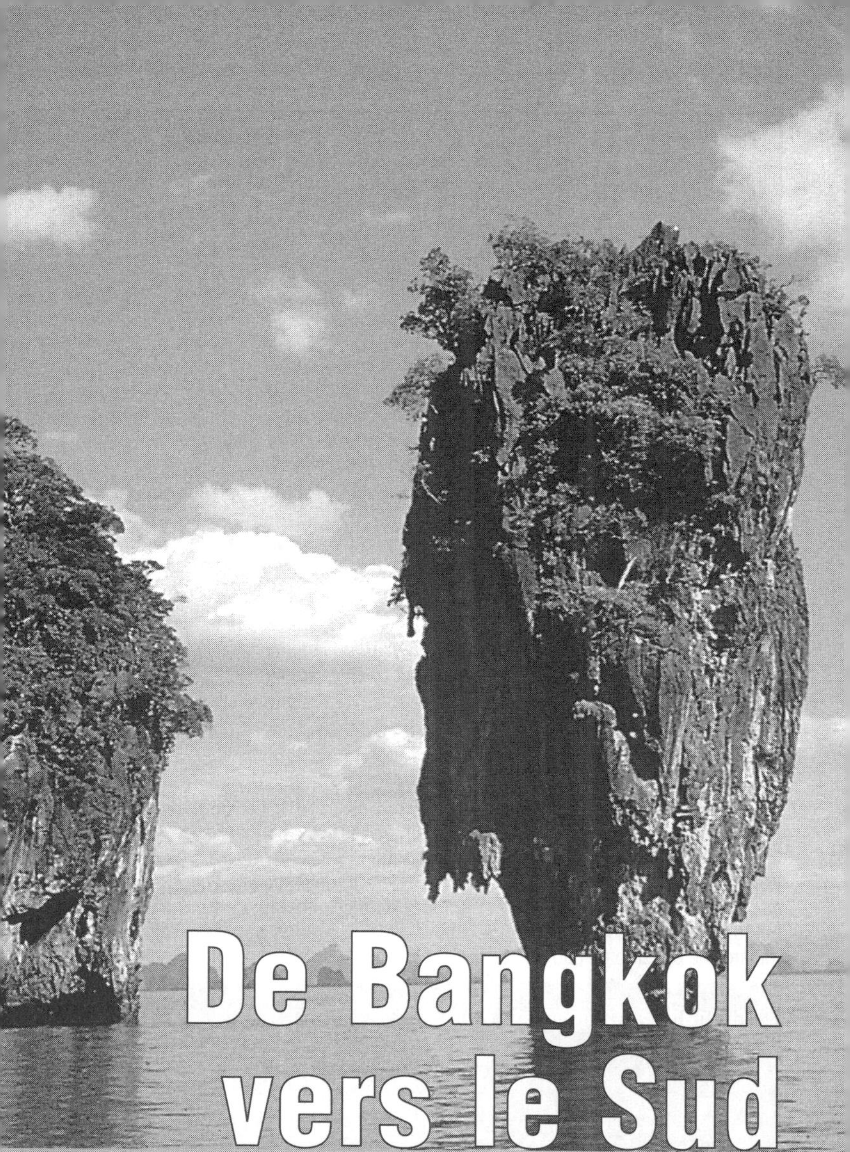

De Bangkok vers le Sud

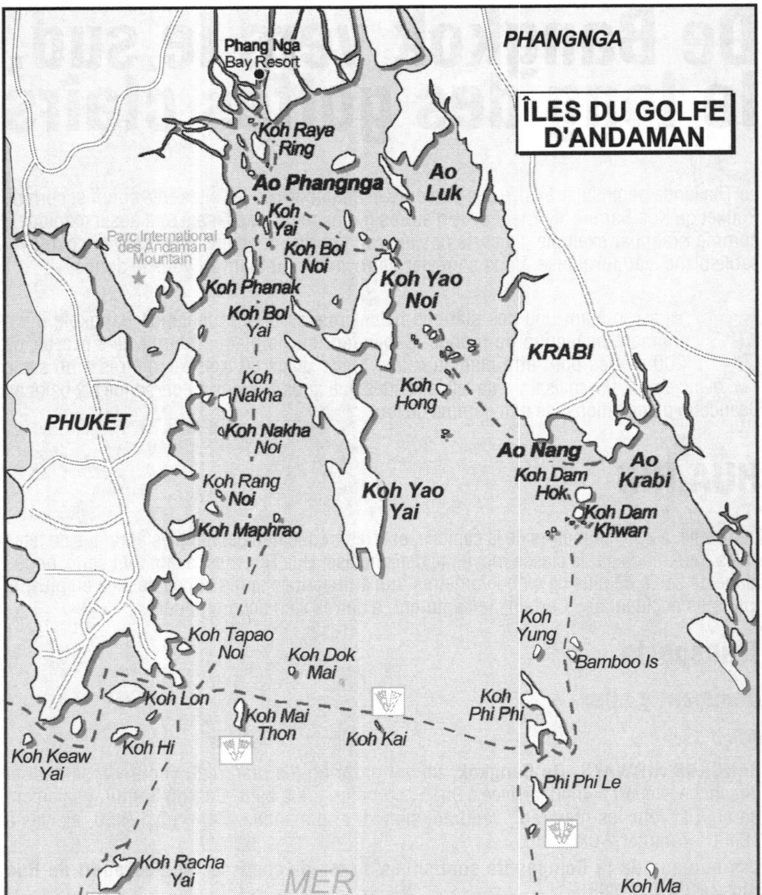
ÎLES DU GOLFE D'ANDAMAN
PHANGNGA
Phang Nga Bay Resort
Koh Raya Ring
Ao Phangnga
Ao Luk
Koh Yai
Parc International des Andaman Mountain
Koh Boi Noi
Koh Phanak
Koh Yao Noi
Koh Boi Yai
KRABI
Koh Nakha
Koh Hong
PHUKET
Koh Nakha Noi
Ao Nang
Ao Krabi
Koh Dam Hok
Koh Rang Noi
Koh Yao Yai
Koh Dam Khwan
Koh Maphrao
Koh Yung
Koh Tapao Noi
Koh Dok Mai
Bamboo Is
Koh Phi Phi
Koh Lon
Koh Mai Thon
Koh Kai
Koh Keaw Yai
Koh Hi
Phi Phi Le
Koh Racha Yai
MER
Koh Ma
D'ANDAMAN
Koh Racha Noi
Routes principales
Liaisons maritimes
Site de plongée
0
20 km

De Bangkok vers le sud, le long des golfes clairs

La Thaïlande péninsulaire offre des parcours enchanteurs où les sites très connus, comme Phuket ou Koh Samui, alternent avec d'autres moins renommés mais tout aussi magiques, comme Krabi par exemple. La carte postale est à portée de mains, bien réelle : cocotiers, sable blanc, eau turquoise. Vous en rêviez, le royaume du Siam va vous le donner.

" Hua Hin étant une des stations balnéaires les plus proches de Bangkok, il y a vraiment beaucoup de monde. Cependant sur la plage, il suffit de s'écarter de 200 mètres pour être plus au calme. Cette plage de trois kilomètres a un sable blanc et très fin, mais il y a de telles vagues que nous n'avons vu personne s'y baigner. Beaucoup d'animations, de nuit comme de jour. "

HUA HIN

Cette ville, à 230 kilomètres de la capitale, est très fréquentée pendant les périodes de fêtes et les week-ends par la classe moyenne thaïlandaise. Hua Hin, c'est avant tout cette longue plage de sable de plus de cinq kilomètres, qui attire année après année de plus en plus de touristes occidentaux. Certains le déplorent, d'autres s'en accommodent.

Transports

Comment y aller

Avion

BANGKOK AIRWAYS. De Bangkok, un vol par jour, les mercredi, vendredi, samedi et dimanche. Départ à 8h40, arrivée à 9h15 ; compter 1 500 baht. **De Koh Samui,** également un vol par jour les mercredi, vendredi samedi et dimanche. Départ à 17h50, arrivée à 18h50 ; compter 2 080 baht.

Les bureaux de la Compagnie sont situés au rez-de-chaussée de l'**aéroport de Hua Hin © 032 522 305.**

Train

11 départs par jour **de Bangkok,** des express ou des rapides, entre 7h15 et 22h30 ; compter entre 3h45 et 4h15 de trajet et de 71 baht en 3e classe à 217 baht en 1ère, plus les divers suppléments.

Bus

De la Southern Bus Station, des bus 1ère et 2e classes partent toutes les 40 mn entre 4h et 22h ; compter 3h30 de trajet et 120 baht maximum.

Se déplacer

SAMLOR. Les prix sont en théorie fixes. A vous de les faire respecter. Quelques exemples : de la gare ferroviaire à l'**hôtel All Nation** (quartier près de la plage), le prix est de 30 baht. De la station de bus au **Hua Hin Bazaar,** le prix est de 40 baht.

SONGTHAEW. Entre 6h et 18h les tarifs pour desservir les plages sont fixés à 10 baht par personne. En dehors de cette tranche horaire, les chauffeurs sont autonomes et fixent eux-mêmes leurs prix.

LOCATIONS. Les motos sont chères à Hua Hin : les 80 cc sont louées au prix minimum de 200 baht par jour. Même remarque pour les voitures, dont le prix de location se situe aux environs de 1 500 baht par jour pour un véhicule bas de gamme.

Renseignements utiles

TAT (Office du tourisme). 114 Phetkasem Road © 032 511 047. *Ouvert de 8h30 à 16h30.*

POSTE. 72 Damnoen Kasem Road. *Ouverte de 8h30 à 16h30 en semaine, de 9h à 12h le week-end et les jours fériés.* Attenant au bureau de poste, un centre téléphonique international est ouvert de 9h à minuit.

INTERNET. Il y a des cafés-Net dans différents endroits de la ville. L'heure de connexion est à 60 baht.

CHANGE. Aucun problème. Il y a des banques et des bureaux de change partout, en particulier sur la grande avenue Phetkasem.

Hébergement

Les prix imbattables

ALL NATIONS. 10/1 Dechanuchit Road © 032 512 747. *De 200 à 300 baht.* Un hôtel très modeste mais qui n'en est pas moins une institution dans la ville pour les voyageurs au long cours. Téléphonez avant de vous y rendre car l'établissement est souvent complet. Les chambres sont simples mais propres. Il y a une douche par étage (pour 2 ou 3 chambres, selon la taille de celles-ci).

SAND INN. 38/4 Phunsuk Road © 032 533 667 – Fax 032 533 669. *Chambres avec ventilateurs et TV 450 baht, avec climatisation et TV 550 baht.* Ici l'hôtel offre plus de confort et ses tarifs sont un peu plus élevés.

INTHIRA HOTEL. 210/4 Dam Rong Rat Road © 032 412 721. *De 150 à 300 baht.* Cet établissement d'une vingtaine de chambres, toutes avec ventilateur, a connu des jours plus beaux. Les chambres sont tristes et le mobilier fatigué. L'accueil, en revanche, est souriant et revigorant.

PATTANA GUESTHOUSE. 52 Naret Damri Road © 032 513 393. *De 200 à 350 baht.* Les deux bâtiments de bois de ce petit établissement abritent des chambres simples mais pimpantes. Toutes ont ventilateur et douches, et, au choix, eau froide ou chaude.

Bien et pas cher

GOLF INN. 29 Damnoen Kasem Road © 032 512 473. *De 750 à 950 baht.* Un petit hôtel agréable, près du parcours de golf. De belles petites chambres avec TV et climatisation.

BAN BOORASIN. 8 Poonsook Road © 032 512 076. *De 800 à 1 000 baht.* Un établissement très couru grâce au bouche à oreille. Ses très belles chambres avec balcon ont tout le confort souhaitable : TV, climatisation, frigo, téléphone et belle salle de bains. Compte tenu des prestations offertes, les tarifs sont très raisonnables.

FRESH INN. 33 Naret Damri Road © 032 511 389. *De 750 à 900 baht.* Là encore un très bon hôtel (décidément vous êtes gâtés) aux chambres confortables et aux prix très compétitifs.

Confort ou charme

SIRIN HOTEL. 47/3 Damnoen Kasem Road © 032 511 150 – Fax 032 513 571. *De 990 à 2 000 baht, petit déjeuner compris.* Bon hôtel aux chambres tout confort.

SAILOM HOTEL. 29 Phetkasem Road © 032 511 890 – Fax 032 512 047. *De 1 500 à 2 000 baht.* Tout au sud de Phetkasem Road, un très bon hôtel avec piscine, à l'accueil souriant et aux 66 chambres bien aménagées.

CITY BEACH RESORT. 16 Damnoen Kasem Road © 032 512 870 – Fax 032 512 207. *Chambres standard à partir de 1 500 baht.* Très bon rapport qualité-prix pour cet hôtel disposant de chambres au décor très soigné, avec climatisation, TV, frigo, etc. Une bonne affaire.

Luxe

SOFITEL CENTRAL. 1 Damnoen Kasem Road © 032 512 021 – Fax 032 511 014. *A partir de 5 500 baht.* Un hôtel exceptionnel. L'ancienne aile, construite en 1923, a gardé tout son charme colonial. Tout y est de bon goût, luxueux, impeccable. 208 chambres au décor de rêve... mais les prix ont de quoi vous réveiller !

MELIA HUA HIN. 77 Naret Damri Road © 032 512 879 – Fax 032 511 135. *Chambres standard 5 200 baht.* Un autre hôtel de luxe. Princier. Avec, bien sûr, tout le superflu en plus de l'essentiel.

ROYAL GARDEN RESORT. 107/1 Hat Phetkasem Road © 032 511 881 – Fax 032 512 422. *A partir de 3 500 baht.* Toujours dans la catégorie des très grands, un hôtel aux vastes et somptueuses chambres avec vue sur la mer.

Restaurants

CHAT CHAI MARKET. De 6h du matin jusqu'à 22h, de nombreuses échoppes proposent toutes sortes de plats à des prix dont on ne trouve l'équivalent nulle part ailleurs en ville : khao phat (riz frit), tom yam (soupe), poulet grillé, saucisses, poissons divers, etc.

MIKARUNA. 27 Naret Damri Road © 032 511 932. *Ouvert de 10h à 23h.* Un restaurant dont le cadre agréable, face à la mer, fait oublier la note un peu trop salée.

WITHE LOTUS. 33 Naret Damri Road © 032 512 888. *Ouvert de 11h à 14h et de 18h à 22h30.* Ce restaurant hébergé dans l'enceinte de l'hôtel HILTON est un must en ce qui concerne la cuisine chinoise. Le saumon aux haricots noirs est en particulier un vrai bonheur.

LO STIVALE. 123 Naret Damri Road © 032 513 800. *Ouvert de 11h à 22h30.* Une cuisine italienne roborative où pâtes et pizzas (bonnes) sont bien entendu présentes.

BAAN ITALIA. 43/1 Phetkasem Road © 032 520 250. Situé dans le tout nouveau hôtel Anantara, c'est le top actuellement en matière de cuisine italienne. Les prix sont plus élevés qu'ailleurs mais le cadre et la saveur des produits inclinent à se permettre une petite folie.

SUNSHINE BAKERY. Naret Damri Road. Proche de l'hôtel Hilton, cet établissement, dont vous pouvez sans regret délaisser la cuisine, propose en revanche du très bon pain. Reste à trouver le saucisson. Pour cela retournez au restaurant Lo Stivale.

Star Academy version thaïe

Comme leurs consœurs partout dans le monde, les jeunes Thaïlandaises rêvent de faire carrière dans la chanson. Certaines, afin d'approcher ce mirage, partent pour Bangkok ou d'autres grandes villes, espérant ainsi avoir la même destinée que Puki, une adolescente qui, dans les années 1990, dès son arrivée à Phuket, eut la chance d'enregistrer quelques tubes qui firent sa gloire et sa fortune. C'est à cette destinée que les jeunes filles en fleur rêvent à l'ombre des palmiers de leur village. Mais elles doivent très vite dé... chanter. Attirées par les lumières de la ville, ces papillons éphémères s'aperçoivent que tout ce qui brille n'est pas or et que tout ce qui braille n'est pas disque d'or. Aussi la plupart se reconvertit dans des salles de spectacle ou de karaoké d'un genre particulier. L'ex-future star se retrouve sur une estrade, court-vêtue, à interpréter un succès thaïlandais du moment. Le temps de la chanson, les spectateurs achètent des colliers de fleurs, d'une valeur de 100 ou 200 baht selon les lieux, qui seront passés autour de son cou gracile. A la fin du " récital ", le Thaïlandais ayant offert le plus de fleurs passera la nuit avec la chanteuse. Très glamour, non ? Ces jeunes femmes, qui rêvaient de la lumière des projecteurs, se retrouvent à l'ombre d'un protecteur. N'est pas Puki qui veut.

Sortir

Années après années, **les bars à entraîneuses** se multiplient. La plupart sont situés **autour du Hua Hin Bazaar,** sur Samoen/Kasem Road. Restez lucide, votre plus grand charme réside toujours dans l'épaisseur de votre portefeuille.

Si vous voulez plutôt aller **écouter de la musique,** déplacez-vous jusqu'à **Stone Town,** situé à environ 150 mètres de ce même Hua Hin Bazaar. Lors de notre passage, un très bon groupe thaïlandais y jouait des tubes mythiques et quelques morceaux plus récents.

Si la **dance music** vous est indispensable, rendez-vous au **Fun Pub ;** la boîte de nuit du Hilton est un des lieux actuellement les plus branchés de la ville. Des D. J. s'en donnent à cœur joie, et certaines Thaïlandaises sont d'une beauté à tomber par terre.

Sports

JET-SKI. Il se pratique beaucoup à Hua Hin. Compter en moyenne 600 baht les vingt minutes.

SPRINFIELD ROYAL COUNTRY CLUB. 210 Phetkasem Highway © 032 471 303. Un golf de renommée internationale, dessiné par Jack Niklaus himself.

ROYAL HUA HIN GOLF. Damnoen Kasem Road © 032 512 475. Il s'agit du plus ancien golf de Thaïlande.

LE HILTON © 032 512 888. L'établissement peut vous louer ses courts si vous téléphonez plusieurs jours à l'avance. Des courts de squash sont également disponibles.

ANANTARA © 032 520 250. Peut également vous louer ses courts à condition de téléphoner plusieurs jours à l'avance.

> DANS LES ENVIRONS DE HUA HIN

PETCHABURI LA BOUDDHISTE

Si vous êtes amateur de temples bouddhiques, Petchaburi sera pour vous un vrai bonheur. Cette ville, à mi-chemin entre Bangkok et Hua Hin, ne compte pas moins d'une vingtaine de wat éparpillés dans sa petite agglomération de moins de 40 000 habitants.

Transports

De Bangkok, vous avez le choix entre un bus climatisé 1ère classe partant à 19h, pour 83 baht, ou des bus 2e classe partant entre 5h20 et 16h20 ; compter 70 baht et 2h de trajet.

De Hua Hin, en bus climatisé, compter 35 baht pour 1h30 de trajet. Le voyage en train est peut-être plus agréable. 9 départs entre 12h25 et 22h50 ; compter au moins 3h de trajet et 39 baht pour un bus 3e classe et 171 baht pour un bus 1ère classe, auxquels s'ajoutent divers suppléments.

A savoir

Si les gares et les documents officiels parlent de **Petchaburi,** les Thaïlandais dans le langage courant disent **Petburi.** Ne croyez donc pas qu'il s'agit de deux villes différentes.

Le parc national de Kaen Krachan

Entrée touristes 200 baht, enfants 100 baht. Pour loger dans le parc national, vous avez le choix entre planter votre tente pour 5 baht par nuit, dormir dans un des bungalows basiques aménagés en petits dortoirs pour 100 baht la nuit ou encore louer un bungalow beaucoup plus confortable au **Kaen Krachan Riverside ✆ 031 461 244.** En raison de la météo, très arrosée entre mai et octobre, il est conseillé de choisir une autre période de visite.

Ce parc national est le plus grand du royaume. Il couvre près de 300 km². La faune et la flore y sont d'une richesse sans égale. S'étendant en effet le long de la frontière birmane, le parc couvre tous les reliefs possibles : montagnes, vallées, forêts, chutes d'eau, grottes, lacs, rivières y forment un véritable hymne à la nature. Outre les inévitables macaques, vous y apercevrez, avec un peu de chance, des éléphants, des gibbons, des écureuils volants, des tapirs, des ours d'Asie et, avec encore un peu plus de chance, des tigres, qui ont trouvé ici un sanctuaire à leur convenance. Du fait des pluies très abondantes qui arrosent le parc entre mai et octobre, un énorme " réservoir " y a été aménagé qui sert tout au long de l'année à irriguer une grande partie de la péninsule.

Informations ✆ 032 511 147/032 532 433. *De 8h30 à 16h30.*

Hébergement

Si vous voulez passer une ou plusieurs nuits à Petchaburi, **l'hôtel Phetkasem, 86 Phetkasem Road ✆ 032 425 581,** offre le meilleur rapport qualité-prix de la ville : des chambres avec climatisation et TV à 500 baht.

Restaurants

Vous pourrez vous sustenter au marché de nuit situé près de la gare ferroviaire et dont les divers échoppes aux odeurs envoûtantes s'ouvrent aux environs de 18h.

KAEN KRACHAN

PANEE BUTTERFLY GARDEN ✆ 032 512 642. Ce grand parc ouvert depuis juin 2001 accueille des milliers de papillons multicolores dans de gigantesques serres.

KHAO TAKIAP. Du sommet de cette colline, que domine un Bouddha de plus d'une dizaine de mètres de hauteur, la vue sur Hua Hin et les environs est vraiment splendide. Un petit temple, le Wat Takiap, peut être visité. Des singes y ont élu domicile, et ils sont très jaloux de leur territoire. Attention aux morsures et aux gifles.

PARC NATIONAL DE SAM ROI YOT. Informations ✆ 025 614 292, de 10h à 16h.

Au sud de la ville, ce parc s'étend sur près de 100 km² de nature sauvage et préservée. Ses plages de sable blanc et ses grottes mangroves sont encore peu prisées des touristes. Le domaine vous est ainsi entièrement dévolu.

Hébergement

DOLPHIN BAY RESORT ✆ 032 559 333. E-mail : dulphinbay@bigfoot.com. *A quelques minutes de l'entrée du parc, un bel endroit où séjourner quelques nuits, dans un lieu calme et reposant.* Vous avez aussi la possibilité de louer des bungalows plus basiques que le Département forestier met à votre disposition.

CHA AM

Cette station balnéaire, distante d'une trentaine de kilomètres de Hua Hin, possède de belles plages, très calmes en semaine. En revanche, de nombreux habitants de la classe moyenne viennent s'y détendre pendant le week-end et le bord de mer devient alors surpeuplé. Les touristes occidentaux sont une très petite minorité parmi cette foule.

Transports

Comment y aller

Bus

De Bangkok, des bus 1ère classe partent du **Southern Bus Terminal,** sur Pinklao Nakhorchaï Road, à 7h, 8h20, 11h, 12h20 et 14h20 ; compter 3h de trajet et 113 baht. Ces 5 départs sont les seuls qui relient directement Cha Am à la capitale.

De Hua Hin, il vous faudra prendre un bus en direction de Petchaburi, en précisant que vous descendez à Cha Am. La station de bus se trouve dans la rue Liap Thang Rot Faï. Le trajet dure environ 20 mn et coûte 10 baht.

Train

2 trains seulement s'arrêtent à Cha Am. L'un part **de la gare de Thonburi à Bangkok,** sur le versant ouest du fleuve Chayo Pharaya. Départ à 13h30, arrivée à 17h45. Le 2e train part **de la gare centrale de Hualamphong** à 15h50, arrivée à 19h50 ; compter entre 201 baht pour le meilleur confort et 43 baht pour un siège dur en 3e classe. Les paysages sont agréables à observer.

Se déplacer

SONGTHAEW. Les taxis collectifs parcourent un circuit déterminé. Sur cet itinéraire, une course coûte 10 baht.

MOTO-TAXI. Le prix de la course moyenne est de 20 baht. Naturellement on vous demandera toujours plus.

LOCATIONS. Les petites motos de 80 ou 100 cc ne sont pas bon marché du tout. Compter un minimum de 250 baht.

Renseignements utiles

TAT (Office du tourisme). Phetkasem Highway, un peu hors des limites de la ville. *Ouvert de 8h30 à 16h30.* L'accueil est sympathique.

POSTE. Ruamjit Road, sur le front de mer. *Ouverte du lundi au vendredi de 8h30 à 16h30.* C'est le bureau de poste principal. Le bureau de téléphone international attenant reste ouvert jusqu'à 20h.

INTERNET. Plusieurs cybercafés ont ouvert ces derniers mois partout dans la ville. Pour une heure de connexion, compter en moyenne 50 baht.

Petit glossaire de la ville thaïlandaise

Rue : thanon
Carrefour : si yek
Village : mou ban
Bord de mer : tchaï tha le
Quai, embarcadère : tha le koh
Plaine : thi rap
Ruelle : soi
Ville : meuang
Plage : hat sai
Forêt : pa
Mer : tha le
Montagne : phou khao
Place, rond-point : dja tou tat
Golfe, baie : ao
Campagne : tchon bot
Feu rouge : san yan faï degn

Hébergement

Bien et pas cher

WANG HOTEL. 412/27 Ruamjit Road © 032 471 428. *Chambres avec ventilateur 350 baht, avec TV 450 baht.* Ce petit établissement était, il n'y a pas si longtemps, un petit havre de paix à l'accueil charmant. Le couple thaïlandais qui en avait la charge a, semble-t-il, vendu et du coup le charme est rompu. L'accueil est nul et on semble déranger. De plus, les prix ont augmenté. Les chambres sont toutes avec ventilateur, quelques-unes ont la TV. A prendre en dépannage.

JOLLY AND JUMPER. 274/3 Ruamjit Road © 032 433 887. *Avec ventilateur de 150 à 250 baht, avec climatisation de 400 à 500 baht.* Un établissement simple mais propre dont les chambres avec ventilateurs sont un peu tristes.

BAN SABAI DEE © 032 471 393. *De 400 à 650 baht.* Toujours sur le front de mer, des bungalows un peu vieillots dont il est conseillé de prendre les meilleurs, avec climatisation et TV.

Confort ou charme

RUA MAKAM VILLA. 102 Narathip Road © 032 471 073 – Fax 032 471 225. *Bungalows avec ventilateur de 500 à 1 000 baht, avec climatisation de 1 200 à 1 700 baht.* Des bungalows disséminés dans un jardin. La TV est dans toutes les chambres.

SEA PEARL HOTEL. 263/32 Ruamjit Road © 032 471 118. *Chambres climatisées 750 baht.* Hôtel d'un bon rapport qualité-prix, tout au moins pour ses meilleures chambres avec climatisation, TV et belle salle de bains.

ANANTACHAI GUESTHOUSE. 980 Ruamjit Road © 032 471 980. *De 450 à 600 baht.* Encore une excellente adresse. Belles chambres avec vue sur la mer, TV et climatisation.

Luxe

DUSIT RESORT. 1349 Phetkasem Road © 032 520 008. E-mail : polo@dusit.com. *Chambres standard à partir de 4 000 baht, suites somptueuses à des prix himalayens.* Un établissement d'exception. On ne sait comment décrire tant de raffinement et de beauté. Les chambres sont tout simplement merveilleuses et tout est à l'avenant. Le merveilleux a cependant un prix, et les tarifs sont bien sûr élevés.

BEACH GARDEN. 949/21 Soi Suan Son Loï © 032 508 234 – Fax 032 508 241. *De 1 000 à 5 800 baht.* Un hôtel bien moins luxueux mais d'un très bon confort. Les 226 chambres ont toutes vue sur la mer ou sur un magnifique jardin exotique avec piscine.

REGENT BEACH. 849/21 Phetkasem Road © 032 451 240 – Fax 032 471 491. *De 3 500 à 5 500 baht.* Un immense complexe de 702 chambres donnant sur une plage de sable blanc. Le confort est optimal, avec TV, climatisation, moquette, balcon et tout le superflu. Notre petit doigt nous dit que, compte tenu du nombre industriel de chambres, il est possible, avec tact, de faire nettement baisser les prix.

Restaurants

Comme partout dans le pays, **le marché de nuit** est une excellente adresse. Sur la **Beach Road** s'alignent des **restaurants de fruits de mer,** aux prix raisonnables. Installez-vous là où les Thaïs sont nombreux, ils se trompent rarement sur la qualité d'un établissement et savent où les produits sont les plus frais.

Visiter

LE PHRA RATCHANIVET MARUKHATHAYAWAN. A 9 km au sud de Cha Am se trouve ce palais, l'un des palais d'été du roi Rama VI. Le principal matériau de construction est le teck. Le mobilier et les pièces sont somptueux. Le palais est ouvert à la visite tous les jours de 8h30 à 16h30. Comme il y a peu d'affluence, il arrive que le palais soit fermé. Avant de vous déplacer, téléphonez au © **032 472 482.**

PRACHUAP KHIRI KHAN

Située à 80 km de Hua Hin, cette petite cité a la particularité de se trouver dans la partie la plus étroite de la Thaïlande. Petite langue de terre d'à peine 15 km de large, coincée entre la Birmanie à l'ouest et le golfe de Siam à l'est, elle est vierge de tout tourisme, et cela n'est pas son moindre atout.

Transports

Comment y aller

Bus

De Bangkok, du Southern Bus Terminal, des bus 1ère classe partent toutes les 20 mn entre 8h et 13h ; compter 176 baht et 5h de trajet. Ensuite 6 départs entre 14h30 et 22h30. Des bus 2e classe partent toutes les 20 mn entre 4h et 20h ; compter 137 baht. Des bus ordinaires (non climatisés) partent toutes les heures entre 3h et 20h ; compter 98 baht.

De Hua Hin, départs toutes les 20 mn entre 7h et 15h ; compter 1h30 de trajet et 33 baht (en bus ordinaires), 48 baht (en bus climatisés).

Se déplacer

TUK-TUK. Une course moyenne revient à 20 ou 30 baht.

MOTO-TAXI. Même tarif que plus haut.

LOCATIONS. Les motos se louent 200 baht par jour mais on vous demandera 20 baht de plus pour le casque. Attention, le port du casque est obligatoire, au risque de 200 baht d'amende et, surtout, de 2 ou 3h de palabres au poste de police.

Renseignements utiles

TAT (Office du tourisme). Tchaï Taleh Road. *Ouvert de 8h30 à 16h30.* L'endroit est peu visité mais l'accueil est vraiment sympathique.

POSTE. Maï Tri Ngam Road. *Ouverte de 8h30 à 16h30 du lundi au vendredi.*

BANGKOK BANK. Maï Tri Road. *A une centaine de mètres de la poste. Ouverte jusqu'à 15h30.* Les banques changeront vos euros. Attention, elles ferment tôt. Deux autres banques très proches dans les environs.

Hébergement

L'offre est très restreinte, mais il y a de bonnes surprises.

Bien et pas cher

RIM HAD BUNGALOW. 35 Suan Son Road © 032 601 626. *Chambres avec ventilateur de 300 à 400 baht, avec climatisation de 600 à 800 baht.* Un peu excentrées, dans un coin calme, des petites chambres propres avec ventilateur et des plus grandes avec climatisation. Pour ces dernières, hors haute saison (décembre, janvier) les prix peuvent être négociés si vous restez plusieurs nuits.

Le festival des cerfs-volants

La petite ville de Prachuap Khiri Khan est en effervescence le 3e week-end de mars. Il s'y déroule un festival international du cerf-volant (très populaire en Thaïlande). Parallèlement au concours, des spectacles folkloriques sont organisés, ainsi qu'une vente d'artisanat local.

A Songkran, sortez les parapluies !

Songkran, vers la fin avril, est une des fêtes les plus célébrées en Thaïlande. Son principe consiste à asperger d'eau les passants afin de leurs apporter bonheur et prospérité. En théorie quelques gouttes suffisent, mais dans la pratique ce sont des seaux entiers qui sont déversés sur les têtes des victimes pas toujours consentantes. C'est donc une fête très arrosée, et ce, dans tous les sens du terme puisque, durant ces quelques jours de folie pas toujours douce à travers le pays, des flots de whisky et de bière sont avalés. Au total, la quantité, soigneusement tue par les statistiques économiques, doit être phénoménale. Avec pour résultat, en 2002, 543 morts et 37 180 blessés officiels ! Les autorités ont beau faire tous les ans des effets d'annonces en menaçant, lors de discours officiels, les " abus " de sanctions (mais il n'y a QUE des abus), rien n'y fait. Jusqu'où les chiffres vont-ils ainsi grimper ?

YUTTICHAI HOTEL. 35 Kong Kiat Road © 032 611 055. *Chambres avec ventilateur de 180 à 250 baht, avec salle de bains commune de 120 à 170 baht.* Situé en plein centre, dans la rue menant au quai de la plage, un hôtel très modeste.

Confort ou charme

HADTHONG HOTEL. Chaï Taleh Road © 032 601 050 - Fax 032 601 057. *A partir de 400 baht petites chambres avec TV, climatisation, frigo ; 800 baht avec vue sur la mer ; ensuite jusqu'à 1 400 baht.* Le meilleur hôtel de la ville, face à la mer. 142 chambres. Piscine.

Restaurants

Prachuap Khiri Khan est avant tout une **petite ville de pêcheurs.** Les restaurants de poissons sont donc nombreux et, pour une fois, les **poissons** sont vraiment frais. Il en est de même pour les **fruits de mer.** Le meilleur restaurant est peut-être :

CHIOW OCHA 2. Chai Taleh Road © 032 550 868. Situé au nord de l'avenue, face à la mer, ce restaurant a la réputation de savoir comme personne accommoder les poissons et fruits de mer. Tout y est donc savoureux et à des prix plus que raisonnables.

Un petit marché de nuit, situé sur Suseuk Road, est truffé de d'échoppes où abondent les poissons, les seiches, les grosses crevettes... Si le cadre est moins agréable que celui de certains restaurants, la fraîcheur et la saveur sont en tout cas parfaites.

Deux autres Night Markets s'offrent à vous, l'un sur Kong Kiat Road, et un autre au bord de la mer, sur Chaï Taleh Road. Outre des produits de la mer, vous pourrez y déguster des tom yam (soupe) délicieuses et à petits prix.

Visiter

KHA CHONG KRACHOK. Cette colline, située au nord de la plage principale de Prachuap, domine les environs, et le panorama y est splendide. On y accède par un escalier de près de 400 marches. Comme à Hua Hin, un temple s'y trouve, le **Wat Thamikha Ram,** comme à Hua Hin il n'est guère intéressant et comme à Hua Hin, des singes ont envahi les lieux. Adieu lunettes, cigarettes, briquets...

Les plages

HAT WA KAW. Une belle plage à 8 km environ du centre-ville. Très calme, pratiquement déserte en semaine, elle a l'avantage de permettre le plaisir de la natation, ce qui n'est pas le cas en ville où l'on a pied sur plusieurs centaines de mètres.

NAM TOL HUAI YANG. A une trentaine de kilomètre de Prachuap Khiri Khan, ces magnifiques chutes d'eau s'étalent sur une centaine de mètres de largeur. Le spectacle vaut le coup d'œil. De plus, une grande retenue d'eau fait une piscine naturelle où vous pourrez vous baigner. Allez-y avec précaution : l'eau est vraiment froide.

BANG SAPHAN YAI

La petite ville de Bang Saphan est située entre Prachuap Khiri Khan au nord et Chumphon au sud. Quelques voyageurs attirés par la plage magnifique de Bang Saphan Yai commencent à parcourir la région, mais soyez rassurés, nous sommes loin de la surpopulation...les marchands de soleil n'ont en effet pas encore jeté leur dévolu sur cette exceptionnelle langue de sable en arc de cercle. Une étendue presque déserte de près de 30 km de long, l'authenticité, le calme, la quiétude et la beauté de la nature, tels sont les ingrédients faisant de cette oasis. Pourvu que ça dure !

Transports

Comment y aller

Bus

Depuis le Terminal Sud de Bangkok, des bus 1ère classe partent à 7h30, 8h00, 10h20, 13h30, 17h30 et 22h30. Le prix est de 227 bahts pour 6 heures de trajet. Des bus 2e classe partent a 5h30, 6h30,12h40 et 19h pour 168 bahts.

Depuis Prachuap Khiri Khan et Chumphon, des bus assurent quotidiennement la liaison, et ce plusieurs fois par jour en 1 heure environ.

Train

Du Terminal Sud de Bangkok (gare de Thonburi), plusieurs départs chaque jour mais un seul à des horaires "convenables" si vous descendez à Bang Saphan : celui de 7h15 qui arrive a 15h15. Pour un billet de 2e classe avec ventilateur, il vous en coûtera moins de 70 bahts.

Depuis Hua Hin ou Prachuap Khiri Khan, et pour environ 8h30 de trajet, des trains 3e classe font la liaison pour quelques bahts.

Hébergement

Il n'y a pas à hésiter, allez dormir sur la plage car le décor naturel y est d'une rare authenticité.

SUAN LUANG RESORT. 13 moo 1 ✆ 032 691 663 – Fax 032 691 664. A environ 500 mètres de la mer, cet hôtel composé de bungalows en bois dans un jardin calme offre des chambres propres avec climatisation ou ventilateur dont les prix vont de 300 a 500 bahts.

BANG SAPHAN RESORT ✆ 032 691 152. Une gamme variée de bungalows dont les prix s'étalent de 300 à 700 bahts. Les premiers prix sont des chambres simples avec ventilateur pour aller jusqu'à des chambres V.I.P avec climatisation et télévision.

CORAL RESORT. 171 moo 9 ✆ 032 691 667 – Fax 032 691 668 – Web : www.coral-hotel.com – E-mail : info@coral-hotel.com. Claude, le directeur français, un sourire éternellement vissé aux lèvres, a créé un petit bijou d'hôtel inséré dans un écrin de nature preservée. Le Coral Hotel est un ensemble de 21 chambres et cottages répartis dans une palmeraie, face à la mer. Les prix vont de 995 à 2 275 bahts suivant le confort et la saison. Toutes les chambres proposent climatisation, mini bar et tv. Les cottages peuvent accueillir 4 personnes. Ils disposent de deux chambres (dont une de petite dimension) deux terrasses et d'une salle de bains avec baignoire. La clientèle en majorité francophone baigne dans une ambiance très conviviale dont le restaurant est le symbole, avec une cuisine thaie ou française simple mais délicieuse et un service toujours attentionné. L'établissement a aussi une agence de voyages qui propose des circuits tres variés, allant de la demi-journée jusqu'a une semaine. Ils ont été concoctés par Eric, le manager français du Coral Hotel, installé depuis 11 ans en Thaïlande et qui connaît remarquablement bien la région. Inutile de dire que le dépaysement est assuré, et l'authenticité des lieux visites garantie. De plus, vous serez toujours accompagnés d'un guide francophone.

Adresse futée

A la lisière du marché, à une centaine de mètres, vous remarquerez un petit kiosque aux tuiles bleues, il s'agit du **COFFEE GARDEN (E-mail : klauszelm@hotmail.com)** tenu par un allemand parlant le français. Entre deux sourires, lui et sa compagne thaie vous serviront des boissons rafraîchissantes et un tres bon café. De plus, ils louent des motos a 200 bahts la journeé, ce qui en fait les moins chères de la place.

Dans l'enceinte de l'établissement, vous aurez le choix entre le ping-pong, le snooker, des massages, une initiation à la boxe thaie sans oublier la piscine. Court ou long séjour, farniente ou journées passées à explorer les environs, il vous sera difficile de partir...

Sortir

Les nuits sont très calmes a Bang Saphan, mais vous pourrez **écouter de la musique au Blue Jean.** Rénové récemment, ce bar typique, vous accueillera au son d'une musique jouée par un groupe specialisé dans la variété et le rock thaïlandais. Les boissons sont coûtent de autour de 40 à 50 bahts.

Le Saloon Western, comme son nom le laisse deviner, propose dans un décor digne du Far West une musique folk thaïlandaise live entrecoupée de quelques morceaux occidentaux.

Points d'intérêt

THAÏLANDE ANCESTRALE. Cette petite cité n'offre guère d'attractions, mais les fervents de la Thaïlande profonde y trouveront leur bonheur. Ainsi, dans la rue menant à la petite gare, des maisons ancestrales sont encore visibles. En particulier, une boutique de pharmacien (vu le décor le mot " apothicaire " serait plus approprié) où rien ne semble avoir changé depuis des lustres, avec sa bâtisse, son immense armoire equipée de dizaines de tiroirs faisant le tour complet du magasin, son bureau et ses divers autres meubles tous faits du meme materiau : le bois, qui avec le temps a pris une patine du meilleur effet. Un antiquaire assurément tomberait a genoux devant tous ces trésors.

MARCHÉ. Tous les matins, un marché a lieu au centre ville. Les étals de vêtements, chaussures, fruits et légumes rivalisent avec les stands de nourritures. **Le jeudi soir,** un marché de nuit s'agite vers les 18h. Ici aussi, les échopes de nourriture y sont nombreuses, avec entre autres tentations le poulet au miel cuit au feu de bois dans une grande jarre en terre cuite : tout simplement divin. A moins que vous ne préfériez goûter aux scarabées, cigales et autres cafards grillés...

> DANS LES ENVIRONS

Wat Phra Phut Khiti Srichai ou Temple du Big Bouddha

Situé a 35 km environ de Bang Saphan, près de Ban Krut, ce temple est sans exagération une petite merveille. Même si vous n'etes pas un fervent des visites "culturelles", nul doute que vous ne regretterez pas le déplacement. Il est tout récent, d'ailleurs lors de notre passage sa construction n'étais pas totalement achevée. Bâti au sommet d'une colline, le panorama que l'on aperçoit avec montagnes, palmeraies et mer à perte de vue est déjà une récompense.

Extérieurement, le temple s'annonce fièrement avec ses cinq chedis aux flèches dorées. Sur la droite avant l'entrée, un bâtiment recèle un gong en forme de tonneau, sur la gauche une bâtisse identique est elle munie d'une cloche de bronze. Ces deux instruments servent à rythmer les cérémonies selon le calendrier lunaire pour le premier et quotidien pour le deuxième. Les portes de couleur rouge sang encadrant le temple lui-même sont ornées de peintures d'artistes qui représentent différentes scènes de la vie de Bouddha. La pièce principale du rez-de-chaussée abrite un autel de marbre ou quatre niches accueillent quatre représentations de bouddha. À l'étage, un Bouddha trône au centre de la salle en position debout. Au plafond de couleur rouge sang également, des frises représentent des étoiles et symbolisent ainsi le nirvana. Tout autour, les petites pièces adjacentes recèlent des trésors architecturaux uniques en leur genre; des vitraux qui là aussi illustrent Bouddha dans des épisodes-phares de sa vie. Ces derniers sont si raffinés qu'ils font de ce temple une œuvre d'art unique en Asie. Nous le répétons, cette visite est vivement recommandée si vous êtes dans la région !

En bas du temple, un gigantesque bouddha de 19 mètres de hauteur a été édifié en hommage à la reine, le temple étabt pour sa part dédié au roi. Le Coral Hotel organise l'excursion.

La plage de Bang Saphan Yai

Une plage en arc de cercle bordée d'une guirlande de pins et de palmiers sur une étendue de 30 kilomètres. Quelques hôtels et guesthouses, quelques maisons inhabitées pour la plupart, des cabanes de pêcheurs désertes, tel est le merveilleux décor naturel que vous offre Bang Saphan Yai. Vous aurez pour seule compagnie des vaches broutant l'herbe saline à quelques centimètres du sable, et parfois un touriste aussi étonné que vous de croiser âme qui vive. Un plaisir rare.

Autres plages

Tout autour de Bang Saphan, les belles plages et criques désertes ne manquent pas. Parmi elles Hat Sai Kaew, Hat Bo Thong Lang et Hat Pha Daeng sont parmi les plus gâtées par la mère nature, mais la liste est loin d'être exhaustive. L'idéal est de louer une moto et de vous balader au gré de vos envies ou de vos découvertes.

L'île de Kho Thalu

Un petit îlot désert à quelques encablures de Bang Saphan Yai (20 mn en bateau). Sa plage de sable blanc immaculé est très agréable et y consacrer une journée pour la découvrir serait une très bonne idée.

CHUMPHON

A près de 500 km de Bangkok, cette ville de 15 000 habitants est pour beaucoup la porte d'entrée à Kih Tao, véritable paradis des plongeurs, distante de 6h à peine en bateau. C'est dire si le nirvâna est à portée de palme. Mais Chumphon mérite une halte avec ses plages désertes, à proximité, et son port où baignent les bateaux à la charpente ancestrale et aux couleurs multiples.

Transports

Comment y aller

Avion

Pas très pratique car l'aéroport est à plus de 30 km de Chumphon et les moyens pour rallier la ville sont rares et chers. La **petite compagnie privée Air Andaman** affrète un avion les lundis, mercredis, vendredis et dimanches. **Bangkok © 022 299 555 ; Chumphon © 077 591 226.** Départ de Bangkok à 15h, arrivée à 16h45. Au retour, départ à 16h45, arrivée à 18h.

Bateau

Chumphon est relié aux grandes îles environnantes par des bateaux plus ou moins rapides. **De Koh Tao,** un bateau ordinaire part à 10h et arrive à 15h. Le Koh Tao Cruiser part à 10h30 et arrive à 13h30. Le Song Serm Express Boat part à 15 heures et arrive à 17h30. Des songthaew font la navette entre le port d'embarquement situé à 10 km et Chumphon ; prix fixe 25 baht. Une fois plein, le véhicule part.

Train

16 trains **au départ de Bangkok,** de 7h15 à 22h30, soit de la gare Hualomphong, soit de la gare de Thonburi. Le trajet dure selon les cas entre 7 et 8h.

Bus

Des bus 1ère classe partent du **Southern Terminal** à 14h, 21h30 et 22h ; compter 272 baht pour 7h de trajet. Des bus 2e classe partent à 5h, 6h et 21h ; compter 211 baht. Pas de bus ordinaires.

Se déplacer

SONGTHAEW. En ville, sur l'itinéraire qu'ils empruntent, la course est de 10 baht quelle que soit la distance parcourue.

MOTO-TAXI. Le prix de la course moyenne est de 20 baht.

LOCATIONS. Les motos sont louées 200 baht par jour.

Renseignements utiles

TAT (Office du tourisme). Pharomin Mon Kha Road. *Ouvert de 8h30 à 16h30.*

POSTE. Pharomin Mon Kha Road, sur le trottoir en face du TAT. *Ouverte de 8h30 à 16h30 en semaine, de 9h à midi le week-end.*

INTERNET. Les points Internet ouvrent de plus en plus nombreux. L'heure de connexion est de 60 baht.

Hébergement

Notez que tous les petits hôtels ci-dessous sont dans le même quartier central, idéalement placés à mi-chemin entre les gares routières et ferroviaires, et relativement à proximité du Grand Marché.

SOOKSAMER GUESTHOUSE PAT'S PLACE. Sooksamer Road Chumphon © 077 502 430. *Chambres 120 baht.* Au fond d'une petite rue très calme, à 200 m du marché de nuit. Sept chambres basiques, très petites, avec douche et WC à l'extérieur. Egalement restaurant, agence de voyages, reconfirmation de vols, téléphone, Internet, location de moto et change. On y parle très bien anglais.

JANSOM CHUMPHON HOTEL. 118/38 Sala Daeng Road © 077 502 502 – Fax 077 502 503. *A partir de 500 baht avec TV et climatisation, 700 baht pour un confort plus que convenable.* Le meilleur hôtel de la ville mais aussi, et c'est rare, le meilleur en qualité-prix. Bonne adresse.

SRI CHUMPHON HOTEL. 127/22 Sala Daeng Road ✆ 077 511 280 – Fax 077 504 616. *Chambres à 600 baht et de 250 à 350 baht.* L'accueil est quelconque mais les chambres, avec climatisation et TV comme celles avec ventilateur, sont propres et d'un bon rapport qualité-prix.

SURIWONG CHUMPHON HOTEL. 125/27 Sala Daeng Road ✆ 077 511 203 – Fax 077 502 699. *De 240 à 290 baht et de 300 à 390 baht.* Une adresse encore convenable. Chambres avec ventilateur ou climatisation.

Restaurants

Les **deux petits Night Markets** sont, comme il se doit, de bons endroits pour déguster sur le pouce des spécialités locales à petits prix.

Sur Thatapao Road, **un petit marché de jour** propose la même chose aux même prix. Si vous avez la nostalgie de l'I-San, **le Northeast Food Center,** sur Sala Daeng Road, à une centaine de mètres des hôtels cités plus haut, vous propose de nombreux stands consacrés à cette cuisine.

Sortir

Le rendez-vous préféré pour faire la fête (surtout le week-end) est la **discothèque du Jansom Chumphon Hotel.** *Entrée 100 baht.*

KOH TAO

" L'île de la Tortue ", c'est la traduction littérale de Koh Tao, est accessible depuis Chumphon. Paradis des plongeurs, et paradis tout court pour de plus en plus de monde, cette île de 21 km^2 seulement, offre des plages, des cocoteraies et des coraux peuplés de poissons multiples aux vives couleurs et de quelques requins inoffensifs. La plage la plus fréquentée (et de loin) est HAT SAI RIN. C'est la seule où l'on peut se baigner aisément, l'eau étant partout ailleurs trop peu profonde.

Transports

Comment y aller

De Chumphon, 4 bateaux font le trajet : le Songserm Express, qui part à 7h30 et arrive à 10h15 ; le Cruiser, qui part à 7h et arrive à 10h ; l'Ekawin, qui part à 7h30 et arrive à 10h ; enfin, le bateau de nuit qui part à 24h et arrive à 6h.

De Kikh Samu, 7 départs entre 8h et 12h30 ; le plus rapide met 1h30, le moins rapide 5h.

De Koh Pha Ngan, 7 départs, également de 8h30 à 13h. Selon les bateaux, le trajet dure entre 1h et 3h.

De Surat Thani, 2 départs : le premier part à 8h et arrive à 14h, le second part à 23h et arrive à 8h.

Se déplacer

SONGTHAEW. Des prix à peu près officiels sont pratiqués pour les principales liaisons. A vous de les faire respecter, ce qui n'est pas toujours facile.

DE BAN MAE HAD À SAÏ RI, 30 baht ; de Ban Mae Had à Chalok Baan Kao, 30 baht ; de Ban Mae Had à Thian Ok, 80 baht ; de Saï Ri à Chalok Baan Kao, 60 baht.

LOCATIONS. Les motos se louent autour de 150 baht la journée, les jeeps sont à 1 000 baht. On vous demandera de laisser votre passeport en garantie.

BATEAU-TAXI. Des bateaux font la navette entre les plages. Voici les tarifs en vigueur : **DE BAN MAE HAD À CHALOK BAAN KAO,** 150 baht ; de Ban Mae Had à Nang Yuan, 100 baht ; de Ban Mae Had à Ao Tanot, 300 baht. Pour une balade autour de l'île, comptez 1 000 baht par personne, mais vous pouvez louer le bateau à la journée pour 2 000 baht et diviser le prix par le nombre de personnes.

Renseignements utiles

Quel que soit votre point de départ, vous débarquerez dans le petit village de Ban Mae Sat. Dans cette île, qui en quelques années a vu fleurir des centaines de bungalows, de magasins, de centres de plongée, la plupart des rues existantes n'ont pas de nom. Aussi essayerons-nous d'indiquer des repères pour vous aider à trouver les endroits conseillés.

POSTE. *Ouverte de 8h30 à 16h30 tous les jours.* Tout droit en face du quai principal. Suivre la route, située sur le côté droit, dans le sens de la marche.

INTERNET. Les centres se sont multipliés ces derniers mois. A Ban Mae Sat, **SC Internet** se trouve après la poste, sur le même trottoir. Tout proche, **Praisit e-mail.**

TELEPHONE. Si vous avez un coup de fil à donner, allez de préférence à la poste. Les prix sont fixes. Ailleurs, la plupart du temps, c'est à la tête du client et très cher.

POLICE et BUREAU TOURISTIQUE. Toujours dans cette même rue. A partir du quai, à 150 m environ sur la droite, se trouve une Soi, prenez-la, au fond se trouve un Office du tourisme et juste avant un poste de police.

Agences de voyages

LOMPRAYAH COLTD. Chumphon © 077 580 274.

KOH RAO © 077 456 176. E-mail : lompraya@email.com.

Web: http://www.lomprayahcatamaran.com.

EKAWIN TOUR. Chumphon © 077 501 821.

KOH TAO © 077 456 044. E-mail : info@ekawintour.com. Web http ://www.ekawintour.

Avertissement

Tous les horaires cités peuvent être modifiés en fonction des conditions météorologiques, surtout vers les mois d'octobre et novembre. Vous pouvez vous renseigner auprès des agences de voyages locales (cf. " Renseignements utiles ")

Les plages

Nous décrivons les plages en partant du village d'arrivée Ban Mae Had, vers le nord, d'ouest en est.

Ao Mae ou Mae Haad

C'est la plage la plus proche du village. Impossible de s'y baigner, vu le bas niveau de l'eau, mais on peut quand même se laisser tenter.

Hébergement

QUEEN RESORT © 077 456 002. *De 250 à 350 baht, avec ventilateur et douche froide.* L'accueil est sympathique. Les bungalows en bois sont très simples.

BEACH CLU © 077 456 222. *Avec ventilateurs 800 baht, avec climatisation, en duplex, 1 500 baht.* Bien plus chic. De beaux bungalows confortables et propres.

BAAN KHUN DAENG RESORT © 077 456 368. *Bungalows avec ventilateurs à partir de 400 baht, avec climatisation 1 500 baht.* Un bel endroit, des bungalows de toutes tailles et à tous les prix sont éparpillés dans un grand jardin. Vous avez vue sur la mer et l'accueil est charmant.

Restaurants

LUCKY SEAFODD. Ban Mae Haad. Près du débarcadère d'arrivée. Face à la mer, c'est sur la gauche, à 200 m environ. Grand choix de fruits de mer et poissons pour des prix bas. A 50 m se trouve un concurrent : **Mae Haad Seafood.**

SIAM RESTAURANT. Ban Mae Haad. A 100 m du précédent, cuisine thaïlandaise délicieuse et à des prix modestes, compte tenu du cadre (face à la mer) et de la qualité des produits. Goûtez au " tom yam koong ", soupe de crevettes aigre-douce au lait de coco.

FAR OUT CAFE. Ban Mae Haad © 077 456 209. *Ouvert de 8h à 23h.* Face à la mer, à 200 m sur la droite, le pionnier de l'île. En 1989, il était tout seul, mais les temps changent... Petits déjeuners occidentaux, sandwiches, steaks, poulet-frites. Grand choix de plats simples et roboratifs à petits prix.

FARANGO. Ban Mae Haad © 077 456 205. *Ouvert de 12h à 15h et de 18h à 22h.* Sur " Pier Roas ". La grande rue large, face au quai d'arrivée. Allez tout droit, c'est sur le trottoir de gauche (le dos à la mer), marchez 200 m. Bon restaurant italien, avec pâtes et pizzas faites maison, et cela se sent. La cuisine est délicieuse et les prix raisonnables. Bonne adresse.

ZEST CAFE RESTURANT. *Juste avant le précédent. Ouvert de 7h à 23h.* Très bonne adresse où le pain et les pâtisseries (délicieuses) sont faits maison. Excellent café, et le thé est du même acabit. Au dîner, des groupes viennent jouer parfois.

Hat Sai Ri ou Hat Sai Ree

La plage la plus fréquentée, la plus grande, la plus agitée. Celle où vous pouvez vous baigner aussi, ce qui n'est pas négligeable.

Hébergement

Les hôtels que nous indiquons sont situés dans le sens géographique du sud au nord de la plage. Celle-ci commence par Baan Tao Bungalows et finit par Koh Tao Palace.

BAAN TAO BUNGALOWS © 077 456 722. *De 350 à 1 000 baht.*
Fait partie d'un ensemble (In Touch Bar et In Touch Restaurant). Paradoxalement, ces derniers sont sur la plage, alors que le resort est de l'autre côté de la route qui longe la plage. De nombreux bungalows à tous les prix et de tout confort.

AC RESORT ✆ 077 456 197 – Fax 077 456 034. E-mail : acresort@yahoo.com. *De 300 à 500 baht.* Là aussi, c'est tout un complexe avec un bar sur la plage, un AC Resort 1 qui vous refusera si vous ne réservez pas une plongée ! AC Resort 2 a un accueil déplorable, mais les bungalows en retrait de la plage, perdus au milieu d'un jardin, sont agréables avec leur architecture en bois. Tous avec ventilateurs.

SAI REE COTTAGES ✆ 077 456 271. *De 250 à 300 baht.* Un peu en retrait de la plage, mais face à la mer. Des bungalows tout en bois, modestes mais propres, avec ventilateurs et douche froide.

LOTUS RESORT ✆ 077 456 271. *Bungalows climatisés 1 600 baht, avec ventilateur 1 200 baht.* Un des meilleurs établissements de la plage, et donc un des plus chers. De beaux bungalows, impeccablement aménagés dans un grand jardin.

SAI REE HUT RESORT ✆ 077 456 000. *De 300 à 450 baht.* Directement sur la plage, dans un coin ombragé, des bungalows très mignons, tout en bois et à la patine luisante. Tous sont avec ventilateurs. Une bonne adresse.

KOH TAO CORAL GRAND RESORT ✆ 077 456 731 – Fax 077 456 430. *A partir de 1 800 baht.* Le meilleur hôtel de la plage. Belle piscine et, autour, de beaux bungalows en bois et au pied de la plage de sable blanc. Le confort est impeccable, avec des chambres au décor de bois et très claires. Fin du fin, certains bungalows ont des baignoires en bois. Tout ceci à un prix.

Restaurants

Fini le temps où seules les guesthouses fournissaient de quoi s'alimenter. Les restaurants sont apparus un peu partout.

SUTHEP RESTAURANT. Saï Ree Village ✆ 077 456 270. Une bonne cuisine thaïlandaise, mais aussi des steaks-frites que l'on peut déguster dans un cadre agréable.

SABAI SEA FOOD. Saï Ree Village. Situé en face du précédent. Comme son nom l'indique, il propose un grand choix de fruits de mer et de poissons à des prix très raisonnables.

SMILE HOME. Ao Saï Ri. Directement sur la plage de Saï Ri, en plein centre. Cuisine thaïlandaise, fruits de mer, dans un cadre fort agréable.

EL GRINGO. Saï Ree Village ✆ 077 456 323. *Ouvert de 10h à 24h.* Restaurant mexicain ; sombreros et cactus font partie du décor. Bonne cuisine que l'on ne s'attend pas à trouver ici. Et bons cocktails à déguster entre 17h30 et 20h, moment des " Happy Hours ".

NEW HAVEN BAKERY. Saï Ree Village ✆ 077 456 462. *Ouvert de 9h à 23h.* Pains, viennoiseries, sandwiches, que l'on peut déguster sous un patio au petit déjeuner ou à l'occasion d'une faim soudaine.

Ao Tanot

Adorable petite plage un peu délaissée car difficile d'accès, mais dont la beauté sauvage a été préservée. En tout et pour tout, six établissements peuvent vous accueillir.

Hébergement

TANOTE BAY RESORT ✆ 019 704 703. *De 200 à 500 baht.* Une vingtaine de bungalows, au confort simple mais propres. Tous ont des ventilateurs et une salle de bains avec eau froide.

POSEIDON ✆ 012 294 495. *Grands bungalows de 300 à 400 baht, petits 100 baht.* Deux sortes de bungalows, grands avec salle de bains, et petits, plus proches de la hutte en bois minimaliste que d'un bungalow fait pour accueillir un Occidental.

MOUNTAIN REEF RESORT ✆ 019 568 876. *De 300 à 400 baht.* Bungalows au confort simple, mais propres. Petites douches avec eau froide.

Les trois autres établissements sont **Bamboo Hut, Diamond Bungalows** et, sur les hauteurs, le bien nommé **Belle Vue,** qui, malgré son nom, n'est pas tenu par un francophone.

Ao Chalok Ban Kao

Plage plus fréquentée que la précédente, restée cependant plus calme que HAT SAI RI, malgré les très nombreuses constructions datant de ces dernières années.

Hébergement

Nous indiquons les établissements en partant du sud de la plage vers le nord.

KOH TAO COTTAGES ✆ 077 456 134 – Fax 077 456 133. E-mail : divektc@samart.co.th. *De 550 à 800 baht.* 50 bungalows en bois disséminés sur la colline, avec une très belle vue. Le confort est excellent et les chambres très plaisantes.

PORN RESORT ✆ 098 747 330. *De 250 à 450 baht.* Bungalows simples mais propres. Certains sont équipés pour accueillir 4 personnes ; donc très avantageux si vous êtes en bande.

KOH TAO TROPICANA ✆ 077 456 167. *De 400 à 600 baht.* Divers bungalows dont certains sont plus clairs et mieux agencés que d'autres. Tous ont ventilateurs et salle de bains avec eau froide.

SUNSHINE RESORT ✆ 077 456 219. *De 200 à 300 baht.* Etablissement plus modeste, aux bungalows sommaires mais propres, et assez bruyants. A côté, le **Sunshine 2** est plus confortable et donc plus cher.

Bien plus au nord, sur les hauteurs, et offrant une superbe vue, se trouve :

VIEW POINT RESORT ✆ 077 456 131. E-mail : viewpointresort@hotmail.com. *De 500 à 900 baht.* Des bungalows isolés dans un grand coin de nature. La plupart sont grands et confortables.

Enfin tout au sud, juste avant la plage de sable :

TAA TOH LAGOON ✆ 077 456 192. E-mail : info@taatohdivers.com. *De 250 à 550 baht.* Des bungalows aux toits verts, disséminés sur la colline. Différents niveaux de confort.

Restaurants

BAAN KAO DEA FOOD ✆ 077 456 133. *Ouvert de 7h30 à 22h.* Restaurant situé sur la plage, juste avant le Koh Tao Cottages (voir " Hôtels "). Beau cadre avec vue sur la baie, et bonne cuisine thaïe. Egalement quelques plats occidentaux et, bien sûr, poissons et fruits de mer.

RUEAN MAI ✆ 077 456 086. *Petits prix.* Sur la route menant de Ao Mae à Chalok Ban Kao, cent mètres avant l'intersection pour Aotanat. Une délicieuse et authentique cuisine thaïe, dans un cadre agréable et calme.

Juste avant, sur le même côté de la route, se trouve **Rattamanee Seafood,** que des Australiens de rencontre nous ont conseillé.

Jansom Bay

Ici la boucle est bouclée puisque après cette baie nous atteignons Mae Had Village, notre point de départ.

Hébergement

CHARM CHUREE VILLA ✆ 077 456 393. E-mail : info@prachakkraphong.com. *De 800 à 1 200 baht, suivant le confort et la saison.* De beaux bungalows en bois étagés à divers niveaux d'une petite colline. La vue est magnifique. Certains de ces bungalows sont accessibles par des escaliers en bois. Le tout a vraiment un grand charme.

CORAL BEACH RESORT ✆ 098 264 548. *De 200 à 350 baht.* A l'extrême nord de la baie, des bungalows bien plus basiques.

Enfin au tout début de AoO Mae, se trouve le meilleur hôtel de l'île :

SENSI PARADISE ✆ 077 456 244. E-mail : info@kohtaoparadis.com. *De 850 à 3 500 baht.* Dans un beau jardin tropical, des bungalows dont certains somptueux avec leur décoration de style colonial. Un muret les sépare de la petite plage de sable blanc. Les prix sont en conséquence.

Le Bouddha aime les amis des animaux

Selon une chronique ancienne, un moine à l'article de la mort se rendait au temple le plus proche pour y faire ses ultimes incantations. Sur son chemin, il eut l'occasion de libérer des poissons et des oiseaux piégés par des filets. A la grande surprise de son entourage, il vécut encore de nombreuses années. Une tradition bouddhique veut donc que celui qui, le jour de son anniversaire, relâchera des animaux captifs, verra sa vie prolongée. Cette coutume se perpétue encore aujourd'hui dans tout le royaume.

Sortir

Là aussi, les choses ont bien changé et de nombreux endroits peuvent à présent vous accueillir.

AC BAR. Hat Saï Ri. *Ouvert de 20h à 3h du matin. Les mardis, jeudis et dimanches des fêtes sont organisées.* On y entend de la house, du très bon acid jazz ou encore de la groove. Ambiance pas mal du tout.

DRAGON BAR. Hat Mae Haad. En sirotant un verre, on peut écouter un air de jazz ou de house music. Ambiance un peu feutrée.

DEA MONKEY. Hat Mae Haad. *Fermé les lundi.* Les nombreux cocktails et des DJ se chargent de chauffer l'assistance et les platines. Petite restauration et table de billard.

SAFETY SOP PUB. Hat Mae Haad. Un pub à l'ambiance sympa. Bière à la pression, jeu de fléchettes, retransmission des événements sportifs.

Plongée

Partout sur Koh Tao, de nombreux centres offrent un choix pléthorique de tarifs et de sites. Pour vous retrouver dans cette jungle, voici quelques adresses connues pour leur compétence.

BIG BLUE KOH TAO ✆ 077 456 050/077 456 415. E-mail : info@bigbluediving.com.

MASTER DIVERS ✆ 077 456 314. Web http ://www.masterdive.org.

PLANET SCUBA ✆ 077 456 111. Web http ://www.masterdive.org.

RANONG

La ville de Ranong, de la province du même nom, est située sur la côte Ouest de la péninsule. Elle baigne ses côtes dans la mer d'Andaman dont l'île la plus connue est Phuket. Ville de moins de 20 000 habitants, Ranong est séparée de la Birmanie par le petit estuaire de Pak Chan. Ranong peut être une halte intéressante, avant de rayonner sur les îles proches comme Surin et son parc national marin.

Transports

Comment y aller

Bus

De Bangkok, un bus VIP de 24 places part à 20h ; compter 515 baht et 570 km de route. Un autre départ à 10h. Des bus 1ère classe partent à 9h, 20h30 et 21h ; compter 333 baht et 9h de trajet. Des bus 2e classe partent à 8h50, 13h50, 17h30 et 19h30 ; compter 259 baht et 10h de trajet. Un bus ordinaire (sans climatisation) part à 20h50 ; compter 185 baht.

De Chumphon, en bus climatisé, compter 69 baht, en bus ordinaire 45 baht, et 1h30 de trajet jusqu'à **Ranong.**

Se déplacer

MOTO-TAXI. Une course moyenne coûte environ 20 ou 30 baht. Ainsi, de la station de bus (situé du côté sud du Khlong Hat Sompaen) à l'hôtel Sin Ranong, compter 30 baht.

LOCATIONS. Les motos 80 cc et 100 cc sont louées entre 150 et 200 baht par jour.

SONGTHAEW. Le prix de la course étant fonction de la distance parcourue, il est très difficile de donner une estimation. En montant, demandez-le aux Thaïlandais présents dans la camionnette en leur précisant votre destination.

Renseignements utiles

Il n'y a pas d'office du tourisme à Ranong.

POSTE. Dapkhadi Road. *Ouvert de 8h30 à 16h30.* La poste principale. Un autre bureau de poste, plus central, se trouve sur Ruangrat Road, juste avant l'intersection avec Lu Wan Road.

INTERNET. Ici aussi des centres Internet ont fait leur apparition. Le prix moyen est de 60 baht l'heure de connexion.

► Coucher de soleil, Phuket

Hébergement

Le choix étant très restreint, le tour est vite fait (d'autant plus que certains hôtels, que nous avons bien sûr éliminés, sont de véritables geôles).

Dans le centre-ville

JANSOM THARA HOTEL. 2/10 Phetkasem Road ✆ 077 822 516 – Fax 077 823 250. *Chambres standard 800 baht.* Le meilleur hôtel de la ville (la concurrence n'est pas féroce) est situé à un kilomètre environ de la gare routière, près du KLONG HAT SOMPAEN. Tout le confort d'un hôtel international. Piscine. Vraiment une très bonne affaire.

SPA INN. 4/12 Phetkasem Road ✆ 077 811 715 – Fax 077 812 421. *Chambres basiques avec ventilateur à partir de 250 baht, avec climatisation et TV de 451 à 550 baht.* Distant de 200 m du précédent, mais de l'autre côté du khlong, cet hôtel est, dans une catégorie plus modeste, une bonne adresse.

SIN RANONG HOTEL. 24/24 Ruanphat Road ✆ 077 811 454. *Chambres à 200 baht et de 350 à 400 baht.* Accueil martial dans ce modeste établissement où mieux vaut éviter les chambres les moins chères, sombres et tristes, et passer directement à celles mieux agencées et avec climatisation.

ASIA HOTEL. 39/9 Ruangrat Road ✆ 077 811 113. *Chambres à 250 et 300 baht.* Distant du précédent de 200 m, et situé sur le trottoir d'en face. Ici l'accueil est souriant et les chambres sont claires et propres. Même les plus modestes, avec ventilateur, sont une bonne affaire.

Hors du centre-ville

ROYAL PRINCESS RANONG. 41/44 Thamuang Road ✆ 077 835 240 – Fax 077 835 238. *De 1 200 à 8 000 baht.* Très bel hôtel de 138 chambres avec tout le confort international, TV, frigo, climatisation et belle salle de bains. L'établissement abrite également un délicieux restaurant de fruits de mer.

Restaurants

Le marché de Ruangrat Road est une bonne occasion de goûter à une cuisine du Sud et même birmane, pour pas cher. La plupart des plats ne dépassent jamais les 50 baht. Pour une autre atmosphère, **The Boat,** toujours sur cette très grande avenue, est un grand restaurant de deux étages où vous pourrez choisir entre une excellente cuisine thaïe et une cuisine européenne plus commune. Mais peut-être préférez-vous goûter à de la cuisine chinoise ? Dans ce cas, le **Romsrithong,** un peu isolé dans la Ruanphat Road, vous délectera de son canard au curry (80 baht). Pour une cuisine plus fine et dans un décor beaucoup plus élaboré, choisissez le restaurant chinois de l'hôtel **Jansom Thara.**

Visiter

NAI KHAI RANONG. L'ancien palais du gouverneur de la province (à l'époque de Rama V) dont une partie a été conservée, peut être visité. Il se trouve au nord de la ville, en face de Dap Khadi Road.

CHON RAU. A environ 2 km de la ville, ces sources d'eau chaude sont aménagées dans trois bassins dont la température avoisine les 65°. Tout autour s'étend la forêt où des pavillons sont à disposition pour une petite halte.

CHAN DAMRI VEACH. A une dizaine de kilomètres de Ranong (par la route nationale 4004), cette petite plage invite à la baignade loin de la foule (quoique la " foule " à Ranong soit très limitée). Profitez-en pour grimper au sommet de la petite colline ; vous aurez un panorama complet sur les petites îles environnantes.

Le parc marin des îles Surin

Composé de cinq îles, c'est un site incontournable si vous êtes amateur de plongée. De merveilleux spots vous attendent dans un coin encore préservé du tourisme de masse. Pour vous y rendre, il faudra rejoindre Khuraburi, distant d'une centaine de kilomètres de Ranong. Des bus font la liaison en 1h30 pour 43 baht. L'embarcadère se trouve à 6 km à Ngan Yong. Pour tous **renseignements** supplémentaires, appelez le bureau de parc national, entre 10h et 16h, au ✆ **077 491 378.**

> LES ILES AUTOUR DE RANONG

KI CHANG

Petit îlot, où une cinquantaine de familles vit de pêche, d'agriculture et du tourisme, Ki Chang est fait pour les amoureux de la nature. Sa mangrove et sa forêt encore préservée offrent des promenades bucoliques très dépaysantes. Les bungalows qui peuvent vous héberger sont plutôt rudimentaires, mais l'accueil est vraiment sympathique. Vous pourriez choisir par exemple **Sunset Bungalows,** sur la côte Ouest, qui propose des bungalows simples mais corrects entre 100 et 250 baht (mieux vaut prendre les plus chers).

KOH PHAYAM

A 2h de bateau de Ranong, cette île plus petite que Ki Chang, habitée par les " gitans de la mer " de l'ethnie Chao Le, vous propose ses belles plages de sable désertes et... ses noix de cajou cultivées en abondance dans le centre de l'île. Pour vous loger, essayez le **Koh Phayam Resort** ✆ **077 812 297.**

Pour rejoindre ces îles, de Ranong, prendre un songthaew sur Ruangrat Road pour le quai de Sap Han Pla. Le prix est de 20 baht. Suivant la saison, deux ou trois départs ont lieu le matin à partir de 9h. Pour Ki Chang, le prix est de 100 baht. De là, pour gagner Koh Phayam, il vous faudra louer un bateau " longue queue " pour environ 250 baht. De Ranong, la liaison directe avec Koh Phayam en " longue queue " coûte 1 000 baht.

PHANG NGA

Cette petite ville de moins de 10 000 habitants est célèbre pour sa baie où se dessine une multitude de pitons calcaires érodés par l'eau de mer. La base de chacun d'entre eux fait apparaître des grottes naturelles aux reliefs tourmentés du plus bel effet. Pour ceux qui n'ont jamais vu la baie d'Halong au Viêt-nam (cette 8e merveille du monde, ô combien surfaite), le spectacle y est identique ! La différence étant qu'ici il n'y a pas d'usine polluante sur les collines ni de détritus sur les rivages.

Transports

Bus

De Bangkok, un bus VIP part à 18h30 ; compter 685 baht et 12h de trajet. Un bus 1ère classe part à 19h ; compter 459 baht et 13h de trajet. 2 bus 2e classe partent à 6h30 et 19h ; compter 389 baht et 12h de trajet. Pas de bus ordinaire.

De Phuket, distante de 90 km, des bus ordinaires partent entre 10h et 16h30 (5 départs) ; compter 39 baht et environ 2h de trajet.

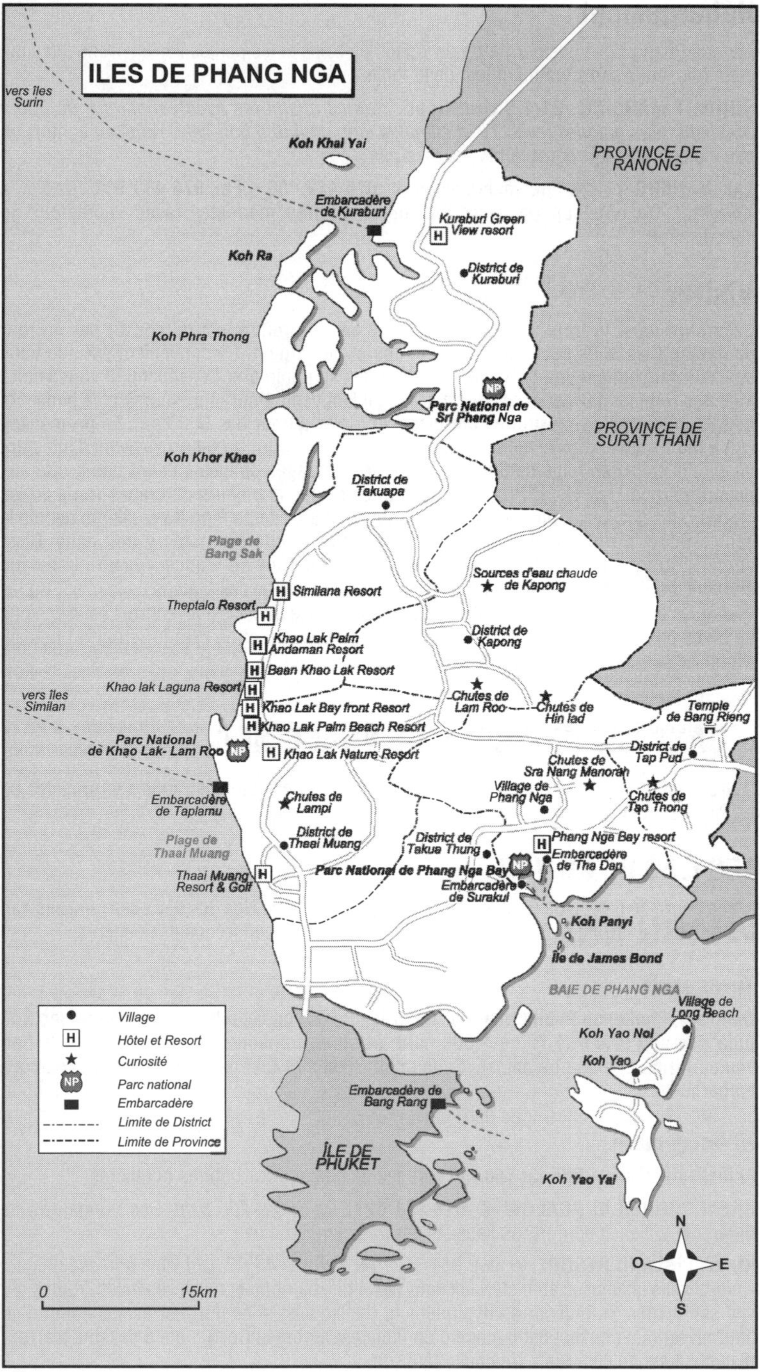
ILES DE PHANG NGA
vers îles Surin
Koh Khai Yai
PROVINCE DE RANONG
Embarcadère de Kuraburi
Kuraburi Green View resort
Koh Ra
District de Kuraburi
Koh Phra Thong
Parc National de Sri Phang Nga
PROVINCE DE SURAT THANI
Koh Khor Khao
District de Takuapa
Plage de Bang Sak
Sources d'eau chaude de Kapong
Similana Resort
Theptalo Resort
Khao Lak Palm Andaman Resort
District de Kapong
Baan Khao Lak Resort
Khao lak Laguna Resort
Chutes de Lam Roo
Chutes de Hin lad
Temple de Bang Rieng
vers îles Similan
Khao Lak Bay front Resort
Khao Lak Palm Beach Resort
Parc National de Khao Lak- Lam Roo
Khao Lak Nature Resort
District de Tap Pud
Chutes de Sra Nang Manorah
Village de Phang Nga
Chutes de Tao Thong
Embarcadère de Taplamu
Chutes de Lampi
District de Thaai Muang
Plage de Thaai Muang
District de Takua Thung
Phang Nga Bay resort
Embarcadère de Tha Dan
Thaai Muang Resort & Golf
Parc National de Phang Nga Bay
Embarcadère de Surakul
Koh Panyi
Île de James Bond
BAIE DE PHANG NGA
Village de Long Beach
Koh Yao Noi
Koh Yao
Village
Hôtel et Resort
Curiosité
Parc national
Embarcadère
Limite de District
Limite de Province
Embarcadère de Bang Rang
ÎLE DE PHUKET
Koh Yao Yai
N
O
E
S
0
15km

Hébergement

Loger à Phang Nga vous permettra de visiter les baies et les petites îles environnantes où, cette fois, vous serez vraiment loin de la foule.

SUNIMIT MANSION. 21/1 Sirirat Road. *Petites chambres avec ventilateur de 250 à 350 baht, plus grandes, avec TV et climatisation, de 450 à 650 baht.* Hôtel au confort un peu vieillot mais fort convenable pour les prix.

LAK MEUANG 1. 228 Phetkasem Road © 076 412 486 – Fax 076 411 512. *De 250 à 450 baht.* Un hôtel un peu excentré aux chambres modestes, avec ventilateur ou climatisation.

Visiter

Excursion dans la baie. La meilleure façon de s'y prendre est de passer par un tour opérateur. Cela vous économisera du temps et de l'argent. L'inconvénient est que vous serez accompagné d'une trentaine de personnes au minimum. Cependant, si vous voulez jouer les Robinson Crusoé, ce n'est pas là qu'il faut venir. Pour une excursion de plusieurs heures, boissons et nourriture comprises, comptez autour des 500 baht. La promenade suit toujours à peu près le même itinéraire. On longe d'abord la mangrove avant d'atteindre les pitons calcaires (plus de 300, paraît-il). Les passages obligés en sont une grotte aux peintures rupestres Tham Hong, où logent des singes mangeurs de crabes (on a vu les crabes mais pas les singes), ensuite arrêt obligatoire à l'île de Ping Kan, célèbre depuis le James Bond tourné ici. Tous les bateaux effectuant cette excursion y font halte. C'est l'enfer. Pire que les Champs-Elysées à l'arrivée du Tour de France. Ensuite la balade continue parmi les pitons rocheux, et nouvel arrêt au village des " gitans de la mer ", où les boutiques de souvenirs se multiplient. Tout et n'importe quoi y est à vendre. Là aussi, vous ne serez pas tout seul. Ensuite, on embarque à nouveau, et ce sera le retour au bercail. N'oubliez pas, bien sûr, votre appareil photo.

> DANS LES ENVIRONS DE PHANG NGA

Outre la baie, des îles très peu fréquentées peuvent être explorées. Vous s'y trouverez un calme absolu et une nature intacte.

LES ILES DE KO YAO

A une heure de bateau de Phuket et Krabi, à 2h30 de Phang Nga, les deux îles jumelles Yao Noï et Yao Yaï offrent de splendides plages de sable très peu fréquentées encore.

Transports

De Krabi, Phuket ou Phang Nga, des Long Tail Boats vous conduiront sur l'île de Yao Noï, pour des prix allant de 700 à 1 000 baht, selon votre habileté à marchander et le bon vouloir du propriétaire du bateau. Cette somme est à diviser par le nombre de personnes embarquées.

Hébergement

Actuellement, seule **l'île Ko Yao Noï** dispose de quelques structures hôtelières.

SABAI CORNER BUNGALOW © 018 921 827. *De 350 à 700 baht.* Des bungalows de différents tailles et confort, où l'accueil est très sympathique.

KO YAO ISLAND RESORT © 016 061 517. *De 1 875 à 4 700 baht.* Une adresse unique. Quinze villas luxueuses en matériaux naturels : bois, bambou et tuiles végétales. Toutes ont vue sur la mer. Si le décor est typiquement thaïlandais, le confort est occidental et d'un haut niveau. Ce concept est l'œuvre d'un Français, Georges Cortez, qui a dessiné plan par plan chacune de ces villas. Une belle réussite.

Phuket

Malgré son affluence touristique, la célèbre île de Phuket mérite d'être inscrite sur votre carnet de route. A l'époque de sa domination sur les mers du globe, le Portugal en avait fait un grand comptoir. Il en reste de nombreuses traces, notamment à Phuket Town, qui a gardé des maisons lusitaniennes. Aujourd'hui toutes les nationalités ou presque sont représentées à Phuket. Mais si vous côtoyez d'innombrables Occidentaux à Patong Beach, vous pouvez connaître une relative tranquillité sur la plage de Kamala, par exemple.
Comparé au reste du pays, Phuket est une destination chère. Cela est dû à sa prospérité qui, outre la manne du tourisme, est alimentée par des plantations d'hévéas et surtout l'exploitation de l'étain, dont les mines inépuisables sont une source de revenus très importante.

Transports

Comment y aller

Avion

De Bangkok, la Thai Airways assure un vol toutes les heures entre 7h et 21h35 ; compter 2 780 baht et 1h20 de vol. A Phuket, les **bureaux de la Compagnie** se trouvent au **78 Ranong Road ✆ 076 258 236 – Fax 076 216 776.**

De Hat Yaï, un vol par jour. Départ à 11h15, arrivée à 12h ; compter 1 090 baht.

De Narathivat, les lundis et mercredis départ à 14h45, arrivée à 15h45 ; compter 1 210 baht.

De Koh Samui, la Bangkok Airways assure 2 vols par jour, à 8h20 et 14h10 ; compter 1 780 baht et 50 mn de vol. Les **bureaux** de la Compagnie se trouvent au **158/2 Yaomaraj Road ✆ 076 225 033 – Fax 076 212 341.**

Bus

De la capitale, des bus VIP partent du Southern Bus Terminal, à 17h30, 18h et 18h30 ; compter 755 baht et 13h de trajet. Des bus 1ère classe partent entre 17h30 et 20h (8 départs) ; compter 486 baht. Des bus 2e classe (3 départs prévus) partent entre 6h et 9h30, puis (6 autres départs prévus) entre 14h et 20h ; compter 380 baht. Enfin, un bus ordinaire, non climatisé, part à 5h du matin ; compter 278 baht et 15h à passer dans une étuve, bon courage !

Se déplacer

SONGTHAEW. Ils circulent dans Phuket Town et font la navette entre les plages. En ville, ceux qui restent sur les artères principales, demandent 10 baht, quelle que soit la distance. Pour gagner les plages, prendre les songthaew sur Ranong Road ; les prix sont fixes selon chaque plage, entre 7h et 17h, ensuite ils montent légèrement.

TUK TUK. Le prix de la course moyenne revient à 20-30 baht.

MOTO-TAXI. Sur les plages, la moindre course est de 20 baht.

LOCATIONS DE MOTOS. Les prix varient énormément. Hors saison, vous n'avez aucune difficulté pour louer à 100 baht par jour. En revanche, de décembre à février, ces mêmes 80 cc ou 100 cc se loueront 200 baht par jour au minimum.

" Depuis 1997, si vous n'avez pas de casque à moto ou pas de ceinture en voiture, il vous en coûtera 400 baht. C'est directement au poste de police que vous attendrez votre tour, parfois plus d'une heure, parfois cinq minutes, et là vous échangerez le formulaire de l'officier qui vous a arrêté contre un reçu. Votre véhicule restera immobilisé jusqu'à votre retour avec le reçu. Très dissuasif comme méthode. "

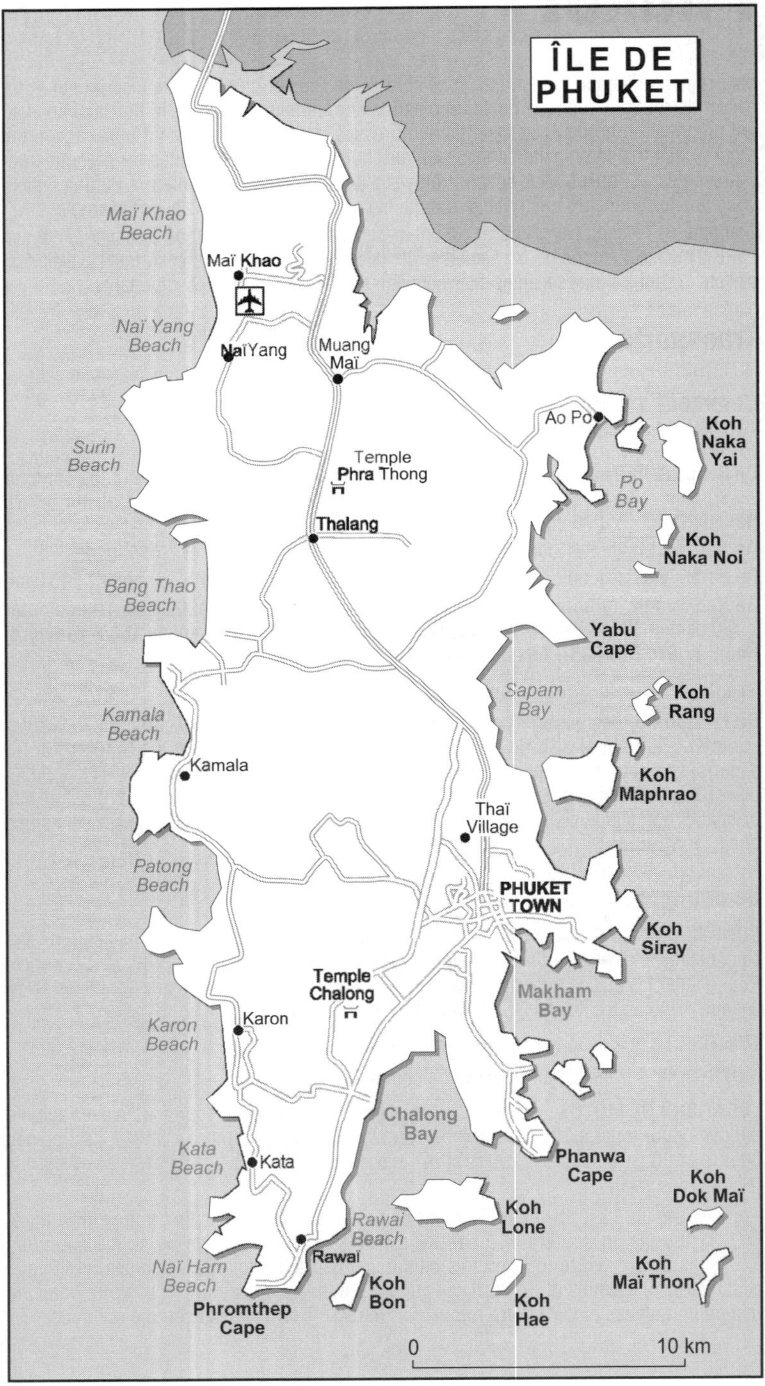
ÎLE DE PHUKET
Maï Khao Beach
Maï Khao
Naï Yang Beach
Naï Yang
Muang Maï
Surin Beach
Temple Phra Thong
Thalang
Ao Po
Koh Naka Yai
Po Bay
Koh Naka Noi
Bang Thao Beach
Yabu Cape
Sapam Bay
Koh Rang
Kamala Beach
Kamala
Koh Maphrao
Thaï Village
Patong Beach
PHUKET TOWN
Koh Siray
Makham Bay
Temple Chalong
Karon Beach
Karon
Chalong Bay
Kata Beach
Kata
Phanwa Cape
Koh Dok Maï
Koh Lone
Rawaï Beach
Rawaï
Naï Harn Beach
Koh Bon
Koh Maï Thon
Phromthep Cape
Koh Hae
0
10 km

LOCATIONS DE VOITURES. Les jeeps Suzuki, sont louées entre 900 et 1 000 baht par jour. Les prix descendent à partir d'une semaine de location. Pour des véhicules plus classiques, mieux vaut vous tourner vers les agences internationales, plus chères mais beaucoup plus sûres.

Renseignements utiles

TAT (Office du tourisme). 75 Phuket Road, Phuket Town ✆ 076 212 213. *Ouvert de 8h30 à 16h30.*

ALLIANCE FRANCAISE. Soi 1/3 Pat Tana Road, Phuket Town (voir encadré) ✆ 076 222 988.

POSTE. Montri Road, Phuket Town. C'est la poste principale de l'île. Mais toutes les plages ont des bureaux ouverts de 8h30 à 16h30 en semaine et de 9h à midi le week-end et les jours fériés.

INTERNET. Il y a des cybercafés absolument partout. Le prix de la connexion est en général de 1 baht la minute.

JOURNAUX. De nombreux points de vente distribuent les quotidiens et magazines francophones avec 48h de décalage. Des **journaux locaux gratuits** sont aussi disponibles, parmi eux **un français,** *L'Echo de Phuket.*

BANGKOK PHUKET HOSPITAL. *Une permanence francophone est assurée en semaine du lundi au vendredi, de 8h à 17h* ✆ **076 254 421, ext. 1088, docteur PIERRET.** La plupart des hôpitaux sont suréquipés, à rendre jaloux nos hôpitaux de province.

Le mal-être de la francophonie

La francophonie se porte mal en Thaïlande. Si le français est, après l'anglais, la langue la plus apprise dans les universités, bien qu'elle soit maintenant talonnée par le mandarin, son usage quotidien est pratiquement nul. En effet, à la sortie de leur cursus, la plupart des étudiants avouent ne plus parler le français dans la vie de tous les jours.

La langue a cependant gardé tout son prestige, c'est celle " de la culture ". D'ailleurs, la bourgeoisie thaïlandaise se fait un devoir et un honneur de l'enseigner à ses enfants. Il en est de même pour la famille royale. A ce sujet, une anecdote : la princesse Galyani Vadhana regardait une émission consacrée à la France à la TV thaïe, quand elle entendit un professeur de français (précisons que la princesse est elle-même diplômée en langue française) dire " soulier de cul " au lieu de " soulier de cuir ". Son sang bleu ne fit qu'un tour et elle expédia dans la semaine le coupable du crime de " lèse-vocabulaire " en France afin qu'il se perfectionne. Ce dernier n'a jamais compris pourquoi on le récompensait après une telle bévue. Au-delà de ce fait d'armes, le français est en train de mourir de sa belle mort. Les crédits alloués aux Alliances françaises et autres associations francophones étant réduit à la portion congrue. Quant à la seule télévision de langue française reçue dans le pays, TV5 ASIE, elle ferait plutôt office de repoussoir tant elle est médiocre. Ses programmes sont majoritairement composés de séries Z, feuilletons débiles et films que vous paieriez cher... pour ne pas voir. Et les émissions pour enfants y sont diffusées à 5h du matin !

En revanche, vous ne pouvez échapper à la météo ! Pendant cinq à six minutes une douzaine de fois par jour, on vous dit le temps qu'il fait dans le monde entier. Il est en effet capital, quand on vit à Phuket ou Bangkok, de savoir qu'il pleut au Bénin, en Alaska ou au Venezuela. Du moins est-ce l'avis du capitaine de ce bateau ivre qu'est TV 5 ASIE. Régulièrement, quelques hauts fonctionnaires viennent à Bangkok faire des " effets d'annonce " en déclarant des " je vous ai compris " et promettent une hausse des crédits pour la francophonie, mais la situation ne change guère, et le français périclite.

PHUKET TOWN

La capitale de l'île mérite une visite, mais de là à y dormir... Il est tellement plus agréable d'être au bord de la mer. Mais tous les goûts étant dans la nature, voici quelques adresses. A noter que pour les plus chères, en basse saison, les prix peuvent baisser de près de 50 %, ce qui en fait alors de très bonnes affaires.

" Il y a des touristes à Phuket Town, en général ce sont des touristes de longue durée. En effet, il est beaucoup moins cher de s'y loger qu'à Kata, Karon ou Patong. De plus, pour les touristes désirant connaître le véritable mode de vie des Thaïs du Sud et se fondre dans la population, mieux vaut vivre à Phuket Town. Seul problème : il y a beaucoup moins de gens parlant l'anglais qu'à Patong, Kata ou Karon. "

Hébergement

Le prix imbattable

ON ON HOTEL. 19 Phang Nga Road © 076 211 154. *Chambre triste avec ventilateur 150 baht, plus grande et climatisée 380 baht.* Hôtel incontournable pour les jeunes routards qui se repassent cette adresse depuis des décennies. Un établissement à l'architecture sino-portugaise où le bois prédomine. Les chambres sont un peu fatiguées. Mais apparemment l'affaire tourne toujours aussi bien.

Bien et pas cher

PURE MANSION HOTEL. 3/7 Chao Fa Road © 076 211 709 – Fax 076 219 556. *De 500 à 850 baht.* Hôtel de 50 chambres décorées simplement mais propres. Toutes ont TV, vidéo, frigo.

DAENG PLAZA HOTEL. 57 Phuket Road © 076 213 951 – Fax 076 216 428. *De 600 à 1 000 baht.* 75 chambres d'un bon confort, avec climatisation, TV, frigo. Accueil très sympathique.

Luxe

ROYAL PHUKET CITY HOTEL. 154 Phang Nga Road © 076 233 333 – Fax 076 233 335. *Chambres standard à partir de 4 000 baht.* Un des meilleurs hôtels de la ville. Les chambres sont somptueuses, d'un confort proche du luxe. Il ne manque ni la moquette, ni le coffre, ni la très belle salle de bains. Evidemment tout ceci a un prix.

PEARL HOTEL. 42 Montri Road © 076 211 044. E-mail : pearlhkt@loxinfo.co.th. *De 1 765 à 8 250 baht.* Cet hôtel de 212 chambres, à la façade austère, est un des pionniers parmi les établissements de la ville. Ses chambres ont tout le confort nécessaire à votre bonheur.

Restaurants

THAI NAAN. 16 Wichit Songkhram Road © 076 226 164. *Ouvert de 11h à 13h et de 18h à 23h.* Dans un décor typique, une cuisine thaïlandaise fine, aux prix raisonnables. Restaurant à la lisière de la ville, en direction de Patong Beach.

PEEK MAI. 114 Mae Luang Road © 076 412 709. Plus proche du centre, ce restaurant propose une cuisine spécialisée dans la cuisine du Sud. " Mee hokkien " et " oh tao " (pâtes frites chinoises et moules cuites dans un mélange de farine et d'œufs) sont délicieux.

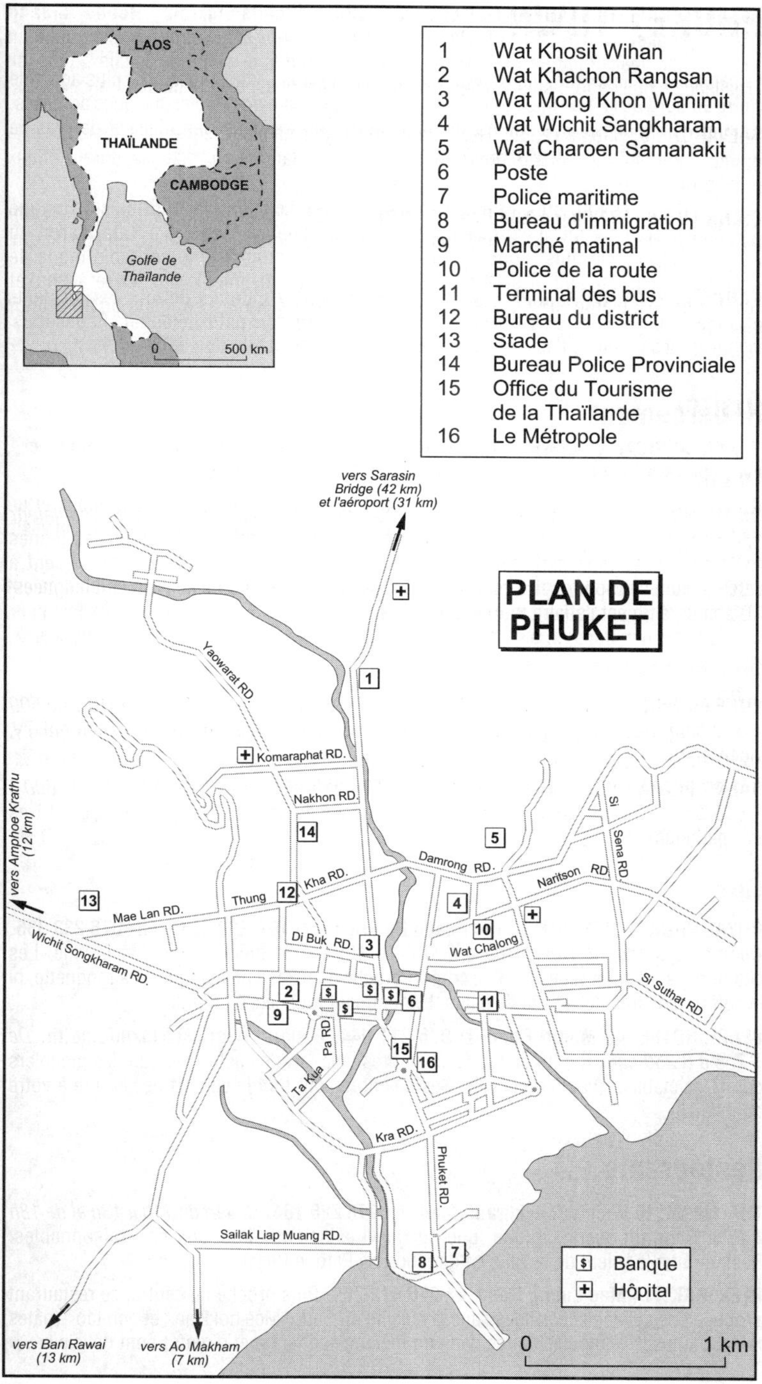
LAOS
THAÏLANDE
CAMBODGE
Golfe de Thaïlande
0
500 km
1 Wat Khosit Wihan
2 Wat Khachon Rangsan
3 Wat Mong Khon Wanimit
4 Wat Wichit Sangkharam
5 Wat Charoen Samanakit
6 Poste
7 Police maritime
8 Bureau d'immigration
9 Marché matinal
10 Police de la route
11 Terminal des bus
12 Bureau du district
13 Stade
14 Bureau Police Provinciale
15 Office du Tourisme de la Thaïlande
16 Le Métropole
vers Sarasin Bridge (42 km) et l'aéroport (31 km)
PLAN DE PHUKET
Yaowarat RD.
Komaraphat RD.
Nakhon RD.
vers Amphoe Krathu (12 km)
Damrong RD.
Naritson RD.
Si Sena RD.
Thung Kha RD.
Mae Lan RD.
Wichit Songkharam RD.
Di Buk RD.
Wat Chalong
Si Suthat RD.
Pa RD.
Ta Kua
Kra RD.
Phuket RD.
Sailak Liap Muang RD.
Banque
Hôpital
vers Ban Rawai (13 km)
vers Ao Makham (7 km)
0
1 km

" **CAFÉ-RESTAURANT-CRÊPERIE. 52/6 Wichitsongkram Road, Muang Phuket ✆ 076 235 117.** *Ouvert de 8h à 23h, fermé le dimanche.* Restaurant tenu par Jean-Philippe et Phanom. Il y a surtout une clientèle locale : plus de Thaïlandais que de touristes, qui apprécient la cuisine aussi bien thaïe que française. "

SALVARORE'S. Ratsada Road. Restaurant italien situé en plein centre-ville, juste après le grand rond-point menant à Ranong Road. Très bon restaurant aux plats savoureux et aux prix corrects.

CHINA TOWN. 154 Phang Nga Road ✆ 076 233 333. *Ouvert de 11h à 13h30 et de 18h à 22h30.* Restaurant chinois de très bonne facture, au décor et à la cuisine d'un bon niveau. Excellent service.

KANDA BAKERY. 33 Rarsada Road. *Ouvert de 7h à 21h.* Connu de tous les résidents étrangers de la ville, un endroit idéal pour prendre son petit déjeuner. Pâtisseries, viennoiseries et même des baguettes. Cette boulangerie est un don de Bouddha.

Visiter

THAI CLASSICAL VILLAGE. *A moins de 3 km du centre-ville.* Un village " traditionnel ", avec shows d'éléphants, danses folkloriques et ferme d'orchidées.

RUNG HILL. Au nord-ouest de la ville, au sommet de la colline, un jardin public et un parcours de santé ont été aménagés par la Ville. L'intérêt du site réside surtout en un vaste et magnifique panorama qui s'offre au regard.

ZOO. A éviter absolument. Les Thaïlandais paient l'entrée 40 baht, les touristes paient 400 baht ! Cela est courant sur certains sites de Thaïlande. Mais débourser dix fois plus, c'est de l'exagération, voire du racket. D'autant plus que le zoo n'a rien d'exceptionnel.

Shopping

Sur les plages les plus fréquentées, vous trouverez des magasins de vêtements, bagages, montres, lunettes, chaussures par dizaines. **Le marché sur Ranong Road** est intéressant pour une balade et moins cher qu'ailleurs.

Séchage de calamars, Phuket

Sports

Plongée

Phuket est un endroit idéal pour pratiquer ou même y apprendre la plongée. Les fonds marins et les petites îles autour s'y prêtent à merveille. Sur les plages les plus fréquentées, Patong, Karon, Kata, les écoles de plongées sont nombreuses. En voici quelques-unes connues pour leur sérieux et établies depuis plusieurs années.

Patong

SCUBA CAT DIVING ✆ 076 293 121. Web http ://www.scubacat.com.

Karon

MARINA DIVERS ✆ 076 330 272 – Fax 076 330 272.

Kata

CALYPSO DIVERS ✆ 076 330 869 – Fax 076 330 869.

Vous pouvez pratiquer tous les sports de plage à Phuket, planche à voile, ski nautique, surf, jet-ski, parachute ascensionnel…

Karting

118/5 Vichit Songkran Road ✆ 076 321 949. *Ouvert de 10h à 18h.* Une piste de karting à votre disposition pour 200 baht les dix minutes.

Equitation

17 Moo 2 Naï Harn Beach. Centre équestre à 2 km de l'hôtel Phuket Yacht Club, qui permet de faire des balades tôt le matin en bord de mer.

> LES PLAGES

Nous partons de Patong, la plage la plus fréquentée, et ensuite faisons le tour de l'île, dans le sens contraire des aiguilles d'une montre.

PATONG BEACH

La plage la plus folle de l'île, difficile d'y trouver des adresses à bon prix. Hors saison, les tarifs sont plus raisonnables. Ici aucun problème pour le change, le téléphone international, Internet. Il y a de tout partout.

Hébergement

Les prix imbattables

Vers le Paradise Complex, **sur Rat-U-Thit Road et vers le square Andaman,** sur Thaweewong Road, se trouvent les **guesthouses** les moins chères de la plage. **Difficile de les recommander** car certaines de leurs chambres ressemblent plus à des prisons… qu'à des chambres. Mais pour les habitués des voyages au long cours ou pour un dépannage d'une nuit, elles peuvent convenir.

Bien et pas cher

RENDEZ-VOUS HOTEL. 143/4 Rat-U-Thit Road ✆ 076 342 433 – Fax 076 342 033. *A partir de 500 baht.* Tenu par un Français sympathique, cet hôtel, situé juste avant le Paradise Complex, propose des chambres d'un bon confort, avec TV et climatisation pour certaines. Une très bonne adresse.

PATONG SUB INN. 99/7 Rat-U-Thit Road ✆ 076 344 701 – Fax 076 344 488. *De 500 à 900 baht.* Hôtel simple proposant des chambres climatisées avec TV, frigo, eau chaude ou froide selon les tarifs. Une bonne adresse également, mais souvent complète en saison.

PIZZERIA MANSION. Rat-U-Thit Road © 076 345 000 – Fax 076 345 002. *Chambres à 500 et 600 baht (ou 15 000 baht au mois).* Pourquoi ce nom ? Tout simplement parce que le propriétaire a une pizzeria un peu plus loin (faites au feu de bois, elles sont délicieuses). Les chambres sont claires et propres. Bon accueil et surtout bonne adresse.

CAPRICORNE VILLAGE. 82/29 Rat-U-Thit Road © 076 340 390. *De 500 à 1 000 baht.* Des bungalows de confort inégal, avec ventilateur ou climatisation.

PS BUNGALOW. 78/54 Rat-U-Thit Road © 076 342 207. *De 500 à 700 baht.* Situé une centaine de mètres avant Phra Barami Road. C'est loin d'être le grand luxe, c'est même d'une ambiance morose mais, en pleine saison, son relatif éloignement du centre fait qu'on y trouve des chambres (avec ventilateur) libres.

Confort ou charme

HOLIDAYS RESORT. 86/7 Taweewong Road © 076 340 119 – Fax 340 101. *De 900 à 2 200 baht.* A l'extrême sud de la plage, suivez la Beach Road, puis tournez sur la gauche pour atteindre cet établissement qui offre un bon rapport qualité-prix (bien que ces prix aient tendance à flamber en haute saison). Disséminés des deux côtés de la route, tous les bungalows ont climatisation et télévision.

PATONG PALACE. 39 Tat-U-Thit Road © 076 342 369 – Fax 076 341 999. *De 1 800 à 2 500 baht.* Une petite structure agréable, dont les 28 chambres, très confortables, donnent sur un jardin tropical. Adresse très originale, située en plein centre mais au calme.

CRISSEY-VILLAGE. 3 Soi Sawadirak © 076 344 614 – Fax 076 344 620. *Chambres standard à partir de 1 600 baht.* Situé dans un grand espace verdoyant, ce complexe propose des chambres tout confort très joliment décorées et où le bois est omniprésent. Les prix sont très raisonnables compte tenu des prestations offertes.

HORIZON BEACH RESORT. Soi Kepsap, Taweewong Road © 076 292 526 – Fax 076 292 535. *A partir de 1 600 baht.* Resort assez luxueux de 160 chambres, dans le style bungalow, avec tout le confort international : TV, climatisation, minibar, belle salle de bains. Les chambres les moins chères sont logées dans un bâtiment à étages.

Luxe

NOVOTEL CORALIA. 1 Kalim Beach Road © 076 342 777. Web http://www.phuket.com/novotel. *De 4 600 à 18 700 baht.* Hôtel sublimissime. Décor de bois précieux, touches de raffinement partout où le regard se pose. Très belle piscine. Quant aux chambres, on aimerait avoir les mêmes à la maison !

BANTHAI BEACH RESORT. 94 Thaveewong Road © 076 340 850 – Fax 076 340 330. *De 3 000 à 4 120 baht.* Hôtel de 76 chambres, où la petite structure d'accueil fait que vous serez soigné comme un coq en pâte. Un petit bémol cependant, vu le prix, les chambres manquent un peu d'allure.

PATONG RESORT. 208 Rat U-Thit Road © 076 340 551 – Fax 076 340 185. *De 2 800 à 6 150 baht.* Grand établissement de 325 chambres avec TV, climatisation, coffre, moquette… Tout le nécessaire et le superflu.

Restaurants

BAAN RIM PA. 100/7 Kalim Beach Road © 076 340 789. *Ouvert de 11h à 14h et de 18h à 22h.* Spécialiste de la (bonne) cuisine thaïe. Dans un cadre agréable, goûtez les " loh bah ", saucisses frites dans une sauce relevée et accompagnées de légumes.

LE CROISSANT. 95/7 Soi Bangla © 076 342 743. Un salon de thé proposant de nombreuses pâtisseries, mais aussi une cuisine européenne et thaïlandaise à des prix raisonnables.

LAI MAI RESTAURANT. 66 Thawiwong Road © 076 340 460. *Ouvert de 18h à 23h30.* Vous dînerez en plein air, d'une cuisine thaïe et de poissons et fruits de mer. De la cuisine occidentale est aussi proposée. Les produits sont bons et les prix raisonnables.

LE GALION. Soi Sansabaï, Rat-U-Thit Road © 076 340 460. Encore un restaurant thaïlandais qui propose des fruits de mer. A noter, pour 200 baht, vous avez droit au buffet de cuisine thaïe à volonté.

THE ROYAL KITCHEN. Paradis Complex ✆ 076 340 666. *Ouvert de 11h à 14h et de 18h à 23h.* Situé au 25e étage du Royal Paradise Hotel, ce restaurant chinois offre une vue magnifique, un décor flamboyant et une cuisine excellente. Si vous voulez casser votre tirelire, c'est ici qu'il faut venir.

SAVOEY SEA FOOD. 136 Taweewong Road ✆ 076 341 170. *Ouvert de 18h à 23h.* Restaurant en plein air avec également une petite salle abritée. Très connu et très fréquenté. Vous choisissez vos poissons ou fruits de mer que l'on vous pèsera, car homards, moules, huîtres ou autres crabes sont vendus au kilo.

BAITONG SEAFOOD. 124 Thaweewong Road ✆ 076 340 301. *Ouvert de 11h à 14h et de 18h à 23h.* Même punition pour les crustacés qui finiront dans votre estomac.

GINO'S. 54/12 Soi Patong Resort ✆ 076 341 456. *Ouvert de 11h à 14h et de 18h à 22h.* Le propriétaire, un Italien bien sûr, a roulé sa bosse en Australie, à Singapour et à Bangkok avant de s'installer ici. Tant mieux pour vous ; profitez de sa délicieuse cuisine : calmars grillés, fettuccini à la marinière, raviolis... Tout est succulent.

LA BOUCHERIE. 1 Sawatdirak Road ✆ 076 344 581. *Ouvert de 11h à 14h et de 18h à 22h30.* Situé dans l'hôtel Grissez Village, ce restaurant s'est fait une spécialité des viandes rouges. La plupart viennent d'Australie et de Nouvelle-Zélande et fondent littéralement dans la bouche.

Boulangeries

EURO DELICE. 171 Soi San Sabaï, Rat-U-Thit Road ✆ 076 340 275. *Ouverte de 7h du matin à 4h du matin.* Pour un petit déjeuner à toute heure, français ou anglais. Pain bon et frais. Egalement des sandwiches et des salades.

LE CROISSANT. 95/7 Soi Bangla ✆ 076 342 743. Outre les croissants, pains et diverses pâtisseries, vous trouverez ici de bons fromages bien de chez nous. Evidemment, le prix n'est pas le même qu'à la maison.

LA MOUSSON, à Patong.

Tenu par une expat qui est à Phuket depuis 18 ans. 61 euros pour deux personnes. Le même prix qu'en France pour un restaurant semblable mais avec une qualité identique. Le meilleur restaurant de Phuket ! "

Sortir

Bars

En ce qui concerne les bars, il y en a autant que de touristes ou presque. Petits, grands, en plein air ou abrités, leur seul point commun est la nuée de filles qui y travaillent et qui vous trouveront, quelle que soit votre personnalité, et très jeune et très beau et très intelligent, pourvu que vous leur glissiez un ou deux billets de mille baht. A partir de deux, vous devenez vraiment séduisant. Apparemment cela convient à pas mal de touristes.

SOI EASY. 66/1 Soi Bangla Square. Un grand complexe qui vient de sortir de terre, composé d'une discothèque, d'un gogo bar et de... 71 bars a entraîneuses (rien que ça). Il nous avait pourtant semblé que ce genre d'établissements avaient déjà atteint le seuil de saturation. Mais à Patong Beach, 70 bars de plus ou de moins...

Discothèques

BANANA DISCO. 96 Thawiwong Road ✆ 076 340 301. *Ouvert de 21h à 3h du matin. Entrée 200 baht.* La boîte la plus populaire de l'île. Des touristes et des professionnelles de la profession, comme dirait Godard. Pas une seule de ces jeunes filles n'est là pour danser. Toutes sont des chasseresses tendant leurs filets pour y piéger un pigeon.

" Le Banana Disco est à déconseiller.

C'est un supermarché du sexe, l'endroit le plus choquant que j'aie pu voir en Thaïlande, le plus nauséeux étant le fait qu'on a l'impression de voir acheter du bétail (des prostituées).

SHARK CLUB. Bangla Road © 076 340 525. *Ouvert de 21h à 3h.* Même genre de clientèle, bien que, miraculeusement, apparaissent au cours du week-end une ou deux donzelles venues réellement faire la fête, au grand étonnement de tout le monde. Aller en boîte pour danser, on aura tout vu à Patong !

SAFARI CLUB. 28 Sirirat Road, Patong Hill © 076 341 310. *Ouvert de 21h à 2h30 du matin.* Très bonne ambiance. Une clientèle de touristes, d'expatriés, des résidents. Pas ou très peu de racolages. De bons groupes jouent de l'excellente musique des années 1980.

" Le Safari, sur la route reliant Kata à Patong.
Orchestre et chanteur thaïs très doués reprennent des titres occidentaux. Styles variés et clientèle sympa venant là pour s'éclater. Fermeture vers 3h, parfois 4h. "

POW WOW PUB. 70/179 Paradise Complex Rat-U-Thit Road © 076 340 756. Endroit plaisant et original où vous pourrez écouter de la musique country, jouée par un groupe thaïlandais. Fait aussi restaurant.

SIMON CABARET. 8 Sirirat Road © 076 342 011. *Spectacles à 19h30 et 21h30.* Célèbre spectacle de travestis, qui confirme son succès malgré les années.

Derrière le rideau du gogo bar

Malgré la réputation sulfureuse des bars et gogos de Thaïlande, vous serez généralement bien reçu et en aucun cas harcelé dans un établissement à entraîneuses. La plupart de celles-ci ont un instinct très sûr et savent différencier le client venant siroter un verre de celui avide d'un plaisir tarifié. Nombre de ces jeunes filles viennent des régions les plus pauvres de la Thaïlande, I-San, extrême Nord, etc. D'autres, suite à un revers de fortune familiale, voire au décès ou au départ du mari (le cas est très courant), ont choisi ce métier pour survivre. Certaines feront fortune rapidement, et ce ne sont pas toujours les plus jolies, d'autres végéteront de longues années. La grande majorité d'entre elles manquent d'instruction, ce qui ne veut pas dire qu'elles soient dénuées d'intelligence. Cependant beaucoup, quand elles n'ont pas un touriste attitré pour une semaine ou deux, passent leurs journées à lire des " Cartoons ", comme elles disent, des BD enfantines ou à regarder la TV où les séries à l'eau de rose font leurs délices. Leur idole est sans rivale possible la chanteuse Britney Spear, qui est à leurs yeux une véritable icône. Naturellement les Boys Band, dont les clips passent à longueur de temps sur MTV, ont aussi leur faveur. Un de leurs grands plaisirs est de retourner dans leur village à l'occasion de deux ou trois jours de repos et de narrer en détail leurs aventures avec ces " Farang bar " (ces imbéciles de farang) qui tombent amoureux en une nuit. D'autres ont très vite pris des habitudes occidentales et leur retour dans la famille est une véritable corvée, ce qui provoque des conflits. Quelques-unes enfin profitent de leurs jours de congé pour aller dans des karaokés où elles paieront pour que de jeunes Thaïlandais leur fassent l'amour. Une façon certainement de se " laver " des vieux touristes qu'elles côtoient et d'exorciser leur métier. Il n'est pas rare de rencontrer des jeunes filles de moins de 25 ans ayant déjà été mariées deux ou trois fois avec des Occidentaux, à Londres, Paris ou dans le Middle West. Certains touristes perdent en effet complètement la boussole, aimantés qu'ils sont par le charme de certaines beautés asiatiques. Un visa est fait à l'ambassade, puis c'est le mariage dès l'arrivée au pays. Les filles de bar ne refusent bien entendu jamais une telle proposition. C'est pour elles l'occasion de voir du pays et de sortir de leur condition. En effet, l'amour n'ayant rien à voir là-dedans (bien que certaines histoires durent), le divorce est vite consommé et l'ex-miss Smith ou Mme Dupont revient la tête haute et les poches pleines, car ici comme ailleurs ces professionnelles n'oublient pas leur adage : Ce qui est à toi est à moi, ce qui est à moi… est à moi ! Souvenez-vous en quand vous entrerez pour la première fois dans un bar à filles en Thaïlande.

Loisirs

PROMENADE EN MER SUR LA NAKALAY JUNK. Une grande jonque chinoise somptueuse, tout en bois de la poupe à la proue et pouvant accueillir plus de 200 personnes, propose des croisières à la journée vers Koh Phi Phi, Koh Racha... Le soir, organisation de dîner-croisière. Pour tous **renseignements supplémentaires ✆ 076 290 341 – Fax 076 344 499. E-mail : info@nakalayjunk.com.**

KARON BEACH

Longue plage de trois kilomètres, partagée entre Karon Noï et Karon Yaï. La première est une enclave accaparée par le luxueux Meridien.

L'autre partie, Karon Yaï, s'est convertie ces dernières années au veau d'or des bars à filles, mais ce n'est pas encore une invasion totale comme à Patong. Une belle promenade a été aménagée le long du bord de mer, avec pavés candélabres. Ca en jette !

Hébergement

Les prix imbattables

MY FRIEND BUNGALOW. Karon Beach Road ✆ 076 396 344. *De 250 à 400 baht.* Face à la mer, à 300 mètres du rond-point sur Beach Road, cet hôtel propose des chambres modestes mais propres et relativement confortables. Cependant, en haute saison, les prix triplent presque et cela devient une adresse trop chère par rapport aux prestations fournies.

YOUR PLACE INN. 33/70 Patak Road ✆ 076 396 722. *De 300 à 450 baht.* Situé dans une petite rue annexe de Patak Road, à une centaine de mètres du rond-point de Karon Beach, cet hôtel modeste propose des chambres avec ventilateurs et au confort basique, mais où la propreté est de mise. Mais vous connaissez la chanson, comme partout ailleurs, entre décembre et février, les prix doublent pratiquement, ce qui rend cet établissement trop cher.

Bien et pas cher

KARON GUEST HOUSE. 14/12 Patak Road ✆ 076 396 860. *De 500 à 1 000 baht, suivant le confort et la saison.* Mieux qu'une guesthouse, cet hôtel offre des chambres très correctes avec ventilateur ou climatisation.

CRYSTAL BEACH HOTEL. 8/7 Patak Road ✆ 076 396 580 – Fax 076 336 584. *Chambres à 500 et 600 baht (bien plus en haute saison).* Malgré son nom, il n'est pas situé sur la plage mais en retrait, pas très loin du précédent. Chambres au confort moyen, avec climatisation.

KARON SOUTHERN RESORT. 63/10 Patak Road ✆ 076 396 126. *De 600 à 950 baht.* Egalement éloigné de la plage. Les chambres sont d'un confort variable. Comme souvent à Phuket, les prix peuvent augmenter du simple au double en haute saison. Donc un hôtel à conseiller en basse saison.

Confort ou charme

PHUKET OCEAN. 9/1 Patak Road ✆ 076 396 599 – Fax 076 396 470. *De 1 250 à 2 700 baht.* Etablissement de 200 chambres avec climatisation, TV, belle salle de bains. Piscine.

POP COTTAGE. 2/12 Patak Road ✆ 076 284 083 – Fax 076 330 794. *De 1 100 baht les chambres standard à 3 700 baht les plus luxueuses.* Ces " cottages " sont des bâtiments de plusieurs étages aux toits verts. 114 chambres de très bon confort et très calmes.

PEACH HILL RESORT. 113/16 Patak Road ✆ 076 330 520 – Fax 076 330 895. *De 1 000 à 3 000 baht.* Hôtel éloigné de la plage mais disposant d'une très grande et très belle piscine. Les 202 chambres, d'une quiétude absolue, offrent un bon confort. Les prix sont pile dans la fourchette de cette catégorie d'hôtels.

Luxe

CENTRAL KARON VILLAGE. 8/21 Tambon Karon ✆ 076 286 300 – Fax 076 286 316. *De 4 000 à 4 500 baht.* Une petite structure mais de très grand luxe. 72 chambres somptueuses avec vue sur la mer. Belle piscine. Les chambres étant toutes d'un confort comparable, leurs prix sont pratiquement identiques.

PHUKET ARCADIA. 78/2 Patak Road ✆ 076 396 433. Web http ://www.phuketarcadia.com. *De 5 000 à 6 600 baht.* Ici, c'est un énorme complexe de 695 chambres. Piscine géante, divers restaurants, un véritable petit village. Etant donné sa grande capacité d'accueil, les prix peuvent baisser de 50 %, sauf en haute saison (décembre et janvier).

Restaurants

OLD SIAM. 128/10 Karon Beach Road ✆ 076 396 090. *Ouvert de 11h à 14h et de 18h à 22h.* Dans un décor agréable, bonne cuisine thaïlandaise. Le crabe au curry est excellent.

SUNSET. 102/6 Patak Road ✆ 076 396 465. *Ouvert de 18h à 23h.* Restaurant de cuisines européenne et thaïlandaise. Egalement des poissons et fruits de mer. Les prix sont très raisonnables et les plats très goûteux.

EURO DELI. Patak Road ✆ 076 286 265. Située à côté du Dino Park, cette boulangerie est une succursale de celle de Patong Beach, avec la même qualité et la même saveur pour les produits proposés.

Visiter

DINO PARK ✆ 076 330 625. Web http ://www.dinopark.com. Situé au bout de la plage de Karon, un minigolf agrémenté d'une cascade et de représentations de divers dinosaures sculptés dans la pierre. Fait aussi restaurant. Rien d'exceptionnel mais cela peut casser la routine de la plage.

► Koh Panniyi, baie de Pang Nga, Phuket

KATA BEACH

Séparée de Karon par le cap Saï, Kata Beach est divisée, comme sa voisine, en Kata Yaï, la plage la plus importante, et Kata Noï, où règne en maître absolu le Club Med. Belle plage au calme, elle n'offre le soir pour vous divertir que ses restaurants d'hôtel et ses balades en bord de mer. Les hôtels y sont plutôt haut de gamme.

Hébergement

Bien et pas cher

ISLAND LODGE BUNGALOW. 7/21 Patak Road © 076 330 732. *De 400 à 700 baht, selon le confort et la saison.* Petite structure de 15 bungalows, située près du grand complexe du Kata Thani, sur Kata Noï Beach. Les bungalows sont modestes, avec un mobilier idoine et un ventilateur.

COOL BREEZE. Patak West Road © 076 330 484. *De 400 à 700 baht.* Des bungalows avec ventilateur et climatisation, en bois ou en matériau plus élaboré. Confort et prix modestes. A côté, **l'hôtel Flamingo** est du même genre.

Confort ou charme

SMILE INN. 41/3 Patak West Road © 076 330 926 – Fax 076 330 925. *De 900 à 1 200 baht.* Bon hôtel aux chambres confortables, avec TV, climatisation, frigo...

KATA GARDEN. 121 Patak West Road © 076 330 627 – Fax 076 330 446. *Bungalows avec ventilateur à 800 et 900 baht, ensuite jusqu'à 1 500 baht, suivant la grandeur et le mobilier des chambres.* Hôtel de 50 bungalows placés face au cap Saï, tous d'un bon confort.

PHOMPTHEP. 120/4 Patak Road © 076 330 281. *De 800 à 1 400 baht.* Tout au sud de la plage, dans un coin relativement tranquille, des chambres avec ventilateur ou air conditionné. Toutes ont vue sur la baie de Kata.

Luxe

THE BOAT HOUSE. Patak West Road © 076 330 015. Web http://www.theboathousephuket.com. Cet établissement de 32 chambres est un " bijou ", selon un célèbre journaliste du Sunday Times de Londres. Ces chambres donc sont toutes en bois précieux et leur écrin est la plage dorée et les palmiers vert émeraude qui l'entourent. Des célébrités viennent s'y reposer fréquemment. Si vous voulez faire comme elles, le premier prix est de 9 000 baht. Bagatelle !

KHATA THANI. 3/24 Patak Road © 076 331 124 – Fax 076 330 426. *Chambres de 6 400 à 17 000 baht.* Caché dans une petite baie de Kata Noïl, un grand complexe de 530 chambres luxueuses. Sauf pendant les mois de décembre et janvier, les prix peuvent descendre d'au moins 30 % car, visiblement, la capacité d'accueil a été surestimée.

Restaurants

Vous avez le choix entre des gargotes et des stands à ciel ouvert proposant des plats basiques à petits prix, et les restaurants des hôtels.
Parmi ceux-ci un must :

BOAT HOUSE WINE AND GRILL. Le restaurant de l'hôtel Boat House sert une cuisine thaïe et française très raffinée, dans un cadre unique, face à la baie de Kata. La carte des vins est exceptionnelle. Les samedi soir, orchestre de jazz...

" LE GRAND PRIX KATA. Phuket © 076 330 568.
Restaurant franco-thaïlandais. Le patron a cuisiné pour l'écurie d'Alain Prost, d'où le nom du restaurant. Une bonne cuisine française à des prix raisonnables. "

Impressions au soleil levant

Quand l'aube commence à éclairer de ses teintes jaune orangé les rues de PHUKET, les premiers bonzes dans leurs tuniques couleur safran se mettent en quête d'offrandes. Des touristes pas encore dégrisés regagnent leurs hôtels. Un original connu comme le loup blanc fait son jogging et n'a que mépris pour le monde de la nuit. Quelques Occidentaux sont rouges de confusion, la charmante jeune fille rencontrée dans une soi sombre s'étant révélée être un jeune homme. D'autres ont des bleus à l'âme, car ils doivent quitter l'île le lendemain et laisser leur dulcinée derrière eux. D'autres encore, en revanche, voient la vie en rose en tenant par la main une beauté rare.

Quand enfin l'astre jaune commence à darder ses rayons sur la mer turquoise, tout ce petit monde interlope rentre se coucher afin de récupérer d'une longue nuit blanche où ils en auront vu de toutes les couleurs.

NAI HARN BEACH

Belle plage, encore peu fréquentée par les touristes. D'ailleurs les établissements hôteliers y sont rares.

Hébergement

Bien et pas cher

NAI HARN RESORT. Kata Saï Yuang Road © 076 381 810. *Avec climatisation 800 baht, avec ventilateur 600 baht. Hôtel d'un bon rapport qualité-prix.* Vous y trouverez 20 petits bungalows genre motel, équipés soit de ventilateurs, soit d'air conditionné.

Luxe

LE ROYAL MERIDIEN © 076 381 156. Web http ://www.phuket-yachtclub.com. *Chambres standard 5 000 baht.* Etablissement prestigieux de 110 chambres, logées dans des bâtiments aux toits verts plus ou moins dissimulés au bas d'une colline. Le confort est plus que luxueux et les tarifs plus qu'onéreux pour tout un chacun.

RAWAI BEACH ET LAEM KHA

La plage est très étroite, la mer vaseuse et rien n'est fait pour nous donner envie de nous y baigner. En revanche, le site est très calme, bien que les Thaïlandais viennent souvent s'y promener. Les hôtels sont peu nombreux, sans doute à cause de la piètre qualité de la plage. Laem Kha est un cap situé juste avant Chalong Bay.

▶ Panoramique, Phuket

Hébergement

Bien et pas cher

LAEM KA BEACH INN ✆ 076 381 305. *De 500 à 1 200 baht.* Beaucoup plus loin, sur West Road, prendre la première à droite après le village des gitans de la mer. Etablissement de 20 bungalows perdus au milieu des cocotiers. Ici la plage est belle et on peut s'y baigner. Peut être un peu cher en valeur absolue, mais le cadre est vraiment enchanteur.

PORN MAE BUNGALOWS. 34/3 Wiset Road ✆ 076 381 300 – Fax 076 381 300. *De 350 à 550 baht.* Bungalows ayant vue sur la mer, avec un confort très minimaliste mais propres. Tous possèdent des ventilateurs et une petite salle de bains.

Confort ou charme

" **LE SALALOY RESORT. 52/2 Wiset Road Hawai Beach, Muang Phuket ✆ 076 289 201 – Fax 076 289 201.** Dans un jardin privatif et exotique à la fois, un restaurant seafood du même nom. Petits bungalows individuels très propres et nombreuses possibilités à l'accueil. "

Luxe

EVASION PHUKET. 100 Wised Road ✆ 076 381 010 – Fax 076 381 018. *A partir de 5 000 baht.* Hôtel assez unique par le design de ses 285 chambres. Meubles et décoration épurés à l'extrême, ce qui n'empêche pas un confort luxueux. Vous allez adorer… ou détester.

Restaurants

De très nombreuses gargotes sont installées au bord de la route pour accueillir les Thaïlandais qui viennent en balade dans le coin (surtout le week-end). Les prix sont bas mais pas la qualité. Poissons et crustacés font souvent partie du menu.

SALALOY SEAFOOD. 52/2 Wiset Road ✆ 076 381 370. *Ouvert de 11h à 22h.* Restaurant de fruits de mer très fréquenté par les Thaïlandais et les touristes des environs. Très grand choix, bons produits et petits prix.

Visiter

VILLAGE DES GITANS DE LA MER. Devenu attraction touristique, ce village de pêcheurs tente tant bien que mal de conserver intactes ses traditions ancestrales. Allez-y tôt le matin, quand les cars de touristes ne sont pas encore arrivés. Et n'oubliez pas que vous devez demander l'autorisation des gens avant de les prendre en photo.

CAP PHROMTHEP. Du haut de cette petite colline, une belle vue s'étend sur toute la baie. Pendant le week-end, les Thaïlandais viennent s'y faire photographier au coucher du soleil. Vue d'ici, Phuket semble être encore une île enchanteresse.

Du sur-mesure pour le prix d'un vulgaire prêt-à-porter

Si vous désirez un costume, une robe, des chemises sur mesure, les tailleurs indiens ont partout pignon sur rue. N'hésitez pas à marchander longuement et faites baisser le premier prix que l'on vous annoncera de 30 %. En effet, sauf cas exceptionnel, la boutique fait faire les vêtements par des ouvriers thaïlandais qui travaillent dur pour une modeste paye. Celle-ci est bien sûr fixe, et les commerçants indiens font d'énormes bénéfices sur leur dos. Le mieux serait de connaître ces ateliers, mais ils se trouvent souvent dans des ruelles très étroites, à l'écart de tout, et pas faciles du tout à trouver. Voici quelques mots en thaïlandais pour vous aider dans votre conversation avec le tailleur.

Tailleur : tchagn tat sua. **Robe :** tchout pouying. **Jupe :** kra progn. **Chemise :** sua tchet. **Veste :** sua nol. **Pantalon :** kagn kegn. **Cravate :** net thaï. **Foulard :** pha phan kho.

AUTRES PLAGES

Les autres plages, comme **Nai Yang, Bang Tao, Surin, Kamala,** proposent presque exclusivement des hôtels de luxe, voire de grand luxe avec, tout au sommet des tarifs, **L'Amanduri,** qui, sur la plage de Surin, a des suites à... 210 000 baht la nuit. On fera donc l'impasse sur ces plages, ce qui n'empêche personne d'aller s'y baigner. Ou d'y manger chez :

TOTO RISTORANTE. 121/1 Surin Beach Road © 076 270 232. Un restaurant de véritable cuisine italienne. Toto, le maître des lieux, prépare d'excellents mets. Il est préférable de réserver en haute saison.

Seule Kamalo offre un ou deux hôtels aux prix raisonnables.

Quant à Nai Yang, proche de l'aéroport international, elle abrite un hôtel situé **dans le parc national de Sirirat,** et qui est une retraite assez merveilleuse.

> DANS LES ENVIRONS DE PHUKET

BANG SAPHAN

Transports

Dès la sortie du village de Bang Saphan, prendre la direction Beach, 4 km sur la droite.

Hébergement

Sur la superbe plage, longue de plusieurs kilomètres, s'alignent de nombreux petits hôtels et bungalows à tous les prix. Plage ombragée, idéale pour la baignade, très peu fréquentée par les touristes.

HOTEL VAN VEENA © 032 691 251 – Fax 032 691 548. *Chambres entre 200 et 500 baht, bungalows 200 baht. A 150 m après la plage.* Accueil sympathique, boutiques. Chambres très grandes, très propres, douche froide avec W.-C. Les bungalows, légèrement en retrait, ont des chambres à 2 lits très propres, douche froide, WC, téléphone.

ADVENTURE SAFARIS © 076 341 988. Ici on vous propose une journée en 4x4 à travers les collines verdoyantes de l'île, ainsi qu'une courte promenade à dos d'éléphant pour 1 950 baht.

PHUKET GIBBONS CENTRE © 076 381 065. *Ouvert de 10h à 16h. Entrée libre.* C'est une visite très intéressante que propose ce centre de réadaptation de gibbons, qui étaient en captivité et que l'on réintroduit dans leur milieu naturel. Vous pouvez même en " adopter " un pour 1 500 baht. Vous recevrez de ses nouvelles régulièrement pendant un an...

Khao Phra Phaew

Cette réserve animalière et forestière est très protégée car sous le patronage du roi en personne. Des arbres séculaires d'une hauteur vertigineuse donnent une idée de ce que pourrait être le royaume si les " massacres à la tronçonneuse " n'étaient organisés aux quatre coins du pays. Quelques plantes et essences seulement sont visibles dans ce parc forestier. Les animaux sont très présents. Des singes, bien sûr, mais aussi des cochons sauvages et pas mal " d'écureuils volants ", que vous aurez peut-être l'occasion de voir planer entre deux arbres. Les chutes d'eau de TON SAI sont également à voir en période de mousson (de mai à octobre). Il en est de même pour celles de BANG PAE. C'est près de ces dernières que se trouve le mondialement célèbre centre de réadaptation des gibbons évoqué ci-dessus.

◗ Cap Phromtep, Phuket

◗ Cascade, Phuket

Koh Phi Phi

Situées entre Phuket et Krabi, les deux îles Phi Phi appartiennent à la province de Krabi, mais l'accès en est le plus aisé à partir de Phuket. Phi Phi Lee est inhabitée, Phi Phi Don seule peut donc vous héberger, encore faudra-t-il trouver une chambre libre, mission quasi impossible entre le 15 décembre et fin janvier et très difficile à certaines autres dates de plus en plus étalées dans le temps. L'île est en effet victime de son succès ; sa beauté tant bien que mal préservée est exceptionnelle. Mais l'invasion que subissent ces sites peut être parfois pénible.

PHI PHI DON

L'île principale, en forme de H, est une alternance de baies de sable doré et de mer couleur émeraude, avec des collines verdoyantes de cocotiers. La faune et la flore, terrestre et marine, sont d'une richesse et d'une beauté exceptionnelles. En bateau longue queue, seul moyen de transport, vous pourrez vous balader autour de l'île et accéder à des criques désertes. Vous accosterez, en venant de Phuket ou de Krabi, à Ton Sai Beach. La barre horizontale du H virtuel de l'île est Lo Dalam Beach. On vous conseille soit de dormir sur l'île quelques nuits, soit carrément de faire l'impasse. Les tours organisés à la journée sont épuisants et bien trop frustrants et, au bout du compte, bien décevants. Quoi qu'il en soit, sachez que cette île offre peut-être le moins bon rapport qualité-prix du pays.

Transports

Comment y aller

De Phuket, de nombreuses liaisons tous les jours avec les différentes baies de l'île. Toutes les agences de voyages proposent ces destinations. Les bateaux partent en général entre 8h30 et 13h30 ; compter 1h30 à 2h de mer et environ 250 baht. Seule une compagnie est plus rapide :

ANDAMAN WAWE © 075 222 570. Affrète un bateau ultrarapide qui relie Ki Phi Phi en seulement 40 mn. Le tarif est bien sûr plus élevé : 450 baht.

De Krabi, des bateaux partent du quai Saphan Jao Fah à 10h30, 11h30, 14h30 et 16h ; compter entre 1h30 et 2h de traversée et 180 baht.

De Koh Lanta, des bateaux partent du quai Lanta Yai à 8h et 13h ; compter environ 1h30 de traversée et 180 baht.

Se déplacer

Le seul moyen de transports est **le bateau " longue queue ",** appelé ainsi à cause de l'hélice disposée au bout d'une longue planche métallique à l'arrière du bateau. Vu le monopole, les abus sont fréquents, il existe pourtant des tarifs types, à vous de les faire respecter. **Si vous logez sur Ton Saï Beach et Lo Dalam Beach** (le fameux H), ces bateaux ne vous seront d'aucune utilité. **Pour Yao Beach,** la marche peut être indiquée (moins de 2 km) ou le bateau (40 à 50 baht), en revanche, des **plages éloignées comme Laem Tong Beach,** tout au nord, vous obligeront à prendre les bateaux-taxis dont les prix peuvent être prohibitifs (entre 200 et 400 baht).

Renseignements utiles

Ici tout est plus cher qu'ailleurs. Téléphone, poste, achats divers. Appelez les amis avant ou après et n'oubliez pas de changer vos euros avant d'aller sur l'île, le change y étant proche du racket.

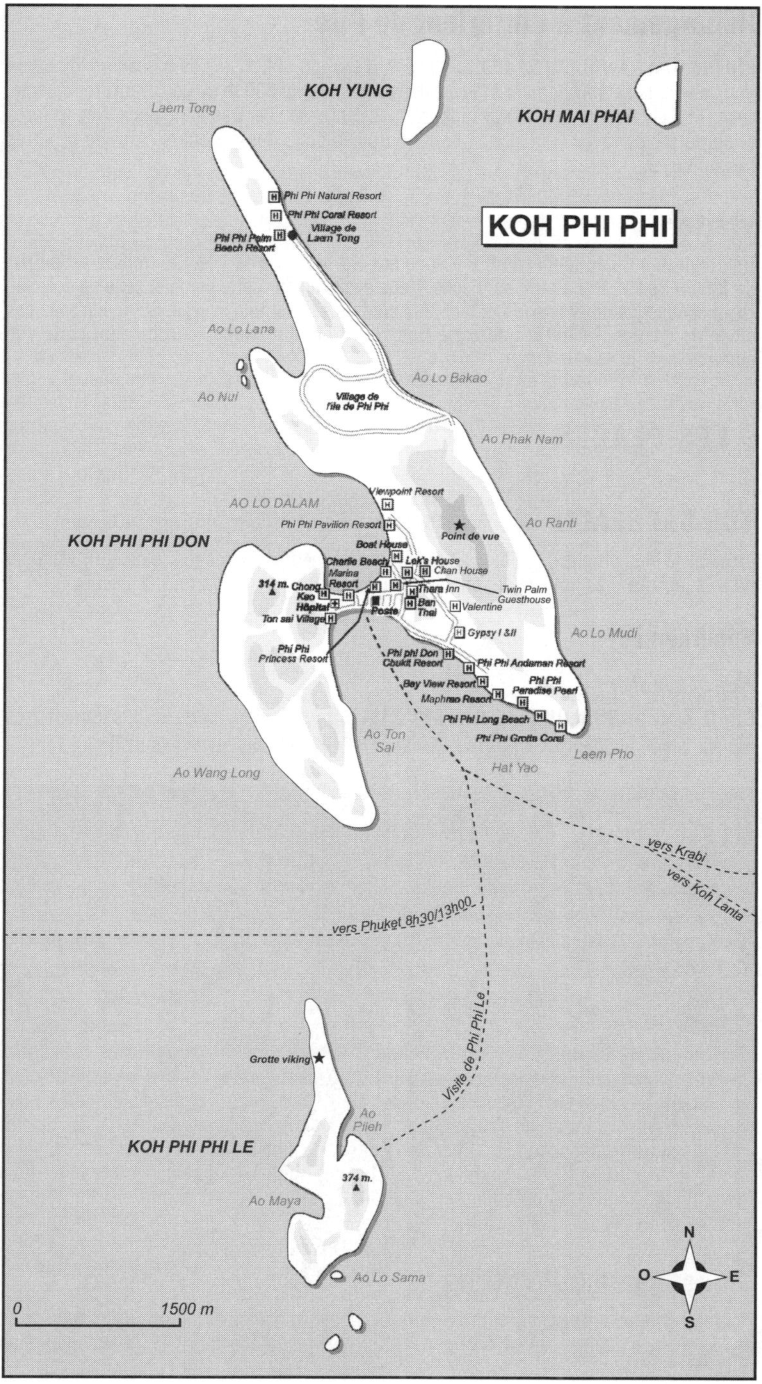
KOH PHI PHI
KOH YUNG
KOH MAI PHAI
Laem Tong
Phi Phi Natural Resort
Phi Phi Coral Resort
Phi Phi Palm Beach Resort
Village de Laem Tong
Ao Lo Lana
Ao Nui
Ao Lo Bakao
Village de l'île de Phi Phi
Ao Phak Nam
Viewpoint Resort
AO LO DALAM
Phi Phi Pavilion Resort
Ao Ranti
Point de vue
KOH PHI PHI DON
Boat House
Charlie Beach
Lek's House
Chan House
Marina Resort
314 m.
Chong Kao
Hôpital
Thara Inn
Twin Palm Guesthouse
Ban Thai
Valentine
Poste
Ton sai Village
Gypsy I &II
Ao Lo Mudi
Phi Phi Princess Resort
Phi phi Don Chukit Resort
Phi Phi Andaman Resort
Bay View Resort
Phi Phi Paradise Pearl
Maphrao Resort
Phi Phi Long Beach
Phi Phi Grotta Coral
Ao Ton Sai
Laem Pho
Hat Yao
Ao Wang Long
vers Krabi
vers Koh Lanta
vers Phuket 8h30/13h00
Visite de Phi Phi Le
Grotte viking
Ao Pileh
KOH PHI PHI LE
374 m.
Ao Maya
Ao Lo Sama
0
1500 m
N
O
E
S

Hébergement à l'intérieur de l'île

PHI PHI RIM NA VOLLA. *De 400 à 700 baht.* A environ 500 m de l'embarcadère, direction nord-ouest, cet établissement à l'écart des plages (200 à 300 m de Lo Dalam) représente, avec PP View Resort, le meilleur rapport qualité-prix de l'île. Des bungalows très propres et confortables (avec ventilateur) sont éparpillés sous des cocotiers... à des prix très raisonnables.

Visiter

Un panorama exceptionnel s'offre à vous sur les hauteurs de l'île. La montée se fait par Lo Dalam Beach. L'itinéraire est fléché. Vous avez vue sur cette plage et celle de Ton Saï. Un spectacle à couper le souffle, tant la beauté du site semble irréelle. Si vous n'avez pas envie de grimper, achetez une carte postale ; toutes presque reproduisent cette vue admirée dans le monde entier.

> LES PLAGES

TON SAI BEACH

La plage la plus proche du débarcadère est très fréquentée par les touristes qui y viennent pour la journée. Les hôtels sont en général très chers, comme partout, d'ailleurs.

Hébergement

Bien et pas cher

CHAO KOH BUNGALOWS ✆ 075 611 313. *Compter 500 baht.* Etablissement très modeste. Les bungalows sont très simples, avec mobilier basique et ventilateurs.

La plage, le film

C'est sur Phi Phi Lee que s'est déroulée la plus grande partie du tournage extérieur du film La Plage, avec Léonardo Di Caprio, Virginie Ledoyen et Guillaume Canet. Le moins que l'on puisse dire est que la tension a été palpable entre les autorités du pays et l'équipe de la Twenty Century Fox. Officiellement, on reprochait au réalisateur Danny Boyle de causer des dégâts écologiques irréparables. Or, il apparaît à l'analyse des faits, que jamais l'île n'avait été aussi propre, la Fox ayant fait en sorte d'en interdire les abords aux plongeurs et pêcheurs, touristes, curieux et groupies de toutes nationalités. Il semble bien que c'est un différend financier entre les deux parties qui a été à l'origine d'un conflit qui a atteint son sommet lors d'un défilé à Bangkok où l'on dénonçait le " massacre " de l'île. Il a fallu que Danny Boyle en personne menace de plier bagages pour que les choses se calment. La petite histoire ne dit pas si l'équipe du tournage a cédé finalement aux diverses demandes de rallonges financières des grosses huiles régionales. Toujours est-il que le film achevé, les Thaïlandais sont revenus à leur pêche à la dynamite et au cyanure (dans un parc national, c'est plutôt original) mais, depuis, aucun défilé " écologiste " n'a eut lieu dans la capitale ou ailleurs pour dénoncer ce scandale qui pourtant dure depuis des années.

Phi Phi Lee

Cette deuxième île est inhabitée. En revanche, pendant la journée, elle est très fréquentée par les clubs de plongée, les bateaux et les touristes venant visiter **une grande grotte** appelée **Viking Cave.** C'est dans cette grotte que des Thaïlandais, juchés sur des échelles de bambou, prélèvent les **nids d'hirondelle** qui seront revendus à prix d'or. On peut y voir également quelques peintures rupestres. Si vous êtes à Phi Phi Don même, la visite de la grotte peut être conseillée, mais de Phuket ou de Krabi le jeu n'en vaut pas la chandelle.

Confort ou charme

PHI PHI BANYAN VILLA © 075 611 233 – Fax 075 611 233. *De 1 200 à 3 500 baht.* Dans un bâtiment de plusieurs étages, 124 chambres toutes climatisées. L'accueil est pour une fois charmant.

PHI PHI ISLAND CABANA © 075 620 634 – Fax 075 612 632. *Bungalows à 1 600 baht, d'autres à partir de 3 000 baht.* Grand complexe à mi-chemin de Ton Sai et Lo Dalam. Ses nombreux bâtiments aux toits gris bleu sont de style colonial. Vous avez le choix entre des bungalows avec ventilateur et des chambres plus confortables avec climatisation. Cher, trop cher pour le confort proposé, mais c'est le cas de tous les établissements situés sur l'île.

LO DALAM BEACH

L'autre plage de la fameuse barre horizontale du H.

Hébergement

PP CHARLIE BEACH RESORT © 075 620 615. *De 300 à 1 000 baht, selon la taille des chambres et la saison.* Un établissement au rapport qualité-prix à peu près correct. Divers bungalows avec petite terrasse, ventilateurs et eau froide.

PP VIEW RESORT © 012 284 111 (portable). *Bungalows avec ventilateurs 850 baht, avec climatisation 1 200 baht.* Resort éloigné du centre et en retraite de la plage, sur une petite colline. Endroit agréable et bien plus calme que tous les précédents. Les bungalows en bois sont propres et plaisants, ceux avec ventilateur comme ceux avec climatisation. De mai à mi-novembre, les prix baissent de près de 50 % (dixit le patron), ce qui en fait sûrement la meilleure affaire de l'île. Mais surtout ne le répétez à personne.

LAEM TONG BEACH

La plage la plus au nord de l'île, très calme, très belle, mais où les déplacements en bateau depuis l'embarcadère coûtent 400 baht et où les hôtels sont évidemment onéreux.

Hébergement

Confort ou charme

PHI PHI NATURAL RESORT © 075 613 010. Web http://www.phiphinarurl.com. *Chambres standard 1 100 baht, ensuite jusqu'à 2 600 baht.* Des chambres à la décoration en bois, avec des roues de chariot à la tête des lits, certaines avec terrasse regardant la mer et toutes avec climatisation.

Luxe

HOLIDAY INN RESORT © 075 214 654 – Fax 075 215 090. *De 4 750 à 13 000 baht.* Hôtel de grande classe, donnant directement sur la superbe plage de Laemtong. L'hôtel propose 78 chambres et bungalows de grand, voire très grand luxe. Cet endroit de rêve a un prix…

LO BAKAO BEACH

Hébergement

PEE PEE ISLAND VILLAGE © 075 215 014 – Fax 075 214 918. *De 2 500 à 6 000 baht.* Luxueuse structure de 80 chambres très confortables, située au nord-ouest de l'île. Ici, vous ne serez pas dérangé par la foule, puisque c'est le seul hôtel de cette magnifique plage.

HINKHOM BEACH ET YAO BEACH

Ces deux plages, situées au sud de l'embarcadère, ont l'avantage d'être proches de ce dernier (20 mn de marche environ) et en même temps assez éloignées pour être protégées du flot de ceux qui viennent quotidiennement visiter l'île en quelques heures.

Hébergement

PHI PHI PARADISE PEARL RESORT © 075 622 100. *De 450 à 1 100 baht.* Plusieurs dizaines de bungalows offrant pour tout confort un ventilateur et une salle de bains.

PHI PHI DON RESORT © 012 284 083 (portable). *Bungalows avec ventilateur de 300 à 500 baht, avec climatisation de 800 à 900 baht.* Les bungalows avec ventilateurs seraient une bonne affaire, mais leur structure fait qu'ils emmagasinent la chaleur et ce sont de véritables saunas. Préférez donc ceux avec l'indispensable climatisation.

L'endroit idéal pour pratiquer ce sport. Les fonds marins y sont d'une transparence exceptionnelle. Vous pouvez louer un masque et un tuba dans de nombreux endroits pour 100 baht par jour.

Canoë-kayak

Très agréable, pour s'éloigner un peu du flux touristique et aller nager dans un endroit isolé. Compter aux environs de 600 baht la demi-journée et 1 000 baht la journée. C'est cher pour la Thaïlande mais, comme vous le savez déjà, tout ici est plus cher qu'ailleurs.

▶ Rafting

KRABI

Cette petite ville de pêcheurs de 18 000 habitants a subi de grands changements ces dernières années. Les structures hôtelières se sont développées mais le charme de la ville et de ses plages opère encore. La région est toujours recouverte d'une jungle omniprésente et les quelque 130 îles environnantes sont autant de lieux de vie pour une faune et une flore abondantes. D'avril à mi-décembre, les touristes sont rares, c'est donc l'occasion d'y aller, même si les pluies de juin à septembre peuvent être fréquentes.

Transports

Comment y aller

Avion

La Thaï Airways propose 2 vols par jour **de Bangkok,** à 8h05 et à 16h30 ; compter 1h20 de vol et 2 580 baht. Les **bureaux** de la Compagnie se trouvent au **1 Tung Fah Road ✆ 075 620 070.**

La PB Air assure un vol les mardis, vendredis et dimanches, respectivement à 10h40, 10h15 et 15h ; compter 1h25 de vol et 2 560 baht. **A Krabi ✆ 075 691 942. Web http://www.pbair.com.**

De l'aéroport, situé à une quinzaine de kilomètres de Krabi, des voitures font le trajet pour 250 à 300 baht.

Bus

De Bangkok, 2 bus VIP partent à 18h et 18h30 ; compter 12h de trajet et 710 baht. 4 bus 1ère classe partent à 7h30, 19h, 19h30 et 20h ; compter 459 baht. Mêmes horaires pour les bus 2e classe et 357 baht. Enfin, 2 bus ordinaires (non climatisés) partent à 19h30 et 21h ; compter 14h de trajet et 255 baht.

De Phuket, des bus partent toutes les heures entre 7h et 18h ; en 2e classe, compter 3h30 de trajet et 112 baht.

De Surat Thani, les bus climatisés 2e classe partent à 7h, 12h et 15h30 ; compter 3h de trajet et 120 baht.

Se déplacer

SONGTHAEW. Ils font la liaison avec les plages environnantes ; ils partent dès qu'ils sont pleins.

MOTO-TAXI. La course moyenne en ville est de 20 baht.

BATEAU-TAXI. Ils font la liaison avec les plages **à partir du quai Saphan Chaofah,** sur Khong Kha Road. Grâce à la concurrence des songthaew, les prix sont très raisonnables, autour de 50 baht.

LOCATIONS. Les motos 80 cc se louent 200 baht la journée, les jeeps entre 800 et 100 baht.

Renseignements utiles

TAT (Office du tourisme). Utarakit Road, sur la rive de la rivière Krabi, juste avant Sanong Road. A côté se trouve la police touristique.

POSTE. Dans la même rue, à son extrémité sud. *Ouverte de 8h30 à 16h30 en semaine et de 9h à 12h le week-end.*

INTERNET. Comme partout dans les lieux touristiques, les centres sont nombreux. Compter 60 baht de l'heure en moyenne.

KRABI HOSPITAL. Maharat Road. Assez excentré, c'est un hôpital de province relativement efficace. En tout cas, aucun problème pour des soins ordinaires.

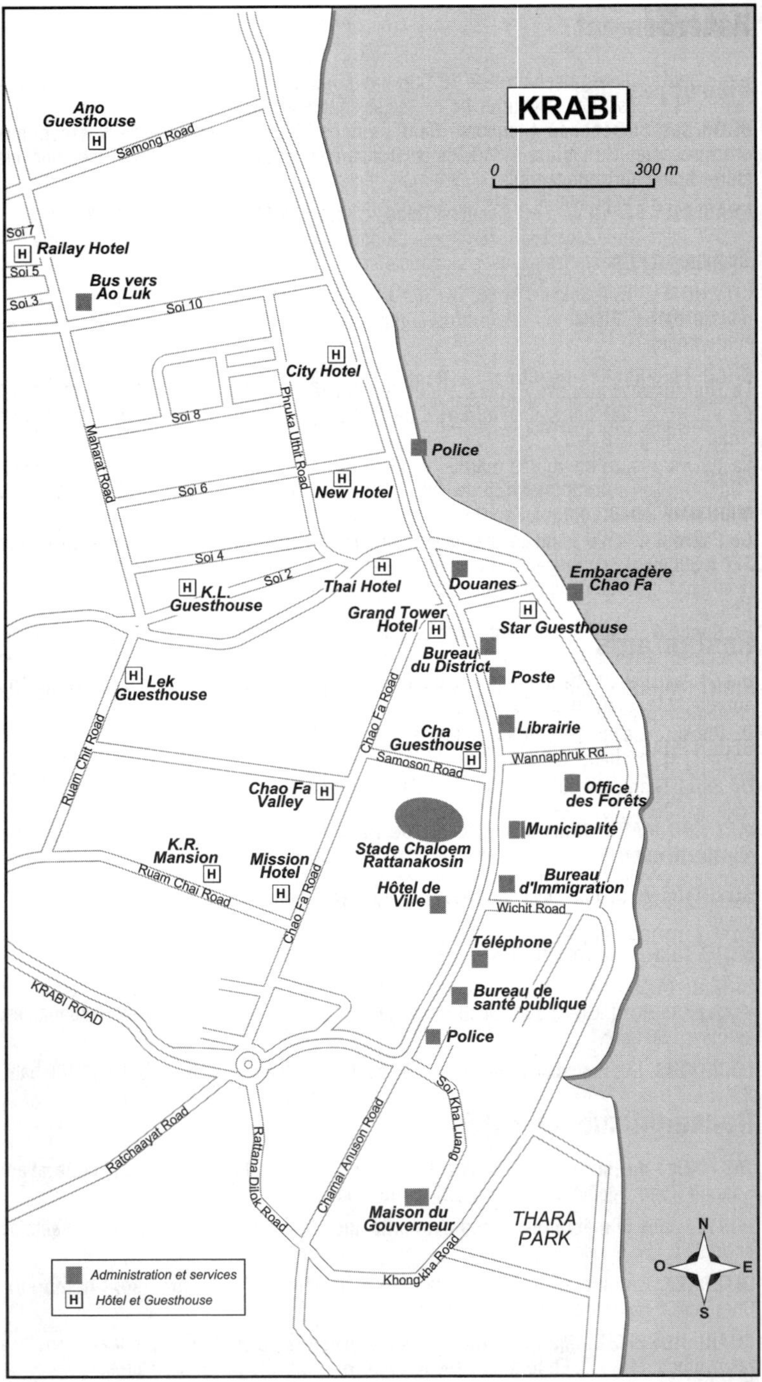
KRABI
0
300 m
Ano Guesthouse
Samong Road
Soi 7
Railay Hotel
Soi 5
Bus vers Ao Luk
Soi 3
Soi 10
City Hotel
Soi 8
Phruka Uthit Road
Maharat Road
Police
Soi 6
New Hotel
Soi 4
Soi 2
Thai Hotel
Douanes
Embarcadère Chao Fa
K.L. Guesthouse
Grand Tower Hotel
Star Guesthouse
Bureau du District
Poste
Lek Guesthouse
Chao Fa Road
Librairie
Cha Guesthouse
Wannaphruk Rd.
Samoson Road
Ruam Chit Road
Chao Fa Valley
Office des Forêts
Municipalité
Stade Chaloem Rattanakosin
K.R. Mansion
Mission Hotel
Bureau d'Immigration
Ruam Chai Road
Hôtel de Ville
Chao Fa Road
Wichit Road
Téléphone
Bureau de santé publique
KRABI ROAD
Police
Soi Kha Luang
Ratchaayat Road
Rattana Dilok Road
Chamai Anuson Road
Maison du Gouverneur
THARA PARK
Khongkha Road
N
O
E
S
Administration et services
Hôtel et Guesthouse

Hébergement

Bien et pas cher

BOON SIAM HOTEL. 27 Chaokhun Road. *A partir de 700 baht.* Hôtel de 5 étages, aux chambres avec climatisation, TV et frigo. Certaines chambres rénovées sont très bien, les autres sont plus sommaires.

KRABI CITY SEAVIEW. 77/1 Kongkha Road ✆ 075 622 885 – Fax 075 662 884. *A partir de 500 baht.* Situé face à la rivière, près du parc public, cet hôtel de petite capacité a des chambres très convenables, avec climatisation et TV.

CITY HOTEL. 15/2 Sukhon Road. *De 300 à 750 baht.* Chambres avec ventilateurs, petites mais propres. Egalement chambres climatisées plus ou moins grandes. Toutes très confortables.

CHAO FA VALLEY. 50 Choa Fa Road ✆ 075 612 499. *De 200 à 400 baht.* Cet établissement composé de divers bungalows en bambou est un peu triste, mais en ce qui concerne le confort, il est à la hauteur des prix. Toutes les chambres ont un ventilateur.

Luxe

MARITIME HOTEL. 1 Tung Fae Road ✆ 075 620 028. E-mail : meritime@loxinfo.co.th. *De 2 500 à 27 500 baht.* Le meilleur hôtel de la ville se trouve à 3 km du centre. Ses 221 très belles chambres ont toutes climatisation, TV, belle salle de bains, et la vue sur la rivière Krabi. Nous nous contenterons des chambres standard.

Restaurants

NIGHT MARKETS. Sukhon Road, près de l'embarcadère. Ces deux marchés proposent de nombreux petits plats à des tout petits prix.

REUAN PHAE. Un restaurant flottant installé sur la rivière Krabi (presque en face de la rue Patttana). Son menu est fort cher par rapport à sa qualité, mais il est vrai que le cadre est très agréable.

MAY AND MARK. Dans la petite rue de Ruen Rudee, qui rejoint Issara Road. Ce restaurant connaît un succès phénoménal et les touristes se repassent son adresse de bouche à oreille. De la cuisine thaïe et occidentale, pizzas, crêpes, yaourts, pains… Tout est fait maison et c'est vraiment délicieux. Une adresse incontournable à Krabi.

CAFE EUROPA. Soi Ruam Chit. Comme son nom l'indique, un restaurant de cuisine européenne. Steak-frites, spaghettis bolognaise, etc.

▸ Falaises, Krabi

> LES PLAGES

Ao Nang et Hat Raï Leh sont les plus belles et donc les plus fréquentées. Ce sont aussi les seules à offrir de nombreux établissements hôteliers, des plages comme Phaï Long Phlong étant vierges de toute construction.

PLAGE DE AO NANG

Située à une vingtaine de kilomètres de la ville, à l'ouest, cette plage ourlée d'une baie magnifique parsemée de plus de 80 îlots, est la plus courue de Krabi.

Transports

De Krabi, des songthaew partent de Pattana Road toutes les 15 mn entre 7h et 18h ; compter 30 mn de trajet environ et 40 baht.

Hébergement

Bien et pas cher

AO NANGTHARA LODGE © 017 230 517. *De 500 à 850 baht.* Dans le calme d'un très beau jardin, des bungalows avec climatisation ou ventilateurs. L'accueil est aimable.

YAYA © 075 637 176. *De 400 à 600 baht.* Dans une petite rue à 200 m de la plage, de jolis petits bungalows au confort simple, avec ventilateurs et petite terrasse.

WANNA'S PLACE © 014 767 507. *De 200 à 400 baht.* Des prix raisonnables pour ces bungalows très modestes, avec ventilateurs et climatisation. Malheureusement, en haute saison, ces prix sont presque multipliés par trois. De la folie douce, étant donné le confort proposé, mais la région est littéralement envahie entre décembre et février.

SUNSET AO NANG © 014 144 712. *De 250 à 450 baht.* Là aussi, des bungalows au confort rudimentaire, avec ventilateurs. L'accueil est plutôt austère.

Confort ou charme

KRABI SEAVIEW © 075 637 242 – Fax 075 637 246. *De 700 baht chambre avec ventilateur à 2 700 baht grande chambre très claire à deux grands lits et climatisation.* La direction de l'hôtel est suisse. Les prix sont très différents selon les chambres, la saison et si vous réservez une plongée au club affilié à l'établissement.

PEACE LUGUNA RESORT © 075 637 345. *Bungalows avec climatisation ou ventilateurs de 800 à 2 000 baht suivant le confort.* Situés dans un endroit magnifique, au pied d'un piton rocheux verdoyant et au bord d'une splendide lagune, des bungalows en dur aux tuiles rouges, au milieu d'une nature luxuriante.

Le parc national de Khao Phanom Bencha

Pour les amoureux de la nature préservée et de la faune, ce parc sera un vrai bonheur. Très peu visité, les touristes préférant nettement les plages, il offre à voir de belles cascades (tout près des bureaux du parc) et, de son sommet le plus haut de la province (1 350 mètres), un océan de verdure et de calme ravira votre regard. Si le parc ne dispose d'aucun moyen d'hébergement, vous pouvez y dormir quand même dans votre tente de camping. Il vous en coûtera 5 baht par nuit (l'entrée est de 200 baht pour les touristes). Vous pourrez ainsi avoir la chance de voir quelques-uns des animaux de cette réserve qui est très peuplée, en particulier de singes, de petits ours asiatiques et de félins divers. Gardez votre ticket d'entrée sur vous tout le temps de votre visite. Les gardes forestiers ont horreur des resquilleurs, surtout quand ils sont étrangers. Pour tous renseignements supplémentaires, contactez le **TAT de KRABI © 075 612 740.**

Luxe

FRITTOMISTO VILLA. 90 Moo 3 ✆ 075 418 528. *De 1 800 à 3 800 baht.* C'est un très bel hôtel, proposant des bungalows très confortables et bien agencés, avec TV, frigo, climatisation. Petite piscine également.

OCEAN GARDEN VIEW RESORT. 121 Moo 2 ✆ 075 637 527 – Fax 075 637 211. E-mail: oceankrabi@hotmail.com. *Chambres standard à partir de 2 100 baht.* Un très bel hôtel avec des chambres spacieuses, au décor chaleureux, dans des bâtiments disséminés dans une cocoteraie à quelques mètres de la plage. Un endroit magnifique.

PHRA NANG INN. Phra Nang Bay ✆ 075 637 130 - Fax 075 637 434/075 637 134. *A partir de 1 800 baht, petit déjeuner compris.* Un resort situé dans un merveilleux site isolé. Plage dorée, palmeraie… Les bungalows aux toits de chaume sont très bien intégrés dans le paysage, spacieux et confortables.

AO NANG VILLA ✆ 075 637 727. *A partir de 2 000 baht.* En face du précédent. Vous avez le choix entre des chambres classiques et des bungalows (90 au total). Tous sont d'un confort international, les tarifs également. Piscine.

KRABI RESORT ✆ 075 637 030 – Fax 075 637 051. *Bungalows les plus éloignés de la plage à partir de 1 800 baht.* Un des pionniers de la plage, et toujours fidèle à sa (bonne) réputation. 96 chambres de grand confort, dont beaucoup avec vue sur la mer, à laquelle vous avez accès directement. Piscine.

PLAGES DE RAI LEH

Raï Leh est divisée en deux par le cap Phra Nang. La partie située le plus à l'ouest est nettement plus attirante, grâce à la beauté de son anse de sable doré et sa baie décorée de pitons rocheux tourmentés.

Transports

De Krabi City, des bateaux longues queues font la navette depuis le débarcadère de Chao Fah, pour 50 baht par personne. Impossible d'y accéder par la route.

Hébergement

Bien et pas cher

RAILEY BAY BUNGALOW. 64 Moo 2 ✆ 012 284 540/012 284 112. *De 600 à 1 600 baht.* Différents bungalows très espacés. Il y a ceux avec ventilateur et ceux avec climatisation. Ils sont de différents tailles et prix.

SUNRISE BAY BUNGALOWS. 69 Moo 5 ✆ 012 284 236. *De 250 à 450 baht.* Situé sur le côté est, cet établissement est bien plus modeste que les précédents. Il propose des bungalows au confort basique, avec ventilateurs. Les prix sont selon la taille des chambres.

Une très belle plage entre Raï Leh et Ao Nang

Entre Raï Leh et Ro Nang se trouve la très belle plage de Tham Prha Nang, où un seul hôtel peut vous accueillir :

RUYAVADEE PREMIER RESORT. 214 Moo 2 ✆ 075 620 740 – Fax 075 620 630. Si on en parle, c'est pour causer car ses tarifs commencent à…16 000 baht. Il n'est pas rare que des célébrités y viennent pour une semaine. Dans une cocoteraie, ce sont des bungalows et même des pavillons à étage, avec évidemment tout le luxe qui convient à ce genre d'établissement. Mais bon, on n'a rien dit.

VIEW POINT RESORT. 14 Moo 5 © 01 228 41 15. *De 300 à 600 baht, suivant le confort et la saison.* Bâti à flanc de colline, sur le côté est de la plage, un établissement aux chambres bien tenues, avec ventilateurs. L'accueil est charmant, ce qui est loin d'être la règle dans la région.

Luxe

RAILEY VILLAGE RESORT. 236 Moo 2 © 012 284 366. *De 800 à 2 500 baht, suivant le confort et la saison.* Posés directement sur la plage, de beaux bungalows très lumineux aux grandes baies vitrées. Vous avez le choix entre la climatisation et un ventilateur. On peut dire que pour cet établissement, les tarifs sont à peu près justifiés. Une fois n'est pas coutume.

NAM MAO BEACH

Plage la plus proche de Krabi Ville, c'est aussi la moins gâtée par la nature, étant étroite et pauvre en sable. Là encore, un seul établissement a pignon sur mer. Pour vous y rendre, suivez les mêmes instructions que pour Ao Nang.

Hébergement

DAWN OF HAPPINESS © 075 612 730 – Fax 075 612 914. *De 500 à 950 baht, selon la surface, l'exposition et la saison.* Bien qu'il n'y ait aucune concurrence dans les parages, l'accueil y est vraiment formidable. Parmi les cocotiers, des bungalows en bois ou en bambou, au décor simple mais très propres, et dont certains ont vue directe sur la mer.

> DANS LES ENVIRONS DE KRABI

Wat Tham Seua

A une dizaine de kilomètres de la ville, en direction du nord-est, ce temple au milieu d'une forêt forme un ensemble plutôt atypique, aménagé dans des grottes. Détail insolite supplémentaire, une réplique exacte de la personne du maître des lieux, le moine bouddhiste Achan Chamnien. Son effigie installée derrière une cloison est si criante de vérité qu'un panneau a été rajouté qui précise qu'il s'agit bien d'une statue. Plus loin, d'autres temples tout aussi originaux habitent les méandres des diverses grottes. Si vous êtes courageux, vous escaladerez peut-être les quelque 1 200 marches qui mènent vers un promontoire. Vous y découvrirez, outre une réplique de l'empreinte d'un pied de Bouddha (c'est fou le nombre de ces empreintes dans le royaume !), une vue exceptionnelle sur les environs.

Su San Hoi

Ce cimetière des coquillages, à une vingtaine de kilomètres de Krabi, au cap de Pho, est très vanté par les Thaïlandais. Cependant, si vous n'êtes pas un fanatique de coquillages vides, l'intérêt de ce déplacement est vraiment très mince. Voir une plage recouverte de milliers de coquillages ne nous a pas " bouleversés ", mais tous les goûts sont dans la nature.

Tham Phra Nang Nai

Une visite plus intéressante est celle de cette grotte située sur la plage de Raï Leh. Trois cavernes différentes abritent des concrétions calcaires très spectaculaires. La pièce maîtresse en est la " cascade de pierres ", une construction naturelle toute en quartz du plus bel effet qui illumine la caverne.

Il est également conseillé de canoter dans les différentes baies et autour des petites îles inhabitées de Krabi, qui offrent des petits coins de paradis. Des spécialistes sont là pour vous encadrer. L'un d'eux est installé depuis plusieurs années et réputé pour son sérieux :

SEA LAND AND TREK © 075 637 364. *Sur la plage de Ao Nang.*

Côte Est et le Sud

Côte Est et le Sud

Par la beauté de leurs plages, leurs îles et leurs mers, la côte Est et le Sud font partie des merveilles touristiques de la Thaïlande. Dans ces régions, par ailleurs très différentes, chacun trouvera de quoi réaliser tous ses rêves tropicaux.

Première station estivale connue, Pattaya est devenue, de simple plage, une ville de bord de mer. C'est Bangkok en miniature avec, en plus, un côté dément. Plus loin, face à la paisible île de Koh Samet, Rayong est une plage calme et sans vie nocturne, à l'opposé de Pattaya.

Au sud, on trouve les plages à la fois aristocratiques et populaires de Cha Am et de Hua Hin, puis l'île encore sauvage de Koh Samui et, enfin, cette perle de l'Extrême-Orient : Phuket. A l'extrême sud, enfin, se trouvent Hat Yaï, ville lupanar pour les Chinois d'Asie, et la plage médiocre de Songkla.

Il y a bien sûr d'autres plages, par exemple Bang Saen, avant Pattaya, mais elles sont en général réservées aux Thaïs, qui y viennent en famille et qui n'aiment guère voir débarquer les touristes. Cela fait monter les prix et, trop souvent, induit la prostitution. Ces plages ne sont d'ailleurs pas les plus belles, loin de là. Elles manquent souvent de confort, d'équipements sportifs et médicaux, de transports et de communications.

Après avoir fait votre choix, selon vos goûts et vos moyens financiers, vous serez sans aucun doute ébloui par ces plages blanches, ces mers de tous les bleus nuancés de vert émeraude, et ces îles montagneuses.

PATTAYA ET SA REGION

Impossible que vous n'ayez jamais entendu parler de Pattaya ? En mal bien sûr. Cependant les temps changent. La prostitution est certes très présente mais en aucun cas vous ne serez importunés. Il existe maintenant une volonté affirmée des autorités de développer un très grand nombre d'activités sportives et culturelles, en ville et dans les alentours, afin d'attirer une nouvelle clientèle plus familiale.

Vous pourriez de plus être agréablement surpris par le très bon rapport qualité-prix des hôtels et restaurants. Le seul bémol est que le nombre de beaufs au m² reste très important à Pattaya.

Transports

Comment y aller

Avion

La Bangkok Airways propose un vol par jour au départ de Koh Samui. Départ à 11h, arrivée à 12h ; compter 2 200 baht, auxquels il faut ajouter la taxe d'aéroport au départ de l'île, qui est de 400 baht.

Train

1 train tous les jours de Bangkok. Départ à 6h55, arrivée à 10h40. C'est un train ordinaire, composé uniquement de voitures 3ᵉ classe, et il est très, très lent.

Bus

Des bus partent de la gare routière de Mochit toutes les 30 mn, de 5h à 19h ; compter 2h de trajet et 94 baht. De la station Ekamaï, sur Sukhumvit Road, des bus climatisés partent toutes les 30 mn, entre 4h30 et 19h30 ; compter 90 baht.

Les tuk-tuk en Thaïlande

Les tuk-tuk sont un des emblèmes les plus connus de la Thaïlande. Ils ont fait leur apparition à Bangkok peu après la seconde guerre mondiale et ont peu à peu détrôné les samlor (véhicules à trois roues et à pédales) et les rickshaw (charrettes tirées à bras d'homme). Ils ont failli cependant être victimes de leur succès. En effet, au début des années 1970, le gouvernement de l'époque en avait interdit la circulation dans la capitale, jugeant qu'ils étaient trop envahissants, polluants et bruyants. Une grâce royale vint les sauver à point nommé. Leur nom vient du bruit caractéristique du moteur à deux temps qui les équipe. Environ 40 000 tuk-tuk sont recensés dans le royaume. S'ils sont agréables pour parcourir les rues des petites villes, en revanche, dans une cité tentaculaire comme Bangkok, avec la chaleur ajoutée à la pollution, c'est un moyen de transport à éviter. D'autant plus que, sur moyenne ou longue distance, les tarifs sont parfois plus chers que ceux d'un taxi climatisé, le chauffeur faisant payer au touriste le prix de " l'exotisme ". Dans la Thaïlande profonde, le tuk-tuk sert à toutes sortes de transports : grappes d'écoliers rentrant au village, marchandises à transporter d'un point à un autre, et parfois même transport d'animaux. Les tuk-tuk sont fabriqués entièrement en Thaïlande ; seul le moteur japonais est importé. Le succès à l'exportation a été grandissant dans les pays limitrophes comme le Laos et le Cambodge mais aussi, plus inattendu, en Afrique, dans des pays comme la Tunisie, l'Egypte, le Mali ou le Nigeria. A quand des tuk-tuk sur les Champs Elysées ?

De l'aéroport de Bangkok, des bus de la Thaï Airways font la navette avec Pattaya. Départs à 9h, 12h et 19h ; compter 200 baht. Un Français peut venir vous chercher à l'aéroport en voiture privée ou en minibus si vous êtes à plusieurs.

Se déplacer

SONGTHAEW. Ces taxis collectifs font toujours un même itinéraire. Une course sur ce circuit revient à 5 baht quelle que soit la distance.

MOTO-TAXI. Une course moyenne revient de 20 à 30 baht.

LOCATION DE MOTOS. Pour les petites motos, compter environ 100 à 150 baht la journée, selon la saison.

VOITURES. Les jeeps Suzuki se louent entre 800 et 900 baht la journée ; une voiture de gamme moyenne environ 1 500 baht par jour.

Renseignements utiles

TAT (Office du tourisme). 609 Pratamnak Road, en direction de Pattaya Hill ✆ 038 427 667. *Ouvert de 9h à 16h30.*

TOURIST POLICE. Pattaya 2nd Road ✆ 038 429 371.

URGENCES ✆ 1155.

POSTE. Soi Post Office Beach Road. *Ouverte de 8h30 à 16h30 du lundi au vendredi.*

Hôpitaux

Les hôpitaux locaux n'ont rien à envier à ceux de France.

BANGKOK PATTAYA HOSPITAL. Sukhumvit Road ✆ 038 427 777, ext. 1155. *Permanence de médecins francophones du lundi au vendredi de 9h à 12h.*

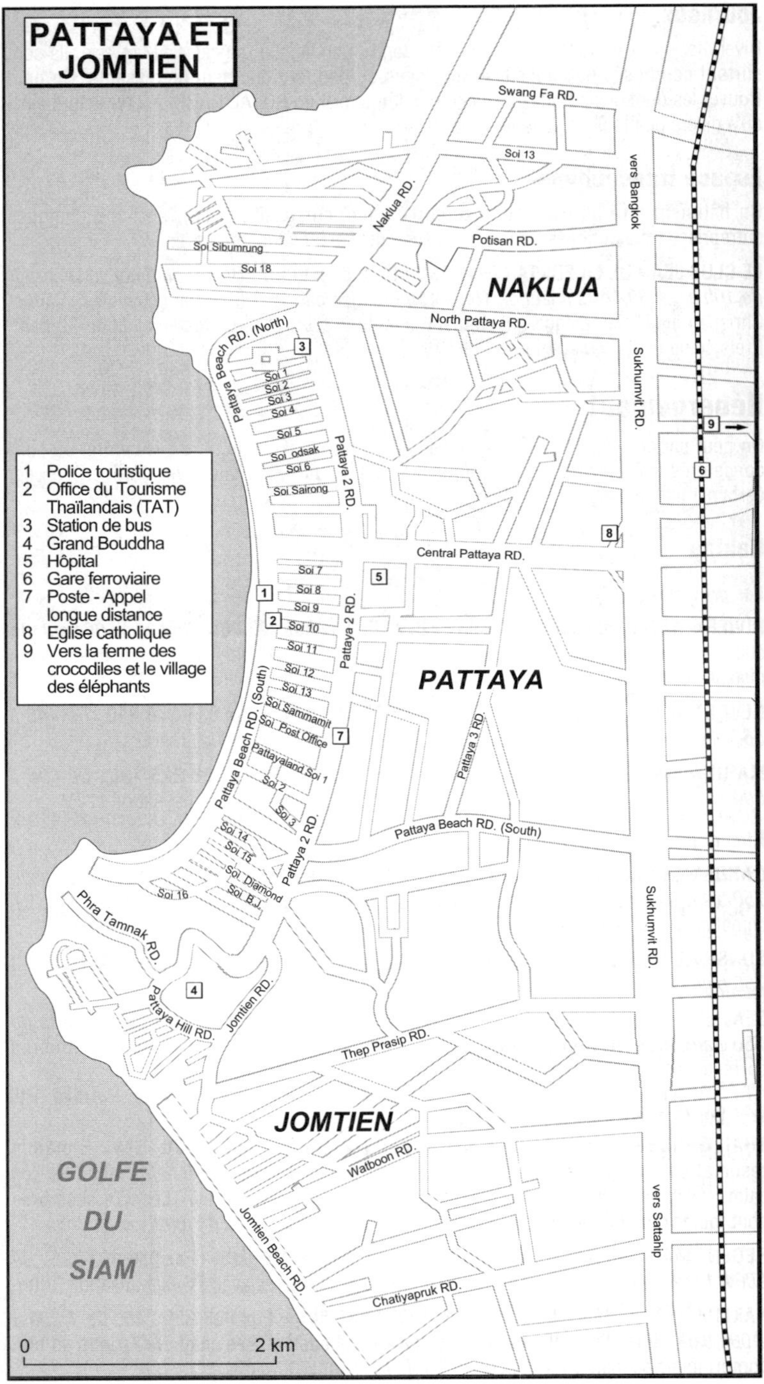
PATTAYA ET JOMTIEN
1 Police touristique
2 Office du Tourisme Thaïlandais (TAT)
3 Station de bus
4 Grand Bouddha
5 Hôpital
6 Gare ferroviaire
7 Poste - Appel longue distance
8 Eglise catholique
9 Vers la ferme des crocodiles et le village des éléphants
NAKLUA
PATTAYA
JOMTIEN
GOLFE DU SIAM
Swang Fa RD.
Soi 13
Naklua RD.
vers Bangkok
Potisan RD.
Soi Sibumrung
Soi 18
North Pattaya RD.
Pattaya Beach RD. (North)
Sukhumvit RD.
Soi 1
Soi 2
Soi 3
Soi 4
Soi 5
Soi odsak
Soi 6
Soi Sairong
Pattaya 2 RD.
Central Pattaya RD.
Soi 7
Soi 8
Soi 9
Soi 10
Soi 11
Soi 12
Soi 13
Soi Sammamit
Soi Post Office
Pattayaland Soi 1
Soi 2
Soi 3
Pattaya Beach RD. (South)
Pattaya 3 RD.
Soi 14
Soi 15
Soi Diamond
Soi B.J.
Soi 16
Phra Tamnak RD.
Pattaya Hill RD.
Jomtien RD.
Thep Prasip RD.
Watboon RD.
Jomtien Beach RD.
vers Sattahip
Chatiyapruk RD.
0
2 km

Journaux

Divers journaux gratuits sont distribués, dont un en langue française : Mag'Asie. Ils sont surtout composés de publicités, déguisées ou pas, et donc peu intéressants. On peut trouver les quotidiens français au centre commercial du ROYAL GARDEN (1er étage) ainsi qu'à divers points de la Second Road.

Espace francophone

Un bâtiment tout au bout de la zone piétonne, sur Beach Road, regroupe quelques entreprises francophones, qui peuvent éventuellement vous intéresser.

LE CLUB JEAN DE LA FONTAINE ✆ 038 710 800, ext. 107. *Ouvert du lundi au vendredi de 10h à 19h30, les samedi de 10h à 13h.* Animée par deux Français bénévoles, Alain et Christian, une bibliothèque qui contient plus de 2 200 livres, prêtés entre 20 et 30 baht. Prêts également de magazines et de DVD.

Hébergement

On peut partager la ville en trois parties distinctes : Naklua au nord ; le centre, où sont concentrés les principaux restaurants et bars de nuit ; et le sud, avec Jomtien, qui est certainement la plage la plus belle.

Naklua

Les prix imbattables

RIVIERA. 157/1 Naklua Road ✆ 038 225 231 – Fax 038 225 764. *De 400 à 500 baht.* Un établissement de 55 chambres avec climatisation et TV, aux prix très raisonnables. Petite piscine.

NEW STAR INN. North Pattaya Road ✆ 038 413 076 – Fax 038 370 850. *De 440 à 560 baht.* Hôtel de 34 chambres avec climatisation et TV. Accueil souriant.

MARINA INN. 284/54 Naklua Road ✆ 038 225 865 – Fax 038 225 135. *De 400 à 500 baht.* Etablissement disposant de 70 chambres, toutes avec climatisation et TV.

Bien et pas cher

GARDEN LODGE. 132 Naklua Road ✆ 038 429 109 – Fax 038 421 221. *A partir de 750 baht.* Situé tout près du Woodland Resort, un hôtel de 70 chambres, toutes avec TV, climatisation et petit balcon. Entouré de plusieurs jardins, l'endroit respire la sérénité.

SUNSHINE GARDEN. 240/3 Naklua Road ✆ 038 421 300 – Fax 038 428 629. *De 500 à 750 baht.* 78 chambres de confort moyenne gamme.

SEAVIEW RESORT. Naklua Road Soi 18 ✆ 038 429 317 – Fax 038 423 668. *A partir de 750 baht.* Très au nord de Naklua, dans une ruelle extrêmement calme. Chambres correctes et accueil charmant.

Confort ou charme

THAI GARDEN RESORT. 179 North Pattaya Road ✆ 038 370 614. E-mail : reservation@thaigarden.com. *Chambres standard à partir de 1 000 baht.* Bel hôtel, très calme, avec deux piscines et un joli jardin tropical. Excellent accueil. Les 174 chambres sont toutes d'un grand confort.

REGENT MARINA. 463/31 North Pattaya Road ✆ 038 428 015 – Fax 038 423 296. *De 900 à 1 600 baht.* Hôtel au bon accueil, offrant des chambres avec TV, climatisation, frigo.

NAKLUA BEACH. 88/17 Naklua Road ✆ 038 223 641 – Fax 038 226 245. *De 1 200 à 2 000 baht.* Hôtel de 75 chambres à l'accueil plutôt austère. Les chambres sont d'un bon confort international.

A Songkran, sortez les parapluies !

Songkran, vers la fin avril, est une des fêtes les plus célébrées en Thaïlande. Son principe consiste à asperger d'eau les passants afin de leurs apporter bonheur et prospérité. En théorie quelques gouttes suffisent, mais dans la pratique ce sont des seaux entiers qui sont déversés sur les têtes des victimes pas toujours consentantes. C'est donc une fête très arrosée, et ce, dans tous les sens du terme puisque, durant ces quelques jours de folie pas toujours douce à travers le pays, des flots de whisky et de bière sont avalés. Au total, la quantité, soigneusement tue par les statistiques économiques, doit être phénoménale. Avec pour résultat, en 2002, 543 morts et 37 180 blessés officiels ! Les autorités ont beau faire tous les ans des effets d'annonces en menaçant, lors de discours officiels, les " abus " de sanctions (mais il n'y a QUE des abus), rien n'y fait. Jusqu'où les chiffres vont-ils ainsi grimper ?

Luxe

WOODLAND RESORT. 164/1 Naklua Road ✆ 038 421 707. Web : http ://www.pattaya-resort-hotel.com. *De 2 000 à 6 000 baht (ristourne en basse saison).* Hôtel d'un grand confort et à taille humaine, un peu en retrait donc très calme. Ses 80 chambres, dans les tons orangés, sont décorées de bois. Belle piscine.

CENTRAL WONG AMAT. 277 Moo 5 Naklua. *Chambres standard 2 200 baht.* A l'extrême nord, dans une petite enclave paradisiaque, 178 belles chambres au confort international.

CHONCHAN RESORT. 19 Moo 1 Naklua ✆ 038 702 777. E-mail : sales@pattayaresort.com. *A partir de 2 900 baht (possible de faire baisser les prix en basse saison).* Immense hôtel de 540 chambres d'un grand confort.

Pattaya centre

Les prix imbattables

Dans le centre de Pattaya, les établissements à petits prix ne manquent pas mais les mauvaises surprises sont fréquentes. Voici quelques bonnes adresses.

CHEZ DOMINIQUE. 183/65 Soi Post Office ✆ 038 420 404 – Fax 038 710 239. *Chambres à 150 baht (ventilateur) et 9 à 350 baht (climatisation et TV).* Petite guesthouse de 11 chambres à l'ambiance conviviale. Dominique, un Niçois, propose des chambres avec ventilateur, avec climatisation et avec TV. Si vous arrivez avec votre Petit Futé entre les mains, le boss vous fera, malgré les petits prix, une remise supplémentaire.

LES JOLIES MOMES. 13/1 Soi Yamato ✆ 038 422 390. *De 350 à 450 baht.* Etablissement de 6 chambres, toutes avec TV et climatisation ou ventilateur. Tenu par Franck, un jeune Français qui organise les parties de pêche les moins chères de Pattaya.

APEX HOTEL. 216/1 Pattaya 2nd Road ✆ 038 409 233 – Fax 038 421 184. *Chambres à 450 baht.* Très bon rapport qualité-prix pour cet hôtel disposant de chambres avec TV et climatisation. Compte tenu de sa notoriété, l'établissement est souvent complet.

Bien et pas cher

HAVEN HOTEL. 18 Soi 13 Beach Road ✆ 038 710 988. E-mail : fobe@loxinfo.co.th. *Chambres à 850 baht.* Petit hôtel de 15 chambres bien calmes, avec TV, climatisation et VDC. Le restaurant attenant est bon et pas cher.

FAND B. 75/3 Pattaya 2nd Road ✆ 038 427 142 – Fax 038 427 143. *De 600 à 900 baht suivant la saison.* 14 chambres confortables, toutes avec TV, climatisation et… fenêtre à double vitrage. Le propriétaire est un Français, fou de golf, ancien cuisinier au DUSIT HOTEL.

WELKOM INN. 103/1 Soi 3 Beach Road ✆ 038 422 589. *De 600 à 900 baht, suivant le confort et la saison.* Hôtel de 26 chambres, très calme. Petite piscine et un bon restaurant.

Confort ou charme

GRAND SOLE. 370 Pattaya 2nd Road ✆ 038 427 551 – Fax 038 427 550. *De 1 300 à 1 800 baht.* Un peu en retrait de la rue, donc calme. 247 chambres d'un bon confort. Très fréquenté par les Asiatiques. Au 3e étage vous attend un salon de massage traditionnel.

CENTURY HOTEL. 129/16 Central Pattaya Road ✆ 038 427 800 – Fax 038 428 069. *De 1 200 à 1 400 baht.* Situé en plein centre-ville, un hôtel de 250 chambres, avec une petite piscine pour faire oublier son relatif éloignement de la plage.

SABAI INN. Soi 2 Pattaya Beach Road ✆ 038 361 839. Web : http ://www.sabaiinn.com. *Chambres à 1 450 et 1 650 baht.* L'accueil est franchement désagréable. Les 66 chambres offrent un bon confort.

Luxe

DUSIT RESORT. 240/2 Pattaya North Road ✆ 038 425 611 – Fax 038 428 239. *Chambres standard 4 100 baht.* Grand complexe de 500 chambres de très grand confort. L'hôtel organise au mois de novembre le tournoi WTA de Pattaya, que la Française Julie Halard avait gagné en 1999.

AMARI IRDHID. 240 Beach Road ✆ 038 428 161. E-mail : orchid@amari.com. *A partir de 120 $.* Autre grand et bel hôtel de 236 chambres, proche du précédent et tout aussi réputé. Très belles chambres.

ROYAL CRUISE. 499 Beach Road ✆ 038 424 874 – Fax 038 424 242. *Chambres à partir de 2 200 baht.* Impossible de ne pas voir cet hôtel face à la mer et en forme de bateau.

Jomtien

C'est ici que se trouve la plus longue et la plus belle plage de Pattaya. De jour, l'animation y est continue ; en revanche, le soir venu, c'est le calme plat.

Les prix imbattables

P.R. GUESTHOUSE. 144/12 Soi 4 Jomtien Beach Road. *Chambres avec TV et climatisation de 400 à 500 baht.* Une modeste structure de 20 chambres dans une petite rue en retrait de la plage. L'accueil est triste.

SURF BEACH. 75/1 Jomtien Beach Road ✆ 038 231 025 – Fax 038 231 029. *De 400 à 600 baht.* Les 45 chambres de cet hôtel face à la mer sont d'un étonnant rapport qualité-prix pour cette plage. Climatisation, TV et, pour certaines chambres, vue sur la mer !

Bien et pas cher

MERMAID'S BEACH. 75/102 Jomtien Beach Road ✆ 038 232 210 – Fax 038 231 908. *A partir de 800 baht.* Hôtel de 112 chambres un peu fatiguées, toutes à peu près du même niveau, avec TV et climatisation.

FURAMA JOMTIEN. 125/16 Jomtien Beach Road. *A partir de 550 baht.* Hôtel de 32 chambres d'un très bon rapport qualité-prix. Seul inconvénient, la clientèle chinoise omniprésente est vraiment très, très bruyante à n'importe quelle heure du jour ou de la nuit.

Confort ou charme

ASIA HOTEL. Cliff Road ✆ 038 250 491. E-mail : techaru@mozart.inet.co.th. *Chambres standard 2 400 baht (dix mois sur douze, les prix sont nettement revus à la baisse).* Dans un coin très calme, cet hôtel de 320 chambres, avec sa plage privée, a plutôt mal vieilli. Cependant il offre un très bon confort. Excellente adresse.

LE PRIVE. 146/43 Thaphaya Road ✆ 038 250 189 – Fax 038 364 175. *De 1 000 à 1 800 baht suivant la saison.* Dans la montée menant à Jomtien, un petit hôtel de 8 chambres, autour d'une piscine et d'un calme absolu. Toutes les chambres ont climatisation, TV et frigo.

ISLAND VIEW. 401 Cliff Beach Road ✆ 038 350 813 – Fax 038 250 818. *De 1 000 à 1 200 baht.* Hôtel disposant de chambres d'une gamme de confort moyenne. Climatisation, TV, frigo, piscine.

Luxe

ROYAL CLIFF. 353 Phra Tamruk Road © 038 250 148. Web : http ://www.royalcliff.com. *A partir de 5 000 baht.* Ce gigantesque hôtel de 921 chambres a sa propre plage, diverses piscines, une flopée de restaurants, et le tout au niveau du confort international.

SUGAR HUT. 391/18 Thaphaya Road © 038 251 686 – Fax 038 251 689. *A partir de 3 700 baht.* Un must également. Situé quelques centaines de mètres avant Jomtien Beach, cet établissement, avec ses 33 chambres enfouies dans un merveilleux jardin tropical, dégage une atmosphère particulière. Les bungalows, tous en bois précieux, sont exotiques au possible.

JOMTIEN PALM BEACH. 408 Jomtien Beach Road © 038 231 350. E-mail : info@palmbeach.th.com. *Chambres standard à 3 200 baht.* Grande bâtisse blanche de près de 600 chambres, face à la mer. Toutes offrent un grand luxe et les plus chères ont vue sur la longue plage.

Autres hôtels

Des hôtels excentrés sont également d'un très bon rapport qualité-prix et valent vraiment le détour.

DAO CAFE. 18/382 Chatkhaw 9 Soi Khao Noï © 038 427 041 – Fax 038 422 817. *Chambres à 500 baht.* Fabrice, un Français sympathique, propose 9 chambres autour d'une piscine de 115 m^2. Toutes sont d'un excellent confort, avec TV, frigo et climatisation. De plus, après un bon bain, vous pourrez vous régaler de pizzas, salades ou viennoiseries faites par le patron lui-même. Fabrice loue également des motos à des tarifs préférentiels pour ses clients. Une excellente adresse.

PANARAK PARK. Pomprapanimitr Road. Soi Siam Country Club © 038 249 156. *De 700 à 1 600 baht.* Seul le chant des oiseaux vient perturber la sérénité de ces lieux éloignés de tout. 32 bungalows d'un bon confort, avec TV, frigo, climatisation.

Restaurants

Marchés

De nombreux marchés proposent divers stands et gargotes qui permettent de se nourrir de petits plats pas chers. Vous pourrez essayer le marché de nuit situé sur Pattaya Taï Road. De même, au dernier étage du centre commercial de ROYAL GARDEN, sur Beach Road, se trouvent des stands proposant des cuisines des différentes régions de la Thaïlande. C'est un peu plus cher, mais vous aurez la climatisation en plus.

Thaïlandais

P.I.C. KITCHEN. Soi 5 Beach Road © 038 428 374. *Ouvert de 11h à 14h et de 18h à 23h.* Dans un très beau décor boisé traditionnel, les repas sont servis sur des tables basses. Une cuisine thaïe authentique et savoureuse.

SUGAR HUT. 391/18 Thappaya Road © 038 428 374. *Ouvert de 11h à 14h et de 18h à 22h30.* Situé dans un hôtel d'exception, le restaurant ne dépare absolument pas. Décor de bois précieux, service impeccable et cuisine délicieuse, qu'espérer de mieux ?

BANTHAI. Central Road © 038 429 262. *Ouvert de 11h30 à 14h et de 18h à 23h. Entre 80 et 250 baht.* Petit restaurant au service souriant et à la cuisine thaïe de bonne qualité.

SOMSAK. 436/24 Soi 1 Beach Road © 038 428 987. *Ouvert de 11h30 à 14h et de 18h à 23h. Jusqu'à 200 baht.* La cuisine de ce restaurant est réputée. Le décor est un peu triste mais la qualité est bien là.

AUGKAM. Third Road Pattaya Nord © 038 370 386. *Ouvert de 12h à 14h30 et de 17h à 23h30.* Une cuisine du Nord, savoureuse et à petits prix, dans un très beau décor.

LENG KEE. 341/3 Central Pattaya Road © 038 426 290. *Ouvert de 10h à 24h.* Un établissement modeste mais proposant une cuisine de qualité. Très grand choix et tarifs bas.

Fruits de mer

NANG NUAL. 125/24 Jomtien Beach Road © 038 231 548. *Ouvert de 11h à 14h et de 18h à 23h.* Etablissement réputé pour la qualité de ses produits. Il dispose d'une annexe dans le centre-ville, tout au bout de la rue piétonne.

LOBSTER POT. 228 Beach Road © 038 426 283. *Ouvert de 11h à 24h.* Situé dans la zone piétonne, ce restaurant propose de bons produits et jouit d'un grand succès avec sa grande terrasse où l'on déguste moules et langoustes en ayant vue sur la mer.

KING SEAFOOD. 202 Beach Road. *Ouvert de 11h à 24h.* Dans la zone piétonne, tout près du précédent, avec également une terrasse donnant sur la mer. Palourdes au feu de bois (160 baht) et moules au beurre (160 baht) satisferont les papilles les plus exigeantes.

Chinois

CHRYSANTHENUM PALACE. Royal Cliff Hotel © 038 250 421. *Ouvert de 11h30 à 14h et de 128h à 22h30.* Soupe de requin 190 baht. Dans un très beau décor aux belles boiseries, une cuisine chinoise très raffinée préparée par un grand chef de Hong-Kong.

Laotien

LE VIENTIANE 485/18 Pattaya 2nd Road © 038 411 298. *Ouvert de 11h à 24h. Aucun plat ne dépasse les 150 baht.* Un très bon restaurant, aux prix un peu élevés. Sert aussi une bonne cuisine thaïlandaise.

Restaurants francophones

CHEZ BRUNO. 463/77 Soi Srinakom Soi 1 © 038 424 292. *Ouvert de 18h30 à 23h30.* Tenu par un Suisse installé en Thaïlande depuis plus de 20 ans, un restaurant au service et à la cuisine exceptionnels. Tout y est succulent. Une ou deux suggestions quand même : le carpaccio (280 baht) et le rizotto sont uniques. Grande carte des vins.

CASA PASCAL. 485/4 Pattaya 2nd Road © 038 723 660. *Ouvert de 11h30 à 14h et de 18h à 24h.* Grande cuisine, là encore. Un beau décor et un service souriant complètent les qualités de ce très bon établissement. A noter : un menu enfants proposé à 110 baht.

AU BON COIN. 29/1 Soi 5 Beach Road © 038 361 401. *Ouvert de 11h30 à 13h30 et de 18h à 23h.*

MON AMI PIERROT. 220/3 Beach Road ✆ 038 429 792. *Ouvert de 18h à 23h.* Un accueil tout en gentillesse et modestie de la part du patron français. Une bonne cuisine d'un rapport qualité-prix excellent.

LE CAP BRETON. Soi Chayapoon ✆ 038 414 357. E-mail : jegou_maurice@hotmail.com. Un établissement simple mais dont l'excellent rapport qualité-prix est à signaler. Assiettes de gambas à 240 baht, calmars à la crème à 130 baht, filet de bœuf à la bretonne à 170 baht. Un grand choix et une bonne cuisine.

NEW BUFFALO GRILL. 283/70 Soi Buakhao ✆ 038 424 630. *Ouvert de 18h à 23h. Menu à 210 baht.* Tenu par un couple belge. Gigotin d'agneau 240 baht, carbonade flamande 210 baht.

LE PETRUS. 219/57 Soi Yamato ✆ 038 421 246. E-mail : lepetrus@boursoram.com. Une bonne adresse que ce restaurant à l'accueil enjoué et où fondues comme steak tartare sont servis dans un décor rappelant la Suisse, d'où est originaire le patron. Vous pourrez également y loger dans une des 8 chambres d'un excellent rapport qualité prix, avec TV, climatisation, minibar, et coffre individuels pour 700 baths la nuit.

LE ROSSINI HOTEL ROYAL CLIFF. Jomtien Beach ✆ 038 250 421. *Ouvert de 11h30 à 14h et de 18h à 22h30.* Une bonne cuisine italienne servie dans un cadre agréable. Excellents " antipasti " et pain délicieux. Grande carte des vins.

LA GRITTA. Pattaya Beach Road ✆ 038 428 161. *Ouvert de 12h à 14h et de 18h à 22h30.* Restaurant face à la mer. Une décoration très cosy et une cuisine aux très bons produits et aux saveurs exquises.

IL MULINO. 668/9 Naklua Road ✆ 038 427 314. *Ouvert de 17h à 23h30. Environ 200 baht.* Ce petit restaurant offre une cuisine très quelconque, sauf en ce qui concerne ses pizzas, certainement les meilleures de Pattaya. Elles sont faites au feu de bois et vraiment délicieuses.

Japonais

JAPANESE CORNER. Royal Cliff Hotel ✆ 038 250 241. *Ouvert de 11h30 à 14h et de 18h à 22h30.* Dans une très belle atmosphère, une cuisine haut de gamme et un service équivalent.

YAMATO RESTAURANT. Sï Yamato ✆ 038 429 685. *Ouvert de 11h à 23h.* Un établissement très ancien. Si la patronne est antipathique, la cuisine est bonne et c'est là l'essentiel.

Restaurants panoramiques

STARS. Pattaya Hill Resort Soi 2 Phratamnak Road ✆ 038 250 329. *Ouvert de 12h à 23h. Menus de 195 à 545 baht.* Situé au 23e étage de l'hôtel, cet établissement offre un décor aux lignes épurées et une vue splendide. Cuisines française, belge et thaïe.

THE PINNACLE REVOLVING. Pattaya Park Resort 345 Jomtien Beach Road ✆ 038 251 201. Au 52e étage d'une tour, d'où l'on a vraiment une vue impressionnante. Produits de la mer et cuisines européenne et thaïlandaise.

Original

LE LOUISIANA BLUES. 437/96 Soi 6. *Fermé le dimanche.* Une bonne cuisine méditerranéenne dans un décor recherché. Tenu par Alain, un Français qui a bourlingué 10 ans au Viêt-nam et depuis 5 ans en Thaïlande. Moules farcies à la catalane 120 baht.

Les snacks

Quelques petits établissements permettent de se restaurer de plats à la fois savoureux et très bon marché.

LA PETITE PLANETE. Soi Day Night. Le bouche à oreille a fait que, le soir, ce petit restaurant très simple est souvent complet. Des plats basiques, délicieux et pas chers concoctés par Albert, un cuisinier belge. Pour combler un petit creux d'après-midi, il vous fera de bons sandwiches à 50 baht.

FRANCK ET JUM. 504/522 Soi 17 ✆ 038 713 562. *Fermé le dimanche.* Une cuisine thaïe dans un établissement tenu par Franck et sa femme. Bon choix de nombreux plats ne dépassant pas les 100 baht. Le poulet à la noix de coco est à essayer.

DAO CAFE. 18/382 Soi Khao Noï ✆ 038 427 041 – Fax 038 422 817. Au bord d'une grande piscine, ce snack propose dès le matin de copieux petits déjeuners à 70 baht, avec café, croissant, pain au chocolat et jus d'orange. Difficile de faire moins cher ! De jour, des sandwiches, des salades composées et des pizzas, toujours à des prix imbattables, ainsi que de savoureuses pâtisseries faites par le patron lui-même.

Boulangeries, pâtisseries

DELICES DE FRANCE. 514 Thaphaya Road ✆ 038 364 277. *Ouvert de 7h à 20h.* Pâtisserie-boulangerie tenue par " Pompon ", une Grassoise très connue dans le milieu francophone. Grand choix de pains, viennoiseries et pâtisseries diverses. Ses " Forêts noires " sont un régal.

THE BALCONY. 151/35 Soi Pnanthakul ✆ 038 425 108. *Ouvert de 11h à 22h.* Ce restaurant a un coin consacré à la pâtisserie. Tous les gâteaux sont d'une excellente tenue, à consommer sur place ou à emporter.

Sortir

Bars

THE WARBLER 2. Baïyoke Hotel Thaphaya Road ✆ 038 429 703. *Ouvert de 11h à 1h du matin.* Un pub dirigé de façon très dynamique, avec table de billard et écran géant pour retransmissions sportives. Tous les mercredis, on tire à pile ou face afin de savoir si on a à payer sa consommation ou pas. Face, c'est gagné !

SHENANIGAN'S. Pattaya 2nd Road ✆ 038 710 641. *Ouvert de 11h à 2h du matin. Martini à 80 baht.* Près du centre commercial Royal Garden. Un pub irlandais à la bonne ambiance où, du mercredi au samedi, des groupes jouent les grands tubes du passé.

HARD ROCK CAFE. Pattaya Beach Road. Situé en hauteur face à la mer, le bar extérieur serait un lieu idéal pour siroter un verre, mais l'endroit est désert, tout simplement du fait que les consommations y sont trois fois plus chères qu'ailleurs. Mais si vous vous sentez une âme de mécène…

ROSIE O'GRADYS. Soi 7 Beach Road ✆ 038 361 686. *Ouvert de 10h à 2h du matin.* Pinte de bière irlandaise Kilkenny 250 baht. Autre pub irlandais, situé dans un quartier où les bars à filles sont légion. Mais l'établissement est tout à fait convenable. Musique live tous les soirs.

MOOM RIVER PUB. 179/162 North Pattaya Road ✆ 038 426 009. *Ouvert de 18h à 2h du matin.* Les musiciens qui s'y produisent sont toujours d'un très bon niveau. Bonne ambiance et pas mal de jolies Thaïlandaises parmi la clientèle, ce qui ne gâche rien…

Bars à hôtesses et gogo bars

A Pattaya, il y a autant de bars à filles que de grains de sable sur la plage. Le résultat est que la plupart sont vides. D'autant plus que la clientèle a changé ces dernières années (voir le chapitre d'introduction). Y boire un verre ne vous engage à rien. Gardez cependant les pieds sur terre, la seule chose qui intéresse toutes ces jeunes filles, est la jeunesse, la beauté et l'intelligence de… votre porte-monnaie.

Nous ferons un survol géographique de la vie nocturne de la ville, chaque quartier ayant sa spécialité.

La Soi 6 ou Soi Yod Sak a une réputation (non usurpée) de bars très chauds. On ne comprendrait pas que vous ne " consommiez " pas. Si vous désirez seulement vous imprégner d'une ambiance, préférez les Soi 2, Soi Yamato ou Post Office, bien plus " soft " et sages.

Le mythe de l'idylle exotique

Chaque année, des centaines de voyageurs décident de prolonger leur séjour pour quelques semaines, voire quelques mois, à la suite d'une rencontre avec une jeune Thaïlandaise. Pris dans les filets de l'amour exotique, le voyageur s'est transformé en pigeon. A Pattaya, le nombre de ces volatiles est conséquent.

Le pigeon voyageur, c'est ainsi que nous le désignerons, a en général plus de cinquante ans, se promène en short, et tient d'une main une bière et de l'autre sa dulcinée, qui est, d'après lui, une femme exceptionnelle. Avec des trémolos dans la voix, il vous énumère toutes les qualités dont elle est parée. Attentive, jalouse, aimante... Le fait qu'ils aient au moins 30 ans de différence ne semble pas le gêner outre mesure (mais elle ?). Il est vrai qu'elle est attentive... à son compte en banque, jalouse - pas question qu'une autre vienne alpaguer le pigeon qu'elle a mis si longtemps à capturer -, aimante, oui, et même plus : prise de passion éperdue pour son argent. Surtout ne pas faire remarquer au pigeon voyageur qu'il paye sa " femme " tous les mois, ce détail risquerait de gâcher son bonheur si parfait. D'ailleurs, il vous dira certainement que l'important est qu'à son retour en Europe, sa belle, elle, rentre sagement au village voir la famille. Et c'est d'ailleurs vrai la plupart du temps, la compagne si aimante a très souvent hâte, en effet, de retrouver son mari thaïlandais, qui attend avec impatience le retour de sa femme et du butin amassé...

Sachez donc à quoi vous en tenir, si vous ne voulez pas grossir les rangs des oiseaux les plus répandus à Pattaya et dont la chasse est ouverte toute l'année.

Les Soi 7 et 8 ont une réputation de folie. L'ambiance y est à la fête, en général arrosée (très arrosée même). Attention aux oreilles : les sonos rivalisent de puissance pour attirer le chaland et comme ce n'est pas toujours du Mozart que l'on diffuse, cela peut être pénible. Idem pour les bars de la zone piétonne où il y a peut-être un peu plus de folie encore, et de décibels.

Au sujet des gogos, sachez que les Soi Pattaya Land 1 et 2 ont la réputation d'avoir de très jolies filles. En particulier, **le Bubbles** et **le Lipstick.** Il est vrai que certaines sont d'une rare beauté mais n'oubliez pas que leur métier consiste à vous prendre le plus d'argent possible en un minimum de temps. Si vous voulez raison garder, allez donc voir Loïc, un Français parlant couramment le thaïlandais et qui saura vous raisonner ou vous conseiller. Il travaille au **PARIS A GOGO. Soi Diamond ✆ 038 665 310.** Situé dans la zone piétonne, un établissement que fréquentent de nombreux francophones et où l'ambiance est très bonne.

Discothèques

TONY'S. 139 Pattaya Beach Road ✆ 038 425 795. *Ouvert de 19h à 2h du matin.* Situé dans la zone piétonne, le Tony's est devenu en quelques années la boîte à la mode de Pattaya. Vous y danserez sur une sono ou sur de la musique live jouée par de très bons groupes. Les plus jolies filles de la ville s'y donnent rendez-vous.

MARINE DISCO. 200 Pattaya Beach Road. Une boîte qui a mal vieilli. Depuis l'ouverture du Tony's, on peut quasiment compter ses clients, alors qu'auparavant il était impossible d'y bouger.

HOLLYWOOD. South Pattaya Road. *Ouvert de 21h à 2h du matin.* La discothèque préférée des Thaïlandais(es). Mélange de musique live, de spectacles et shows divers et de dance music diffusée par une sono. Ambiance très sympa.

X ZYTE. Pattaya Third Road. *Ouvert de 20h à 2h.* Discothèque ouverte en 2001, et qui a vite conquis une clientèle importante. Si vous êtes en compagnie d'une Thaïlandaise, son dilemme sera de choisir entre ici et le " Hollywood ". Pour vous, cela ne change rien, puisque, de toute façon, c'est vous qui payez.

Visiter

MINI SIAM. 387 Sukhumvit Road © 038 421 628. *Ouvert de 9h à 22h. Entrée adultes 250 baht, enfants 120 baht.* Les monuments les plus célèbres au monde y sont reproduits en miniature. Tour Eiffel, statue de la Liberté... Un peu cher pour le spectacle proposé mais c'est une alternative possible à la plage.

PATTAYA ELEPHANT VILLAGE. Pomprapanimitr Road © 038 249 818. *Direction Siam Country Club. Spectacle à 14h30.* Divers numéros d'éléphants. Un show classique pour la Thaïlande. Possibilité de faire un petit trekking d'une heure à dos d'éléphant.

LE SANCTUAIRE DE LA VERITE. Cap Ratchawet. *Ouvert de 8h à 20h.* Ce bâtiment à l'architecture monumentale, haut de 105 mètres et tout en bois précieux, se veut un hommage à la religion bouddhique.

NONG NOOCH TROPICAL GARDEN. A 17 kilomètres de Pattaya, un immense jardin tropical composé de plantes et d'essences rares. Plusieurs autres jardins, dont un à la française, s'offrent également à la visite. Un show " culturel " a lieu à 10h15 et 15h, incluant danses traditionnelles et spectacles d'éléphants. Un bureau de vente se trouve sur Pattaya Central Road © 038 429 321. Web : http ://www.nongnoochgarden.com

SRI RATCHA TIGER ZOO © 038 296 571. *A environ 25 kilomètres de Pattaya. Ouvert de 8h à 18h. Entrée adultes 250 baht, enfants 150 baht.* Plus de 130 tigres vivent ici en quasi-liberté. Très impressionnant. Vous pourrez aussi y voir s'ébattre des crocodiles.

Sports

Divers

BADMINTON. Soi 17 Pattaya 2nd Road. *Ouvert de 14h à 24h.* A un kilomètre environ de Pattaya, 4 courts. 60 baht de l'heure, location d'une raquette 20 baht.

BOWLING. PS Bowl 369/1 Central Pattaya Road. *Ouvert de 10h à 2h du matin.* Au dernier étage du magasin TOP'S.

SQUASH. Ambassador City Sport, 21/10 Sukhumvit Road © 038 231 501. *Réservation des courts par téléphone.*

Equitation

THE HORSESHOEPOINT. 100 Moo 9 Tam Bon Pong © 038 735 050. Web : http://www.thehorseshoepint.com. Un centre équestre n'ayant rien à envier à la France. 6 paddocks, 3 pistes d'entraînement, 110 chevaux. Egalement 2 courts de tennis et 2 courts de squash. En y allant (direction Siam Country Lodge), vous pourrez peut-être bifurquer sur votre gauche, en suivant un panneau jaune indiquant la GUINGUETTE, ce qui vous mènera jusqu'à Jean, un Français qui propose une bonne cuisine roborative et divers saucissons et fromages (© 1 038 735 016).

Golf

La région de Pattaya est très attractive pour les amateurs de golf. 18 parcours internationaux y sont regroupés, certains de renommée mondiale, dessinés par des stars comme Jack Niklaos ou Nick Faldo.

LAEM CHABANG INTERNATIONAL COUNTRY CLUB. 502 Moo 10 Sukhumvit Road Sri Racha © 038 334 149.

Minigolf

MINI GOLF. 191/1 Thappaya Road © 038 250 318. *Ouvert de 10h à 20h.* Un minigolf dans un jardin tropical avec un bon restaurant y attenant.

Karting

KR GO KART. 62/125 Soi Thephrasit Road ✆ 038 300 347. *Ouvert de 10h à 19h30.* Une piste de 1 100 mètres avec des kartings de 120 cc. 200 baht les 10 minutes.

Sports nautiques

Le choix est vaste entre le parachute ascensionnel, le jet-ski, la planche à voile… La plage de Jomtien regorge de stands de locations. On pourra se rendre également au :

BLUE LAGOON WATERSPORTS CLUB. Jomtien Beach Road Soi 14 ✆ 038 255 115. Pour pratiquer la planche à voile et le kayak.

PATTAYA WATER PARK. 345 Jomtien Beach Road ✆ 038 251 201. *Entrée adultes 100 baht, enfants 50 baht.* Un parc aquatique qui réunit diverses piscines, de grands toboggans et des jacuzzi.

Tennis

De grands hôtels louent leurs courts entre 100 et 150 baht. Mieux vaut réserver plusieurs jours à l'avance.

DUSIT RESORT ✆ 038 425 611.

ROYAL CLIFF ✆ 038 250 421.

▸ Parachute ascensionnel, Pattaya

RAYONG

La province de Rayong est peu fréquentée par les touristes occidentaux. Ils y accèdent dans l'unique but de gagner l'île de Koh Samet par l'embarcadère de Ban Phé. En revanche, la ville est très appréciée des familles thaïlandaises qui, surtout le week-end, viennent se promener ici et vers les plages environnantes. Ces dernières sont très calmes en semaine et il peut être alors agréable de s'y arrêter.

Transports

Bus

De Bangkok, des bus climatisés partent de la station Ekamaï toutes les 30 mn. Les bus 1ère classe entre 3h30 et 19h30 ; compter 117 baht pour 2h40 de trajet. Les bus 2e classe partent toutes les 30 mn, entre 4h20 et 20h50 ; compter 101 baht et 4h de trajet, à cause des arrêts très fréquents.

De Pattaya, du terminal situé sur Sukhumvit Road, seuls des bus ordinaires assurent le trajet, long et suffoquant. On leur préférera un minibus à 250 baht, à réserver dans une agence quelconque.

Hébergement

Bien et pas cher

GOLDEN CITY HOTEL. 530/1 Sukhumvit Road ✆ 038 618 701. E-mail : goldencity@ry.th.com. *A partir de 650 baht (en semaine, ce tarif est facilement revu à la baisse si vous restez plusieurs nuits).* Belles chambres avec climatisation et TV.

SEAWIND RESORT ✆ 038 652 736 – Fax 038 652 735. *Chambres à 500 baht.* Sur la plage de Mae Rumphung, située entre Rayong et Ban Phé, un hôtel avec piscine. Ses chambres sont propres et confortables. Une très bonne affaire.

Confort ou charme

BANG PAI RESORT. 4/4 Moo 3 - Klaeng ✆ 038 648 243 - Fax 038 648 244. *Chambres standard a partir de 1 000 baht, bungalows de 2 000 à 3 500 baht.* Un hôtel, face à la mer, qui propose des chambres standard ou des bungalows dans un jardin. Ces bungalows, qui ont tous la climatisation, peuvent accueillir entre 4 et 12 personnes, ce qui en fait une adresse assez unique.

Luxe

NOVOTEL RIM PAR. 4/5 Moo 3 Pae Khaeng Road ✆ 038 648 008. E-mail : novotel@loxinfo.co.th. *De 3 500 à 7 200 baht.* Sur la plus belle plage de Rayong, un très bel hôtel de 189 chambres, calme et confortable, avec une très grande piscine. Un lieu de villégiature idéal.

BAN PHE CABANA. 206/1 Moo 3 - Klaeng ✆ 038 648 489 – Fax 038 648 488. *De 2 550 à 4 700 baht.* Un hôtel exceptionnel dont le décor, exotique à souhait, fait abondamment appel aux bois précieux. Le confort est international : climatisation, TV, minibar, etc. La salle de bain, partiellement à ciel ouvert, est particulièrement originale. Un jardin tropical avec piscine face à la mer complète le tableau.

BAN PHE

Distante d'une trentaine de kilomètres de Rayong, cette petite ville est le point d'embarquement pour l'île de Koh Samet. Soit dit en passant, la ville est réputée pour la qualité de son " Nam plaa " (sauce de poisson), dont les Thaïlandais sont très friands. Dès que l'on s'éloigne un peu du centre, la cité devient très sympathique. C'est une ville thaïe typique où il est agréable de se promener, voire même de passer quelques nuits.

Transports

Bus

De Bangkok, de la station Ekamaï, des bus 1ère classe partent toutes les heures entre 5h et 19h ; compter 124 baht pour 3h de trajet.

De Pattaya, moyennant 150 baht, des minibus viendront vous chercher à votre hôtel et vous conduiront en une heure à Ban Phé. Toutes les agences vendent des tickets.

De Rayong, des bus font la liaison toutes les 30 mn environ pour 20 baht.

Hébergement

Si vous désirez passer quelques nuits à Ban Phé, une adresse est incontournable :

SOUAN SON BEACH RESORT. 155/6 Moo 6, Tambon Klaeng Rayong, Banphe 21160 ; Tél : 647561 ; Fax : 647562 ; email : souansonbeach@hotmail.com; web site : www.souan-son-beach.com. A BAN PHE, cet établissement fera votre bonheur assurément. Situé à environ 2km de l'embarcadère pour KOH SAMET, on l'atteint par la route du bord de mer, un panneau posé sur la gauche de la route l'indiquant. Le SOUAN SON BEACH est composé de 12 Bungalows individuels et de 14 familiaux dispersés autour d'une piscine et dont les prix vont de 600 à 100 baths. Tous sont d'un bon confort et sont d'un calme absolu. Mais la vraie richesse de l'hotel c'est Eric le sympathique patron français à l'accent chantant. Aidé de sa femme, il sera aux petits soins pour vous et saura, si vous le désirez, agrémenter vos journées. Il connaît la région comme sa poche et propose de nombreux circuits dans les environs, voire dans toute la Thailande, organise des sorties en mer (pêches, plongée, ballades dans les îles environnantes). Si vous vous sentez une âme d'individualiste, des motos à la location et des vélos prêtés gracieusement sont à disposition. De même, une vidéothèque, une bibliothèque et une ludothèque permettront de vous divertir. Enfin, les talents de cuisinière de Sopa l'épouse d'Eric vous permettront de savourer dans le restaurant ou au bord de la piscine des mets Thailandais à petits prix mais de grande qualité. Le plus pénible sera de quitter cet oasis de verdure et de sérénité à la fin de votre séjour. Nul doute que si vous revenez en Thailande, vous repasserez au SOUAN SON BEACH dont le bouche à oreille est à l'origine du succès.

Restaurants – Bars

CHRISTY'S ✆ 038 651 976. Situé en face de l'embarcadère pour Koh Samet, ce bar-restaurant à la clientèle cosmopolite est tenu par un Irlandais.

BLUE SKY GREEN SEA ✆ 038 349 103. Face à l'embarcadère, dans la petite Soi qui part du seven-eleven, deux petits magasins côte à côte. L'un propose des sandwiches et une petite restauration ainsi qu'un service Internet. L'autre vend des vêtements en soie, batik et des bijoux très originaux. La direction est anglo-saxonne.

KOH SAMET

L'île fait partie d'un parc national marin. Ses plages de sable blond sont belles et cela à un prix. En général, les bungalows proposés sont chers par rapport au confort dont ils disposent. Dès votre arrivée sur l'île, vous vous acquitterez de la somme de 200 baht. C'est un peu le ticket modérateur pour accéder au parc national. C'est surtout du racket, les Thaïlandais ne payant que 20 baht... Welcome in Thaïlande. Enfin sachez que si vous voulez faire la fête, ce sera difficile. Le soir, un petit restaurant et au lit ! Quelques bars à filles ont fait leur apparition récemment (oui, même ici !). Dire qu'ils sont tristes et lugubres est encore bien au-dessous de la vérité.

Transports

Comment y aller

Le plus simple, que ce soit de Bangkok ou de Pattaya, est de prendre un forfait bus (ou minibus) / bateau. Le prix en est dérisoire et cela vous évite le souci d'avoir à faire la chasse au ticket au débarcadère de Ban Phé. Toutes les agences vendent ce type de forfait. A Pattaya, le prix du minibus climatisé, qui vient vous chercher à votre hôtel, plus le bateau est au total de 200 baht. Les départs ont lieu à 8h et à midi, et l'embarquement pour Koh Samet à 9h30 et 13h.

Se déplacer

Les prix de locations de motos sont prohibitifs. En saison, pour une petite moto 80 cc, on vous demandera jusqu'à 500 baht par jour. Surtout refusez, c'est 5 fois plus cher que sur le continent.

Vous pouvez en revanche utiliser les taxis collectifs, mais là aussi soyez vigilants question prix, très souvent fixés à la tête du client.

Enfin, étant donné la beauté de certains coins, il serait dommage de ne pas utiliser vos jambes. Jusqu'à présent les autorités de l'île n'ont rien trouvé à redire à la marche à pied et elle n'est pas encore taxée.

Renseignements utiles

BUREAU D'INFORMATION. Près de la plage de Saï Kaew se trouve un bureau donnant des renseignements sur l'île, le parc marin, la faune et la flore.

Plages

La plage de **Saï Kaew** est sans conteste la plus jolie, et par conséquent aussi la plus fréquentée.

La plage de **Wong Duan** est la plus select. C'est ici que vous trouverez les hôtels les plus onéreux.

Certaines plages plus difficiles d'accès comme **Ao Waï** et **Ao Kiu Na Nok** sont en revanche, surtout en basse saison, quasiment désertes.

Hébergement

Plage de Saï Kaew

Bien et pas cher

SAENPHU LODGE © 038 653 237. *En haute saison à partir de 600 baht, en basse saison 300 baht.* Situé en milieu de plage, cet hôtel propose des bungalows assez fatigués et d'un confort très modeste, avec ventilateur et mobilier usés. Les prix en haute saison sont de l'arnaque pure et simple ; en basse saison, ils sont raisonnables pour l'île.

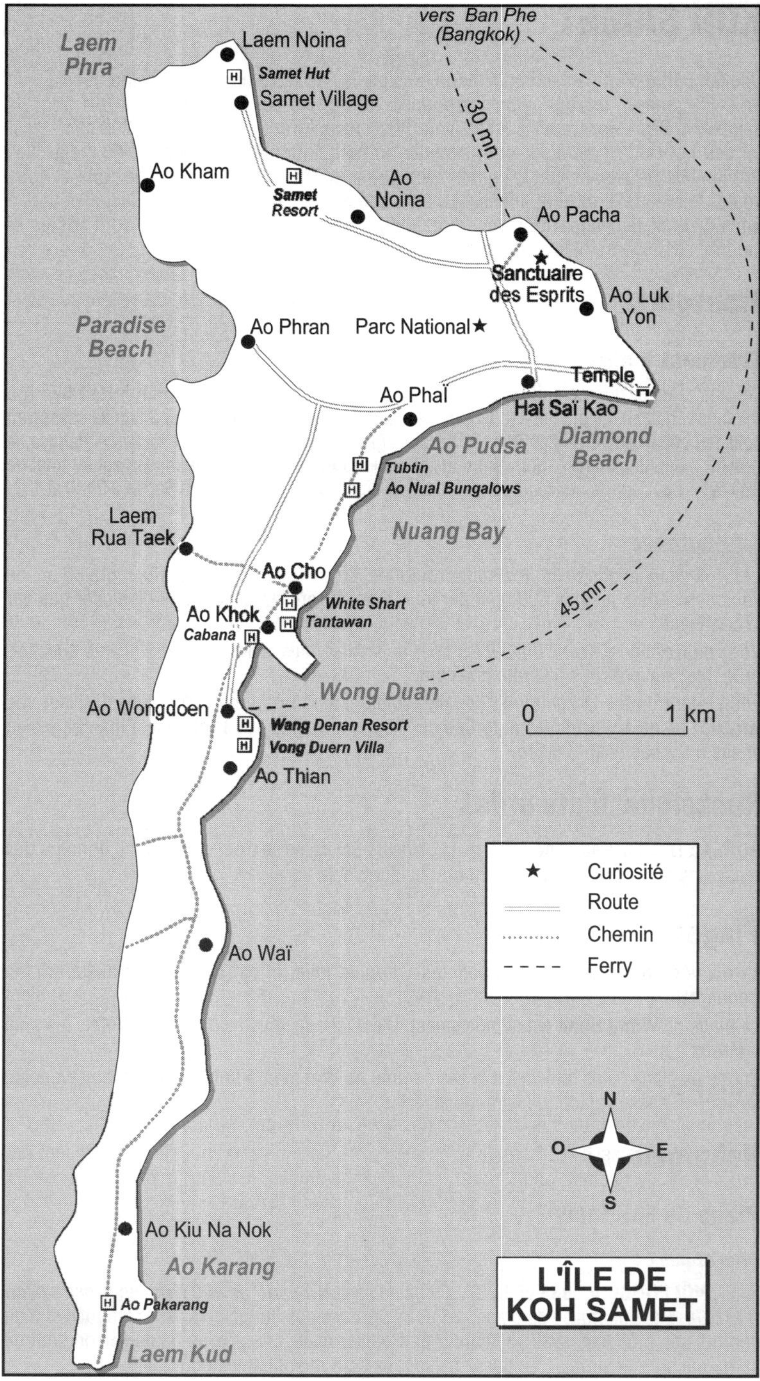

L'ÎLE DE
KOH SAMET

Confort ou charme

WHITE SAND LODGE ✆ 038 653 154. De 300 baht chambres plus que simples avec ventilateur, à 1 500 baht chambres confortables avec climatisation et TV. Situé en début de plage.

COCONUT HOUSE ✆ 038 651 661. *Chambres 800 baht, bungalows à partir de 350 baht.* Un choix entre 30 bungalows. Les chambres avec climatisation et TV sont (pour l'île) d'un bon rapport qualité-prix. Les bungalows ont des ventilateurs et pas TV.

Plage de Hin Khok

JEP'S INN. *Entre 350 et 500 baht (prix pouvant baisser si vous payez plusieurs nuits d'avance).* Bungalows très simples mais propres, tous avec ventilateur. L'accueil est charmant, ce qui n'est pas fréquent sur l'île.

TOK'S LITTLE HUT. *De 200 à 300 baht.* Des bungalows d'un confort rudimentaire, qui conviendront aux sacs-à-dos bourlingueurs. Les moustiques n'étant pas en option, hélas, sont très présents.

LEK BUNGALOWS ✆ 038 651 707. *De 200 à 300 baht.* Situés en bout de plage, des bungalows basiques faits plutôt pour des ours solitaires. Le terme de tanière est d'ailleurs plus adapté que celui de bungalow.

Plage de Phaï

AO PHAI HUTS ✆ 012 136 392. *Chambres très simples 300 baht, bungalows bien équipés jusqu'à 2 000 baht.* Une affaire qui marche puisqu'au fil du temps le patron rajoute des bungalows. Les prix et le confort sont compris dans une large fourchette. Cela va de la pièce très simple avec ventilateur à des bungalows tout équipés, avec TV, frigo et climatisation.

ANCHALEE HUT. *De 200 à 300 baht.* Bungalows beaucoup plus basiques mais propres.

Plage de Wong Deuan

MALIBU GARDEN RESORT ✆ 038 651 057. *De 800 à 1 100 baht bungalows avec ventilateur, de 1 500 à 2 200 baht avec climatisation et TV.* Cet hôtel fait de la pub dans toute la région et est donc très fréquenté par les Occidentaux. C'est le seul de l'île à posséder une piscine. Cher pour la qualité des prestations proposées, mais c'est comme ça partout sur l'île.

VONG DEUAN RESORT ✆ 038 651 777. *Bungalows avec ventilateurs 800 baht, avec air conditionnés 1 200 baht.* Un établissement relativement ancien et qui, lui aussi, en valeur absolue, est trop onéreux.

Loisirs

Il est possible de louer sur la plage des planches à voile, des jet-skis…

Si vous en avez assez de faire de la bronzette, sachez que certains hôtels organisent des promenades en bateau pour la journée sur les îles inhabitées autour de Koh Samet. En général, les prix tournent autour de 500 baht, boissons et nourriture inclus.

CHANTHABURI

Cette petite ville de 40 000 habitants possède **deux parcs nationaux :** le **Khao Khit Chakut** et le **Khao Sabap.** Chanthaburi est aussi un centre important de vente de pierres précieuses, particulièrement de rubis. Début juin, un festival réunit ici les gemmologues du monde entier pour une grande vente de pierres de toutes sortes et de toutes tailles. Assez impressionnant à voir.

Transports

Bus

De Bangkok, de la station Ekamaï, des bus climatisés 1ère classe partent à 5h20, 13h et 18h ; compter 148 baht et 4h de trajet. Des bus 2e classe font le même parcours mais le trajet, ponctué de nombreux arrêts, dure 5h30.

De Rayong, des bus climatisés assurent la liaison en 1h15 pour 55 baht.

Hébergement

Le parc hôtelier étant peu important, le choix est facile.

Bien et pas cher

KP INN. 119 Trirat Road © 039 301 888. *Chambres de 500 à 700 baht.* Situé du côté est de la rivière, donc un peu excentré, un hôtel au bon rapport qualité-prix. Les chambres ont TV et climatisation.

RIVER INN. 29/17 Tha Luang Road © 039 407 219. *Chambres avec ventilateur 250 baht, climatisées 450 baht.* Un petit établissement vieillot. Les chambres sont à l'image de l'hôtel. Si vous décidez d'y dormir, les prix doivent être revus à la baisse.

HIATKACHON HOTEL. Tha Luang Road © 039 311 212. *Chambres à 350 baht.* Un hôtel, un peu à l'écart, proposant des chambres avec TV, frigo et climatisation, qui sont une très bonne affaire. Egalement des chambres avec ventilateur.

Confort ou charme

CARIBOU HIGHLAND. Chawan U-Thit Road © 039 323 431 – Fax 039 323 257. *Chambres standard 2 000 baht.* Le meilleur hôtel de la ville aux grandes chambres de confort international. Dans la pratique, des remises de 30 % sont très souvent offertes.

Visiter

KING THAKSIN PARK. Un vaste parc au sud de la ville, très fréquenté par les familles et les adolescents venant se conter fleurette, surtout le week-end. En période de grosse chaleur, ils aiment à se retrouver autour du lac artificiel. La statue équestre qui domine le parc représente le roi THAKSIN.

L'EGLISE DE L'IMMACULEE CONCEPTION. Vous ne rêvez pas, il s'agit bien d'une église. C'est même la plus grande du pays. En effet, au XIXe siècle, une communauté chrétienne relativement importante s'est installée ici après avoir fui le Viêt-nam à la suite de persécutions religieuses.

DANS LES ENVIRONS DE CHANTHABURI

LAEM SING. A une trentaine de kilomètres de la ville, une plage très agréable et très peu fréquentée en semaine.

OASIS SEA WORLD. A 6 km de Laem Sing, un centre marin héberge un petit zoo et propose des shows de dauphins.

TRAT

Distante de 400 kilomètres de la capitale, Trat est une ville vibrante et bruyante. Très proche de la frontière cambodgienne, elle est au centre d'un bon nombre de commerces, légaux et illégaux, entre les deux pays. De nombreux joueurs s'y arrêtent (mais y dorment rarement) avant de passer au Cambodge pour aller tenter leur chance aux casinos, interdits en Thaïlande.

Transports

Comment y aller

De Bangkok, de la station Ekamaï, des bus 1ère classe partent à 6h et 7h puis, de 9h30 à 23h30, toutes les 1h30 ; le prix est de 189 baht pour 5h de trajet. En 2e classe, 9 départs entre 6h et 24h ; compter 147 baht pour 5h30 de trajet.

De Chanthaburi, des bus ordinaires partent toutes les 30 mn de 6h à 14h30, puis à 15h45, 16h30 et 17h30 ; compter 29 baht.

Se déplacer

SONGTHAEW. Ces taxis collectifs prennent 5 baht quand ils sont sur leur itinéraire habituel.

SAMLOR. Une course moyenne en ville coûte 20 baht.

Renseignements utiles

POLICE. 102 Wiwatthana Road. La corruption des fonctionnaires de police de la ville est réputée dans la Thaïlande entière.

Hébergement

Trat est une petite ville peu habituée aux voyageurs occidentaux. Les guesthouses pourront paraître rudimentaires parfois et bruyantes toujours. Voici quelques adresses très rustiques.

LA TRAT GUESTHOUSE. Trat. *Chambre double 5 $.* Chambres pratiquement tout en bois, avec ventilateur, moustiquaire. Une connaissance du patron passe souvent et, étant Liégeoise, parle français. Douche et WC dans le couloir.

Chacun son histoire

La France a été au moins à deux reprises présente dans l'histoire de la région de Trat.

Durant le règne (1868-1910) du roi Chu Lalongkorn, Trat faisait partie de l'Indochine française. Le 23 mars 1906, la France restituait la province au royaume de Siam en échange d'autres contrées, situées dans le Cambodge actuel. Tous les ans, du 23 au 27 mars, des célébrations ont lieu pour fêter cette " libération ", comme disent les Thaïlandais.

D'autre part, pendant la deuxième guerre mondiale, le 17 janvier 1941, un bateau de la Marine française longeait les côtes thaïlandaises près de Koh Chang. La marine thaïe (neutre durant la guerre), en manœuvre dans la région, prit la mouche et commença à canonner les Français. Ceux-ci répliquèrent et coulèrent trois navires avant de se retirer.

Par une relecture de l'histoire où les Thaïlandais sont passés maîtres, cet événement est devenu officiellement une glorieuse victoire, fêtée du 17 au 23 janvier à Laem Ngop, en l'honneur des Forces navales siamoises qui ont repoussé vaillamment l'envahisseur français.

TRAT HOTEL. Soi Muang Trat Sukhumvit Road © 039 511 091. *De 250 baht petite chambre avec ventilateur à 550 baht avec climatisation.* Hôtel convenable, et par l'accueil et par le confort des chambres.

TRAT INN. 1/5 Sukhumvit Road © 039 511 208. *De 150 à 200 baht.* L'accueil est très souriant, ce qui est rare ici. Les chambres sont très simples, avec un mobilier basique et un ventilateur.

SAMANMIT. 114/4 Tha Revang Jang © 039 511 407. *De 150 à 250 baht.* L'accueil ici est polaire. Les chambres sont très basiques, et sombres. Leurs prix varient. On n'a pas bien compris pourquoi car toutes sont pratiquement identiques.

Restaurants

NIGHT MARKET. Entre Sukhumvit et Tatmaï Road. Comme toujours dans les petites villes, le marché de nuit est le meilleur endroit où déguster des plats bons et pas chers.

SAENG FAH. 157 Sukhumvit Road. *De 30 à 120 baht.* Vous préférerez peut-être le confort climatisé de ce restaurant, qui propose une bonne cuisine, à des prix qui restent modestes.

Visiter

GEM MARKET. A 35 kilomètres de Trat, dans le district de Boraï, un grand marché aux pierres précieuses. Attention, on n'aime pas trop les curieux.

LES PLAGES. A une quarantaine de kilomètres de la ville, des plages magnifiques et quasi désertes vous attendent. Sable blanc, palmier verts et mer turquoise, une palette toute prête à l'emploi et rien que pour vous. Ces plages sont au nombre de trois : Saï Si Ngoen, Saï Ka et Thap Tim. Pour vous y rendre, le meilleur moyen est de louer une moto à Trat (200 baht la journée).

KOH CHANG

Si vous êtes arrivés jusqu'à Trat, il serait dommage de ne pas embarquer pour Koh Chang, une grande île qui fait partie d'un parc national marin. Au début de l'année 2002, le Premier ministre a déclaré, après l'avoir visitée, qu'il désirait en faire une nouvelle Phuket (aie, aie, aie !). Les prix des terrains ont immédiatement flambé. Du fait de son classement en parc protégé, l'île devrait être en théorie préservée, mais la loi et le respect de la loi sont deux choses très différentes en Thaïlande. D'ailleurs, lors de notre visite, les bulldozers commençaient à faire leur apparition dans les parages. Wait and see, donc.

Transports

Comment y aller

Les bateaux pour Koh Chang sont amarrés à Laem Ngop, une petite ville distante de Trat de 17 km. Prenez à Trat un des songthaew (taxis collectifs) qui attendent sur Sukhumvit Road. Il vous en coûtera 20 baht pour 30 mn de trajet. A Bangkok, de nombreuses agences vendent des forfaits minibus plus ticket de bateau. Une solution commode et qui évite tout souci.

Se déplacer

SONGTHAEW. Ils vous attendront aux différents embarcadères afin de vous conduire aux différentes plages moyennant environ 30 baht. Pour la liaison entre les plages, un trajet entre les plus éloignées les unes des autres ne dépassera pas 70, 80 baht.

MOTOS. Le prix de location des petites motos est très élevé : 400 baht par jour.

BATEAUX. Des promenades en bateau sont très souvent proposées. La journée revient en moyenne, avec repas et boissons compris, à 1 500 baht.

Renseignements utiles

OFFICES DU TOURISME. Un bureau de renseignement se trouve à Ban Klongson au nord, à Tha Tam Mayom au centre et à Ban Salak Phet au sud. Ce sont les trois débarcadères où il est possible d'accoster.

POSTE. A l'embarcadère de Ban Klongson. *Ouverte de 8h30 à 16h30.*

CHANGE. Attention ! Mieux vaut changer vos euros sur le continent. Sur l'île, le taux de change est très défavorable.

Les plages

Elles ont gardé leurs beautés naturelles, même la plus développée, Hat Saï Khao, a encore son charme authentique et sauvage. Cependant les choses pourraient bientôt changer (voir l'introduction à l'île). Aussi, ici plus qu'ailleurs, les infos données sont des instantanés et nous ne pouvons en garantir la pérennité.

Hébergement

Plage de Saï Khao

Les prix imbattables

YAKAH BUNGALOWS. *De 200 à 500 baht.* Des bungalows de bois avec ventilateurs, certains très sommaires, d'autres un peu plus " confortables ".

SANOUK BUNGALOWS. *Compter 150 et 200 baht.* L'accueil est charmant. En revanche, les huttes en bambou sont vraiment d'un confort minimaliste.

Bien et pas cher

SABAI BEACH BUNGALOWS ✆ 019 493 256. *De 250 à 800 baht.* Tous les bungalows sont avec ventilateur, mais très différents quant au confort. Certains sont très basiques, d'autres plus clairs et plus grands.

EDEN BUNGALOWS ✆ 018 965 547. *De 500 à 800 baht.* L'accueil est nullissime. Dommage car les bungalows équipés de ventilateurs sont dans la bonne moyenne.

Confort ou charme

KOL CHANG LAGOON ✆ 012 193 830. *Bungalows de 1 500 à 2 000 baht, et à 900 baht.* De beaux bungalows climatisés d'un réel confort et d'autres, avec ventilateurs.

PALOMA CLIFF RESORT ✆ 018 631 305 – Fax 019 455 812. *Chambres climatisées 1 500 baht, avec ventilateur de 800 à 1 000 baht.* A l'extrémité de la plage, des bungalows aux toits verts se mariant au jardin tropical qui les entoure.

BEST GARDEN BEACH RESORT ✆ 039 529 632. *De 700 à 2 500 baht.* Egalement situés dans un beau jardin, au calme, des bungalows avec ventilateur ou climatisés, plus confortables et mieux meublés.

Plage de Klong Phrao

Le prix imbattable

P. SS. BUNGALOWS. *De 150 à 250 baht.* Autre pionnier mais qui en est resté à ses bungalows d'origine, lesquels sont bien fatigués. Cependant le coin est vraiment charmant.

Bien et pas cher

KP BUNGALOWS © 018 637 262. *De 150 baht huttes basiques en bois, à 800 baht bungalows confortables avec ventilateurs.* Un des pionniers de Koh Chang.

Confort ou charme

ROOKS KO CHANG RESORT © 039 529 000. *De 2 200 à 3 000 baht.* Le meilleur hôtel de la plage. Les prix sont en conséquence. Les bungalows les plus chers ont tout le confort occidental : frigo, TV et climatisation.

Plage de Kaï Bae

Bien et pas cher

NANG NUAL RESORT. *De 300 à 450 baht.* Une vingtaine de bungalows, tous avec ventilateurs et tous d'un confort plutôt rudimentaire.

KAI BAE BEACH BUNGALOWS © 019 405 102. *De 200 à 500 baht.* Des bungalows également tous ventilés mais plus plaisants. Le rapport qualité-prix est bon, surtout en ce qui concerne les bungalows les plus chers.

JAENG BUNGALOWS. *De 150 à 250 baht.* En milieu de plage, un hôtel aux chambres basiques (certaines ne sont même pas équipées de ventilateurs) où aime à se retrouver une clientèle en général très jeune.

Confort ou charme

SIAM VIEW RESORT © 039 529 022. *Chambres de 900 à 1 800 baht, bungalows de 1 250 à 1 800 baht.* L'hôtel le plus confortable de la plage, situé à son extrémité sud. Il comprend les chambres du bâtiment principal, avec ventilateurs ou climatisation, et des bungalows dispersés dans un jardin.

Restaurants

Toutes les guesthouses font leur propre cuisine.

Le restaurant du **Best Garden Resort,** sur la plage de Saï Khao, est peut-être le meilleur en ce qui concerne les fruits de mer, mais vous pourriez avoir aussi de bonnes surprises dans de simples gargotes aux prix très bas.

A signaler, toujours sur Saï Khao, **une excellente boulangerie : The White House Bakery.**

Visite

NAM TOK THAN MAYOM. Sur la côte Est, des chutes d'eau qui peuvent être une bonne occasion de balades à travers la jungle intérieure de l'île. Dans le même secteur, on trouvera deux autres chutes. Vous pourrez vous y baigner dans différents bassins qui sont comme autant de piscines naturelles.

Plongée

L'eau translucide, et quelques sites superbes sont une invitation irrésistible à la plongée. Des centres sont partout présents sur l'île. Sur Saï Khao, de nombreuses guesthouses louent des masques et tubas à l'heure ou à la journée, ainsi que des canoës. Il est possible de visiter la cinquantaine d'îles environnantes, dont certaines sont désertes, soit en passant par des agences, soit en prenant directement contact avec les propriétaires de bateau louant leurs embarcations à la journée.

L'extrême Sud

Koh Lanta

Archipel de plus de cinquante îles dont seules quelques-unes sont facilement accessibles, Koh Lanta abrite un parc national marin constitué de quinze îles, dont **Lanta Yai**, l'île où vous accosterez en venant de Krabi par exemple. Depuis qu'elle a été électrifiée, cette île s'est considérablement développée et les hôtels ont fleuri sur les plus belles plages. Heureuse surprise, les prix y restent raisonnables, contrairement à ce qui se passe dans toute la région (en particulier à **Koh Phi Phi**). Reste à savoir pour combien de temps…

LANTA YAI

Une île très réputée pour ses plages. Celles du nord-ouest sont les plus jolies, longues langues de sable blanc ourlées de bleu turquoise. Ce sont également les plus construites en hôtels et guesthouses, et donc inévitablement les plus fréquentées. Dès votre arrivée à l'embarcadère, une nuée de rabatteurs se jettera sur vous afin de vous amener vers les établissements dont ils touchent des commissions. Au village de **Ban Saladan,** près du débarcadère de l'île, vous trouverez la poste, une banque, des petits supermarchés et des motos à louer (pour environ 200 à 300 baht, selon la saison). Le village principal, **Ban Sangha-U,** est situé au sud. Pas encore perverti par la manne touristique, il est resté très authentique, tout comme **Ban Saladan** d'ailleurs. C'est une bonne occasion de délaisser la plage pour aller se balader entre ses rues étroites abritant de nombreuses maisons traditionnelles en bois.

Transports

De Krabi, le plus simple et le moins cher est de prendre un minibus sur Sukhon Road. Départs à 11h, 13h et 15h30. Pour 180 baht, vous êtes conduit au débarcadère de **Ban Hua Hin** où vous prenez le ferry pour **Bann Sala Dan**, sur Lanta Yai. Toutes les agences vendent des billets. Au retour, départs des ferries à 7h30, 8h30 et 12h30.

De Koh Phi Phi, mais seulement entre octobre et avril, des bateaux partent de la plage de **Hin Khom,** quotidiennement, à 14h ; compter 1h30 environ de trajet et 200 baht.

PLAGE DE KHLONG DAO

Hébergement

Bien et pas cher

LANTA VILLA © 075 620 629. *Bungalows avec ventilateur de 400 à 600 baht, avec climatisation de 700 à 800 baht.* Divers bungalows de différentes tailles et de confort inégal. Les bungalows climatisés sont mieux aménagés que les autres.

GOLDEN BAY COTTAGES © 012 290 879. *De 300 à 500 baht, selon la taille.* Au début de la plage, des bungalows au confort simple, sans aucunes fioritures. Mais l'endroit est plaisant ainsi que l'accueil. Tous sont équipés de ventilateurs.

LOM THALAY © 098 264 548. *De 300 à 500 baht.* Etablissement comparable au précédent et par le confort et par les tarifs. Le Lom Thalay est situé vers le milieu de la plage, près du Lanta Sea House.

Confort ou charme

ANDAMAN LANTA RESORT © 075 254 355 – Fax 075 254 356. *De 950 à 1 700 baht.* Bungalows très confortables et très lumineux, grâce à leurs grandes baies vitrées. TV et climatisation pour certains.

A vos risques et périls...

Bien d'autres établissements se trouvent vers la fin de la plage, mais les conseiller serait par trop hasardeux étant donné leur manque de confort, voire quelquefois leur insalubrité. Toutefois, si des huttes très sombres (car parfois sans fenêtre) et sans électricité (donc pas de ventilateur ni de climatisation) ne vous font pas peur, alors vous trouverez ici votre bonheur, pour des prix allant de 100 à 150 baht, voire moins en basse saison. Les douches sont communes.

DIAMOND SAND INN ✆ **012 284 473.** *De 1 200 à 1 500 baht.* Situé en début de cette longue plage de 6 km, le Diamond propose des bungalows impeccables, climatisés, à la belle décoration et au confort douillet.

LANTA SEA HOUSE ✆ **012 284 160.** *Bungalows avec climatisation 1 500 baht, avec ventilateur 800 baht.* Distant de plus d'un kilomètre du précédent, un hôtel reconnaissable à ses bungalows à l'architecture originale. Etant donné la proximité de la plage et de sa brise rafraîchissante, on peut opter pour des bungalows avec ventilateur.

PLAGE DE PHRA AE

La séparation des deux plages est symbolisée par le petit village de PHRA AE situé sur la route principale de l'île.

Hébergement

FREEDOM ESTATE ✆ **075 477 812.** *De 375 à 1 500 baht.* Une formule très originale puisqu'elle propose des petits appartements avec cuisine entièrement équipée. Les prix varient énormément selon la taille et surtout la saison. Très cher en décembre et janvier naturellement.

LUNTA MARINA RESORT ✆ **075 412 237.** *De 450 à 600 baht.* Le premier resort en arrivant sur la plage fait partie des meilleurs rapports qualité-prix. Peut-être pourriez-vous vous y arrêter, bien que l'on ait connu des accueils plus chaleureux. Des bungalows propres et meublés avec goût, tous avec ventilateurs. Douche eau froide.

RELAX BAY TROPICANA ✆ **014 770 077.** *De 600 à 850 baht.* Des bungalows tout en bois très confortables et bien meublés, perchés sur un monticule qui domine la plage. Tous ont un ventilateur.

LANTA RIVIERA ✆ **014 741 228.** *De 300 à 500 baht.* Face à la mer, des bungalows pas bien grands mais propres et bien entretenus. Tous ont un ventilateur et une douche.

LANTA COCONUT FREEN FIELD. *De 300 à 500 baht.* Dans un coin charmant, des bungalows avec ventilateurs et une petite terrasse pour y prendre le frais. L'accueil est impeccable, et les tarifs sont très corrects, pour le cadre et le " confort ". Douche avec eau froide.

PLAGE DE KHLONG NIN

Cette belle plage du nom du village y attenant, longue d'environ 5 km, est un peu moins fréquentée que les deux premières, du moins était-ce le cas lors de notre passage.

Pour les nouveaux Robinson

Vous trouverez bien d'autres solutions d'hébergement, mais là aussi, certains ressemblent plus à des cellules qu'à une chambre où passer ses vacances. D'autre part, quelques établissements ferment des mois entiers en basse saison.

Hébergement

Bien et pas cher

KHLONG NIN RESORT. *De 300 à 500 baht.* Situés en début de plage, dans un coin très agréable, divers bungalows simples mais propres et bien meublés, tous avec ventilateur et douche avec eau froide.

LANTA PARADISE © 017 230 530. *De 200 à 450 baht.* Bien plus au sud, dans un autre coin très mignon, des bungalows en bois ou en dur, avec une douche intérieure pour les plus chers.

LANTA MIAMI © 012 284 506. *De 150 à 600 baht.* A 200 m environ du précédent, des bungalows très basiques ou de bon confort, ces derniers étant bien meublés, avec une salle de bain correcte (eau froide). Une bonne adresse.

DREAM TEAM © 012 284 184. *Bungalows avec ventilateur 200 baht, avec climatisation 1 400 baht.* Un des plus anciens établissements de l'île, dont les affaires semblent prospérer puisque régulièrement des bungalows sont rajoutés. L'offre est donc diversifiée. Cela va du bungalow au confort très simple, avec un ventilateur, jusqu'à de grands et beaux bungalows, de très bon confort, disposant de la climatisation, d'une belle salle de bain (avec baignoire et eau chaude) et d'une petite terrasse.

PLAGE DE KANTIANG

Cette très belle plage est très peu construite, seuls quelques établissements très bon marché y sont installés. Parmi ceux-ci, choisissez.

Hébergement

LANTA MARINE PARK VIEW RESORT. *De 200 à 400 baht.* Situé à 200 m environ du village de Khlong Hin, en bord de plage, il propose des bungalows simples mais décents, avec ventilateurs et douche froide. Les autres sont par trop austères, mais les goûts et les couleurs de chacun étant très différents, vous pouvez y jeter un coup d'œil.

> DANS LES ENVIRONS

Pour vous délasser des plaisirs du bronzage et de la baignade, vous aurez l'occasion de visiter les différents villages de l'île, dont celui de **Ban Lanta,** qui a donné son nom à l'architecture. De même pourriez-vous visiter toute une série de grottes, situées au centre de l'île : **Tham Khao Mai Kaew.** La balade qui y mène est très plaisante, et la récompense est belle puisque, outre la beauté des différentes grottes, l'une d'entre elles abrite une piscine naturelle dans laquelle vous pourrez vous baigner. Des guides sont à votre disposition pour vous y conduire. La plongée est bien sûr plus que conseillée, des clubs se trouvent sur la plage de **Khlong Dao** et dans le village de **Saladan.** C'est aussi une bonne occasion pour visiter les nombreuses îles dans les alentours, pour la plupart inhabitées.

Le meilleur hôtel de l'île

Plus au sud encore, sur la plage de Khlong Jak, se trouve le meilleur hôtel de l'île, avec le Andaman Lanta. Il s'agit du :

WATERFALLBAY RESORT © 018 364 877. *De 900 à 2 800 baht.* Très beaux bungalows où le bois prédomine, dispersés le long de la plage sous des palmiers. Le confort est très variable et les prix également.

Koh Samui

En l'espace d'une décennie, Samui est devenue une destination phare du tourisme. Un institut australien, le Travel Black Board, l'a même classée parmi les dix plus belles îles du monde. Si elle a beaucoup changé ces dernières années, les autorités ont su, et le fait est rare en Thaïlande, préserver son environnement malgré l'afflux touristique. Le modèle à surtout ne pas suivre était Phuket, mission totalement réussie.

Bien sûr, nos Robinsons auront peut-être une pointe de nostalgie en découvrant les bungalows très bon marché de naguère remplacés par de luxueux resorts. Mais il reste encore des endroits sympathiques à des petits prix, nous vous en avons déniché quelques-uns.

La magie de cette île unique, avec ses palmiers couleur vert émeraude, ses plages de carte postale et son aéroport si typique, exerce sûrement sur vous le même sortilège que sur beaucoup de ses visiteurs. Quand on y est allé une fois, on ne peut l'oublier tout à fait. Pour tout dire, c'est notre coin préféré en Thaïlande.

Renseignements utiles

Adresses

Vu le boom immobilier de ces dernières années, les adresses sont fort évasives. Certaines rues n'ont pas encore de nom officiel.

Internet

Sur les plages comme Chaweng et Lamaï, les cybercafés sont partout présents. Compter aux environs de 1 baht la minute.

Transports

Comment y aller

Avion

De la capitale, la Bangkok Airways propose 15 vols par jour, entre 6h et 19h20 ; compter 1h30 de vol et 3 550 baht.

De Pattaya, un vol par jour, départ à 12h30, arrivée à 13h30 ; compter 2 155 baht.

De Hua Hin, un vol par jour, départ à 9h40, arrivée à 10h40 ; compter 2 400 baht.

De Phuket, 2 vols par jour, à 9h40 et à 15h30 ; compter 50 mn de vol et 1 720 baht.

Vous atterrirez sur un splendide petit aéroport tout en bois, digne d'un conte de fées, et qui appartient à la Compagnie Bangkok Airways, qui a le monopole des vols sur Koh Samui. Les bureaux de la Compagnie se trouvent (ainsi qu'à Chaweng Beach) au 54/3 Moo 3 Chaweng Beach Road ✆ 077 422 234.

Bateau

De Suratthani,départs tout au long de la journée de trois embarcadères différents. Les ferries sont bien sûr plus lents et l'attente avant d'embarquer peut être longue.

Si vous venez **de Bangkok** en pleine saison touristique (de décembre à avril), mieux vaut prendre des forfaits vendus par toutes les agences et qui comprennent le train ou le bus plus le bateau. Cela vous évitera bien des soucis en arrivant à Surat Thani.

Se déplacer

SONGTHAEW. Ils font la liaison entre les différentes plages. Les tarifs sont fixes, mais les chauffeurs les doublent au minimum avec les touristes. Faites-vous respecter en refusant d'être ainsi rackettés et menacez d'appeler la police touristique. Le remède est radical. **De Nathon à Chaweng,** le tarif est de 30 baht, **de Chaweng à Lamai** de 20 baht. Après 18h, les prix deviennent libres.

MOTO-TAXI. Une course à l'intérieur d'une plage coûte de 20 à 30 baht.

TAXI METER. Une douzaine de taxis jaunes circulent et font la navette avec Nathonou ou l'aéroport. Tous refusent de mettre le compteur. Il faut donc marchander. **De Chaweng à Nathon** par exemple, on vous demandera jusqu'à 400 à 500 baht. C'est de la folie. Le bon prix, et pour vous et pour le chauffeur, est de 150 baht.

LOCATIONS. Les petites motos se louent entre 100 et 150 baht selon la saison. Les jeeps Suzuki se louent autour de 900 baht par jour. Des véhicules plus haut de gamme se louent autour de 1 500 baht par jour.

SURAT THANI

Cette ville de 40 000 habitants est triste et sans âme, son seul intérêt, et il est de taille, étant d'ouvrir la porte vers **Koh Samui.** Trains et bus s'arrêtent en effet ici, avant que vous n'embarquiez vers l'île. Distante de 650 km de la capitale, la ville vit de son port qui est une " gare de triage " importante dans le golfe du Siam. Dormir ici avant de partir pour Koh Samui n'est franchement pas une bonne idée, mais chacun fait ce qu'il lui plaît ! Vous êtes en vacances.

Transports

Avion

De Bangkok, la Thai Airways assure 2 vols par jour, à 10h35 et à 17h15 ; compter 1h15 de vol et 2 460 baht. Les bureaux de la Compagnie se trouvent au 3/27 Karunarat Road ✆ 077 272 610. Au retour, vols à 12h35 et 19h15.

Train

De Bangkok, 12 départs de la gare centrale de Hualamphong et 3 départs de celle de Thonburi (appelée la gare du Sud). Le mieux est de prendre un train de nuit, vous arriverez frais et disponible pour embarquer sur un bateau à destination de Koh Samui. Ceux qui partent à 17h35, 18h20 et 19h15 arrivent à 6h, 6h50 et 7h30. La gare est éloignée du port, des bus attendent pour vous y mener.

Bus

De Bangkok, des bus VIP partent à 7h, 19h30 et 20h20 ; compter 13h de trajet et 660 baht. Des bus 1re classe partent à 9h, 9h15 et 9h30, et ensuite à 20h15 et 20h30 ;

Chaiya

Si vous passez quelques jours à Surat Thani, la visite de **Chaiya,** distante d'une vingtaine de kilomètres, est une alternative réjouissante après la tristesse qui émane du port de liaison avec **Koh Samui.** Cité très ancienne, Chaiya fut une grande capitale régionale du royaume Srivijaya jusqu'au Xe siècle. Vous pourrez visiter son Musée national (ouvert du mercredi au dimanche) où sont exposées des pièces datant de cette époque ainsi que de l'artisanat local. Tout proche, le **Wat Boromathat** vous donnera une idée grandeur nature de l'**architecture Srivijaya.** La ville en elle-même est une petite cité thaïlandaise typique, avec encore quelques maisons de bois, son inévitable marché qui est le cœur du bourg, et où les gargotes proposent quelques bons plats à très bas prix. A quelques kilomètres, le golfe de Siam offre des plages pas très affriolantes à vrai dire, car très étroites et dont la propreté est sujette à caution. Dommage, car le paysage en lui-même n'est pas mal du tout. De Surat Thani, des songthaew font la navette avec Chaiya pour 30 baht, de 7h à 18h.

compter 10h de trajet et 380 baht. Des bus 2e classe partent à 9h30, 10h50 et 20h45 ; compter 11h de trajet et 295 baht. 2 bus ordinaires partent à 9h15 et 23h ; compter 11h de trajet et 211 baht. Notez que le bus VIP vous laisse à Bandon, où vous embarquerez pour le ferry. Tout est inclus dans le prix. De nombreuses agences de Bangkok vendent des tickets de bus, bateau ou train, bus, bateau groupés.

De Phuket, en bus climatisé, compter 5h de trajet et 182 baht ; en bus ordinaire, 6h de trajet et 98 baht.

De Krabi, en bus climatisé, compter 3h de trajet et 131 baht ; en bus ordinaire, 4h de trajet et 81 baht.

Renseignements utiles

TAT (Office du tourisme). Talat Maï Road ✆ 077 288 818. *Ouvert de 8h30 à 16h30.* Informations et nombreux documents sur la région.

POSTE. Talat Maï Road. *Ouverte en semaine de 8h30 à 16h30 et de 9h à 12h le week-end.*

SRIVICHAI HOSPITAL. Talat Maï Road.

C'est loin d'être le plus moderne des hôpitaux de la région… Préférez le **Thaksin Hospital.**

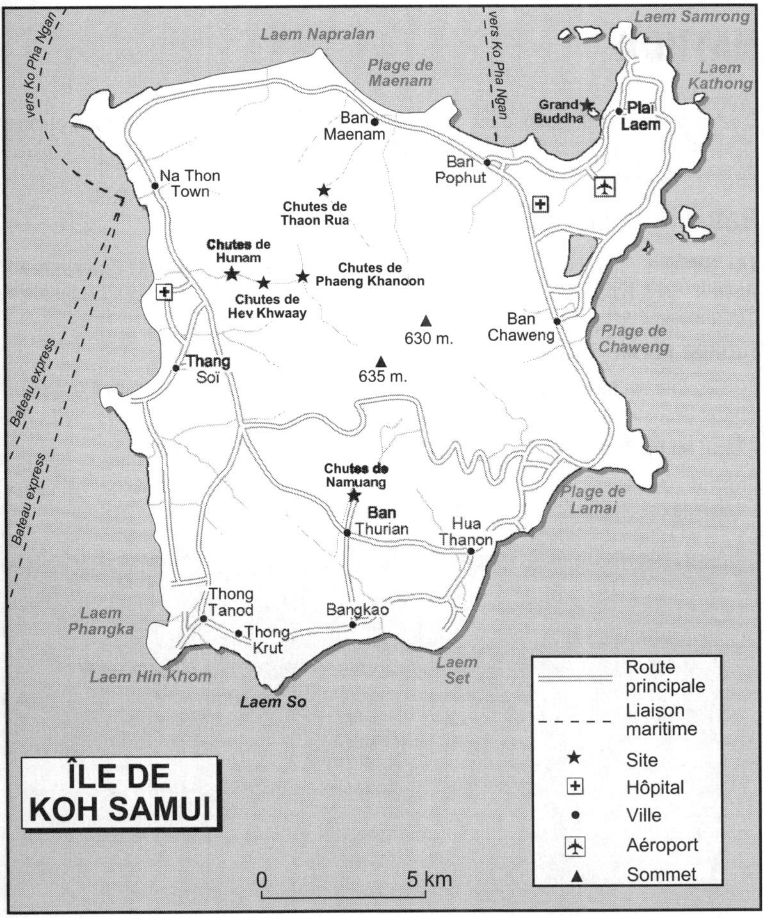

Hébergement

SAOWALUK THANI. 99 Karjanawithi Road ✆ 077 213 700. E-mail : saowaluk@sawadee.com. *De 1 200 à 4 000 baht.* Grand bâtiment en V, à la limite de la ville. Ses 176 chambres sont très confortables. Air conditionné, TV et frigo.

WANGTAI HOTEL. 1 Talat Maï Road ✆ 077 283 020. E-mail : wangtai@loxinfo.co.th. *De 950 à 2 000 baht.* Hôtel de 230 chambres de confort international.

THAI RUNG RUANG HOTEL. 191/199 Mit Kasem Road ✆ 077 273 249 – Fax 077 286 353. *De 300 à 450 baht.* Hôtel plus modeste en taille et en confort. Les chambres sont propres et ont la TV, la climatisation ou des ventilateurs.

IN TOWN HOTEL. 276/1 Na Meuang Road ✆ 077 210 145 – Fax 077 210 422. *Chambres avec ventilateur de 200 à 250 baht, avec climatisation de 350 à 400 baht.* En plein centre-ville, des chambres correctes avec des ventilateurs, d'autres avec la climatisation et TV. Bonne adresse.

Bien que Surat Thani soit loin d'être une ville touristique, les établissements à filles y sont très nombreux et les hôtels qui coûtent entre 100 et 200 baht sont presque tous des hôtels de passe. Nous ne les avons donc pas indiqués.

NATHON

C'est la capitale administrative de l'île. Comparé aux plages, elle a très peu d'atouts et loger ici serait vraiment une drôle d'idée. Cependant une petite balade à travers les rues calmes de la ville peut être un bon dérivatif aux journées bains de mer.

Renseignements utiles

TAT (Office du tourisme). Dans une toute petite Soi partant de Thawee Ratchaphakdi Road ✆ 077 420 504. *Ouvert de 9h à 16h30.* Pas facile à trouver. L'accueil est timide et très amical.

TOURIST POLICE. Thawee Ratchaphakdi Road ✆ 077 421 095.

POSTE. Chonwithee Road. *Ouverte de 8h30 à 16h30 en semaine. Située face à la mer.* Un central téléphonique international attenant est ouvert de 8h30 à 22h.

SAMUI MEDICAL CLINIC. Thawee Ratchaphakdi Road ✆ 077 421 230.

CHANGE. Que ce soit à Nathon ou sur les plages, aucun problème pour changer vos euros. Le change est un peu moins favorable que sur le continent.

Des motos-taxis qui décoiffent...

Les chauffeurs de motos-taxis sont en général " drivés " par un chef qui leur assure sa protection grâce à ses relations avec la police. En contrepartie, ils reversent à ce dernier une partie de leurs bénéfices. Les " taxis-motesaï " sauront tout de vous si vous restez une dizaine de jours dans le même hôtel. Et ceci même si vous n'utilisez jamais leurs services. Ils sont les yeux et les oreilles de la ville. Souvent d'ailleurs, ils sont indicateurs de la police, parfois aussi, l'un n'empêchant pas l'autre, dealers. Très frimeurs, ils adorent parader sur leur moto à toute allure. Il se peut que vous ayez affaire à un émule de Jean Alési, à fond, à fond et encore à fond. Bien souvent cela peut finir comme le pilote de F1, dans le gravier... Un bon remède est de leur taper fermement sur l'épaule et de menacer de descendre, comme ils préfèrent l'argent à la vitesse, cela les calmera immédiatement, et le reste de la course se fera plus tranquillement.

Hébergement

PALACE HOTEL. Chonwithee Road © 077 421 079. *De 400 à 550 baht.* Situé face à la mer, c'est un hôtel mais c'est loin d'être un palace. Les chambres sont grandes mais un peu décaties. Les prix varient selon le confort (ventilateur, climatisation, etc.).

WIN HOTEL. Chonwithee Road © 077 421 500. *Chambres à 550 baht.* Pas très loin du premier, des chambres d'un confort identique, avec la TV et la climatisation.

SEA VIEW HOTEL. Preeda Road © 077 421 481. *Chambres avec ventilateur 300 baht, avec TV et climatisation 500 baht.* Des chambres simples mais propres.

Restaurants

BAR FUN CORNER. Na Amphoe Road. Un établissement sympathique, où des plats thaïlandais, simples et bons, sont proposés à des prix modestes.

MAI TAI. Thawee Ratchaphakdi Road. Dans la rue principale de Nathon, un joli petit restaurant qui propose une cuisine thaïlandaise et occidentale à petits prix.

WILL WAIT. Thawee Ratchapakhdi Road. Tout proche du précédent. Grand choix de viennoiseries, pâtisseries, pains. Idéal pour un bon petit déjeuner occidental.

Visiter

THAI TRADITIONNAL MASSAGE. Thawee Ratchapakhdi Road, en face de la Bangkok Bank. *Ouvert de 10h à 20h. Compter 200 baht pour une heure de massage.* Si vous arrivez directement de Bangkok, les longues heures de train ou de bus, puis de bateau seront effacées par un bon massage effectué par des mains expertes.

SEA SHELLS MUSEUM. 157/1 Ban Bang Makhan © 077 421 524. *Fermé le dimanche. Entrée libre. A 2 km de Nathon, direction Chaweng Beach.* Ce musée du Coquillage, créé par un Belge, William, est fort intéressant. Selon certains chercheurs, quelques crabes qui y sont exposés étaient encore inconnus. On peut acheter coquillages ou crabes comme souvenir.

> LES PLAGES

CHAWENG BEACH

Nous commençons par la plage la plus connue de l'île et donc la plus fréquentée. Elle n'en reste pas moins l'une des plus belles, avec sa très longue langue de sable blanc baignée d'une eau transparente. Les nuits y sont folles et les matins très calmes. C'est un véritable bonheur que de s'y promener à l'aube, à l'heure où les fêtards rentrent à peine. C'est très certainement la plage la plus propre de l'île.

Renseignements utiles

TOURIST POLICE CHAWENG © 077 422 467.

SAMUI INTERNATIONAL HOSPITAL. Northern Chaweng Beach Road © 077 230 781. Certainement le meilleur hôpital de l'île. Un service dentaire y est aussi ouvert de 9h à 17h.

THE PLAY ROOM. Chaweng Beach Road © 077 230 626. Vous avez la possibilité de faire garder vos enfants, entre midi et minuit, dans cet établissement où tout a été conçu pour eux. Les tarifs horaires sont cependant élevés (200 baht) ; essayez de marchander.

Internet

Des cybercafés un peu partout. Vous pourrez y surfer sur http ://www.samui-info.com, un site très bien fait, créé par un Suisse toujours souriant, Christophe. A consulter durant votre séjour ou avant votre voyage (avec le Petit Futé bien sûr) car bourré d'infos essentielles sur KOH SAMUI. Un petit bijou de site.

Agences de voyages

SAMUI EVASION. PO Box 9, Chaweng Post-Office, 84320 KOH SAMUI ; Tél : 230159 ; Fax : 230438 ; email : holidays@samuievasion.com; web site : www.smauievasion.com. La liberté, votre problème, l'évasion notre domaine. Tel est l'état d'esprit de SAMUI EVASION qui se divise en deux entités distinctes mais complémentaires. D'une part Yves, un français installé dans l'archipel depuis 15 ans, vous propose des circuits en mer et sur terre (découverte de Samui par la mer, de l'intérieur de l'île, course au trésor, rallye des cocotiers, pêches..) et ce en individuel ou en groupe ; d'autre part, il se propose de prendre en charge votre séjour et de vous éviter ainsi tous les petits soucis quotidiens : réservations d'hotels (du petit budget au luxe), SAMUI EVASION est la seule agence à vous offrir des séjours inter-îles. Vous avez ainsi tout loisir de choisir votre hotel à KOH SAMUI, et ensuite au gré de vos envies, de loger sur des îles moins visibles comme KOH PHA NGAN et cela pour 10, 15, ou 20 jours. Surfez sur le site de SAMUI EVASION vous permettre de faire votre choix depuis chez vous. Comme dit le toujours sympathique Yves, vous gardez ainsi toute votre liberté et, lui s'occupe de tous les problèmes d'intendance. Peut-on rêver mieux ?

Hébergement

Les prix imbattables

Rares sont les hôtels aux prix imbattables. Le confort bien sûr y est minimal mais l'accueil y est souvent exceptionnel.

LE CHARLIE'S HUT. Chaweng Beach Road ✆ 077 422 343. *Bungalows 200 baht.* Commençons par un des pionniers de Chaweng. Malgré des offres de plus en plus mirobolantes pour l'achat de son terrain, le propriétaire résiste toujours (jusqu'à quand ?) et ses bungalows sont toujours là. S'ils vous semblent trop sommaires, une halte au restaurant vous donnera un aperçu de la clientèle de Koh Samui d'il y a 15 ou 20 ans.

ANCHOR HOUSE BUNGALOW. 167/1 Chaweng Beach Road ✆ 077 230 586. *De 300 à 1 200 baht. 20 chambres avec climatisation ou ventilateurs.*

SILVER SAND BUNGALOW. 13/1 Chaweng Beach Road ✆ 077 231 202 – Fax 077 422 089. *De 200 à 600 baht.* 42 chambres dont certaines sont plutôt rustiques ! L'accueil est très souriant.

BAY BREEZE BUNGALOWS. 38/39 Chaweng Beach Road ✆ 077 422 198 – Fax 077 422 379. *De 300 à 500 baht.* Egalement un des pionniers de Chaweng. Mais le patron était en pourparlers pour vendre ses bungalows. Donc wait and see.

LUCKY HOME RESORT. 78/1 Chaweng Beach Road. Web http://www.luckyhomehai.com. *A partir de 450 baht.* Situé à une cinquantaine de mètres de la plage, cet hôtel propose des chambres avec air conditionné. Détail qui peut être intéressant, en cas de séjour prolongé, on vous compte 6 000 baht pour le mois. Ce qui est une très bonne affaire.

Bien et pas cher

BLUE LAGOON COTTAGE. 154-2 Moo 2 Chaweng Beach ✆ 077 230 917 – Fax 077 230 917. L'accueil, par des jeunes Thaïs cool, est super sympathique. Restaurant sur la plage. Les bungalows sont assez grands avec douche chaude, WC, deux grands lits, terrasse. Il n'y a pas de TV et de téléphone dans la chambre. Très calme et super propre. Les chambres et jardins sont nettoyés chaque jour. Le prix est de 800 baht. Sur la plage un très joli bungalow pour 1 200 baht. C'est le seul hôtel où nous n'avons pas payé d'avance. Nous y sommes restés cinq nuits. "

ISLAND RESORT. 162/21 Chaweng Beach Road © 077 230 751 – Fax 077 230 942. Web http ://www.islandsamui.com. *550 baht avec ventilateur, 1 200 baht avec air conditionné.* Un établissement ancien qui régulièrement restaure ses chambres pour les adapter à la clientèle. 62 chambres ou bungalows avec ventilateurs ou avec air conditionné.

BAAN CHAWENG RESORT. 163/1 Chaweng Beach Road © 077 422 403 – Fax 077 422 404. *De 500 à 1 500 baht.* Situé dans le centre de Chaweng, il propose 60 chambres avec ventilateur ou air conditionné.

SAMUI RESORT CORAL. 4/1 Chaweng Beach Road © 077 231 005 – Fax 077 422 143. De 600 à 1 200 baht. 45 chambres d'un bon rapport qualité-prix.

HOTEL SAMUI ISLAND RESORT © 077 422 355 – Fax 077 422 355. Bien que nous ayons réservé par fax, jamais arrivé, paraît-il, malgré la confirmation, nous avons dû prendre une chambre triple à 1 200 baht, coincée entre plusieurs bungalows. L'accueil n'est vraiment pas terrible. Location de mobylette, Internet, téléphone, agence de voyages. Egalement un restaurant à déconseiller ! "

BLUE HORIZON. 210 Chaweng Beach Road © 077 422 426. *De 500 à 900 baht.* Ce petit hôtel, très convivial, est composé de seulement 11 chambres. Ne prenez pas les moins chères.

MATLANG RESORT. 154/1 Moo 2 Chaweng Beach © 077 230 468 – Fax 077 422 172. *De 400 à 700 baht avec ventilateur, 800 baht avec climatisation.* 49 bungalows qui ont connu des jours meilleurs. Tous sont avec ventilateur ou climatisation, et tous sont un peu tristes. L'accueil est quelconque.

Confort ou charme

LE PAPILLON RESORT. North Chaweng Beach Road © 077 230 367 – Fax 077 231 169. Web http://www.papillonsamui.com. Tout au bout de Chaweng Beach, 21 bungalows dans un jardin tropical. La direction est française.

SANS SOUCI SAMUI. 4/4 Moo 3 Chaweng Beach Road © 077 422 044 – Fax 077 422 045. *De 1 500 à 2 500 baht.* 17 chambres avec tout le confort souhaité.

LE CHABLIS. 119-22 Chaweng Beach RD Moo 2, 84320 KOH SAMUI ; Tél : 077422601 ; Fax : 077422544 ; email : chablis@samart.co.th; web site : www.samui-chablis.com. Cet établissement situé à quelques mètres de la belle et longue plage de Chaweng dispose de 20 chambres toutes sont d'un excellent confort, offrant climatisation, TV, frigo, grande salle de bain et pour celles en étage un balcon. Les prix vont de 900 à 4250 baths. Les plus onéreuses sont de véritables appartements qui conviendront parfaitement à une famille ou une bande de copains en goguette. De plus, andré le propriétaire français pourra en cas de séjour prolongé vous concocter des tarifs sur mesure. Le Chablis, c'est en effet avant tout, une ambiance conviviale où la clientèle à majorité française aime à se retrouver autour d'un verre à l'apéritif ou pour un dîner dans le restaurant attenant à l'hotel. Vous trouverez également à disposition des motos en location, des sorties en mer sont programmées à la demande. A noter que les transferts depuis et vers l'aéroport sont gratuits pour la clientèle de l'hotel. De même, vous pourrez profiter tout à loisir de la belle piscine du CORTO MALTESE, l'hotel adjacent au CHABLIS. Bref, tout est réuni pour que vous passiez un séjour réussi, dans une ambiance excellente et avec un remarquable rapport qualité-prix.

TRADEWINDS. Central Beach Road ✆ 077 230 602 – Fax 077 230 602. *De 1 900 à 2 500 baht.* Une vingtaine de bungalows d'un grand confort, avec balcon, climatisation, TV, frigo…

SAMUI RESOTEL. 17 Moo 3 Chaweng Beach Road ✆ 077 422 374 – Fax 077 422 421. *De 1 500 à 2 000 baht.* Le changement de propriétaire n'a pas nuit à cet hôtel, qui offre toujours de belles chambres d'un grand confort.

Luxe

PRINCESS VILLAGE. 101/1 Chaweng Beach Road ✆ 077 422 216 – Fax 077 422 382. Web http ://www.samuidreamholiday.com. *De 2 600 à 5 400 baht.* Hôtel composé de maisons dans le style d'Ayuthaya, toutes en teck et décorées dans la plus pure tradition thaïe. Exceptionnel !

CORTO MALTESE. 119/2 Chaweng Beach Road ✆ 077 230 041 – Fax 077 422 535. Web http ://www.corto.kohsamui.net. *De 2 500 à 7 500 baht.* Un hôtel de 15 chambres, pensées et réalisées par Pierre, un Français fou d'Hugo Pratt. Encore un lieu d'exception où vous voyagerez dans votre chambre, tellement le décor vous y invite.

MUANG KULAYPAN. 100 Moo 2 North Chaweng Beach Road ✆ 077 230 849 – Fax 077 230 031. Web http ://www.kulaypan.com.

Restaurants

A Chaweng, toutes les cuisines du monde sont représentées. Vous aurez le choix entre un plat thaï à 30 baht et les mets les plus savoureux… et très chers. Mais dites-vous bien que très cher ici est égal à un restaurant de gamme moyenne en France. Profitez-en !

Thaïlandais

BAAN THAIE. 157 Chaweng Beach Road ✆ 077 231 123. Web http ://www.chawengvilla.com. *Ouvert de 18h à 23h.* Ce restaurant du Chaweng Villa Resort offre, dans un cadre grandiose, une cuisine thaïe authentique. Les prix sont un peu élevés mais la qualité est là.

BUDSABA. 100 Chaweng Beach Road ✆ 077 230 850. Web http ://www.kulaypan.com. *Ouvert de 18h à 23h.* Le restaurant de l'hôtel Muang Kulaypan vous accueille sur la plage de Chaweng, dans des " sala " (huttes thaïes) en bois où vous dégusterez la cuisine royale traditionnelle. Quatre fois par semaine, un spectacle de danse classique thaïe accompagné de divers combats est proposé aux convives. Il est recommandé de réserver son sala à l'avance. Vous allez en prendre plein les yeux… et les papilles.

ORIENTAL GALLERY ✆ 077 422 200. Web http ://www.oriental-gallerie.com. *Service de 12h à 17h. Menu à 175 baht.* Encore une excellente cuisine thaïe dans cet établissement adjacent à un magasin d'antiquités. Un endroit idéal pour un copieux et délicieux repas.

THE DECK. 168/6 Chaweng Beach Road. Web thedeck@somart.co.th. *Ouvert de 11h à 23h.* Malgré son nom, c'est bien de la cuisine thaïe qui est servie à l'étage, dans un décor thaï. On dîne assis parmi des coussins… Egalement de la cuisine occidentale.

Francophones

RESTAURANTS FRANCOPHONES LE CHABLIS. 119/22 Chaweng Beach Road © 077 422 601. *Ouvert de 10h à 23h.* Dédé, le patron français, propose une cuisine simple mais délicieuse. Steak tartare à 180 baht, lasagnes à 150 baht. Il peut vous renseigner également sur pas mal de sujets. C'est en particulier une bible pour ce qui concerne l'import-export. Un endroit et un boss très sympathiques.

CAPTAIN KIRK. 167/42 Chaweng Beach Road. E-mail : kirksamui@hotmail.com. *Ouvert de 11h à 14h et de 18h à 23h.* Gibou, un Belge, a voyagé pendant 15 ans à travers le monde, avant de se poser à Koh Samui. Son restaurant, situé en étage et surplombant la rue animée de Chaweng, offre une décoration unique faite de motifs africains. Sa cuisine est de plus délicieuse, en particulier le steak au roquefort à 260 baht. Une très bonne adresse.

CHEZ ANDY. 164/2 Chaweng Beach Road © 077 422 593. *Ouvert de 15h30 à 24h.* Restaurateur suisse connu pour la qualité de sa viande. Fait aussi des fondues.

MAGIC LIGHT. 159 Chaweng Beach Road. *De 250 à 350 baht pour deux personnes.* Encore un Suisse ! Installé depuis près de quinze ans, il propose une cuisine thaïlandaise et européenne à petits prix.

L'ESCONDIDA. 119/2 Chaweng Beach Road © 077 230 041. *Ouvert de 11h à 23h.* Restaurant de l'hôtel Corto Maltese. Ben, le chef francophone, concocte notamment tous les soirs un menu à 350 baht.

Italiens

VIA VAI. 167/43 Chaweng Beach Road © 077 413 431. *Ouvert de 11h30 à 23h.* Restaurant au décor très simple mais à la cuisine excellente. On ne sait plus ce qu'on a aimé le plus, la cuisine ou la patronne italienne d'une beauté étincelante !

MAMA ROMA. Chaweng Beach Road © 077 230 649. *Ouvert de 12h à 23h.* Encore un bon italien. Cette fois on n'a pas vu la patronne, on s'est contentés de savourer les spaghettis et une pizza. Les deux à partir de 100 baht.

LA DOLCE VITA. Central Chaweng Beach Road © 077 413 295. Tenu par deux très sympathiques Italiens, ce restaurant nous offre en effet la " belle vie ". Le soir, se restaurer de lasagnes en voyant passer de sublimes Thaïlandaises, et en sirotant du chianti, c'est peut être ça la douce vie telle que la voient Enrico et son frère David.

Indien

ALI BABA. Chaweng Beach Road © 077 230 253. *Ouvert de 9h à minuit.* Face à la boutique de vêtements Samuihot Club. Propose une cuisine indienne traditionnelle et une cuisine végétarienne.

Tex-Mex

GRINGOS CANTINA. Chaweng Beach Road © 077 413 267. *Ouvert de 17h à 23h.* Derrière le pub The Islander, un restaurant offrant la panoplie traditionnelle de ce genre de cuisine : tortillas, fajitas et chili con carne. Tout est à des prix raisonnables.

La noix de coco est une des spécialités de Koh Samui. Les habitants de l'île se servent de macaques pour effectuer leur cueillette. Dressés dès l'âge de huit mois, leur agilité et leur vitesse en font des auxiliaires bien plus efficaces que n'importe quel humain ou outil. Ils savent très bien reconnaître les noix mûres à détacher de celles encore vertes. Un bon singe cueille plus de 500 noix de coco par jour... Soyez attentifs sur les différentes routes de l'île, des panneaux indiquent où assister à des démonstrations du travail effectué par ces animaux remarquables d'intelligence. Si vous avez des enfants, n'hésitez pas, ils adoreront !

Ramassage de noix de coco, Koh Samui

Japonais

HAGI SAMUI SUSHI. 38/2 Chaweng Beach Road ✆ 077 230 500. *Ouvert de 18h à 22h30.* Hébergé dans le très bel hôtel Central Samui Beach Resort (dont les travaux de rénovation ont été stoppés faute de crédits), cet établissement propose une cuisine haut de gamme. Le porc " Shoga Yaki " est particulièrement recommandé.

Seafood

A Chaweng, surtout dans le centre, il y a pratiquement un restaurant de fruits de mer tous les dix mètres. Difficile donc d'arrêter son choix. Voici cependant une petite sélection, ce qui ne veut pas dire que les autres soient définitivement écartés, car évidemment nous n'avons pu tous les visiter.

DROP IN. Central Chaweng Beach Road ✆ 077 413 221. *Ouvert de 12h à 23h30.* Un immense restaurant à la décoration plaisante. Plus de 200 tables sont réparties entre des arbres, des bassins. La " Seafood " est le menu proposé principalement. Mais vous avez aussi le choix entre des steaks-frites, des pizzas, et entre pas moins de 44 différents vins.

RED SNAPPER. 155/4 Chaweng Beach Road ✆ 077 422 008, ext. 557. *Ouvert de 16h à 2h du matin. Environ 1 000 baht pour deux personnes.* Restaurant de l'hôtel Chaweng Regent Resort, réputé à juste titre pour la qualité de ses produits. Prix élevés, mais vous savez ce que vous mangez.

THE FISHERMAN'S VILLAGE RESTAURANT. Chaweng Beach Road ✆ 077 413 310. *Ouvert de 18h à 23h30.* Vous choisissez votre poisson ou votre crustacé préféré dans un des aquariums, et on vous le prépare. Difficile de faire plus frais !

Sortir

Là aussi, les endroits pour boire un verre et écouter de la musique sont légion.

Bars et pubs

THE ISLANDER. Central Beach Road. Un des pubs phares de Chaweng. On y sert douze bières différentes, ce que la clientèle (surtout anglo-saxonne) semble apprécier. C'est également un rendez-vous prisé pour suivre les retransmissions sportives.

TROPICAL MURPHY'S. Central Chaweng Beach Road ✆ 077 413 614. *Ouvert de 10h à 2h du matin.* Le patron Paul est un Irlandais pur jus. La Guinness et la Kilkenny coulent à flots. Le week-end, des groupes jouent à l'étage de la musique des années 1970-1990.

TWO TONES BAR ✆ 099 714 469. *Ouvert de 18h à 2h du matin.* Ce bar situé près du Reggae Pub est ouvert depuis peu. On y diffuse un mélange de reggae, ska, rock planant. Pour ceux que la techno n'a jamais fait vibrer, l'endroit est idéal.

PENNYLANE ROCK CAFE ✆ 077 413 014. *Ouvert de 18h à 24h.* Situé derrière le Full Circle, ce pub diffuse surtout de la musique des années 1960-1970, mais le patron norvégien n'a rien contre les tubes plus récents qu'il passera à votre demande. Table de billard, diffusion des événements sportifs... un endroit sympathique.

THE FULL CIRCLE. Chaweng Beach Road. *Ouvert de 18h à 24h. Cocktails à 100 baht.* La clientèle est composée de touristes et de Thaïs, ce qui n'est pas si fréquent à Chaweng. Un groupe joue les derniers tubes jusqu'à 21h.

THE FROG AND GEKO PUB ✆ 099 086 138. *Situé dans la petite Soi qui mène au Green Mango.* Musique branchée et ambiance de fête continue sont les qualités de ce pub anglo-américain.

THE MASK ✆ 077 231 322. E-mail : chawengvilla@sawadee.com. Situé sur la portion de plage de l'hôtel Chaweng Villa, ce bar est très agréable de par sa situation mais aussi par son ambiance très conviviale.

THE ROCK ISLAND PUB ✆ 077 230 751. Autre bar directement situé sur la belle plage de Chaweng. Vous vous laisserez certainement bercer par la musique et le clapotis des vagues. Ici le reggae et le raggamofin sont les genres les plus appréciés.

THE ROCK PUB. Chaweng Beach Road. Ne pas confondre avec le précédent. Cet établissement fait face à l'hôtel central Samui Beach Resort, dont la rénovation est interrompue à ce jour. Un pub très apprécié des résidents où la musique live jouée par un très bon groupe thaïlandais fait tanguer une clientèle internationale. Une très bonne ambiance qui dure jusqu'à fort tard dans la nuit.

Bars " spéciaux "

A Chaweng, la plupart des bars à hôtesses sont regroupés autour des deux discothèques phares de la plage, le **Green Mango** et le **Reggae Pub.** Ils se ressemblent tous et il est donc difficile d'en recommander un particulièrement. A en juger par les bijoux ornant les jolis poignets et les cous graciles de ces demoiselles, les affaires marchent bien pour ces dernières. On signalera seulement, car c'est une singularité à Koh Samuï :

Joyeux chaos

Il faut avoir vu au moins une fois dans sa vie une gare routière ou ferroviaire lors d'une grande fête comme **Songkran** par exemple, où un tiers des Thaïlandais sont sur les routes. Les autorités ont beau chaque année rajouter des trains et des bus par dizaines, les retards s'accumulent et bientôt les gares et leurs abords, trottoirs, pelouses sont envahies de monde en attente d'une place hypothétique. On sort les jeux de cartes, les TV dans les halls de gares sont prises d'assaut, on ponctue de force commentaires un mauvais film chinois, des bouteilles s'échangent, des liens éphémères mais très cordiaux se nouent immédiatement, un sarong est improvisé en berceau pour le nouveau-né, certains Thaïlandais dorment à même le sol... Et tout ceci se passe dans la bonne humeur et sans aucun autre incident que celui causé par un ou deux Thaïlandais qui ont trop forcé sur le whisky et qui ne savent plus où et quand ils partent... Sans vouloir faire forcément de comparaison, on ne peut que penser à la France, où le moindre retard d'un TGV provoque une émeute et fait la Une du 20 heures

GB LOUNGE. Central Chaweng Beach Road. Situé près du Green Mango, c'est le seul gogo de Koh Samui. Les filles y sont belles et tombent rapidement et éperdument amoureuses de votre argent...

Discothèques

REGGAE PUB. Web reggaegroup@hotmail.com. Une boîte mythique à Koh Samui. Les anciens apprendront avec douleur (mais soulagement) que le pont de bois branlant qui traversait la rivière a été détruit. De ce fait, on ne verra plus au petit matin des conducteurs tout juste essorés demandant de l'aide afin de pouvoir remonter leur moto tombée dans la rivière. De même, la musique reggae est souvent noyée sous des flots de techno. Mais les plus belles filles de l'île se déhanchent toujours sur la grande piste de danse, et n'est-ce pas là l'essentiel ?

LE GREEN MANGO. Chaweng Beach Road. Là encore, les plus belles filles de l'île se déhanchent sur la grande piste de danse, et n'est-ce pas là l'essentiel ?

Shopping

Vêtements

SAMUI HOT CLUB. 166/71 Chaweng Beach Road © 077 422 462 – Fax 077 422 567. Un conseil, allez visiter ce magasin avant tout autre. En effet, il affiche des prix fixes, ce qui est très rare à Koh Samui. Vous aurez donc une idée précise pour marchander ensuite dans d'autres boutiques. De plus, les T-shirts y sont beaux et originaux. Deux annexes se trouvent à Lamai Beach et à Nathon.

EGO HOUSE OF SILK. Chaweng Beach Road © 077 230 138. Ce magasin attenant à l'hôtel Chawenf Villa propose un très grand choix de soies, cotons, cachemires, etc. De plus, l'accueil y est très souriant, ce qui est loin d'être toujours le cas dans les boutiques de Chaweng Beach.

JIM TOMPSON HOUSE. 38/2 Chaweng Beach Road © 077 230 521. Web http://www.jim_thompson.com. Annexe de la célèbre maison de Bangkok. Une qualité maximale et un très grand choix.

Antiquités

ORIENTAL GALLERY. Chaweng Beach Road © 077 422 200. Une maison sérieuse où abondent meubles, statuettes, tableaux, tous magnifiques.

COLONIAL LEGEND. Chaweng Beach Road © 077 413 723. Sur la route extérieure menant à Chaweng Beach, face à la Bangkok Airways. Une collection de meubles assez unique qui en fera rêver plus d'un.

Souvenirs

999 SOUVENIR SHOP. 168/53 Chaweng Beach Road © 077 422 581. E-mail : seefa999@hotmail.com. Un magasin d'articles les plus hétéroclites. On y trouve même des caricatures de Gainsbourg ! Les objets en bois prédominent.

MAIFA. 90/6 Chaweng Beach Road. Un petit magasin sans prétention, mais qui propose quelques objets originaux, en particulier de charmants paniers en osier et quelques lampes peu communes.

> VISITES AUTOUR DE L'ILE

Si vous voulez avoir un aperçu de l'île depuis la mer, adressez-vous à **SAMUI EVASION.** Yves, un Français connaissant l'archipel comme sa poche, propose en outre le circuit : **SAMUI BY BOAT © 077 230 159 – Fax 077 230 438 - E-mail : holidays@samuievadion.com.** Vous découvrirez l'île en bateau, ce qui vous permettra de constater qu'elle est encore très sauvage dans son ensemble. Vous longerez les baies de **Big Vuddha, Choeng Mon, Chaweng,** etc. Le paysage est splendide. Ensuite, vers midi, arrêt sur une petite île classée " Green Peace ", où vous dégusterez un vrai repas très copieux. Auparavant vous aurez eu le choix de faire bronzette sur l'île ou de plonger en apnée sur le récif de corail. Ensuite la promenade toujours aussi belle continue. Vous apercevrez notamment cinq îlots où sont cueillis les fameux nids d'hirondelle, puis la baie de **Taling Ngam.** La balade se termine à **Nathon,** d'où des minibus vous ramèneront à votre hôtel. Une superbe journée en perspective, où vous aurez le plaisir de côtoyer Yves Baccon dont la compétence et le caractère sympathique vous séduiront immanquablement. Ces promenades en mer ont lieu les mercredis et samedis de 8h30 à 17h30, pour un prix de 1 700 baht.

A cette occasion, vous ferez également connaissance avec Laurent et ses deux copains français qui ont eu l'excellente idée de concocter des cartes postales personnifiées. Des photos de vous seront prises sur l'île ou pendant le repas et ensuite, via la technique informatique, elles vous seront livrées le soir même à votre hôtel sous forme de cartes postales à votre effigie. Vraiment très original. Accessoirement, les deux jeunes Français sont des as de l'informatique et pour tout problème, ils ont une solution **(© 077 427 514 – Fax 077 230 159).**

Loisirs

MINIGOLF. 166/4 Chaweng Beach Road © 077 413 267. *Ouvert de 10h à minuit.* Appelé Treasure-Island, un petit parcours sympathique pour vous changer un peu de la baignade.

Cours de cusine thaï

S.I.T.C.A. Soi Colibri © 077 413 172. Un programme de un à six jours. Le prix de la journée est de 1 600 baht.

Les nids d'hirondelle

L'archipel de SAMUI est l'une des régions du royaume où l'on pratique la collecte des nids d'hirondelle. C'est un mets que les Chinois apprécient grandement, et sa rareté en fait une spécialité valant son pesant d'or.L'hirondelle fabrique son nid de brindilles avec, comme liant, sa salive. C'est cette dernière qui donnerait un goût délectable à la soupe de nids d'hirondelle. Aller chercher ces derniers n'est pas chose aisée. Il faut construire d'immenses échelles de bambou qui parfois dépassent les 50 mètres de hauteur. Avant de grimper, une offrande est faite à Bouddha ou à quelque divinité animiste. Cela n'empêche pas des chutes mortelles, et ce, malgré l'agilité des Thaïlandais chargés de cette tâche. La difficulté est amplifiée par le fait que les volatiles construisent leurs nids dans des grottes sombres qui seront seulement éclairées par des torches artisanales. D'où le nom donné à ces glaneurs de l'espace : les chasseurs des ténèbres.La récolte dure de février à mai et fait des ravages dans la population d'hirondelles. Cependant, il semble que leur nombre reste relativement stable, du fait que la plupart des nids sont tout à fait inaccessibles ou introuvables.

Combat de buffles

Traditionnels dans les villes du Sud, ces combats ont lieu régulièrement. Deux mâles s'affrontent tête contre tête.

Amis des bêtes s'abstenir.

Différentes " arènes " sont réparties dans l'île, tous les Thaïlandais les connaissent.

Musculation

CARLOS. 107/2 Ring Road © 077 231 174. Si vous voulez entretenir votre musculature d'athlète, une adresse est toute indiquée, tenue par Carlos. Ce jeune Français dynamique et souriant vous propose de vous accueillir pendant une semaine, pour un nombre de séances illimité, contre 600 baht seulement.

Plongée

Voici quelques clubs connus et reconnus pour leurs compétences.

HOBOYA. 14 Moo 2 Long Beach Lodge © 077 413 253 – Fax 077 427 227. Web http://www.houbou-ya.com

DISCOVERY DIVE CENTRE. Chaweng Beach Road © 077 913 196. E-mail : richie@discoverydivecentre.com.

CAPTAIN CAVEMANS. Chaweng Beach Road.

LAMAI BEACH

A partir de Chaweng, nous ferons le tour de l'île dans le sens des aiguilles d'une montre. Lamai est la première des plages de l'île. Naguère au coude à coude avec Chaweng pour la qualité de l'accueil, Lamaï s'est peu à peu laissée distancer par sa concurrente, les bars à filles ont envahi ses rues où la faune touristique est beaucoup plus dissipée. En revanche, la plage est toujours belle et propre (c'est une constante à Koh Samuï) et les adresses bon marché sont plus nombreuses.

Hébergement

Les prix imbattables

Pour ce prix, à Lamaï, les prestations sont souvent médiocres, surtout en haute saison, et le " confort " vraiment minimaliste.

SOM THONG RESORT. 124/1 Moo 3 ✆ 077 424 156. *De 300 à 500 baht.* Ici nous sommes de nouveau à Lamaï Centre, dans un endroit très discret, difficile à repérer, à part un panneau qui l'indique dans la rue principale de Lamaï. 8 bungalows très simples à quelques mètres de la plage, tous avec ventilateurs et un peu tristes, mais c'est encore une bonne affaire pour le coin.

LILLY HOUSE RESORT. 124/93 Moo 3 ✆ 077 424 231 – Fax 077 232 065. *De 300 à 500 baht.* En plein centre, des bungalows de l'autre côté de la rue donnant sur la plage. Ils sont un peu bruyants, choisir plutôt ceux situés plus loin dans le jardin. Tous sont équipés de ventilateurs, et c'est leur seul " luxe ". Même la lumière y est blafarde. A prendre en dépannage.

MY FRIEND BUNGALOW. 147 Moo 1 ✆ 077 425 187. *De 200 à 500 baht.* Situé plus au nord, dans un endroit tranquille, cet établissement installé depuis de nombreuses années propose ses bungalows basiques avec ventilateurs, à quelques mètres de la plage. Les tarifs sont modestes, en rapport direct avec la qualité des chambres.

Bien et pas cher

LAMAI COCONUT RESORT. 124/4 Moo 3 ✆ 077 232 169 – Fax 077 232 169. *De 600 à 1 200 baht.* Dans le centre de Lamaï, de beaux bungalows en bois, avec ventilateurs ou avec climatisation. Bon accueil.

THONG TA KIAN VILLA. 146/11 Moo 4 ✆ 077 230 978. E-mail : thongtakianvilla@hotmail.com. *Avec climatisation et TV 1 000 baht, sans TV et sans frigo 600 baht, sans climatisation 400 baht (ventilateur).* A l'écart du centre, des bungalows en dur dans un jardin tropical donnant sur la plage. Cette partie de la plage, située après le cap Nan, est appelée Thong Ta Kian Beach.

BAAN TON SAI GARDEN RESORT ✆ 077 292 829. *500 baht.* Toujours dans Lamaï Centre, cet hôtel offre de bons bungalows dans un jardin tout proche de la plage. Tous sont avec ventilateurs et d'un bon rapport qualité-prix. Une bonne adresse.

SEA BREEZE. Lamaï Beach Road. *Avec ventilateur de 250 à 500 baht, avec climatisation de 600 à 1 200 baht.* Au centre de la plage, un grand choix de bungalows, avec ventilateurs ou avec climatisation.

Confort ou charme

WEEKENDER RESORT. 124/19 Moo 3 ✆ 077 424 429. *Bungalows à partir de 1 300 baht, cottages jusqu'à 2 100 baht.* Des bungalows, des chambres ou des cottages. Tous ont la TV, climatisation, frigo… Et tout le confort international, dont une piscine.

GALAXY RESORT. 124/61 Moo 3 ✆ 077 424 055 – Fax 077 424 137. *Chambres à 1 200 baht, bungalows à 2 200 baht.* Chambres et bungalows ont la climatisation et sont d'un bon confort. Dommage que l'on s'y sente de trop. L'accueil est nullissime.

SAMUI BEACH RESORT (hebergement KOH SAMUI), 124/11 Moo 3, Lamai Beach ; Tél : 077424033 ; Fax : 077418404 ; email : info@samuibeachresort.com; web site : www.samuibeachresort.com. Cet établissement de 54 Bungalows est situé dans un endroit idéal. Tout à la fois dans un coin calme de la plage et en même temps à 10 min à pied du centre nocturne de Lamaï. Les tarifs vont de 400 baths pour un bungalow simple avec ventilateur jusqu'à 1500 baths pour des chambres plus spacieuses ayant tout le confort souhaitable (climatisation, TV, frigo, téléphone, salle de bain..). De nombreuses options intermédiaires viennent s'insérer entre ces deux tarifs, ce qui fait du SAMUI BEACH RESORT un des choix le splus variés de la plage LAMAI. Le propriétaire francophone outre sa gentillesse naturelle, sera toujours auprès de vous pour vous conseiller, voir résoudre vos difficultés en cas de pépins (perte de passeports, carte bleue….). Il propose aussi la location de moto, des sorties en mer (plongée, pêches, ballades) et des safaris à l'intérieur de l'île. Un restaurant sur la plage vous permettra d'apprécier tout à loisir le paysage en vous régalant de spécialité thaïlandaises ou européennes, et ce, à des prix modestes. Voici donc un lieu idéal pour passer de merveilleuses vacances à KOH SAMUI. Et comme notre guide de voyage et le sympathique patron du Resort ne peuvent rien vous refuser, si vous réservez par internet de la part du Petit Futé, vous aurez le privilège de bénéficier d'une remise de 20% sur le prix des bungalows !!!

Le coup de cœur du Petit Futé

Avant d'arriver sur la plage de Lamaï, sur la route principale de l'île entre cette plage et Chaweng, un petit panneau indique le :

JUNGLE PARK LamaiBeach Koh Samui, Suatthani ; Tél : 418034 ; Fax : 424110 ; email : inforesa@jungle-park.com; web site : www.jungle-park.com. En venant de Chaweng Beach et quelques centaines de mètres avant d'atteindre Lamai Beach, un panneau orné d'un perroquet indique le JUNGLE PARK RESORT. Ne pas emprunter la route montante qui y mène serait passer à côté d'un vrai bonheur. Imaginez un grand jardin luxuriant agrémenté de points d'eau et de petits ponts de bois enjambant ces derniers et à vos pieds, une belle plage de sable blanc. C'est ce que vous offre le JUNGLE PARK RESORT, avec ces 24 bungalows à la décoration très soignée et au confort impeccable avec TV, climatisation, mini-bar, terrasse...La plupart d'entre eux ont vu directe sur la mer. Les prix s'étendent entre 1300 et 6500 Baths. Certains étant de grands bungalows familiaux. Le Jungle Park dispose également d'une belle piscine et d'un " SPA ", le " ZEN Massage Center ", qui tout près de cette dernière, vous dispensera dans un décor à la fois sobre et raffiné, des massages relaxant aux huiles essentielles, effectués par des professionnels avant peut-être que vous vous dirigiez vers le hammam ou le sauna. Un restaurant face à la mer vous permettra de goûter aux délicieuses spécialités Thailandaises ou Françaises. Des voitures, des motos, des bateaux sont proposés à la location. Et tout ceci dans une atmosphère assez unique et servit par un staff qui accompagne depuis le début la direction française et qui sera toujours attentif tout en étant discret. Cette adresse vaut vraiment le détour.

Luxe

PAVILLON RESORT. 124/24 Moo 3 Lamaï Beach © 077 424 420 – Fax 077 424 029. *De 3 200 à 5 000 baht.* Etablissement de grand luxe situé au milieu de Lamaï Beach. Vous avez le choix entre le bâtiment principal ou des cottages dont le confort est encore plus raffiné. Les prix sont naturellement élevés. Piscine.

ALOHA RESORT. 128 Moo 3 Lamaï Beach © 077 424 014. E-mail : aloha@samaart.co.th. *De 1 800 à 5 500 baht.* Proche du précédent, dans une partie très agréable de la plage, 80 chambres dans un bâtiment ou des bungalows dispersés dans une cocoteraie. La mer est à quelques mètres. Grande piscine. Tout le nécessaire et le superflu à votre disposition !

Restaurants

SALATHAI. Lamaï Beach Road (centre) © 077 233 180. *Ouvert de 16h à 23h30.* Grand restaurant par la taille, un peu moins par la cuisine. Grand choix entre des plats thaïs et européens, poissons, fruits de mer. Les filets de rognons à 160 baht sont délicieux.

SIAM BAR AND GRILL. Lamaï Beach Road (centre) © 077 232 310. *Ouvert de 12h à 2h du matin.* Etablissement au décor et à la cuisine raffinés, qu'elle soit thaïlandaise ou occidentale. Tous les soirs, un buffet à volonté, pour 250 baht. Et les mardis, jeudis et samedis, un show de danse traditionnelle thaïe.

TALAY TAI. 146/24 Moo 4 © 077 424 202. *Ouvert de 11h30 à 14h et de 18h à 22h30.* Ce restaurant situé face à la plage propose, malgré son nom, de la cuisine occidentale, des plats végétariens comme le steak de thon, et des sandwiches.

RED FOX. Lamaï Beach Road (centre). Petit établissement sans prétention, dirigé par Alan, un Anglais très avenant, qui prépare les petits plats bons et pas chers que vous aurez le plaisir de déguster.

MONTANA SALOON. Chaweng Lamaï Road © 077 231 166. *Ouvert de 11h à 22h.* Situé tout près du Long Island Resort. La délicieuse cuisine thaïe est faite par la femme de Jim, un Américain retraité qui s'occupe des steaks et des hot- dogs. A vrai dire, on préfère les plats de madame.

CIAO RESTAURANT. Lamaï Beach Road. *Ouvert de 11h à 13h30 et de 18h30 à 23h.* Restaurant italien situé en plein centre. Pâtes, pizzas, boulettes de viande, tout est savoureux. Les prix sont très raisonnables.

LAMAI FOOD CENTER. Lamaï Beach Road (centre) ✆ 077 224 412. *Ouvert de 18h à 23h.* Un très grand choix de poissons et fruits de mer, dans un cadre agréable et à des prix dans la moyenne de l'île.

LA CREPERIE. Lamaï Beach Road (centre). *Ouvert de 11h à 13h30 et de 18h à 22h30.* Situé près de l'hôtel Bay Breeze, dans la rue principale de Lamaï, un établissement modeste tenu par un Français. Choix de cuisine thaïe ou française et, bien sûr, des crêpes salées ou sucrées.

WOMM WAOT. Lamaï Beach Road (centre). *Ouvert de 7h à 1h du matin.* L'endroit idéal pour prendre son petit déjeuner. Nombreux pains, croissants, brioches, pâtisseries, café, chocolat, thé. Le choix est varié et les produits sont bons.

Sortir

Les bars à filles sont innombrables ; il s'en construit même encore, alors qu'à cause de cette profusion même la plupart d'entre eux sont déserts. Voici des adresses de bars " normaux ", où les entraîneuses n'ont pas leurs quartiers.

BACKSTAGE ROCK BAR. Soi Samui Moon ✆ 018 939 478. *Ouvert de 18h à 2h du matin.* Situé dans une petite Soi du côté opposé à la mer, en face du Ciao Restaurant. Ambiance assez disjonctée avec, la plupart du temps, du hard rock qui passe soit en vidéo, soit en CD.

DIRTY NELLY'S. Tout proche de la discothèque le Banhaus, ce pub irlandais propose ses bières importées, son snooker et son ambiance un peu molle, qui, paraît-il, monte d'un cran les jours de retransmission sportive. Nous ne sommes pas allés vérifier.

FUSION CLUB. Lamaï Beach Road. *Ouvert de 20h à 2h du matin.* Dans le centre, un bar en plein air diffusant une bonne musique de groove et d'acid jazz. Bonne ambiance, avec une clientèle de jeunes touristes.

BANHAUS. Lamaï Beach Road. " LA " boîte de Lamaï, une institution au même titre que le Reggae Pub de Chaweng. Fait bar, pub, boîte de nuit… et bien d'autres choses encore. Clientèle d'expatriés, de touristes et de très jolies filles pas très farouches mais très intéressées par les billets de 1 000 baht. L'ambiance toutefois est excellente, la folie douce va crescendo au fil de la nuit, laquelle vous paraîtra bien courte.

Visiter

HINTA ET HIN YAI. A Lamaï Beach, ce sont deux rochers proches l'un de l'autre, l'un représentant un sexe d'homme, l'autre un sexe de femme. Seule la nature a sculpté ces rochers et c'est assez extraordinaire à voir.

Vous avez dit tord-boyaux ?

Si vous apercevez un touriste occidental boire le whisky local " Mekong ", fuyez au plus vite, cet homme ne peut décemment être considéré comme sain d'esprit. Si certains Thaïlandais en prennent, paraît-il, au petit déjeuner, aucun estomac digne de ce nom ne peut résister à cette boisson qui, pour paraphraser une célèbre publicité, a la couleur de l'alcool, l'odeur de l'alcool et le goût… du gasoil. En boire serait signe de démence ou d'extrême radinerie car, de fait, c'est le liquide le moins cher après l'eau. Whisky est une dénomination très noble pour ce tord-boyau, cet antigel qui vous laissera dans la bouche un goût effroyable pendant de longues minutes. On raconte que certains alcooliques s'étant pris une cuite au Mekong n'ont plus jamais touché une goutte d'alcool. Comme quoi, même le pire a du bon.

PLAGE DE NATIEN ET LAEM SET

Ces deux plages, malgré leur étendue, n'offrent pratiquement aucun espace pour se baigner (surtout en période de basse marée), la barrière de corail y étant particulièrement présente. De ce fait, très peu d'hôtels s'y sont installés.

Hébergement

CENTRAL SAMUI VILLAGE. 111 Moo 2 Tambon Maret © 077 424 020 – Fax 077 424 022. Web http://www.centralhotelsresort.com. *De 4 250 à 5 300 baht.* La vue est magnifique, la piscine hollywoodienne et les cottages d'un grand luxe et d'un confort princier.

Plus loin, sur cette même petite route montante, se trouve le

LAEM SET INN. 110 Moo 2 Hua Thanon © 077 424 393. Web http ://www.laemset.com. *De 75 à 450 $, bungalows pour 10 personnes 450 $.* Dans un cadre enchanteur, des bungalows ou des chambres tout en bois précieux. D'ailleurs le bois est partout présent, dans les escaliers menant à la plage ou au restaurant, dans chacun des bâtiments de l'hôtel. Les bungalows-villas, qui peuvent loger 10 personnes, avec piscine privée, reviennent à 1 800 baht par personne. Le manager thaï est d'une très grande gentillesse.

A Natien Beach, on trouvera quatre établissements : **HI HE'S RESORT** conviendra aux amateurs de cellules monastiques, sombres et tristes ; **WANNA SAMUI RESORT** est mieux, avec des bungalows allant de 200 à 700 baht, les plus chers étant équipés de climatisation ; enfin, **SAMUI ORCHID RESORT** et **SAMUI MARINA COTTAGES** sont très bien, mais à des prix plus élevés (entre 900 et 1 900 baht). Cependant nous ne voyons pas grand intérêt à résider ici, du fait de l'isolement et de l'impossibilité de baignade. Cela dit, chacun fait ce qui lui plaît.

Toute la côte Sud et Sud-Ouest est ensuite pratiquement inhabitée. Les hôtels ont délaissé ces endroits dont soit l'accès est très difficile, soit les plages sont très minces et l'occasion de s'y baigner rare. Il faut poursuivre jusqu'au nord de l'île pour retrouver une plage digne de ce nom.

Visiter

SAMUI AQUARIUM ET TIGER ZOO. Laem Set © 077 424 017. *Entrée 250 baht.* Des aquariums géants abritent tortues, crabes et, bien sûr, poissons exotiques de toutes les couleurs. On y voit également cinq tigres qui semblent vraiment s'ennuyer.

SNAKE FARM. Phanfka, au sud de l'île © 077 423 247. *Entrée 250 baht.* Nombreux serpents exposés dans des vivariums et shows de cobras à 11h et 14h.

MAE NAM BEACH

En retrait de la route et donc très calme malgré son développement récent. Les adresses bon marché y sont encore nombreuses.

Hébergement

Les prix imbattables

Ce sont les adresses les plus nombreuses sur cette plage.

SHANGRILAH ✆ 077 425 416. *De 300 à 500 baht, selon la qualité.* Situés dans le premier quart ouest de la plage, 40 bungalows avec ventilateurs.

ANONG VILLA ✆ 077 247 256. *De 300 à 700 baht.* Proches du précédent, juste un peu plus à l'ouest, face à la mer, une vingtaine de bungalows.

NEW SUNRISE VILLAGE ✆ 077 247 219. *De 200 à 400 baht.* Toujours dans le même coin, des bungalows plus basiques avec, pour seul confort, des ventilateurs.

MAENAM VILLA ✆ 077 425 501. *De 200 à 400 baht.* Situé à l'autre extrémité de la plage, côté est. Même dépouillement dans l'agencement de ces 20 bungalows avec ventilateurs.

FRIENDLY BUNGALOWS ✆ 077 425 784. *De 200 à 300 baht.* Un peu avant les précédents, une vingtaine de bungalows encore plus modestes.

Bien et pas cher

HOME BAY RESORT ✆ 077 247 214. *Avec ventilateurs 350 baht, avec climatisation 800 baht.* L'hôtel le plus à l'ouest de la plage, tout près du cap Na Lan. 39 bungalows proches de la plage, au confort très moyen pour ceux avec ventilateurs.

MENAM RESORT ✆ 077 425 116 – Fax 077 425 116. *De 700 à 1 000 baht.* Distants de la plage, situés dans un jardin verdoyant, une trentaine de bungalows grands, bien agencés et d'un bon confort. L'accueil est agréable. Bref, une bonne adresse.

Confort ou charme

PINNACLE RESORT ✆ 077 424 208. *De 1 200 à 1 800 baht.* Au milieu de la plage, 21 bungalows et 24 chambres, tous d'un bon confort, avec TV, climatisation, frigo. C'est le seul établissement de la plage situé dans cette catégorie de prix.

Luxe

SANTIBURI DUSIT RESORT. 12/12 Moo 1 ✆ 077 425 031 – Fax 077 425 040. *Compter environ 16 000 baht.* Hôtel de 71 chambres et villas, que l'on cite pour la forme car les prix y sont vraiment très, très hauts. Si cela vous intéresse, sachez qu'ils commencent à 374 dollars.

PARADISE RESORT. 18/8 Moo 1 ✆ 077 247 227. Web http://www.kohsamui.net/paradise. *Chambres standard à 4 000 baht.* Etablissement haut de gamme, mais où les prix sont plus raisonnables. L'hôtel est composé de 105 chambres ou cottages d'un très grand confort. La végétation est luxuriante et l'on a droit à une grande et belle piscine.

Restaurants

ROMA. Paradise Beach Resort Hotel ✆ 077 247 227. *Ouvert de 11h à 13h30 et de 18h à 22h30.* Dans un très beau décor, un bon restaurant italien, à la carte très fournie et au service impeccable. Si vous désirez y dîner, on viendra vous chercher (gratuitement) en voiture, où que vous soyez dans l'île.

ANGELA'S BAKERY ✆ 077 427 396. *Ouvert de 8h30 à 7h30 du matin.* Située sur la route principale de l'île, qui mène à la plage de MAE NAM, cette boulangerie propose un grand choix de pains, viennoiseries et gâteaux ainsi que de délicieuses confitures, à la banane par exemple. Tenue par une ravissante Thaïlandaise, trop peu visible hélas.

BOPHUT BEACH

La plage de Bophut est séparée en deux par un embarcadère. La première partie de la plage, en venant de **Maenam,** est plus jolie que l'autre et on peut s'y baigner toute l'année. L'autre côté, en revanche, a l'avantage d'avoir gardé son côté de petit village des pêcheurs à la joyeuse atmosphère. Ceux que la foule de Lamaï ou de Chaweng rebute, trouveront ici un refuge de bon aloi. Et pour que la mariée soit plus belle encore, ajoutons que de très nombreux francophones y ont pignon sur rue et que la plupart sont sympathiques.

Hébergement

Les prix imbattables

HELLO DIVING GUEST HOUSE. 55 Moo 1 ✆ 098 727 056 – Fax 077 427 542. E-mail : http://www.hello-diving.com. *Les prix sont respectivement de 100 et 150 baht.* Il est assez incroyable de trouver en 2003 des adresses comme celle-ci à Koh Samui. Dans une maison de bois précieux, impeccable de propreté, une guesthouse comme on n'en trouve plus. A l'étage, un dortoir de 10 lits avec ventilateur et, dans une petite pièce séparée, 6 lits avec air conditionné. L'ensemble est d'une parfaite netteté. Le patron est un Américain de Saint-Louis qui fait entièrement confiance à ses hôtes. Il laisse tout à leur disposition au rez-de-chaussée, ordinateur, TV, chaîne Hi-Fi, et vous en disposez comme bon vous semble. De même pour la cuisine, vous pouvez concocter des plats pour vous-même ou vos voisins de chambrée. Enfin, pour les étudiants, les deux premières nuits sont gratuites ! Sur simple appel, Warren peut venir vous chercher (à moto 80 cc !) si vous ne trouvez pas l'adresse (à 10 m de l'embarcadère). Enfin, last but not least, comme dirait Warren, les cours de plongée y sont certainement les moins chers de toute l'île. Une adresse exceptionnelle qui conviendra à une clientèle jeune, mais où il n'est pas interdit de passer faire une visite de courtoisie.

RASTA BABY. 176 Moo 1 ✆ 077 245 295. *De 200 à 300 baht.* Petite structure de 17 chambres, au confort très sommaire et à l'accueil glacial. A ne prendre qu'en dépannage.

COCONUT CALM BEACH. 180 Moo 1 ✆ 077 427 558. *De 250 à 800 baht.* Du côté ouest de la plage, dans un coin sympathique. Différents bungalows de plusieurs tailles, avec ventilateurs ou climatisation. En haute saison, les prix ne sont plus justifiés puisqu'ils grimpent jusqu'à 2 000 baht.

FREE HOUSE BUNGALOWS. 175/7 Moo 2 ✆ 077 427 516 – Fax 077 425 517. *De 400 à 500 baht.* 5 bungalows et pas un de plus, pour cet établissement situé à l'ouest de BOPHUT, dans une partie agréable de la plage.

SUNNY BUNGALOWS. 257 Moo 1 ✆ 077 427 031. *De 200 à 400 baht.* A l'extrême ouest de la plage, juste avant le cap qui la sépare de Menam, 8 bungalows avec ventilateurs.

Bien et pas cher

SANDY RESORT. 177/1 Moo 1 ✆ 077 425 353 – Fax 077 425 325. *De 700 à 1 000 baht.* Proche du ZaZen Bungalows, cet établissement propose 70 bungalows de toutes tailles et de tout confort, avec ventilateurs ou climatisation. Piscine.

WORLD BUNGALOWS. 175/1 Moo 1 ✆ 077 425 355 – Fax 077 425 355. *De 350 à 3 250 baht.* A côté du précédent, 36 bungalows, dont ceux de gamme moyenne avec climatisation. Cette gamme moyenne (à partir de 800 baht) qui paraît être le meilleur choix possible.

Confort ou charme

ZAZEN BUNGALOWS. 177 Moo 1 ✆ 077 425 085 – Fax 077 427 177. Web http://www.samuizazen.com. *De 1 400 à 1 800 baht.* Situé dans la partie la plus belle de la plage, cet établissement dirigé par Alex, un jeune Belge toujours souriant, et sa jeune femme Ti, est une très bonne adresse. L'accueil, le restaurant, les chambres très confortables et décorées avec un goût certain en font un lieu idéal de villégiature. Vous pourrez également profiter d'une piscine, d'un sauna, de massages, ainsi que des cours de planche à voile donnés par un Français diplômé, Jean. Remarquable rapport qualité-prix.

THE LODGE. 91/1 Moo 1 © 077 425 337 – Fax 077 425 336. *De 1 200 à 1 400 baht.* Situé plus à l'est, dans une tout autre partie de la plage, cet établissement dispose de chambres confortables et soignées, avec la climatisation et la TV.

Restaurants

Les petits restaurants bons et pas chers sont la spécialité de Bophut. Parmi eux, de nombreux francophones.

LE BATEAU. 34/1 Bophut © 077 425 297. *Fermé le mardi. Situé sur la droite, à 50 m avant l'entrée du village proprement dit.* A tout seigneur, tout honneur. Christian, un Belge avenant et volubile, est le " pionnier " de BOPHUT. Installé ici depuis 22 ans, il a vu tout le monde arriver (et souvent repartir). Après avoir fait le tour du monde en auto-stop, il avait décidé de faire une halte à Koh Samui, il s'y est marié et n'est jamais reparti. Il connaît l'île comme sa poche, surtout l'intérieur, et peut vous indiquer des balades dans des sentiers connus de lui seul (ou presque). Manquer son établissement serait une faute de goût. Pains au feu de bois, pâté et terrine maison, curry au lait de coco... tout est délicieux. Christian fait également la location-vente de livres.

LA PROVENCALE © 098 875 800. E-mail : fred-thaie@hotmail.com. Situé juste à côté du précédent, La Provençale est tenu par un Niçois qui propose une cuisine méditerranéenne : paella, daube niçoise, soupe de poisson, couscous. Une bonne adresse également.

VILLA BIANCA © 077 245 041. *Ouvert de 11h30 à 14h30 et de 18h à 23h.* Dans le village même de Bophut côté mer, une cuisine de qualité, dans un cadre agréable. Les spécialités italiennes sont délicieuses. Le pain et les pâtisseries également.

POPEYE RESTAURANT. *Ouvert de 11h à 23h.* Restaurant simple mais au cadre très agréable, avec une terrasse donnant sur la mer. Ses spécialités sont les poissons et les fruits de mer. Les produits sont bons et les prix raisonnables.

LA SIRENE. 65/1 Moo 1 © 077 425 301/077 425 301. Restaurant tenu par un Français, Gérard, et sa femme thaïlandaise. La maison propose les cuisines des deux pays. Le steak-frites est à 280 baht, et le crabe au curry à 150 baht. La spécialité de la maison est la noix de coco au four, farcie de lychees, crevettes et champignons, prix 130 baht. Avouez que pour se régaler, ce n'est pas cher. Si vous venez avec votre Petit Futé à la main, un verre vous sera offert par le toujours souriant Gérard.

▸ Sports nautiques, Koh Samui

Sortir

EXOTICABAR. 79/1 Moo 1 © 012 723 760. E-mail : exoticabophut@caramail.com. Bar tenu par Bernard, un Français à l'accent du Sud. Sa femme donne des cours de massages traditionnels et Bernard s'occupe de recevoir (très amicalement) ses hôtes. Loue également des motos et des jeeps.

GECKO PUB. 91/2 Moo 1 © 077 425 248. Placé au bout du village, côté mer, un pub anglo-saxon où des groupes jouent de la musique des années 1970, 1980. Le cadre est très agréable.

THE CROWS NEST © 017 971 193. Situé à peu de distance du précédent, un établissement dirigé par Alan et sa femme Noï. La terrasse offre une vue superbe sur la mer et, au loin, l'île de Koh Phangan. Les vendredi soir, des groupes thaïlandais viennent faire démonstration de leurs talents.

TROPICANA PUB. 28 Moo 1 © 077 425 304. Un pub décoré de vastes aquariums. Retransmissions sportives sur grand écran. Et, pour les amateurs, un choix fourni de vins.

BIG BOUDDHA BEACH

Séparée de Bophut par une petite langue de terre, c'est une plage étroite tant par son espace de sable entre la mer et les palmiers que par la faible distance qu'il y a entre elle et la route qui la longe tout du long, de sorte que, la nuit, certains bungalows où vous dormirez peuvent être bruyants. Reste que cette route n'est quand même pas la nationale 7 et que la plage est agréable, surtout en basse saison. Les établissements hôteliers y sont encore relativement peu nombreux, et les amateurs de l'endroit sont en général des " pères peinards " pour qui Chaweng et Lamaï sont des plages d'un autre monde.

" La plage de Big Bouddha fait 3 km de long, avec sable fin et cocotiers. Nombreux bateaux de pêche, superbe baie très calme. Idéal pour la baignade. Peu de touristes sur la plage. Village beaucoup plus calme que Chaweng. Départ des bateaux pour Ko Tao et Ko Phangamé. "

Hébergement

Bien et pas cher

SECRET GARDEN RESORT © 077 425 419 – Fax 077 425 253. *De 400 à 1 500 baht.* En milieu de plage, un établissement très connu. Ses bungalows les plus sommaires ont des ventilateurs. Les plus équipés ont la TV et la climatisation. Tous les dimanches après-midi, un concert de jazz a lieu dans le grand jardin. Très prisé des résidents.

BEACH HOUSE RESORT ✆ 077 245 124. *De 300 à 600 baht.* 14 bungalows simples et propres, avec ventilateurs.

SHAMBALA BEACH BUNGALOWS ✆ 077 425 330 – Fax 077 425 330. E-mail : http://www.samui-shambala.com. *De 400 à 700 baht.* Tenus par une Anglaise (mais qui connaît le guide du Petit Futé), 13 bungalows avec ventilateurs, de confort différent mais tous très propres et bien entretenus. Une bonne adresse.

OCEAN VIEW ✆ 077 425 539. *De 500 à 800 baht.* Tout près de l'embarcadère de la plage, un établissement de 12 bungalows dont 5 avec ventilateurs et 7 avec climatisation.

Confort ou charme

NARA GARDEN BEACH RESORT ✆ 077 425 364 – Fax 077 425 292. *De 1 100 à 1 300 baht.* Situées dans le dernier quart nord de la plage, 43 chambres confortables, toutes avec TV et climatisation.

SAMUI MERMAID RESORT ✆ 077 425 282 – Fax 077 425 282. *De 900 à 2 500 baht.* Un peu avant le Nara Garden, cet hôtel de 40 chambres offre un confort équivalent. Les chambres les plus chères sont aussi les plus luxueuses et ont vue sur la mer.

Restaurants

BLUE BANANA ✆ 077 245 080. Situé du côté route, un établissement modeste mais très accueillant et offrant une cuisine vraiment excellente à petits prix. L'activité essentielle de l'établissement consiste à vous apprendre la cuisine thaïlandaise. Cours très bon marché et très professionnels.

ELEPHANT AND CASTLE. Situé près de la poste, et tenu par un ancien facteur anglais, ce restaurant-pub sert des steaks-frites, du rosbif, du pudding. Excellent et pas trop cher.

FISHERMAN VILLAGE RESTAURANT ✆ 077 427 191. Restaurant de poissons et fruits de mer que vous choisissez dans des aquariums, ensuite on vous les prépare. Difficile de faire plus frais. Prix affichés par 100 g.

Visiter

BIG BOUDDHA. Il a donné son nom à la plage et il est impossible de ne pas le voir. Situé tout en haut du temple, il domine la plage de ses 12 mètres de hauteur. Vous pouvez visiter le wat à condition de vous souvenir que c'est un lieu de culte et non pas un parc d'attractions.

PARC MARIN DE ANGTHONG. Big Bouddha est le point de départ idéal pour des balades en canoë, et le parc marin est un bon prétexte pour vous lancer. Il comporte en effet de criques désertes et de grottes à explorer. Mieux vaut, bien sûr, être accompagné. Pour cela, contactez :

BLUE STARS KAYAKING ✆ 077 413 231 – Fax 077 230 497. E-mail http://www.gallerylafayette.com/bluestors. Installés à Chaweng Beach, ils sont d'une compétence absolue.

Ou bien, vous pouvez opter également pour :

SEACANOE SAMUI ✆ 077 236 071.

CHOENG MON BEACH

Au nord-est de l'île, cette belle plage très calme conviendra aux amoureux de la solitude et des nuits calmes et… aux amoureux tout court.

Hébergement

Bien et pas cher

P.S. VILLA. 24/2 Moo 5 ✆ 077 425 160 – Fax 077 425 403. *Avec climatisation de 600 à 800 baht, avec ventilateurs 400 baht.* Hôtel tout à fait modeste proposant 20 bungalows avec climatisation ou ventilateurs.

SOLEIL. 22/1 Moo 5 ✆ 077 425 232. *De 200 à 1 200 baht.* Des bungalows sur deux rangées descendant vers la plage. Les plus confortables ont TV, frigo et climatisation. Cependant le propriétaire allait entreprendre des travaux et les choses vont peut être changer.

Luxe

THE WHITE HOUSE. 59/3 Moo 5 ✆ 077 245 315 – Fax 077 245 318. E-mail : info@samuidreamholiday.com. *De 3 000 à 47 000 baht.* Etablissement luxueux où le service est vraiment excellent. 40 chambres et bungalows au confort idéal et dans un cadre idyllique. Le concept a été pensé et créé par Thomas, un Suisse qui est toujours à la tête de cet hôtel hors du commun.

IMPERIAL BOAT HOUSE. 83 Moo 5 ✆ 077 425 041 – Fax 077 425 460. E-mail : boathouse@imperailhotels.com. *De 4 800 à 9 000 baht.* Autre hôtel d'exception, cet établissement offre 165 chambres claires au confort haut de gamme. On y trouve aussi des suites plutôt originales, puisque ce sont d'anciennes berges à riz, en teck, aménagées pour votre plus grand confort.

> DANS LES ENVIRONS

KOH TAN

Si la tranquillité des plages de Choeng Mon ou de l'est de l'île ne vous suffit pas, vous pouvez aller à Koh Tan. Pas de route, donc pas de voitures ni de motos sur cette petite île, à vingt minutes en bateau de Koh Samui. Elle compte en tout et pour tout 60 habitants. Vous pourrez loger au :

TAN VILLAGE BUNGALOWS ✆ 019 684 131/019 786 159. *4 bungalows avec ventilateurs à 500 baht, et 6 à 350 baht.* Le seul choix possible, et disons que le confort est plutôt rudimentaire. Le patron, qui est en même temps gouverneur de l'île, viendra vous chercher en bateau sur un simple coup de fil (100 baht le trajet).

► Parc National Maritime Angthong, Surat Thani

Koh Pha Ngan

Au nord de Koh Samui, dont elle est distante d'une vingtaine de kilomètres, cette île a connu un essor considérable ces quatre ou cinq dernières années. Mais du fait du manque d'infrastructures et de routes carrossables, elle est encore peu appréciée de la majorité des touristes. La clientèle y est très jeune en moyenne. La plupart de ses plages offrent des bungalows vraiment basiques. Seul Hat Rin dispose d'établissements en nombre, souvent plus confortables mais bruyants à cause des " Full Moon Parties ".

Transports

Comment y aller

De Koh Samui, des express boats partent de l'embarcadère de Nathon à 11h et 17h15 ; compter 50 mn de trajet et 120 baht. Vous arrivez à l'embarcadère de Thong Sala. Deux autres départs à l'embarcadère de Big Bouddha Beach ; arrivée 50 mn plus tard à Hat Rin.
De Koh Tao, des Express boats partent à 10h30 et 14h ; compter 1h30 de trajet. Des speed boats partent à 9h30 et 15h ; compter 1h de trajet. Un bateau plus lent part à 9h30 et arrive à 12h30.
De Surat Thani, des ferries partent à 8h, 10h, 14h et 18h. Ils sont peu pratiques car très lents et ils font un arrêt à Koh Samui. Départ de l'embarcadère de Donsak et arrivée à l'embarcadère de Raja, sur la côte ouest de Koh Pha Ngan, près du village de Thong Sala.

Se déplacer

SONGTHAEW. Ils font la liaison entre les plages (quand la route est praticable). Les prix sont fixes ; renseignez-vous car sinon les tarifs flambent. Du village **de Thong Sala à la plage de Ban Tai** par exemple, compter 30 baht, mais pour celle plus éloignée de **Nai Pan,** sur la côte Nord-Est, le prix peut atteindre 100 baht.

MOTO-TAXI. Ils prennent en général 10 à 20 baht de plus que les songthaew.

LOCATIONS. Les motos se louent entre 150 et 250 baht par jour selon la saison.

Renseignements utiles

POLICE TOURISTIQUE. Autrefois basés uniquement à Thong Sala, les effectifs ont été très renforcés depuis l'afflux touristique. Le moins que l'on puisse dire, c'est qu'ils sont " chatouilleux ". Mais ils ont raison de l'être.

Hébergement à Thong Sala

Le village est devenu une petite ville où les magasins ont poussé au fur et à mesure des arrivées de bateaux remplis de touristes.

PHA NGAN CHAI HOTEL. 44/65 Moo 1 Thong Sala Road © 077 377 068. *De 875 à 1 250 baht.* Proche du débarcadère et reconnaissable à sa bâtisse toute blanche, un très bon hôtel proposant de belles chambres, toutes avec climatisation.

ASIA HOTEL. 44/72 Moo 1 © 077 238 378 – Fax 077 377 361. *De 400 à 500 baht suivant la saison.* Situé en face de la Krung Thai Bang, un établissement aux chambres modestes mais propres. L'accueil est agréable, ce qui sera loin d'être le cas partout. Fait aussi agence de voyages et salon de massage.

Avertissement

Il est toujours risqué de faire des généralisations, cela provoque des amalgames, et, en pointant du doigt le défaut d'une destination, on montre l'arbre qui cache une forêt de qualité. Cependant on peut avertir la clientèle familiale que cette île n'est peut-être pas faite pour elle. En effet, l'île est connue dans le monde entier pour ses " Full Moon Parties ". On estime à 5 000 le nombre de personnes qui, tous les mois, partent à l'abordage de Koh Pha Ngan pour aller danser sur les plages, en particulier à Hat Rin.

Cela n'aurait rien de répréhensible, si ces " parties " n'étaient prétexte à des beuveries monstres et à des deals d'ecstasy ou d'autres drogues plus ou moins dures. Au petit matin, les plages sont souillées (maintenant les fêtes débordent sur bien d'autres baies) de canettes de bière, de vêtements abandonnés, de sacs plastiques... et de corps allongés, ivres morts (au mieux). Comme on commence à faire la fête deux ou trois jours avant et qu'ensuite on continue par des " afters ", cela peut vraiment être pénible. Là encore " en général ", les touristes ici ne sont pas plus méchants que d'autres mais, il faut bien le dire, beaucoup de paumés et de pseudo-marginaux en mal d'identité se donnent rendez-vous sur l'île pour " se la jouer ". Ces " rebelles ", qui téléphonent à leur maman pour savoir si leur allocation mensuelle a été virée par les services sociaux sur leur compte en banque (si oui, la vie est belle, si non on vit dans un monde de pourris), pèsent vraiment d'un poids très lourd sur l'ambiance générale de l'île. Reste que de nombreuses plages sont belles et calmes, et qu'il suffit de peu de chose pour être heureux. Koh Pha Nghan a son sable doré, ses eaux bleu turquoise et quelques bungalows bien tranquilles. A vous de savoir en profiter.

KAO GUEST HOUSE. 210/9 Thong Sala. Chalok Nam Road ✆ 077 238 061 – Fax 077 238 061. *300 baht avec ventilateurs, 400 avec climatisation.* Les chambres sont simples mais propres.

En arrivant ou en repartant de l'île, on pourra faire étape au **YELLOW CAFE,** qui fait face au débarcadère. On y sert des petits déjeuners et des plats très simples, bons et pas chers.

Visiter

LES CASCADES. De nombreuses chutes d'eau, dans l'arrière-pays, méritent d'être vues. Il y en a sept en tout. La plus difficile à atteindre, car très à l'intérieur des terres, est Phaeng Nam Tok. Mais d'autres sont beaucoup plus proches, et donc facilement et rapidement joignables, comme **Wang Sail,** près de la plage de Mae Hat, à **Wang Thong,** sur Thong Nai Pan.

PLAGES DE HAT RIN

C'est de loin la plus fréquentée ; elle est devenue peu à peu une véritable petite ville. Elle est séparée en deux par le cap Rin. Au sud-ouest, **Rin Nai,** très belle et grande plage mais où la barrière de corail, omniprésente rend la baignade difficile. Elle est plus calme que **Rin Nok,** sa voisine. Rin Nok est certainement la plus belle plage de l'île, et on peut y nager sans aucun problème, mais elle est aussi le centre stratégique de toutes les Full Moon Parties. Elle est donc très bruyante, et sa fréquentation en fait une destination à fuir (voir " Avertissement ").

RIN NAI

Hébergement

PHA NGANBURI RESORT. 120/1 Rin Naï ✆ 077 375 330. *A partir de 500 baht.* Hôtel situé dans un beau jardin ombragé éloigné de la plage, ce qui n'est pas plus mal pour la tranquillité. Des bungalows offrant un bon confort et aux prix très variables, selon les prestations et la saison.

HAAD RIN HILL RESORT. 23/1 Moo 6 © 077 375 090 – Fax 077 375 090. *De 600 à 1 000 baht.* Un peu plus loin encore de la plage, de beaux bungalows au sol et aux murs lambrissés, et avec une petite terrasse. Ils sont meublés de façon minimaliste mais l'ensemble est très correct. Propose un service Internet.

RIN BEACH RESORT. 1-4 Moo 6 © 077 375 112. *Bungalows de 400 à 800 baht, chambres à 500 baht.* A l'extrême sud-est de la plage, des bungalows avec ventilateurs ou climatisation, ou encore des chambres dans un bâtiment.

RIN NOK

Hébergement

PHANFAN ORCHID RESORT © 077 375 227. *De 400 à 1 200 baht.* Face à la mer, un grand choix de bungalows, avec ventilateur ou climatisation. Les prix dépendent de leur situation par rapport à la plage et de leur confort.

SEAVIEW HAAD RIN RESORT © 077 375 007. *De 300 à 600 baht.* Situés à l'extrémité nord-est de la plage, ces bungalows de diverses tailles, tous avec ventilateurs et douche froide, vous offriront une paix relative, en dehors bien sûr des périodes de Full Moon Parties où cette quiétude risque d'être plutôt troublée.

PHA NGAN BAYSHORE RESORT © 077 375 227 – Fax 077 375 226. *De 500 à 1 500 baht.* Cet hôtel à l'accueil agréable dispose de bungalows dispersés sous les palmiers. Les prix, qui varient selon la taille et le confort (ventilateur ou climatisation), sont un peu trop élevés. Mais on peut marchander aisément, en dehors des mois de décembre et janvier.

HAAD RIN RESORT © 077 375 259. *De 250 à 600 baht.* En début de plage, un établissement qui propose des bungalows avec ventilateurs et eau froide

PLAGES DE THONG NAI PAN

Au nord-est, dans une baie assez idyllique, deux plages beaucoup plus tranquilles que les précédentes. **Thong Nai Pan Noi** est l'endroit idéal pour se baigner, la profondeur de l'eau y étant suffisante toute l'année ; **Thong Naï Pan Yai** est moins propice à la nage, mais aussi moins fréquentée.

Hébergement à Thong Nai Pan Yai

Bien et pas cher

DREAM LAND RESORT © 077 238 539 – Fax 077 238 539. *De 400 à 900 baht.* Des bungalows tout en longueur, genre motel, face à la plage. Leur prix varie selon leur exposition par rapport à la mer mais tous ont ventilateurs et douche. Location de masques et de tubas.

CENTRAL COTTAGES © 077 299 059. E-mail : central_cottages@hotmail.com. *De 150 et 200 baht ou de 500 à 800 baht selon le confort.* Dans un coin ombragé de la plage, cet hôtel dispose de bungalows, très sommaires pour les uns, beaucoup plus confortables, en dur et aux toits de tuiles rouges pour les autres. Très bon restaurant spécialisé dans les fruits de mer.

Confort ou charme

PANVIMAN RESORT © 077 238 544. E-mail : booking@panviman.com. *De 950 à 3 950 baht selon la saison.* Situé sur une colline entre les deux plages de la baie, ce bon établissement offre, outre une belle vue, des bungalows dont certains, en briques blanches et aux toits de tuiles, sont de vraies petites maisons. En haute saison, les prix sont bien trop élevés : jusqu'à 3 950 baht. Même pour le meilleur des bungalows, c'est de la folie. En revanche, hors ces deux mois de janvier et février, ils sont plus raisonnables (entre 950 et 1 800 baht), et c'est un établissement que l'on peut sans hésitation conseiller étant donné son confort et la beauté de son cadre naturel.

Hébergement à Thong Nai Pan Noi

BAAN PAN BURI © 077 238 599. *De 400 à 840 baht selon l'exposition et la saison.* Bungalows en bois, face à la baie, avec une petite terrasse, tous avec ventilateurs et douche froide. Le confort est simple mais tout est propre.

THONG TA PAN RESORT. *De 200 à 450 baht.* Proches du précédent, des bungalows plus que modestes, assez sombres et au confort minimaliste.

CHALOK LAM

Tout au nord, voici une grande plage au cœur d'une baie très incurvée. Un cadre idéal pour être loin du bruit et de l'agitation des plages du Sud-Est.

Hébergement

WATTANA RESORT © 077 374 022. *De 150 à 250 baht ou de 300 à 600 baht.* Deux catégories de bungalows : les uns très simples, en bois et en tuiles végétales, avec ventilateurs ; les autres plus récents, en dur et tuiles d'ardoise. La bonne adresse du coin.

HAT SALAD ET HAT YAO

En redescendant vers le sud, du côté ouest, se trouvent les plages de Hat Salad et Hat Yao.

Hébergement à Hat Salad

GREEN PAPAYA RESORT © 077 376 414. *De 1 100 à 1 600 baht.* Cet hôtel à l'accueil sympathique dispose de très beaux bungalows tout en bois, au bon confort et d'une propreté impeccable. Ceux avec ventilateurs sont les moins chers.

Hébergement à Hat Yao

LONG BAY RESORT © 077 377 289 – Fax 077 421 482. *A partir de 500 baht.* Situés en plein centre de la plage, des bungalows très propres, en dur. Vous y disposerez, pour les moins chers, d'une pièce claire aux murs blancs, avec ventilateur et petite terrasse extérieure.

CHAO PHAO

Une toute petite plage proche des précédentes.

Hébergement

PHA NGAN CABANA © 019 580 182. E-mail : pha_ngan_cabana@hotmail.com. *A partir de 800 baht.* Un hôtel en dur, aux nombreuses chambres. Elles ne donnent pas l'indépendance d'un bungalow mais elles sont très propres et disposent d'une petite terrasse avec table et chaises. L'hôtel possède également un bon restaurant et une petite piscine.

NAI WOK

C'est la dernière plage avant Thong Sala. Elle est loin d'être la plus belle mais son avantage est d'être proche de la petite ville.

Hébergement

SIRIPUN BUNGALOWS © 077 377 140 – Fax 077 377 242. *De 200 à 600 baht.* Des bungalows de diverses tailles et de confort variable, tous avec ventilateurs.

> A L'EST DE THONG SALA

On y trouve deux plages : Ban Taï et Ban Khai.

Hébergement à Ban Taï

SEA GARDEN RESORT. 137/1 Moo 6 Ban Taï © 077 375 283. *A partir de 600 baht.* Cet hôtel propose des bungalows à l'intérieur impeccable, au décor tout en bois. Certains, éclairés par une baie vitrée, sont très lumineux. Tous sont avec ventilateurs et équipés d'une petite terrasse avec chaises et tables.

DEWSHORE. 12/3 Moo 6 Ban Taï © 077 238 128. *A partir de 350 ou de 800 baht.* Nombreux bungalows propres et diversement équipés, se partageant en deux catégories selon qu'ils sont pourvus de ventilateurs ou de la climatisation.

Hébergement à Ban Khai

Sur la plage, nous vous conseillons le **COPA RESORT.**

NAKHON SI THAMMARAT

Cette ville de plus de 70 000 habitants est un carrefour de religions. S'y croise en effet le bouddhisme, bien sûr, mais aussi l'islam, très présent dans le Sud et qui vient de la Malaisie, distante de 200 kilomètres seulement, sans oublier l'hindouisme et le christianisme, ce dernier étant notamment représenté par l'église de Bethléem où, chaque dimanche, une grand-messe est dite. La ville a un passé prestigieux puisqu'elle a été vers le VIIIe siècle **la capitale du royaume de Srivijana,** dont il reste le **temple Mahathat** pour seul témoignage.

Transports

Comment y aller

Avion

De Bangkok, la Thai Airways assure un vol par jour. Départ à 6h20, arrivée à 7h35 ; compter 2 440 baht. Au retour, le vol est à 8h15. Les bureaux de la Compagnie se trouvent au 1612 Rachdammoen Road © **075 342 491.**

PB Air assure un vol du lundi au jeudi à 16h15 et un vol les vendredis et dimanches à 17h ; compter 1h20 de vol et 2 420 baht. Numéro de téléphone à Bangkok © **022 610 220.**

La mauvaise réputation

Cette ville a très mauvaise presse auprès de la population thaïlandaise. Il n'est pas rare que des autochtones sachant que vous vous rendez à **Nakhon Si Thammarat** froncent les sourcils et disent d'un air sentencieux : Big mafia ! En effet, tout comme Marseille en France ou Naples en Italie, la ville a une réputation de ville mafieuse.

Cela ne paraît guère justifié, si tant est que l'on puisse se faire une opinion en quelques jours. Toujours est-il que si mafia il y a, les rues sont toujours très sûres, comme partout dans le royaume, et que statistiquement les délits n'y sont pas plus nombreux qu'ailleurs. Aussi, si cette ville est sur votre chemin, il n'y a aucune raison d'en changer. Votre quiétude et votre intégrité physique ne seront en aucun cas menacées.

La ville a une spécialité, autrefois très répandue à travers tout le pays mais qui a pratiquement disparu maintenant : le théâtre d'ombres. Nakhon Si Thammarat en perpétue la tradition en lui consacrant un festival vers la mi-octobre. Diverses représentations de ce théâtre de marionnettes ont lieu le soir, et la foule est très nombreuse à s'y presser. C'est un festival d'une grande authenticité, absolument pas touristique. Une bonne raison pour y faire un saut si vous êtes dans la région de l'extrême Sud.

Train

2 trains partent de la gare de **Hualamphong à Bangkok.** Départs à 17h35 et 19h15 ; arrivée à **Nakhon Si Thammarat** à 9h45 et 10h35.

Bus

Deux bus VIP partent du **Southern Bus Terminal** à 17h15 et 19h ; compter 12h de route et 705 baht. Des bus 1ère classe partent entre 18h et 20h30 toutes les 30 mn, plus un départ le matin à 9h ; compter 454 baht. En 2e classe, un départ à 6h40, puis un départ toutes les 2h entre 16h et 22h ; compter 353 baht. Enfin, un bus ordinaire (sans climatisation) part à 23h ; compter 14h de route minimum et 252 baht.

De Phuket, en bus climatisé, compter 5h de route et 167 baht. De Krabi, compter 3h de route et 79 baht.

Se déplacer

SONGTHAEW. Ils parcourent régulièrement les rues principales de la ville. Sur leur circuit, quelle que soit la distance, le prix est de 5 baht.

MOTO-TAXI. Le prix varie selon la destination ; une course moyenne revient à 20 baht.

Renseignements utiles

TAT (Office du tourisme). Thachang Road, Soi 1 © 075 346 515. *Ouvert de 8h30 à 16h30.* A la lisière du grand parc public de la ville. Pas facile à trouver et de toute façon guère utile et surtout guère aimable.

POSTE. Raatchadomnoen Road, 100 m avant le croisement de Phanianr Road. *Ouverte de 8h30 à 16h30 en semaine.* C'est le bureau de poste principal. Le service de téléphone international attenant est ouvert tous les jours de 8h à 23h.

CHRISTIAN HOSPITAL. Phra Ngoem Road, non loin de l'église de Bethléem.

CHANGE. Aucun problème, les nombreuses banques changeront vos euros.

Hébergement

Bien et pas cher

NAKORN GARDEN INN. 1-4 Pak Nakhon Road © 075 344 831 – Fax 342 926. D'un bon rapport qualité-prix, cet hôtel modeste dispose de chambres correctes, avec TV et climatisation. De plus, l'accueil est très souriant.

SANAMCHAI HOTEL. 114/21 Si Thammasok Road © 075 342 704. *De 200 à 300 baht.* L'accueil est moins agréable que dans l'hôtel précédent. Les chambres simples mais propres sont toutes avec ventilateurs au premier, et avec climatisation au deuxième.

THAI HOTEL. 14/2 Ratchadamnoen Road © 075 341 509 – Fax 344 858. *480 baht pour les chambres les plus chères.* Ici l'accueil est carrément déplorable. Mais ce grand hôtel, qui a certainement connu des jours meilleurs, offre, pour ses plus belles chambres, grandes, avec TV et climatisation, un bon rapport qualité-prix.

Luxe

TWIN LOTUS HOTEL. 97/8 Pattana Kan Kukkwang Road © 075 323 777. E-mail : admtwl@twinlotushotel.com. *De 1 600 à 15 000 baht.* Le meilleur hôtel de la ville est une grande bâtisse de 408 chambres, rarement remplies à plus de 50 %, sauf lors des grandes fêtes. Les très belles chambres ou suites offrent un confort international. Pour les standard, vous pouvez aisément faire baisser les prix de 25 %.

Restaurants

Marchés

Le marché situé sur **Yommarat Road** offre nombre de petits stands où vous pourrez goûter à des plats bons et peu chers.

Le soir, c'est vers **Neramit Nakhon Road** (la grande rue qui fait presque face à la gare) qu'il faut se diriger. On y trouvera un foisonnement de stands proposant toutes les délicieuses spécialités du Sud.

Thaïlandais

Pour un repas plus solennel, l'excellent restaurant du **TWIN LOTUS** propose, dans un cadre très agréable, une succulente cuisine thaïlandaise et occidentale.

Occidental

Si vous recherchez des saveurs plus occidentales, vous pourrez vous rendre au **ROCK BAR and GRILL,** situé sur la grande avenue de Ratchadamnoen, juste avant Neramit Nakhon Road, au **BOVORN BAZAR.** Vous y trouverez des sandwiches, salades, pizzas et steaks-frites à des prix très raisonnables.

▸ Articles de vaisselle, Nakhon Si Thammarat

Visiter

WAT MAHATHAT. Ce serait l'un des plus anciens temples de la Thaïlande. Edifié par une reine de l'empire Srivijaya, dont on peut voir la statue, il fut ensuite reconstruit à partir de ses décombres au milieu du XIIIe siècle. Son chedi, d'une hauteur de plus de 70 m, est recouvert de près de 3 quintaux d'or. Un musée installé dans ses murs abrite des linteaux de bois sculptés, des statues de bouddhas du VIIIe siècle et divers objets de culte.

TEMPLES HINDOUS. Ratchadomnoen Road. Deux temples hindous presque face à face, 200 m environ après le Kong Nameuang, côté sud. L'un est dédié à Vishnu, l'autre à Shiva.

MUSEE NATIONAL. Ratchadamnoen Road, tout au sud. *Ouvert de 9h à 16h30. Entrée 30 baht.* Ce musée abrite de nombreuses statues de Bouddha mais aussi de divinités indiennes, de style Srivijaya ou Ayuthaya. Un coin du musée est consacré à la région, avec une exposition des instruments, outils et autres objets typiques de Nakhon Si Thammarat, dont les célèbres marionnettes.

> DANS LES ENVIRONS

LE PARC NATIONAL DE KHAO LUANG

Ce parc national est à une trentaine de kilomètres de Nakhon Si Thammarat. Son nom lui vient du **mont Luang,** qui culmine à 1 835 mètres. Semé de nombreuses plantations fruitières, le parc est très fréquenté par des animaux divers tels les singes macaques, les tapirs, mais aussi et, c'est moins commun, par des éléphants, des léopards et quelques tigres qui déambuleraient encore dans les parages, protégés par les gardes forestiers et surtout par la forêt très dense qui caractérise ce véritable sanctuaire animalier. Des chutes d'eau sont également à voir. On accède à ces dernières par des pistes très bien balisées et dont certaines sont agrémentées d'aires de repos.

Transports

De Nakhon Si Thammarat, des songthaew font la liaison avec le village de Khiriwong, pour 30 baht, en 30 mn environ.

Renseignements utiles

Entrée du parc : 200 baht pour les touristes, 100 baht pour les enfants. Des cartes basiques sont disponibles aux bureaux de l'entrée principale ✆ **075 309 047.**

La meilleure période pour visiter le parc est la saison sèche, de janvier à juin.

Pour toute information, adressez-vous au bureau d'entrée du parc (sur la route 4015) ou au TAT de Nakhon Si Thammarat ✆ **075 346 515,** de 8h30 à 16h30 en semaine. **E-mail : tatnakon@nrt.cscoms.com.**

Hébergement

Des bungalows sont offerts à la location des visiteurs pour des prix allant de 600 à 1 000 baht par nuit. Ils peuvent accueillir de 6 à 12 personnes, le prix est donc à diviser par le nombre de visiteurs occupant chaque bungalow.

Le confort est modeste, mais ce parc national a un charme particulier, et il mérite que l'on s'y arrête pour quelques jours.

Visiter

Le parc national est habité par des paysans dont certains peuvent vous servir de guides. Ils connaissent bien sûr les alentours comme leur poche et leur aide peut être très précieuse si vous désirez apercevoir quelques bêtes sauvages. Pour cela, adressez-vous au :

CLUB ECOTOURISM. Village de Khiriwong © 075 309 010. *De 10h à 18h.*

Phatallung

Dans cette partie du Sud Thaïlande, il y a très peu de touristes, et l'on peut observer tranquillement la vraie vie des Thaïs. Phattalung est une petite ville typique **entre Nakhon Si Thammarat et Songhkla.**

Hébergement

PHATTALUNGG THAI HOTEL. 14-14/1-5 Disara Sakarin Road © 074 611 636/074 611 797. *De 200 à 400 baht.* A 100 m de la Bangkok Bank, 56 grandes chambres, douche froide, WC, téléphone et TV. Propre, calme. Bon accueil et le personnel parle anglais. Par contre, au restaurant nous étions les seuls clients et nous avons eu la très nette impression de gêner. Personne ne voulait nous servir. On y mange pour 40 baht.

LAM PAM RESORT HOTEL © 074 611 486. *De 300 à 500 baht.* Au bord de la lagune, de superbes bungalows. Ceux situés devant sur le canal ont des chambres très grandes, terrasse, douche chaude, WC. Ceux situés dans les jardins ont des chambres plus petites, douche froide, WC, terrasse.

Visiter

A voir absolument, **la grotte Sumano** qui abrite plusieurs temples.

A faire, la balade en tuk-tuk **à la lagune de Lam Pam,** à 6 km. Aller-retour 30 baht.

SONGKHLA

La ville est située entre le golfe de Siam, à l'est, où se trouve **la belle plage de Samila, et le grand lac de Songkhla,** à l'ouest. Cernée par les eaux, elle est tournée vers la pêche et le transport naval. Le port est très actif et commerce avec la Malaisie et Singapour. Outre ses plages, Songkhla possède un passé historique, aussi ancien que celui de Nakhon Si Thammarat. Des diverses influences successives, elle a gardé notamment, comme Phuket, ses maisons sino-portugaises, témoignage de la grandeur lusitanienne passée.

Transports

Comment y aller

De Bangkok, un bus VIP part à 18h ; compter 13h30 de route et 870 baht. 3 bus 1ère classe partent à 17h, 18h45 et 19h30 ; compter 13h de route et 562 baht. 2 bus 2e classe partent à 8h et 19h ; compter 437 baht. Un bus ordinaire part à 14h30 ; compter 17h de route (!) et 312 baht.

De Hat Yaï, des bus partent toutes les 30 mn ; compter environ 30 mn de route et 20 baht. Hat Yaï est desservie par des trains et avions en provenance des grandes villes de Thaïlande. De là, vous pouvez prendre aisément un bus pour Songkhla.

Hébergement

Bien et pas cher

VIVA HOTEL. 547/2 Nakhon Nok © 074 321 034 – Fax 074 312 608. *De 500 à 650 baht avec climatisation et TV.* Un hôtel très modeste, situé du côté sud et face au grand lac. L'accueil est souriant et les chambres très bien. Une bonne adresse.

LAKE INN. 301/3 Nakhon Nok Road © 074 321 441. *De 400 à 600 baht.* Distant d'environ 300 m du précédent, il n'est pas séparé comme ce dernier du lac par la rue, et offre donc une belle vue à ses clients. Les 79 chambres ont toutes la TV et la climatisation, les plus chères ont vue sur le lac. Encore une bonne adresse.

PHET HOTEL. 212/14 Saïburi Road © 074 442 253. *De 250 à 320 baht.* L'hôtel est un peu fatigué, l'accueil est nullissime (ce qui est rare à Songkhla) et les chambres, très simples et sombres, ont un ventilateur pour seul luxe.

NARAI HOTEL. 14 Chaï Khao Road © 074 311 078. *Compter 300 baht.* Un beau petit hôtel à la chinoise, tout en bois, aux chambres modestes mais propres. Préférez les pièces les plus grandes, avec ventilateur et douche (froide). L'accueil est sympathique.

Confort ou charme

BP SAMILA BEACH HOTEL. 1 Rim Thaleh Luang Road © 074 440 222 – Fax 074 440 442. *De 1 250 à 7 500 baht.* Sur la plage de Samila, face à la mer, le meilleur hôtel de la ville offre un très bon confort et des chambres climatisées, équipées d'une TV, d'un frigo et d'une belle salle de bain.

Restaurants

La ville offre l'un des meilleurs rapports qualité-prix en ce qui concerne les restaurants de fruits de mer. Profitez-en. Tout **le long de Samila Beach,** des établissements sont nombreux. Le cadre est agréable, et les prix vraiment bon marché. Le marché de nuit, sur Wichianchom Road, est comme toujours une bonne adresse.

Visiter

MUSEE NATIONAL. *Ouvert du mercredi au dimanche de 9h à 16h. Entrée 30 baht.* Situé près du grand marché, du côté de Jana Road, ce musée ne présente guère de pièces exceptionnelles. On y verra les inévitables statues de Bouddha, des poteries et des céramiques diverses. Seuls sont vraiment dignes d'intérêt les magnifiques meubles et le bâtiment lui-même, une belle maison sino-portugaise.

L'ILE DE KO YO. Cette île est reliée au continent par un pont. Située à une quinzaine de kilomètres de Songkhla, elle est spécialisée dans le tissage. Un marché expose le travail des artisans réputés pour la qualité de leurs produits. L'île possède également un musée, beaucoup plus intéressant que celui de Songkhla, et qui rassemble outils artisanaux, instruments de musique, vêtements, armes, poteries et objets religieux typiques de la région.

HAT YAÏ

Cette grande ville de plus de 140 000 habitants est la porte d'entrée (ou de sortie) du pays voisin, la Malaisie. Cité prospère grâce au commerce en général et au caoutchouc en particulier, elle s'est spécialisée depuis la fin des années 1970 dans un commerce tout aussi lucratif, celui du sexe. Hat Yaï est en effet devenue une ville très fréquentée par les Malaisiens et Indonésiens qui viennent chercher en Thaïlande ce qu'ils trouvent plus difficilement chez eux et pour plus cher. De même, de nombreux Singapouriens et Chinois font le déplacement pour les divers " karaokés" , " salons de massage" , " cabarets", qui sont autant de bordels déguisés. Sans parler de ces restaurants interdits aux Occidentaux où des serveuses nues sont chargées de donner à manger à des vieux Chinois au bord de l'apoplexie. La ville en elle-même n'offre aucun charme particulier, sauf d'être un exemple typique d'une ville asiatique, grouillante de vie, de folie et très souvent de mauvais goût.

Transports

Comment y aller

Avion

De Bangkok, la Thai Airways assure 5 vols par jour, le premier à 7h, le dernier à 18h45 ; compter 1h30 de vol et 3 140 baht.

De Phuket, un vol par jour à 9h10, arrivée à 9h55 ; compter 1 090 baht. Les bureaux de la Compagnie se trouvent au 190/6 Niphat U-Thit Road 2 © **074 233 433.**

Train

De Bangkok, 8 trains partent entre 12h25 et 22h30. La meilleure option est peut-être celui de 15h50. Vous pouvez profiter du paysage pendant quelques heures, puis dormir dans votre couchette, et l'arrivée à 10h35 vous laisse le temps de choisir un hôtel. Le prix de base est de 453 baht auxquels s'ajoutent divers suppléments.

Bus

De Bangkok, 2 départs VIP à 16h30 et 18h ; compter 13h de trajet et 830 baht. Un autre bus VIP, de 32 places, part à 20h20 ; compter 624 baht. Des bus 1ère classe partent à 7h30, ensuite entre 18h et 20h30 (4 départs) ; compter 535 baht. Enfin, 3 bus 2e classe partent à 7h, 17h et 21h45 ; compter 15h de trajet et 416 baht.

De Phuket, en bus 1ère classe, compter 6h de trajet et 269 baht ; en bus 2e classe 257 baht.

De Krabi, en bus 2e classe, compter 5h de trajet et 169 baht.

De Surat Thani, en bus 2e classe, compter environ 6h de trajet et 198 baht.

Se déplacer

SONGTHAEW. Sur le circuit qu'ils parcourent en ville, le prix est de 10 baht quelle que soit la distance.

MOTO-TAXI. La course moyenne est de 20 baht.

AEROPORT. La Thai Airways affrète des minibus pour Hat Yaï à 50 baht. Un taxi vous reviendra à environ 150 baht.

Renseignements utiles

TAT (Office du tourisme). Niphat U-Thit Road 3, Soi 2. *Ouvert de 8h30 à 16h30.* A un kilomètre de la gare ferroviaire, vers le sud.

TOURIST POLICE. Niphat U-Thit Road 2. Tout près du TAT, juste avant le croisement avec la rue Siphunawat.

POSTE. Niphat Songkhrao. *Ouverte de 8h30 à 16h30.* C'est la poste principale. Un centre téléphonique international y est attenant, ouvert de 7h à 23h.

INTERNET. Des cybercafés un peu partout dans la ville ; les prix sont d'environ 1 baht la minute.

Hébergement

Les prix imbattables

KOSIT HOTEL. 14/7 Niphat U-Thit Road 2 © 074 234 366. *Compter 590 baht.* Hôtel très prisé par la clientèle chinoise. Les chambres climatisées avec TV sont un peu vieillottes. Si c'est votre jour de chance, leur prix baissera facilement à 500 baht.

SINGAPORE HOTEL. 62/66 Suphasan Rangsan Road © 074 237 478. *Avec ventilateur 280 baht, climatisées 380 baht.* Chambres avec ventilateurs ou climatisation, toutes coquettes et propres. Une bonne adresse.

NAGA HOTEL. 159/10 Thamnoonvithi Road © 074 239 419. *Avec ventilateur, côté rue, 270 baht, côté cour 380 baht.* Petit hôtel aux chambres diversement confortables mais un peu décaties. Celles donnant sur la grande rue paraissent vraiment bruyantes. Les autres, côté cour, sont peut-être un peu trop chères par rapport à la concurrence. Et l'ambiance est lugubre. Mais l'accueil est bon.

Confort ou charme

NOVOTEL CENTRAL. 3 Sanehanuson Road © 074 352 222 – Fax 074 352 223. *Chambres standard à 2 250 baht.* Très bel hôtel, repris récemment par la chaîne Novotel. Ses 238 chambres, claires et moquettées de rouge, offrent tout le confort international, avec une touche de design à la française.

JB HOTEL. 99 Jootee-Anusorn Road © 074 234 300 – Fax 074 234 328. *A partir de 1 700 baht.* Très grand hôtel de 432 chambres où la clientèle est chinoise (et donc bruyante). De belles chambres standard avec TV, climatisation, frigo...

Bien et pas cher

REGENCY HOTEL. 23 Prachathi Pat Road © 074 353 333 – Fax 074 234 102. *De 800 à 4 500 baht.* 436 chambres partagées entre l'ancien bâtiment et le nouveau, une grande tour ultramoderne. Si dans ce dernier les prix ont tendance à s'envoler, l'aile originelle abrite des chambres, avec climatisation et TV, fort convenables et beaucoup moins chères.

ASIAN HOTEL. 55/59 Niphat U-Thit Road 3 © 074 235 722 – Fax 074 234 890. *De 680 à 3 500 baht.* Hôtel d'un bon rapport qualité-prix pour les chambres standard disposant de la climatisation, d'une TV et d'un frigo.

DIAMOND PLAZA HOTEL. 62 Niphat U-Thit 3 © 074 230 130 – Fax 074 239 824. *De 850 à 990 baht.* Proche du précédent. Les chambres standard y sont peut-être un peu plus confortables.

▸ Assortiment de bananes

Restaurants

Le **NIGHT MARKET,** sur Montri 1 Road, propose une flopée de petites gargotes de poissons et fruits de mer très frais. Les prix y sont vraiment bas.

Les centres commerciaux **OCEAN SHOPPING HALL CENTRAL DEPARTMENT STORE et ROBINSON** comportent divers restaurants thaïs ou chinois, des boulangeries et les inévitables fast-food. Pour les viennoiseries, le Novotel, adjacent au Central Department Store, propose certainement les meilleurs croissants de la ville. Les pâtisseries y sont également délicieuses.

Voici quelques adresses de restaurants plus typiques.

HILLMAN RESTAURANT. 154 Niphat U-Thit Road 3 © 074 244 333. *Ouvert de 16h à 23h.* Cuisines chinoise et thaïlandaise, très appréciées apparemment d'une large clientèle asiatique, ce qui est toujours un signe de qualité.

BEST KITCHEN. 53/55 Jootee Anusorn Road © 074 234 479. *Ouvert de 10h à 24h.* Même genre de cuisine que plus haut, mais à des prix un peu moins élevés.

NEUA YANG KAO LI. 124 Chuti Anuson Road. *Ouvert de 7h à 22h.* Une adresse excentrée, située dans la boucle que fait le khlong Toeï (canal). Sans prétention, on y sert une bonne cuisine thaïlandaise du Sud et aucun plat ne dépasse les 90 baht.

Sortir

En ce qui concerne la vie nocturne, elle est surtout axée sur la satisfaction du mâle asiatique. Les bars à filles et autres salons de massage ne manquent pas, c'est le moins que l'on puisse dire. Pour une soirée plus conviviale, vous pourriez essayer **la discothèque de JB Hotel.**

THE METRO. 99 Jotee Anusorn Road. *Ouvert de 21h à 2h30 du matin. Entrée 160 baht.* La clientèle y est asiatique. L'ambiance est bon enfant, et la musique pas mal du tout. Attention, nombre des jeunes filles présentes sont des jeunes hommes. Les Chinois adorent…

LIPSTICK COCKTAIL LOUNGE. 106 Prachathipat Road. *Mi-boîte de nuit, mi-bar-club.* Dans une ambiance feutrée, de jolies femmes se promènent en attendant que vous leur offriez un verre.

> DANS LES ENVIRONS

NAM YOK TON NGA CHANG

Situées à une vingtaine de kilomètres à l'ouest de la ville, ces chutes d'eau, très impressionnantes, s'échelonnent sur sept niveaux. Vous pouvez en atteindre le sommet par un chemin escarpé et vous arrêter en cours de route pour piquer une tête dans un des multiples bassins naturels. Pour vous y rendre, prenez un songthaew. Comptez 30 baht pour environ 30 mn de route.

Parc marin de Tarutao

Composé d'une cinquantaine d'îles, ce parc figure sur la liste du Patrimoine mondial de l'UNESCO. Totalement inhabité, il abrite une nombreuse faune et flore très préservées. Les adeptes de la plongée y auront également de quoi se faire plaisir. Avec un peu de chance, ils pourront apercevoir une foule de poissons exotiques multicolores, des dauphins et des tortues de mer géantes. Quant aux animaux de l'île, les macaques mangeurs de crabes en sont les vedettes incontestables. Les structures d'accueil du parc sont relativement modestes, mais on ne peut pas tout avoir.

Transports

L'entrée du parc de Tarutao coûte 200 baht. **De Hat Yaï,** la liaison est assurée par des bus qui, en 2h environ, vous conduisent à La Ngu. De là, il faut vous rendre à l'embarcadère de Pakbara. Des songthaew sont spécialisés dans ces transferts.

Les bateaux partent à 10h30 et 15h. Le tarif aller-retour est de 240 baht. Mais attention, renseignez-vous auparavant, car entre mai et octobre, les liaisons maritimes sont beaucoup plus épisodiques.

Informations

Pour tout renseignement, appelez le © **025 614 292,** entre 9h et 16h.

NARTHIWAT

Située à l'extrême sud-est de la Thaïlande, cette petite ville de 40 000 habitants est totalement oubliée du tourisme. Pourtant elle offre une atmosphère unique à ses visiteurs. Baignées par le golfe du Siam, ses côtes sont dotées de plages parmi les plus belles de la région, ses rues sont bordées de maisons en bois centenaires, ce qui pour une ville de cette taille est tout à fait unique. En revanche, il est vrai que les soirées y sont très calmes...

Transports

Comment y aller

Avion

De Phuket, un avion les lundi et mercredi affrété par la Thai Airways. Départ à 12h50 ; compter 1h de vol et 1 190 baht. Les bureaux de la Compagnie se trouvent au 322 Phuphaphakdi Road © **073 511 161.**

Train

3 trains partent de la gare centrale de Hualamphong, à 12h25, 15h10 et 22h30. Ils arrivent à 10h, 11h40 et 7h50.

Bus

De la gare routière Sud de Bangkok, un bus VIP part à 17h15 ; compter 16h de route et 1 035 baht. Un bus 1re classe part à 18h ; compter 17h de route et 666 baht. Un bus 2e classe part à 15h30 ; compter 18h de route et 518 baht. Prendre le train-couchette paraît beaucoup plus raisonnable.

Une famille en or

Pour un esprit cartésien, la nature des liens familiaux en Thaïlande est une source d'étonnement. Ces liens sont en effet très distendus et très proches à la fois. Ainsi, un fils ou une fille parti travailler à Bangkok pourra très bien rester plusieurs mois sans donner aucune nouvelle. A son retour pour quelques jours de vacances, on l'accueille avec liesse mais sans aucune effusion et au bout d'une heure, on passe à autre chose. Il est fréquent d'ailleurs que quelques jours plus tard, il ou elle parte au petit matin sans dire au revoir à la famille. En revanche et même après une ou deux années de total silence, si " l'exilé" a un besoin pressant d'argent pour une hospitalisation ou une dette à régler, la famille fera alors corps et viendra en aide au demandeur en détresse, quitte à s'endetter elle-même... Fascinante Thaïlande.

Se déplacer

TUK-TUK. Ils prennent 20 à 30 baht pour une course moyenne.

SAMLOR. Idem.

MOTO-TAXI. Compter entre 10 et 20 baht.

Renseignements utiles

TAT. Paradoxalement, l'Office du tourisme est un peu à l'écart de la ville, **en direction de la plage de Manao.** Ouvert de 8h30 à 16h30. On y est visiblement heureux de vous donner des renseignements.

POSTE. Pichitbamrung Road, peu après Wora Khamphiphit Road. *Ouverte de 8h30 à 16h30.* La poste principale. Un téléphone international y est attenant, ouvert de 7h à 22h. De même, un ordinateur est à disposition en libre-service pour envoyer vos mails ; 1 baht la minute.

CHANGE. Les banques comme la Thai Farmer ou la Siam Commercial Bank, sur Pitchitbamrung Road, changent les euros.

Hébergement

Dans l'ensemble, les adresses indiquées ci-dessous sont d'un très bon rapport qualité-prix.

ROYAL PRINCESS. 53/2 Pitchitbamrung Road ✆ 073 515 041. E-mail : royalprincess.com. *A partir de 950 baht.* Le meilleur hôtel de la ville, dans une imposante bâtisse blanche. Il propose 126 chambres, toutes équipées de climatisation, frigo, TV, belle salle de bain. Les prix montent très vite à des hauteurs vertigineuses. Nous conseillons les chambres standard, largement suffisantes.

TAN YONG HOTEL. 14/3 Sophaphisaï Road ✆ 073 511 477 – Fax 073 511 477. *De 500 à 1 500 baht.* Hôtel plus modeste, aux chambres cependant confortables, avec TV et climatisation. L'accueil est très sympathique.

REX HOTEL. 6/1 Cham Roonnara Road ✆ 073 511 134. De 200 à 350 baht. Chambres avec ventilateur ou climatisation, simples mais propres.

Restaurants

Des stands installés sur **Sophaphi Saï Road** proposent des Khao phat (riz frit), avec porc ou poulet et tomates, à 30 baht.

Le **Night Market**, coincé entre Phupha Phakdi Road et Pitchitbamrung Road, près de la Commercial Bank, offre également un grand choix de plats à petits prix. De plus, C'est une occasion de faire quelques emplettes à des stands vendant chaussures, vêtements, lunettes, cadenas, sacs, etc. Le tout, vraiment bon marché.

Visiter

La plage de Narathat, au nord de la ville, est accessible par un pont qui enjambe la rivière Bang Nara. Cette longue plage de sable doré, de 5 km environ, invite à s'y baigner... en semaine. Pendant le week-end, il y a un peu plus de monde. Les nombreuses gargotes qui longent la plage proposent divers poissons ou langoustes, délicieux et à petits prix. La vie est parfois belle, non !?

◗ Ko Li Pe, parc national Tarutao, Satun

◗ Ko Khaï, parc national Tarutao, Satun

> DANS LES ENVIRONS

SUNGAI KOLOK

Cette petite ville est séparée de la Malaisie par le mince serpent, d'une cinquantaine de mètres de largeur, qu'est **le fleuve Kolok.** Ce fleuve qui est le seul attrait de cette cité, distante d'une soixantaine de kilomètres de Narthiwat. Sungai Kolok est en effet assez triste, sa seule attraction étant le va-et-vient continuel entre les deux pays, reliés par deux ponts. L'un est réservé à la circulation automobile, l'autre au train. Nombre de Malais font le voyage pour une ou deux journées seulement, afin de visiter les établissements de nuit (mais aussi de jour), où les prostituées thaïlandaises les attendent. La prostitution est d'ailleurs le commerce le plus lucratif de la ville. Passer une nuit ici n'est pas très recommandé. Si cependant l'atmosphère particulière de la ville vous convient, ainsi que cette impression de ne plus être en Thaïlande mais pas encore en Malaisie, pourquoi pas ?

Transports

Pour vous conduire vers cette bourgade où les Occidentaux se comptent sur les doigts d'une main, des bus partent de **Narthiwat** ; comptez 50 mn de trajet et 41 baht en bus climatisé, 20 baht en bus ordinaire.

Hébergement

MERLIN HOTEL. 40 Charoenkhet Road © 073 611 113 – Fax 073611 431. *Chambres standard à 550 baht.* En plein centre-ville, à 200 m de la gare ferroviaire, des chambres avec TV et climatisation. Vu les tarifs, cet hôtel n'est visiblement pas un hôtel de passe. En revanche, l'accueil est nullissime.

Les autres établissements sont en majorité réservés aux amours très passagères. Au vu de leurs noms, le doute n'est pas permis : **HONEY HOTEL, DARLING HOTEL, KISS HOTEL, MY LOVE HOTEL, BABY HOTEL** et, comme l'imagination est au pouvoir, **COME IN HOTEL** et l'inénarrable **UP AND DOWN HOTEL.**

YALA

Ville fortement islamisée comme partout dans la région, Yala s'enorgueillit du titre de la ville la plus propre du royaume, et cela semble être en effet le cas. Les rues sont d'une propreté absolue, ce qui est loin d'être toujours le cas en Thaïlande… et ailleurs. Coincée **entre Hat Yaï et Narathiwat,** Yala peut être pour vous l'occasion de vous promener dans ses nombreux parcs et de goûter à de spécialités du Sud dans les gargotes du centre-ville.

Transports

Pour vous rendre à Yala **de Hat Yaï,** le plus simple, le plus plaisant et le moins cher est de prendre un train ordinaire. Le beau paysage défile lentement devant vous, et tout cela pour la somme folle de… 19 baht.

Même chose de **Narathiwat,** d'où le prix est de 16 baht. A l'arrivée, vous pouvez aller directement au **YALA RAMA HOTEL** situé à une centaine de mètres.

Hébergement

CHANG LEE HOTEL. 214/7 Sirinos Road © 073 244 340 – Fax 073 244 599. *Chambres à 700 baht.* Le meilleur hôtel de la ville est situé sur la plus grande avenue. L'accueil y est vraiment charmant et les chambres, avec TV et climatisation, sont d'un très bon rapport qualité-prix. Une piscine est à votre disposition.

D'autres hôtels plus modestes peuvent vous accueillir, mais leurs chambres sont en général très basiques. Essayez le :

YALA RAMA. 21 Sribumrung © 073 212 563 – Fax 073 214 532. *Avec ventilateur 270 baht, avec climatisation 400 baht.* Vers le quartier de la gare ferroviaire, des chambres simples mais correctes, avec ventilateur ou avec climatisation.

PATTANI

Distante d'une cinquantaine de kilomètres de **Yala,** Pattani est une cité plus modeste en superficie et en habitants. Traversée par la rivière du même nom, elle abrite la deuxième plus grande mosquée du pays. Toute proche du golfe de Siam, elle offre dans ses alentours de longues plages de sable désertes. Son centre-ville conserve des vestiges des vieilles maisons sino-portugaises, qui donnent du cachet à la ville. Tous les ans, de fin février à début mars, un festival végétarien y a lieu qui conclut des festivités sino-musulmanes. Une journée semble suffisante pour faire le tour de la ville.

Transports

De Yala à Pattani, des bus font la liaison en 1h pour 20 baht. **De Narathiwat,** compter 2h de route environ et 30 baht. La modestie des prix est due au fait qu'il n'y ait que des bus ordinaires à disposition. En cas de forte chaleur, le voyage depuis Narathiwat peut être pénible. **De Hat Yaï,** en bus climatisé, compter 2h de route et 60 baht.

Hébergement

Les hôtels sont tous très modestes, et si vous désirez passer une nuit à PATTANI, le meilleur établissement en rapport qualité- prix est sans conteste le :

GARDEN HOTEL. 8/28 Charoenpradit Road © 073 331 055 – Fax 073 348 200. *De 300 à 500 baht.* Son seul défaut est d'être excentré (face au grand marché de nuit). Il offre de bonnes chambres, avec ventilateur ou avec climatisation et TV, très spacieuses.

SATUN

Située du côté ouest de la péninsule, proche de l'océan Indien, la ville de Satun est à quelques kilomètres de la frontière malaise. Comme Pattani, elle garde d'anciennes maisons sino-portugaises, mais ici elles sont mieux conservées et en plus grand nombre. Une petite balade à travers **la grande artère de Buriwanit** vous en donnera quelques aperçus. Vous pourrez ensuite vous restaurer dans les divers modestes petits restaurants servant pourtant une excellente cuisine thaïlandaise, chinoise et malaisienne. Enfin, la visite du **Musée national** semble s'imposer. Consacré à la culture et aux traditions religieuses (et donc musulmanes) de la région, il se trouve dans la Soi 5, sur Satun Thani Road, et son entrée coûte 30 baht.

Transports

Satun est distante d'environ 70 km de Hat Yaï. **De Hat Yaï,** des bus climatisés assurent la liaison, en un peu plus d'une heure de trajet, pour 49 baht.

D'autre part, l'embarcadère pour le parc national des **îles Tarutao** est à moins de 20 km. De nombreux véhicules font le trajet depuis Satun.

Hébergement

Les possibilités hôtelières sont très minces. Le meilleur choix est peut-être :

WANG MAI HOTEL. Satun Thani Road © 074 711 607 – Fax 074 711 608. *De 550 à 700 baht.* Un peu à l'écart de Satun Thani Road, peu après la rue Yatrasawat, un bon hôtel à l'accueil souriant. Toutes ses chambres ont climatisation et TV. Une bonne adresse.

De Bangkok au Nord

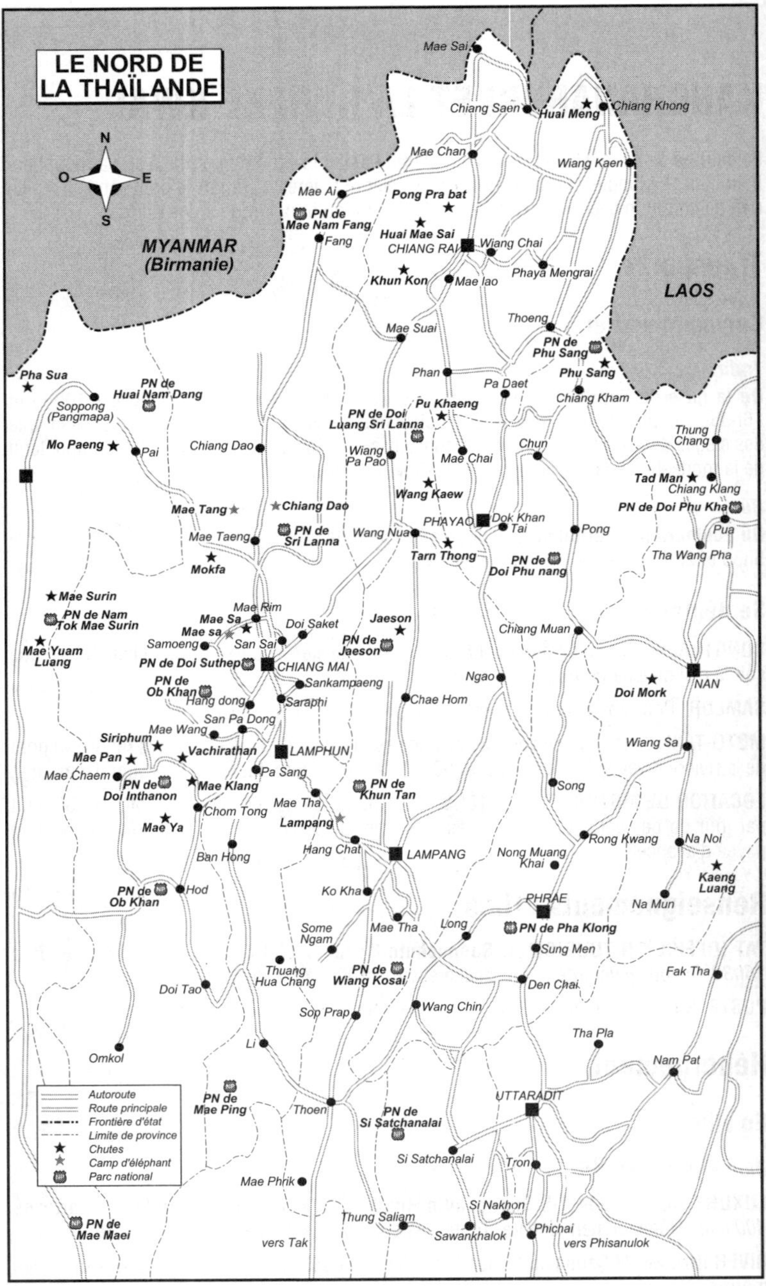
LE NORD DE LA THAÏLANDE
N
O
E
S
MYANMAR (Birmanie)
LAOS
Mae Sai
Chiang Saen
Huai Meng
Chiang Khong
Mae Chan
Wiang Kaen
Mae Ai
Pong Pra bat
PN de Mae Nam Fang
Huai Mae Sai
Fang
CHIANG RAI
Wiang Chai
Phaya Mengrai
Khun Kon
Mae lao
Thoeng
Mae Suai
PN de Phu Sang
Phu Sang
Phan
Pa Daet
Chiang Kham
Pha Sua
PN de Huai Nam Dang
Soppong (Pangmapa)
Pu Khaeng
PN de Doi Luang Sri Lanna
Mo Paeng
Pai
Chiang Dao
Wiang Pa Pao
Mae Chai
Chun
Thung Chang
Tad Man
Chiang Klang
Wang Kaew
Mae Tang
Chiang Dao
PN de Doi Phu Kha
PHAYAO
Dok Khan Tai
Pua
PN de Sri Lanna
Mae Taeng
Wang Nua
Pong
Tarn Thong
Tha Wang Pha
Mokfa
PN de Doi Phu nang
Mae Surin
PN de Nam Tok Mae Surin
Mae Rim
Mae Sa
Doi Saket
Jaeson
Mae sa
Chiang Muan
Mae Yuam Luang
Samoeng
San Sai
PN de Jaeson
PN de Doi Suthep
CHIANG MAI
NAN
Ngao
Doi Mork
Sankampaeng
PN de Ob Khan
Hang dong
Saraphi
Chae Hom
San Pa Dong
Mae Wang
Siriphum
Wiang Sa
Vachirathan
LAMPHUN
Mae Pan
Mae Chaem
Pa Sang
PN de Doi Inthanon
Mae Klang
PN de Khun Tan
Song
Mae Tha
Chom Tong
Lampang
Mae Ya
Rong Kwang
Na Noi
Hang Chat
LAMPANG
Nong Muang Khai
Ban Hong
Kaeng Luang
PN de Ob Khan
Hod
Ko Kha
PHRAE
Na Mun
Some Ngam
Mae Tha
Long
PN de Pha Klong
Sung Men
Thuang Hua Chang
PN de Wiang Kosai
Fak Tha
Doi Tao
Den Chai
Sop Prap
Wang Chin
Tha Pla
Li
Omkol
Nam Pat
Autoroute
Route principale
Frontière d'état
Limite de province
Chutes
Camp d'éléphant
Parc national
PN de Mae Ping
Thoen
PN de Si Satchanalai
UTTARADIT
Si Satchanalai
Tron
Mae Phrik
Si Nakhon
PN de Mae Maei
Thung Saliam
Sawankhalok
Phichai
vers Tak
vers Phisanulok

De Bangkok au Nord

KANCHANABURI ET LA RIVIERE KWAI

Le charme de cette ville de moins de 40 000 habitants est dû en partie à son atmosphère bucolique. La jungle y borde la désormais célèbre rivière Kwaï mais le pont actuel n'a plus rien de commun avec le légendaire pont de bambou bombardé par les Alliés.

Transports

Comment y aller

Train

De la gare de Thonburi, à Bangkok, 2 départs, à 7h45 et 13h45, arrivée à 10h55 et 16h35 ; compter 29 baht. Bien que ce soient des trains dits " ordinaires ", ne disposant que des sièges de 3e classe, la balade est conseillée car le paysage est superbe et, compte tenu de la modestie de la vitesse, on peut vraiment en profiter.

Bus

Du Southern Bus Terminal, des bus 1re classe partent de Bangkok toutes les 20 mn entre 5h30 et 22h ; compter 2h de trajet et 79 baht.

Se déplacer

SONGTHAEW. Sur l'itinéraire qu'ils empruntent en ville, la course est de 5 baht quelle que soit la distance parcourue.

SAMLOR. Pour une course moyenne, compter entre 20 et 30 baht.

MOTO-TAXI. Le tarif d'une course moyenne est de 10 à 20 baht. Pour vous rendre au pont de la rivière Kwaï, vous devrez payer 50 baht au maximum. Marchandez avant d'y monter.

LOCATION DE MOTOS ET SCOOTERS. Vous pouvez louer des petites motos à 150 baht par jour ou des vélos à 50 baht. Les prix baissent à partir du 4e ou 5e jour de location payée d'avance.

Renseignements utiles

TAT (OFFICE DU TOURISME). Saengchuto Road ✆ 034 511 200. *Ouvert de 8h30 à 16h30.* Si vous y venez en bus, c'est à environ 100 mètres du terminal.

POSTE. Sur cette même avenue. Ouverte de 8h30 à 16h30 en semaine.

Hébergement

En ville

Bien et pas cher

LUXURY HOTEL. 284/1-5 Saengchuto Road ✆ 034 511 168. *Chambres à partir de 400 baht.* Hôtel joliment décoré. Toutes les chambres sont climatisées.

RIVER INN. 284/4 Saengchuto Road ✆ 034 621 056. *Chambres à 400 baht.* A quelques mètres du précédent, un hôtel de trois étages offrant des chambres avec TV et climatisation.

Confort et luxe

RIVER KWAI HOTEL. 284/3 Sangchuro Road © 034 511 565. Web : www.riverkwai.com. *Chambres de 960 à 1 660 baht.* Son aspect extérieur est triste mais ses chambres, avec TV, frigo et climatisation, sont d'un bon confort.

R.S HOTEL. 264 Saengchuto Road © 034 625 128 – Fax 034 514 499. *Chambres de 750 à 6 500 baht.* Tout au bout de cette grande avenue, un grand hôtel avec piscine disposant de chambres simplement confortables ou très luxueuses.

MITTAPAN HOTEL. 266/1 Saengchuto Road © 034 515 90 – Fax 034 514 499. *Chambres de 750 à 6 500 baht.* Egalement au bout de l'avenue, également un grand hôtel avec piscine et également des chambres au confort simple ou de grand luxe.

Autour de la rivière Kwaï

Bien et pas cher

SUGAR CANE GUESTHOUSE. Soi Pakistan Maenam Kwaï Road © 034 624 520. *Compter de 150 à 450 baht.* Très bon accueil dans cette guesthouse qui propose des bungalows simples mais propres autour d'un petit jardin. Des chambres sont également disponibles... sur un radeau.

BLUE STAR GUEST HOUSE © 034 512 161. *Bungalows avec ventilateur de 150 à 300 baht, avec climatisation 400 baht.* Près du pont Sutchaï, des bungalows récents.

BAN VIMOL. 48 Soi Rong Hipoï Ménam Kwaï Road © 034 514 831. *Bungalows à 250 baht, chambres à 300 baht.* Bungalows en bambou au confort et au mobilier très basique. Tous sont avec ventilateurs. Egalement des chambres sur un radeau.

RAJA PRUK G.H. 42/3 Soi China © 034 515 414. *Bungalows entre 100 et 190 baht.* Autre établissement au confort minimaliste, avec de très petits bungalows. Conviendra seulement aux sacs-à-dos baroudeurs.

Confort ou charme

KASEM ISLAND RESORT © 034 512 359. *Bungalows et chambres de 800 à 1 300 baht.* Un lieu unique, puisque l'hôtel se trouve sur un petit îlot au milieu de la rivière Maeklong. Vous êtes à 200 mètres de la terre ferme et pourtant loin de tout. Des bungalows, ou des chambres sur des radeaux à même la rivière.

RIVERKWAI HONEYWELL © 034 515 413. *Compter de 600 à 800 baht.* Au nord de la rivière, après le pont, des bungalows au confort convenable.

► Feu d'artifice près du pont de la rivière Kwaï

Le festival de la Rivière Kwaï

Entre fin novembre et début décembre a lieu chaque année le festival de la Rivière Kwaï, comprenant un carnaval, des danses et du folklore local et, en point d'orgue, un spectacle Son et Lumières.

Restaurants

Le marché de nuit sur Lak Meuang Road est, comme souvent, la meilleure adresse pour des plats délicieux à des prix imbattables. Pendant la journée, l**e grand marché** situé **entre Prasit Road et Pak Praek Road** abrite un grand nombre de gargotes et des stands de cuisines thaïe et chinoise, à petits prix là aussi (20 à 40 baht).

Sur la rivière, des restaurants flottants vous accueilleront. On s'y rendra plus pour le cadre que pour la cuisine, qui n'est pas d'un très bon rapport qualité-prix, mais qui ne mettra pas en péril vos finances.

Au **KAN ORCHID**, sur Saengchuto Road, à 100 mètres environ du River Kwaï Hotel, on vend des sandwiches variés à environ 50 baht.

RIVER KWAI HOTEL. On y trouve un très bon restaurant japonais aux prix raisonnables, compte tenu du cadre et de la qualité de la cuisine.

SRIFA BAKERY. Dans une petite Soi transversale de Saengchuto Road, près du terminal de bus. Propose un intéressant assortiment de divers pains et pâtisseries.

Sortir

Bars et pubs

Sur le fleuve, de très nombreux bars en bois, plus ou moins déserts, plus ou moins éclairés, accueillent une clientèle thaïlandaise. Certains sont des karaokés, où des égéries de Lara Fabian s'égosillent à essayer de chanter des tubes du cru. Très amusant à voir, mais les oreilles en prennent un coup. D'autres établissements accueillent des groupes locaux jouant parfois des tubes anglo-saxons et souvent de chansons thaïlandaises.

Si vous cherchez une ambiance plus occidentale, **la boîte de nuit du River Kwaï Hotel,** au 284/3 Saengchuto Road, peut convenir. En semaine, elle est quasi déserte, mais les week-ends elle se remplit vers minuit. Et lors du festival de la Rivière Kwaï, c'est, paraît-il, carrément Woodstock. La clientèle est composée de touristes occidentaux venus souvent en groupes pour 2 ou 3 jours de Bangkok, de quelques hommes d'affaires asiatiques et de quelques beautés siamoises qui, soit vous ignoreront totalement, soit vous demanderont combien de billets de mille baht vous êtes disposé à sacrifier pour avoir une " conversation "... Welcome in Thaïlande.

Visiter

En ville

LE PONT DE LA RIVIERE KWAI. Les touristes s'y pressent, s'y bousculent, pour prendre une ou plusieurs photos. Certains font le voyage aller-retour dans la journée pour cette simple raison, en ignorant la beauté de la nature environnante. Toutes les agences du pays l'ont mis à leur programme, mais il n'a rien d'extraordinaire ce pont pourtant mythique. Il faut dire qu'il a été reconstruit et le souffle de l'épopée ne passe plus. Situé au nord de la ville, il est accessible en train (2 baht) à partir de la gare centrale.

WAT THAM MMANGKON THONG. Ce temple au sud de la ville, sur l'avenue Chuk Kadon, est logé dans une caverne. Il doit sa célébrité à une nonne bouddhiste qui, de temps en temps, s'y donne en représentation en prenant diverses poses, imitant ainsi certaines statues de Bouddha, dans un bassin. Cela ressemble à une attraction foraine, mais les Thaïlandais semblent bien apprécier le spectacle, les offrandes qu'ils laissent peuvent en témoigner.

JEAATH MUSEUM. Wisuttharangsi Road. *Ouvert de 8h30 à 18h. Entrée 30 baht.* Le musée expose divers objets, armes, cartes et photos datant de la construction du pont. Une expo authentique et émouvante dans sa simplicité. On pense à tous ces hommes qui y ont laissé la vie… A voir absolument.

Autour de la ville

PARC NATIONAL ERAWAN. *Ouvert de 6h à 18h. Entrée 200 baht. A 65 kilomètres environ de Kanchanaburi. Pour s'y rendre, prendre les bus de la gare routière qui partent dès 6h du matin (25 baht pour environ 1h30 de trajet).* L'intérêt principal de ce parc réside dans ses cascades échelonnées sur sept niveaux. Pendant la montée, il est possible de se baigner dans les piscines naturelles qui jalonnent le chemin. N'oubliez donc pas la serviette et le maillot de bain.

PARC NATIONAL SAII YOK. *Entrée 200 baht. A une centaine de kilomètres de Kanchanaburi.* Si vous venez jusqu'ici, il vous faudra dormir dans les environs. Le parc abrite quantité de grottes à explorer et également de belles cascades. La faune comprend notamment des éléphants et des singes. La cascade la plus spectaculaire s'appelle **Saï Yok Yaï.**

Transports

Pour Saï Yok Yaï, les bus partent de Kanchanaburi entre 6h et 18h. Le trajet dure 2h et coûte 35 baht. Pour le parc national lui-même, départs toutes les 30 minutes entre 6h et 18h. Compter 1h10 de trajet et 25 baht.

Hôtels

PUNG WAAN RESORT. 123/3 Thasao Amphur Saï Yok © 034 634 295. *Chambres de 1 700 à 2 500 baht.* Très bon hôtel, d'un calme absolu. Une retraite idéale pour un couple. Chambres avec climatisation, TV et tout le superflu. Le très bon restaurant propose des cuisines thaïe, chinoise et occidentale.

RIVER KWAI VILLAGE. 74/12 Thasao Amphur Saï Yok © 034 634 454. *Chambres de 1 200 à 1 800 baht.* 191 belles chambres dont la décoration boisée est de très bon goût. Toutes ont un balcon donnant sur la rivière ou sur la forêt.

Sur la rivière Kwaï Nä, plusieurs " **Raft Houses** " (maisons sur radeaux) sont disponibles.

SAI YOK VIEW RAFT © 034 514 194. *Chambres de 300 à 600 baht.* Bonne adresse. Des chambres propres et relativement confortables.

Navigation sur la rivière

Il peut être très tentant de faire des balades sur la rivière, où les paysages sont magnifiques. Les radeaux peuvent se louer à la journée, parfois à la demi-journée. Il faut compter environ 3 000 baht par jour. Le prix diminue si on loue pour plusieurs jours. Notez que c'est la location du radeau et non pas le tarif par personne. A plusieurs, ce genre de balade devient bon marché. De nombreuses guesthouses proposent ces prestations. Assurez-vous du sérieux de vos interlocuteurs avant de réserver. A ce propos, le TAT (© 034 511 520), sur Saengchuto Road, tient à votre disposition une liste de radeaux agrées, ce qui devrait exclure les mauvaises surprises.

MAE SOT

En remontant vers le nord, la ville de Mae Sot, dans la province de Tak, peut offrir un séjour très dépaysant. Située tout près de la frontière birmane (elle y est reliée par le pont de l'amitié) la cité en particulier et la région en général sont multiethniques. Vous y croiserez des Thaïs des tribus Karen, des Birmans, des Chinois thaïlandais. Il en est de même pour les religions : bouddhique pour les Thaïs, musulmane pour les Birmans et catholique pour la plupart des Karen. Nombre de commerces affichent des enseignes en trois langues : thaïe, chinoise et birmane. Un ethnologue se passionnerait à observer toutes ces populations qui se côtoient, commercent, échangent des propos, sans jamais se mélanger vraiment.

Transports

Comment y aller

Bus

De Bangkok, à la gare routière de Mochit, des bus climatisés 1re classe partent à 21h, 21h30 et 22h30. Compter 299 baht pour 8h de trajet. Des bus climatisés 2e classe partent à 8h, 19h15, 20h50 et 22h. Compter 241 baht pour 8h de trajet.

Se déplacer

MOTO-TAXI. Une course moyenne revient à 20 baht.

LOCATION DE MOTOS. Les tarifs oscillent entre 150 et 200 baht par jour.

LOCATION DE VOITURES. Certains hôtels louent des véhicules à partir de 1 500 baht par jour.

Renseignements utiles

POLICE TOURISTIQUE. Prasat Withi © 055 533 523.

POSTE. Intharakiri Road. Ouverte de 8h30 à 16h30 du lundi au vendredi.

Hébergement

Bien et pas cher

Sans vouloir jouer les difficiles, nous avons visité plusieurs guesthouses et retenu seulement une seule. Difficile en effet de recommander un établissement pas très propre, bruyant et dont parfois les portes ferment mal. Certains jeunes sacs-à-dos s'en accommodent fort bien (nous en avons rencontré), et c'est tant mieux. Mais après 8 heures de bus, un couple ou un touriste moyen préféreront les adresses ci-dessous. Ce n'est pas un jugement de valeur mais une question de bon sens. Vous avez cependant toute liberté d'opter pour ces guesthouses où, par ailleurs, l'accueil est parfois charmant.

MAE SOT GUEST HOUSE. Intharakiri Road. *Chambres de 80 à 300 baht.* Les chambres les plus chères sont climatisées et bien agencées. Egalement petites chambres avec ventilateur. Très bon accueil.

Confort ou charme

CENTRAL MAE SOT HILL. 100 Asia Road © 055 532 601 – Fax 055 532 600. *Chambres standard à 950 baht.* Le meilleur hôtel de la ville est situé juste à la périphérie. Offrant tout le confort occidental, ses chambres standard sont une bonne option. Il vous faudra peut-être louer une moto pour vos déplacements.

SIAM HOTEL. 72/2 Prasat Withi Road © 055 531 162. *Chambres climatisées 500 baht, ventilées 250 baht.* Dans le centre-ville. L'accueil pourrait être meilleur mais les chambres avec TV et climatisation sont correctes bien qu'un peu tristes.

DK HOTEL. 14/7 Intharakiri Road © 055 531 699. *Chambres de 450 à 850 baht.* Un bon rapport qualité-prix pour ces chambres climatisées avec TV. L'hôtel dispose d'une librairie mais n'y cherchez pas de livres en langue française, il n'y en a pas.

Restaurants

Mae Sot est la ville asiatique type. De nombreuses échoppes modestes proposent une cuisine délicieuse et pas chère du tout.

KRABALUNG JAW VENDOR. Intharakiri Road. *Situé à l'est de l'avenue, 250 mètres avant Asia Road.* Des stands proposent de bons petits plats authentiques à des prix défiant toute concurrence.

THAI CHINESE FOOD CENTER. Prasat Withi Road. Ici les gargotes sont encore plus nombreuses et les odeurs mêlées très tentantes. Tom yam, curry, khao phat, tout tourne autour de 20, 30 baht.

Pour un repas un peu plus solennel, vous pourrez choisir **le restaurant de l'hôtel Central Maesot Hil,** qui sert une bonne cuisine internationale à des prix les plus élevés de la ville.

Sortir

Peu de choses à faire le soir, à part siroter un verre. Lors de notre passage, **la discothèque du Central Maesot Hill** était quasi déserte, mais vous pourrez peut-être tomber sur un bon soir. L'autre alternative est d'aller écouter des groupes thaïlandais qui se produisent dans divers endroits, en particulier le long de la grande Intharakiri Road.

Auparavant, pour vous mettre en forme, vous pouvez aller, entre 15h et 18h, au **WATT MANI, Intharakiri Road,** où, pour 20 baht, vous profiterez du sauna.

Visiter, se balader

Mae Sot est la ville idéale pour faire des petites promenades à pied. Le spectacle est partout. Dans les magasins thaïs, chinois, birmans, vendant tout ce que l'Asie peut produire, au grand marché municipal où abondent les ustensiles et articles de ces divers pays. Les vêtements en particulier y sont à très bons prix. De même, sur Phrasa Withi Road, peu après avoir passé Si Wiang Road, vous pourrez voir les magasins de pierres précieuses et leurs propriétaires l'œil rivé à leur loupe essayant de débusquer la bonne affaire.

Excursion au parc national d'Umphang, classé sur la liste du Patrimoine mondial de l'UNESCO

Votre excursion partira de Mae Sot. Elle commence par la descente en radeau de la rivière Mae Khlong. Les paysages sont magnifiques et luxuriants. En cours de journée, vous pourrez vous baigner au pied de la cascade Thilodjo, avec ses stalactites et stalagmites enfuies sous les gougères, et, plus tard, dans une source d'eau chaude ponctuée de geysers. Ensuite vous arriverez au célèbre site de Thilawsu, des chutes d'eau d'une largeur de 400 mètres, avec 98 cascades répertoriées.

Après une nuit sous la tente, vous irez visiter le village de Khota, qui, outre la culture du riz et le tissage, élève des éléphants. Eléphants avec lesquels vous continuerez votre périple durant deux jours, en gagnant notamment le village karen de Pahlatha. Après un dîner au feu de bois et une dernière nuit passée au bord de la rivière, dans des bungalows, ce sera le retour à Mae Sot. Pour cette excursion et bien d'autres, vous pouvez contacter

J CLASS TRAVEL © 029 817 027/029 817 029. Web : www.jclass.co.th/reperages..

Autour de la ville

WAT WATTANARAM. Dans le village de Mae Tao, à 3 km de Mae Sot, un temple d'inspiration birmane abrite une collection d'instruments de musique traditionnels du pays.

WAT PHRA THAT DOI DIN KIU. Très beau temple enfoui dans la forêt, à une dizaine de kilomètres de Mae Sot. Perché au sommet d'une petite colline, le wat est parfois inaccessible, quand les relations diplomatiques avec la Birmanie sont tendues.

LAMPANG

Cette ville d'environ 40 000 habitants est une belle étape sur la route de Chiang Maï. Outre ses nombreux temples, l'intérêt principal de cette cité historique se trouve à une vingtaine de kilomètres : c'est le **Wat That Luang,** qui est peut-être un des plus beaux temples du royaume en matière d'architecture Lanna. Un temple où vous pouvez dormir... Ici on touche au sublime. Perché sur une colline, ce temple à l'architecture superbe comporte de nombreuses pièces et des toits datant de la période Lanna. Les chambres sont tout simplement féeriques. Les prix vont de 4 400 à 10 800 baht. C'est le tarif du rêve.

Transports

Comment y aller

Avion

Thai Airways. 314 Sanambin Road ✆ 054 217 178. Cette compagnie assure un vol depuis Bangkok, avec escale à Phitsanulo, tous les lundis et samedis. Départ à 8h30, arrivée à 10h35, prix 2 020 baht.

PB AIR. A Bangkok ✆ 022 610 220, à Lampang ✆ 054 221 808. Une petite compagnie privée qui assure 2 vols par jour. Départs à 8h15 et à 15h30, 1h15 de trajet, 1 980 baht.

Bus

De la gare de Mochit, des bus 1re classe partent de 8h à 9h15 (4 départs) et de 20h30 à 21h30 (4 départs également). Compter 347 baht pour 8h30 de trajet. Des bus 2e classe partent à 6h30, 19h30 et 21h40. Compter 270 baht.

De Chiang Maï, des bus climatisés partent toutes les 30 mn. Compter 69 baht et un peu moins de 2h de trajet.

Se déplacer

SONGTHAEW. Une course sur les axes principaux qu'ils fréquentent revient à 5 baht.

MOTO-TAXI. Pour une course moyenne, compter entre 10 et 30 baht.

LOCATION DE MOTOS. Selon vos talents de négociateur, les prix à la journée seront de 150 ou de 200 baht.

ATTELAGES DE CHEVAUX. La grande originalité de cette ville, la seule en Thaïlande proposant ce mode de locomotion. Les prix sont élevés, du moins pour le pays. La location est de 150 baht les 20 mn. C'est moins cher si vous louez pour 1 ou 2h.

Renseignements utiles

TAT (Office du tourisme). Sur la place de l'Horloge, tout au bout de Thakhao Noï Road.

POSTE. Thip Chang Road. Ouverte en semaine de 8h30 à 16h30.

Hébergement

Bien et pas cher

KIM HOTEL. 168/1 Boonyawat Road ✆ 054 217 721 – Fax 054 226 929. *Chambres 400 baht.* Un établissement plutôt modeste, en taille et en confort. Une bonne adresse cependant, avec des chambres propres, équipées de climatisation et TV.

RIVERSIDE GUESTHOUSES. 27/12 Takatjay Road ✆ 054 227 005. *De 150 à 350 baht.* Une très bonne adresse que cette guesthouse proposant de confortables petites chambres toutes en bois. Les plus chères d'entre elles ont vue sur la rivière.

Confort ou charme

TIP CHANG HOTEL. 54/22 Thakhraw Noï Road ✆ 054 226 501 – Fax 054 225 362. *A partir de 950 baht.* Un bon hôtel disposant de belles chambres grandes et très claires. Toutes sont avec climatisation, TV, frigo.

WIENGLAKOR HOTEL. 138/38 Phaholyothin Road ✆ 054 224 470 – Fax 054 316 427. *Chambres de 850 à 2 500 baht.* Hôtel de 100 chambres, avec tout le confort occidental. Le soir, il peut être agréable de dîner autour de la piscine.

LAMPANG WIENGTHONG HOTEL. 138/109 Phaholyothin Road ✆ 54 225 801 – Fax 054 225 803. *A partir de 890 baht.* Un grand hôtel de 250 chambres à la façade imposante. Les groupes asiatiques y descendent en nombre. Les chambres sont confortables.

Restaurants

Selon notre principe, dans les villes provinciales il convient de chercher les petits stands. Ici ils ne manquent pas, par exemple autour du marché.

LAK MEUANE. Entre Boonyawat et Rowpriang. Le riz frit est ici délicieux (20 baht). De nombreuses petites échoppes ne demandent qu'à vous accueillir.

RIVERSIDE BAR AND RESTAURANT. 328 Tipchang Road. *Compter entre 50 et 120 baht.* Dans un beau décor de bois de teck, un restaurant à la cuisine excellente. Pour l'ambiance, de la musique live jouée par un groupe thaïlandais. Les prix sont très raisonnables.

Sortir

Bars et pubs

Les nuits étant très calmes à Lampang, vous pouvez essayer d'aller vous divertir aux :

RELAX PUB. Tipchang Road. Des groupes thaïlandais jouent une bonne musique pendant que vous sirotez votre verre.

LE COFFEE SHOP DE L'HOTEL LAMPANG WIENG THONG. Semble être le point de rassemblement de quelques jeunes filles très peu farouches et qui espèrent la rencontre de l'amour avec un grand A… Comme Argent.

Visiter

En ville

BAAN SAO MAK. Par rapport au centre-ville, sur l'autre versant du fleuve. *Ouvert de 10h à 17h. Entrée 30 baht.* Dans une belle et grande demeure en bois précieux, de nombreuses antiquités, meubles, bronzes, céramiques… Visite conseillée.

WAT PRHA KAEW DON TAO. *Ouvert de 8h à 19h.* Connu pour avoir hébergé le célèbre Bouddha d'Emeraude, à présent à Bangkok, ce temple d'influence birmane est décoré de superbes mosaïques. Il abrite un petit musée. On peut profiter de la visite pour s'offrir un massage traditionnel (150 baht de l'heure), suivi d'un sauna agrémenté d'herbes médicinales (100 baht).

WAT PONGSANUK TAI. Temple de l'architecture Lanna, avec des statues caractéristiques de l'époque : bouddhas bien corpulents, avec une petite bouche et de petits yeux.

Dans les environs

WAT CHEDI SAO. *Ouvert de 8h à 17h.* A environ 5 km de la ville, ce joli temple abrite un petit bouddha d'or pesant 1 500 kg et d'une taille de moins de 50 cm. Il est décoré de pierres précieuses. Il a été découvert par un fermier au début des années 80.

WAT PHRA THAT LAMPANG LUANG. *Ko Kha, à une vingtaine de kilomètres de Lampang.* Ce magnifique temple vaut à lui seul le déplacement dans la région. Il offre le plus beau témoignage de l'architecture Lanna que l'on puisse voir.

Dès l'entrée, vous êtes en face de

VIHARN LUANG. Construit vers le milieu du XVᵉ siècle, ce bâtiment aux différents toits étagés, en bois précieux et supportés par de gigantesques piliers de teck, est d'une beauté saisissante. Il abrite différentes représentations de bouddhas datant du XVIᵉ siècle.

Sur la droite se trouve :

VIHARN TON KHEO. Edifié à la même époque que le précédent, son architecture est tout à fait identique seule la taille, beaucoup moins imposante, diffère.

Derrière se trouve :

VIHARN NAM TAEM. Datant du début du XVIᵉ siècle, il abrite des vestiges originaux datant de la construction du bâtiment.

Au centre se trouve :

LE CHEDI. C'est le monument le plus important, situé au cœur du temple. Il a été reconstruit à la fin du XVᵉ siècle, après avoir été pratiquement rasé par les Birmans. Il contient notamment des reliques très vénérées par les Thaïs et ayant appartenu à des dignitaires bouddhistes.

VIHARN PHRA PHUT. C'est le bâtiment le plus ancien ; selon les historiens, il daterait du XIIIᵉ siècle. Son architecture de style Chiang Sen (XIᵉ – XIIIᵉ siècle) leur donne apparemment raison.

HEO PHRA PHUTTABAHT. Ce bâtiment, le plus petit du temple, est strictement interdit aux femmes. Une interdiction qui ne doit pas être transgressée, sous peine de graves conséquences. A l'intérieur se trouve une réplique de l'empreinte d'un pied de Bouddha.

Les deux derniers édifices sont :

VIHARN PHRA JAO SILA et le **BOT**. On peut les visiter mais ils n'ont rien de particulier. Le premier est une simple réplique des précédents, en moins majestueux. Le Bot a été reconstruit dans les années 1920, son intérêt est donc bien moindre. C'est ici que les prêtres sont ordonnés une fois par an.

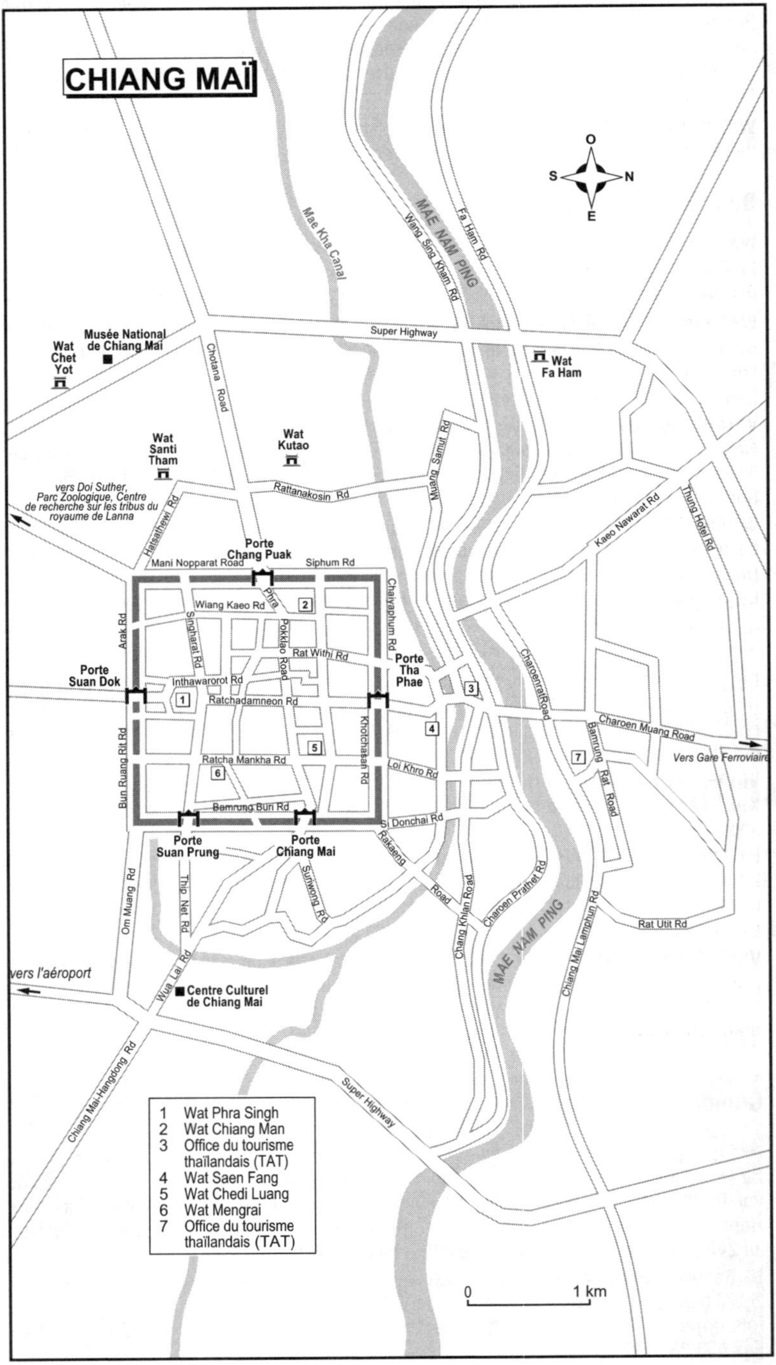
CHIANG MAÏ
O
S
N
E
Mae Kha Canal
MAE NAM PING
Wang Sing Kham Rd
Fa Ham Rd
Super Highway
Wat Chet Yot
Musée National de Chiang Mai
Wat Fa Ham
Chotana Road
Wat Santi Tham
Wat Kutao
Muang Samut Rd
Rattanakosin Rd
vers Doi Suther, Parc Zoologique, Centre de recherche sur les tribus du royaume de Lanna
Hatsathewi Rd
Kaeo Nawarat Rd
Thung Hotel Rd
Porte Chang Puak
Mani Nopparat Road
Siphum Rd
Phra
Wiang Kaeo Rd
Chaiyaphum Rd
Arak Rd
Singharat Rd
Pokklao Road
Rat Withi Rd
Porte Tha Phae
Porte Suan Dok
Inthawarorot Rd
Ratchadamneon Rd
Charoenrat Road
Charoen Muang Road
Vers Gare Ferroviaire
Khotchasan Rd
Bamrung Rat Road
Bun Ruang Rit Rd
Ratcha Mankha Rd
Loi Khro Rd
Bamrung Buri Rd
Si Donchai Rd
Porte Suan Prung
Porte Chiang Mai
Rakaeng Road
Suriwong Rd
Thip Net Rd
Om Muang Rd
Chang Khlan Road
Charoen Prathet Rd
Chiang Mai Lamphun Rd
Rat Utit Rd
vers l'aéroport
Wua Lai Rd
Centre Culturel de Chiang Mai
Chiang Mai-Hangdong Rd
Super Highway
1 Wat Phra Singh
2 Wat Chiang Man
3 Office du tourisme thaïlandais (TAT)
4 Wat Saen Fang
5 Wat Chedi Luang
6 Wat Mengrai
7 Office du tourisme thaïlandais (TAT)
0 1 km

Le royaume de Lanna

Le Nord de la Thaïlande, qui fut d'abord le royaume thaï indépendant du Lanna, est une région montagneuse avec, pour capitale, Chiang Maï. Tout y est différent du reste du pays : la géographie, les populations et le climat. Cette région fait partie du Triangle d'Or du trafic de la drogue avec le Nord de la Birmanie et du Laos.

L'altitude moyenne y est de 1 300 mètres et le plus haut sommet, le Doï Inthanon, s'élève à 2 595 mètres. Chiang Maï se situe dans une vallée, à 300 mètres d'altitude. La plus grande rivière du Nord, la rivière Ping (590 km de long) la traverse.

Le climat y est donc bien différent de celui de Bangkok. De novembre à février, c'est la saison froide, qui coïncide avec la marée touristique (surtout en décembre-janvier).

Les températures de jour varient entre 23 et 33 °C mais la nuit, en altitude, elles peuvent tomber à 0 °C, avec quelquefois des gelées.

De mars à mai, c'est la saison la plus chaude et la moins touristique, avec des températures entre 21 et 40 °C. Le mois d'avril est celui des plus grosses chaleurs. La visibilité peut également être très limitée par les poussières car il fait très sec.

De juin à octobre, c'est-à-dire pendant la saison des pluies, il pleut de temps en temps et il y a des orages. En principe, c'est au mois de septembre que les averses sont les plus nombreuses. Les températures varient entre 23 et 33 °C, ce qui est presque agréable, mais le trekking est rendu difficile par les pistes boueuses.

Le Nord a été autrefois recouvert de forêts plus ou moins denses mais facilement pénétrables. Ce n'est pas la jungle touffue avec des coupeurs de têtes derrière chaque arbre. Les montagnards sont des paysans paisibles, si on respecte leurs habitudes. Face à la " richesse " des étrangers (montres, ceintures de cuir, bijoux...), ils peuvent succomber à la tentation et les dépouiller, car ils mènent une vie très misérable. Des ethnologues étrangers tiennent à préserver les traditions montagnardes, même si c'est aussi les maintenir dans la misère. Pourtant les médicaments, l'école pour les enfants, l'électricité et l'eau courante seraient un pas en avant incontestable, qui réduirait sûrement l'exode vers les villes.

CHIANG MAI

La province de Chiang Maï à une superficie de 20 107 km^2 exactement. Elle compte 22 districts pour une population d'environ 1 600 000 personnes, 80 % des habitants étant nés dans la province.

1 049 villages sont officiellement recensés, lesquels sont surtout habités par les tribus montagnardes composant un total de 174 200 personnes. Parmi celles-ci, les Karen (106 116) sont les plus nombreux, alors que les Palowg sont en tout... 485.

Transports

Comment y aller

Avion

La Thai Airways assure 12 vols par jour **depuis Bangkok,** de 6h30 à 22h15 pour 1h20 de vol. **De Phuket,** comptez 2h de vol. On peut également y accéder **depuis Chiang Raï, Mae Hong Son** et bien d'autres villes. A Chiang Maï, les bureaux de la compagnie se trouvent au **240 Prapoklat Road ✆ 053 210 210 – Fax 053 210 042.**

La Bangkok Airways assure un vol tous les jours. Départ à 9h10, arrivée à 11h15, pour 2 170 baht. Du mardi au dimanche, un deuxième vol est affrété dont l'horaire est à chaque fois différent. Les bureaux se trouvent au **2e étage de l'aéroport ✆ 053 281 519 – Fax 053 281 520.**

Train

De Bangkok, le voyage en train-couchette est très agréable. Très nombreux départs de la gare de Haulamphong, mais nous vous conseillons de prendre l'express N°7 à 18h ou le spécial express de 19h40. Ils arrivent respectivement à 7h25 et 8h05, et vous laissent frais et dispos.

" Le train couchette est bien puisqu'il y a une " sécurité thaïlandaise " qui n'existe pas en Europe. Chaque wagon est en permanence sous la surveillance d'un personnel qui lui est affecté pour le trajet. En plus, deux policiers affectés au convoi font des rondes. " *M Baudry, Chiang Maï*

Bus

De Mochit, des bus VIP de 24 places quittent Bangkok de 19h30 à 21h30, toutes les 30 mn ; compter 625 baht pour 10h de trajet. Des bus 1re classe partent à 6h30 et 10h40, ensuite de 13h à 22h toutes les 30 mn, pour 403 baht. Des bus 2e classe partent entre 5h30 et 22h, au prix de 314 baht.

Vous pouvez gagner Chiang Maï au départ de toutes les villes du Nord. Quelques exemples :

De Chian Raï : 3h de route pour 126 baht.

De Lampang : 2h de route pour 65 baht.

De Mae Sot : 6h de route pour 215 baht.

De Sukhothaï : 5h de route pour 203 baht.

Se déplacer

SONGTHAEW. Les rouges circulent en ville. Pour une course moyenne sur leur circuit habituel, compter 10 baht.

TUK-TUK. Le prix habituel pour une course moyenne est de 30 à 50 baht.

SAMLOR. Pour ces tricycles à pédales, le prix moyen est entre 20 et 40 baht.

LOCATION DE MOTOS. Environ 100 - 150 baht par jour.

Location de vélos

Paradoxalement, le prix de certains vélos haut de gamme peut être plus élevé : jusqu'à 200 baht par jour pour un VTT dernier cri, mais la moyenne est autour de 50 - 70 baht.

Location de voitures

Entre 900 et 1 500 baht par jour suivant le véhicule et la durée. de location. Quelques adresses :

AVIS. 14/14 Huay Keo Road ✆ 053 221 316.

BUDGET - AIRPORT ✆ 053 202 871.

BOSS CAR RENT. 123 Moon Meuang Road ✆ 053 213 397.

" Attention, les loueurs vous font remplir deux formulaires d'assurance… bidon ! C'est le véhicule qui est assuré, et pas le conducteur. Alors pourquoi faire remplir un formulaire et faire payer plus pour l'assurance sinon pour escroquer ? Normalement, lisez bien, rien à payer en cas de pépin au tiers ! Mais ils essaieront toujours. Si le loueur est assuré, qu'il se débrouille !

Il faut surtout vérifier que le nom du loueur figure sur prétendu contrat d'assurance qu'on vous fait payer en plus, et qu'il y figure le n° d'immatriculation du véhicule. En cas de pépin, sortez le contrat ! Ne payez rien et appelez la Tourist Police, et menacez de l'intervention du consulat : c'est la loi.

Sinon, pour 300 baht de plus, il vaut mieux louer avec chauffeur. En cas de pépin, les problèmes sont pour lui. On ne garde pas votre caution. En aucun cas vous ne pourrez être tenu pour responsable et inquiété. " *M Baudry, Chiang Maï*

Renseignements utiles

TAT (Office du tourisme). 105/1 Lamphun Road ✆ 053 247 604. *Ouvert de 8h30 à 16h30.* Donne de nombreuses infos sur toute la région. De plus, depuis fin 2001, la municipalité a installé à divers points stratégiques de la ville des petites " huttes " où sont affichés une liste d'hôtels, des renseignements divers sur les transports, les festivals... Vraiment très pratique.

POLICE TOURISTIQUE ✆ 053 248 130. A 100 mètres du TAT.

URGENCES ✆ 1155

CONSULAT DE FRANCE. 138 Charoen Phathet Road ✆ 053 281 466. C'est un consulat honoraire, il ne peut donc pas faire grand-chose pour vous.

ALLIANCE FRANCAISE. Même adresse que le consulat. Journaux et magazines français à consulter, diffusion de films en V. O.

" A l'Alliance française, il y a une projection de film français (pas récents) sous-titrés en anglais le mardi à 16h et le vendredi à 20h. Prix 20 baht. " *M Baudry, Chiang Maï*

POSTE. 114 Charoen Muang Road. *Ouverte de 8h30 à 16h30 en semaine.* C'est la poste principale. Sept autres bureaux sont répartis dans la ville, tous pratiquant les mêmes horaires.

INTERNET. Les cybercafés se trouvent partout dans la ville. Aucun souci donc pour envoyer vos e-mails.

Hôpitaux

Ils sont plusieurs, qui n'ont rien à envier aux hôpitaux français. Par exemple :

RAM HOSPITAL. 8 Boonrevangrit Road ✆ 053 224 861.

" Attention, sans carte de crédit ou pas très riche, assurez-vous que votre assurance paye directement l'hôpital (avec confirmation par fax). Sinon, vous risquez de rencontrer des problèmes pour sortir, allant jusqu'à la confiscation de votre passeport, même si c'est illégal. Si vous ne pouvez pas payer immédiatement, ils refuseront de vous laisser sortir et appeleront la police. " *M Baudry, Chiang Maï*

MALARIA CENTRE. 18 Boonrevangrit Road ✆ 053 221 529. Ce centre propose des testes en cas de fièvre subite.

Journaux

Diverses revues gratuites sont distribuées dans les hôtels et les centres touristiques. Toutes sont remplies de publicités ou de reportages publicitaires. Pas très intéressant donc. Certaines librairies vendent des journaux et magazines français.

SURIWONG BOOK CENTER. 54/1 Sri Donchaï.

BOOK ZONE. 318 Thaphae Road.

PICHIT STATIONNERY. 271 Tahhae Road.

MARCHAND DE JOURNAUX. 47/2 Moon Muang Road.

Hôpitaux pour éléphants

A Lampang se trouvent les deux seuls hôpitaux d'éléphants de Thaïlande. Si l'un croule sous les dons, l'autre, beaucoup plus modeste, est totalement ignoré et a du mal à joindre les deux bouts. Si vous voulez donner votre obole, choisissez donc plutôt ce dernier, celui de la **F.O.I.** ✆ **054 228 034. E-mail : elephanthospitalsociety@hotmail.com.**

" Il existe une presse française à Chiang Maï : Figaro, Libération, Le Monde, Le Canard. La petite échoppe se trouve à Moon Muanf Road, le long du canal à l'angle de la Soi 2, et aussi à Suriwongse Book Center. 95 baht le journal. " *M Baudry, Chiang Maï*

Apprendre la cuisine thaï

CHIANG MAI COOKERY SCHOOL ✆ 053 206 388 – Fax 053 506 387. Propose de vous apprendre la cuisine thaïlandaise dans un programme de 1 à 5 jours. 900 baht la séance de 6 heures ou 4 200 baht pour les cinq journées.

Hébergement

Bien et pas cher

SMILE HOUSE. 7 Soi 2 Moonmauang Road ✆ 053 208 661 – Fax 053 208 663. *Chambres avec ventilateur 250 baht, avec climatisation et TV 400 baht.* Etablissement très agréable. Ses chambres sont relativement récentes.

NORHALAND HOUSE. 2 Soi 7 Moonmuang Road ✆ 053 218 860. *Chambres de 250 à 400 baht.* Dans le même quartier que le précédent, chambres propres mais assez austères, avec ventilateur ou climatisation.

CHIANG MAI GARDEN. 82/86 Ratchamankla Road ✆ 053 278 881. *150 baht avec ventilateur, 350 baht avec climatisation.* Nous sommes tombés par hasard sur la propriétaire thaïe qui parle (un peu) le français. Les chambres de sa guesthouse sont très correctes pour le prix.

SAGE HOUSE COURT. 178 Ratchapakhinaï Road ✆ 053 418 955. *Chambres climatisées de 350 à 450 baht selon la superficie.* Une excellente adresse que cet établissement à l'accueil charmant et aux chambres impeccables.

FANG GUEST HOUSE. 46 Soi 1 Kamphoengdin Road ✆ 053 282 940. *Chambres climatisées 300 baht, avec ventilateur de 200 à 250 baht.* Hôtel très calme puisque situé dans une petite Soi.

KIM HOUSE. 62 Charoenprathet Road ✆ 053 282 441 – Fax 053 274 331. *De 250 baht avec ventilateur à 450 baht avec climatisation.* Une petite guesthouse très sympa et calme. Chambres propres et bien agencées. Pas très loin du Night Bazaar.

NIGHT BAZAAR. 89/2 Changklanf Road ✆ 053 272 067. *250 baht avec ventilateur, 450 baht avec climatisation.* Situé en plein marché, cet établissement est un peu bruyant, surtout pour les couche-tôt. Cependant les chambres sont très correctes.

VIKING G.H. 116 Charoenphrathet Road ✆ 053 818 786. *Autour de 150 baht avec ventilateur, 350 baht avec climatisation.* Dans le même quartier que les deux précédents. Des prix modestes pour des chambres basiques mais propres.

BAAN JONGCOME. 47 Soi 4 Thaphae Road ✆ 053 274 823. *Chambres avec ventilateur 350 baht, avec TV et climatisation 450 baht.* Bon rapport qualité-prix.

LIVING HOUSE. Soi 5 Tahphae Road ✆ 053 428 172. *De 150 à 250 baht.* Un hôtel proche du précédent et ne payant pas de mine, mais disposant de chambres propres bien que modestes. Toutes avec ventilateur.

ROSE GUESTHOUSE. 18 Chaotana Road ✆ 053 428 172. *De 200 à 250 baht.* Un peu (voire beaucoup) à l'écart, un établissement offrant un havre de paix. Des chambres très simples mais correctes, toutes avec ventilateur.

Nous terminerons enfin par des guesthouses aux nom français mais dont les propriétaires sont tous thaïlandais. En effet, au début des années 80, les francophones étaient les plus nombreux parmi les touristes. C'était un moyen de piéger gentiment le chaland que de baptiser sa G.H. d'un nom à consonance française. Cela marche encore puisque la clientèle de ces établissements est souvent composée de Belges, Suisses et Français.

LE PONT. Charoenrat Road ✆ 053 241 712. *Chambres à 500 baht.* Excentré et situé de l'autre côté de la rivière Ping, cet hôtel est une superbe résidence toute en teck. Les chambres, qui se trouvent dans un bâtiment en matériau moins noble, offrent toutes un bon confort.

LE RENDEZ-VOUS. Soi 5 Ratchadamnoen Road ✆ 053 213 763 – Fax 053 419 009. Chambres simples, avec ventilateur, entre 200 et 250 baht, avec TV et climatisation 300 baht.

JE T'AIME GUESTHOUSE. 247 Charoenrat Road ✆ 053 241 912. Tout un programme que le nom de cette G.H. ! Les chambres sont très simples, propres cependant, toutes avec ventilateur. Nous vous conseillons les moins chères.

Confort ou charme

PEOPLE PLACE. 9 Lane 8 Sridonchaï Road ✆ 053 818 296 – Fax 053 270 060. *De 460 à 560 baht.* Petit établissement de 40 chambres, propres, avec climatisation et TV.

ROYAL LANNA. 119 Loykroh Road ✆ 053 818 773 – Fax 053 818 776. *Compter 500 baht.* Tout proche du Night Bazaar, un hôtel aux chambres standard d'un très bon confort.

MONTRI HOTEL. 2-6 Ratchadamnoeu Road ✆ 053 210 069 – Fax 053 217 416. *A partir de 590 baht.* Au bord de la rivière (rempart Est), petites chambres simples et propres, certaines avec TV et climatisation.

CHIANG MAI PHUCOME. 21 Hug Kaew Road. *Chambres à 700 baht.* Un hôtel bruyant, dont la nombreuse clientèle thaïlandaise ne fait aucune différence entre le jour et la nuit. Les chambres avec climatisation et TV sont cependant une bonne affaire.

CHATREE HOTEL. 11/10 Suriwong Road ✆ 053 279 179 – Fax 053 279 179. *Chambres à 640 baht.* Ce modeste établissement, appelé également Chiang Maï Gate, offre des chambres avec climatisation et TV, ainsi qu'une piscine.

TOP NORTH. Soi 2, 15 Moonmuag Road ✆ 053 278 900 – Fax 053 278 485. *De 450 à 800 baht.* L'hôtel s'est agrandi au fil des années et pas une chambre n'est semblable à une autre. Toutes sont avec TV et climatisation. En ce qui concerne les prix, choisissez le juste milieu.

DIAMOND RIVERSIE. 33/10 Charoenprathet Road ✆ 053 270 080 – Fax 053 271 482. *Chambres à 500 (dans bâtiment ancien) et à 950 baht (dans nouveau).* Hôtel de 145 chambres comportant deux bâtiments distincts. Dans le plus ancien, les chambres, avec TV et climatisation, sont assez tristes. Dans le nouveau, les chambres sont d'un bien meilleur confort.

GALARE GUESTHOUSE. 7 Charoenprathet Road ✆ 053 821 011 – Fax 053 279 088. *Chambres climatisées 650 baht, également chambres moins chères avec ventilateur.* Non loin du précédent, un hôtel de 62 chambres, dont certaines grandes, climatisées, avec TV. D'autres, moins chères, sont équipées de ventilateurs.

Luxe

CHIANG INN. 100 Changklan Road ✆ 053 270 070 – Fax 053 274 299. *170 chambres.* Celles à 1 400 baht, avec climatisation, TV, frigo sont conseillées.

EURASIA HOTEL. 1 Likkasi Thadvidhi Road ✆ 053 242 790. E-mail : eurasia@chimai.loxinfo.co.th. *Chambres standard à 1 200 baht.* Des chambres au décor soigné. Les standard sont une bonne option.

FELIX CITY INN. 154 Ratmakha Road ✆ 053 270 710 – Fax 053 270 710. *De 800 à 1 600 baht.* Hôtel de 134 chambres disposant de tout le confort occidental, avec climatisation, frigo, TV et belle salle de bains.

LANNA VIEW. 1 Soi Ma a Jpsôtam. Chiang Maï Lumpung Road ✆ 053 217 784 – Fax 053 217 749. *Chambres standard à 1 400 baht (prix pouvant être revu à la baisse).* Un établissement de 146 chambres.

PANG SUAN KAEW. 99/4 Huay Kaew Road ✆ 053 224 333 – Fax 053 224 493. *Chambres standard à 900 baht.* Enorme hôtel de 690 chambres. Les prix sont très divers. Les chambres standard avec climatisation, TV et frigo sont une bonne option.

PORNPING TOWER. 46/48 Charoenprathet Road ✆ 053 270 099 – Fax 053 270 119. *325 chambres de 1 200 à 2 200 baht.* Abrite la célèbre discothèque, le " Bubble ".

SURIWONGSE ZENITH. 110 Chang Klang Road ✆ 053 270 051 – Fax 053 270 063. *De 1 290 à 1 490 baht.* Hôtel de 168 chambres très prisé de la clientèle asiatique. Bon confort.

RIVER VIEW LODGE. 25 Soi 2 Cgarieboratget Road ✆ 053 271 110 – Fax 053 279 019. *De 1 400 à 2 200 baht.* Dans une Soi très calme, près de la rivière, un fort agréable petit hôtel de 36 chambres. Piscine.

NOVOTEL CHIANG MAI. 183 Chang Puak Road ✆ 053 225 500 – Fax 053 225 505. E-mail : novotel@chiangmai-@-net.net.th. *De 2 600 à 5 300 baht.* Un très bon établissement de 159 chambres. Confort international.

WESTIN CHIANG MAI. 318/1 Chiang Maï Lumpaung Road ✆ 053 275 300. E-mail : westincm@loxinfo.co.th. *De 6 200 à 14 500 baht.* Immense hôtel de 526 chambres, grandes et très luxueuses. Les prix sont donc élevés.

PARK HOTEL. 444 Chang Klang Road ✆ 053 281 997. E-mail : empark@saùarts.com. *De 2 100 à 8 200 baht.* Un hôtel moins imposant mais dont les 176 chambres offrent un confort de grande qualité.

CHIANG MAI PLAZA. 92 Sridonchaï Road ✆ 053 270 036. E-mail : cnsplaza@loxinfo.co.th. *Chambres standard 1 800 baht. 445 chambres.* Les standard sont d'un excellent rapport qualité-prix.

IMPERIAL MAE PING. 153 Sridonchaï Road ✆ 053 270 160. E-mail : maeping@imperialhotel.com. *Chambres standard 3 000 baht (facilement négociables).* Tout près du marché de nuit, 371 chambres claires et tout confort.

LANNA PALACE HOTEL. 184 Chang Klang Road ✆ 053 270 722. E-mail : booling@lannapalace.com. *De 1 500 à 10 000 baht.* Hôtel de 205 chambres offrant des options très diverses. Les chambres standard sont une très bonne affaire.

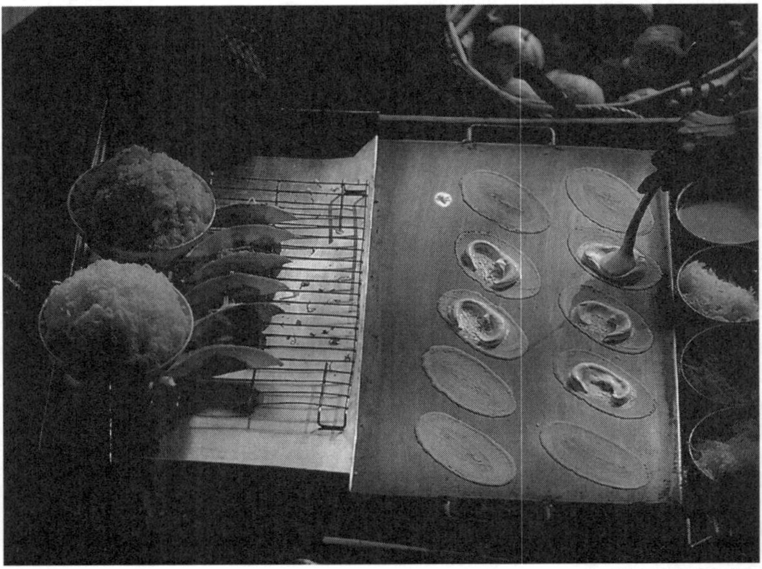

▶ Gastronomie thaïlandaise

Restaurants

A Chiang Maï, le choix est pléthorique en matière de cuisine thaïlandaise. Des centaines de petits troquets et gargotes proposent des plats délicieux à des prix très raisonnables. Certains ne portent pas de nom. Les établissements plus onéreux offrent toujours un très bon accueil et une excellente cuisine. Voici quelques adresses parmi les très nombreuses possibilités.

Thaïlandais

BAN SUAN. 51/3 San Kamphaeng Road ✆ 053 262 568. *Ouvert de 10h à 22h.* Ce restaurant un peu excentré est peut-être bien le meilleur : un très beau décor, des bâtiments de bois précieux, un jardin exotique et surtout une succulente cuisine du Nord. Compte tenu de la qualité, les prix sont on ne peut plus raisonnables.

THE GALLERY. 25/29 Charoenrat Road ✆ 053 248 601. *Ouvert de 10h à 2h du matin.* Encore un endroit très agréable. On dîne, excellemment, sur une terrasse donnant sur la rivière Ping ou dans une maison en bois de teck, aux sons d'un orchestre thaï de musique classique. Adjacente au restaurant, une galerie d'art expose des œuvres d'artistes locaux.

CLASSIC TOUCH. 25 Ratchadamnoeu Road ✆ 053 278 325. *Ouvert de 10h à 23h.* Plus modeste, cet établissement n'en offre pas moins une bonne cuisine traditionnelle ainsi que quelques plats végétariens. Un salon de massage, traditionnel lui aussi, est attenant au restaurant.

LANKAM TERRACE. 100/1 Chang Klang Road ✆ 053 281 342. *Ouvert de 18h à 2h.* Situé dans l'enclave du Night Bazaar, protégé du bruit par des arbres, ce restaurant propose une bonne cuisine à prix modérés. Les " khao soï " sont particulièrement recommandés.

CHAO THAI. 326 Thaphae Road ✆ 053 234 876. *Ouvert de 9h à 21h.* Un bon rapport qualité-prix pour ce restaurant servant une savoureuse cuisine à prix très raisonnables. Le " laab kua " (viande de porc hachée) y est très bon.

KAENG RON BAAN SUAN. 149/3 Cholphathan Road ✆ 053 221 378. *Tom Yam Koong 80 baht.* La cuisine, savoureuse et très bien présentée, est servie dans un beau jardin stylisé. Bon marché.

KHAO SOI FAH HAM. 364 Charoen Rat Road ✆ 053 245 664. *Ouvert de 8h à 15h30.* Un établissement ne payant pas de mine mais offrant de nombreux plats à de petits prix. Le " khao mok kaï " est particulièrement bon.

AROON RI. 45 Kot Cha Sarn Road ✆ 053 276 947. *Ouvert de 10h à 22h.* Très prisée des Thaïs, cette institution de Chiang Maï s'est agrandie au fur et à mesure que croissait son succès. Cuisine chinoise et lanna à petits prix.

BUSABA. 26 Nimmanhemin Soi 1 ✆ 053 895 270. Fait un peu maison d'hôtes, le restaurant n'étant qu'une partie d'un ensemble où l'on vend des tissus, des vêtements, de l'artisanat… Bonne atmosphère et bonne cuisine.

THE WOK. 44 Ratchamanka Road ✆ 053 208 287. *Ouvert de 10h à 22h.* C'est une adresse un peu spéciale que ce restaurant très central. En effet, la cuisine y est préparée (sous l'œil avisé de leurs chefs) par les élèves de l'école de cuisine de l'établissement. On y savoure des mets délectables dans un cadre agréable.

MANGO TREE. 8/12 Loï Kron Road ✆ 053 208 292. Web : www.mangotreecafe.com. *Ouvert de 8h à 23h30.* Un petit restaurant à la décoration recherchée qui sert une cuisine thaïlandaise appréciable, à prix modérés. Les jeudis et samedis soir, musique à partir de 20 heures.

L'ELEPHANT BLANC. 59/5 Loï Kron Road (à l'opposé du Traveller Inn) ✆ 053 206 901. E-mail : elephantblanc-eric@caramail.com. Tenu par Éric, belge, et sa femme Joy, un établissement très sympathique à l'image de ses propriétaires. C'est Joy qui prépare les bons petits plats thaïs (et européens) pour une dizaine de tables. Ce bar-restaurant offre un cadre intimiste, sans prétention mais confortable, où se rencontre la communauté francophone mais aussi les voyageurs du monde entier. Eric, qui parcourt le pays depuis 12 ans, vous renseignera avec plaisir sur les " bons plans ". Une très bonne adresse.

Marchés

GALARE FOOD CENTER. Chang Klang Road. *Ouvert de 10h à 2h du matin.* Situé en face du Night Bazaar, c'est un ensemble de stands proposant des cuisines thaïe du Nord, de l'I-San, chinoise, indienne, etc. La cuisine y est assez bonne et les prix petits.

PRATU CHIANG MAI NIGHT MARKET. Banrungburi Road. Ici également de nombreux stands proposent toutes sortes de cuisines, délicieuses et à des tout petits prix (20, 30 baht).

SOMPHET NIGHT MARKET. Chaiyaphum Road. Marché plus petit, mais dont les gargotes proposent une aussi bonne cuisine à des prix aussi bas.

ANUSAN MARKET, SAN PA KHOI MARKET ET WARROT MARKET. Offrent les mêmes avantages que les précédents : bonne cuisine et prix très modérés.

Dîners-spectacles

OLD CHIANG MAI. 185/3 Wua Laï Road © 053 275 097. *Ouvert (depuis plus de trente ans) de 19h à 22h. Compter 270 baht.* Plusieurs restaurants où l'on dîne assis autour d'une petite table. Spectacle avec danses traditionnelles et divers numéros symbolisant la culture du Nord. C'est très " touristique ", mais c'est très bien. Une belle soirée à passer en famille.
Le Ban Suan (voir début rubrique " Restaurants thaïs ") propose également un spectacle mais en moins fastueux. De même, au Galare Food Center, on peut assister à des danses folkloriques.

Dîners-croisières

Des bateaux peuvent vous emmener en une croisière-dîner le long de la rivière Ping. Belle soirée en perspective, d'une durée de 2h environ. L'embarquement a lieu tous les soirs, à partir de 19h30, sur Charoenprathet Road, devant le wat Chaï Mongkol. Prix 400 baht. Pour tous renseignements supplémentaires, contacter **MAEPING RIVER CRUISE** © 053 274 822.

Francophones

LA VERANDA. Chiang Maï Pavilion, Chang Klang Road © 053 818 495. *Ouvert de 11h à 14h et de 18h à 22h30.* Situé en plein Night Bazaar, cet établissement sert une cuisine française pleine de talent. En terrasse, un salon de thé avec de bonnes pâtisseries. Une très bonne adresse.

L'AUBERGE DES GOURMETS. 42 Kampaeng Din Road © 053 272 712. *Ouvert de 11h à 14h et de 18h à 23h.* Une cuisine savoureuse concoctée par un autre chef français. Vous avez le choix entre divers menus gastronomiques. A noter que le pain (délicieux) et les pâtes sont faits maison.

CHEZ DANIEL. 255/18 Mahidol Road © 053 204 600. *Ouvert de 11h30 à 13h30 et de 18h à 23h. Menu de midi à 120 baht.* Installé depuis plus de 20 ans à Chiang Maï, Daniel, un Normand, propose une délicieuse cuisine familiale. Civet de lapin, tripes au calvados… Une adresse à ne pas manquer.

LE COQ D'OR. 68/1 Khoklang Road © 053 282 024. *Ouvert de 11h à 14h et de 18h à 22h.* Situé de l'autre côté de la rivière Ping, un restaurant très haut de gamme, tenu par un… Anglais, et ce depuis plus de trente ans. Les prix sont relativement élevés mais la cuisine est succulente.

SORN DOK YA. 28/2 Wangsingkhum Road © 099 547 543. *Ouvert de 11h à 14h et 18h à 22h.* En dépit de son nom, ce restaurant - tenu par Philippe et Pattama, ex-cuisinière de l'Auberge des Gourmets -, sert une bonne cuisine française. De bons petits plats pas chers et un accueil sympathique. Fait également guesthouse.

L'ELEPHANT BLANC. 59/5 Loï Krih Road © 053 206 901. Déjà cité dans les restaurants thaïlandais, cet établissement propose également une bonne cuisine belge et française, et donne de nombreux renseignements bien utiles sur Chiang Maï et la région. Attention, le patron a décidé de vendre son commerce, et l'ambiance peut-être ne sera plus la même.

Chinois

CHINA PALACE. 318/1 Chiang Maï Lampung Road © 053 275 300. *Ouvert de 11h30 à 14h et de 18h à 22h30.* Ce restaurant, situé dans l'hôtel Westin River Side, offre, dans un très beau décor, une cuisine cantonaise exceptionnelle. Les prix y sont plus élevés qu'ailleurs mais c'est justifié. L'hôtel abrite également un restaurant français mais qui était provisoirement fermé lors de notre visite.

WHITE ORCHID. 33/10 Charoenprathet Road © 053 270 801. *Ouvert de 11h à 14h et de 18h à 23h30.* Un très bel établissement au bord de la rivière Ping. Il propose, dans un cadre fort agréable, une très bonne cuisine spécialisée dans la région de Shanghai.

MITMAI RESTAURANT. 42/2 Ratchawong Road © 053 275 033. *Ouvert de 9h à 21h.* Etablissement beaucoup plus modeste mais où la cuisine est délicieuse. Les prix très modérés en font aussi une bonne adresse.

Végétariens et indiens

THE WHOLE EARTH. 88 Sri Dornchaï Road © 053 282 463. *Ouvert de 11h30 à 14h et 18h à 22h.* Annexe de celui de Bangkok, ce beau restaurant de cuisines thaïe et indienne est le plus connu et le plus cher des végétariens de Chiang Maï. A noter qu'il abrite un centre de méditation transcendantale, si ça vous tente.

MANGSAWIRAT KANGREUANJAM. Soi 1 Inthawarorot Road. *Ouvert de 8h à 15h. A partir de 15 baht.* Ce petit restaurant végétarien tout simple est le moins cher de la ville. Et c'est bon !

INDIAN VEGETARIAN FOOD. 27/3 Soi 9 Moon Muang Road © 053 223 396. *Ouvert de 10h à 22h.* Cuisine indienne à petits prix (végétarienne ou pas). Bonne atmosphère et bon accueil.

Japonais

MIHIZURE. 164/102 Chang Klang Road © 053 818 523. *Ouvert de 17h à 23h. Menu à 150 baht.* Bon restaurant où la cuisine est d'une qualité honnête.

THE 90 BAAN. 119 Huay Keaw Road © 053 215 654. *Ouvert de 8h à 22h.* Une cuisine japonaise délicieuse servie dans un cadre très agréable. Le " porc Sukuyabi " est à 99 baht.

KITAMOND. 336-338 Chiang Maï. Village Chang Klang Road © 053 204 123. *Ouvert de 11h à 14h30 et de 17h à 23h.* Encore une bonne adresse ! La cuisine y est fine et d'une présentation recherchée. Essayez le " sashimi Moriawase ", vous ne serez pas déçus.

Italiens

LA GRITTA. 1 Nimmanhaeminda Road © 053 221 044. *Ouvert de 11h30 à 14h et de 18h30 à 22h.* Situé dans hôtel Amari Rincome, cet établissement, au décor et au service flamboyants, propose une très bonne cuisine italienne, à des prix il est vrai plus élevés qu'ailleurs.

LA GONDOLA DE STEFANO. Rimping Condominiu 201/6 Charoenraj Road © 053 306 483. Dans cet élégant restaurant, au bord de la rivière Ping, on dîne dans un cadre très agréable (terrasse ou jardin). Une bonne cuisine italienne et un choix de plats thaïlandais.

GIORGIO RESTAURANT. 2/6 Prachasamphan Road © 053 818 236. *Ouvert de 11h30 à 14h et de 17h30 à 22h30, fermé le dimanche.* Situé près du Night Bazaar, Giorgio, un Italien très discret, propose un grand choix de spécialités de son pays et fait lui-même ses pâtes. Des pizzas figurent également au menu.

Snacks

AMAZING SANDWICH. 252/3 Praprokklao Road © 053 216 846. *Ouvert de 9h à 20h30, sauf le dimanche.* Grand choix de sandwiches aux crudités, viandes, fromages, ainsi que de quiches, tourtes et quelques petits plats végétariens. Tout à petits prix. Une bonne adresse.

MR CHAN AND MISS PAULINE. Sri Phoum Road ✆ 053 223 989. Petit établissement spécialisé dans les salades, pizzas et crêpes fourrées. Tout y est délicieux, particulièrement les pizzas.

FOCCACCIA. Chiang Maï Inn Plaza Building. Chang Klang Road ✆ 053 281 353. *Ouvert de 6h30 à 23h.* Propose de nombreuses salades, des sandwiches, des jus de fruits et jus de légumes. Vous choisissez les ingrédients et on compose le mets devant vous. Très bonne adresse.

J.J. BAKERY ✆ 053 281 367. A côté du Foccacia, cet établissement propose, outre une cuisine occidentale et thaïe simple et pas chère, divers pains, croissants, tartes et autres gâteaux. De quoi couper agréablement une petite faim.

Sortir

Bars et pubs

RIVERSIDE. 9/11 Charoenrat Road ✆ 053 243 239. *Ouvert de 11h à 14h et de 18h à 2h du matin.* Très connu à Chiang Maï, ce restaurant-pub, dont la terrasse donne sur la rivière, est rempli de touristes de toutes nationalités et de jolies Thaïes. Musique par des groupes thaïs, bonne ambiance et grosse affluence…

THE GOODVIEW. 13 Charoenrat Road ✆ 053 241 866. *Ouvert de 11h à 14h et de 18h à 2h du matin.* Tout à côté, The Goodview est une copie conforme du Riverside. Les touristes préfèrent l'original, les Thaïs privilégient visiblement la copie. Dommage pour les touristes car les groupes qui se produisent ici sont très bons.

THE BRASSERIE. 37 Charoenrat Road ✆ 053 241 665. *Ouvert de 11h à 2h du matin.* Toujours dans le même quartier, un établissement un peu plus intimiste. Le clou de la soirée, c'est quand le patron thaï se met à la guitare et reprend les grands tubes (Clapton, Hendrix, Dylan). On en a encore des frissons, tant il est doué !

PINTE BLUES PUB. 33/6 Moon Muang Road. Rien d'exceptionnel dans ce pub mais, si vous aimez le blues, c'est ici qu'il faut venir. En sirotant un verre, vous aurez droit aux grands " hits " diffusés par une bonne sono.

DARLING. 95/10 Nimanhemin Road ✆ 053 353 383. *Ouvert de 17h à 24h.* Bar à vins tenu par le Suisse Lucas et son associé Dang.

Bars à filles et gogos

BAR BEER CENTER. Moon Muang Road. Non loin du Pinte Blues Pub, un peu en retrait de la rue se trouve cette grande place couverte, uniquement peuplée de bars à filles. La clientèle offre un mélange de résidents et de touristes plutôt plan plan. Ce n'est pas la folle ambiance, et même les entraîneuses ont l'air d'en avoir pris leur parti. Tout autour, quelques bars identiques où la clientèle est plutôt rare. Sur Kotchasan Road, en face du Bar Beer Center, se trouvent deux gogos, le Spotlight et le John's Place.

Discothèques

SPACE BUBBLE. 46-48 Charoenprathet Road ✆ 053 270 099. *Ouvert de 21h à 2h du matin.* Tout le monde ici dit Bubble tout court. C'est la discothèque la plus connue à Chiang Maï. Clientèle de touristes en goguette, de jeunes Thaïs de la bourgeoisie locale et de superbes Thaïlandaises très intéressées par… l'épaisseur de votre portefeuille. Très bonne ambiance cependant, et les tout derniers tubes. La petite capacité d'accueil de la boîte fait qu'on lie facilement connaissance.

GIGIS. 62/2 Chiang Maï, Lampung Road ✆ 053 302 340. *Ouvert de 21h à 2h du matin.* Ici on danse sur de la musique dispensée par des groupes thaïlandais puis, vers minuit, la sono entre en scène pour diffuser les grands succès du moment. La clientèle est plutôt jeune et plutôt locale.

STARDUST. 318/1 Chiang Maï Lampung Road ✆ 053 275 300. *Ouvert de 21h à 2h du matin.* Boîte de l'hôtel Westin, à l'atmosphère plus guindée. Il faut y aller après minuit, avant c'est le désert total. Bien qu'après ce ne soit pas la grande foule non plus, mais les quelques Thaïlandaises d'une beauté rare aperçues le temps d'un regard valent bien toutes les ambiances délirantes du monde.

Visiter

Temples

WAT CHEDI LUANG. Phra Pokklao Road. *Entrée principale sur Thanon Phra Pokklao.* Ce temple, particulièrement vénéré à Chiang Maï, fut construit en 1401. Son viharn abrite une statue de Bouddha debout. Derrière le temple, dans une grande cour, se trouvent les ruines du Chedi Luang (chedi royal), qui a donné son nom à ce wat. Construit en 1391, le chedi mesurait à l'origine 86 m de haut (certains disent 90 m). Un tremblement de terre le détruisit partiellement en 1545 et le rabaissa à une hauteur de 60 m. Le Bouddha d'Emeraude a été conservé dans ce temple de 1458 à 1550. A côté d'un arbre de la bodhi – dont les habitants de Chiang Maï disent que s'il meurt, la ville mourra aussi –, est posée une pierre symbolisant la fondation de la ville (Lak Muang). Selon la légende, c'est à cet endroit que le roi Mengraï a échappé à la foudre lors d'un orage.

WAT PAN TAO. Phra Pokklao Road. *A quelques mètres du wat Chedi Luang.* On y trouve deux viharn de bois, un peu délabrés mais qui sont un bon exemple du travail de décoration du style de Lanna.

SAN PHRA CHAO MENGRAÏ. Ratchadamnoen Road. Ce monument commémore la foudre qui manqua de tuer le roi Mengraï alors qu'il passait par là.

WAT PHRA SINGH. Jonction de Singharat Road et Phra Singh Road. Ce temple a été bâti en 1345, mais le viharn a été reconstruit en 1925 dans le style d'un hall de gare. A droite, se trouve la bibliothèque, délicat édifice en bois, reconstruit en 1920 sur d'anciennes fondations. La chapelle (bot) possède des boiseries sculptées et de très belles portes. A l'intérieur, deux Bouddhas assis, du style de Chieng Sen. La partie la plus belle et la plus sacrée est le viharn Laïkam, petit bâtiment aux très belles proportions où se trouve le Bouddha Phra Singh, qui donne son nom au temple. On ne sait trop quelle est son origine, mais la tête n'est visiblement pas d'époque (probablement volée, elle a été remplacée). Les murs sont recouverts de fresques du XVIe siècle, dit-on, mais restaurées au XIXe. Ce sont les plus belles de Chiang Maï, elles décrivent la vie des habitants du Nord : enfants qui jouent, amoureux dans les buissons, femmes commérant... Les vêtements, les tatouages et les objets usuels donnent une idée assez exacte de cette époque. Ce temple très vénéré est un des principaux lieux de la fête de Songkran.

WAT CHIANG MAN. Ratchaphanikaï Road. Le plus ancien. Construit en 1296-1297 par le roi Mengraï. Selon la légende, c'est là que Mengraï aurait d'abord résidé. Le sanctuaire est décoré d'un fronton de bois sculpté et, à l'entrée, une dalle de pierre, recouverte d'une écriture thaïe archaïque, marquerait l'endroit où le roi est mort. Les deux viharn sont sans grand intérêt mais abritent deux statues que l'on peut voir, à condition d'en obtenir l'autorisation. La Phra Sila est une statue indienne en bas-relief de Bouddha déhanché (très rare), du VIIIe siècle. L'autre, la Phra Setang Khamani, daterait du VIIe siècle et proviendrait de Lopburi. Sculptée dans le cristal de roche, elle est couronnée d'or et repose sur un socle d'or également. Les habitants de Chiang Maï affirment qu'elle fait pleuvoir et conjure les esprits.

Un coq heureux

Au temple Doï Suthep trône la photo d'un splendide coq. Puisque, surpris, vous nous demandez pourquoi, voici son histoire telle que les Thaïlandais la racontent : Autrefois, des aigles nichaient dans les parages. Quelques villageois virent l'un d'eux s'emparer d'un poussin. Ils jetèrent sur le rapace une volée de pierres qui lui fit desserrer son étreinte, et, le poussin sain et sauf mais mal en point, atterrit dans l'enceinte du wat. Les moines bouddhistes y virent, c'est le cas de le dire, un signe du ciel et soignèrent le volatile. Ils le choyèrent jusqu'à sa belle mort comme... un coq en pâte. Et voilà l'histoire du coq de Doï Suthep.

WAT PHRA CHA MENGRAÏ. Thanon Ratchamanka, Lane 6. Temple moderne en ciment de Portland, mais les stucs du portail peuvent ne pas laisser indifférent.

A l'extérieur de la ville

WAT SUAN DOK. Suthep Road. Au XIIIe siècle, un bonze rêva qu'un ange lui indiquait l'emplacement d'une relique, enterrée sous les ruines d'un temple. Il entreprit des recherches mais ne trouva rien. Enfin, un rayon de soleil sorti miraculeusement de terre lui indiqua l'endroit. Il creusa et déterra une boîte de bronze. Il l'ouvrit et trouva à l'intérieur une autre boîte d'argent, puis une de corail... Enfin, dans la dernière boîte, il découvrit une boule d'un centimètre de diamètre environ, de laquelle émanait une très vive lumière. Cette boule provoqua des conflits entre les rois qui voulaient tous se l'approprier. Un jour, elle s'éteignit et on la rendit au bonze. Plus tard, le roi Kuena de Chiang Maï invita le bonze dans sa ville. Le bonze lui montra la relique, la plaça dans une coupe d'eau et la boule commença à tournoyer. Soudain, en pleine saison sèche, la pluie se mit à tomber. Le roi, ébloui, fit bâtir un chedi dans son jardin des fleurs (Suan Dok) pour y abriter la boule (à l'emplacement que l'on peut voir). Mais quand il voulut la déposer, la boule se divisa en deux parties. L'une fut alors enclose dans ces boîtes et resta là, l'autre fut déposée au Doï Suthep (temple suivant).

Wat Suan Dok fut donc construit en 1333 par le roi Kuena (ou Ku Na) dans le jardin de son palais, dit jardin des fleurs, qui a donné son nom au temple. Il a été entièrement reconstruit en 1932 par le destructeur, pardon, restaurateur des monuments de Chiang Maï, un dénommé Khruba Srivijaya. Le chedi contenant la relique est décoré à son sommet de carreaux de faïence trop modernes, qui en détruisent la beauté. Derrière sont les chedi où l'on conserve les cendres de la famille royale de Chiang Maï (il existe encore des princes de Chiang Maï, mais ils vivent discrètement). Le viharn principal, en ciment de Portland encore, ressemble, lui aussi, à un hall de gare.

WAT PHRA BOROMATHAT. Doï Suthep. *16 km de Chiang Maï. S'y rendre : Chang Puak Bus Station, Chotana Road. Départs toutes les 30 mn, entre 6h et 15h30. Aller-retour 60 baht. Pour les plus fatigués, il y a aussi un accès par télécabine.* On continue donc l'histoire du bonze dont le nom est Sumana. Que faire de l'autre moitié de la relique, se demandaient avec angoisse le roi et Phra Sumana. Où donc la mettre ? On la mit sur le dos d'un éléphant blanc. L'animal, ainsi lesté, barrit trois fois, agita sa trompe et chargea vers Doï Suthep. Au pied de la montagne, il fit une sieste à l'endroit appelé depuis Doï Chang Non, c'est-à-dire " le mont de l'éléphant endormi ". Il arriva, enfin, à un endroit nommé Wasuthep où avait vécu un ermite légendaire. Il barrit encore trois fois, s'agenouilla, se coucha et mourut. Ce fut l'endroit choisi pour enterrer la relique. On construisit un tombeau de pierre et un chedi par-dessus. Deux siècles plus tard, ce chedi fut agrandi et sa hauteur portée à 22 mètres.

► Temple, Chiang Maï

Doï Suthep est à 1 080 mètres d'altitude et la vue sur Chiang Maï est superbe. Pour accéder au temple, il faut escalader 290 marches. Une légende veut que les couples qui les gravissent ensemble restent unis pour la vie. Le temple actuel date du XVIe siècle, mais a été restauré et agrandi au cours des siècles suivants. Le chedi est magnifique et couvert de plaques d'or superbement gravées. Il est entouré de quatre ombrelles. Les autres édifices ne présentent pas d'intérêt particulier.

WAT UMONG. Route Suthep. *A gauche après le wat Suan Dok, à 1,5 km.* Construit en 1296 par le roi Mengraï. De cette époque, il ne reste que quelques traces de briques d'un chedi. Tout à côté étaient des galeries souterraines (Umong signifie souterrain) avec des cryptes à Bouddhas. Elles étaient destinées à des ermites pour qui les forêts n'offraient pas assez de solitude et qui voulaient s'enterrer pour mieux méditer. Depuis 20 ans, le temple a connu les inévitables restaurations, des étangs à lotus ont émergé, l'endroit est devenu un centre à la mode. Des bonzes d'origine occidentale s'y sont installés et peuvent tout vous raconter.

WAT CHET YOT. Superhighway Road. *Près du Musée national.* Construit en 1453, par le roi Tilokaraja, onzième de la dynastie, et destiné à recueillir ses propres cendres. Le principal édifice est un chedi à sept pointes dont la plus grande contient les cendres du roi. Il fut conçu par des architectes thaïs qui revenaient de pèlerinage, sur le modèle du monument de Buddhagaya (Bodgaya) où Bouddha atteignit l'Illumination.

Musées

CHIANG MAÏ NATIONAL MUSEUM. Superhighway Road. *Ouvert de 9h à 16h du mercredi au dimanche. Entrée 20 baht.* Situé pas très loin du wat Chet Yot, ce musée possède de très nombreuses statues de bouddhas des divers styles ayant marqué l'histoire de la Thaïlande. La grande statue de bronze est la plus imposante. On y verra également des reliques et des objets sacrés.

TRIBAL MUSEUM. Ratchamangkhala Park. *Ouvert de 9h à 16h. Entrée libre.* Ce très intéressant musée est cependant très peu fréquenté. Il expose de nombreux costumes de cérémonie, des outils artisanaux, différents bijoux et ornements ainsi que des instruments de musique. Le tout est classé par appartenance aux diverses tribus de la Thaïlande. A voir.

Zoo, parc

CHIANG MAI ZOO. *Entrée adultes 30 baht, enfants 10 baht. Pour s'y rendre, prendre la rue Huay Kheo, c'est à environ 6 km, près de Doï Suthep.* Très grand parc animalier où, fait rare en Thaïlande, les animaux semblent être à leur aise. C'est une promenade agréable à faire, surtout en famille. Nombreuses allées ombragées, manèges pour enfants…

BUAT HAT PARK. Bamrungburi Road. Situé à l'extrême sud-ouest du carré intérieur de la ville, ce parc, très agréable par temps de grande chaleur, est agrémenté de diverses fontaines, d'allées arborées et de nombreux petits stands d'alimentation et de boissons. Pour éventuellement faire un jogging, hors de portée des pots d'échappement.

Les treks (randonnées)

Si vous projetiez un merveilleux trek à travers la jungle, à dos d'éléphant ou en radeau, et l'arrivée dans un village isolé où quelques autochtones vaquant à leurs travaux vous accueilleraient avec surprise et dévotion, alors vous risquez d'être déçus. Indiana Jones, c'est à Hollywood ; à Chiang Maï, les pistes " désertes " sont peuplées de groupes d'Allemands en short, d'Italiens volubiles et d'Américains stupéfaits par l'absence de fast food dans le coin. Des groupes se croisent et se recroisent, prennent des photos, râlent contre la chaleur ou la pluie. Bref, nous sommes en 2003, ne l'oubliez pas, et le tourisme, c'est un bain de démocratie ! Ce préambule important étant fait, il peut être quand même agréable de faire une balade de deux ou trois jours (durée moyenne des treks). A cet effet, quelques conseils nous semblent indispensables.

La saison

De novembre à mars, c'est idéal. Pas trop de chaleur, pluie quasi inexistante ; en revanche, juillet et août peuvent être très arrosés et d'avril à juin la chaleur est infernale.

L'équipement

Mieux vaut oublier les chaussures de sport. Emportez de bonnes chaussures de marche, montant jusqu'à la cheville. Un pantalon long, qui vous évitera les piqûres de moustiques, et n'oubliez pas une petite laine car la nuit peut être froide.

Le respect

Quand vous visitez un village, respectez ses habitants. Ne prenez des photos qu'après en avoir demandé l'autorisation et essayez, même si le temps manque, de vous intéresser vraiment aux autochtones.

S'informer

Essayez naturellement plusieurs agences et, surtout, faites-vous expliquer en détail la nature du trekking envisagé, car plus c'est flou, plus ça sent l'arnaque. Sachez que passer une journée à dos d'éléphant n'est pas aisé pour tout le monde, donc réfléchissez avant de vous engager.

Bien choisir

Là, c'est la bouteille à l'encre. Le choix est cornélien. Il dépend de tant de facteurs hasardeux… L'idéal est une bonne agence, un bon guide et de… bons compagnons de voyage. Et là, vous n'y pouvez rien, seulement vous en remettre à votre bonne étoile. Les groupes sont en général d'une dizaine de personnes. Enfin, il faut savoir que vous allez souvent marcher, dormir dans des endroits plutôt rudimentaires et vous lever souvent de bonne heure. Donc si vous n'êtes pas au meilleur de votre forme, ne partez pas.

Une liste d'agences reconnues et agréées par l'Office du tourisme thaïlandais est disponible aux bureaux du TAT à Chiang Maï.

TAT. Chiang Maï, Lamphum Road ✆ 053 248 604. Ouvert de 8h à 16h30.

Nous vous conseillons également de vous adresser à :

EAST WEST SIAM ✆ 053 281 789. Web : www.lisulodge.com

THAI ADVENTURE RAFTING. 73/7 Charoenprathet Road ✆ 053 277 178. E-mail : lynn@activethailand.com. Organise des trekkings à dos d'éléphant, en radeau, loue des canoës, des VTT, des motos…

► Trekking en éléphant, Chiang Maï

Sports

BULLY BOWL. Huay Kaew Road, Kad Suan Kaew Center, 4e ét. © 053 224 444, ext. 19015. Bowling ouvert de 10h à 22h. De 60 à 90 baht suivant les horaires.

KARTING. 254 Moo 8, Chiang Maï Hod Road © 053 430 059. Web : www.worldcholidaysclub.com. Ouvert de 10h à 21h. A partir de 150 baht les 10 mn. Situé à l'extérieur de Chiang Maï, ce circuit propose des kartings de différentes cylindrées.

Piscines

Quelques piscines dans la ville pour un prix modeste, aux environs de 50 baht.

PHYSICAL EDUCATION COLLEGE. Stade de Chiang Maï, Isabal Juka Road © 053 213 629.

CHIANG MAI UNIVERSITY. Huay Keaw Road © 053 221 699.

PNGPAT SWIMMING POOL. Chatna Road © 053 212 812.

Planche à voile

Oui, vous pouvez faire de la planche à voile à Chiang Maï ! Tout simplement sur un lac situé à une dizaine de kilomètres au nord de la ville de Huay Teung Tao Reservoir. Pour une heure, compter entre 150 et 200 baht suivant la basse ou haute saison.

Tennis

Vous pourrez vous adonner à votre passion en louant des courts aux adresses suivantes :

LANNA SPORTS CLUB. Chotana Road © 053 221 911. De 10h à 18h.

GYMKHANA CLUB. Rat U-Thit Road © 053 241 035.

Ulm

CHIANG MAI SKY ADVENTURE. 143 Moo 6 Chern Soi Doï Saket © 053 868 460. E-mail : flying@cmnet.co.th. *Ouvert de 6h à 12h et de 15h à 18h. 15 mn 1 200 baht, 30 mn 2 200 baht.* Une expérience très originale et inoubliable : survoler les magnifiques paysages de Chiang Maï.

Shopping

Chiang Maï est, avec Bangkok, le paradis du shopping. Ici la soie, l'artisanat, les divers bronzes, jades, bouddhas sont exposés partout et à toute heure. Gardez la tête froide et prenez votre temps. Ne vous laissez pas éblouir par des breloques que vous trouverez à un moindre prix dans une solderie en France. Et comme toujours, sachez marchandez avec le sourire.

Antiquités

N'achetez que si vous êtes un spécialiste, car souvent les " antiquités " sont des perdreaux de l'année.

CHILI NIGHT BAZAAR. Room n° 20, 2nd floor © 053 818 475. *Ouvert de 9h à 17h et de 19h à 23h.* Antiquités birmanes, laotiennes et thaïes, de très belles pièces. Quant à leur authenticité…

BOONCHU SHOP. 29 Chang Klang Road, Night Bazaar © 053 820 794. *Ouvert de 17h à 24h.* Diverses antiquités mais aussi sculptures sur bois magnifiques et artisanat. De nombreuses autres adresses au Night Bazaar.

Artisanat

BAN PHOR LIANG MUEN'S. 36 Phrapokklao Road © 053 278 187. *Ouvert de 8h à 18h.* Répliques de statues, reproductions de plaques murales de céramiques anciennes et de poteries.

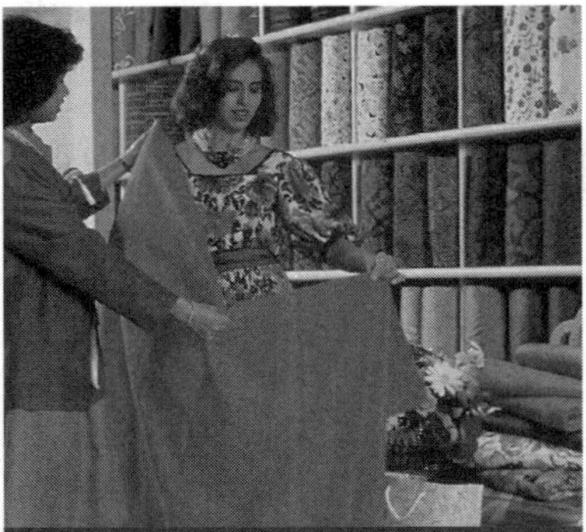

Boutique d'étoffes

San Kampaeng, le paradis des tissus

Sur la même route, ce village est plutôt spécialisé dans les vêtements et tissus, dont les superbes soies thaïes.

SHINAWATRA THAI SILK. 145/1-2 Sankampaeng Road ✆ 053 338 053. E-mail : www.shinawatrathaisilk.com. Un magasin au décor et aux stocks impressionnants. Très grand choix et des prix réellement moins élevés que chez les concurrents. Il faut dire que la maison est très connue et vend énormément. Quelques autres magasins sont à conseiller.

LANE XANG. 134/107 Sankampaeng Road ✆ 053 960 501. E-mail : lanexang_trading@yahoo.com. Magasin vendant à bons prix poteries, céramiques, laques, statues en résine…

MEO JAIDEE STUDIO. 16/4 Moo 8 Sankampaeng Road ✆ 053 331 214. E-mail : kindcatcandle@yahoo.com. Un magasin très original puisqu'il ne vend que des bougies, mais toutes d'une grande beauté et aux parfums enivrants.

NANTATHAM. 99/5 Moo 1 Sankampaeng Road ✆ 053 384 998. E-mail : thamrong@cm.ksc.co.th. Parasols, ombrelles et de belles et originales lampes de chevet de toutes les tailles et de toutes les formes.

NEO GLASS. 136/12 Soi Tanajit, San Kamphaeng Road ✆ 053243 694. Propose de magnifiques objets de verre : boîtes, chandeliers, lampes… Des créations vraiment originales.

PAPER TREE. 230/9 Bosang Bazaar Center, Sankampeng ✆ 053 338 851. Magasin très original, proposant toute une gamme de produits à base de papier. Cadres, albums, agendas…

TAIWAN DECOR. 1 Nimmanhemin Road ✆ 053 221 044. Situé près de l'hôtel Rincome, ce petit magasin propose des objets de décoration en fer forgé, en bois et en céramique, ainsi que divers bijoux et bougies. A voir.

SIPSONG PANNA ART. 95/19 Nimmanhemin Road ✆ 053 216 096. E-mail : sipsongpanna@hotmail.com. Beaucoup d'objets et de bijoux décorés de motifs anciens, la plupart en argent mais aussi en verre. Encore un magasin qui vaut le coup d'œil.

THAI TRIBAL CRAFT. 208 Bamrungrat Road ✆ 053 241 043. *Ouvert de 9h à 18h.* D'innombrables objets d'artisanat tribal : poteries, statues, textiles… Vendus à bon prix, apparemment dans le but d'aider les tribus montagnardes.

HILL TRIBES PRODUCTS. 21/17 Suthep Road ✆ 053 277 743. *Ouvert de 9h à 18h.* Pour aider les tribus, comme dans le magasin précédent, sous le très haut patronage royal.

Enfin, au **NIGHT BAZAAR,** sur Chang Klang Road, de nombreux commerces se feront un plaisir de vous vendre des produits de l'artisanat local.

Céramique et céladon

PREMPACHA'S COLLECTION. 224 Sankamphaeng Road ✆ 053 331 540. *Ouvert de 8h30 à 18h.* Un immense magasin où vous trouverez différentes céramiques, soies, batiks…

SIAM CELADON. 38 Moo 10 Samkampheng Road ✆ 053 331 526. E-mail : www.siamceladon.com. Ici également un très grand choix de céladon et de différents articles de grande qualité.

Ces deux magasins se trouvent à 6 km de la ville, sur la route qui traverse le village de Sankampheng.

LIVING SPACE. 276 Thaphae Road ✆ 053 874 299. E-mail : livingsp@loxinfo.co.th. Très beau magasin offrant un grand choix de céladon et de divers laques. Direction européenne.

Jade

ORCHID JADE FACTORY. 7/7 Doï Suthep Road ✆ 053 248 413. Face au wat Phra That, bagues, bracelets, colliers, bouddhas, grand choix de jades que l'on nous dit provenir de Birmanie.

Les marchés

WAROROT MARKET. Chang Man Kao Road. Grand marché, beaucoup moins structuré et tape-à-l'œil que Night Bazaar et donc plus vrai. De très bons prix aussi, la preuve, les Thaïs y font leurs courses. Vous y trouverez absolument tout : vêtements, chaussures, bagages, lunettes, fruits et légumes. Même si vous n'avez aucune envie de tout cela, vous balader dans les allées ne peut pas vous faire de mal.

NIGHT BAZAAR. Chang Klang Road. Des centaines de stands...C'est le marché le plus connu des touristes, ce qui n'empêche pas qu'on y fait de bonnes affaires tant il y a de concurrence. Vous y trouverez les mêmes T-shirts, jeans et chemises qu'à Bangkok mais pour moins cher. Il est conseillé de marchander en prenant tout son temps.

Meubles

KALAE. 115 Hand Dong Tawaï Road ✆ 015 309 290. Situé hors de Chiang Maï, magasin très connu pour l'originalité et la qualité de ses meubles provenant de toute l'Asie.

ORIENTAL SPIRIT. 4/5 Chatana Road, Chang Puek ✆ 053 409 696. E-mail : orienspt@loxinfo.co.th. Spécialiste des meubles anciens de Chine et du Sud-Est asiatique. Un Français, Jacky, vous donnera tous les renseignements nécessaires.

UNDER THE BÔ. ✆ 018 850 597. Meubles, mais aussi monnaies, bijoux anciens, art tribal... on ne sait plus où donner du regard. Direction française de M. François Villaret.

Soie et textiles divers

PAOTHONG. 66 Charoenraj Road ✆ 053 302 072. E-mail : paothongshop@hotmail.com. Propose divers vêtements en soie et coton et quelques produits artisanaux. Très bon accueil.

MISS SUDAWAN. Thaphae Road, Soi 1 ✆ 053 283 127. *Ouvert de 11h30 à 23h.* Soies de Thaïlande et du Laos, vêtements de coton, batiks et costumes et robes sur mesure.

STUDIO NAENNA. 138/8 Soi Chang Khian, Hugy Kaew Road ✆ 053 223 042. *Ouvert de 8h30 à 17h.* Divers textiles (soies, batiks, etc.) provenant de toute la Thaïlande et du Laos. La propriétaire anglo-saxon a une réputation bien établie dans le milieu.

> VISITES DANS LES ENVIRONS DE CHIANG MAI

BOSANG

Le village des ombrelles, situé à une dizaine de kilomètres de Chiang Maï (route 1006), est entièrement constitué de magasins d'artisans. Outre les ombrelles, vous y trouverez tout ce dont vous rêviez avant votre départ d'Europe : bouddhas, statues, porcelaine, céramiques, jades. Les prix y sont toujours à la tête du client.

MAE SA

Transports

Pour vous rendre à Mae Sa, le mieux est de louer une moto, le site le plus éloigné étant à moins de 20 kilomètres de Chiang Maï.

Visiter

BUTTERFLY AND ORCHIDS FARM. *Ouverte de 8h à 17h. Entrée 30 baht.* Grande volière à papillons et ferme d'orchidées les plus variées. Rien d'extraordinaire en vérité mais, si vous êtes dans le coin, pourquoi pas.

MAE SA SNAKE FARM. *Ouvert de 9h à 17h. Entrée 200 baht.* Beaucoup plus intéressant. Des centaines de serpents dans des vivariums. Vous pouvez assister à des shows qui ont lieu trois fois par jour. Frissons garantis.

MAE SA ELEPHANT CAMP ✆ 053 297 060. *Ouvert de 8h à 20h. Entrée 80 baht.* Centre de dressage des éléphants devenu folklorique, car plus aucun de ces animaux ne travaille dans les forêts. Le spectacle de la virtuosité des pachydermes est cependant fascinant. Vous pouvez également visiter la nursery. Vraiment craquant ! On recommande la visite expressément.

SOI INTHANON NATIONAL PARK. *A environ 70 km de Chiang Maï.* Ce parc national est connu pour abriter le sommet le plus haut de Thaïlande. S'y trouvent également trois belles cascades, la plus grande d'entre elles étant Nam Tok Mae Klang. Cela tombe bien, c'est la plus facile d'accès. Paradoxalement, le parc est habité et pas qu'un peu ! A peu près 10 000 personnes (des Karen et des Meo) y sont dispersées dans différents villages. Ce qui explique les nombreuses rizières que l'on y aperçoit. En revanche, impossible en trois jours de voir des singes. Ils y sont, paraît-il, relativement nombreux. Peut-être étaient-ils trop occupés… En ce qui concerne les oiseaux, aucun problème, c'est même un des parcs préférés de toute l'Asie du Sud-Est des amateurs de volatiles. Un temple se trouve également sur le territoire, mais sans intérêt : il a été construit par… l'armée de l'air thaïlandaise, en hommage au roi.

Les tribus montagnardes

LES KAREN. Au nombre de 320 000 environ, ils sont originaires de la Birmanie. Ils vivent de la culture du riz et des légumes dans des villages en général très isolés. C'est chez les Karen que se trouvent les célèbres " femmes girafes ", ces femmes au long cou tenu par de nombreux anneaux.

LES H'MONG OU MEO. Environ 124 000, ils viennent de la Chine du Sud. Ils subsistent de la culture du riz, du maïs et de l'opium. Les anciens ont fardé leur religion taoïste. Ils sont polygames et vivent pour la plupart dans la région de Chiang Maï.

LES LAHU. Environ 73 000 au dernier recensement, ils sont originaires du Tibet et cultivent, comme les H'Mong, le riz, le maïs et le pavot (pour l'opium). Ils sont animistes mais, depuis peu, certains se sont convertis au christianisme.

LES AKHA. Au nombre de 48 000 et également d'origine tibétaine, ils cultivent maïs, riz et pavot. Animistes, ils pratiquent également le culte des ancêtres. Leurs coiffes sont célèbres, c'est une espèce de bonnet tibétain avec des médailles pendant tout autour.

LES YAO OU MIEN. Un peu plus de 40 000 individus, venant de la Chine centrale. Ils sont animistes, de moins en moins taoïstes et pratiquent également le culte des ancêtres. Très peu intégrés à la Thaïlande, ils parlent encore et écrivent leur langue originelle. Les hommes sont très souvent polygames. Eux aussi cultivent le pavot.

LES LISU. Seulement 280 000. Ils viennent du Tibet et sont loin de se sentir thaïlandais. Reconnaissables à leurs beaux costumes colorés, les femmes conduisent souvent les affaires du ménage. Là également on cultive le pavot.

> LA REGION DE CHIANG MAI

THATON

Thaton est un tout petit village au bord de la rivière Kok.

Transports

On y accède en bus depuis Chiang Maï. Arrivée à la gare routière Chang Puak Bus Station. 4 heures de trajet, prix 50 baht. 5 à 6 bus toutes les demi-heures à partir de 6h du matin. C'est l'une des deux routes du Nord. On se rend en pirogue à Chiang Raï, en 3h et pour 160 baht. Avant, il faut montrer son passeport à la Tourist Police, puis s'arrêter une fois encore en cours de route. Ceux à qui la balade en pirogue ne dirait rien, peuvent gagner Mae-Salong en taxi collectif.

Hébergement et restaurants

A Thaton, il a bien quelques guesthouses, hôtels et restaurants. Mais, en général, c'est le grand calme. Comme dans beaucoup d'endroits, il y a un grand Bouddha et un temple sur la colline.

Visiter

Quelques villages des tribus à voir.

LAMPHUN

Distante de la capitale du Nord d'une trentaine de kilomètres, cette petite ville de 15 000 habitants, bordée par la rivière Kuang, est " vendue " par tous les tours opérateurs de Chiang Maï. Son point d'intérêt principal est le wat Phra That Hari Phunchaï.

Transports

Si vous ne désirez pas être dépendant d'un tour opérateur de Chiang Maï, prenez un bus dans Lamphun au Chang Pheuak Terminal, sur Chiang Maï, Lamphun Road. Le trajet dure environ 25 mn et le prix est de 12 baht. Il n'y a que des bus ordinaires.

Hébergement

Pour passer une nuit à Lamphun, un seul établissement peut être recommandé :

SUPAMIT HOLIDAY INN. 107 Chama Thewi Road ✆ 053 534 865 – Fax 053 534 355. *Compter 400 baht.* Un hôtel modeste mais convenable, avec des chambres climatisées.

Restaurants

DAO KANANG ✆ 053 511 552.

KONG SALAWIN ✆ 053 561 338.

Deux bons établissements où l'on vous servira des plats délicieux à des prix minimes.

Visiter

WAT PHRA THAT HARI PHUNCHAI. Son édification remonterait au XIIe siècle. Outre deux superbes chedi, il abrite un gong de bronze qui est le plus grand du monde. En face se trouve un petit musée.

Shopping

L'artisanat local est réputé. La soie, le batik peuvent être achetés chez :

YONG KEAN. 55 Charoenraj Road ✆ 053 562 500. On y vend aussi de très beaux meubles provenant de Birmanie, de Chine, du Laos et du Viêt-nam.

Pour les poteries et céramiques, essayez le magasin situé près du wat Hari Phunchaï :

CHUANG LHONG ✆ 053 510 716.

MAE HONG SON

Petite ville de 6 800 habitants, Mae Hong Son a un charme certain. Entourée de montagnes où le bois de teck abonde (pour combien de temps ?), la ville est restée authentique malgré la liaison aérienne avec Chiang Maï. Sa proximité avec la frontière birmane en fait une plaque tournante du trafic d'opium. Cela explique peut-être pourquoi l'Office du tourisme se trouve dans les locaux de la Police... Ils veulent savoir d'entrée à quel genre de " touristes " ils ont à faire. La population est composée en majorité de Shan d'origine birmane mais Thaïlandais maintenant (Shan est la déformation birmane du mot Siam). De juin à octobre, les pluies torrentielles inondent les routes en terre battue, les routes goudronnées étant relativement rares. Il est donc préférable de venir ici à une autre période. La grande avenue Khumlumprapat Road traverse toute la ville, grâce à quoi il est facile de s'orienter à Mae Hong Son.

Transports

Comment y aller

Avion

Pas de vol direct de Bangkok, il faut faire escale à Chiang Maï.

De Chiang Maï, 3 vols par jour, à 10h, 13h05, 15h55 ; compter 35 mn de trajet et 500 baht.

THAI AIRWAYS. 71 Singkanat Bamrung Road ✆ 053 611 297. On arrive dans un incroyable aéroport dont la piste est pratiquement imbriquée dans la ville. Si l'on n'est pas trop chargé, on peut gagner la ville à pied. Les premiers hôtels et guesthouses sont à moins d'un kilomètre...

Bus

Des bus partent **de la gare de Mochit** à Bangkok. Aucun n'est climatisé, bon courage ! Départs à 9h, 14h et 20h30. Durée du trajet 14h, prix 316 baht (l'enfer !).

De Chiang Maï, ce n'est pas le paradis non plus. La route fait une grande boucle soit vers Paï, soit vers Mae Sariang. De plus, elle est très montagneuse. Pour faire entre 250 et 350 km, vous allez mettre entre 7 et 9h, avec de nombreux arrêts.

Par Paï, la route la plus courte mais la plus pénible, en bus climatisé, compter 143 baht ; par Mae Sariang 276 baht.

Se déplacer

MOTO-TAXI. Pour une course en ville, compter de 10 à 20 baht, jamais plus. Pour grimper jusqu'au wat du Doï Kong Mu, compter 50 baht aller-retour.

TUK-TUK. Une course en ville coûte de 20 à 30 baht. Marchandez toujours avant.

STATION DE BUS. Sur l'inévitable Khunlumphrapar Road, proche du centre-ville.

N'hésitez pas à marcher si les tuk-tuk vous demandent plus de 30 baht, ou les motos plus de 20 baht. L'hôtel Panorama par exemple est à moins de 200 m, sur le même côté de la route direction sud.

Locations

Des guesthouses louent des vélos et des motos pour environ 40 et 150 baht par jour. Des loueurs se trouvent également sur Khunlumpraphat Road. A l'aéroport, un bureau de location de voitures est à votre disposition (✆ **053 620 458**), de même qu'à Imperial Tara Mae Hong Son Hotel.

Renseignements utiles

POLICE TOURISTIQUE. Singhanat Bamrung Road © 053 611 812.

URGENCES © 1155. *Ouvert de 8h30 à 21h30.* Bureau de tourisme à l'intérieur.

POSTE. 79 Khunlumphrapat. Ouverte du lundi au vendredi de 8h30 à 16h30.

SRI SANGWARN HOSPITAL. Singhanat Bamrung Road © 053 611 378. C'est un hôpital public pas très équipé.

CHANGE. Les principales banques se trouvent sur la grande avenue Khunlumpraphat. Elles vous changeront vos euros.

Hébergement

Bien et pas cher

MAE HONG SON HILL. 106/2 Khunlumpraphat Road © 053 612 475. *Entre 400 et 500 baht (les prix baissent si vous louez plus d'une semaine).* Un établissement au calme, composé de bungalows. Tous ont la climatisation. L'aménagement du bungalow détermine son prix.

PIYA GUEST HOUSE. 1/1 Soi 3 Khunlumpraphat Road © 053 611 260. *Avec ventilateur 250 baht, avec climatisation 400 baht.* Des bungalows simples mais propres dispersés dans un jardin.

YOK GUESTHOUSE. 14 Siri Mongkhon Road © 053 611 532. *De 250 baht avec ventilateur à 400 baht avec climatisation.* Petite guesthouse calme et plaisante. L'accueil est charmant et les chambres sont d'une propreté impeccable.

FRIEND HOUSE. 20 Phadit Chongkam Road © 053 611 647. *De 100 à 300 baht.* Dans une maison de teck, 6 chambres impeccables, au décor très original où le bois domine. On conseille de prendre les chambres à l'étage avec vue sur le lac Nong Chong Kam. Toutes les chambres ont un ventilateur.

MAE TEE HOTEL. 55 Khunlumpraphat Road © 053 612 141. *De 150 à 400 baht pour chambre à 3 lits avec climatisation.* Petit hôtel, très pratique si l'on est entre amis. Des chambres de 1 à 3 lits, avec climatisation ou ventilateur. Ce n'est pas le grand luxe mais les chambres sont propres.

Femme Padaung, Mae Hong Song

Pauvres femmes girafes...

C'est dans la région de Mae Hong Son que vivent les célèbres femmes au long cou, ou " femmes girafes ". Appartenant à la tribu Padong, elles sont apparentées à l'ethnie Karen. Toutes les agences de la ville proposent des treks pour aller les visiter. La plupart de ces femmes ont fui la Birmanie et sont donc des réfugiées politiques. Du fait qu'elles rapportent de l'argent en s'exhibant, les autorités thaïlandaises les acceptent. Elles sont réparties dans différents villages autour de Mae Hong Son, dont le plus visité est Naï Soï. Si vous allez les voir, vous serez inévitablement tenté de prendre des photos. Rien de répréhensible à cela mais la moindre des choses est de le faire avec tact, en demandant leur autorisation, et de vous intéresser un peu à elles et à leur culture. Lors de notre passage, trop de gens se comportaient comme s'ils avaient affaire à des animaux du zoo de Vincennes. N'oubliez pas que dans l'appellation " femmes girafes ", le mot le plus important est celui de " femmes ". Et sachez que ces femmes vivent dans des conditions très proches de l'esclavage : elles sont exhibées et " gérées " par des gens qui ont plus du souteneur que de l'imprésario.

Ordination des novices

Début avril, on célèbre dans la ville de Mae Hong Son l'ordination des novices. Les enfants ayant opté pour la vie monacale défilent à travers la cité en tenue traditionnelle. Abrités sous des ombrelles de couleur or, ils sont juchés sur les épaules de volontaires, souvent un homme de la famille du jeune moine, ce qui évite à ce dernier d'être " souillé " par les impuretés matérielles sinon spirituelles. Le point d'arrivée est le temple. La procession est suivie de trois jours de fêtes ininterrompues.

Confort ou charme

BAIYOKE CHALET. 90 Khunlumpraphat Road ✆ 053 611 486 – Fax 053 611 533. *Chambres à 1 330 baht (sauf en décembre et janvier, les prix descendent à 1 000 baht).* Hôtel de 40 chambres d'un bon confort, avec climatisation et TV.

MAE HONG SON MOUNTAIN INN. 112 Klunlumpraphat ✆ 053 612 284 – Fax 053 611 309. *Compter 800 baht pour les chambres les plus chères.* Pas très loin du Rooks Hotel, cet établissement au cadre agréable et aux chambres confortables (climatisation, TV) est d'un très bon rapport qualité-prix. Une bonne adresse.

PANORAMA HOTEL. 51 Khunlumpraphat ✆ 053 611 757 – Fax 053 611 790. *Chambres avec ventilateur 400 baht, avec climatisation et TV 800 baht.* Il est dommage que l'hôtel soit un peu bruyant.

Luxe

IMPERIAL TARA MAE HONG SON. 149 Moo 8 Tambon Pang Moo ✆ 053 611 021. Web : www.imperialhotels.com. E-mail : taramaehongson@imperialhotel.com *De 3 500 à 7 000 baht. Si l'on réserve par Internet, les prix sont revus à la baisse.* Un peu en dehors de la ville, à 2,5 km de l'aéroport, cet hôtel de 93 chambres en pleine nature est le meilleur de la région. Très belles chambres avec balcons et tout le confort rêvé.

ROOKS HOLIDAY HOTEL. 114/5 Khunlumpraphat Road ✆ 053 612 475. E-mail : rooksgroup@hotmail.com. *Chambres 1 800 baht, bungalows 2 200 baht.* Le Rooks offre un très grand confort. On a le choix entre un bâtiment qui abrite des chambres climatisées avec TV ou des bungalows disséminés dans un jardin.

Restaurants

CENTRAL MARKET. Phanit Wattana Road. En Thaïlande, dans les petites villes de province, les marchés regorgent de nourritures diverses, bonnes et pas chères. Mae Hong Son ne fait pas exception à la règle.

PA DIM. Udom Chaonithet Road. Un Français nous avait recommandé ce petit restaurant, et le conseil était judicieux. La cuisine est délicieuse et les prix sont bas. Que demander de plus ?

KHAI MOK. 23 Udom Chaonithet Road. *Compter environ 30 baht le plat.* Sur la même avenue mais sur le trottoir d'en face se trouve cette gargote très simple mais où la cuisine thaïe est savoureuse.

THAI VEGETARIAN FOOD. Singkhanat Bamrung Road. Encore une petite gargote sans prétention. Pourtant la cuisine y est très bonne et les prix très bas.

SWISS CHALET. Singkhanat Bamrung Road ✆ 053 612 050. *Ouvert de 8h à 24h.* Vous avez bien lu, dans ce restaurant on vous servira des pâtes " al dente ", des steaks et de la fondue. Incroyable et pourtant vrai.

SUNFLOWER CAF. Khunlumpraphat Road. Pains, gâteaux et pizzas. Pas mal de touristes s'y croisent.

Enfin, sachez qu'**autour du lac des petites gargotes** très agréables sont prêtes à vous servir de bons petits plats pas chers du tout.

Sortir

Noctambules, passez votre chemin car le choix est très restreint.

LAKE SIDE BAR. Pradit Chong Kam Road. Des groupes locaux y jouent le soir. La terrasse, agréable, donne naturellement sur le lac. Le moins que l'on puisse dire c'est que l'on a déjà connu des ambiances plus délirantes !

ROOKS HOLIDAY. 114/5 Khunlumpraphat Road. La discothèque de cet hôtel est, paraît-il, animée quand des groupes de touristes descendent dans l'établissement. Ce n'était hélas pas le cas, et si la musique diffuse les derniers tubes, la piste de danse est quasi déserte. Mais vous pouvez aller y jeter un œil.

BAIYOKE PUB. 90 Khunlumpraphat Road. Le pub du Baiyoke Chalet Hotel est un bon endroit pour écouter de la bonne musique. Rien d'extraordinaire mais vu l'ambiance ailleurs, ici cela paraît être la fiesta à tout va.

Visiter

WAT CHONG KHAM. Situé au bord du lac, ce temple d'inspiration birmane abrite une très grande statue de Bouddha.

WAT CHONG KLANG. A côté se trouve cet autre temple, beaucoup plus intéressant, d'architecture Lanna. Très impressionnant à l'intérieur comme à l'extérieur, ce très beau wat abrite une collection de statues et de reliefs en bois, ainsi que des plaques de verre peintes retraçant les étapes importantes de la vie de Bouddha.

WAT PHRA NON. Sur la route du wat Doï Kong Mu, avant d'attaquer la côte, se trouve ce temple dont le bot tout en teck abrite un Bouddha couché d'une dizaine de mètres.

WAT DOI KONG MU. Situé en haut d'une colline dominant la ville, ce temple n'a rien d'exceptionnel. En revanche, la vue est magnifique. Venez-y à moto ou en tuk-tuk, les chauffeurs ont l'habitude.

Trekking et rafting

Maehangson est plus indiqué que Chiang Maï pour faire du trekking. Les pistes sont beaucoup moins fréquentées et les coins plus sauvages. En général le trek part de Maehangson et rejoint la vallée autour de Paï, à 110 kilomètres environ.

Quant au rafting, cela peut être un très agréable moment également, mais prudence, choisissez bien votre agence et votre guide. Vous descendrez la rivière Paï à environ dix kilomètres de Mae Hong Son et ce jusqu'à la ville de Paï. Du moins, c'est le circuit le plus visité. Nous vous indiquons une agence très fiable avec laquelle vous n'aurez pas de mauvaise surprise.

THAI ADVENTURE RAFTING ✆ 053 218 663. E-mail : rafting@activethailand.com. Dirigée par un Français, Guy Gorias, qui connaît la région comme sa poche.

▸ Trekking.

PAÏ

Paï est une petite ville de 3 000 habitants, à mi-chemin environ entre Mae Hong Son et Chiang Maï. Pour ceux qui aiment la nature, c'est un lieu de villégiature idéal, loin de tout. Les touristes y sont peu nombreux. Attention, ici, c'est vélo, balade, dodo. Les fêtards invétérés peuvent passer leur chemin. Quoique nous ayons rencontré cinq Marseillais, qui à eux seuls ont animé la ville durant tout notre séjour.

Transports

Comment y aller

De Chiang Maï. Les bus quittent la Station Arcade à 8h30, 11h, 12h, 14h et 16h. En bus ordinaire, compter 58 baht ; en bus climatisé 79 baht. Le trajet dure 3h environ.

De Mae Hong Song. Exactement les mêmes horaires. Compter 55 baht et 72 baht et 3h de route également.

Se déplacer

MOTO-TAXI. Une course à l'intérieur de la ville ne doit pas dépasser les 10 ou 20 baht.

LOCATIONS. Vous pouvez louer des vélos ou des motos dans certaines guesthouses ou à des loueurs privés. Vélos environ 50 baht, motos environ 150 baht.

Renseignements utiles

POLICE TOURISTIQUE. Rangthiyanon Road. Ouvert de 8h à 20h.

POSTE. Khetkelang Road. Ouverte de 9h30 à 15h du lundi au vendredi.

Change

KRUNG THAI BANK. Rangthiyanon Road. Ouverte de 8h30 à 16h30.

Hébergement

Il faut savoir qu'entre mai et août, la plupart des hôtels consentent une ristourne d'environ 30 % sur leurs tarifs (mais pas les guesthouses à 150 baht). Naturellement, si vous ne demandez pas, vous n'obtiendrez rien.

VIEW PAI HOTEL. Rangthiyanon Road ✆ 053 699 174. *Chambres avec ventilateur 300 baht, avec climatisation 500 baht (ristourne possible de 30 %).* Tout en bas de l'avenue, sur la route de Chiang Maï, un hôtel d'un bon rapport qualité-prix.

SPA EXOTIC HOME. Ratchadomnoen Road ✆ 053 699 035 – Fax 053 699 462. *Bungalows climatisés entre 500 et 700 baht.* Très bon hôtel proposant des bungalows en bois, propres et confortables. L'accueil est agréable. Le restaurant sert une cuisine occidentale. Le mot " SPA " accolé au nom de l'hôtel s'explique par le fait que l'eau chaude des salles de bain est puisée directement à une source (chaude) voisine.

THAPAI SPA. Ratchadomnoen Road ✆ 053 218 583 – Fax 053 219 610. *Bungalows avec climatisation entre 600 et 800 baht.* Situé un peu plus loin, cet hôtel est équipé du même système de puisage. Il propose de très beaux bungalows à dominante de bois.

RIM PAI COTTAGE. Chaisongkhram Road ✆ 053 699 133. *Compter de 400 à 600 baht suivant le confort.* A une centaine de mètres de la rivière, un hôtel très agréable, avec des chambres dans un bâtiment ou des bungalows individuels. Tous sont propres et confortables.

RIVER CORNER. Chaisongkhram Road. *Bungalows simples 200 baht, plus grands 500 baht.* Tout au bout de la rue et donc en bordure de la rivière, des bungalows en bois, très simples, avec ventilateurs. Egalement quelques bungalows beaucoup plus grands et plus sophistiqués.

P.P. ORDHID. Ratchadomnoen Road. *Bungalows avec ventilateur 150 baht.* Toujours près de la rivière Paï, mais au bout de l'autre grande avenue, au milieu d'un beau jardin, se trouve cette guesthouse très simple et d'une quiétude absolue.

Restaurants

CHEZ SWAN. Rangthiyanon Road ✆ 053 699 274. Saucissons, fromages, gratin dauphinois... Mais qu'est-ce ? Tout simplement un Français, Guy Gorias, installé et marié à Swan. Il loue à l'arrière du restaurant de grandes chambres très confortables et tient une agence de voyages. Une vraie multinationale à lui tout seul.

ALL ABOUT COFFEE. Chaisongkhram Road. On y sert une cuisine occidentale bonne et pas chère. Quelques pâtisseries également mais qui sont plus onéreuses.

NONG BIA RESTAURANT. Chaisongkhram Road. A une centaine de mètres du précédent, sur le trottoir d'en face, un restaurant de très bonne cuisine thaïlandaise à prix très doux.

N'oubliez pas de vous promener **autour du marché** de la ville qui abonde en des stands proposant de bons petits plats à emporter ou à déguster sur place, pour 20 ou 30 baht.

Sortir

Le choix est très large à Paï. Imaginez en effet que dans une petite ville perdue au fin fond de la Thaïlande, vous avez le choix entre... deux établissements. Autant dire que c'est Byzance.

BE BOP CAFE. Chaisongkhram Road. Des groupes se relaient en jouant plus ou moins sérieusement des hits anglo-saxons.

BLUE MONTIN GUEST COTTAGE. Chaisongkhram Road. Sur la même avenue mais beaucoup plus loin en allant vers l'ouest, cette guesthouse organise de temps en temps des " concerts ". Comment font les clients pour dormir ? Cela ne nous regarde pas.

Visiter

En ville, il y a trois temples. Deux sur Chaisongkhram Road, le wat Klang et le wat Pa Kam ; le troisième sur Khet Kelang Road, le wat Luang. A dire vrai, ils n'ont aucun intérêt particulier. Vous pouvez aller y jeter un œil pour vous en convaincre.

Massages

PAI TRADITIONAL MASSAGE. 1 Sukhapihan Road ✆ 053 699 121. *Ouvert de 16h à 20h30 en semaine et de 8h30 à 20h30 le week-end. Compter 150 baht de l'heure.* Situé immédiatement sur la gauche de la grande Ratchadomneon Road, un salon que nous vous conseillons après votre voyage en bus. Cela vous remettra les vertèbres en place. Un sauna est attenant au salon de massage.

JAN'S MASSAGE. 18 Spï Wandhalerm. *Compter 150 baht de l'heure.* Vous préférez peut-être cette technique de massage originaire de la Birmanie. Cela vous revitalisera tout autant.

Trekking

La région se prête idéalement aux treks. Comme à Mae Hong Son, l'endroit est peu fréquenté et les sites visités plus sauvages. Outre Guy Gorias et son agence **THAI ADVENTURE ✆ 053 699 111,** de nombreuses guesthouses proposent des randonnées autour de Paï et de sa région, jusqu'à Mae Hong Son. Prenez votre temps et choisissez seulement après que l'on vous a détaillé le trek.

> DANS LES ENVIRONS DE PAI

LES SOURCES D'EAU CHAUDE. Au sud de la ville de Paï, à moins de dix kilomètres, se trouvent ces sources dans lesquelles vous pourrez vous baigner, mais attention, certaines sont vraiment très chaudes. Baignez-vous là où nagent les Thaïlandais, qui, eux, connaissent.

NAM TOK MO PAENG. Toujours à une dizaine de kilomètres de la ville, mais au nord cette fois, une petite baignade. C'est une cascade qui n'a rien d'extraordinaire mais où une rétention d'eau forme une (petite) piscine. De plus, le coin est agréable et propice aux très belles balades.

CHIANG RAÏ

La province de Chiang Raï est la plus au nord de la Thaïlande. Sur les hauteurs, il peut faire très froid en hiver, et il n'est pas rare que des paysans en meurent. La province s'appuie sur deux pays, la Birmanie à l'ouest et le Laos à l'est. De là vient son surnom très exotique de " Triangle d'Or ", l'or étant en l'occurrence l'opium, dont le trafic se poursuit toujours à grande échelle, malgré la répression plus ou moins active des autorités. La ville de Chiang Raï en elle-même n'a rien de sensationnel à vous offrir, mais il vous faudra passer par elle si vous voulez visiter ce fameux Triangle. De belles randonnées y sont également possibles, au départ ou à l'arrivée.

Transports

Comment y aller

Avion

De Bangkok, la Thai Airways propose 5 vols par jour, à 13h45, 17h45, 19h45 et le matin à 7h30 et 10h50 ; compter 1h20 de vol et 2 480 baht.

A Chiang Raï, le bureau de la Compagnie se trouve au 870 Phahonyothin Road © 053 711 179. Au retour, 5 vols également entre 9h35 et 21h50.

De Chiang Maï, 2 vols par jour, à 7h30 et 18h ; compter 35 mn de vol et 605 baht.

Bus

De Bangkok, des bus climatisés partent de la gare de Mochit à 7h et 8h. Ensuite, 8 départs entre 17h30 et 20h15 ; compter 12h de trajet et 475 baht. Des bus climatisés moins confortables partent à 7h, 16h et 21h30 ; compter 12h de trajet et 351 baht. Egalement des bus VIP, de 24 places, partent à 18h30, 19h15 et 19h30 ; compter 11h de trajet et 700 baht.

De Chiang Maï, à partir d'Arcade Bus Station, des bus climatisés assurent 9 départs, entre 7h et 17h ; compter environ 4h de trajet.

Se déplacer

SONGTHAEW. Ces camionnettes bleues circulent sur le même circuit des rues principales. Le prix est de 10 baht, quelle que soit la distance.

TUK-TUK. A Chiang Raï, c'est l'arnaque assurée. Une course moyenne doit vous coûter de 30 à 50 baht, et pour une courte distance 20 baht.

SAMLOR. Les conducteurs de ces véhicules à pédales sont en général sympathiques. Les prix tournent autour de 20 à 40 baht. Par jeu, essayez de faire quelques mètres en pédalant, vous pourrez apprécier la difficulté énorme à mouvoir l'engin.

Locations

Pour les vélos, le prix varie entre 50 et 80 baht. Les motos sont louées entre 150 et 200 baht par jour.

De l'aéroport, situé à 10 kilomètres de la ville, les taxis vous demanderont environ 150 baht.

Renseignements utiles

TAT (Office du tourisme). 448/16 Singhaklaï Road ✆ 053 717 433. *Ouvert de 8h30 à 16h30.* Le bureau du tourisme distribue notamment des brochures sur les transports. Très utile.

TOURIST POLICE. Au rez-de-chaussée du TAT ✆ 053 717 779.

POSTE. 7 Utarakit Road. Ouverte de 8h30 à 16h30. Téléphone international au 1er étage.

OVERBROOKE HOSPITAL ✆ 053 711 366.

X MAS GIFT SHOP. Wiset Wiang Road. Liaison internet.

Hébergement

Dans cette ville de province pas si touristique que cela, les hôtels de luxe sont très nombreux. Le commerce de l'opium, les divers trafics avec la Birmanie et le Laos doivent y être pour quelque chose.

Bien et pas cher

SUKNIRAND HOTEL. 424 Banphaprakan Road ✆ 053 711 055 – Fax 053 713 701. *Entre 300 et 600 baht, selon le confort (ventilateur ou climatisation).* Hôtel un peu fatigué mais où les chambres sont paradoxalement en bon état.

KIJNAKORN G.H. 24 Revang Nakhon Road ✆ 053 744 150. *Chambres avec ventilateur 300 baht, avec TV et climatisation de 400 à 500 baht.* Une guesthouse au bon rapport qualité-prix.

▶ Chiang Raï

PINTA MORN G.H. 509/1 Rathanaket Road © 053 714 161. *De 100 à 600 baht.* Un nom déjà ancien dans la ville, mais dont l'adresse a changé depuis bientôt 4 ans. La nouvelle propose un confort simple et des chambres pour 1 à 6 personnes.

CHIANG HOUSE. 172 Sribunrang Road © 053 713 388. *Chambres avec ventilateur entre 150 et 350 baht.* Une bonne ambiance, des chambres propres et une petite piscine, un luxe exceptionnel pour un établissement aussi modeste.

KRUNG THONG HOTEL. 412 Sanambin Road © 053 711 033. *Chambres avec ventilateur 300 baht, climatisées 50 baht de plus.* Un établissement à l'accueil agréable et aux chambres confortables et spacieuses.

BAN KHUN YON. 155 Thanalaï Road © 053 717 458. Bungalows à partir de 400 baht, avec climatisation et TV.

CHAT HOUSE. 3/2 Soi Sangkaew Trairat Road © 053 711 481. Lit en dortoir à partir de 60 baht, chambre avec ventilateur et douche commune 100 baht, avec douche chaude individuelle 150 baht. Pour les routards, les vrais…

DEE GUESTHOUSE. 124/3 Jet Yot Road. *Entre 150 et 250 baht.* Cet établissement a changé de propriétaire. En partant, ce dernier a emporté sa bonne humeur et son sens souriant de l'accueil. Restent des chambres tristes et sans âme, avec ventilateur…

Confort ou charme

WANG DIN PLACE. 341 Khae Waï Road © 053 713 363 – Fax 053 716 790. *Compter 800 baht pour un bungalow.* A l'écart du centre-ville, un établissement de douze bungalows au décor en bois, avec climatisation et TV.

GOLDEN TRIANGLE INN. 590/2 Phaholyothin © 053 716 996 – Fax 053 713 963. *De 690 à 900 baht.* L'accueil est impeccable, le cadre est agréable, les chambres sont d'un excellent confort. Une excellente adresse.

SAENPHU HOTEL. 389 Banphaprakan Road © 053 717 300. *De 500 à 800 baht.* Pratiquement en face du wat Ming Meuang, des chambres climatisées, grandes et moins grandes, avec TV.

INN COME HOTEL. 176/2 Ratbamrung Road © 053 717 850 – Fax 053 717 855. *Chambres 650 baht.* Un peu excentré, un hôtel offrant des chambres climatisées avec TV et frigo.

Luxe

RIMTOK RESORT. 6 Chiang Raï, Thatorn Road © 053 716 445. E-mail : rkcrai@rimtokresort.com. *De 1 700 à 6 000 baht.* Très bel hôtel situé près de la rivière KoK. Il dispose de 256 chambres ou pavillons répartis dans un magnifique jardin. Tous sont d'un confort irréprochable.

DUSIT ISLAND RESORT. 1229 Kraisorasit Road © 053 715 777. E-mail : chiangrai@dusit.com. *De 2 100 à 15 000 baht (facilement négociables).* Vous êtes ici sur une île ! En effet, la rivière Kok se sépare en deux sur une courte distance et décrit une large boucle, à l'intérieur de laquelle se trouve ce magnifique hôtel de 271 chambres avec vue sur la rivière. Les prix sont négociables, l'établissement étant souvent presque vide.

LITTLE DUCK HOTEL. 199 Phaholyothin Road © 053 715 620 – Fax 053 715 639. *De 1 250 à 8 000 baht.* Grand hôtel à la façade imposante. 330 chambres avec TV, climatisation, frigo, belle salle de bain.

WIANG INN HOTEL. 893 Phaholyothin Road © 053 711 533 – Fax 053 711 877. *De 1 400 à 8 000 baht.* Hôtel de 5 étages, tout en longueur, avec 258 chambres tout confort.

WANGCOME HOTEL. 869/90 Pernawibhata Road © 053 711 800 – Fax 053 712 973. *De 1 050 à 5 500 baht.* Hôtel de 234 chambres à la façade hideuse. Les chambres sont cependant très confortables et au niveau international pour les plus chères.

Restaurants

Thaïlandais

TONG TUNG. 1/1 Sanambin Road © 053 756 403. *Ouvert de 10h à 22h30.* A l'écart du centre, ce restaurant propose une délicieuse cuisine thaïlandaise à des prix modestes. Quelquefois, en soirée, on peut y assister à un spectacle de danse traditionnelle.

CABBAGES AND CONDOMS. 620/1 Thonalaï Road © 053 740 784. *Ouvert de 11h à 22h.* Situé dans les locaux du musée des Tribus, ce restaurant sert une bonne cuisine du Nord. Tout comme à Bangkok, le message diffusé par l'établissement est de vous " protéger ", que vous soyez en Thaïlande ou ailleurs. Les bénéfices du restaurant vont en grande partie à des associations luttant contre le sida.

SIAM RESTAURANT. 57/2 Phaholyothin Road © 053 632 227. *Ouvert de 10h à 24h.* Cet agréable restaurant offre un large choix de plats délicieux à des prix fort raisonnables.

MUANG THONG. Phaholyothin Road © 053 711 162. *Ouvert de 11h à 24h.* Un établissement de cuisines thaïe et chinoise. Très apprécié de la clientèle locale, ce qui est toujours un excellent signe.

WIANG INN CAGE. 893 Phaholyothin Road © 053 711 533. *Ouvert de 10h à 24h.* Proche du précédent, le restaurant du Wiang Inn Hotel propose une cuisine thaïe et chinoise vraiment savoureuse. Les prix y sont plus élevés qu'ailleurs mais cela semble justifié.

ANG POCHANA. Thanalaï Road © 053 692 745. Un établissement plus modeste, mais la saveur de sa cuisine en fait une bonne adresse, en particulier pour son " Keng phet ".

Ne pas oublier non plus **le marché de nuit,** où des dizaines de stands vous proposeront de dîner sur une table bancale de goûteux petits plats dépassant rarement les 30 baht.

Autres restaurants

LA CANTINA. 528/20 Jet Yot Road © 053 711 829. *Ouvert de 10h à 23h.* Ce restaurant italien offre un grand choix de plats parmi lesquels les inévitables pâtes et pizzas. La cuisine est bonne et les prix sont modestes. Tout est pour le mieux dans le meilleur des mondes.

GA-RE GA-RON. 869/18 Phaholyothin Road © 053 714 165. *Ouvert de 8h à 22h.* Une cuisine internationale dans un restaurant à la décoration originale, puisqu'il fait aussi office de magasin d'antiquités. Plats français, italien, chinois et thaïlandais.

WONTON SUKI. 897/18 Jet Yot Road © 053 711 789. *Ouvert de 11h à 14h et de 18h à 22h30.* Restaurant japonais au décor minimaliste. L'accueil est charmant. La cuisine, très traditionnelle, est savoureuse.

Vous pouvez aussi essayer le **RESTAURANT DU WANG COME HOTEL,** très fréquenté par les groupes de Japonais. La cuisine nippone y est délicieuse. Les tarifs y sont plus élevés.

Sortir

Bars et pubs

TEEPEE BAR. Phahonyothin Road. Situé juste avant la Banphaprakan Road, ce bar tout simple est le R.D.V. obligé des voyageurs et des routards de toutes nationalités. Bonnes adresses échangées, projets de voyages… Les langues se délient facilement et l'ambiance est vraiment très sympa.

SAPKASET PLAZA. *A 300 mètres du Teepee Bar.* Cette plaza est le fief des bars à filles. La clientèle y est presque exclusivement asiatique. Si vous voulez y faire un tour, sachez que l'atmosphère y est triste et le coup de blues assuré.

SABUN – NGA PUB. 226/50 Sangkhong Noï Road. Divers groupes thaïlandais y viennent jouer des tubes anglo-saxons. Rien de bien excitant, mais il paraît que l'établissement est au top en ce qui concerne la musique " live ". A vrai dire, on s'en est pas vraiment rendu compte… Propose également de la cuisine thaïlandaise, à petits prix.

Discothèques

SAENPHU DISCO. 389 Banphanprakan Road ✆ 053 717 300. La boîte du Saenphu Hotel est, oh ! surprise, très fréquentée. Un très bon groupe fait danser l'assistance. Ne pas y aller avant minuit, jusque-là l'endroit est désert.

INN COME HOTEL. 176/2 Ratbamrung Road ✆ 053 717 855. Une discothèque très fréquentée par les touristes. De nombreuses jeunes filles ne demandent qu'à faire connaissance avec vos billets de 1 000 baht.

WANG COME HOTEL. 869/90 Premawiphat Road. Une belle boîte, où la clientèle est plus âgée et l'ambiance plus calme que dans les établissements ci-dessus.

Visites

HILL TRIBES MUSEUM. 620 Thanalaï Road ✆ 053 719 167. *Ouvert de 9h à 20h. Entrée 20 baht.* Musée axé sur les tribus montagnardes et dont une partie des recettes leur est versée. On y expose des objets de la vie quotidienne, ustensiles, outils divers et vêtements typiques. Au rez-de-chaussée, on vend de l'artisanat local.

WAT PHRA KHEO. Trairat Road. Ce temple a abrité le fameux Bouddha d'Emeraude qui, depuis, loge à Bangkok. Il fut découvert par hasard en 1434, dissimulé à l'intérieur du stupa, afin que les Birmans ne puissent s'en emparer.

WAT KLANG WIANG. Proche du précédent, ce temple vieux de 600 ans, abrite le pilier sacré. Autrefois, quand on fondait une nouvelle ville, on érigeait un monument avec, en point d'orgue, un pilier symbolisant la création de la cité et qui devenait ensuite un lieu sacré, objet d'offrandes. De style Lanna, avec ses décorations rouges et or, le wat mérite une visite.

WAT DOI CHOM TONG. Situé au sommet de la colline qui domine la ville (la vue y est superbe), ce temple à l'architecture monumentale est le plus ancien de la région. Ses deux impressionnants stupa dorés sont les plus hauts de toute la contrée. Placées sur le chemin menant au wat, des centaines de petites cloches rouges sont censées vous aider à atteindre symboliquement le Nirvâna.

WAT PHRA SING. Erigé au XIVe siècle, ce temple a été à plusieurs reprises détruit puis restauré, parfois à la va-vite. De fait, son aspect actuel en pâtit, malgré ses somptueux toits étagés.

CHIANG RAI FIRST CHURCH. Si vous pensez que vous avez trop péché en Thaïlande, vous pourrez toujours vous confesser dans cette église. Une belle et authentique église catholique, située sur Phahonyothin Road.

Trekking

Toutes les guesthouses proposent des treks. L'agence de voyages située dans l'hôtel **Golden Triangle Inn (✆ 053 711 339)** a bâti depuis des années sa réputation sur la qualité et le sérieux de ces prestations, dont des nombreux treks en radeau sur la rivière Kok. Vous pouvez d'ailleurs très bien arriver à Chiang Raï par ce moyen de locomotion original. De même, vous pouvez remonter la rivière en partant du quai situé au nord-ouest de la ville. Des bateaux réguliers font la navette à partir de 10h30 du matin. Une très belle balade en perspective, moins exotique qu'un radeau mais beaucoup plus confortable.

Shopping

NIGHT MARKET. Dès 18h, des stands y proposent vêtements, chaussures, ceintures et de l'artisanat plus ou moins local.

LE MARCHE DE JOUR. Situé entre les rues Suksathit et Istaraphap, ce marché vous donnera l'occasion de flâner parmi ses étals qui vendent tout et n'importe quoi, des ustensiles de cuisine aux sacs à dos.

> DANS LES ENVIRONS DE CHIANG RAI

MAE SUAI

Mae Suaï est une petite ville à une cinquantaine de kilomètres de Chiang Rai, par la RN 118 qui rejoint Chiang Mai.

Les environs de cette ville sont injustement oubliés des touristes, et pourtant les paysages y sont splendides. De plus, des villages Lisu, Akha, Karen, Lahu, encore très authentiques car pratiquement jamais visités, réservent au voyageur un accueil bien plus naturel que ceux éternellement traversés par des milliers de " trekkeurs " occidentaux.

De Mae Suaï, dirigez-vous **vers Thung Phrao** (des pick-up jaunes font la liaison). Des **villages Karen, Lahu et Akha** sont éparpillés un peu partout dans les environs. Vous pourrez établir votre " camp de base " au :

KAREN NATURE LODGE © 014 737 920 - E-mail karenlodge@gmx.net. Des bungalows très simples mais propres y sont disponibles à des prix allant de 80 à 300 baht. Fait peu ordinaire, dans cette vallée éloignée de tout, c'est un Suisse qui, avec sa femme karen, est le maître des lieux ! Vous pourrez y louer des mountain bikes et profiter d'un site unique. Seul ou avec l'aide précieuse de votre hôte, vous ferez des balades exceptionnelles dans la jungle parmi les forêts de bambou, les chutes d'eau comme celle de Poang Salam ou de Huaï Nam.

Plus loin s'offriront à vous des **temples perdus au milieu de la végétation, des plantations de thé et de café** (eh oui !) dont vous apprécierez les arômes subtils au cours de dégustations. Bref, une expérience de quelques jours, à nulle autre pareille, dans cette région appelée aussi **la vallée de Wawi.** Si vous aimez le contact direct avec une nature sauvage et la population locale, venez sans hésiter.

Conseils aux Michaël Blanc en herbe

A ceux qui voudraient profiter d'une escapade dans un village isolé pour goûter à des substances prohibées, nous disons : attention, danger ! Certains vieux de la vieille racontent avec nostalgie les temps bénis où, sur une île comme Koh Samui, les policiers arrêtaient les touristes… pour leur vendre de l'herbe. Autres temps, autres mœurs. La répression est devenue féroce et tout consommateur de drogues douces ou pas risque très gros. De plus, sachez que la plupart des revendeurs peuvent vous dénoncer illico sitôt la transaction terminée, puisque tout dénonciateur touche une prime. Le bénéfice du dealer est ainsi double. Les prisons de Thaïlande regorgent d'Occidentaux qui, après les paradis artificiels, souffrent à présent en enfer. Car la prison en Thaïlande est une des pires choses qui puissent arriver à un être humain. Midnight Express à côté est une fade romance. A titre d'information, voici quelques peines encourues en cas d'infraction à la loi. Et ne croyez pas que votre statut de touriste rendra le jugement plus clément. Il vous donnera simplement le droit d'échapper à la peine de mort…

Marijauana.
Consommation : un an de prison.
Trafic présumé : cinq ans.

Cocaïne.
Consommation : jusqu'à dix ans.
Trafic présumé : possibilité de prison à perpétuité.

Heroïne.
Consommation : jusqu'à dix ans de prison.
Trafic présumé : prison à vie ou peine de mort.

La région du Triangle d'Or

Cette région fait fantasmer bon nombre de touristes, qui, à la seule énonciation de son nom ont des frissons, en pensant aux divers trafics qui se trament dans cette partie du royaume de Siam. Mais il y a loin de la coupe aux lèvres, ne vous attendez pas à voir passer devant votre chambre d'hôtel des caravanes d'opium. Comme tous les trafics, celui-ci est souterrain donc invisible ! En revanche, il est vrai que si vous aimez la nature, vous serez enchantés par les sites et les belles possibilités de promenades. Pour ce qui concerne les substances illicites, il n'est pas difficile d'en trouver, d'ailleurs on vous sollicitera souvent. Méfiez-vous, une simple petite bouffée peut vous coûter très, très cher.

MAE SAI

Petite ville à l'atmosphère enchanteresse, Mae Saï est située à l'extrême nord de la Thaïlande. C'est un poste frontière avec la Birmanie, un pont faisant office de liaison entre les deux pays. Suivant leurs relations, il sera soit très aisé, soit impossible d'accéder au royaume du MYANMAR. Renseignez-vous au bureau d'immigration de la ville. A Mae Saï, une des rues principales, Phahonyothin Road, centralise les hôtels, les commerces et les administrations, il est donc très facile de se repérer. En période de détente, de nombreux Birmans passent la frontière pour faire des achats, voire pour y travailler avec l'accord tacite (et monnayé parfois) des policiers. De ce fait, mais c'est le cas fréquemment dans cette partie de la Thaïlande, Mae Saï a petit air birman pas désagréable du tout.

Transports

Comment y aller

De Bangkok, de la gare de Mochit, des bus VIP partent à 7h30, 19h et 19h40 ; compter 12h de trajet et 745 baht. Des bus climatisés 1re classe partent entre 19h30 et 20h (4 départs) ou à 8h du matin ; prix 481 baht. Enfin, des bus climatisés 2e classe partent à 18h05 et 20h30 ; compter 12h de trajet et 374 baht.

De Chiang Maï, 7 départs quotidiens en bus climatisés ; compter 5h de trajet, prix selon la classe du bus, entre 128 et 176 baht.

De Chiang Raï, en bus ordinaire 1h30 de trajet et 22 baht, en bus climatisé 40 baht.

Se déplacer

SONGTHAEW. Sur leur circuit, quelle que soit la distance, compter 5 baht.

MOTO-TAXI. Une course moyenne revient à 20 baht.

TUK-TUK. 30 baht en moyenne, mais ont tendance à demander toujours plus. Fixez le prix avant de monter.

LOCATION DE MOTOS. Des motos 80 et 100 cc se louent autour de 150 baht la journée ; à partir d'une semaine de location, les tarifs baissent nettement.

Renseignements utiles

BUREAU D'IMMIGRATION. Phahonyothin Road. C'est ici qu'il vous faudra venir pour les dernières infos sur les démarches administratives à effectuer pour, éventuellement, aller en Birmanie. Cela change très souvent, avec une seule constante : l'accueil détestable des fonctionnaires thaïlandais.

TAT (Office du tourisme). Phahonyothin Road. Juste avant le bureau d'immigration. Ouvert de 8h30 à 16h30.

Hébergement

Bien et pas cher

MAI SAI HOTEL Soi 6 Phahonyothin Road © 053 731 462. *200 baht avec ventilateur, 350 baht avec climatisation.* Une bonne petite adresse que cet hôtel aux chambres modestes mais propres et calmes.

YING PING GUESTHOUSE. Soi 6 Phahonyothin Road © 053 640 507. Bon établissement, à l'accueil quelconque, mais dont les chambres, avec ventilateur, TV et eau chaude, sont d'un bon rapport qualité-prix.

YUNNAN HOTEL. Phahonyothin Road © 053 642 169. *Chambres 350 baht, plus chères avec climatisation.* Hôtel un peu bruyant mais dont les chambres sont très correctes, avec ventilateur et TV. Egalement des chambres climatisées, plus chères.

SIN WATTANA. Soi 8 Phahonyothin Road © 053 731 002. *300 baht avec climatisation, 200 baht avec ventilateur.* Un hôtel aux chambres basiques mais propres.

CHONTI CHA GUESTHOUSE. Soi 14 Phahonyothin Road © 053 732 068. *Chambres avec ventilateur 200 baht, avec climatisation et TV 300 baht.* Dans une petite rue tranquille, une dizaine de chambres d'un confort simple mais correct.

PRMAARN HOTEL. Soi 16 Phahonyothin Road © 053 731 146. *180 baht avec ventilateur, 290 baht avec climatisation.* Un petit hôtel qui a mal vieilli. Les chambres sont en effet quelque peu décaties, la clim est bien poussive et les prix sont encore trop élevés pour la prestation fournie. A ne prendre qu'en dernier ressort.

Confort ou charme

WANG THONG. 229 Phahonyothin Road © 053 733 388 – Fax 053 733 399. *De 800 à 1 400 baht.* Bel hôtel de 148 chambres avec TV, climatisation, frigo, téléphone et balcon. Et c'est le seul hôtel de la ville à avoir une piscine.

TOPNORTH HOTEL. 142 Phahonyothin Road © 053 731 955 – Fax 053 732 331. *Chambres climatisées, avec TV, 600 baht, avec ventilateur 350 baht.*

TAI TONG HOTEL. 6 Phahonyothin Road © 053 731 975 – Fax 053 640 988. *Chambres avec TV à partir de 500 baht, deux pièces 900 baht.* Toutes les chambres sont climatisées. Pour quelques poignées de baht en plus, vous avez carrément un petit deux-pièces très cosy.

Restaurants

LE MARCHÉ DE JOUR dans la Soï 9 et le marché de nuit dans la Soï 9 sur Phahonyothin Road sont tous deux d'excellentes adresses pour goûter à la cuisine du Nord à des prix très, très bas (20 ou 30 baht le plat).

JOJO COFFEE SHOP. Phahonyothin Road, juste avant la Soi 9. *Ouvert de 6h30 à 18h.* S'est fait une réputation apparemment justifiée auprès des voyageurs de tous horizons. Le choix est très éclectique : cuisines thaïe, chinoise, occidentale et végétarienne. Les prix sont bas et la saveur des produits est au top. Bref une bonne adresse.

NORTHERN GUESTHOUSE CAFE. Soi 1 Phahonyothin Road © 053 731 537. Tout au nord de la ville, au bord de la rivière, ce restaurant attenant à une guesthouse propose des plats thaïlandais simples mais bons, à petits prix. De plus, l'endroit est vraiment charmant.

NAM MUY. Soi 15 Phahonyothin Road. Restaurant aux antipodes du précédent, puisque tout au sud. Rien d'exceptionnel là encore, mais l'accueil est charmant et la cuisine convenable. Hélas, lors de notre passage, la séduisante May parlait de vendre son petit établissement…

RATTANA BAKERU. Soi 10 Phahonyothin Road. Une boulangerie fort bien venue. Idéale pour le petit déjeuner avec ses croissants moelleux. Propose également diverses pâtisseries.

Calculez votre capital sympathie avec le Petit Futé

Quand vous vous trouvez dans des petites villes hors du balisage touristique, les habitants très souvent vous abordent d'eux- mêmes. On vous pose alors beaucoup de questions : d'où venez-vous, quel métier exercez-vous, combien gagnez-vous ? Des questions directes souvent indiscrètes mais qui ne sont en aucun cas un signe d'impolitesse, bien au contraire. En effet, plus on s'intéresse à votre situation, plus on montre que l'on vous apprécie. D'ailleurs, en Thaïlande, les choses sont très simples : si vous ne convenez pas à une personne, à un groupe, on vous ignore totalement. Vous devenez carrément invisible. A vous de tester votre " aura " dans une petite cité, voire un village de Thaïlande.

Sortir

Le choix est vite fait à Mae Saï. Des bars très simples, tout en bois, où quelques groupes jouent sans conviction des tubes étrangers en espérant attirer le touriste de passage. D'autres bars, où de charmantes jeunes filles esseulées souriront à votre porte-monnaie, s'alignent au bord de la rivière.

Une discothèque, celle du Wang Thong Hotel, permet de se déhancher sur une piste de danse au rythme des derniers tubes du moment. Mais l'ambiance y est pour le moins très feutrée.

Visiter

WAT PHRA THAT DOI WAO. Soi 3 Phahonyothin Road. Il faut escalader plus de 200 marches pour atteindre ce temple. Une fois arrivé, on a droit à une superbe vue sur la ville, la rivière qui la longe et la Birmanie de l'autre côté de cette même rivière.

THONG RAVEE FACTORY. 17/1 Phahonyothin Road. *Entrée libre.* Un atelier de taille de pierres précieuses où l'on peut voir notamment travailler le jade, de la taille au polissage et jusqu'au sertissage. Une boutique peut vous vendre le produit fini.

GEM MARKET. Phahonyothin Road. *En face du bureau de police se trouve le marché des pierres précieuses.* Chinois, Thaïs, Birmans et certains Occidentaux s'y rassemblent. Seul un spécialiste peut impunément acheter ici, tant les arnaques y sont monnaie courante.

Tout le long de la grande avenue Phahonyothin, des vendeurs de rubis, diamants et autres pierres ont pignon sur rue. De même, il y a profusion de magasins d'antiquités provenant de Chine, du Laos, du Cambodge et de la Birmanie. Très belle occasion pour faire une petite balade mais, en cas d'achat, prudence, prudence ! Il y a bien longtemps que les affaires en or ont déserté les boutiques, et " l'antiquité " que l'on vous proposera a toutes les chances de n'avoir qu'un mois d'existence.

> DANS LES ENVIRONS

De belles promenades à moto sont envisageables dans les alentours de Mae Saï. Pour peu que vous sachiez vous faire discret et rester à votre place, des villages des tribus Akha ou Lahu peuvent se montrer très accueillants. En revanche, si vous voyez que l'on vous ignore, n'insistez pas et passez votre chemin (voir encadré). En effet, il se peut que tout près se trouvent des champs de cultures d'opium et, dans ce cas, il est évident que vous n'êtes pas le bienvenu, les planteurs et les trafiquants subodorant un agent américain de la DEA (lutte antidrogue) derrière chaque Occidental.

DOI TUNG

La montagne Doï Tung, dont **le sommet culmine à 1 320 mètres** exactement, est à une vingtaine de kilomètres de Mae Saï. C'est l'occasion d'une très belle balade car les paysages y sont somptueux. De **nombreux villages** des tribus Shan, Akha et Lahu sont à voir ainsi que **le Doi Tung Royal Villa,** un ancien " palais " d'été de la reine mère qui, depuis le décès de celle-ci, a été converti en musée à sa gloire. **Un jardin botanique** est attenant au musée. Sur les dernières hauteurs qui dominent la magnifique vallée, **un temple** accueille des pèlerins tout au long de l'année. Pour vous rendre au Doï Tung, le mieux, pour les yeux et pour l'autonomie, est de louer une moto à Mae Saï. Vous aurez ainsi tout le loisir de vous arrêter dans le village de votre choix et de casser la croûte dans un stand en bord de route. Sinon, des bus ordinaires font la liaison pour 15 baht.

CHIANG SAEN

A 60 kilomètres de Chiang Raï et à 35 kilomètres de Mae Saï, cette ville de 50 000 habitants environ est restée très préservée. Les foules touristiques ne s'y arrêtent guère, elles sont " parquées " soit à Chiang Raï, soit à Sop Ruak, piège touristique dont nous reparlerons plus loin. **Bordée par le fleuve Mekong,** la cité fait office de poste frontière avec le Laos, qui se trouve sur l'autre rive. Chiang Saen vous réserve de **beaux temples,** des balades bucoliques autour de son agglomération et des **promenades** en bateau **sur le fleuve.**

Transports

Comment y aller

De Bangkok, des bus climatisés partent de la gare de Mochit, à 15h30 et 18h ; compter 509 baht pour 12h30 de route. Un bus ordinaire part à 18h30, prix 283 baht.

De Chiang Raï, seuls partent les bus ordinaires ; compter 28 baht pour 1h de trajet environ.

De Chiang Maï, en bus climatisé, compter 5h de trajet et 191 baht.

De Mae Saï, en bus ordinaire, compter environ 30 mn et 15 baht.

▸ Barque.

Se déplacer

MOTO-TAXI. Pour une course moyenne, compter environ 20 baht.

TUK-TUK. Un peu plus chers. 30 baht environ pour une course moyenne.

LOCATIONS. Les vélos se louent autour des 50 baht par jour, les motos autour de 150 baht.

Hébergement

Le choix est très limité. Vous n'êtes pas dans une ville touristique et les prestations offertes sont en général très médiocres. En revanche, l'accueil est toujours souriant.

CHIANG SEN RIVER HILL. 714 Moo 3 Tamboon Wiang © 053 650 826 – Fax 053 650 830. *Chambres 1 000 baht (remises possibles si l'on est à plusieurs).* Un très bel établissement au confort occidental. Chambres avec TV et climatisation. L'accueil est vraiment charmant.

JIN'S GUESTHOUSE. 71 Rimkhong Road © 053 650 847. *Grandes chambres propres avec ventilateur et salle de bains très convenable 350 baht, plus basiques 180 baht.* Sans conteste, la plus confortable des guesthouses, presque un palace comparé aux autres. Les meilleures chambres sont dans la résidence principale. D'autres chambres, plus basiques, se trouvent dans le jardin. De la terrasse de l'établissement on peut voir couler le Mekong. Un endroit vraiment agréable.

SIAM GUESTHOUSE. Rimkhong Road. *Chambres 100 et 150 baht.* Située à environ 600 mètres du précédent, elle propose des chambres sombres mais propres, avec une petite salle de bain. D'autres chambres ont une salle de bain commune.

Il y a bien sûr bien d'autres guesthouses mais elles sont plus qu'ordinaires et il est difficile de les conseiller. Pour loger dans un hôtel d'un certain standing, il vous faudra vous rabattre sur les environs de Chiang Saen.

Dans les environs

Quelques hôtels somptueux se trouvent dans les environs de la ville. En voici deux de très haut niveau.

IMPERIAL GOLDEN TRIANGLE RESORT. 22 Moo 1 © 053 784 001 – Fax 053 784 006. E-mail : goldentriangle@imperialhotels.com. *De 1 800 à 2 800 baht.* Très bel établissement à la toiture de style Lanna. Les chambres, où le bois prédomine, sont d'un très grand confort. Un salon de massage et une piscine sont à la disposition des clients.

LE MERIDIEN BAAN BORAN. 229 Moo 1 © 053 784 084. E-mail : lmbboran@loxinfo.co.th.

Restaurants

A Chiang Saen, **deux marchés** permettent de manger sur le pouce. Quelques stands y proposent de délicieux petits plats, à des prix minuscules allant généralement de 20 à 30 baht. De même, **au bord de la rivière,** des vendeurs ambulants exposent sur leurs étals brochettes de porc ou de poulet ainsi que des saucisses rondes et succulentes parfumées aux herbes.

Sortir

N'y pensez même pas ! Un bon livre et au lit. Il n'y a vraiment rien à faire le soir dans la ville. La seule " distraction ", comme toujours en Thaïlande, est offerte par les " ban phouying ", des bordels plus ou moins discrets et réservés aux Thaïlandais. Dire que cela sent la misère est encore bien en dessous de la vérité ; ces filles sont exploitées en général par un riche Sino-Thaï et leurs clients sont des Thaïlandais de la ville qui viennent surtout le week-end, en bande, boire une ou deux bouteilles de whisky thaïlandais avant de finir la nuit avec une des filles du prétendu karaoké ou salon de massage.

Certaines de ces prostituées ont parfois la chance d'être la " préférée " d'un bourgeois de la ville ou d'un policier, qui la paiera mieux que les autres clients et lui offrira quelques cadeaux, comme des bijoux par exemple. Mais, bien souvent, la plupart d'entre elles devront se contenter du salaire officiel de la passe qui, dans certaines régions du Nord, est de 100 ou 200 baht. Quand on vous aura dit que neuf fois sur dix les Thaïlandais ne mettent pas de préservatifs, on vous aura tout dit de la vie et du devenir de ces pauvres femmes qui, étant nées dans la misère, finiront dans bien des cas par mourir du sida. Car la maladie fait des ravages dans les régions reculées et ce malgré une campagne d'information et de prévention fort active depuis quelques années. Nous disions donc un bon livre et au lit ! C'est vraiment ce que vous avez de mieux à faire.

Visiter

WAT PA SAK. *Ouvert de 8h à 17h. Entrée 30 baht.* Entouré de verdure, ce temple du XIVe siècle, pratiquement en ruine, a gardé une certaine majesté. Il fait partie d'un ensemble de bâtiments disséminés dans une forêt de tecks et qui a un petit côté cité abandonnée très séduisant.

WAT CHEDI LUANG. Autre temple en ruine, datant également du XIVe siècle, et dont il ne reste que les quatre murs principaux et un chedi envahi par la végétation. Vaillamment, il résiste encore aux attaques du temps qui passe.

CHAINAG SAEN MUSEUM. *Ouvert du dimanche au mercredi de 9h à 16h. Entrée 30 baht.* Ce petit musée intéressant expose les inévitables statues de Bouddha mais aussi de l'artisanat des tribus montagnardes, des instruments de musique, des costumes traditionnels et quelques pièces archéologiques mises au jour dans les environs.

PROMENADES SUR LE MEKONG. Sur le quai du fleuve, un bureau du **Mekong River Cruise** propose des balades sur le Mekong, voire des sorties vers d'autres petites villes des alentours. Très dépaysant et vraiment enchanteur tant la nature et le paysage sont de toute beauté.

> DANS LES ENVIRONS

SOP RUAK

C'est ici que l'on voit " physiquement " le Triangle d'Or. La vue embrasse en effet la Thaïlande, le Laos et la Birmanie. Vous ne serez pas tout seul, c'est le moins que l'on puisse dire. Des bus remplis de

Fruits

Japonais, d'Américains, d'Italiens, de Français se relaient pour venir faire des photos, acheter des T-shirts " GOLDEN TRIANGLE " ou des pipes à opium, et tout ça au pas de course. C'est la foire du Trône. Les stands poussent à toute allure. Manque seulement la barbe à papa. Cela viendra ! **Seul point d'intérêt** de ces lieux est peut-être **la Maison de l'Opium,** où sont exposés divers couteaux, pipes, balances et cartes de la région (entrée 20 baht). Rien de bien captivant donc. Pour vous y rendre **de Chiang Saen,** prenez un songthaew qui fait la navette entre les deux (pour 20 baht) ; ils partent quand ils sont pleins. Ou, beaucoup plus agréable mais bien plus onéreux, prenez le **bateau de la Compagnie Mekong River Cruise,** qui fait l'aller-retour pour 800 baht.

> DU TRIANGLE D'OR À L'I-SAN

Si votre destination est l'I-San, peut-être pourriez-vous, en partant du Triangle d'Or, faire une halte dans la ville de Nan, de la province du même nom. La visite peut être intéressante car la cité est restée longtemps à l'écart des voyageurs occidentaux, et a, de ce fait gardé son cachet original. Cet ostracisme était dû aux combattants communistes laotiens qui, des années après la guerre du Viêt-nam, essayaient d'embrigader par la force ou la persuasion les tribus montagnardes de la région. L'armée thaïlandaise a réussi à les déloger et les touristes n'ont plus à craindre ni enlèvements ni rackets.

NAN

Appelée autrefois Chiang Klang, c'était, au XVe siècle, une capitale importante de la région laotienne. Après que les Birmans en eurent pris le contrôle, la ville perdit de son aura. Elle devint ensuite, sous la domination de potentats locaux, une province autonome. Il fallut attendre le début des années trente pour qu'elle fasse partie intégrante du royaume de Siam. C'est pour cette raison que les Laotiens y avaient trouvé un terrain idéal pour développer leur stratégie d'annexion. D'autant plus que la population, d'origine laotienne, est composée également d'ethnies venues de Chine (Thaï-Lu, Khamu), arrivées il y a 150 ans environ. Tout ceci donne à cette région, et à la ville de Nan en particulier, beaucoup de charme et un caractère un peu extra-communautaire et cosmopolite, accentué encore par les deux cents kilomètres de frontière commune avec le Laos.

► Paysages et falaises, Isan

Transports

Comment y aller

Avion

De Bangkok, la Thaï Airways assure un vol le vendredi, avec escale à Phare, peu pratique. Départ à 13h40, arrivée à 16h. Peut-être vaut-il mieux faire escale à **Chiang Maï** (12 vols par jour depuis Bangkok), où il y a 4 vols par semaine pour Nan. Les bureaux de la **Compagnie à Nan** sont au **34 Mahaprom Road ✆ 054 710 377.**

Bus

De Bangkok, deux bus climatisés VIP partent à 19h30 et 20h. 9h30 de trajet pour 595 baht. Des bus 1re classe partent à 8h30 et de 20h à 21h15 (4 départs). Des bus climatisés 2e classe partent à 18h20, 19h20, et 20h20 ; compter 301 baht. Attention, cette petite ville est riche de trois stations différentes. Pour retourner à Bangkok, il vous faudra vous rendre à la Bokhao Saw Station, située sur Khaowang Road.

De Chiang Maï, les bus climatisés qui partent de la gare ARCADE font le trajet en 6h pour 165 et 210 baht.

De Chiang Raï, un seul bus fait la navette ; départ à 9h30, 7h de trajet pour 112 baht.

Se déplacer

SONGTHAEW. Ceux qui circulent en ville sur les artères principales prennent 5 ou 10 baht suivant la distance parcourue. Les songthaew rouges vous amènent à l'intérieur de la ville ; le mieux est de demander le prix aux passagers thaïlandais afin d'éviter que l'on vous " surtaxe ".

MOTO-TAXI. La course moyenne coûte 20 baht.

SAMLOR. Ces tricycles prennent environ 30 baht pour une petite course. Très agréable tôt le matin.

LOCATIONS. Les vélos sont loués pour 50 baht par jour, les motos 150 baht par jour. Faites descendre le prix si vous louez pour plusieurs jours.

Renseignements utiles

TAT (Office du tourisme). Suriyaphong Road. *Ouvert de 8h30 à 16h30.* L'accueil est très sympathique. Le poste de police se trouve dans cette même rue, près de la mairie.

POSTE. Milieu de Mahavong Road. *Ouverte de 8h30 à 16h30.* Un centre international téléphonique attenant est ouvert tous les jours jusqu'à 22 heures.

INTERNET. Quelques cybercafés ouverts récemment. Compter 1 baht la minute.

Hébergement

Le parc hôtelier est minimaliste. L'accueil peut paraître froid au début mais c'est plus de la timidité que de l'impolitesse, l'atmosphère se réchauffe au fil des jours.

FATH HANIN HOTEL. 303 Anantaworarithiter Road ✆ 053 757 321 – Fax 053 757 324. *Entre 600 et 800 baht, selon la taille de la chambre.* Le meilleur hôtel de la ville dispose de chambres d'un bon confort, avec TV, climatisation, frigo.

DHEVARAJ HOTEL. 466 Sumonthevarat Road ✆ 054 710 094 – Fax 054 771 365. Chambres avec ventilateur ou climatisation entre 300 et 700 baht (avec TV).

NAN FAH HOTEL. 438 Sumonthevarat Road ✆ 054 710 284. *Entre 450 et 550 baht.* Un bel hôtel de petite capacité et où le bois est l'élément principal de la décoration. Les chambres sont toutes climatisées.

SUKASEM HOTEL. 29/31 Anantaworatithited Road © 054 710 141 – Fax 054 771 581. *Chambres à 200 et 300 baht, avec climatisation à partir de 350 baht.* Etablissement modeste aux chambres simples, avec ventilateur ou climatisation.

DOI GUESTHOUSE. 207/12 Sumonthevarat Road © 054 712 429. *De 80 à 160 baht.* Plus modeste encore que le précédent et tenu par une famille originaire de l'I-San. Si l'accueil est charmant, les chambres sont vraiment très basiques. Mais compte tenu des tarifs, on ne peut pas demander la lune.

Restaurants

Le marché situé entre Jettabhut Road et Khao Luang Road est un endroit idéal pour déguster des mets simples mais goûteux, pour pas cher du tout.

Il en est de même pour **le marché de nuit situé entre Khao Luang Road et Sumonthewat Road.** Plus onéreux mais présentant un décor plus raffiné, **le restaurant de l'hôtel Faht Hanin** sert une délicieuse cuisine thaïlandaise et chinoise. Si la **cuisine européenne** vous manque, dirigez-vous vers **Da Dario,** sur Rat Amnuay Road. On y sert des pâtes (les macaronis sont excellents) et des steaks-frites à des prix très raisonnables.

Visiter

WAT PHRA THAT CHAE HAENG. Très beau temple datant du XIVe siècle. Son architecture est caractéristique du style Lanna, avec ses bois précieux très travaillés, ses dragons sculptés sur les portes et son immense chedi. Le temple étant situé un peu à l'extérieur de la ville (il faut franchir le pont qui enjambe la rivière Nan), il surplombe la vallée et la vue y est splendide.

WAT PHUMIN. Pha Kong Road. Un temple de la fin du XVIe siècle. Ses très belles décorations murales, du XIXe, datent de sa restauration.

WAT SUAN TAN. Suan Tan Road. Edifié au milieu du XVe siècle, sa pièce maîtresse est le monumental chedi de plus de 40 mètres de hauteur, de style Sukhothaï.

WAT PRHA THAT CHANG KHAM. Pha Kong Road, à environ 250 mètres du War Phumin. Vaste temple dont le principal bâtiment héberge un grand Bouddha de la période Lanna. Construit au XIVe siècle, son architecture monumentale intègre différents styles : Sukhothaï, Lanna... On y verra de nombreuses fresques et statues de grande beauté.

NATIONAL MUSEUM. Pha Kong Road. *Ouvert de 9h à 12h et de 13h à 16h. Entrée 30 baht.* Outre une inévitable collection de bouddhas de tout style, ce musée expose des céramiques, des poteries et des armes anciennes de la province de Nan. Le rez-de-chaussée présente une intéressante exposition d'artisanat, de costumes, d'outils et d'ustensiles, utilisés par les tribus de la région.

> DANS LES ENVIRONS DE NAN

NONG BUA. Distant d'une trentaine de kilomètres de Nan, ce village de la tribu Thaï-Lu, d'origine chinoise, est bien peu fréquenté. Il accueille donc volontiers les quelques touristes de passage. Vous pourrez y assister à la **fabrication d'objets artisanaux** et emporter quelques souvenirs vraiment originaux et authentiques.

On peut également y visiter un très joli temple, **le Wat Nong Bua,** aux toits ouvragés et aux bois précieux sculptés.

PARC NATIONAL DE DOI PHU KHA. *Entrée libre. Location de bungalows basiques pour 300 baht environ. Pour tous renseignements complémentaires, contacter l'Office du tourisme à Nan.* Situé à 80 km de la ville de Nan, ce parc national héberge de nombreux villages des ethnies Mien, Thaï-Lu, Htin. Sa visite peut être intéressante (mais ne jouez pas au photographe fou, comme nous l'avons vu faire par un couple d'Américains !). Le parc en lui-même comporte diverses grottes à explorer, des chutes d'eau et de vastes forêts de teck. Son sommet est le Doï Phu Kha, qui culmine à près de 2 000 mètres.

La plaine centrale

La plaine centrale

LOPBURI

Ancienne capitale khmère, Lopburi est aujourd'hui une ville de plus de 40 000 habitants, un peu triste mais non dénuée de charme. Un charme qu'elle doit essentiellement aux vestiges de la vieille ville, de style appelé Lopburi justement, et qui représente l'expression la plus pure de l'art khmer. Le roi Naraï, contemporain de Louis XIV, avait fait de la vieille ville de Lopburi sa résidence d'été. Il a laissé son empreinte un peu partout dans la ville.

Transports

Comment y aller

Train

De Bangkok, 9 départs, mais un seul train express s'arrête à Lopburi. Départ à 8h40, arrivée à 10h50 ; compter 86 baht, plus les suppléments. Vu la courte durée du trajet, un train ordinaire 3e classe peut être une bonne option. Les horaires sont pratiques. Départs à 7h10 et 8h30, arrivée à 10h05 et 11h20 ; compter 39 baht.

De la gare de Mochit, des bus 1ère classe partent toutes les 20 mn, entre 4h30 et 20h30 ; compter 101 baht pour 2h20 de trajet. Pour les bus 2e classe, mêmes horaires, même durée du trajet, prix 78 baht. Il n'y a pas de bus ordinaire.

Se déplacer

SAMLOR. Une course moyenne vous reviendra à 30 baht (par exemple, de la station de bus à la vieille ville).

SONGTHAEW. Ils parcourent les rues principales de la ville. Si vous restez sur ce circuit, la course est de 5 baht quelle que soit la distance parcourue.

MOTO-TAXI. Le prix d'une course moyenne est de 20 baht.

Renseignements utiles

TAT (Office du tourisme). 112 Phraya Kamja Road © 036 422 768. *Ouvert de 8h30 à 16h30.*

POSTE. Phra Naraï Maharat Road. *Ouverte du lundi au vendredi de 8h30 à 16h30.* A 300 mètres environ vers l'ouest du grand rond-point central de la ville.

Si le riz au jasmin m'était conté...

De toutes les variétés de riz produites en Thaïlande, le " Hom Mali " ou le riz au jasmin est le préféré et en même temps la fierté des Thaïlandais. Découverte seulement, et par hasard, il y a une quarantaine d'années, cette plante met plus longtemps à mûrir et a besoin de plus de soleil que le riz ordinaire. Sa saveur devient ainsi sans égale. Mais une menace plane sur cette variété de riz. Des chercheurs américains sont en train de mettre au point un riz au jasmin génétiquement modifié. Il faut dire que les USA important chaque année plus de 400 000 tonnes de ce riz, l'opération prévue représentera pour eux un gros bénéfice. L'Organisation mondiale du commerce pourrait voter des mesures coercitives contre les USA si les recherches ne cessaient pas. Et ce, à juste titre, puisqu'une loi protège les espèces végétales spécifiques à un pays. Affaire à suivre donc, mais le riz en général et le riz au jasmin en particulier est un tel symbole pour le royaume qu'il est certain que les Thaïlandais ne lâcheront pas prise.

Hébergement

Bien et pas cher

TAIPEH HOTEL. 24/6 Surang Songkhran Road © 036 411 524. *Chambres avec ventilateur et douche froide 150 baht, avec climatisation et TV, de 300 à 350 baht.* Les chambres sont propres.

SIAM CITY INN. 47/2 Phra Horathibodi Road. *De 120 à 150 baht.* Petit hôtel chinois bruyant et à l'accueil peu sympathique. Ses 12 chambres sont très rustiques et sentent le renfermé. Pour les routards purs et durs.

Confort ou charme

LOPBURI INN RESORT. 144 Tambon Tha Sala © 036 420 777 – Fax 036 412 010. *A partir de 2 000 baht.* C'est le meilleur hôtel de la ville et donc le plus cher. Il compte 78 chambres de grand confort et joliment décorées. TV, climatisation, frigo, belle salle de bains , rien n'y manque. Piscine.

LOPBURI INN. 28/8 Phra Naraï Maharat © 036 412 300 – Fax 036 411 917. *Compter environ 600 baht.* Ne pas confondre avec le précédent. Ici le niveau de confort baisse d'un cran, ce qui n'empêche pas un bon rapport qualité-prix pour ces 133 chambres de très bon goût, avec TV, climatisation… Bonne adresse donc, et un très bon accueil.

Restaurants

Le marché central sur Ratchadamnoen Road, dans la vieille ville, est l'endroit idéal pour goûter aux spécialités locales à des prix très bas (20 ou 30 baht le plat à emporter ou à déguster sur place). Le soir, **le Night Market, situé le long de Naphra Kan Road,** propose les mêmes choix aux mêmes prix.

Visiter

NARAI RATCHANIWET. *Ouvert du mercredi au dimanche de 9h à 12h et de 13h à 16h. Entrée 30 baht.* Le palais du roi Naraï a été construit de 1665 à 1677 avec l'aide d'un architecte français. Le résultat est donc plutôt iconoclaste, qui présente un mélange de styles khmer et européen du meilleur effet. On y verra quelques vestiges, tels que la salle des banquets et les écuries royales qui abritaient les éléphants… Deux pavillons font office de musée, où sont exposés des sculptures de styles Lopburi et Ayuthaya, des meubles magnifiques, des poteries.

Les courses de buffles

La région de Lopburi conserve une tradition ancestrale : les courses de buffles. Les animaux sont attelés à un chariot de bois. Les paysans propriétaires de buffles choisissent dans leur village un champion qui mènera l'attelage. La course se déroule sur quelques centaines de mètres. La plupart des spectateurs parient sur leur favori. Des accidents surviennent parfois, quelquefois graves, à la suite d'une roue brisée ou de la trajectoire surprenante d'un buffle. Des morts ont déjà entaché ces courses traditionnelles. Cependant cette manifestation est toujours très courue. A l'annonce d'une course, un petit village peut voir sa population multipliée par dix au cours de la journée. Et l'événement alimentera les conversations pendant des jours entiers.

PRANG SAM YOT. *Ouvert de 8h à 16h. Entrée 30 baht.* Temple d'architecture khmère, de la période Bayon, avec des têtes sculptées à quatre faces. Ses trois prang honoraient les divinités hindoues, Vishnu, Shiva et Brahma. Le roi Naraï fit restaurer le temple en y faisant ajouter des symboles bouddhistes.

SAN PHRA KAN. *Ouvert de 5h à 17h. Entrée libre.* Edifice khmer dont la pièce maîtresse est une statue de dieu hindou Kala. Les ruines, grignotées par les arbres et la nature, ont un petit air insolite de cité perdue. Mais attention, ici les singes sont maîtres des lieux et ils peuvent être très agressifs. Surtout n'y allez pas avec des enfants ; la vue de ces petits les met en rage et leurs morsures peuvent être graves.

WAT PHRASI RATANA MAHATHAT. *Ouvert de 9h à 17h. Entrée 30 baht.* Temple khmer datant du XIIe siècle. Certaines de ses parties sont à l'abandon, d'autres sont restaurées. On peut y voir de splendides linteaux ainsi que de nombreuses sculptures.

PRANG KHAEK. Petit temple dédié à Shiva et qui abrite, dans son prang central, un phallus sacré, symbole de puissance et de fécondité.

PETCHABUN

Petite ville isolée de 4 000 habitants, Petchabun n'a rien d'attrayant. Et c'est là tout son intérêt… Une halte à Petchabun, avant de gagner Phitsanulok par exemple, offre une immersion dans la Thaïlande profonde. C'est une ville typique, avec son marché central, ses petites rues dont certaines conservent encore leurs vieilles maisons de bois et, dans les environs, des petits villages noyés dans la verdure. Un ou deux jours de retraite dans cette région perdue ne peuvent pas faire de mal. Remarquez que cette petite ville possède quatre cafés Internet (20 baht de l'heure) !

Transports

De Bangkok, des bus 2e classe partent de MOCHIT environ toutes les 30 mn, de 8h30 à 24h ; compter 176 baht pour environ 5h de trajet.

Hébergement

Le choix est évidemment très restreint. Il existe des hôtels très bon marché, entre 100 et 150 baht, mais ce sont des hôtels de passe. Car bien qu'il n'y ait pas de touristes, les karaokés, les restaurants à danseuses et les salons de massage accueillent des Thaïlandais, qui, surtout le week-end, sortent en bande et finissent la soirée avec une fille.

KOSIT HILL HOTEL. 39 Samakichaï Road © 056 722 371 – Fax 056 743 646. *De 900 à 3 200 baht.* Très bel hôtel et d'un bon rapport qualité-prix. 143 chambres avec TV, climatisation, frigo. A la réception, on peut louer une moto ou une voiture.

BURAPHA HOTEL. Samakichaï Road, en face et à 500 m du précédent. *Chambres 500 baht.* L'hôtel est moins luxueux mais ses chambres sont plus que correctes (TV, climatisation, frigo et salle de bains avec baignoire). De plus, le service et l'accueil sont vraiment charmants.

Balades

Promenez-vous au **marché,** où les vêtements sont à des prix dérisoires. Le **centre commercial Top Land** comporte un supermarché et divers magasins de chaussures, jouets, bagages, tenues de sport... Tout autour, **des stands proposent de petits plats à 20 baht.** Vous pouvez également **louer une moto au Kosit Hill** et visiter quelques villages dans les alentours, où un touriste fait figure d'une star !

PHITSANULOK

On pourrait considérer Phitsanulok comme la dernière étape de la plaine centrale avant d'atteindre le Nord. Cette ancienne capitale du royaume de Siam a été sinistrée par un gigantesque incendie au début des années 1960, qui détruisit presque toutes ses maisons traditionnelles en bois. C'est cependant une villégiature agréable, avec un ou deux points d'intérêt, dans la ville et sur la rivière Nan, que l'on peut sillonner sur diverses embarcations.

Transports

Comment y aller

Avion

De Bangkok, la Thai Airways propose 4 vols par jour, à 8h30, 11h45, 18h35 et 20h35 ; compter 55 mn de vol et 1 350 baht. Les bureaux de la Compagnie se trouvent au **209/26-28 Borom Trailojanat Road** © **055 258 020.**

Course de buffles

De Chiang Maï, 4 vols par semaine pour 950 baht.

Train

De Bangkok, 11 départs par jour. De 7h05 pour un train ordinaire 3e classe à 23h10 pour un express 2e classe. Compter entre 8h et 9h30 de trajet et 82 à 469 baht, plus les suppléments.

Bus

De la gare de Mochit, des bus 1ère classe partent entre 7h et 16h toutes les heures, puis à 22h et 22h30 ; compter 5h30 de trajet et 218 baht. Des bus 2e classe partent à 8h10, 11h, 12h30, 15h20 et 22h50 compter 169 baht. Enfin, les bus ordinaires (sans climatisation) partent à 7h20, 8h20, 11h et 12h ; compter 6h de trajet et 121 baht.

Sa situation géographique vaut à Phitsanulok d'être très bien desservie au départ de toutes les villes. Quelques exemples :

De Chiang Maï, en bus climatisés, 5h de trajet et entre 220 et 261 baht.

De Petchabun, en bus ordinaire, 3h de trajet et 55 baht, en bus climatisés 71 baht.

Se déplacer

SAMLOR. Une course moyenne coûte 30 baht.

MOTO-TAXI. Le tarif minimum est de 20 baht, ensuite les prix montent selon la distance.

BUS. Des bus sillonnent la ville, pour 4 baht les ordinaires, et 6 baht les climatisés. Mais il n'est pas facile de se repérer.

AEROPORT. Proche de la ville. On s'y rend en songthaew, qui partent dès qu'ils sont pleins. Selon l'hôtel, compter entre 30 et 50 baht, jamais plus. La Thaï Airways propose un service de navettes pour 40 baht par personne.

Renseignements utiles

TAT (Office du tourisme). 209 Borom Trailo Kanat Road © 055 252 742. *Ouvert de 8h30 à 16h30.* Très bon accueil et beaucoup d'infos sur les provinces environnantes.

Le parc national de Nam Nao

Entrée 200 baht. Pour s'y rendre, de Petchabun ou de Loeï, prendre un bus pour Lomsak (entre 1 heure et 1h30 de route). Pour pouvoir dormir dans le parc, des tentes sont louées 40 baht par jour ou des bungalows de 8 personnes (très basiques) à 500 baht par nuit. De la région de Petchabun, on peut accéder à ce parc immense de près de 1 000 km^2. Composé de forêts denses, de plaines hérissées de bambous et de pins, de nombreuses chutes d'eau et de cavernes, c'est un des parcs nationaux dont la faune et la flore sont les plus variées. Parmi les animaux susceptibles d'être aperçus, citons des ours d'Asie, des gibbons et des macaques, ces derniers en très grand nombre, quelques éléphants, léopards et tigres, bien qu'il soit douteux que ceux-ci aient résisté au braconnage. Probablement ils ont été décimés tout comme les rhinocéros dits de Sumatra, dont les derniers spécimens ont été tués au début des années 1970. Cette situation s'explique par la grande pauvreté des habitants de la région, pour qui toute source de revenus est la bienvenue. En outre, les gardes forestiers sont bien peu nombreux et leur salaire de misère les soumet à toutes les tentations. Cependant, depuis quelques années, sous la pression des ONG internationales, des progrès ont été faits pour protéger réellement le parc national de Nam Nao, et les braconniers sont plus traqués et sanctionnés qu'auparavant.

Une salle d'exposition, ouverte au public, retrace la progression de cette lutte quotidienne et ses résultats. On peut y voir toute une collection d'armes et de pièges plus ou moins artisanaux confisqués aux contrevenants

POLICE. Borom Trailo Kanat Road, après le croisement de la rue Naresuan.

POSTE. Putcha Butcha Road. *Ouverte du lundi au vendredi de 8h30 à 16h30, les samedi de 9h à midi.* Poste principale.

INTERNET. Des cafés-Net un peu partout en ville, à 40 baht de l'heure. Près de la poste principale, un centre téléphonique international et un service Internet, à 1 baht la minute, sont ouverts de 7h à 23h.

Hébergement

Les prix imbattables

SIVATHEP HOTEL. 110 Prasong Prasat Road © 055 244 933. *Chambres avec ventilateur 250 baht, avec climatisation et TV de 350 à 450 baht.* Hôtel un peu décati, mais à l'accueil très courtois et aux chambres très propres.

BURAPHA INN. 212 Singhawat Road © 055 141 827. *De 150 à 180 baht.* Un peu à l'écart, de l'autre côté de la rivière Nan. L'accueil est sinistre. Une dizaine de chambres au mobilier minimaliste, mais fraîchement repeintes. Toutes avec ventilateur. A prendre en dernier ressort.

LONDON HOTEL. 21/22 Soi 1 Putcha Butcha Road © 055 225 145. *De 120 à 150 baht.* Hôtel très modeste mais plaisant. Les chambres à la décoration en bois sont propres et pimpantes. Toutes avec ventilateur. On les préfère à celles de l'établissement précédent.

Bien et pas cher

PALOMA HOTEL. 103/8 Sithamathraïpidok © 055 217 930 – Fax 055 217 930. *Chambres standard 800 baht.* Grand hôtel de 249 chambres très confortables. Les standard sont une très bonne affaire.

AMARIN NAKORN. 3/1 Chao Phraya Road © 055 219 069 – Fax 055 219 500. *A partir de 600 baht.* En plein centre, à 300 mètres de la gare, 130 chambres avec climatisation, TV, frigo.

RAJAPRUK HOTEL. 99/9 Phra Ong Dam © 055 258 477 – Fax 055 251 395. *A partir de 500 baht.* 123 chambres impeccables, avec TV, climatisation et frigo. Egalement une piscine. Très bonne adresse.

Confort ou charme

TOPLAND HOTEL. 68/33 Akathotsarot Road © 055 247 800 – Fax 055 247 815. *De 1 400 à 5 000 baht.* Cet hôtel fait partie d'un énorme complexe réunissant un centre commercial, un salon de massage, des restaurants… 252 chambres de très bon confort, voire luxueuses.

PHITSANULOK THANI. 29 Sanam Bin Road © 055 211 065. E-mail : resonline@hotmail.com. *De 1 200 à 4 000 baht.* Très bel hôtel, disposant de 105 chambres luxueuses avec TV, climatisation, frigo, belle salle de bains .

PAILYN HOTEL. 38 Borom Trailo Kanat Road © 055 252 411 – Fax 055 225 237. *De 900 à 2 500 baht.* Grande bâtisse blanche impersonnelle mais aux chambres très correctes, avec climatisation, TV et balcon.

Restaurants

NIGHT MARKET. Près de la rivière, c'est un endroit agréable et bon marché pour déguster une simple mais bonne cuisine, comme un Tom yam par exemple. Les stands commencent à s'animer vers 19h. Après minuit, vous pouvez tenter votre chance un peu plus loin, au **Midnight Kaï Town,** tout aussi délicieux. Le matin, en cas de petite faim, le **Morning Market,** sur Akhathot Sarot Raod (voir " Hôtels "), propose de nombreux restaurants thaïs et chinois ainsi que des fast-food (il paraît que certains aiment). Pour ce qui est de la cuisine chinoise, le **meilleur restaurant** est peut-être celui de l'**hôtel Païlyn** (voir " Hôtels "), qui propose une carte très complète (compter 450 baht pour un bon repas).

RESTAURANTS FLOTTANTS. Sur la rivière Nan, des maisons flottantes font office de gargotes et proposent, dans un cadre souvent très sympathique, une cuisine… qui se laisse manger. Le prix d'un plat est d'environ 50 baht.

BATEAU-RESTAURANT. Du côté est de la rivière Nan, un quai permet de gagner le **bateau-restaurant Phae Fa Thaï.**Au cours de petites croisières de nuit sur la rivière, ce restaurant flottant sert de bons dîners à un prix raisonnable. Le billet coûte 50 baht et la promenade dure 1h30 environ.

Visiter

WAT PHRA SI RATANA MAHATHAT. Putcha Butcha Road, après le pont de la rue Singhawat. *Ouvert du mercredi au dimanche, de 9h à 16h. Entrée libre.* Le temple date du milieu du XIVe siècle. Dans le bot principal se trouve la statue de Bouddha Chinarat, une des statues les plus vénérées de Thaïlande, tout en bronze poli. De style Sukhothaï, elle représente le Bouddha en position assise. Sa principale particularité réside dans la coiffe de Bouddha, une sorte de halo qui se transforme en une espèce de serpent, et qui est absolument unique. Le temple est dominé par un prang de style khmer.

FOLK MUSEUM. Wisut Kasat Road. *Ouvert du mardi au dimanche de 8h30 à 16h30. Entrée laissée à votre appréciation.* Œuvre d'un ancien médecin, le docteur Thawi, ce musée réunit toutes les collections de son fondateur. Instruments de musique, vêtements traditionnels, armes, instruments agraires, ustensiles de cuisine… Contrairement à ce que l'on pourrait penser, l'ensemble n'a rien d'un bazar et certaines des pièces exposées sont désormais introuvables dans la Thaïlande actuelle.

La région de l'I-san

La région de l'I-San

L'I-San est une très vaste région incluant tout le Nord-Est de la Thaïlande. Son climat tantôt sec, tantôt totalement inondé en fait la partie la plus la plus déshéritée du royaume de Siam. Ses habitants fournissent pour la plupart une main-d'œuvre bon marché aux entreprises du bâtiment et à l'industrie. Les jeunes filles ont un destin tout tracé. La majorité d'entre elles iront se prostituer, afin de pouvoir subvenir aux besoins de la famille. Les natifs de l'I-San sont en butte au mépris et même à la ségrégation de la part de nombreux Thaïlandais, qui les appellent les " Lao ", (originaires du Laos) avec dédain. La plupart des gens de l'I-San, du moins les plus âgés, sont originaires en effet du Laos et plus rarement du Cambodge. Du fait de l'ostracisme dont ils sont l'objet, les natifs de l'I-San sont très solidaires. Il vous semblera peut-être que leur accueil est un peu froid, c'est souvent vrai, mais une fois la glace rompue, vos hôtes deviendront d'une amabilité exceptionnelle et très touchante. Encore préservée du tourisme de masse, la région possède des sites architecturaux et archéologiques remarquables et de vastes parcs nationaux.

LOEI

Cette ville de plus de 20 000 habitants est distante de la capitale d'environ 500 kilomètres. Elle a une spécialité le coton, dont on fait des vêtements de qualité très réputés dans tout le pays. De Loeï vous pourrez rayonner dans les différents parcs nationaux entourant la ville dont celui de Phu Kradung est sans conteste l'un des plus préservés et l'un des plus beaux de la Thaïlande.

Transports

Comment y aller

De Bangkok, de la gare de Mochit, un bus VIP part à 22h ; compter 9h de trajet et 540 baht. D'autres bus climatisés, 1ère et 2e classes, partent respectivement à 21h30 (320 baht) et à 6h, 8h, 20h et 21h30 (249 baht et 9h de trajet).

De Chiang Maï, en bus climatisé, compter 12h de trajet et 415 baht.

Se déplacer

TUK-TUK. Une course moyenne revient à 20 baht, mais on demande plus aux touristes. A vous de marchander.

MOTO-TAXI. Même chose en ce qui concerne les prix et la " surtaxe " que l'on essayera de vous imposer.

Renseignements utiles

POLICE. Phipattanamongkon Road. C'est le bureau principal. Il n'y a pas de police touristique ni de bureau du TAT.

POSTE. Charoenrat Road, un peu à l'écart du centre. *Ouverte du lundi au vendredi de 8h30 à 16h30.*

CHANGE. *Ouvert de 8h30 à 15h30 en semaine.* Les banques de la ville changeront vos euros.

Hébergement

Bien et pas cher

THAI UDOM HOTEL. 122/1 Charoenrat Road ✆ 042 811 763. Hôtel à l'excellent accueil, disposant de chambres avec climatisation et TV entre 600 et 800 baht, avec ventilateur à partir de 300 baht.

PHU LUANG HOTEL. 55 Charoenrat Road ✆ 042 811 532. *Chambres avec TV et climatisation de 400 à 600 baht.* Sur le trottoir d'en face, à 200 mètres du précédent. L'accueil est plutôt quelconque.

MUANG FAI HOTEL. 14 Charoenrat Road ✆ 042 811 302. *Chambres climatisées de 300 à 350 baht, avec ventilateur 150 baht.* Petit hôtel modeste mais non dépourvu de charme. Dans un coin calme, près de la rivière Loeï, il offre des chambres propres avec climatisation, et d'autres, plus basiques, avec ventilateur.

NIRAN HOTEL. 104/7 Nok Kheo Road ✆ 042 811 428. *Chambres de 200 à 250 baht.* Les chambres très modestes, avec ventilateur, sont un peu décaties. L'accueil est déplorable.

KING HOTEL. 11/9 Chumsaï Road ✆ 042 811 701 – Fax 042 811 235. *De 250 à 450 baht.* Chambres avec ventilateur et eau froide, d'autres avec climatisation, TV et eau chaude, toutes à prix raisonnables.

Confort ou charme

LOEI PALACE. 167/4 Charoenrat Road ✆ 042 815 668 – Fax 042 815 675. *A partir de 1 890 baht.* Le meilleur hôtel de la ville propose 161 chambres d'un confort haut de gamme : climatisation, TV, téléphone, frigo, cave. L'accueil est excellent.

Restaurants

Le marché de nuit, à l'angle des rues Ruamjaï et Chardenaat, comporte de nombreuses gargotes qui servent, à partir de 18h, des mets savoureux pour des prix ne dépassant pas 20 à 30 baht.

Le restaurant du KING HOTEL, sur Chumsaï Road, propose des cuisines thaïe, chinoise, vietnamienne, mais aussi occidentale, avec des steaks-frites.

AHAN NOI. Ruamjaï Road. *Jusqu'à 60 baht.* Du côté nord de la rivière Loeï, un restaurant de cuisine thaïlandaise, dans un décor très modeste.

Sortir

Vous voulez faire la fête… Ce sera pour une autre fois. La ville de Loeï est plus que calme le soir venu.

Quelques bars très simples accueillent parfois des groupes de musiciens essayant de mettre un semblant d'ambiance. La plupart se trouvent **sur Charoenrat Road et Chumsaï Road.**

Parcs nationaux

LE PHU KRADUNG. *Ouvert jusqu'à 15h. Fermé de juillet à septembre inclus. Entrée adultes 200 baht, enfants de moins de 14 ans 100 baht. Vente des billets à l'accueil du parc, entre 7h et 15h. Gardez votre ticket sur vous, les gardes forestiers peuvent vous le demander. Les logements offerts par le parc sont très sommaires mais permettent d'apprécier pleinement les beautés naturelles environnantes. Pour tous renseignements, s'adresser à l'accueil. Près de l'accueil, des gargotes vendent des victuailles et des boissons.* Un des plus beaux parcs du pays, à la faune et à la flore très riches et diversifiées. Officiellement, des tigres y vivraient encore mais il est, hélas, pratiquement certain qu'ils ont disparu. En revanche, il est fort possible d'y apercevoir des singes, très nombreux, des éléphants, plus rares, des ours asiatiques, très craintifs. Le point culminant du parc national est à plus de 1 300 mètres ; au sommet, un panorama assez unique s'offre au regard. Le parc abonde en nombreuses chutes d'eau, en forêts de pins ; la plupart des pistes sont très bien balisées et idéales pour les randonnées. Si vous aimez la nature, c'est ici qu'il faut venir.

Comment y aller. De Loeï, des bus partent toutes les 30 mn à partir de 6h du matin. Le prix est de 35 baht pour un peu plus d'une heure de route. Une fois au village de Phu Kradung, des songthaew vous conduiront à l'accueil du parc, pour 20 baht. Le parc fermant à 15h, il est conseillé de partir de Loeï le matin. Pour le retour, des bus partent de Phu Kradung entre 7h et 18h.

PARC NATIONAL DE PHU REUA. De taille plus modeste, il abrite cependant une faune très nombreuse et extrêmement protégée. Les visites y sont aussi très réglementées. Il faudra faire votre demande d'excursion au parc national qui, selon la saison et le bon vouloir des gardes forestiers, pourront vous refuser l'entrée. Pour tous renseignements, téléphoner au 042 841 141, de 8h30 à 16h30. Cela vous évitera de vous déplacer pour pas grand- chose. Si votre demande est acceptée, à vous les chutes d'eau, les forêts de pins et les pistes, là aussi, très bien balisées… Le parc abrite également un vignoble, qui s'est fait une petite réputation en Thaïlande, il s'agit du Château de Loeï, près du village de PHU REUA, sur la nationale 203 (c'est très bien indiqué). Dégustation possible pour ceux que ça tente.

Shopping

PHU LUANG PLAZA. Ruamjaï Road. Ce petit centre commercial regroupe diverses boutiques d'alimentation, de vêtements, de chaussures.

MARCHE DE NUIT. Charoenrat Road. Ce marché très plaisant propose des étals de fruits et de légumes, et de vêtements, en particulier en coton, qui est de très bonne qualité à Loeï.

AUTRES MARCHES. Le jour, trois différents marchés invitent à faire de nombreux achats à petits prix : peignes, cadenas, chaussures, jeans…

► Rapides, Isan

CHIANG KHAN

Distante de Loeï d'une cinquantaine de kilomètres, cette petite ville sera pour vous une étape obligée si vous aimez **les temples.** De plus, **ses maisons de teck,** du début du XXe siècle, donnent à la ville un aspect figé dans le temps, qui n'est pas désagréable. Chiang Khan est posée **le long du Mekong.** Le fleuve sert de frontière avec le Laos.

Hébergement

CHIANG KHAN HILL RESORT ✆ 042 821 285. *Chambres simples avec ventilateur 400 baht, ensuite jusqu'à 2 800 baht.* A 5 km de la ville, un hôtel proche des fameux rapides de Kaeng Khut Ku. La fourchette des prix est très large et conviendra à toutes les bourses.

SUKSOMBUN HOTEL. 107 Chaï Khong Road ✆ 042 821 064. *De 150 à 300 baht.* Des chambres simples mais propres, toutes avec ventilateur.

Visiter

LES TEMPLES. Une dizaine de temples sont à visiter en ville et dans ses environs. D'architecture plutôt originale, ils présentent des colonnades et des frontons d'un style unique dans la région. Le plus ancien de ces temples est le **Wat Tha Khaek,** qui daterait du XIVe siècle. Le Bouddha dont la statue trône dans son bot est très vénéré dans la province.

LES RAPIDES DE KAENG KHUT KHU. Rien d'extraordinaire en vérité. Le Mekong forme ici un coude où le courant est très vif. L'endroit est cependant sympathique. Les Thaïlandais adorent venir s'y baigner et s'y détendre en famille. De nombreux stands sont à disposition pour remédier à une petite faim ou une petite soif. La seule chose que l'on puisse regretter est le fait que les lieux ne soient pas très propres. Comme les Européens, les Thaïlandais ont la fâcheuse habitude de jeter leurs détritus à même le sol.

Vous pouvez également faire des **balades en pirogue sur le Mekong ou sur la rivière Huang.** Les paysages y sont somptueux.

NONG KHAI

Cette petite ville de près de 30 000 habitants est soudain sortie de sa torpeur en 1994, à la suite de l'ouverture d'un pont reliant la Thaïlande au Laos. Devenue poste frontière, Nong Khaï s'est dotée d'hôtels au confort international, de centres commerciaux et d'immeubles de bureaux. Elle garde cependant le charme du passé, avec ses nombreux vestiges et temples qui agrémentent la ville et sa région.

Transports

Comment y aller

Bus

De Bangkok, un bus VIP part de la gare de Mochit à 20h10 ; compter 9h de trajet et 545 baht. Des bus de 1ère classe partent à 8h30, 20h30 et 21h ; compter 9h de trajet et 351 baht. Des bus 2e classe partent à 7h40, 9h30 et 19h40 ; compter 10h de trajet et 273 baht.

Train

De Bangkok, de la gare centrale de Hualamphong, départs à 6h (rapide), 18h30 (express) et 20h45 (express). Arrivée à 17h20, 6h35 et 7h40. Les prix, selon la classe choisie et le train, sont compris entre 207 et 610 baht.

Se déplacer

SAMLOR. Pour une couse moyenne, compter de 20 à 30 baht.

TUK-TUK. Mêmes prix pour ces tricycles qui sont, eux, motorisés.

MOTO-TAXI. Pour une course moyenne, compter 20 baht.

LOCATIONS. Les motos de 80 et 100 cc se louent aux environs de 1 500/200 baht par jour.

Renseignements utiles

TAT (Office du tourisme) ✆ 042 467 844. Situé tout près du " pont de l'amitié ". L'accueil est charmant mais les renseignements succincts.

IMMIGRATION. Rimkong Road, près de l'embarcadère. Pour vous rendre au Laos, un visa touristique de 15 jours vous sera délivré contre 30 dollars (environ 1 250 baht).

POSTE. Meechaï Road, en face de la Soi Praïsani. *Ouverte de 8h30 à 16h30.*

HOPITAL. Meechaï Road. Relativement bien équipé.

Hébergement

Bien et pas cher

Les guesthouses situées sur la rive du Mekong sont très agréables. Vous pouvez tenter votre chance sur **l'avenue Rimkhong,** où les possibilités sont nombreuses.

MEKONG G.H. 37 Rimkhong Road ✆ 042 460 689. *Chambres avec ventilateur à partir de 100 baht, avec vue 500 baht.* Distante d'environ 300 mètres du débarcadère, cette guesthouse propose des chambres propres et confortables dont les meilleures ont vue sur le Mekong. Une bonne adresse.

MUT MEE GUESTHOUSE. 111/4 Kaew Worawut ✆ 042 460 717. Chambres grandes avec vue sur le fleuve 380 baht, d'autres, au confort minimaliste, de 100 à 300 baht.

SAWADEE GUESTHOUSE. 402 Meechaï Road ✆ 042 412 502. *Chambres entre 100 et 300 baht.* A préférer à la précédente. Les chambres y sont plus propres et, pour 300 baht, on a la climatisation. Egalement de petites chambres très propres, avec douches extérieures, à environ 100 baht.

PHANTHAVEE HOTEL. 1241 Haï Sik Road ✆ 042 411 568. *De 250 à 400 baht.* Hôtel de 86 chambres au confort modeste. Les chambres les moins chères sont équipées d'un ventilateur.

CHEZ KAI. 1160 Soi Samoson. *Entre 100 et 150 baht.* Des chambres très simples et très peu chères.

Enfin, les habitués francophones de la région seront tristes d'apprendre que Pierrot a quitté la ville depuis trois ans. Une Thaïlandaise a repris ses bungalows.

Confort ou charme

THAI LAOS RIVERSIDE. 51 Khéo Worawut ✆ 042 460 263 – Fax 042 460 314. *De 600 et 990 baht. Etablissement de 72 chambres, avec climatisation et TV.* Seules les chambres des étages les plus élevés ont vue sur le fleuve. Une bonne affaire.

NONGKHAI GRAND HOTEL. Route 212 ✆ 042 420 033 – Fax 042 412 026. *Chambres entre 1 900 et 2 400 baht (mais négociables à moitié prix).* Situé un peu à l'extérieur de la ville, sur la route nationale 212, face à la Soi Wamutit, un hôtel de très bon confort, avec une belle piscine. Une très bonne affaire.

Luxe

NONGKHAIi GRAND THANI. 589 Nongkhaï Poanpisaï Road © 042 420 033 – Fax 042 412 026. *De 800 à 3 500 baht.* L'hôtel le plus récent de la ville, un des plus confortables aussi, avec ses 130 chambres climatisées et équipées d'une TV.

Restaurants

Vous serez étonné de voir certains restaurants asiatiques proposer des plats français tels que le steak-frites. C'est l'influence laotienne qui commence à se faire sentir. L'ancienne colonie française a adopté également l'usage du pain…

Deux marchés de nuit permettent de goûter à la cuisine de l'I-San, pour le modique prix de 20 baht environ.

Les restaurants donnant sur le fleuve sont naturellement les plus agréables, par exemple :

UDOM ROT. Rimkhong Road. *En dessous de 100 baht (sauf pour les poissons).* Situé tout près du débarcadère, il offre une atmosphère agréable et une très bonne cuisine thaïe et de l'I-San. A l'entrée, un magasin de souvenirs, style artisanat local, invite à faire quelques achats.

THI THAI. 1155 Phrajak Road. Très prisé de la clientèle locale lors des week-ends, le Thi Thaï sert une savoureuse cuisine thaïe et chinoise.

NONGKHAI GRAND THANI HOTEL (voir plus haut). *Repas à partir de 400 baht.* Sûrement le meilleur restaurant chinois de la ville où, dans un cadre très agréable, sont servis des plats succulents.

DAENG NAEM NEUANG. Banthoeng Jit Road. De la bonne cuisine vietnamienne, peu onéreuse.

NOBBI'S RESTAURANT. Meechaï Road © 042 460 583. *Ouvert de 11h à 23h.* Grand choix de cuisines, allemande, italienne, française. Propose également de nombreux sandwiches et des pizzas.

DUKADA BAKERY. Meechaï Road, non loin de la poste. *Ouvert de 6h à 22h.* On y sert des steaks-frites, du poulet rôti (avec des frites), à des prix incroyablement bas. Egalement cuisine thaïe, pâtisseries et du pain.

Sortir

Sur la rive du Mekong, des pubs très simples à la décoration boisée accueillent des groupes de musiciens. On y entend les mêmes vieux tubes d'Eagles, Clapton ou Hendrix… Pour de la musique plus actuelle, et si vous voulez vous déhancher sur une piste, **la discothèque du Nong Khai Grand Hotel** est une bonne adresse (voir " Hôtels ").

Visiter

Les temples

WAT PHO CHAI. Situé dans la rue du même nom, ce temple est célèbre pour son Bouddha de bronze, à la tête en or massif et la coiffe sertie de rubis.

WAT NOEN PHRA NAO. Kawnkan U-Thit Road. Ce temple a la particularité d'avoir reçu des Occidentaux en quête de spiritualité jusqu'à la fin des années 70. Son architecture est particulièrement originale, d'un style assez débridé et baroque.

WAT KHAEK. Encore un temple pas comme les autres. Situé à 5 km de Nong Khaï, c'est l'œuvre d'un mystique qui enseignait une philosophie existentialiste saupoudrée de bouddhisme et d'hindouisme. Architecturalement, l'amalgame de ces deux religions est détonnant. Certaines statues sont tout à fait iconoclastes. La dépouille momifiée du fondateur du temple repose sous une cloche de verre.

Les alentours de Nong Khaï sont riches en de très **nombreux temples, comme le Wat Bang Phuan,** à une vingtaine de kilomètres de la ville, et qui abrite un petit musée. Beaucoup plus proche et assez unique en son genre par sa situation géographique, **le Wat Phra That Nong Khaï** a la particularité d'être au milieu du Mekong et d'avoir parfois son chedi complètement sous l'eau à la saison des pluies ! Il résiste cependant vaillamment à la violence des flots et ce depuis 1847, date de sa construction. A l'époque, le Mekong était beaucoup moins large, et l'édifice se trouvait sur la rive proche.

On peut également visiter **un temple chinois,** situé sur Haw Road, qui offre un aperçu de la religion telle qu'elle était pratiquée par les Sino-Thaïlandais, nombreux dans la région.

BALADE EN BATEAU. Tous les jours à 17h30, un bateau-restaurant part du débarcadère situé sur Kaew Wowarut Road, tout proche du Wat Haï Sok. La promenade dure 1h30 ; le dîner comporte des spécialités de l'I-San, mais n'est pas obligatoire. A faire en amoureux, bien sûr.

Shopping

Différents marchés, dont le plus excentré est **le New Market,** tout à l'est de Meechaï Road, offrent un grand choix de produits et marchandises divers : fruits, légumes, bagages, vêtements et artisanat. En ce qui concerne ce dernier, allez visiter le :

VILLAGE WEAVER HANDICRAFTS. 1151 Soi Jitta Panya. *Ouvert de 8h à 17h.* Choix de vêtements qui sont vraiment confectionnés sur place, on peut d'ailleurs visiter les locaux de fabrication. Si vous le désirez, on vous fera un vêtement sur mesure en deux jours.

Loisirs

MASSAGE TRADITIONNEL : Thaï-Laos Riverside Hotel ✆ 042 460 263. *Un salon de massage.* Après plusieurs heures de train ou de bus, on vous remet les vertèbres et les idées en place.

▶ Temple, Isan

Décollage de fusées

A une dizaine de kilomètres de Nong Khaï, chaque année à la fin avril, des milliers de personnes se réunissent pour assister au lancement de fusées géantes dont certaines dépassent les 10 mètres de hauteur. La tradition de ce concours est plutôt récente. Les fusées, très artisanales, sont faites d'une tige de bambou attachée à un réservoir de poudre. Une fois arrimées à une rampe de lancement très sommaire, en bambou également, la mèche est allumée. Attention aux oreilles ! La fusée qui reste le plus longtemps en l'air est déclarée gagnante. Ariane Espace et la Nasa n'ont pour l'instant pas trop d'inquiétude à avoir question concurrence.

> DANS LES ENVIRONS DE NONG KHAI

SRI CHIANG MAI

Petite bourgade caractérisée par une forte communauté laotienne et vietnamienne dont beaucoup de membres ont fui le régime communiste. La plupart d'entre eux sont catholiques, ce qui explique la petite église érigée dans ce coin reculé. Enfin, la présence française est toujours vivace puisque les anciens colonisés ont apporté avec eux l'art de la boulange. Si vous voulez dormir en ville, une adresse est tout indiquée.

Hébergement

TIM GUESTHOUSE. Soi 16 Rimkhong Road. *Chambres de 150 à 290 baht.* Non seulement c'est la seule guesthouse, mais l'établissement est tenu par un Suisse francophone. Les chambres sont très modestes mais très propres. En outre, Daniel, le patron, est une mine d'informations sur la région. Enfin, dîner d'un saucisson et d'un fromage avec du bon pain, c'est assez extraordinaire dans ce coin.

Visiter

Vous serez surpris de constater que la plupart des habitants se Saï Chiang Maï travaillent à la confection des rouleaux de printemps. Car cette petite ville perdue en I-San est l'une des plus grandes exportatrices au monde de cet aliment. Cela fait partie du charme de la Thaïlande que de pouvoir y faire ce genre de découverte.

WAT HIN MAK PENG. Hors de la ville, vous pouvez aller visiter le Wat Hin, qui est habité par des moines bouddhistes purs et durs. C'est-à-dire qu'ils se nourrissent une seule fois par jour (à l'aube) et le reste du temps méditent ou prient. Ici plus qu'ailleurs il faudra respecter les règles, pas de jambes ou de bras dénudés en entrant dans le temple. Près de ce temple se trouve **le bourg de Sangkhom,** par lequel vous pouvez atteindre **les chutes d'eau de Than Tip et Than Thong.** Cet itinéraire passe par la route nationale 211.

UDON THANI

Ville très importante par sa population (plus de 100 000 habitants), Udon Thani l'est beaucoup moins par son attrait. C'est une cité commerçante qui doit sa prospérité à l'armée américaine pendant la guerre du Viêt-nam. Des bases aériennes étaient en effet installées dans la région. Construite près d'un grand lac, Udon Thani a quelques marchés à vous offrir mais, surtout, **Bang Chiang,** située à une cinquantaine de kilomètres. C'est un endroit à ne pas manquer, devenu un centre archéologique de réputation mondiale depuis la découverte de vestiges datant de plus de 5 000 ans.

Transports

Comment y aller

Avion

La Thai Airways propose 4 vols par jour, à 6h50, 11h 50, 13h et 18h15 ; compter 1h05 de vol et 1 820 baht. Les bureaux de la Compagnie sont au 60 Mak Khaeng Road © **042 246 697.**

Train

3 express, à 8h20, 20h30 et 20h45, et 2 rapides, à 6h et 18h30, quittent la gare centrale et arrivent respectivement à 17h10, 5h50 et 6h50 pour les express et 16h23 et 5h32 pour les rapides. Le prix dépend du confort souhaité : en cabine individuelle 1re classe, compter 1 037 baht (couchette), en 3e classe, avec ventilateur (place assise), compter 155 baht.

Bus

De la gare routière de Mochit, un bus VIP part à 21h30 ; compter 9h de route et 500 baht. Des bus 1ère classe partent entre 5h et 23h (plus d'une vingtaine) ; compter 322 baht. Des bus 2e classe partent à 4h50, 18h10 et 22h30.

De Nong Khaï, le service est assuré par des bus ordinaires ; compter 1h20 de route environ (suivant le nombre d'arrêts) et 29 baht.

De Loeï, des bus ordinaires et climatisés partent pour Udon Thani ; compter 54 et 98 baht.

Se déplacer

SAMLOR. Une course dans la ville coûte, selon la distance, entre 10 et 40 baht.

TUK-TUK. Le prix d'une course d'un bout à l'autre de la ville ne devrait pas dépasser 80 baht.

LOCATIONS. Des motos sont louées pour environ 200 baht par jour.

TAXI. Des " taxis meter " (avec compteur) circulent à travers toute la ville. Pas besoin de marchander, vous payez le prix inscrit à l'arrivée.

Renseignements utiles

TAT (Office du tourisme).16 Mukkhamontri Road © 042 325 406. *Ouvert de 8h30 à 16h30.* C'est le bureau le plus important de l'I-San. Peut vous donner de nombreuses informations sur toute la région.

POLICE. Sri Suk Road. Les policiers habitués aux Américains (encore présents) parlent l'anglais correctement.

POSTE. Wattana Road. *Ouvert de 8h30 à 16h30 et le week-end de 9h à 12h.* C'est la Poste principale. Un centre téléphonique international est juste à côté. Plusieurs autres bureaux de poste se trouvent un peu partout dans la ville.

Internet

Des cafés Internet se trouvent un peu partout dans la ville. Après 15h30, ils sont envahis par les écoliers qui ne quittent pas leur écran jusqu'à 18-19h. Ce sont des fanatiques des jeux sur ordinateurs. Allez-y donc avant cette heure fatidique. En moyenne, le prix est de 40 baht de l'heure.

Hôpital

La ville possède plusieurs hôpitaux. Pour vous, le meilleur choix est :

Hôpital international AEK UDON. 555/5 Phos Si Road © 042 342 555.

Hébergement

Bien et pas cher

UDON HOTEL. Mak Kaeng Road ✆ 042 248 160 – Fax 042 242 782. *De 450 à 550 baht, petit déjeuner compris.* Un établissement de 191 chambres, toutes avec climatisation et TV. Si le confort n'y est pas très luxueux, le rapport qualité-prix y est excellent.

KING'S HOTEL. 127 Pho Si Road ✆ 042 222 919 – Fax 042 221 634. *Chambres climatisées de 200 à 300 baht, avec ventilateur 180 baht.* Un établissement aux chambres très modestes, avec ventilateur ou climatisation.

CHAI PORN. 209 Mak Kaeng Road ✆ 042 221 913 – Fax 042 222 144. *Chambres avec climatisation de 200 à 250 baht, avec ventilateur de 150 à 200 baht.* Hôtel très modeste également où l'accueil est cependant agréable.

Confort ou charme

SIRI GRAND HOTEL. 12 Benjang Road ✆ 042 324 514 – Fax 042 205 030. *Chambres à 1 500 baht, les moins chères à partir de 400 baht.* Hôtel de 145 chambres dont les plus chères, avec tout le confort, sont très vastes et fort joliment décorées.

BAAN CHIANG HOTEL. 5 Mukhamontri Road ✆ 042 327 911. Web http://www.banchianghotel.com. *De 1 000 à 4 250 baht.* 149 chambres de très bon confort, avec climatisation, TV, belle salle de bains.

CHAROENSI GRAND ROYAL. 277/1 Prajak Road ✆ 042 343 555 – Fax 042 343 550. *Chambres à 800 baht, suites (somptueuses) jusqu'à…* 225 chambres, de couleurs beige et blanc cassé. Les chambres, avec TV, climatisation et frigo, sont une bonne affaire. Ensuite les prix s'envolent à des hauteurs vertigineuses.

CHAROEN HOTEL. 549 Pho Si Road ✆ 042 248 155. E-mail : charoen@ed-ed.co.th. *De 800 à 1 500 baht.* Cet établissement, à l'architecture extérieure pas très réussie, propose 242 chambres d'un confort similaire : TV, climatisation, frigo. Seules changent la dimension et l'ancienneté des chambres, puisqu'une aile de l'hôtel est récente.

Restaurants

MARCHE DE NUIT. Mukhamontri Road, tout près de la prison. Comme souvent en Thaïlande, au Night Market, les plats sont bons et pas chers. Installez-vous là où les Thaïs sont les plus nombreux, c'est un bon signe, la cuisine y est savoureuse.

CHAROENSRI COMPLEX. Prajak Road. *Ouvert jusqu'à 22h.* Dans ce grand centre commercial, de nombreux restaurants proposent toutes sortes de cuisines asiatiques et occidentales (mais ce sont des fast-foods).

NOI KITCHEN. Suphakit Janya Road. Près du lac, une petite gargote propose en toute modestie une délicieuse cuisine thaïlandaise avec des spécialités de l'I-San. Essayez le " Tom yam koung " (580 baht), vraiment délicieux.

RUNG THONG. 114 Udon Dutsadi Road. Un restaurant très simple également mais qui a une excellente réputation dans la ville. La cuisine y est en effet savoureuse et les prix sont bas.

Si vous désirez un petit extra, un excellent restaurant italien se trouve au **BAAN CHIANG HOTEL** (voir " Hôtels "). Il propose un grand choix de pâtes et un délicieux carpaccio.

De même, dans l'enceinte du **Charoenspri Complex** cité plus haut, diverses pâtisseries servent des croissants, pains au chocolat, etc.

Sortir

Si cela vous intéresse, des **salons de massage,** qui n'ont rien de traditionnel, sont ouverts de 10h à 24h. Auparavant, c'étaient les Américains leurs clients les plus fidèles, les Thaïs ont depuis pris la relève.

Pour écouter de la bonne musique, la meilleure adresse et la plus connue est le **Yellow Strike, sur Pho Si Road,** juste derrière l'hôtel Charden ; tous les chauffeurs de tuk-tuk et de taxis connaissent. De très bons groupes y jouent les derniers tubes, et les clients (nombreux le week-end) font ce qu'ils peuvent sur une piste de danse éclairée par des spots.

L'hôtel Charden comporte également une discothèque, mais la concurrence est rude et lors de notre passage, ce n'était pas vraiment la foule. Cependant, la musique diffusée par une très bonne sono est à la dernière mode et on peut aussi y faire de charmantes rencontres, tout comme au Yellow Skrike d'ailleurs. Rassurez-vous, ce n'est pas encore ici que vous trouverez la femme de votre vie. Les Américains ont laissé une tradition parmi les belles de nuit. Après un verre offert, un " combien tu me donnes ? " vient refroidir l'atmosphère. Les dollars seront donc votre plus bel atout... Welcome in Thaïlande.

Shopping

Le centre commercial **Charoensri Complex,** d'une surface énorme (le plus grand de tout l'I-San), abrite de très nombreux magasins de vêtements, chaussures, artisanat plus ou moins industriel, bagages... Mais les prix y sont plus élevés qu'ailleurs, tarifs des loyers obligent. Les **deux grands marchés sur la grande avenue Pho Si,** dont le Thaï Isan Market en particulier, pratiquent des prix plus attractifs, pour des marchandises (montres, chaussures, lunettes, T-shirts) provenant de Chine, du Laos et du Viêt-nam. Une balade dans ce marché très fréquenté est une immersion totale dans la Thaïlande de tous les jours. Le marché de nuit est à voir également, bien que plus modeste en taille et en fréquentation.

▶ Fabricante de paniers, Isan

Des esprits ventripotents

On croit beaucoup aux esprits en Thaïlande. La construction de chaque bâtiment (maison, garage, usine, etc.) s'accompagne de l'édification d'une " maison aux esprits ", sous forme d'un temple miniature, afin d'y accueillir les esprits qui ont été dérangés pendant les travaux. Cette maison aux esprits est également destinée à recevoir les esprits " de passage ", qui viennent s'y reposer. A cet effet, de la nourriture et des boissons sont mises à leur disposition. Au fil du temps, les offrandes deviennent plus modestes. Mais que des bruits suspects se fassent entendre dans la nuit, ou qu'un objet usuel devienne soudain introuvable, et alors les esprits auront droit à une double ration de provisions et d'encens. C'est ainsi depuis des siècles et aucun esprit cartésien n'y changera quoi que ce soit.

> DANS LES ENVIRONS DE UDON THANI

BANG CHIANG

Situé à une cinquantaine de kilomètres de Udon Thani, Bang Chiang est inscrit sur la liste du Patrimoine mondial de l'UNESCO, depuis qu'on y a découvert des vestiges d'une civilisation du bronze remontant à plus de 5 600 ans. Localisé au **Wat Phi Si Nai,** le site a été reconstitué et expose des squelettes, des poteries et des bijoux. On peut également faire un tour au musée du site.

BAN CHIANG MUSEUM. *Ouvert de 9h à 16h30. Entrée 30 baht.* On peut y voir des poteries, des outils, des armes et des bijoux, datant de la période de la civilisation du bronze. Une exposition intéressante, avec une mise en perspective des modes de vie et des coutumes d'il y a près de 6 000 ans.

BAN PU LU

Petit village, distant de 2 km de Bang Chiang, où les habitants sont spécialisés dans la reproduction des poteries et céramiques du site de Bang Chiang. Sympa pour acheter un souvenir un peu plus original que les autres... Les maisons traditionnelles du village valent aussi le coup d'œil.

NAKHON PHANOM

Petite ville provinciale très à l'écart, située tout à l'est, le Mekong y faisant office de frontière avec le Laos, Nakhon Phanom est une bourgade très, très calme. Sa seule attraction est la fête des bateaux illuminés, qui marque la fin du Carême bouddhique vers la fin octobre. Ici pas d'embouteillages, pas ou peu d'Occidentaux. La région peut plaire cependant aux amoureux de la nature, la ville étant cernée de collines où abondent de belles possibilités de promenades.

Transports

Comment y aller

Avion

PB AIR ✆ 042 512 589, une compagnie privée, propose un vol par jour, sauf les mardi et samedi, à 11h45 (1h20 de vol). Le vendredi, un vol à 15h30 ; compter 2 195 baht.

THAI AIRWAYS ✆ 042 512 940 assure un vol les mardis et samedis mais avec escale à Sakhon Nakhon. Départs à 14h50, escale à 16h, arrivée à 16h55 à Nakhon Phanom ; compter 2 200 baht.

Bus

De la gare de Mochit, des bus VIP partent tous les jours à 19h15 et 20h15 ; compter 10h de trajet et 479 baht. Des bus de 1ère et 2e classe partent entre 8h30 et 22h (11 départs) ; compter 410 et 319 baht.

De Nong Khai, des bus climatisés partent entre 6h et 11h ; compter environ 6h de trajet et 107 baht.

Se déplacer

TUK-TUK. Une course moyenne en ville coûte de 20 à 30 baht.

MOTO-TAXI. Pour une course moyenne (ex. station de bus - poste), compter 20 baht (mais on vous demandera plus).

Renseignements utiles

TAT (Office du tourisme). Suthon Wijit Road. *Ouvert de 8h30 à 16h30.* Accueil sympathique, même si l'anglais est très mal compris.

POLICE. Sunthon Wijit Road. En cas de pépin, vous aurez affaire à la police locale, il n'y a pas de police touristique.

POSTE. Sunthonwijit Road. *Ouverte de 8h30 à 16h30.* A 50 mètres du poste de police.

Change

THAI FARMER BANK. Aphiban Mancha Road.

SIAM COMMERCIAL BANK. Ruamjit Thawaï Road. Ces deux banques changent les euros à un taux pas très favorable.

Internet

La poste a un petit coin Internet. Vous pouvez également trouver quelques adresses en ville, sur Suthon Wijit Road. Le prix moyen est de 30 baht de l'heure.

Hébergement

Bien et pas cher

NAKHOMPHANOM HOTEL. 403 Aphiban Bandha Road © 042 511 455. *Chambres de 400 à 600 baht.* Un hôtel modeste mais où toutes les chambres sont climatisées. Certaines sont un peu vieillottes, d'autres nettement plus gaies.

SI THEP HOTEL. 708 Si Thep Road © 042 511 036. *Chambres à 220, 350 et 550 baht.* Dans deux bâtiments, chambres avec ventilateur ou climatisation et TV. L'accueil est souriant.

En I-SAN, les inondations font chaque année des gros dégâts. Des plus diluviennes surviennent après la saison sèche. L'année 2002 a été particulièrement meurtrière, avec une trentaine de morts et des centaines de familles qui ont tout perdu dans les flots déchaînés. La météo semble d'ailleurs faire de nombreux caprices ces dernières années. Ainsi, à Koh Samui, en novembre, mois habituellement constamment pluvieux, on voit apparaître de belles journées ensoleillées, ce qui est une véritable révolution. De même, certaines régions plus tempérées comme Chonburi ont connu des vagues de froid assez exceptionnelles. En revanche, et très peu d'Occidentaux le savent, il n'est pas rare qu'il neige sur les sommets des montagnes du Nord. Chaque année, quelques paysans trop pauvres pour se chauffer ou surpris dans une vallée, meurent de froid.

FIRST HOTEL. 370 Si Thep Road © 042 511 253. *Avec ventilateur 160 baht, avec climatisation 280 baht.* Distant d'environ 500 mètres du précédent, un hôtel aux chambres bien simples et un peu tristounettes.

Confort ou charme

NAKHON PHANOM RIVER. 9 Nakhon Phanom, That Phanom Road © 042 522 333 – Fax 042 522 777. *A partir de 1 500 baht (mais les prix descendent souvent en dessous de 1 000 baht, l'hôtel étant rarement plein).* Le meilleur hôtel de la ville propose 122 chambres d'un très bon confort (TV, climatisation, belle salle de bain).

Restaurants

Autour des marchés, sur Aphiban Bandha Road, quelques stands servent une bonne cuisine.

Au bord du Mekong, on trouvera plusieurs établissements très simples mais où il est bien agréable de déguster un poisson pêché dans le fleuve.

Enfin, **le restaurant du Nakhonphanom River,** propose une cuisine thaïlandaise mais, surtout, comme énoncé dans leur menu, " indochinoise " (donc vietnamienne et laotienne), bonne et pas très chère compte tenu du cadre.

Shopping

Les marchés cités précédemment peuvent être une occasion de balades et de quelques achats, les prix étant très attractifs bien que la qualité ne soit pas souvent ce qu'elle devrait être. La plupart des marchandises proviennent du Laos voisin. Vêtements, lunettes, tongs, fruits, gâteaux locaux, le choix est vaste.

> DANS LES ENVIRONS DE NAKHON PHANOM

WAT PHRA THAT PHANOM. *Pour s'y rendre de Nakhon Phanom, prendre un des songthaew qui font la navette pour 25 baht environ (à régler à l'arrivée seulement). Compter près de 1h30 de trajet (selon le nombre de passagers et d'arrêts en cours de route). Sonner quand le wat sera visible, pour que le songthaew s'arrête.* A une cinquantaine de kilomètres de Nakhon Phanom, ce très beau temple mérite assurément une visite, si le temps ne vous est pas trop compté. Restauré pour la dernière fois en 1978, il aurait plus de 1 500 ans. De style laotien, il est très vénéré par les Thaïlandais de la région et, vers la mi-février, un festival annuel y attire des milliers de pèlerins. Le chedi du temple, comportant notamment 110 kg d'or, est haut de plus de 50 m.

Statue, Isan

KHON KAEN

Cette grande ville est le cœur battant de l'I-San ; son université, son centre financier et sa prospérité commerciale irriguent toute la région. Vous retrouverez ici la circulation, les grands hôtels et les boîtes de nuit des grands centres touristiques. La différence étant que la ville n'est pas très touristique. Elle est surtout connue dans le pays pour la qualité exceptionnelle de ses soies (Mat Mee), dont la reine est une inconditionnelle.

Transports

Comment y aller

Avion

La Thai Airways propose 4 vols par jour, à 6h45, 10h30, 14h, 18h35 ; durée du vol 55 mn, prix 1 480 baht. Au retour, 4 vols par jour également. Les bureaux de la Compagnie se trouvent sur Prachasamoson Road ✆ 043 227 701.

Train

5 trains partent de Bangkok, de la gare de Hualam Pong, mais 2 seulement ont des horaires peuvant convenir : l'express de 6h et le rapide de 8h20 ; arrivée à 14h22 et 15h38. Un autre rapide et 2 autres express partent à 18h30, 20h30 et 20h35 ; arrivée à 3h30, 4h25 et 5h05. L'inconvénient est que si vous prenez une chambre d'hôtel à cette heure-là, on vous comptera la nuit, qui est en train de s'achever. Il semble donc que les départs matinaux de la capitale soient la meilleure solution, leurs prix étant entre 137 baht pour un siège 3e classe et 289 baht pour une classe climatisée. S'y ajoutent quelques suppléments dont les Thaïlandais ont seuls la grille de lecture.

Bus

De Mochit, des bus VIP partent entre 8h et 23h30 (plus de 20 bus) ; prix 302 baht, durée du trajet 6h30. Les bus 1ère classe (une vingtaine également) sont à 259 baht. Des bus 2e classe (climatisés) partent à 14h30, 15h30, 19h30, 21h et 22h30 ; compter 202 baht. Mieux vaut éviter les bus ordinaires qui, en théorie, mettent 30 mn supplémentaires, mais en pratique beaucoup plus, tant les arrêts (à la demande) sont nombreux. Cela dit, départs à 8h40, 20h40 et 21h40 ; compter 144 baht.

Se déplacer

TUK-TUK. Au minimum 30 baht, même pour une petite course. Ensuite les prix peuvent grimper jusqu'à 80 baht.

MOTO-TAXI. Au minimum 20 baht.

SONGTHAEW. Ceux qui font le circuit du centre-ville prennent 4 baht, quelle que soit la distance parcourue. Mais si vous demandez à quitter cet itinéraire, les prix flambent.

De l'aéroport, les navettes de la Thai Airways vous conduisent dans le centre-ville pour 80 baht. On déconseille de louer des motos ou des voitures car la circulation est intense. Et ici comme ailleurs, les Thaïlandais sont pour le droit du plus fort... Et un accident n'a jamais arrangé les vacances d'un voyageur.

Renseignements utiles

TAT (Office du tourisme). 15/5 Prachasamoson Road. *Ouvert de 8h30 à 16h30.* Très bon accueil et très bons renseignements sur toute la région.

POSTE. Si Chan Road, près de l'intersection avec Klang Muang Road. *Ouverte de 8h30 à 16h30 du lundi au vendredi.* La Poste principale. Un centre téléphonique international y est rattaché.

INTERNET. De nombreux cafés Internet sont disséminés dans toute la ville. Aucun problème donc pour vos e-mails.

CHANGE. *Ouvert du lundi au vendredi de 8h30 à 15h30.* Les banques, nombreuses, changeront volontiers vos euros.

HOPITAL. Si Chan Road. Généralement, de bonne qualité. Celui-ci est l'hôpital principal, en cas de coup dur.

Hébergement

Bien et pas cher

SAWAT DEE HOTEL. 177 Na Meuang Road © 043 221 600 – Fax 043 320 345. *Chambres de 200 à 250 baht et de 500 à 600 baht.* Chambres avec ventilateur, propres mais un peu bruyantes côté rue. Et d'autres, avec climatisation, TV et balcon, bien meilleures.

SIAM INNHOTEL. 202 Kasikon Samran Road © 043 827 412. *De 160 à 300 baht.* Petit hôtel ne proposant que des chambres avec ventilateur. Confort minimal et accueil nullissime, on a l'impression de déranger.

ROMA HOTE. 50/2 Klang Meuang Road © 043 237 177 – Fax 043 242 450.*Grandes chambres avec ventilateurs 250 baht, avec climatisation (plus claires) 350 baht.* Ici, l'accueil est en revanche vraiment charmant. Une bonne adresse.

DEEMA HOTEL. 133 Chetakhon Road © 043 321 562 – Fax 043 321 561. *Chambres à 450 et 250 baht.* Bonne adresse également pour cet hôtel situé à 200 mètres du terminus des bus venant de Bangkok. Des chambres propres avec climatisation et TV, d'autres avec ventilateur.

KHON KAEN HOTEL. 87 Phimphaseut Road © 043 244 881 – Fax 043 242 458. *A partir de 700 baht.* Hôtel au bon rapport qualité-prix. 130 chambres avec climatisation, TV et balcon.

KAEN INN. 56 Klang Meuang Road © 043 245 420 – Fax 043 239 457. *Chambres à 800 baht.* L'établissement étant très fréquenté par la clientèle asiatique, les couloirs sont un peu bruyants. Dommage, car les chambres, avec climatisation et TV, sont une très belle affaire.

ROSE SUKHON. 1/10 Klang Meuang Road © 043 238 576 – Fax 043 238 579. Hôtel de 82 chambres, aux prix similaires à ceux des deux précédents.

MUANG INN. 43 Na Meuang Road © 043 215 870 – Fax 043 334 411. *Chambres à 500 baht, avec frigo 550 baht.* Bonne adresse que cet hôtel, qui propose des chambres propres et confortables avec TV et climatisation.

Confort ou charme

SOFITEL RAJA ORCHID. 9/9 Prachasomoson Road © 043 322 155. E-mail : sofitel@sofitelkhonkaen.com. *De 3 000 à 120 000 baht (fabuleuse suite).* Grande bâtisse un peu triste extérieurement. En revanche, une fois dans les murs, le charme opère. Très belles chambres (293) avec tout le confort international.

CHROEN THANI PRINCESS. 260 Si Chan Road © 043 220 400. E-mail : princess@icon.co.th. *A partir de 2 200 baht.* Très bel hôtel à la réception flamboyante. Il dispose de 320 chambres toutes très confortables (TV, climatisation, frigo, belle salle de bain). Après les standard, relativement accessibles, les prix grimpent à des hauteurs vertigineuses.

LOSA HOTEL. 250 Si Chan Road © 043 320 320 – Fax 043 225 013. *De 1 100 à 15 000 baht.* Hôtel à l'architecture extérieure bâclée, style HLM de banlieue, mais le confort des 212 chambres est de bonne tenue, bien qu'un ton en dessous des précédents.

Restaurants

Les petits restaurants simples avec quelques tables en plastique sont ici innombrables. Très souvent ils n'ont pas de nom (tout au moins en lettres alphabétiques), il est donc difficile de les situer. Le marché de nuit est évidemment une adresse recommandée. De très nombreux stands y proposent des cuisines thaïe, chinoise, de l'I-San, du poulet grillé… à des prix imbattables.

TIMES SQUARE BEER GARDEN. Theparak Road. Ce parc offre de multiples possibilités de se restaurer, dans un cadre très agréable. Des gargotes à ciel ouvert y proposent une bonne cuisine thaïe à des prix ne dépassant pas les 100 baht. Très fréquenté le week-end par les familles thaïlandaises.

OI RAN AHAN. Klang Meuang Road. *Ouvert de 8h à 22h.* Ce restaurant très modeste sert un Tom yam king au lait de coco (85 baht) et d'autres nombreux mets, tous plus appétissants les uns que les autres.

THE PARROT. 175 Si Chan Road. *Ouvert de 7h30 à 22h.* Une adresse très connue pour la cuisine occidentale rapide : sandwiches, pizzas, hamburgers… mais aussi des plats plus délicats, comme les lasagnes. Egalement de la cuisine thaïlandaise. La clientèle y est surtout étrangère.

Sortir

Outre le **Times Square Beer Bar,** où l'on peut boire un verre dans de nombreux troquets en écoutant un groupe thaïlandais, vous pouvez vous rendre à **l'hôtel Sofitel,** dont le sous-sol accueille tout un complexe " divertissant " : bars, salons de snooker, pub avec musique live…

La boîte de nuit située un peu plus loin, appartient également au Sofitel. Il s'agit du **Heaven Dance Club** (entrée 100 baht), la boîte où il faut être vu à Khon Kaen. Très bonne musique, qui n'a rien à envier aux meilleures sonos des boîtes occidentales. Clientèle mélangée de touristes, d'hommes d'affaires asiatiques et de ravissantes Thaïlandaises.

Visiter

NATIONAL MUSEUM. Lang Soon Ratchakan Road. *Ouvert du mercredi au dimanche de 9h à 12h et de 13h à 17h. Entrée 30 baht.* Un musée assez éclectique qui expose des poteries, des bronzes du village de Ban Chiang, des costumes, des outils et des instruments de musique typiques de la région.

RACHADANUSON PARK. Les Thaïlandais adorent s'y promener en famille. Rien d'extraordinaire, mais la quiétude, les petits stands d'alimentation et de boissons, les enfants qui jouent, tout cela en fait un petit havre de paix.

LES LACS BEUNG THUNG SANG ET BEUNG KAEN NAKHON. Le soir, les alentours sont très fréquentés par les amoureux (très chastes) et les familles. Ils viennent y flâner et grignoter quelques plats que des stands ambulants ou des gargotes préparent en quelques minutes : Tom yam, poulet grillé, poisson séché…

Shopping

La ville de Khon Kaen est un excellent endroit pour acheter de la soie, la fameuse soie " Mut Mee ". Ainsi, au **Phratha Ma Kant Goods Center,** au 81 Ruen Roan Road, outre cette soie unique, tous les textiles et tissus de la région de l'I-San sont en vente, et à de très bons prix. Un petit musée y est attenant. Tous les chauffeurs de tuk-tuk connaissent cette adresse. Situés sur Klang Muang Road, les **divers marchés** de la ville proposent de très nombreux articles, utiles et inutiles, provenant du Laos voisin ou de l'artisanat local. C'est, par ailleurs, l'occasion d'une agréable promenade au milieu de la foule thaïlandaise.

> DANS LES ENVIRONS DE KHON KAEN

BAN KHOK SA NGA

Dans ce petit village, des dizaines de cobras royaux vivent dans des vivariums. D'autres serpents se faufilent en liberté dans les maisons de certains habitants, mais ceux-ci ne sont pas venimeux (les serpents, pas les habitants voyons !), contrairement au cobra royal dont la morsure est mortelle. Un spectacle improvisé vous sera offert en échange d'un don de votre convenance.

ROI ET

Distant d'environ 90 kilomètres de Khon Kaen, Roï Et est connue pour la fabrication des Khaen, instrument de musique typique de la région de l'I-San, sorte de flûte de Pan qui accompagne toujours les danses folkloriques locales. Si vous faites halte dans cette petite ville de 30 000 habitants, vous en profiterez peut-être pour vous procurer des vêtements de coton ou de soie, toujours de très bonne qualité et moins chers que dans les grandes villes comme Khon Kaen.

Le centre-ville s'articule autour d'un lac artificiel. Au milieu du lac, il y a une île à laquelle on accède par différents ponts. C'est une promenade très appréciée des habitants.

De Khon Kaen, des bus climatisés relient Roï Et en environ 1h30, pour un prix de 65 baht ; les bus ordinaires sont un peu plus lents (plus d'arrêts) et coûtent 39 baht.

UBON RATCHATHANI

Cette grande ville a subi de nombreuses influences au fil du temps : laotienne, cambodgienne (par la proximité), mais aussi vietnamienne et américaine, lors de la guerre. Les autorités locales essayent de promouvoir la ville sous l'appellation de " Triangle d'Emeraude ". Ici, en effet, trois frontières se rejoignent : Laos, Cambodge, Thaïlande, tout comme pour le Triangle d'Or. Apparemment la mayonnaise ne prend pas et très peu de touristes s'arrêtent dans la région. Pourtant la ville possède de beaux temples et, au mois de juillet, elle organise une fête magnifique, la " fête des bougies ".

▶ Festival de la bougie, Ubon Ratchathani.

Transports

Comment y aller

Avion

La Thai Airways propose de 3 vols par jour **depuis Bangkok :** à 6h35, 12h55 et 17h50 ; durée du vol 1h05, prix 1 950 baht. **A Ubon Ratchathani, la Thai Airways** met à votre disposition des navettes depuis l'aéroport jusqu'au centre-ville. Les bureaux de la Compagnie se trouvent au 364 Chayanggoon Road © 045 313 340.

Train

7 départs de Bangkok. Les meilleurs horaires sont ceux de l'express de 5h45, arrivée à 13h55 ; du rapide de 6h50, arrivée à 17h40 ; et du rapide de 22h45, arrivée à 9h50. Les prix de ces trois trains vont de 155 baht, en 3e classe avec ventilateur, à 421 baht en 2e classe avec climatisation. Un seul express 1ère classe : départ à 21h, arrivée à 7h.

Bus

De Bangkok, des bus VIP quittent la gare de Mochit à 8h15 et 9h30 ainsi qu'entre 19h30 et 21h30 ; un départ tous les quarts d'heure, prix 431 baht, 10h de trajet. Les bus 1ère classe partent entre 19h45 et 22h (6 départs) et à 8h30 et 9h30 ; prix 385 baht. Les bus 2e classe partent entre 4h30 et 23h30 (16 départs) ; prix 300 baht, 10h30 de trajet. Tous sont climatisés, et s'arrêtent en cours de route afin que vous puissiez vous restaurer. Il n'y a pas de bus ordinaires.

De Khon Kaen, les bus climatisés coûtent entre 132 et 165 baht, les bus ordinaires 92 baht.

D'Udon Thani, en bus climatisé, compter 181 baht, en bus 1ère et 2e classes 225 baht, en bus ordinaire 128 baht.

Se déplacer

SAMLOR. Le prix d'une course moyenne est de 30 baht mais, aux touristes, les chauffeurs demandent toujours plus. Marchandez avant de monter.

BUS. Très pratiques à Ubon Ratchathani, ils desservent les principales artères pour la modique somme de 5 baht. Un inconvénient cependant, ils sont souvent bondés, sauf entre 10h et 12h et entre 14h et 16h.

LOCATIONS. Les motos sont louées pour 200 baht par jour, pour une 80 ou 100 cc. Les tarifs baissent pour plusieurs journées de location. Quant aux voitures, vu la circulation dans le centre-ville, il est déconseillé d'en louer.

Renseignements utiles

TAT (Office du tourisme). 264 Khuan Thani Road © 3 045 243 771. *Ouvert de 8h30 à 16h30.*

POLICE TOURISTIQUE. 27 Suriyat Road © 045 245 505.

URGENCES © 1155.

POSTE. Luang Road. *Ouverte de 8h30 à 16h30 en semaine et de 9h à 12h le week-end.* C'est la poste principale. A côté, un centre téléphonique international est ouvert de 7h à 23h.

INTERNET. De nombreux centres dans la ville. L'heure de connexion revient en moyenne à 30 baht.

Hôpitaux

CENTRAL MEMORIAL HOSPITAL. Phalochaï Road. Très bien équipé.

ROM KAO HOSPITAL. Phronthep Road. Très bien équipé également.

L'heure thaïlandaise

Le temps qui s'écoule n'a pas la même valeur en Thaïlande qu'en Occident. Au royaume de Siam, grâce à la réincarnation, on a l'éternité devant soi, et les " Farang " courant dans tous les sens pour gagner quelques minutes sont perçus comme des extraterrestres. Ainsi, l'heure d'un rendez-vous, c'est bientôt. Bientôt veut dire dans cinq minutes ou… dans quelques heures. De toute façon demain est un autre jour et il sera toujours possible de prendre un autre rendez-vous. Le mieux est d'en prendre son parti et de faire comme les Thaïlandais, profiter du temps qui, ainsi, ne passe pratiquement pas.

Hébergement

Malgré l'importance de la ville, son infrastructure hôtelière est plutôt restreinte. Comme nous l'avons déjà dit, Ubon n'est pas très visitée par les touristes.

Les prix imbattables

NEW NAKORN LUANG. 84-88 Yutthaphan Road © 045 254 768. *Chambres avec ventilateur 200 baht, climatisées 280 baht.* L'accueil est plutôt martial, les chambres sont très modestes, les prix également.

SRI LONG LAEM. 47 Chayang Khun Road © 045 710 921. *Chambres avec ventilateur 150 et 200 baht.* Là aussi, l'accueil laisse supposer que l'on est de trop. Les chambres, elles, auraient plutôt quelque chose en moins. Obscures, tristes et au " confort " plus que modeste. Les prix sont, il est vrai, très peu élevés.

Bien et pas cher

UBON HOTEL. 333 Khuan Thani Road © 045 243 000. *De 400 à 450 baht avec climatisation, de 250 à 350 baht avec ventilateur.* Hôtel un peu vieillot mais accueil souriant. 120 chambres.

RACHA HOTEL. 149/21 Chayang Khun Road © 045 254 155. *Avec climatisation, entre 400 et 500 baht, avec ventilateurs, entre 300 et 350 baht.* Les chambres sont plus engageantes dans cet hôtel. L'accueil est charmant.

RATCHATHANI HOTEL. 297 Khuan Thani Road © 045 244 388. *Chambres climatisées entre 450 et 650 baht, avec ventilateur de 250 à 400 baht.* Hôtel de 100 chambres proche du marché de nuit. Une bonne adresse.

SRI KAMON HOTEL. 22/2 Ubon Sak Road © 045 241 136. *De 650 à 750 baht, petit déjeuner compris (les prix peuvent être revus à la baisse pour des séjours d'une semaine ou plus).* Situé dans une rue calme, cet hôtel propose de grandes chambres avec TV, frigo et climatisation.

TOKYO HOTEL. 178 Uparat Road © 045 241 739 – Fax 045 263 140. *Chambres avec ventilateur de 170 à 270 baht, climatisées de 300 à 350 baht.* Il comprend deux bâtiments, l'ancien et le nouveau. L'ancien abrite des chambres d'une bonne tenue, avec ventilateur, et des chambres climatisées. Le nouveau a des chambres beaucoup plus confortables, aux prix plus élevés, jusqu'à 800 baht pour une belle chambre avec TV et climatisation.

Confort ou charme

LAITHONG HOTEL. 50 Pichitrangsan Road © 045 264 271 – Fax 045 264 270. *De 1 000 à 1 650 baht, petit déjeuner compris.* Hôtel de 124 chambres, sans doute le meilleur de la ville. Les standard, avec climatisation, TV, frigo, sont très bien. D'autres, plus luxueuses, sont forcément encore mieux. Forcément…

FELIX NEVADA HOTEL. 434 Chayangkhun Road © 045 280 999 – Fax 045 283 424. *De 990 à 1 200 baht, petit déjeuner inclus.* Très bon hôtel également où toutes les chambres se ressemblent : clim et TV.

TOHSANG HOTEL. 251 Phalo Chaï © 045 241 925 – Fax 045 244 814. *De 900 à 1 100 baht (hors périodes d'affluence, il est possible de faire baisser les prix d'au moins 100 - 200 baht).* Grandes chambres, très confortables.

Restaurants

NIGHT MARKET. Phrimthep Road. Tous les soirs, vers 18h, s'y installent une trentaine de stands aux divers parfums et saveurs. Difficile de résister à tous ces plats, délicieux et si peu onéreux. Il en est de même **près de la gare routière, sur Chayangkhun Road,** où des mets succulents, à 20 et 30 baht, sont à déguster sur place ou à emporter.

KAI YANG WAT JAENG. 98 Suriyat Road. Petit restaurant à la grande réputation parmi les autochtones, qui adorent venir y déguster la spécialité, le " Kaï yaang " (poulet grillé à la laotienne). Les chauffeurs de samlor connaissent bien, et si vous voulez vous faire un ami, invitez le vôtre à partager votre repas. Les prix qu'on y pratique autorisent largement ce genre de folie.

AROI MAAK. 147/12 Barapha Naï Road. *Compter 80 baht.* Encore une petite gargote spécialisée dans la cuisine de l'I-San, en particulier le délicieux " laap pèt " (canard découpé, accompagné de champignons).

KO HAT WAT TAI. A la saison sèche, un îlet est accessible sur la rivière Moon. Des restaurants très modestes vous y accueillent et vous proposent des plats simples (khao phat, Tom yam), un peu plus chers qu'ailleurs, mais le cadre est quand même particulier et très agréable. N'y allez pas seul, vous auriez l'air d'un voyeur parmi tous ces gens en famille ou en amoureux transis.

Nombre de **petits magasins proposent de la viennoiserie et de la pâtisserie.** Les propriétaires étant souvent d'origine laotienne, ils n'ont pas oublié cette importation française en Indochine. Sur la **Phichit Rangsan Road,** vous en verrez quelques-uns. Dans cette même rue, en face de l'hôpital Saphasit Prasong, se trouve un grand espace, le **Rice and Noodle Places,** où, comme son nom l'indique, on vend des petits plats thaïs à base de riz et de pâtes chinoises. Les prix n'excèdent pas 30 baht.

Sortir

Bars

Quelques pubs à la décoration tout en bois sont disséminés en ville, en particulier **vers la rivière Moon.** Ce sont des établissements très simples, qui accueillent des groupes thaïs jouant des morceaux des années 70 – 80 et quelques tubes du pays. Les consommations y sont bon marché mais l'ambiance est un peu terne.

Discothèques

THE CAVE. 337 Chayangkhun Road. *Ouvert de 21h à 2h du matin.* Discothèque à la clientèle mélangée, touristes, Thaïlandais, hommes d'affaires. Bonne musique et bonne ambiance.

NIGHT FEVER. 50 Pitchit Rangsan Road. La boîte de l'hôtel Lai Thong est la plus branchée actuellement. Le week-end, il y a foule et les jeunes frimeurs thaïs commandent des bouteilles pour essayer d'impressionner les demoiselles siamoises. Là aussi, quelques touristes font partie de la clientèle.

Le Festival des Bougies

Si vous êtes de passage dans la région au mois de juillet, ne manquez pas ce festival. Il marque l'ouverture du Carême bouddhique. Chaque communauté monastique fabrique des bougies géantes en cire aux sculptures magnifiques. Des grandes processions traversent la ville ; les bougies représentant divers bouddhas ou des divinités animistes sont exposées sur des chars. Contactez l'Office du tourisme pour connaître les dates exactes du festival, celles-ci changeant chaque année.

Visiter

NATIONAL MUSEUM. Khuan Thani Road. *Ouvert du mercredi au dimanche de 9h à 16h. Entrée 30 baht.* Le musée présente une collection très complète des richesses archéologiques, historiques et artistiques de l'I-San en général et de la région d'Ubon Ratchathani en particulier. On y verra des costumes, des instruments agraires et divers outils typiques d'Ubon.

WAT SUPATTANARAM. Ce temple est connu pour abriter la plus grande cloche en bois de Thaïlande. Le bot, en revanche, est construit dans la pierre, comme les temples khmers dont il est visiblement en partie inspiré.

WAT NONG BUA. C'est une réplique presque à l'identique d'un temple hindou situé dans la région de Bodhgaya, en Inde. Pourquoi cette construction ? Nous n'avons pu le découvrir. En face, un temple totalement typique celui-là, avec un décor flamboyant, est également orné de représentations illustrant la vie de Bouddha.

THUNG SI MEUANG PARK. Un parc où, traditionnellement, les familles viennent flâner et parfois se rafraîchir à l'ombre des allées, en grignotant un " khao phat " à divers stands qui s'y sont installés. Au milieu trône une énorme imitation de bougie. C'est ici, en effet, le site principal de la plus grande fête de la ville, celle des bougies.

Shopping

Les marchés de nuit, le marché n° 5 et celui de la rivière Moon qui, eux, sont en activité pendant la journée, seront vos principaux points d'achats pour tout ce qui est textile, chaussures, lunettes, bagages et, bien sûr, fruits et légumes. Bon nombre de marchandises proviennent du Laos et du Cambodge, et les prix sont donc très peu élevés... à condition de savoir les négocier, et toujours avec le sourire.

Loisirs

THAI MASSAGES CLINIC. 369 Saphasit Road. *Compter 100 baht de l'heure.* Massage traditionnel, dont les effets sont toujours bénéfiques.

> DANS LES ENVIRONS DE UBON

WAT PA NANACHAT

Distant d'une vingtaine de kilomètres de Ubon, ce wat situé en pleine nature héberge de nombreux moines bouddhistes, européens, japonais, coréens... Ils vous recevront avec une grande amabilité, pourvu que vous respectiez le caractère sacré du lieu.

MUKHADAN

A quelque 170 km de Ubon Ratchathani, Mukhadan est une bourgade isolée mais très plaisante à visiter. Séparée du Laos par le seul fleuve Mekong, cette cité est un melting-pot des peuples thaïs, laotiens, vietnamiens et même chinois. C'est ce qui fait sa singularité et son charme discret.

Transports

Des bus climatisés relient Ubon Ratchathani à Mukhadan pour 110 baht. La gare routière se trouve sur Chayang Kun Road.

En voiture ou à moto, prendre la route nationale 212 à partir de Ubon.

Hébergement

MUKHADAN HOTEL. 236 Samut Sakdarak Road © 042 611 619. De la chambre basique à 150 baht à la chambre avec climatisation et TV à 600 baht. Accueil des plus agréables.

Restaurants

Pour vous restaurer, **le marché de nuit** est tout indiqué. Situées sur **Song Nang Sathit Road**, les gargotes proposent de nombreux plats à petits prix.

Situé vers le sud de la ville, dans la longue Samran Chakhong Road, le très agréable **Riverside Restaurant** a une terrasse avec vue sur le Mekong et le Laos.

Visiter

Le grand marché indochinois, le " Talat Indojin " comme on dit ici, est le symbole de cette symbiose de nationalités. On y trouve en effet des marchandises des divers pays indochinois à des prix très bas. Une balade parmi ses multiples allées encombrées offre un total dépaysement.

▶ Isan

KHONG CHIAM

Située à plus de 70 kilomètres d'Ubon, cette petite ville adorable se trouve aux abords de la confluence du fleuve Mekong et de la rivière Moon. On peut faire de nombreuses excursions, ou bien profiter de longues journées pour ne rien faire, ce qui est le vrai luxe.

Transports

Comment y aller

Bus

D'Ubon Ratchathani, aller à la station de bus sur Burapha Naï Road. Le prix pour Khong Chiam est de 42 baht pour 1h10 de trajet environ.

Se déplacer

Louer une petite moto serait judicieux, les possibilités de balades étant nombreuses. **L'Apple Guesthouse** en loue pour 200 baht par jour.

Hébergement

Voici quelques adresses pour vous loger car passer une ou deux nuits ici peut être très agréable.

ARAYA RESORT. Pukhumchaï Road © 045 351 191. *De 500 à 1 000 baht (mais pour plusieurs nuitées vous pouvez marchander).* Posé littéralement sur le Mekong, un petit paradis fait de jardins, d'une petite cascade et d'adorables bungalows de très bon confort, avec TV, frigo, climatisation.

APPLE GUESTHOUSE. Kaewpradit Road © 045 351 160. *Grandes chambres avec climatisation 300 baht, plus petites avec ventilateur de 100 à 150 baht.* Des chambres plus modestes mais propres.

Visiter

BALADES EN BATEAU. A Khong Chiang même, vous pouvez louer des bateaux " longues queues " pour environ 300 baht de l'heure (prix à marchander serré) et partir ainsi soit sur le Mekong, soit sur la rivière Moon. Un moment très agréable et très " nature ", malgré le bruit du moteur. Notez que vous louez l'embarcation et qu'à plusieurs le prix devient dérisoire.

> DANS LES ENVIRONS DE KHONG CHIAM

PHA TAEM

C'est une fort jolie promenade. A une vingtaine de kilomètres de Khong Chiam se trouve une falaise où l'on peut voir de nombreuses peintures rupestres datant de plus de 3 000 ans. Tortues, éléphants, quelques fresques plus énigmatiques… Impressionnant. Une fois arrivé tout en haut de la falaise, vous serez récompensé de votre peine par le paysage magnifique qui s'y découvre.

KAENG SAPHUE

En revenant vers Ubon, à une trentaine de kilomètres de Khong Chiam, vous pourrez vous arrêter à ces rapides et éventuellement vous y baigner, si c'est la saison. Un seul bémol, les sacs plastiques et autres détritus qui jonchent les berges.

CHONG MEK

Par la route 217, on accède à cette petite ville toute proche du Mekong et dont un pont relie la Thaïlande au Laos. Un marché très coloré, avec de nombreux produits laotiens mais aussi vietnamiens et cambodgiens, vous dépaysera complètement.

LAC SITINTHON

Ce lac se trouve à environ 5 km de Chong Mek. Entouré de collines boisées, il fait plus de 40 km de longueur. Vous pouvez vous y baigner comme le font de nombreux Thaïlandais. Allez-y en semaine, quand l'endroit est beaucoup moins fréquenté.

SIAKET

Cette ville de 35 000 habitants n'a d'autre intérêt que de posséder quelques ruines khmères et, surtout, le Prasat Hin Kampharng Yaï, un temple khmer qui daterait du XIe siècle.

Transports

Bus

De Ubon Ratchathani, des bus climatisés de 1ère et 2e classes relient Si Saket en environ 1h de route pour 61 et 43 baht.

Train

Départ à 7h15, arrivée à 8h30, ce qui vous laisse tout le temps de visiter le site et de rentrer par le train de 16h30. Le prix est dérisoire et le paysage vaut le coup d'œil.

Visiter

WAT PRASAT HIN KAMPHAENG YAI. Construit à l'origine pour honorer les divinités hindoues, ce temple khmer est devenu au fil des siècles et des dynasties un temple bouddhique. Quatre tours centrales et deux bâtiments qui seraient des bibliothèques sont les structures principales à l'intérieur du wat, lequel est entouré d'une grande galerie. Le temple abrite de très nombreuses statues de Shiva, Vishnu et quelques autres ; Bouddha lui-même en est presque oublié.

SURIN

Distante d'environ 450 kilomètres de la capitale, Surin est une ville un peu oubliée et endormie, sauf pendant le troisième week-end de novembre, le moment du rassemblement annuel des éléphants. Ceux-ci sont harnachés pour un festival qui prend de plus en plus d'ampleur. Mais Surin a également quelques sites khmers intéressants.

Transports

Comment y aller

Train

10 trains par jour partent **de Hualamphong ;** nous conseillons un train du matin. L'express n° 21 part à 5h45 et arrive à 12h10 ; le rapide n° 135 part à 6h50 et arrive à 15h ; l'express n° 75 part à 11h05 et arrive à 18h ; et l'ordinaire n° 233 (uniquement 3e classe) part à 11h45 et arrive à 20h15. Le prix pour ce dernier est de 133 baht ; pour les autres compter entre 133 et 279 baht, plus divers suppléments. Les trains de nuit avec couchettes sont plus chers, et

l'inconvénient est qu'en arrivant le matin, il sera difficile d'avoir une chambre vers les 7 ou 8h sans avoir à payer la nuit qui vient de s'achever ou tout au moins un supplément. Car ici aussi, les chambres sont comptées de midi à midi.

Bus

De la gare de Mochit, les bus 1re classe partent à 10h, 11h et 13h, ensuite 4 départs entre 21h45 et 23h ; compter 250 baht pour 2h de trajet. Les bus 2e classe partent toutes les 2h, entre 8h et 14h, ensuite à 19h30, 22h15 et 23h51 ; compter 204 baht pour 7h de trajet.

En novembre, pour le festival des éléphants, de nombreux bus sont rajoutés, et les tours opérateurs proposent des " packages " comprenant le voyage en bus et des nuits d'hôtel.

Hébergement

Si vous voulez assister au festival, mieux vaut s'y prendre une dizaine de jours à l'avance en réservant une chambre.

THONG TARIN. 60 Sirirat Road © 044 514 281. *A partir de 800 baht.* Le meilleur hôtel de Surin dispose de 205 chambres d'un bon confort, avec TV, frigo, climatisation. Le prix étant raisonnable, c'est une bonne affaire.

PHETKASEM HOTEL. 104 Jit Bamrung Road © 044 511 274. *Chambres de 500 à 800 baht.* Bon hôtel également, même si les chambres, avec climatisation et TV, sont d'un confort plus modeste. L'accueil est très souriant.

NID DIEW. 279 Thanasan Road © 044 512 099. *Chambres avec climatisation et TV de 350 à 450 baht, avec ventilateur de 150 à 200 baht.* Etablissement simple mais offrant des chambres propres et d'un bon rapport qualité-prix.

PRASAT HOTEL. 27/1-2 Tat Mailang Road. *Chambres avec ventilateurs 150 et 200 baht.* Hôtel à l'accueil franchement désinvolte. Les chambres sont un peu bruyantes et tristes. Les prix sont très modestes. Ne prenez surtout pas les chambres du dernier étage, on y étouffe.

Restaurants

Le grand marché de nuit le long de Krung Si Naï Road et celui, plus petit, proche de la gare, permettent de se restaurer à très bon prix et, qui plus est, tout à fait délicieusement.

Rassemblement d'éléphants, Surin

Le Festival des Eléphants

A l'occasion du festival, plus d'une centaine d'éléphants sont réunis à Surin. Ils défilent tout d'abord dans les rues de la ville en tenue d'apparat. Le rassemblement a lieu dans le stade municipal, sur Laak Muang Road. Diverses animations ont lieu au fil des jours. Matches de football disputés par 11 éléphants contre 11 autres, démonstration du travail des éléphants dans la forêt et reconstitution très spectaculaire de la bataille contre les Birmans au XVIe siècle, au cours de laquelle ces derniers furent mis en déroute par les pachydermes.

> DANS LES ENVIRONS DE SURIN

PRASAT SIKHORAPHUM

Entrée 30 baht. Ce temple khmer, situé à une trentaine de kilomètres de Surin, est composé de cinq prang (tours) dont le plus haut dépasse les 30 mètres. Ses sculptures de pierre à l'effigie de divinités indiennes rappellent immanquablement le site d'Angkor.

BAN THA KLANG

Dans les environs de ce village, distant d'environ 60 km de Surin, se trouve un camp d'entraînement d'éléphants.

NAKHON RATCHASIMA (KHORAT)

Cette ville est pour beaucoup de touristes la porte d'entrée de l'I-San. Elle n'est cependant en aucun cas représentative de cette magnifique région. Ville de plus de 200 000 habitants, à la circulation infernale, c'est un gros centre commercial qui a pris son essor au début des années 80. Une étape à Nakhon Ratchasima peut être l'occasion unique de visiter Phimaï et son célèbre Prasat Hin, à moins de bifurquer vers Ubon, Nong Khaï... Précision : dans les documents officiels, les aéroports et les gares, vous verrez toujours écrit " Nakhon Ratchasima ", mais dans la vie de tous les jours, les Thaïlandais utilisent l'ancien nom de la ville, Khorat.

► Jeunes boxeurs, Isan

Transports

Comment y aller

Avion

De Bangkok, la Thai Airways assure un vol tous les samedis et dimanches. Départ à 10h45, arrivée à 11h35 ; compter 790 baht. A Khorat, les bureaux de la **Thai Airways** sont situés au : **40 Surana Ree Road, Prayoolkit Building ✆ 044 252 114.**

Train

De la gare de Bangkok, 11 départs quotidiens entre 5h45 et 23h25. Le train le plus lent effectuant le trajet en moins de 6h, il n'est pas utile de voyager de nuit, vous faites ainsi l'économie d'une couchette. Nous conseillons l'un des 4 trains qui partent le matin : l'express de 5h45 arrive à 10h10, le rapide de 6h50 arrive à 12h20, l'express de 11h05 arrive à 15h35 et l'ordinaire de 11h45 arrive à 17h30. Le prix de ce dernier est de 110 baht. Pour les autres, compter entre 140 et 205 baht, plus divers petits suppléments.

Bus

Des bus partent et arrivent à Khorat de toute la région Nord et de l'I-San. **De Bangkok,** des bus 1ère classe partent toutes les 20 mn, entre 9h et 13h, ensuite les départs sont moins fréquents ; compter 157 baht pour 4h de trajet. Les bus 2e classe partent toutes les 30 mn, entre 4h et 22h ; compter 122 baht. Enfin, les bus ordinaires (non climatisés) partent toutes les heures, entre 6h et 16h, puis un dernier à 17h30 ; compter 87 baht.

Se déplacer

SAMLOR. Une course moyenne coûte 30 baht.

TUK-TUK. La moindre course coûte 40 baht, ensuite les prix grimpent très vite. Pas pratique du tout avec la chaleur et la pollution.

BUS. C'est une solution très bon marché, mais encore faut-il pouvoir se repérer dans la ville. Les bus climatisés coûtent 5 baht, les autres 3 baht.

LOCATION. La location de motos n'est pas conseillée, car trop de circulation et de pollution, mais il est vrai que le soir après 20h, ce serait l'idéal.

Renseignements utiles

TAT (Office du tourisme). 2102 Mittaphap Road ✆ 044 213 666. *Ouvert de 8h30 à 16h30.*

TOURIST POLICE ✆ 044 341 777. Très excentrée. Il faut passer la rivière Moon, dans la direction de la gare routière, terminal 2.

URGENCES ✆ 1155.

POSTE. Mittaphap Road, à 100 mètres du TAT. *Ouvert de 8h30 à 16h30 en semaine.* C'est la poste principale. De nombreux autres bureaux dans la ville.

INTERNET. Pas mal de locaux Internet. Environ 50 baht de l'heure.

MONTRI HOSPITAL. Sunaree Road. C'est le plus central. Plusieurs autres hôpitaux bien équipés peuvent vous accueillir en cas de pépin.

Hébergement

Les prix imbattables

CHAO PHRAYA INN. 62 Jom Surangyat Road ✆ 044 243 825. *Chambres à 350 baht.* Etablissement modeste mais aux chambres propres, confortables et climatisées. Une bonne adresse.

Sculpture de moine, Isan

SRI CHUMPON HOTEL. 133 Chumpon Road © 044 242 460. *Chambres à 250 baht.* L'accueil est exécrable. Si cela ne vous décourage pas, prenez les chambres climatisées (avec eau chaude), les autres, avec ventilateurs (et eau froide), sont trop tristes.

FIRST HOTEL. 132 Burin Road © 044 255 117. *Chambre avec climatisation, eau chaude et frigo 380 baht, avec ventilateur et eau froide 250 baht (il doit être possible de faire baisser les prix si on reste plusieurs nuits).* Hôtel un peu bruyant car proche de la gare routière terminus n° 1. Cependant les chambres sont propres et d'un bon rapport qualité-prix.

CHOMKLAO HOTEL. 147/4 Chok Chaï Road. *Chambres de 150 à 200 baht.* Encore un endroit où on vous fait la gueule quand vous demandez une chambre. Ici, lesdites chambres sont décaties mais propres, avec ventilateur et eau froide. Trois chambres également au 2e étage, avec douche commune. N'y venir que si c'est complet partout ailleurs, ce qui nous étonnerait fort.

Bien et pas cher

CHOMSURANG. 2701 Mahadthai Road © 044 257 081 – Fax 044 252 897. *Chambres standard 900 baht (avec le sourire et un peu de marchandage, le prix peut baisser).* 167 chambres, toutes avec TV, climatisation et frigo. Piscine.

SRI PATTANA. 346 Suranaree Road © 044 251 652 – Fax 044 251 655. *De 550 à plus de 1 000 baht (là aussi, les prix peuvent être revus à la baisse).* Un établissement de 185 chambres, avec piscine. Une bonne adresse.

Confort ou charme

ROYAL PRINCESS. 1137 Suranaree Road © 044 256 629. E-mail : pkk@dusit.com. *De 1 400 à 7 000 baht.* Sa grande façade blanche est plutôt austère, mais il s'agit du meilleur hôtel de la ville, avec 186 chambres d'un grand confort (TV, climatisation, belle salle de bain). Piscine.

SIMA THANI. 2112/2 Mittraphap Road © 044 213 100. E-mail : sales@simathani.com. *Chambres standard 1 000 baht, luxe et suites jusqu'à 7 000 baht.* Très bon hôtel également. Ses 265 chambres ont tout le confort nécessaire, et même un petit coffre. Piscine.

RACHAPHRUK GRAND HOTEL. 311 Mittraphap Road © 044 261 222 – Fax 044 261 278. *De 1 000 à 5 000 baht. Hôtel de qualité.* 159 chambres de confort international, avec TV, climatisation, frigo. Piscine.

Restaurants

LE PARIS. 1 Mana Road © 044 241 031. *Jusqu'à 300 baht.* Un resto français installé à Khorat depuis près de cinq ans. C'est la bonne adresse pour un jarret de porc, un magret de canard ou un coq au vin...

Western thaïlandais

Près de Khorat, à Pak Chong, se trouve une communauté de cow-boys. Le domaine de Chokchai est la propriété de M. Bulakul, un passionné depuis sa tendre enfance des westerns américains. A Pak Chong donc, un petit village du Far-West a été reconstitué avec, en particulier, un magasin, le Buffalo Bill, où vous pouvez vous procurer des chapeaux, des bottes, des ceintures, que ne renierait pas John Wayne lui-même. De même, vous pourrez vous restaurer au Texas Saloon d'une entrecôte géante. Tout ceci est assez surréaliste à voir en pleine campagne thaïlandaise.

CABBAGES AND CONDOMS. Seup Siri Road. Même système qu'à Bangkok et Chiang Maï : ce (bon) restaurant reverse les bénéfices à des associations luttant contre le sida.

PORN PLACE. 427/3 Mittaphap Road. Petit restaurant sans prétention, aux tables et chaises de plastique mais où la cuisine thaïe est savoureuse. Le " Khao phat moo " est à 30 baht.

HUA ROT FAI MRRKET. Mukkha Montri Road. Comme son nom l'indique, ce marché de nuit se trouve près de la gare des trains (Rot Faï). Dès 18h, les stands y proposent des plats thaïs et chinois à des prix défiant toute concurrence. Il en est de même pour l'autre marché de nuit, situé sur Manat Road.

Si vous êtes friand de cuisine japonaise, **le restaurant de l'hôtel Rachaphruk** est une bonne adresse. Il propose, dans un cadre agréable, une cuisine délicieuse, le " shabu shabu " en particulier est excellent.

Sortir

VFW CAFETERIA. 118 Phoklanf Road. Bar très connu des touristes par le bouche à oreille. Cependant l'ambiance y est très quelconque. On peut s'y faire servir un steak-frites, si l'on est en manque… Les nombreux Anglo-Saxons présents ingurgitent des litres de bière, quand ce n'est pas du whisky.

K STARS DISCO. 191 Atsadang Road. *Consommations 100 baht.* Cette discothèque de l'hôtel du même nom connaît un grand succès. Tout le monde s'y retrouve, touristes, résidents, étrangers, Thaïlandais… Les jolies filles aussi qui, avec leurs beaux yeux noirs, estiment l'épaisseur de votre portefeuille. La musique est bonne, l'ambiance aussi, et le prix des consommations très raisonnable.

Visiter

WAT SALA LOI. Bâti au milieu d'une rétention d'eau, ce temple qui date du milieu des années 1960, n'est pas sans évoquer une jonque chinoise au milieu des flots.

THAO SURANARI MEMORIAL. Monument dédié à une héroïne locale, qui s'est illustrée lors de l'invasion laotienne pendant le règne de Rama III. Ce mémorial n'aurait que peu d'intérêt s'il n'y avait toutes ces offrandes, qui se comptent par centaines et qui représentent… des bus miniatures déposés par les chauffeurs des véhicules pour demander à la dame qu'elle les protège sur les routes. Pourquoi et comment une Thaïlandaise, qui n'a connu comme seul moyen de transport que les éléphants, peut-elle protéger les bus ? Les mystères de la foi sont impénétrables.

WAT PA SALAWAN. Le magnifique viharn de bois sculpté de ce temple abrite les reliques d'un moine très respecté, Ajahn Man.

MUSEE NATIONAL. Rachadamnoen Road. *Ouvert de 9h à 16h. Entrée 20 baht.* Le musée expose des pièces de poteries et des petites statues datant de l'époque khmère. Un peu décevant. Si vous avez une matinée à perdre.

Shopping

Khorat étant spécialisée dans **la soie,** de nombreux magasins en proposent et à des prix plus intéressants qu'à Bangkok. Cependant, vous pouvez aussi attendre d'être à Pak Thon Chaï pour faire vos achats en même temps que la visite de cet intéressant village (voir plus loin le chapitre qui y est consacré).

Occasion d'une sympathique promenade, **les marchés de nuit** sont aussi un endroit tout indiqué pour faire vos emplettes en vêtements, chaussures, lunettes, sacs…

Deux grands centres commerciaux, les Klang Plaza 1 et 2, respectivement situés sur At Sadang Road et Jomsumrangyat Road, rassemblent des boutiques de vêtements, de chaussures, de sport, Hi-Fi, montres… Tout y est bien plus cher que sur les marchés mais vous avez la climatisation en prime.

> DANS LES ENVIRONS DE KHORAT

DAN KWIAN

Distant de quinze kilomètres environ de Khorat, ce village s'est fait une spécialité de l'art de la poterie. Les artisans, dont certains sont des artistes particulièrement talentueux, vous montreront leurs œuvres les plus originales.

PAK THON SHAI

A une trentaine de kilomètres de Khorat, un village dont les habitants travaillent la soie : filage, tissage, teinture… Vous pouvez assister à toutes les étapes de la fabrication et faire quelques achats.

▸ Potier, Isan

Isan

Temple, Isan

Régates ancestrales

Chaque année, la ville de Phimaï organise, pendant deux semaines, de fin novembre à la première semaine de décembre, des régates où des bateaux traditionnels s'affrontent sur la rivière Moon. Ces journées très suivies par les Thaïlandais sont rythmées de danses, de folklore et de divers marchés artisanaux où les prix sont vraiment très bas.

CHAIYAPHUM

Cette petite ville, à deux heures de route de Khorat, est typique de l'I-San. Vous croiserez dans ses rues un ou deux éléphants puisque le district est connu pour les camps d'entraînement de ces animaux. Une fois dressés, les pachydermes partent travailler dans les régions du Nord.

Transports

De Khorat à Chaiyaphum (distante de 80 km) des bus font le trajet en moins de 2h pour 41 baht.

Hébergement

LERN NIMI HOTEL. 37 Niwetrat Road ✆ 044 811 522 – Fax 044 822 335. *Chambres avec climatisation de 550 à 600 baht, petit déjeuner (frugal) compris. Chambres plus modestes, avec ventilateur, 250 baht.* Sans doute le meilleur hôtel de la ville, situé à 150 mètres de la gare des bus où vous débarquerez.

Restaurants

Les gargotes ne manquent pas. **Le marché de nuit** en particulier, situé entre Ratchatan Road et Thaksin Road, regorge de stands où les plats coûtent autour de 20 ou 30 baht.

Visiter

Sur Banna Kan Road, il y a un **prang khmer** datant du XIIe siècle.

Dans les environs proches

Le ravissant parc national Tat Tohn, avec ses chutes d'eau spectaculaires.

Le village de Ban Khwao, spécialisé dans le tissage de la soie, dont d'ailleurs de nombreuses créations sont vendues dans les magasins de Chaiyaphum. Des agences font visiter ce célèbre village en minibus climatisés depuis la ville de Khorat.

PHIMAI

Située à une soixantaine de kilomètres de Khorat, Phimaï vaut vraiment la peine qu'on s'y arrête. Cette petite ville posée au bord de la rivière Moon est vraiment très plaisante, et son célèbre château de pierre (PRASAT HIN) est une merveille architecturale.

Transports

De Khorat, des bus quittent la gare routière n° 2 toutes les 30 mn, entre 6h et 22h ; compter 1h de trajet et 40 baht. Dernier départ de Phimaï à Khorat à 18h.

Hébergement

Si vous voulez passer une nuit à Phimaï, la bonne adresse est :

PHIMAI HOTEL. 305 Harutairom Road ✆ 044 471 940. *Chambres avec ventilateur et eau froide de 200 à 250 baht, avec clim, TV et eau chaude de 350 à 400 baht.* Proche de la gare routière.

Visiter

PRASAT HIN PHIMAI. *Ouvert de 6h à 18h. Entrée 40 baht.* Qualifié un peu présomptueusement d'Angkor Wat thaïlandais, ce site n'en est pas moins un témoignage architectural magnifique de la période khmère. Sa restauration a été menée de main de maître par un Français, Bernard Groslier. Construit sous le règne de Suryavarman II au XIe siècle, comme un " mandala " (centre cosmique de l'univers) et donc dédié à l'hindouisme, il a été très vite consacré au bouddhisme et à son art, comme en témoignent les nombreuses statues de Bouddha. Ses blocs de grès rose et blanc formant un ensemble carré, offrent une très belle perspective à travers la longue enfilade de portes majestueuses. Le sanctuaire principal (prasat) est surmonté d'une terrasse, elle-même coiffée d'un toit pyramidal agrémenté de Naga et de Garuda. Les linteaux sont ornés de nombreuses sculptures représentant les épisodes de l'épopée du Ramayana. La porte de la Victoire (l'entrée du temple) est orientée vers Angkor. A l'apogée de l'Empire khmer, Phimaï était reliée directement à Angkor par une route.

MUSEE NATIONAL. *Ouvert de 9h à 16h. Entrée 30 baht.* Le musée est riche de diverses collections, bijoux, céramiques, poteries, statuettes de bronze. Egalement de magnifiques linteaux sculptés. Une visite s'impose, après avoir parcouru **le site du Prasat Hin.**

LES CITADELLES KHMERES

Outre le Prasat Hin de Phimaï, on appelle citadelles khmères les châteaux (Prasat) situés dans les alentours de Khorat et de Surin. Pour les férus d'art en général et d'architecture khmère en particulier...

PHANOM RUNG. *Ouvert de 8h à 17h30. Entrée 50 baht.* Situé dans un somptueux parc historique, le temple de Phanom Rung est édifié sur un site en hauteur, ce qui ajoute à sa majesté. La restauration de l'ensemble a duré plus de dix-sept ans. Pendant la fête du Songkran, en avril, des festivités typiques de la région célèbrent la fin de la restauration, et un spectacle Son et Lumières vient couronner une journée de liesse. Il est cependant bien regrettable que la marque de bière Chang diffuse ses fanions commerciaux dans le temple !

Le temple a été bâti entre le Xe et le XIIIe siècle. On y accède par une longue galerie, qui commence par la salle de l'Eléphant blanc. On franchit un premier pont, orné de Naga à cinq têtes, puis, par un escalier on accède à deux bassins où l'on faisait ses ablutions avant de continuer vers le prasat lui-même. Ornée de divinités hindoues, l'entrée du sanctuaire mène vers le célèbre linteau Phra Naraï, volé par les Américains au cours de la guerre du Viêt-nam et restitué après de longues palabres en mai 1988. Il est impossible de décrire les dizaines de sculptures et de linteaux qui sont parmi les plus beaux de Thaïlande. Y sont représentés Shiva, Vishnu, Krishna, Brahma... mais pas Bouddha. Une visite incontournable.

PRASAT MEUANG TAM. *A plus de 5 km du précédent.* Situé au pied de la colline, ce temple bâti à la fin du Xe siècle en l'honneur de Shiva est bien moins spectaculaire, mais est à voir. Les quatre portes du sanctuaire sont placées selon les points cardinaux. Trois d'entre elles ont encore leurs linteaux d'origine. La cour principale abrite des prang en latérite. L'ensemble comporte également, selon la tradition, des bassins et des bibliothèques.

Transports

De Khorat, prendre un bus pour Surin et descendre à Ban Ta Ko. De là, des motos-taxis vous conduiront au site de Phanom Rung pour 100 baht (150 baht aller-retour).

De Surin, prendre un bus pour Khorat et faire de même en descendant à Ban Ta Ko.

Si vous êtes vraiment un passionné, **d'autres temples** sont à visiter dans les environs, dont le **Prasat Pluang** et le **Prasat Khao Prabat.**

Organiser son séjour

Pense Futé

Argent

Change

La monnaie est le baht (divisé en 100 salag). Les pièces sont de 50, 25, 10, 5 et 1 baht. La dernière pièce se présente en trois versions différentes. Celles de 50 ou 25 salag sont en cuivre jaune. Les billets de 10 baht sont marron, de 20 baht verts, de 50 baht bleus, de 100 baht orange, de 500 baht violets, de 1 000 baht gris.

Conseil futé

N'acceptez jamais de billets abîmés ou déchirés, les Thaïs les refuseront. Idem pour vos dollars et vos euros, prenez-les presque neufs.

Taux de change

Le cours du baht est indexé sur celui du dollar, il lui arrive donc d'être favorable aux Français… 1 euro = environ 45 baht.

Change

Le meilleur taux est celui du retrait par carte de crédit. Les changeurs de monnaie, innombrables et ouverts jusqu'à 19h, parfois beaucoup plus tard dans les grandes villes, prennent des commissions allant de 1 à 9 %.

Le change de billets US$/baht est plus intéressant pour les coupures de 100 $ que pour les plus petites.

Pour l'euro, les meilleurs taux de change sont ceux des travellers chèques. L'euro est accepté dans les grandes villes.

Les travellers chèques sont pris sans difficulté par les banques et les Money Changers. Il faut présenter son passeport. N'emportez pas de coupures trop petites, car vous paierez une taxe en fonction du nombre de travellers changés, et non du montant total.

En cas de vol réel, le déclarer à la police avant d'entamer toute procédure de remboursement. Cette procédure demande souvent quelques jours et non pas 24h comme le prétendent certaines publicités…

Banques

La seule banque commerciale française réellement implantée en Thaïlande est la banque Indosuez (152 Wireless Road, Bangkok © 00 66 26 51 45 90).

Attention, escroquerie !

Il existe en Thaïlande un marché parallèle des travellers volés. Et vous serez peut-être abordé par quelqu'un désireux de vous faire participer au trafic des chèques volés – en déclarant les vôtres disparus, alors que l'individu en question vous les aura rachetés 40 % de leur valeur. A éviter, évidemment.

Vous n'aurez aucun problème pour payer ou retirer de l'argent avec une carte Bleue et, si vous devez recevoir de l'argent, il vaut mieux passer par le Crédit commercial de France (CCF), qui est bien placé auprès des banques du monde entier et enverra la somme rapidement (compter de 24 à 36h par télex).

Les banques sont ouvertes du lundi au vendredi de 8h30 à 15h30.

Cartes de paiement

Visa, American Express, Eurocard, MasterCard et Diners sont couramment acceptées, particulièrement les deux premières. Elles sont le moyen le moins onéreux de se procurer des baht. Les retraits au guichet ou aux ATM 24h/24 (Automatic Teller Machine) sont presque partout possibles, sauf dans quelques zones reculées.

Les banques Bangkok Bank Limited, Ayuthaya et Siam Commercial Bank acceptent la carte Visa dans leurs distributeurs, nombreux jusque dans les petites villes. Les instructions sont la plupart du temps en thaï et en anglais.

Pour un virement rapide, Western Union est la plus indiquée.

Si vous réglez un achat, il est parfois recommandé de ne pas faire usage de sa carte de crédit, compte tenu des systèmes de double facturation ou de copie. Même si ce n'est pas un risque très répandu, votre carte de crédit ne doit jamais vous quitter, et rester sur vous plutôt qu'à l'intérieur d'un coffre de voiture, dans les parcs nationaux. Ne laissez pas un vendeur aller dans l'arrière-boutique se servir d'un " fer à repasser ", c'est votre carte qu'il risque de repasser… deux fois. Qu'il fasse l'opération sous vos yeux.

En cas de perte ou de vol

AMERICAN EXPRESS. IBM Building. Pahonyothin Road © 02-273 0055 / 0033 / 0022.

DINERS CLUB. Silom Complex Building. 191 Silom Road Bangkok © 02-233 5644.

VISA ET MASTER. Thai Farmer Bank Building. 400 Phatonyothin Road Bangkok 10400 © 02- 270 1801 / 1810 ou 02- 271 0234. *Ouvert de 8h30 à 15h30.*

Danseuses traditionnelles, Bangkok

Quelques idées

Armé d'une carte de crédit internationale et de plusieurs travellers chèques de secours – en cas de perte ou de vol de votre carte – vous pouvez partir à la conquête de la Thaïlande. La carte est la solution la plus économique et la plus simple compte tenu du nombre de distributeurs. Les sceptiques de la carte de crédit devront préférer des travellers chèques au cash, les portefeuilles étant fantasques certains soirs. Ceux qui arrivent avec une valise pleine d'euros, iront ouvrir un compte dans une banque thaïe qui leur délivrera une carte de crédit en 24h. Pour cela, nous vous conseillons la Bangkok Bank Limited, parce qu'il y en a quasiment partout et parce que, pour 50 baht, on vous délivre immédiatement une carte de retrait acceptée dans tous les ATM. Votre argent est ainsi en sécurité et votre code connu de vous seul puisque vous le choisissez. De plus, la Bangkok Bank Limited travaille avec la BNP Paris (agence centrale, boulevard des Italiens). En cas de gros pépin, un proche peut s'y présenter et, s'il connaît votre numéro de compte, le virement arrive en quatre jours au maximum.

Coût de la vie en Thaïlande

Quelques indicateurs utiles pour préparer son budget. Les prix sont, bien sûr, une moyenne.

Un paquet de chewing-gum : 5 baht (environ 0,11 euro)

Une bouteille d'eau d'un litre : 5 baht (environ 0,11 euro)

Un ticket de métro à Bangkok (minimum) : 10 baht (environ 0,23 euro)

Un litre d'essence : 17 baht (environ 0,40 euro)

Une minute de téléphone pour l'Europe : 20 baht (environ 0,45 euro)

Une course en moto-taxi : 20 baht (environ 0,45 euro)

Une course en tuk-tuk : 30 baht (environ 0,70 euro)

Une heure de connexion Internet (petite ville) : 30 baht (environ 0,70 euro)

Une heure de connexion Internet (ville touristique) : 60 baht (environ 1,40 euro)

Un paquet de cigarettes américaines : 60 baht (environ 1,40 euro)

Un shampooing : 75 baht (environ 1,70 euro)

Un verre d'alcool dans un gogo bar : 100 baht (environ 2,30 euros)

Une course en taxi à Bangkok : 100 baht (environ 2,30 euros)

Une location de petite moto à la journée : 150 baht (environ 3,40 euros)

Une chemise : 200 baht (environ 4,55 euros)

Un repas dans un restaurant occidental de moyenne gamme : 300/600 baht (environ 6,80 / 13,60 euros)

Une location de voiture à la journée : 1 000/15 000 baht (environ 22,70 / 340,90 euros)

Une chambre d'hôtel moyenne gamme (Bangkok) : 1 000 baht (environ 22,70 euros)

Une fille de bar : UNE FORTUNE !

Le guide du Petit Futé Thaïlande : INESTIMABLE !

Taxes

Tous les objets courants sont taxés entre 5 et 9 % (normalement à 7 % depuis janvier 1992). Les objets de luxe, les cigarettes et les alcools sont plus fortement taxés, surtout les importations (voitures, télévisions…) qui sont parfois taxées jusqu'à 100 %.

Les guesthouses ne payent pas de taxes, les hôtels à partir d'une certaine taille ou d'un certain standing, si ! La différence entre une guesthouse et un hôtel est pourtant dans certains cas vraiment minime. Excepté en ce qui concerne le PABX (central téléphonique)… qui est parfois taxé jusqu'à 100 % et plus. Les hôtels, en plus du service (8 à 10 %) ajoutent 7 à 11 % de taxes sur le prix de la chambre. Faites-vous préciser le prix net.

Vous aurez à payer une taxe si vous restez plus de 90 jours, car on vous considérera comme résident. Vous devrez prouver que vous n'avez pas travaillé, ce qui n'est pas facile. Conseil : quittez donc ce pays au bout de 89 jours.

Pourboires

Rien ne vous oblige à laisser un pourboire : ce n'est pas encore l'usage. A votre discrétion donc, probablement à éviter de manière systématique. Parfois on vous le demandera directement, particulièrement dans les endroits touristiques.

Assurance et sécurité

Assurance

Si vous conduisez un véhicule, une assurance assistance internationale est naturellement souhaitable. En général, elle est automatiquement incluse dans votre assurance automobile. Vérifiez tout de même auprès de votre assureur qu'elle ne comporte pas d'application géographique restrictive – prenez connaissance avant votre départ des conditions générales de votre police. Sinon, votre carte Bleue Visa internationale comprend également une assistance médicale. En cas de problème, appelez-les en PCV.

Sécurité

La Thaïlande n'a pas la réputation d'un pays dangereux et les accidents graves concernant les touristes sont peu nombreux.

Sont banals, par contre, de nombreux délits mineurs : larcins de pickpockets, vol à la tire, escroquerie à la carte. Faites preuve de bon sens et aiguisez celui de l'observation.

Voici quelques conseils qui pourront vous éviter des désagréments – c'est sévère mais prudent :

Ne pas accepter de cadeaux, de nourriture, de cigarettes, de boisson ou autres d'un inconnu avec lequel vous venez de sympathiser, particulièrement au cours d'un voyage en bus ou en train. Nombreux sont les cas de gens drogués, puis dépouillés.

De même, si vous voyagez seul, évitez de vous endormir sans mettre vos affaires en sécurité.

Attention aux " Safety Box " des hôtels et guesthouses, pas aussi sûrs que leur nom le prétend. Notez vos dépôts et obtenez, quand c'est possible, des reçus. Evitez de laisser vos cartes de crédit à l'hôtel. Elles pourraient être utilisées à votre insu durant une absence : grande spécialité thaïlandaise.

Très utile : demandez, avant de quitter votre hôtel ou votre guesthouse, à ce qu'on vous écrive le nom et l'adresse de l'établissement en thaï. En effet, les conducteurs de tuk-tuk et de taxi parlent très mal, voire pas du tout, l'anglais. De même, lorsque vous désirez vous rendre à un endroit particulier, demandez à l'hôtelier de transcrire le nom et l'adresse du lieu en thaï.

Lors d'achats payés avec votre carte de crédit, ne la perdez jamais de vue, des commerçants peu scrupuleux n'hésitent pas à émettre plusieurs reçus. Sauf valeurs trop importantes, vous pouvez d'ailleurs tout payer en espèces, retirées avec votre carte de crédit dans les distributeurs automatiques (ATM).

Défilé

Violence invisible

Le pays du sourire, c'est comme ça que l'on appelle aussi la Thaïlande. Beaucoup s'imaginent que les pays du tiers monde sont peuplés de pauvres gens envieux et prêts à tout pour vous dérober vos quelques possessions. N'en croyez rien. On peut ici laisser sans crainte sa mob avec son casque dessus et même oublier ses clés le temps du dîner. Au retour, tout sera à sa place. On peut se promener la nuit sans se faire poursuivre, les filles peuvent se promener dans tout le pays sans crainte et, même le soir, elles peuvent sortir seules, prendre un taxi et ne pas se faire violer.

La violence existe aussi en Thaïlande mais elle prend simplement d'autres formes. Rien n'est tout rose ni tout noir, comme partout. Beaucoup de gens possèdent des armes, et il vaut mieux ne pas s'énerver sinon gare au coup de pétard. Il ne faut pas crier en faisant des moulinets avec les bras, engueuler ou insulter quelqu'un. La vengeance est un plat qui se mange froid. Un mot de trop pourrait vous apporter des ennuis tout à fait évitables.

Décoration murale, Phuket

Modérez les signes extérieurs de richesse quand vous faites du shopping, principalement dans les marchés de nuit (Night Bazaar). Evitez bijoux, caméscope et tenues trop habillées. De la simplicité...

Pas de portefeuille dans les poches arrière, ni de sac à main, évitez les liasses de billets.

Gardez un œil sur vos portefeuille, sac, agenda, quand vous téléphonez d'une cabine publique.

Conseil précieux : toujours avoir sur soi deux photocopies de son passeport. Quand la situation l'exige, donnez la photocopie et dites que le passeport n'est pas sur vous. Car, en Thaïlande, il est toujours potentiellement dangereux de laisser son passeport : ce sont des magouilleurs.

Femme seule ou en groupe, vigilance recommandée dans les aéroports, les gares ferroviaires et routières, surtout la nuit. Evitez le nudisme et le topless sur les plages particulièrement désertes. N'oubliez pas que dans la société thaïe, les femmes respectables ne voyagent jamais seules et donc que votre situation est tout à fait anormale. Idem si vous recherchez de la compagnie. Ceci est particulièrement recommandé dès que vous vous éloignez des lieux touristiques.

Méfiez-vous des propositions immédiates trop amicales de visites de boutiques, de familles (un Thaï invite normalement rarement à son domicile) et des " bonnes affaires " trop faciles – particulièrement l'achat de pièces. D'ailleurs, le premier conseil des Offices du tourisme est d'éviter toute proposition d'inconnu de visite gratuite, d'accompagnement ou de superbes affaires. En cas de problème, la police se montrera tout à fait inefficace ou impuissante.

Mettez pareillement en doute les propositions des chauffeurs de taxi, ou de tuk-tuk, ainsi que des jeunes filles trop avenantes. Certains sont de bonne foi et tout à fait sympathiques mais beaucoup sont commissionnés, surtout les plus officiels, comme les employés d'aéroport ou les guides touristiques accrédités.

Si vous voyagez près des frontières birmanes et cambodgiennes en particulier, redoublez de précautions et renseignez-vous auprès des locaux sur l'évolution de la situation. Les frontières sont, en effet, très perméables et souvent utilisées comme ligne de démarcation tactique par les guérillas birmanes et cambodgiennes. La frontière birmano-thaïe est d'ailleurs parfois fermée à Mae Saï.

Un conseil futé et éprouvé : si vous vous déplacez avec votre portefeuille, prenez soin d'y glisser la carte de votre hôtel en y inscrivant votre nom et votre numéro de chambre. En cas de perte, vous avez une petite chance de retrouvez papiers et cartes de crédit, même si les espèces ont le plus souvent disparu.

Criminalité

Plus de 5 000 meurtres par an, officiellement. Essentiellement des règlements de comptes et des drames de la jalousie. Les quelques cas qui concernent les Occidentaux sont souvent liés au trafic de drogue et à la prostitution. La nuit, ne vous éloignez quand même pas trop des zones touristiques. C'est encore plus valable lors des excursions dans les régions pauvres. Dans la région Nord, évitez de voyager seul, ainsi qu'à proximité de toutes les frontières.

La presse et le gouvernement thaï, pour des raisons évidentes, sont particulièrement discrets sur le sujet.

Police

Police traditionnelle et Tourist Police : il est très peu probable que vous ayez des contacts ou des démêlés avec la police, à moins d'un accident de la route ou d'un contrôle suite à une descente (vous aurez probablement choisi la mauvaise guesthouse).

La police thaïlandaise n'a pas une excellente réputation d'intégrité et d'efficacité. En tablant sur une majorité honnête, le seul conseil qui puisse vous être donné est de garder votre calme et le sourire. Chaque situation étant unique, à vous de déterminer la meilleure attitude à adopter. Si la situation devient trop sérieuse, joignez rapidement la Tourist Police qui, théoriquement, parle l'anglais (ou du moins s'y essaye). Sa mission est de vous venir en aide. Généralement un bureau de la Tourist Police se trouve auprès de chaque Office du tourisme (TAT). De même sur les plages les plus fréquentées. Vous pouvez appeler le n° national de la Tourist Police (1699) quel que soit l'endroit où vous vous trouvez.

Si vous louez un véhicule, munissez-vous toujours de votre permis international, même s'il n'est pas demandé par le loueur. Et évitez, pour votre propre sécurité, de conduire en état d'ébriété. En cas d'accident, responsable ou non, vous risquez d'endosser tous les torts. En règle générale, la police traditionnelle donnera toujours raison au Thaï devant l'étranger.

Drogue

A moins que vous ne souhaitiez passer vingt ans de vacances dans les geôles thaïlandaises, ne touchez jamais aux drogues quelles qu'elles soient : opium, héroïne, ganja, acides, amphétamines, champignons, ecstasy que l'on trouve partout, discrètes mais disponibles à profusion. Il peut arriver qu'un inconnu vous aborde pour vous en proposer. En ce moment, plus de 600 ressortissants étrangers, condamnés pour détention ou consommation (à Bangkok et Chiang Maï en particulier), végètent dans des conditions d'insalubrité totale. Pour consommation, détention ou intention de revendre de la marijuana, les peines peuvent aller de l'amende à 15 ans de détention. Pour l'héroïne, de 6 mois à perpétuité... voire à la condamnation à mort.

Conclusion, la notion de " petite quantité " n'existe pas en Thaïlande. Les dealers et les taxis touchent des primes quand ils dénoncent leurs " clients ". Aux abords des frontières de la Thaïlande, surveillez vos bagages et n'acceptez sous aucun prétexte de prendre en charge ceux d'un tiers. Attention aux nouveaux compagnons de voyage, pour une justice très sévère vous deviendrez vite coupable de complicité. En Malaisie limitrophe, les lois musulmanes vont très, très loin. Méfiez-vous aussi des omelettes aux champignons hallucinogènes de certains restaurants, elles sont parfois des plus toxiques. Retenez enfin que la mission principale de l'expert médical auprès de l'ambassade de France à Bangkok, très souvent psychologue de formation, est le suivi de citoyens français derrière les barreaux pour usage ou trafic de drogue. Les moins convaincus peuvent leur rendre visite tous les jeudis, entre 9h et 15h, à Khlong Prem, la prison centrale de Bangkok.

Votre santé fait aussi partie du voyage
Faites-vous vacciner avant de partir !
Typhim VI
Contre la fièvre typhoïde
Avaxim
Contre l'hépatite A
Typhim Vi et Avaxim sont des vaccins à ne pas utiliser avant l'âge de 2 ans.
PASTEUR VACCINS
Des vaccinations pour tout le monde
Visa grand public n°0472G01N303
MÉDICAMENTS. PARLEZ-EN À VOTRE MÉDECIN, DEMANDEZ CONSEIL À VOTRE PHARMACIEN. LIRE ATTENTIVEMENT LA NOTICE.

Santé par Eric Caumes

Les situations sanitaires diffèrent entre les principales villes et le reste du pays. Bangkok, les autres villes et toute le centre du pays sont indemnes de paludisme mais pas de la dengue. En plus du paludisme et de la dengue, il existe, en milieu rural, d'autres risques dont l'encéphalite japonaise.

Assurance assistance médicale

Il vaut mieux être bien assuré. Une assurance médicale, pour couvrir vos dépenses médicales (remboursement des médicaments et des frais de consultation ou d'hospitalisation, rapatriement sanitaire, etc.) est indispensable. Le Petit Futé vous facilite les démarches en vous proposant, en collaboration avec un spécialiste de l'assurance tourisme, une assistance avec des garanties complètes. Pour y souscrire, il suffit de compléter le bulletin que vous trouverez dans ce guide. Bien souvent, les sociétés de cartes de crédit (Visa, etc.) et les mutuelles incluent dans leurs contrats un service d'assurance pour l'étranger, quand le séjour ne dépasse pas une certaine durée. Renseignez-vous. Et lisez attentivement les conditions de prise en charge et encore plus attentivement les clauses d'exclusion.

Paludisme

Il existe du paludisme (malaria en anglais) en milieu rural et dans les zones boisées principalement dans les zones frontalieres. Les principales villes du pays et destinations touristiques (Bangkok, Sukkotai, Chiangmai, Chiangrai, Pattaya, Phuket) sont indemne de paludisme. Le risque est plus élevé en saison des pluies et dans les semaines qui la suivent mais est présent toute l'année. Le risque de résistance aux plus courants des médicaments antipaludisme est élevé dans les zones frontalières de la Thailande avec le Cambodge et le Myanmar (mais il est rare que les touristes séjournent en milieu rural dans ces régions). La prévention conseillée différe selon les régions. Pour le nord, c'est la méfloquine (Lariam*) ou l'association d'atovaquone et de

▸ Fête de végétarien, Phuket

La drogue qui rend fou

Le Ya Baa, littéralement le médicament qui rend " fou ", fait des ravages depuis quelques années en Thaïlande. C'est une métamphétamine dont on estime à 700 millions de pilules la vente en 2001, fabriquée à la frontière birmano-thaïlandaise, avec la complicité des généraux des deux armées qui à cette occasion s'entendent for bien. Le ya baa, relativement bon marché pour les Thaïs (100 baht la pilule), touche, selon l'Institut du contrôle des drogues, plus de 3 millions de personnes dans le pays. La jeunesse est bien sûr la plus touchée. La TV thaïe montre à longueur de journée des petits dealers attrapés la main dans le sac, tandis que les parrains se partagent le trésor, bien à l'abri dans leur villa de rêve. Mais cette drogue peut véritablement faire perdre la raison. Face à la recrudescence de meurtres horribles (on vous épargne les détails), le gouvernement a enfin réagi en donnant une prime de 0,30 baht par pilule saisie aux policiers effectuant la prise. Le Premier ministre espère ainsi que les forces de la loi seront plus motivées pour remonter plus haut que les dealers de rues.

proguanil (Malarone*) qui est conseillée. Pour le sud, la chloroquine (Nivaquine*) suffit. Si vous séjournez dans les zones rurales frontalières de la Thailande avec le Myanmar, le Laos ou le Cambodge, il vaut mieux recourir à la doxycycline (Doxypalu*). Si vous ne prenez pas de prévention médicamenteuse rappelez vous que le risque de paludisme est élevé dans les régions à risque: il faudra s'en souvenir en cas de fièvre et consulter rapidement car il s'agit d'une maladie potentiellement et rapidement mortelle.

La prévention médicamenteuse ne dispense pas de se protéger des piqûres de moustiques par le port de vêtements à manches longues (au mieux imprégnés par un insecticide), l'application de répulsifs (sur la peau découverte) et l'utilisation d'insecticides dans la chambre (tortillons chinois, diffuseurs électriques) à défaut d'une moustiquaire (au mieux imprégnée d'insecticide). En cas de séjour en zone rurale, la moustiquaire est indispensable.

Hygiène

Les principales règles d'hygiène concernent l'alimentation. Il est déconseillé de boire l'eau courante, de manger des aliments crus (salades, crudités, fruits de mer, ...) ou insuffisamment cuits, des fruits sans enveloppe (pas de problème pour ceux que vous pelez vous même), et des glaces. L'ideal, faute de pouvoir faire bouillir l'eau (une minute suffit), est de boire de l'eau minérale en bouteille encapsulée. A défaut vous pouvez purifier votre eau avec des pilules (Aquatabs*, Drinkwell chlore*, ...). Mais attention les différents désinfectants de l'eau ne protègent pas contre tous les microbes transmis par l'eau à moins que celle ci ait été également filtrée au préalable. Mieux vaut donc être vaccinés contre les maladies transmises de cette manière.

Mer et plages

Les plages ne sont pas toutes accessibles à la baignade. Renseignez vous. La mer est parfois dangereuse et il faut donc être prudent : ne pas se baigner seul, loin du bord, ne pas se baigner après un repas lourd (de surcroit bien arrosé), ou une exposition solaire prolongée, toujours rentrer dans l'eau progressivement. Se méfier des oursins, coraux, méduses (particulierement dans le golfe de Siam) et poissons pierre (parmi les plus dangeureuses des envenimations marines). Ne pas marcher pieds nus dans les lagons.

Soleil

L'abus de soleil est dangereux pour votre peau. A court terme les coups de soleil et autre allergie solaire ne sont pas bien embétant, mais à long terme trop de soleil c'est un vieillissement accéléré de la peau avec ses conséquences : eventuellement cancer de la peau mais surtout à 50 ans vous en ferez 10 à 20 de plus. Alors mieux vaut le savoir. L'ideal est de pas s'exposer (sans blagues!). Sinon exposez vous prudemment (avec écrans solaires), pas aux heures les plus chaudes, et en tenant compte de votre " capital soleil " c'est à dire de votre capacité génétique à réparer les dégats causés par le soleil. Elle varie de nulle chez les roux à l'infini chez les personnes à peau noire qui sont les seules à pouvoir encaisser sans dommage les rayons solaires (et pourtant ils ne s'exposent pas).

Sexe

Comme partout dans le monde avoir des relations sexuelles non protégées fait courir le risque de maladies sexuellement transmissibles dont le sida mais aussi beaucoup d'autres (herpes, hépatite B, chlamydia....). Et la Thailande est un pays réputé pour le tourisme sexuel mais aussi la fréquence élevée du sida chez les princesses de la nuit et autres demoiselles des salons de massage. Alors rappelez vous: une seule fois suffit (malheureusement), en général ce n'est pas écrit sur le visage de vos partenaires, et le préservatif est le seul " vaccin " actuel contre le sida et les autres MST. Le vaccin contre l'hépatite B est efficace contre l'hépatite B, transmissible sexuellement mais aussi par les aiguilles.

Coppertone®

Infos soleil

Le soleil est notre ami : il apporte bien-être et tonus, il stimule la synthèse de la vitamine D, essentielle pour la croissance et peut même être efficace dans le traitement de certaines maladies de la peau.

Mais attention à ne pas en abuser car le soleil à trop forte dose provoque le vieillissement prématuré de l'épiderme, diverses maladies ou cancers de la peau.

Quelques conseils vous permettront de passer des vacances réussies, sans les désagréments liés aux coups de soleil, rougeurs et déshydratations et effets à plus long terme.

En effet, rentrez de vacances avec une peau hâlée n'est pas incompatible avec une bonne protection.

Avant de partir en vacances : le choix de sa protection solaire

Privilégiez le choix d'un indice de protection adapté à votre peau et à la destination de vos vacances. Pour cela, il faut connaître les types de protection associés à chaque indice (noté IP) :

IP0 à IP7 Protection quasi inexistante

IP8 Protection faible

IP15 Protection moyenne

IP30 Protection forte

IP50 Protection extrême

Attention, la protection "écran total" n'existe pas. L'indice de protection (IP) autrement appelé facteur de protection solaire (FPS ou SPF) est la seule information qui engage véritablement les fabricants de produits solaires.

VOTRE PROTECTION SOLAIRE EN THAÏLANDE

Heures d'ensoleillement maximum en Thaïlande : 10h à 14h (été/hiver)

	JANVIER	FÉVRIER	MARS	AVRIL	MAI	JUIN
Index UV (1)	9	11	13	13	13	12
Peaux sensibles & enfant (2)	IP 50	IP 50	IP 50	IP 50	IP 50	IP 50
Peaux normales (3)	IP 30	IP 50	IP 50	IP 50	IP 50	IP 50

	JUILLET	AOÛT	SEPTEMBRE	OCTOBRE	NOVEMBRE	DÉCEMBRE
Index UV (1)	12	12	12	11	9	8
Peaux sensibles & enfant (2)	IP 50	IP 50	IP 50	IP 50	IP 50	IP 50
Peaux normales (3)	IP 50	IP 50	IP 50	IP 50	IP 30	IP 30

1) Recommandé par l'O.M.S, l'index UV exprime l'intensité des UV émis par le soleil par temps clair aux heures d'ensoleillement maximum et le risque qu'il représente pour la santé sur une échelle de 1 (faible) à 9 et plus (extrême).

2) Indice de protection recommandé pour les peaux sensibles (peaux laiteuses et claires) et pour les enfants < 15 ans).

3) Indice de protection pour les peaux normales (peaux mates ou très mates).

Coppertone®

Protégez-vous aussi avec :

Source Coppertone & Sécurité Solaire

sécurité solaire

Pour la plupart des destinations, un indice 15 ou 30 est préconisé. Cependant, privilégiez un indice 50 sous des ensoleillements particulièrement intenses.

Vérifiez que votre protection solaire contient aussi les mentions suivantes : protection anti uva et uvb et résistance à l'eau.

Huile, gel, crème, spray ou lait ? Peu importe, pensez simplement à appliquer d'autant plus souvent le produit que sa texture est liquide.

Pendant les vacances : consommez le soleil avec modération

Evitez de vous exposer aux heures les plus chaudes de la journée (4 à 5 heures autour du midi solaire, généralement 12h-16h ou 11h-15h selon la zone géographique) en privilégiant des moments de détente à l'ombre ou dans des espaces couverts.

Retenez que votre hâle durera plus longtemps après vos vacances, s'il a été acquis progressivement par une exposition modérée et l'usage d'un indice de protection au moins supérieur à 15 (un indice 30 ne vous empêchera pas de bronzer). Un produit solaire n'est pas fait pour s'exposer plus mais pour réduire l'agression du soleil.

Méfiez vous des nuages et des parasols : les rayons uv sont toujours présents et sans protection, un coup de soleil peut survenir rapidement.

Appliquez régulièrement le produit solaire, particulièrement après le bain ou après l'usage de votre serviette. N'oubliez pas les parties les plus exposées et fragiles comme la poitrine, le coup, les pieds. Ne pensez pas qu'une fois bronzée, vous n'avez plus besoin de vous protéger. Même bronzée, les rayons uv continuent à pénétrer dans la peau et une protection est toujours nécessaire.

Utilisez aussi des casquettes, tee-shirts et lunettes de soleil pour vous protéger du soleil et hydratez vous en buvant beaucoup d'eau. Ces derniers sont des éléments indispensables dans la protection des enfants et des peaux sensibles où une vigilance accrue est requise.

Pour les enfants de moins de un an, l'exposition au soleil est à éviter totalement.

Le retour des vacances : hydratez bien votre peau

Vous n'avez pas été très raisonnable avec le soleil, vous observez des changements de certains de vos grains de beauté, n'hésitez pas à pousser la porte de votre dermatologue. Vous avez adopté une attitude responsable et vous rentrez avec un teint hâlé sans avoir subi aucun désagrément. Vous pouvez penser à bien hydrater votre peau avec un après soleil ou une crème hydratante.

Pour plus d'infos, vous pouvez appeler notre **service conseil** au 0811 80 9000 (prix d'un appel local).

Drogues

A priori c'est l'abus des drogues (quantité prise, chronicité) qui provoque la mort ou la dépendance. Mais l'apparition de drogues frelatées (notamment pour l'ecstasie) n'est pas sans conséquences. Sachez faire la différence entre drogues douces et drogues dures, usage récréatif et intoxication chronique, et rappelez vous que toutes provoquent des troubles de la vigilance, c'est valable pour la conduite automobile comme pour les comportements sexuels.

Vaccins

La vaccination contre la fièvre jaune n'est pas obligatoire sauf si vous venez d'une zone exposée en Afrique ou en Amérique latine. Les vaccins contre le tétanos, la diphtérie, la poliomyélite, et l'hépatite A (à moins d'être immunisé) sont recommandés. Les plus prudents et les plus aventureux devront y rajouter l'hépatite B ainsi que la fièvre typhoïde. Planifiez vos vaccinations plusieurs semaines avant le départ.

Pour l'hépatite A, l'existence d'une immunité antérieure (dans ce cas la vaccination est inutile) est d'autant plus fréquente que vous avez des antécédents de jaunisse, de séjour prolongé à l'étranger, ou êtes âgés de plus de 45 ans. L'hépatite A est le plus souvent bénigne mais parfois grave, notamment au delà de 45 ans et en cas de maladie hépatique préexistante. Elle s'attrape par l'eau ou les aliments mal lavés. En cas de doute, n'hésitez pas à rechercher la trace d'une infection passée par un test sanguin : positif vous évitez une vaccination inutile, négatif le vaccin est d'autant plus indispensable que vous êtes âgés ou porteur d'une maladie du foie, mais cette maladie peut être grave en dehors de ces circonstances. Le vaccin contre l'hépatite A est théoriquement à effectuer en deux fois, mais la première injection suffit à assurer une protection pour un voyage de courte durée. Le rappel (6 mois à un an plus tard) renforce la durée de l'immunité pour une dizaine d'année.

L'hépatite B est beaucoup plus grave que l'hépatite A car elle peut devenir chronique, sinon mortelle . Elle se contracte lors de rapports sexuels ou par le sang. Le vaccin contre l'hépatite B est à prendre en 2 fois à un mois d'intervalle plus un rappel unique 6 mois plus tard pour renforcer la durée de la protection.

La vaccination contre la fièvre typhoïde (une infection transmise par ingestion de boissons ou d'aliments contaminés) consiste en une injection à pratiquer tous les trois ans. La protection est obtenue au bout de 2 semaines.

L' encéphalite japonaise est transmise par une piqûre de moustique. Elle est présente en milieu rural pendant l 'été et l'automne et il existe parfois des épidémies. Elle est responsable d'une infection cérébrale. La plupart des formes sont sans symptomes mais, en cas de maladie, l'évolution se fait vers le deces,ou la guérison, avec ou sans séquelle neurologique. Il est conseillé de se vacciner en cas de séjour en milieu rural, d'une durée de plus d'un mois, pendant la période de transmission. Le vaccin est disponible en France, dans les centres de vaccination contre la Fievre Jaune, sous le nom de JEVAX. Attention il faut vous y prendre 3 mois à l'avance.

La rage est répandue partout et toute morsure animale (chien dans 90 pour cent des cas) doit systématiquement et en urgence faire envisager une vaccination apres morsure. Quant à la vaccination antirabique avant morsure (préventive) elle est envisagée dans certains cas.

Problème médical sur place

Les plus fréquents des problèmes de santé sont la diarrhée, les infections des voies aériennes, et les maladies de peau. Il est fréquent de se faire piquer par des insectes dont certains transmettent des maladies (comme le paludisme ou la dengue) qui peuvent se révéler après le retour. De plus les piqûres d'insectes se surinfectent facilement en milieu tropical et il faudra être attentif aux petits bobos. Et veiller à éviter les piqûres principalement par une couverture vestimentaire correcte (voir paludisme).

Voyagez ave

Se traiter par l'homéopathie : Pourquoi, comment ?

Vous partez en vacances ou vous voyagez souvent, il se peut que les circonstances du voyage ou la nature environnante se fasse moins clémente que prévu. Facile à emporter et à se procurer, simple à utiliser et par dessus tout efficace, l'homéopathie vous offre un éventail de solutions.
Voici de quoi préparer votre trousse homéopathique de voyage.

Caractéristiques des gels.

- Sensation de fraicheur
- Ne pique pas
- Pénètre rapidement
- Non gras
- Ne tache pas

Piqûres — Apis *Gel*

Démangeaisons causées par les moustiques, aoûtas et végétaux urticants.

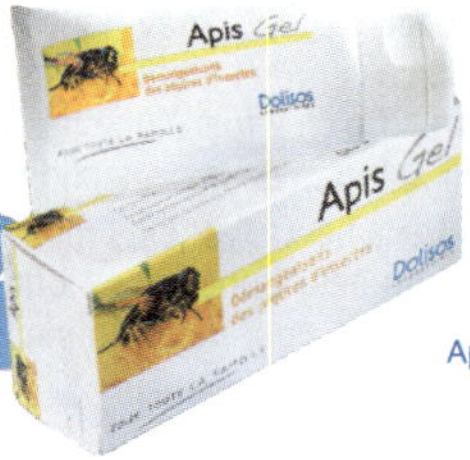

Apis Gel. Tube 50 ml.
code 708041.0

Coups — Arnica *Gel*

A utiliser uniquement si la peau n'est pas lésée. Masser doucement pour faire pénétrer.

Arnica Gel. A l'arnica et au millepertuis.
Tube de 50 ml.
Code 666572.3

Homéopathie !

Le mal des transports.

On sait que plus de 30% des français souffrent du mal des transports. Cependant les femmes, les enfants et les personnes agées semblent être le plus souvent touchés.
En voiture, en autocar, en train, en avion, et en bateau le mal des transports peut surgir à tout moment !
Il se manifeste par un malaise général accompagné d'une grande pâleur, de sueurs froides, de vertiges, de nausées et quelques fois de vomissements.
Ne le subissez plus, il existe aujourd'hui un médicament homéopathique qui permet de prévenir et de calmer les malaises en évitant tout problème de somnolence pendant et après le voyage.

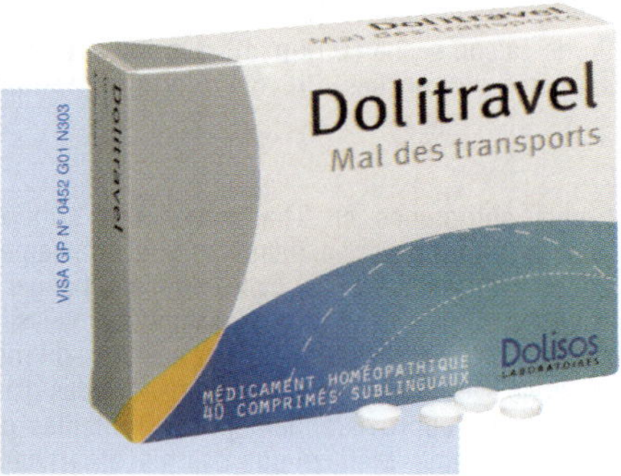

Dolitravel
Comprimé sublingual

Ce médicament homéopathique est traditionnellement utilisé pour prévenir et traiter le mal des transports.
Ne pas utiliser avant 6 ans en raison du risque de fausse route lié à la forme pharmaceutique.
Comprimé à laisser fondre sous la langue en dehors des repas.
Lire les informations mentionnées sur la notice.
Demandez conseil à votre pharmacien.
Si les symptômes persistent consultez votre médecin.

HOMÉOPATHIE
Dolisos

Pharmacie de base

Les médicaments communs sont accessibles dans les pharmacies locales (éviter impérativement les médicaments vendus en dehors des officines par exemple sur les marchés) mais il vaut mieux préparer sa pharmacie avant le départ. Les incontournables sont l'aspirine, le paracétamol, des antidiarrheiques, des antibiotiques (contre la diarrhée, les infections pulmonaires, ORL et cutanées), un antiallergique et tout le nécessaire pour se protéger des piqures d'insectes (voir paludisme). Une protection solaire pour lèvres et peau est indispensable. Des pansements adhésifs, et un désinfectant, peuvent être utiles.

Renseignements avant le départ

Il existe des centres de vaccination et de conseils aux voyageurs rattachés à chaque grand hôpital, souvent en relation avec les services de maladies infectueuses ou de parasitologie. Pour toute information complémentaire n'hésitez pas à demander aussi conseil à votre médecin ou à votre pharmacien.

Désagréments, troubles et maladies les plus fréquents

Chaud et froid

Bien plus fréquents que vous ne le pensez, ils sont dus avant tout à la climatisation à outrance omniprésente dans les hôtels (en particulier les halls), les restaurants, les transports (bus et petits vans). La climatisation du hall de l'aéroport de Bangkok est tellement puissante qu'il a fallu la changer à deux reprises. Certains bars et restaurants sont de véritables congélateurs, qu'il vaut mieux fuir.

Il est difficile de passer de la plage à son hôtel en prévoyant à chaque fois un pull, mais soyez équipés pour les longs trajets en bus. Prévoyez quelques remèdes contre les maux de gorge et les rhumes. L'acclimatation aux températures tropicales pourra vous prendre plusieurs jours et, en cas d'humidité élevée, il est normal que vous vous sentiez amorphe, que des coups de barre apparaissent en fin de matinée (ou après déjeuner). Buvez beaucoup d'eau et souvent, mangez salé, pas trop épicé ni très protidique. Surtout aucun surmenage…

Si vous voyagez dans le Nord en fin de saison sèche (avril-mai), rappelez-vous que les différences thermiques jour/nuit sont très prononcées. Prévoyez votre garde-robe en conséquence.

Diarrhée et douleurs intestinales

Probablement les affections les plus communes en Thaïlande. Elles sont dues principalement à une mauvaise hygiène, à la cuisson des aliments ou, tout simplement, à un appareil digestif malmené par une nourriture très épicée. Evitez donc de manger trop de plats épicés ou de fruits frais en début de séjour. Consommez avec modération les fruits et légumes non pelés, les viandes et les poissons non cuits. Ne buvez pas l'eau du robinet ni, plus généralement, toute boisson servie avec de la glace pilée (demandez des glaçons cubiques). Vous n'aurez aucun problème d'approvisionnement en bouteilles d'eau minérale. Vérifiez que la fermeture est d'origine. Méfiez-vous des glaces artisanales vendues dans la rue et des produits laitiers non pasteurisés. Une diarrhée bénigne ne dépasse pas 4 à 6 jours, pendant lesquels vous devez boire beaucoup pour vous réhydrater. Si elle persiste et, surtout, si elle s'accompagne de pertes de sang et de glaires, consultez un médecin à l'hôpital le plus proche. Outre les causes virales et bactériennes, ces symptômes peuvent annoncer une salmonellose ou le choléra. Et vos antibiotiques n'y suffiraient évidemment pas. Avant votre départ, vous pouvez également vous procurer, sur ordonnance, de l'Imodium (qui stoppe la diarrhée sans en combattre les causes) et certains antibiotiques comme l'Intétrix, prescrits sous certaines réserves d'utilisation.

Brûlures, coupures, morsures et piqûres

Le soleil des tropiques frappe fort et vite : à votre arrivée sur la plage, jetez un coup d'œil sur les peaux rouges des brûlés qui vous entourent. Une autre caractéristique des tropiques est le long délai de cicatrisation des plaies, voire la rapide infection des coupures, morsures et piqûres.

Kang Saphue, Ubolrajchathani

Cascades à Huay, région de Kanchanaburi.

◗ Wat Phra Ram, Ayutthaya

◗ Rayong

La nage, le snorkeling ou la plongée peuvent occasionner des désagréments comme les coupures de coraux, les brûlures de méduses (principalement pendant la saison des pluies), le contact avec les oursins ou, plus grave, avec les poissons-pierre, heureusement peu répandus. Déjà douloureuses, ces coupures, brûlures et piqûres sont également difficiles à cicatriser (c'est particulièrement vrai pour le corail). Il faut les désinfecter immédiatement. Retirer (s'il en reste) les filaments de méduse en y appliquant du vinaigre, dissoudre les épines d'oursins en employant... de l'urine. Pour les poissons-pierre, il est recommandé d'immerger votre pied souffrant dans un bain d'eau très chaude, en attendant l'arrivée d'un médecin.

Du côté terrestre, les morsures de serpent, les piqûres d'araignée ou de scorpion sont rares. Il est recommandé de capturer l'animal coupable pour identification. Contacter ensuite l'hôpital le plus proche qui dispose de stocks d'antisérum produit par la Snake Farm (Sawapha Institute) à Bangkok. Avant de partir en trekking, sachez qu'il existe des kits de sérum disponibles à la vente, mais ils sont spécifiques à chaque poison, et nécessitent aussi des intraveineuses. Outre la pose d'un garrot, il est conseille de boire beaucoup de café ou de thé. Rassurez-vous, la plupart des scorpions thaïlandais ne sont pas mortels. Inspectez tout de même vos chaussures avant de les enfiler le matin !

Hôpitaux

Ils sont en général propres et bien équipés. Leurs praticiens peuvent avoir été formés en Europe ou aux Etats-Unis. Les hôpitaux privés des grandes villes (Bangkok, Chiang Maï, Phuket, Hat Yaï, Khonkaen, Uda Thani) sont les meilleurs et d'un très haut niveau de prestations. Le service est parfois proche d'un service hôtelier, c'est dire si le personnel est compétent. Dans les autres villes, le niveau des hôpitaux publics et privés est variable. En situation d'urgence, isolés, vous pouvez aussi faire appel aux services des hôpitaux militaires. En cas d'accident grave, il n'existe malheureusement pas en Thaïlande de transport héliporté d'urgence publique. A Bangkok, cependant, la société Nihibon Flying Service a mis en service un hélicoptère SAMU pour une clientèle prête à payer une cotisation annuelle de 20 000 baht. Un début.

Vous n'aurez aucun problème pour vous faire soigner en Thaïlande, les hôtels ont tous l'adresse d'un médecin. Si vous devez vous faire hospitaliser, mettez-vous en rapport avec votre assurance internationale. A défaut, celle de votre carte Bleue. En cas de pépin grave, allez impérativement à l'hôpital avec votre carte de crédit ou du liquide, sinon on risque de vous laisser crever sur le pas de la porte... Vous devrez sans doute laisser une avance ou une empreinte de votre carte de crédit en caution. Mais en tant que touriste, vous passez en priorité, même dans les petites îles. Certains profitent de leur séjour pour se faire soigner les dents à moindre coût, souvent un bon calcul.

Outre les multiples " cliniques " (en fait des dispensaires ouverts 24h/24) réservées aux petits soins d'urgence ou aux maladies vénériennes, il y a aussi de très bons hôpitaux modernes et bien équipés. Ce sont les structures américaines des anciennes bases ou de nouveaux établissements financés par la famille royale. La communauté monastique prend aussi en charge quelques hôpitaux tenus par des bonzes. Dans tous les cas, conservez les factures médicales, en inscrivant dessus ce à quoi elles correspondent : le nom du praticien, les médicaments prescrits, les types de soins...

En Thaïlande il n'existe pas de Sécurité sociale, sauf pour les fonctionnaires, quelques Thaïs employés par des " joint ventures " (sociétés mi-thaïes mi-étrangères), certaines personnes âgées et les militaires. Deux solutions pour le Thaï en cas de maladie : soit il a la Sécurité sociale et il (ou sa famille) s'engage à payer la différence, soit il n'en a pas et sa famille doit alors faire un dépôt de plusieurs milliers de baht et payer les frais d'hospitalisation. C'est parfois le village entier qui apporte son aide. Depuis 2001, la population thaïlandaise bénéficie de la Sécurité sociale. Contre une cotisation de 3 % de leur salaire, ils sont couverts pour les soins ordinaires. De même, dans les hôpitaux publics de leur district, ils ont droit à des soins contre la somme de 30 baht : un progrès énorme.

Médecins

Les consultations ont lieu généralement directement à l'hôpital. Même les tarifs des spécialistes restent abordables (compter 450 baht). Pour une aide médicale ou des soins mineurs, il est utile de savoir que le consulat de France dispose d'un médecin français, généralement un coopérant, que tous les touristes peuvent consulter. Prix d'une consultation locale.

Il y a deux médecins francophones installés à Bangkok :

DR VANVAROTHAI SINGHAVANON. SATHORN HOSPITAL. 27/2 Soi Yommarat, Saladaeng, Silom Road © 234 3029.

DR PHILIPPE BALANKURA. PSE CLINIC. 1 Nares Road © 236 1389.

MMES SUWALAK ET PHONG PHAN, médecins parlant français, se relaient chaque jour de 8h à 17h au BANGKOK GENERAL HOSPITAL © 02 310 31 01 ou 02 310 31 02.

Hormis peut-être quelques problèmes d'adaptation au climat et à la nourriture, il est peu probable que vous connaissiez de sérieux ennuis de santé au cours de votre voyage en Thaïlande. Certaines précautions élémentaires sont cependant nécessaires, comme de revoir votre carnet de vaccination, même si aucune n'est obligatoire. En fonction de la saison, de votre destination, de votre type de voyage, prenez soin de vous informer et de vous protéger (en particulier au nord à la saison des pluies ou en fin de saison de pluie, ou pour un trekking près de la frontière birmane).

Dentistes

Il y a de bons dentistes à Bangkok, au :

DENTAL HOSPITAL. 88/88 Sukhumvit Soi 49, ainsi qu'à la DENTAL POLYCLINIC, 211/3 New Phetburi Road © 314 5070.

A Chiang Maï, il faut aller au :

DENTAL HOSPITAL. 1/42 Moo 3 Chiang Maï, Lampang Road © 411 1501. Cette clinique dentaire est dirigée par un chirurgien-dentiste francophone diplômé de la fac dentaire de Rennes.

Pharmacies

Ouvertes en général de 8h30 à 18h. De nombreux médicaments fabriqués localement sous licence étrangère, ou directement importés (les français en particulier), sont la plupart du temps vendus à l'unité. Lisez correctement les dates de validité. Evitez les marchés parallèles, on y trouve des médicaments interdits sous nos latitudes. Si vous avez une ordonnance et tombez en panne, négociez avec le pharmacien, qui parle en général l'anglais, un équivalent local.

Eau

Elle est rarement potable, même aux robinets des grands hôtels, qui vous fourniront des bouteilles d'eau filtrée pour boire et vous laver les dents. S'il n'y a pas de bouteille, demandez-en une dès votre arrivée, le personnel peut tout simplement l'avoir oubliée. Sauf dans les hôtels et les restaurants de luxe, ne buvez jamais l'eau servie à table, achetez plutôt une bouteille d'eau minérale (Singha), que l'on trouve partout à 5 ou 10 baht. Sa concurrente, la Polaris, a fait faillite et ne se trouve plus sur le marché.

Vous noterez que les Chinois de Thaïlande se font souvent apporter un verre d'eau chaude et la boivent tiède au cours du repas. Est-ce par sécurité (elle est bouillie) ou par économie ? Ou tout simplement parce que l'eau tiède se digère mieux que l'eau froide ?

Avant de partir

Qui voyage en Thaïlande ?

Bien sûr, tout un chacun, et c'est heureux. Mais les professionnels du tourisme seraient, à force d'habitude, capables de dresser différents portraits des visiteurs qu'ils accueillent chaque année. Voici un instantané de portraits touristiques en Thaïlande, vus de la Thaïlande.

Le couple " bon chic "

Lassé de la Côte d'Azur et de la Riviera italienne, bardé de valises, le couple " bon chic " vient chercher ici le dépaysement et le soleil. On dit que pour reconnaître les couples " bon chic ", c'est simple : ce sont les seuls dans tout le pays à porter des chemises Lacoste authentiques ! Descendu dans un hôtel de première catégorie (ils ne sont pas chers en Thaïlande), notre couple se déplace uniquement en avion – c'est la meilleure manière de se priver de paysages magnifiques. Prévoyant, il a organisé son séjour selon le schéma suivant : quelques jours à Bangkok, une visite culturelle à Chiang Maï et, enfin, une semaine de bronzage à Phuket ou à Koh Samui. Nos visiteurs " bon chic " repartiront avec quelques très belles images de la Thaïlande mais, en souvenir, ils ne garderont qu'une vision très floue des Thaïlandais, et c'est dommage car ce sont des gens merveilleux.

L'ex-" baba-cool "

Les cheveux longs, pas toujours douché de frais, ne parlant qu'un anglais approximatif après 20 ans de route, il n'est souvent plus dans sa première jeunesse. Il aime raconter avec mélancolie ce que furent Goa, Bali, Phuket à la fin des années 70. Il fume autre chose que du tabac, n'essuie pas d'encre avec le buvard et, souvent, n'est pas en fonds. Vivant modestement, il peut lui arriver de terminer ses fins de mois en dépannant d'un peu de ganja, l'herbe locale, des amis d'amis. Souvent sympa, l'ex-" baba cool " peut être une mine de renseignements et de bons tuyaux sur le pays.

Le pressé

Dans le cadre d'un tour organisé, le pressé s'imagine découvrir toute la Thaïlande en deux semaines. Levé aux aurores, il intègre son car dès son petit déjeuner avalé, son siège étant en réalité la véritable destination de ses vacances. Ainsi, sous ses yeux vont se succéder Wat Phra Keo, Wat Pho, Wat Arun, le Golden Mount, les barges royales et les canaux de Thonburi. Autant d'occasions de sortir son appareil photo. Le lendemain, ce sera à nouveau le même défilé, la ferme aux serpents, le pont de la rivière Kwaï… Le pressé voit, mais vit-il ? Car la Thaïlande est un pays dont il faut savoir prendre le temps de s'imprégner. On ne plonge pas à la sauvette dans une civilisation millénaire. L'idée pourrait être de choisir un circuit sans doute moins complet, mais qui laisserait un peu de temps… Visiter moins, mais mieux…

Le backpacker

Un sac, de préférence très lourd, sur le dos, une banane à la ceinture, une carte routière en main, un budget très étudié, le sourire aux lèvres, monsieur et madame Backpacker sont très bien représentés en Thaïlande. Le sac à dos est une excellente idée, car visiter la Thaïlande, 1 800 km du nord au sud, implique de beaucoup se déplacer, et donc de faire de longs trajets en bus, train ou bateau. En ville, un bon backpacker logera dans une guesthouse. Là, une fois ses petites lessives terminées, il discute avec des collègues et échange des renseignements pour l'excursion du lendemain. Et le lendemain, c'est reparti ! Quel courage…

D'où et quand viennent-ils ?

De Noël jusqu'au mois de mai : ce sont de très nombreux Allemands, Suisses et Nordiques (Suédois, Danois ou Norvégiens) mais aussi nombre d'Asiatiques. Dans une proportion moindre, des Anglais, des Américains et des Australiens. Ils ont raison, c'est la meilleure saison en Thaïlande.

En juillet et août : des Italiens (surtout à Phuket), des Français (surtout à Chiang Maï et Koh Samui). C'est pourtant la saison des pluies…

D'octobre à Noël : il n'y a en fait plus grand monde, c'est la saison fraîche, le temps est encore assez humide, et quelques tempêtes balaient les îles du Sud.

Vêtements à emporter

Un conseil : dans la mesure du possible voyagez léger.

Equipement de base : Des lunettes de soleil, une " banane ", pour ne pas se séparer de ses papiers, travellers chèques… Un vêtement de pluie. Si vous prévoyez de vous loger dans un bungalow sommaire : une machette pour tuer les serpents, les scorpions et les mygales… non, on plaisante. Bien que… Un couteau suisse pourrait dépanner.

Prévoyez éventuellement quelques tenues élégantes faciles à transporter (robes de crêpe, veste légère, cravate…) car dans les grands hôtels, on se change pour dîner et vous y prendrez vite goût, sans pour autant tomber dans l'excès.

Acheter ses vêtements en Thaïlande

Il y a, en matière d'habillement et d'accessoires, de quoi satisfaire tous les goûts sur place, et à des prix dérisoires.

De la tête aux pieds, on trouve : casquettes, lunettes de soleil, tee-shirts, sweat-shirts, polos, chemises, chemisettes, bermudas, maillots de bain, jeans, pantalons de toile, tongs, sandales. Exemple de prix – après une minute de discussion – Tee-shirt : 3 euros. Polos : 3,50 euros. Jeans : 10,50 euros. Leur qualité, sans être de premier ordre, est tout à fait honorable.

Attention - nous n'hésitons pas à multiplier les mises en garde - évitez les imitations de marques connues, vous risquez une amende, de longues discussions avec les douaniers français et des poursuites en justice…

Marchander, certes, mais sur des prix aussi bas, ça peut paraître inconvenant. Cependant ces prix seraient rapidement inabordables, pour les Thaïlandais d'abord, pour les visiteurs ensuite, si l'on payait aux vendeurs ce qu'ils demandent. Quand on vous réclame 200 baht pour une marchandise, proposez-en 80, et vous devriez pouvoir l'obtenir pour 120. Ne perdez pas de vue que même à ce prix-là, le vendeur fait une bonne affaire car un Thaïlandais paierait la marchandise en question moins de 100 baht… mais voilà, vous n'êtes pas thaï.

Pour les élégant(e)s : pensez à prendre quelques modèles de vestes, tailleurs… que vous souhaiteriez voir exécuter. A qualité égale, les prix sont incomparables. Certains voyageurs arrivent d'ailleurs avec une valise presque vide : ce ne sera pas le cas à leur retour.

Marchande de chapeaux

Equipement pour le Nord : une petite laine pour les soirées qui peuvent être fraîches, plus un sac de couchage si vous prévoyez de faire un trekking. Des bottes – ne vous embarrassez pas, ça se loue sur place – ou des pataugas, bref des chaussures montantes, à cause des sangsues. Préférez les jeans ou la toile plus grosse et des pulls pour la montagne. N'oubliez pas non plus d'emporter de quoi déjouer les désagréments de la pluie, un K-way par exemple.

Equipement pour le Sud : prévoyez des vêtements légers (shorts, chemises de coton, robes...). Pour le soir, un petit pull ou un sweat-shirt feront l'affaire, sans oublier un pantalon de toile léger qui vous sera bien utile pour vous protéger des moustiques. Et puis, bien sûr, emportez un maillot de bain qui sera votre fidèle compagnon dans cette région.

Photos

Pas de problème, les pellicules sont les mêmes qu'en France et on en trouve partout, sauf si vous voulez des diapos dont le prix inclut le développement. La qualité du développement n'a rien à envier à la France. Une pellicule de trente-six poses vous reviendra à environ 125 baht et le tirage des films entre 180 et 250 baht suivant le format. En prime, et attention, ceci est loin d'être négligeable, vos photos vous seront rendues rangées dans des petits albums !

Dans certains sites ou musées, les photos ou vidéos sont interdites. Dans d'autres, il vous faudra payer quelques baht pour photographier.

Décalage horaire

+ 5 heures en été et + 6 heures en hiver (en fait + 7h GMT).

La nuit tombe tôt (18h30) mais on vit beaucoup après cette heure, car le climat est plus agréable, plus frais que dans la journée. Le soleil se levant très tôt (5h30 – 6h), profitez-en pour vous promener dans les rues et observer la vie thaïe. L'après-midi, reposez-vous ou visitez un musée ou un temple, vous y serez à l'abri du soleil.

Formalités

Visa

Le visa est nécessaire au-delà de trente jours de séjour en Thaïlande. Mais le visiteur doit être muni d'un passeport valable au moins trois mois. Le visa autorise un séjour de soixante jours et doit être utilisé dans les trois mois. Il nécessite un passeport valable au moins six mois et deux photos. On récupère le visa le surlendemain du jour du dépôt de la demande. La demande de visa ne peut pas se faire par correspondance.

Le visa peut être prolongé d'un mois sur place (environ 1 500 baht), au service de l'immigration qui possède des bureaux de représentation dans toutes les villes touristiques (sur Soi Kue San Phlu à Bangkok), ainsi que sur les îles (Phuket, Koh Samui).

Dépassement de séjour

Si votre séjour dépasse la durée autorisée par votre visa, ce n'est pas très grave. Le jour du départ, à l'aéroport, lors du passage de l'immigration, on vous conduira dans un bureau où vous devrez payer 100 baht par jour " en trop ". Si le dépassement n'est que d'un jour, vous n'aurez rien à payer. Cependant assez déconseillé car, en cas de problème, vous risquez de rater votre avion...

Taxe d'aéroport

Au retour, gardez un peu de monnaie thaïe sur vous. A l'aéroport de Bangkok, lors de l'enregistrement, il faut s'acquitter d'une taxe de 250 baht.

Papiers

Passeport en cours de validité, bien sûr. Vous n'avez pas besoin de visa en deçà de 30 jours et vous pourrez le renouveler auprès du Tourist Office.

Pour votre voyage, munissez-vous de votre permis de conduire international, votre carte de Sécurité sociale, votre contrat d'assurance internationale (avec l'aide du consulat, elle vous permettra d'obtenir des soins avant que l'argent ou les papiers n'arrivent).

Conseils photos Kodak

Bien s'équiper lorsqu'on voyage

> Prévoir un sac pour votre appareil photo avec des piles de rechange, un chiffon pour nettoyer l'objectif et des pellicules en nombre suffisant pour vous éviter le souci d'en trouver sur place. Vous aurez bien d'autres choses à faire !

> Aujourd'hui, vous avez le choix entre différents types d'appareils photo : Compact et réflex 135, numérique et APS. La technologie APS s'adapte particulièrement bien aux photos de voyage avec ses 3 formats de prise de vue au choix : classique (10x15 cm), 16/9e (10x18 cm) et panoramique (10x25 cm). De plus, certains appareils comme le Kodak Advantix T700 résistent à la pluie et à la condensation !

> Pensez à prendre des films de différentes sensibilités car vous allez sûrement rencontrer des situations et des conditions d'éclairage variées. Vous pouvez également utiliser un film très polyvalent, tel que Kodak Ultra, qui s'adapte à toutes les conditions : en plein soleil, par une faible luminosité, sur des sujets en mouvement ou immobiles. Il est également particulièrement recommandé lors de prises de vue avec le flash car il permet d'augmenter sa portée.

> Garder vos pellicules dans leur cartouche plastique avant et après utilisation pour une meilleure protection de vos négatifs (contre le sable, la poussière, les écarts de température, l'humidité…).

> Lors de vos voyages en avion, pensez à prendre vos pellicules avec vous dans votre bagage à main. Les Rayons X utilisés pour inspecter les bagages de soute risquent d'endommager vos films. Ils sont beaucoup plus puissants que ceux utilisés pour les bagages à main pour lesquels les pellicules supportent 8 à 10 passages sans se voiler.

> Pensez à prendre un appareil photo jetable en complément de votre équipement :

- Léger et compact, il peut être emporté partout (escalade, randonnée…) pour prendre des photos même dans les situations les plus risquées !
- Il existe maintenant des appareils jetables étanches jusqu'à 5 m (Kodak Ultra Sport) particulièrement adaptés pour la plongée, la navigation ou les temps très pluvieux…
- Entièrement mécaniques, les appareils jetables sont moins sensibles que les appareils électroniques aux très basses températures.

Les astuces pour réussir ses photos

Utilisation du flash. Ne pas hésiter à utiliser le flash en extérieur pour raviver les couleurs de vos photos et atténuer les ombres sur les visages. Le flash permet également d'augmenter la vitesse d'obturation de votre appareil et donc de figer le mouvement. Il évite ainsi l'effet de flou du sujet en action.

Filtres. L'utilisation permanente d'un filtre UV protègera l'objectif de votre appareil des chocs et de la poussière. De plus, lorsque vous photographiez des paysages, il permet de diminuer l'effet du voile atmosphérique et d'augmenter la netteté de votre photo. Vous pouvez aussi utiliser un filtre polarisant, qui vous permettra de diminuer certains reflets dans les vitres et de raviver les couleurs de vos sujets.

Conditions de lumière et de prise de vue. Les conditions de lumière sont importantes : préférez la matinée ou la fin de journée. Le soleil bas dans le ciel, créé des ombres profondes qui donnent de la texture aux images. En milieu de journée, le soleil donne au contraire une lumière écrasante qui aplatit l'image.

Si vous voulez prendre des photos à travers une vitre (bus, voiture, avion) :

- Placez-vous de préférence du coté de l'ombre, afin d'avoir le soleil derrière vous.
- Approchez l'objectif le plus près possible de la vitre, afin que l'autofocus ne fasse pas la mise au point dessus. Surtout, ne le collez pas à la vitre pour éviter que les vibrations du véhicules ne rendent votre photo floue
- Débrayez votre flash pour éviter de photographier les reflets de l'éclair dans la vitre.

Composition des photos. Pour composer vos images, vous pouvez suivre la "loi du tiers", vos photos seront ainsi plus dynamiques. Par exemple : placez la ligne d'horizon au tiers haut ou tiers bas du cadre, ou placez le pic de la montagne au tiers gauche ou tiers droit de l'image. Lorsque vous composez votre cadre, pensez à utiliser un premier plan pour donner de la profondeur à vos images.

Conseil futé

Avant votre départ, photocopiez les premières et dernières pages de votre passeport, votre billet de retour, votre permis de conduire recto et verso, votre contrat d'assurance et, éventuellement, votre carte de Sécurité sociale, et mettez-les avec votre carte d'identité ailleurs que dans votre portefeuille (dans le coffre de l'hôtel par exemple). En cas de perte ou de vol, cela facilitera les démarches consulaires.

Médias

Presse

Mensuels

GAVROCHE. 27/20 Soi Nailert, Thanon Wittayu ✆ 02 253 39 29, 02 655 59 33. gavroche@loxinfo.co.th. www.gavroche-thailande.com. Le mensuel en français de Thaïlande (le seul actuellement). Lu par la majorité des francophones qui résident dans la région depuis plus ou moins longtemps, c'est une sources d'informations sur les événements artistiques et des bons articles de fond sur Bangkok, le pays (autres provinces) et la région. Même si cela pourrait être mieux, c'est un vrai magazine, avec une ligne éditoriale sérieuse et des collaborateurs dont certains sont d'éminents journalistes dans la région.

FARANG. You, you, you Toolbox Media co.ltd. 72/5 Soi Samsen 2 ✆ 02 629 39 91. www.farangonline.com. *Prix 100 baht.* Ce magazine en langue anglaise vient juste de naître. De mensuel, il est passé à un numéro tous les deux mois. Si t'as décidé d'aller crécher à Khao San, si t'as des dread-locks, des tatoos, des piercing, tu es de ceux qui sont cool, c'est ton magazine. En anglais plus qu'argotique ! Perso, moi j'aime pas. Le côté rebelle dans la mouvance, ça m'exaspère. Mais bon, des goûts et des couleurs... comme on dit.

METRO MAGAZINE. City Media Group Ltd. 101/11 Soi Suan Plu Sathorn ✆ 02 679 46 32-5. www.bk kmetro.com. editor@bk kmetro.com. *Prix 100 baht.* Magazine d'actualité culturelle, artistique, restos et vie nocturne, qui paraît tous les mois. Très " people " et très fric, c'est une excellente source d'informations sur les événements qui ont cours pendant le mois. Pour les Bangkoquins et les Bangkoquines branchouilles et pleins de thunes.

BK Magazine. Asia City Publishing (Thailande), 5th floor, Zuelling Building, 1-7 Thanon Silom ✆ 02 233 15 46. bkmagazine@asia-city.co.th. *Gratuit.* Shopping, restos et bars : les dernières tendances. Comme dans le Metro Magazine, on peut y trouver tous les événements qui bouleverseront la vie planplan des Bangkokais. Seule différence de ce bi-mensuel, et non des moindres, ce qu'il est gratuit !

▸ Prasat Srikhoraphum, Surin

Escalade

Quotidiens

BANGKOK POST. 136 Na Ranong, Klongtoey © 02 240 38 00-24. www.bangkokpost.com. Quotidien en langue anglaise, sérieux et très bien fait, à 20 baht (l'encre est de bien meilleure qualité que chez son concurrent le Nation). Publié depuis 1946, ce journal donne de bonnes informations régionales.

NATION. www.nationmultimedia.com. Journal en anglais plus sensationnel, avec des informations souvent contestées. Comme son concurrent, il coûte 20 baht. La nouvelle présentation est déplorable et l'encre inchangée. Il faut se laver les mains après la lecture. Après consultation des deux journaux, notre verdict c'est que le Bangkok Post est cent fois mieux.

Pour vous informer sur la conjoncture du pays avant votre départ, **la Far Eastern Economic Review et l'Asia Week** publient chaque année A Year Book (statistiques résumées des événements économiques, militaires et politiques de l'année écoulée).

Télévision

Les chaînes publiques thaïlandaises portent toutes un numéro impair : 3, 5, 7, 9 et 11, et une chaîne privée, ITV, depuis peu rachetée par l'homme d'affaires Thaksin, accessoirement à ses heures Premier ministre, et qui trouvait cette dernière trop critique à son égard.

Les programmes sont tous à base de mêmes ingrédients. Variétés où passent et repassent les mêmes vedettes, " Soap Operas " à l'heure du dîner, séries américaines, jeux débiles sponsorisés par de grandes marques et des sempiternels reportages sur la famille royale " si bonne " et " si près du petit peuple ". De plus, les gens un peu plus aisés peuvent avoir accès au câble et au satellite. Le premier, que vous aurez dans les établissements de petite et moyenne gamme, offre un choix entre 21 et 39 chaînes selon les régions. Parmi celles-ci, TVS, CNN, la BBC, la RAI et des chaînes de sports et de cinéma.

Le satellite, dont sont équipés tous les grands hôtels, offre le vaste choix d'environ 60 chaînes.

Radio

Profusion de radios FM et AM, plus de 400 au total. Quelques programmes anglophones sur 97 FM, 107 FM et sur Radio Bangkok : 95,5 FM.

Vidéo

Système PAL.

Cartographie

Nancy Chandler's Map of Bangkok. Un must. Existe aussi sur Chiang Maï. Cette carte ressemble un peu à une bande dessinée ; abondamment annotée et illustrée, elle insiste sur ce qu'il y a à voir, à visiter et à faire à Bangkok. Indispensable.

Tour'n Guide Map Bangkok Thailand. Best seller. Beaucoup plus classique, cette carte comprend une carte de la Thaïlande.

Carte de Bangkok au 1/500 000e. Editions Nelles.

Carte au 1/700 000e. Editions Bartolomew.

Carte Nelles au 1/500 000e. Nelles Verlag, Munich. Carte topographique, parmi les meilleures.

Où trouver de la presse francophone ?

Dans les principales destinations touristiques, vous pourrez vous procurer la presse française avec 72h de délai (Le Monde, Libération, Le Figaro, l'édition internationale du Point, l'Express ou l'Evénement du Jeudi).

Ne quittez pas le réseau
des grands voyageu
SFR
VOS SERVICES
VOUS SUIVENT PARTOUT LORS DE VOS DEPLACEMENTS A L'ETRANGER(1).
Vous pouvez :
Consulter votre messagerie vocale,
Envoyer et recevoir des Texto.
Avant de partir n'oubliez pas de vérifier que SFR Monde est activé, en appelant le 900* pour les abonnés SFR, ou SFR Mon Profil au 999* pour les Clients La Carte.
SFR Monde est gratuit pour tous les clients SFR, abonnés et clients La Carte.
Vous serez toujours plus
qu'un simple voyageur
Crédit photo : Gianni Casti
Vous avez un nouveau message
SFR
groupe cegetel
1er OPÉRATEUR PRIVÉ DE TÉLÉCOMMUNICATIONS
www.
*Prix d'un appel normal.
(1) Dans la limite des zones couvertes par les réseaux des opérateurs étrangers avec lesquels SFR a signé un accord d'itir
Voir conditions tarifaires et liste complète des services disponibles sur le site www.sfr.fr rubrique SFR Monde.

Envoyer des plis exprès de Bangkok

Federal Express. Green Tower Rama IV Road ✆ 02 367 32 22.

UPS. 16/1 Soi 44 Sukhumvit Road ✆ 02 712 33 00.

DHL. Grand Amarin Tower, 22nd floor, New Petchaburi Road Bangkok 10550 ✆ 207 06 00 – Fax 207 06 30.

Attention !

Dans certains hôtels, les appels étant enregistrés sur ordinateur par chambre, vérifiez chaque soir (et surtout le soir de votre arrivée) le montant de vos communications car si le client précédent n'a pas payé les siennes, vous êtes redevable de ces dernières (idem pour le contenu du bar).

Annuaire

A savoir aussi, un annuaire en anglais existe, mais pour Bangkok seulement. Les Thaïlandais y figurent selon la première lettre de leur prénom, les étrangers de leur nom. Mais pas de locataires dans l'annuaire, ce serait trop simple...

Danseurs, Mae Hong Son

Carte Esso au 1/200 000ᵉ. En thaï et en anglais. Indique les routes principales et les voies express.

Cartes régionales Periplus au 1/100 000ᵉ. Thaïlande, Bangkok, Chiang Maï, Koh Samui et Phuket. Elles sont très agréables à la lecture, avec des développements utiles sur les villes et les îles. Recommandées.

Thailand Highway Map, au 1/100 000ᵉ. Un livre-atlas à jour (1995) des routes thaïlandaises, avec des plans de villes, dont la clarté n'est pas toujours évidente. Intéressant pour les routes de campagne.

Sur place

Poste et télécommunications

Poste

Ouverte en général de 8h30 à 16h30, du lundi au vendredi, et le samedi de 9h à 12h. Les postes centrales dans les villes les plus importantes sont également ouvertes le dimanche de 9h à 12h. Les services postaux sont généralement très efficaces. On y trouve tout le nécessaire pour envoyer des colis : jusqu'à dix formats de boîtes.

Pour l'Europe, sur une lettre de moins de dix grammes, on devra mettre un timbre de 17 baht ; sur les cartes postales, un timbre de 15 baht. Pour les colis, le prix est de 990 baht le premier kilo et de 400 baht les suivants.

L'acheminement pour l'Europe prend entre 3 et 5 jours pour les lettres, entre 2 jours... et 3 mois pour les colis. Par avion, 510 baht par kilo, 6 300 baht pour 20 kilos. Par mer (compter 3 mois minimum), 260 baht pour un kilo, 910 baht pour 20 kilos.

Poste restante

Un service disponible dans la plupart des postes et pour un coût très modique : 1 baht par lettre et 2 baht par colis. Grande affluence à la haute saison touristique. Veillez à ce que votre nom soit parfaitement lisible. Suggérez à vos correspondants de faire des bâtons et de souligner votre nom pour le différencier de votre prénom.

Envoi d'antiquités

Les délais pour les autorisations demandées à la Direction des musées nationaux peuvent être supérieurs à 15 jours. Prenez de l'avance. Renseignements au Bangkok National Museum ✆ 226 16 61. Conseil, ne prenez jamais une autorisation de départ pour un certificat d'authenticité.

Téléphone

Il n'y a guère de difficulté à téléphoner de Thaïlande, si ce n'est parfois un peu d'attente, due soit à la vétusté des installations de votre hôtel, soit au faible dimensionnement du Pabx (central téléphonique).

Les communications internationales et les fax (également interurbains) sont en général lourdement facturés par les hôtels.

Cartes téléphoniques

Si vous n'avez pas de cartes téléphoniques internationales (France Télécom, AT & T, Sprint, MCI ou Viatel), nous vous conseillons de vous procurer dès votre arrivée des cartes classiques : en vente à l'aéroport, dans les centres commerciaux, certains bureaux du TAT et certaines moyennes surfaces. Achetez également des cartes téléphoniques locales et interurbaines (entre 25 et 250 baht).

Les téléphones à cartes internationaux (de couleur jaune) sont différents des nationaux (verts). A défaut de carte, vous pouvez utiliser les téléphones publics à pièces. Ils sont rouges pour les appels locaux et bleus pour l'interurbain. Si vous téléphonez tout près, il existe trois modèles de pièces de 1 baht, choisissez la taille intermédiaire, c'est la bonne.

Si vous appelez d'un téléphone public, des réductions tarifaires existent sur certaines tranches horaires : 21h-24h et 5h-7h, moins 15 % ; 24h-5h, moins 30 %.

Liste des indicatifs pour les appels interurbains

Indicatif téléphonique des villes du guide

BANGKOK, SAMMUT PRAKAN	02
CHA AM, HUA HIM, PRACHUAP KHIRI	032
KACHANABURI, NAKHON PATHOM	034
AYUTHAYA	035
LOP BURI	036
PATTAYA, RAYONG, BANPHE, SIRACHA	038
CHANTAHABURI, TRAT, KOH CHANG	039
CHIANG HKAN, LOEI, NAKHON PHANON	042
NONG KHAI, SAKHON, UDON, THANI	042
HKON KHAEN, ROI ET	043
BURIRAM, KHORAT	044
SISAKET, SURIN, UBBON RATCHATHANI	045
CHIANG MAI, CHIANG RAI, MAEHONG SON	053
LAMPANG, NAN	054
MAESOT, PHITSANULOK, SUKHOTHAI, TAK	055
PETCHABUN	056
NARATHIWAT	073
HAT YAI, SONGKHLA	074
KRABI, KOH PHI PHI, NAKHON SI, THAMMARAT	075
PHANG NGA, PHUKET, KOHYAO	076
CHUMPHON, KOH SAMUI, KOH PHA NGAN, RANOG, SURAT THANI	077

Fax

Pour ceux qui ont le temps, qui ne craignent pas de se déplacer et qui souhaitent envoyer un fax à moindre coût, les bureaux de poste disposent de centres de communications. Etonnante centralisation, les fax transitent par Bangkok avant de partir vers l'étranger !

De nombreuses agences de voyages ou de simples kiosques équipés de téléphones et de fax proposent également leurs services, avec des surcharges moindres que celles des hôtels. Comptez tout de même entre 100 et 200 baht pour la première page d'un fax pour la France.

Appels en PCV

Les postes proposent en outre un service de PCV en direct, vers une vingtaine de pays, mais pas la France ! (composez le 100 pour un PCV en France, puis expliquez-vous). Pour les autres pays, accessibles par le service Home Direct, vous pouvez, à partir de n'importe quel téléphone privé, appeler par exemple :

Suisse : 001 999 41 1000, **Canada :** 001 999 15 1000, **Hong-Kong :** 001 999 852 1086, **Singapour :** 001 999 65 000. **A Bangkok,** le centre des communications est situé derrière la Poste centrale (Chaoren Krung New Road), et il reste ouvert 24h/24.

Téléphoner, mode d'emploi

Pour appeler depuis la France : 00 66 + indicatif (sans le 0) + numéro de votre correspondant (6 chiffres).

Pour appeler depuis la Thaïlande : en automatique, composez le 002 + code du pays + numéro de votre correspondant. Par l'opérateur, composez le 100.

Location de portables

Dès votre arrivée à l'aéroport, vous pouvez louer un combiné cellulaire. Plusieurs sociétés offrent leurs services.

CELLULAR PHONE RENT © 662 299 53 33 – Fax 299 5354. Aéroport © 535 35 98 – Fax 531 02 97.

Loi Krathong et spectacle pyrotechnique, Sukhotaï

Base tarifaire par jour, par appareil

1 à 2 jours : 440 baht.
3 à 6 jours : 410 baht.
7 à 15 jours : 260 baht.
+ de 16 jours : 150 baht.

Communication par minute

Pour un appel domestique : 10 baht.
Longue distance : 10 + TOT Rates.
IDD : 15 + CAT Rates.

Langues étangères parlées

Si la France a perdu la bataille économique en Asie sur de nombreux fronts, c'est peut-être parce qu'elle a d'abord perdu celle des langues. Certes, la bonne volonté de l'Alliance française n'est pas à mettre en doute, mais c'est bien d'abord dans la communication de masse que se joue l'influence d'une langue.

Les émissions françaises de notre Radio France Internationale et leurs conditions de réception laissent beaucoup à désirer en Thaïlande. Le dossier de la diffusion des ondes courtes asiatiques (pour le coup inaccessibles aux auditeurs sans récepteur adapté) est probablement resté dans les placards du ministère de la Coopération : exit l'émetteur qui devait couvrir toute cette région d'Asie du Sud-Est.

Quant à l'image, la France est présente par sa chaîne francophone TV5. Sans adhérer totalement au point de vue de Michel Houellebecq qui, dans un de ses romans dit que c'est la TV la plus mauvaise du monde, on ne peut que regretter que le seul regard sur le monde francophone accessible aux habitants de la Thaïlande ou d'ailleurs, qu'ils soient francophones ou pas, soit celui-ci. Ce qui manque surtout, c'est un véritable concept de chaîne. Tandis que du côté des chaînes anglophones, on se bouscule en ce qui concerne les transporteurs et l'offre est pléthorique. L'anglais est donc de plus en plus pratiqué. Il est le plus souvent basique – commercial – mais suffisant pour une conversation... de gamme très moyenne. Les jeunes générations parlent en majorité l'anglais, le français leur étant très généralement inconnu. Le chinois est assez répandu, comme partout dans le Sud-Est asiatique.

Electricité

220 volts. Les prises sont soit à la française (2 fiches), soit à trois fiches. Si vous n'avez que des appareils à deux fiches, un crayon bille fiché dans la prise de terre (la troisième) peut faire l'affaire. Mieux vaut cependant acheter un adaptateur. Il vous en coûtera moins de 10 baht et c'est très facile à trouver. Certains hôtels ont aussi des prises à l'américaine (2 fiches plates) et on trouve des adaptateurs sur place.

Poids et mesures

On utilise le système décimal : le mètre et le kilo.

Pour les superficies, les Thaïs utilisent encore la mesure appelée " raï " qui équivaut à 1 600 m^2.

Dans le Nord, l'opium était autrefois une monnaie d'échange, et l'on utilise encore parfois les vieux poids à opium en bronze (en forme de petits dragons, d'oiseaux...), que vous trouverez sur le marché de Chiang Maï.

Heures d'ouverture

Administrations : de 8h30 à 12h et de 13h à 16h30.
Department Stores (grands magasins) : de 10h à 19h.
Secteur privé : de 8h à 17h.
Boutiques : de 8h à 21h (généralement).

Carnet d'adresses

Représentations thaïlandaises à l'étranger

France

AMBASSADE DE THAÏLANDE. 8, rue Greuze 75016 Paris (métro Trocadéro) ✆ 01 47 04 32 21. *Service des visas. Ouvert de 9h30 à 12h du lundi au vendredi.*

CONSULAT DE THAÏLANDE. 10, place Joliette 13002 MARSEILLE (premier étage à droite) ✆ 04 91 91 67 57. Possibilité d'obtenir le visa sur place.

CONSULAT DE THAÏLANDE. 8, rue Sala 69002 LYON ✆ 04 78 37 16 58. Possibilité d'obtenir le visa par correspondance.

OFFICE DU TOURISME DE THAÏLANDE. 90, Champs-Elysées 75008 PARIS ✆ 01 45 62 87 48 – Minitel 3615 THAI. *Ouvert du lundi au vendredi de 9h30 à 12h et de 13h30 à 17h30.* Cet organisme est prêt à vous accueillir pour vous fournir tous les renseignements pratiques sur la Thaïlande.

Suisse

AMBASSADE DE THAÏLANDE. 60, Eigerstrasse 3007 Berne ✆ (022) 46 22 81.

Belgique

AMBASSADE DE THAÏLANDE. 2, square Valde-Cambre 1050 Bruxelles ✆ (02) 640 68 10.

OFFICE DU TOURISME DE THAÏLANDE. 19, place Guy d'Aresso 1000 Bruxelles ✆ (022) 346 36 12.

Canada

AMBASSADE DE THAÏLANDE. 180 Island Parkdrive, Ottawa, Ontario ✆ 72 44 44.

Offices du tourisme thaïlandais en Thaïlande

TAT (Office du tourisme thaïlandais). Plusieurs bureaux à Bangkok et dans les grandes villes (votre hôtel vous indiquera le plus proche). On y fournit en général des cartes, des itinéraires, des horaires et on peut vous y vendre des prestations (nuits d'hôtel, location de voitures…). Les étudiants s'y renseigneront sur les possibilités des tarifs réduits.

Si vous avez accès au net, sur CompUserve, il est possible d'ouvrir la bibliothèque du service Travel, rubrique Asia. Posez vos questions, les réponses sont en général très précises.

Demande d'adhésion

A nous retourner dûment remplie, ainsi que votre chèque de règlement à l'adresse suivante :

ASSISTANCE

AXA ASSISTANCE FRANCE
12 bis boulevard des Frères Voisin
92798 Issy-Les-Moulineaux Cedex 9
Tél : 01 55 92 40 00
Fax : 01 55 92 40 59
SA au capital de 26 840 000 euros
311 338 339 RCS Nanterre
Siret 311 338 339 000 55
N° Intracommunautaire FR 89 311 338 339
Code APE 660 E

Adresse du souscripteur en France ....

....

....

Nom et prénom des bénéficiaires

1re personne ....

2e personne ....

3e personne ....

4e personne ....

5e personne ....

Durée ❍ 1 mois ❍ 2 mois ❍ 3 mois

Date de départ ....

Date de retour ....

Destination ❍ France, zones 1-2-3 ❍ zones 4-5

Option ❍ Frais médicaux (28 € x .... mois x .... personnes)

Prime .... x nb de personnes = ...€ TTC

Fait le .... **à** .... **Signature**

Attention, toute demande d'adhésion doit nous être adressée au plus tard 72 heures avant votre départ afin que votre contrat puisse vous parvenir par courrier

Pour toute information et souscription

Adressez-vous à notre conseiller AXA Assistance ou téléphonez au 01 55 92 41 50.

Partir

Compagnies aériennes

AIR FRANCE. 119, avenue des Champs-Elysées 75008 Paris. Renseignements-réservations au © 0 820 820 820 – Web : www.airfrance.fr Métro : George V.

La compagnie assure un vol quotidien au départ de Paris-Charles-de-Gaulle (Roissy) et à destination de Bangkok. Compter 11h de vol aller, 12h30 pour le retour. Départ possible de province, via Paris-CDG. Air France propose une gamme de tarifs attractifs sous la marque Tempo, accessible à tous : Tempo 1 (le plus souple), Tempo 2, Tempo 3 et Tempo 4 (le moins cher). Plus vous réservez tôt, plus il y a de vols et de tarifs à des conditions favorables. Egalement disponible, le tarif Tempo Jeunes (- de 25 ans) au départ de France vers l'Europe (en aller simple ou aller-retour, changement de réservation ou remboursement gratuit) ou vers des destinations long courrier (aller-retour). Ce tarif est accompagné d'une assurance rapatriement gratuite ainsi que la mise à disposition d'une ligne téléphonique " Air France assistance jeunes " en cas de difficultés pendant le voyage ou pour adresser un message à sa famille.

Agences Air France de Paris

Luxembourg : 4, place Edmond-Rostand 75006 Paris. Métro : Saint-Michel ; RER B Luxembourg.

Invalides : 2, rue Esnault-Pelterie 75007 Paris. Métro : Invalides

Champs-Elysées : 119, avenue des Champs-Elysées 75008 Paris. Métro : George V

Blanqui: 74, bld Blanqui 75 013 Paris. Métro : Glacière ou Corvisart

Opéra : 14, avenue de l'Opéra 75001 Paris

Bonne-Nouvelle : 11, rue du Faubourg Poissonnière 75009 Paris. Métro : Bonne-Nouvelle

Maine-Montparnasse : 25, bld de Vaugirard 75015 Paris. Métro : Montparnasse

Bastille : 9, bld Beaumarchais 75004 Paris. Métro : Bastille

Radio France : 116, ave du Président-Kennedy 75016 Paris. Métro : Passy, Mirabeau, RER C

Maillot : 2, Place de la Porte Maillot 75017 Paris. Métro : Porte Maillot

Cars Air France. Renseignements au © 0 892 350 820

Pour vous rendre aux aéroports Charles-de-Gaulle et Orly dans les meilleures conditions, utilisez les services des Cars Air France qui vous offrent confort, rapidité, vidéo et climatisation à bord ainsi qu'un bagagiste qui prend en charge vos valises à chaque arrêt !

Quatre lignes sont à disposition :

Ligne 1 : Orly-Montparnasse-Invalides. Tarifs : 7,5 € pour un aller simple et 12,75 € pour un aller-retour.

Ligne 2 : CDG-Porte Maillot-Etoile. 10 € aller simple, 17 € aller-retour

Ligne 3 : Orly-CDG. 15,5 €

Ligne 4 : CDG-Gare de Lyon-Montparnasse. 11,5 € aller simple, 19, 55 € pour un aller-retour

THAI AIRWAYS INTERNATIONAL. 23, avenue des Champs-Elysées 75008 Paris. Renseignements-réservations au © 01 44 20 70 80 – Fax 01 45 63 75 69 - Web : www.thaiairways.fr La compagnie propose 10 vols hebdomadaires au départ de Paris et à destination de Bangkok : 1 vol de jour quotidien + 1 vol de nuit les lundi, mercredi et vendredi. Durée du vol aller 11h, 12h40 pour le retour. Départ Paris-CDG terminal 1 ; enregistrement porte 12, 2h avant le départ. Réservation possible dans toutes les classes (Royal First Class = 14 sièges ; Royal Executive Class = 50 sièges ; Economic Class = 325 sièges)...

Thaï Airways fait partie de la " Star Alliance " composée de 15 compagnies aériennes soucieuses de vous offrir des tarifs très attractifs sur tous les vols ainsi que d'autres facilités (horaires harmonisés, attente limitée aux points de correspondance, priorité à l'enregistrement et sur les listes d'attente, transfert prioritaire des bagages...)

MALAYSIA AIRLINES. 12, bld des Capucines 75009 Paris ✆ 01 44 51 64 20 - Fax 01 44 51 64 30. 3 vols hebdomadaires Paris-Charles-de-Gaulle-Kuala Lumpur (12h)-Bangkok, les mardi, vendredi et dimanche.

EVA AIR. 157, avenue Charles-de-Gaulle 92200 Neuilly-sur-Seine - ✆ 01 41 43 91 11 – Web : www.evaair.com (site en anglais). 3 vols hebdomadaires Paris CDG - Taipeh (Taiwan, 13h50 de vol) - Bangkok, les lundi, jeudi et samedi.

SINGAPORE AIRLINES. Accueil public au 106, bld Haussmann 75008 Paris - Centre réservations téléphoniques au 43, rue Boissière 75016 Paris ✆ 01 53 65 79 01 – Fax 01 53 65 79 05 - Web : www.singaporeair.fr Singapore Airlines propose un vol quotidien (sauf le mercredi) au départ de Paris-CDG et à destination de Bangkok, via Singapour.

CATHAY PACIFIC. 8, rue Hôtel de Ville 92522 Neuilly-sur-Seine Cedex ✆ 01 41 43 75 75. Internet : www.cathaypacific.com (site en anglais). 1 vol quotidien Paris CDG-Hong Kong (durée du vol 11h45) puis Hong Kong-Bangkok (2h40).

LUFTHANSA. 106, bld Haussmann 75008 Paris (M° Saint Augustin)✆ 0 820 020 030 (n° indigo, 0, 12 /min) – Web : www.lufthansa.fr. Agence à Bangkok : Lufthansa German Airlines18th fl., Q House Asoke Bldg, 66 Sukhumvit 21 road, Bangkok 10110 # 0066 2 264 2400 - Fax 0066 2 264 2399 - E-mail : bkkgs@dlh.de, ouvert du lundi au vendredi de 08h30 à 17h et le samedi de 08h30 à 12h30. Lufthansa dessert Bangkok en partenariat avec Thaï Airways 25 fois par semaine via Francfort et au départ de Paris, Lyon, Nice, Marseille, Toulouse, Bordeaux, Strasbourg et Mulhouse. Depuis Bangkok, correspondances vers Chiang Mai, Chiang Rai, Hat Yai, Phuket et Surat Thani. Le réseau Lufthansa compte 323 destinations dans 88 pays.

VIETNAM AIRLINES. 9, rue de la Paix 75002 Paris ✆ 01 44 55 39 90 – Fax 01 44 55 39 99 – Web : www.vietnamair.com (site en anglais). La compagnie vietnamienne propose 1 vol quotidien au départ de Paris-CDG et à destination de Bangkok, via Hanoi ou Ho Chi Minh Ville.

Location de voitures

AUTO ESCAPE. ✆ 0 800 920 940. Web : www.autoescape.com. Ce concept vient des Etats-Unis : Auto Escape est une centrale de réservation de location de voiture. Cette agence effectue en effet des réservations auprès de 4000 grandes compagnies de location reparties dans une multitude de pays. Sa devise : le service avant tout. Un désistement de dernière minute ? Aucun problème, il n' y a aucun frais de réservation, ni d'annulation. Tarifs négociés.

faire du ciel le plus bel endroit de la terre
AIR FRANCE
Tarifs Tempo.
Envolez-vous à prix légers.
www.airfrance.com
Membre de SKYTEAM

16 destinations en Asie.
10 vols par semaine vers Bangkok.
On vous dépose ?
Informations/Réservation
- Votre agence de voyages
ou
- Lufthansa :
0 820 020 030 (N° Indigo)
www.lufthansa.fr
There's no better way to fly.*
Lufthansa
*Il n'y a pas plus belle façon de s'envoler.
MEMBRE DU RÉSEAU STAR ALLIANCE

AVIS. Renseignements au © 0 820 05 05 05. Web : www.avis.com. Décidé à "faire mille fois plus ", Avis a installé ses équipes dans plus de 5000 agences réparties dans 163 pays. 15 agences vous accueillent aux quatre coins de l'île. Un large panel de véhicules de locations vous sera proposé, du cabriolet à l'utilitaire, ainsi qu'un système de réservation rapide et efficace.

HOLIDAY AUTOS. 11, rue Maurice Grandcoing 94207 Ivry sur Seine cedex. Web : www.holidayautos.com. Holiday Autos est un courtier en location de voitures né à Londres en 1987. Avec 4 000 stations dans 70 pays, aucun autre loueur de voitures ne vous offre un tel choix de destinations. Holiday autos vous offre, sur toutes ses destinations, une large gamme de véhicules allant de la petite voiture économique au grand break. Holiday Autos dispose aussi de voitures plus ludiques telles que les 4X4 et les décapotables.

Organisateurs de voyages

Outre les billets à prix préférentiels (vols internationaux ou intérieurs), ce sont d'excellents conseillers (beaucoup d'agents voyagent ou ont déjà voyagé en Thaïlande) qui pourront organiser vos séjours et vous donner des tuyaux. Ils peuvent vous obtenir des réductions substantielles sur les nuits d'hôtel et organiser, pour des petits groupes, des séjours "sur mesures" en Thaïlande avec détour dans les pays limitrophes : Birmanie, Cambodge, Laos, Vietnam. Il est conseillé de réserver une ou plusieurs nuits d'hôtel auprès de ces agences, ainsi que le transport A/R à l'aéroport : les prix sont plus intéressants que sur place parce que négociés. Certains organisent même des réunions d'information avant le départ (ex : Voyageurs en Thaïlande).

Les Spécialistes

AMERIKASIA. 48, rue Franklin 69002 Lyon © 04 78 42 98 82 - Fax 04 78 38 31 95 – Web : www.amerikasia.com

Une façon originale de découvrir la Thaïlande. Au programme : arrivée à Bangkok, tour de ville et 2 nuits hôtel centre ville ; départ en train de nuit jusqu'à Chiang Mai et mise à disposition d'une voiture de location. Six nuits d'hôtels pour découvrir Chiang Mai, le triangle d'or et la vallée de Mae hong Sorn muni d'un road book complet avec itinéraire détaillé. Le voyage se termine en séjour balnéaire avec une extension sur la plage de Koh Samui en été, Koh Phiphi, Rayong, Chaam en hiver......14 jours à partir de 1960□/pers au départ de Paris.

LES ATELIERS DU VOYAGE. 15, rue Chevert 75007 Paris. Spécialiste Asie du Sud-Est : YOKETAI © 01 45 56 58 20 – Fax 01 45 51 34 70 – E-mail : yok@les-ateliers-du-voyage.com - Web : www.atlv.net/ En relation avec les meilleurs spécialistes de l'Asie, les Ateliers du Voyage vous offrent des séjours " sur mesure " en Thaïlande. Découvrez Bangkok, Sukhotai, Phuket ou Hua Hin dans les meilleures conditions selon votre budget et vos désirs. Sélection rigoureuse des correspondants et prestataires, des hôtels. Un prix avantageux n'assure pas forcément un bon voyage…Tous les produits proposés ont été préalablement testés au cours de séjours de repérage. Possibilité de demande de devis, remis dans un délai de 1 à 8 jours selon la nature de la requête. Si vous le souhaitez, des photos et des cassettes vidéo vous seront remises pour vous aider à choisir vos destinations et activités.

BLUE JADE. 10, rue de la Paix 75002 Paris © 01 42 86 66 52 – Fax 01 49 03 07 20 - Email : info@blue-jade.com - Web : www.blue-jade.com Australie, Birmanie, Cambodge, Hong Kong, Vietnam, Laos, Singapour…et Thaïlande. Des voyages à la carte détaillés, pour tous les budgets, de 7 à 13 jours. Séjours balnéaires à Pattaya, Cha-Am-Hua Hin, Phuket, Koh Samui. Amazing Thaïlande !

BLUE LAGOON. 81, rue Saint-Lazare 75009 Paris – Web : www.blue-lagoon.fr Spécialisé dans les séjours plongée, ce tour opérateur programme une croisière en Birmanie, 6 jours/7 nuits dont une à Bangkok avec plongées illimitées à Richelieu-Surin, Stooges Island, Black Rock, North et South Twin Island, Burma Banks, Little Torres ! Les plongées sont encadrées par une équipe française et un moniteur d'Etat CMAS et PADI. Tous niveaux acceptés. Extensions et excursions " à la carte " possibles à travers toute la Thaïlande.

FORCE 4. 16, rue d'Argenteuil 75001 Paris © 01 42 97 51 53 - Fax 01 42 97 43 58 – Web : www.force4plongee.com. Une équipe de professionnels du voyage, des passionnés de plongée (étonnant !) prêts à mettre leurs compétences et leur motivation à votre service. Leur connaissance des meilleurs spots de plongée, leur souci d'innovation et de contrôle permanent des prestations proposées n'ont d'égal que le désir de satisfaire vos envies de voyage, quel que soit votre budget. Pour la Thaïlande, Force 4 vous propose divers forfaits plongée en mer d'Andaman, Phuket ou Kho Phi Phi et en Birmanie.

GLOBE D'OR. AURORE EN ASIE. 163, rue de Tolbiac 75013 Paris © 01 45 88 67 87 - Fax 01 45 88 19 62 – Web : www.globe-d-or.fr - E-mail : resa@globe-d-or.fr.
Le site Internet présente une mine d'itinéraires et d'idées à creuser, non seulement sur la Thaïlande mais sur toute l'Asie par cette petite équipe artisanale incollable sur l'Asie, pour ne faire que ça de la journée. Une grande sélection de vols secs en tarifs négociés avec toutes les compagnies aériennes opérant sur la destination, renforcée des itinéraires dont certains sont inédits sur toutes les destinations de l'Asie.

NOSTALASIE. 19 rue Damesme 75013 Paris © 01 43 13 29 29 - Fax 01 43 13 30 60 – Web : www.ann.fr - E-mail : infos@ann.fr.
Ce voyagiste a opté exclusivement pour l'organisation des voyages pour Individuels (ou groupes déjà constitués), ce qui permet d'avoir une souplesse inégalée pour le choix des programmes (une dizaine d'itinéraires suggérés par pays). La brochure est une symphonie sans fausse note. Une référence pour voyageurs curieux et indépendants.

ORCHID'TOUR. 16, bld de la Villette 75019 Paris © 01 40 03 83 39 - Fax 01 40 03 03 09 – E-mail : ming.yang@wanadoo.fr - Web : www.cfavoyages.fr Le voyagiste propose deux types de circuits à destination de la Thaïlande : le premier vous permettra de découvrir le nord du pays (Chiang Maï, Chiang Raï, Sukhotai etc…et leurs temples) et la région de Bangkok ; le second ajoute une extension au premier, avec un séjour balnéaire à Phuket et Tattaya. Orchid'Tours vous rappelle que la meilleure période pour voyager en Thaïlande va de novembre à avril, c'est-à-dire quand il ne pleut pas.

TERRE INDOCHINE. 17, rue de la Bûcherie 75005 Paris ✆ 01-44-32-12-82 - Fax 01 44 32 12 89 - Métro : Maubert-Mutualité – E-mail : info@terre-voyages.com - Web : www.terre-indochine.com. Amoureux de la Thaïlande, du Laos, du Cambodge et du Vietnam, l'équipe de Terre Indochine a la passion du voyage innovant. Animée par sa position de spécialiste, cette agence propose une gamme complète de circuits allant de l'itinéraire classique au plus insolite. Des itinéraires concoctés pour groupes ou individuels, programmés ou "sur-mesure" en fonction de la sensibilité et du goût du voyageur.

TROPICTOUR. 10, avenue Louise Daracq 64100 Bayonne ✆ 05 59 59 09 09 - Fax 05 59 59 61 82. Le " spécialiste du voyage sur mesure " vous propose des circuits au départ de Bangkok en petit groupe (à partir de 7 participants) avec possibilité d'extension balnéaire à Pattaya, Cha Am, Phuket et Samui. Facilités pour les départs de province.

PACIFIC VOYAGES. 23, rue Bobillot 75013 Paris ✆ 01 45 80 39 39 – Fax 01 45 80 96 98 – Web : www.pacificvoyages.com Entre autres séjours en Asie du Sud-Est, Pacific propose des circuits en pension complète en Thaïlande, avec ou sans vol international (8 jours, 7 nuits), à un prix avantageux. Vols secs également disponibles, avec diverses compagnies aériennes recommandables.

Les généralistes

HAVAS VOYAGES. Plus de 400 agences en France métropolitaine et dans les DOM – Web : www.havasvoyages.fr Des promotions, billets d'avion sur les meilleures compagnies aériennes, des circuits détaillés et personnalisés aux meilleurs prix, des conseils utiles sur tous les produits des autres tour-opérateurs.

ACCOR TOUR / ASIETOURS. 31, rue du Colonel Pierre Avia 75015 Paris ✆ 01 41 33 70 01 – Web : www.asietours.com Reposez-vous à Phuket, au cœur d'une végétation luxuriante, ou à Hua Hin, la plus prestigieuse des stations balnéaires thaïlandaises, faites le tour des Capitales Royales (Bangkok, Ayutthaya, Lopburi, Sukhotai, Phitsanuloke, Phrae, Chiang Mai, Chiang Rai)...week-ends, séjours ou thalasso sont au programme.

BEST TOURS. 7, rue Gay-Lussac 75005 Paris ✆ 01 53 10 37 00 – Web : www.besttours.be/fr/ Une grande variété de circuits, excursions, week-ends, séjours-plage, de courte (3 nuits) ou longue durée (16, 17, 23 jours). Des conseils utiles, un vaste choix d'hôtels...

DIRECTOURS. 90, avenue des Champs-Elysées 75008 Paris ✆ 01 45 62 62 62 - Fax 01 40 74 07 01 - Email webmaster@directours.com - Web www.directours.com.

Directours est un tour opérateur qui vend en direct au public, sans passer par les agences de voyage. De plus sa brochure est uniquement sur Internet, ce qui présente l'avantage de coller à l'actualité des promotions (la réactivité n'est-elle pas essentielle de nos jours ?).

Voyages individuels à la carte, conseils de vendeurs connaissant la destination et prix constamment réactualisés, Directours mise sur la qualité du produit, entre autres sur la Thaïlande. Offre spéciale lecteurs du petit Futé: pour les autotours, surclassement gratuit dans la catégorie de voiture supérieure (cat A, B et C).

FORUM VOYAGES. 114, rue de Flandre 75019 Paris ✆ 01 53 45 96 80 – Pour les voyages d'affaires, contacter le # 01 40 88 07 18 ; groupes au ✆ 05 61 21 58 18.

Spécialiste des continents américain et asiatique, Forum Voyages propose différents circuits en Thaïlande, au départ de Paris ou province, en collaboration avec des tours-opérateurs. Forum Voyages propose des prix discount sur les vols réguliers quotidiens de certaines grandes compagnies aériennes (50 au total). Pour l'assistance aux personnes, Forum Voyages travaille avec Europ Assistance. Différentes assurances facultatives et à la carte : assurance bagages, individuelle accidents, assistance et garantie Plus, Multirisques voyage.

GO VOYAGES. 22, rue d'Astorg 75008 Paris ✆ 0 825 825 747. Web: www.govoyages.com. Métro St Augustin ou Miromesnil. Go Voyages propose le plus grand choix de vols secs, charters et réguliers, au meilleur prix, au départ et à destination de n'importe quelle ville du monde entier. Possibilité également d'acheter des packages sur mesure " vol + hôtel " permettant de réserver simultanément et en temps réel un billet d'avion et une chambre d'hôtel. Grand choix de promotions sur tous les produits sans oublier la location de voitures. La réservation est simple et rapide, le choix multiple et les prix très compétitifs.

ITINERANCES. 26, rue Botzaris 75019 Paris (Métro : Buttes-Chaumont) ✆ 01 40 40 75 15 – Fax 01 40 40 75 83 – Web : www.itinerances-voyages.com - E-mail : itinerances@wanadoo.fr. Voilà une équipe passionnée prête à vous aider à construire le voyage que vous souhaitez. Des voyages insolites : transport en voiture climatisée, 4x4 ou en minibus avec ou sans chauffeur ; en avion privé ; en bateau, pirogue ou Zodiac…et même à dos d'éléphant ! Avec ou sans guide francophone, dépaysement assuré.

SWITCH / PARTIR PAS CHER.COM. 100, avenue Stalingrad 94800 Villejuif ✆ 0 820 01 7000 - Web : www.partirpascher.com. Ce spécialiste des destinations soleil vous propose toute une gamme de séjours en hôtel en Thaïlande. N'hésitez pas à vous connecter sur le site pour connaître les dernières promotions !

TCH VOYAGES. 15 rue des Pas Perdus 95804 Cergy Saint Christophe Cedex ✆ 01 34 25 44 72 web www.tch-voyages.com - E-mail informations@tch-voyage.fr. Toute la Thaïlande à la carte : vols, locations de voiture, autotours, hôtels à des tarifs préférentiels (jusqu'à –40%), stages de massages, de cuisine, de boxe, excursions, etc.

Circuit accompagné. Brochure gratuite sur demande.

TRANSUNIVERS. 8, cité Nollez 75018 Paris ✆ 01 42 23 77 77 – Fax 01 42 54 11 43 – E-mail : 75@transunivers.fr - Web : www.transunivers.fr Parmi les 30 destinations desservies dans le monde entier, Transunivers vous fait découvrir la Thaïlande, " le pays du sourire ", à travers le Nord, le Triangle d'Or, Chiang Mai et Chiang Rai en 10 ou 12 jours ; le Sud avec la fameuse rivière Kwai, Chaam, Chumporn, Koh Samui, Koh Tao. Et bien sûr, les extensions et séjours balnéaires à Chaam, Rayong, Pattaya, Koh Samui et Phuket.

Matériel de voyage

AU VIEUX CAMPEUR. 19 boutiques autour du 48, rue des Ecoles 75005 Paris ✆ 01 53 10 48 48. 5 boutiques autour du 43, cour de la Liberté 69003 Lyon ✆ 04 78 60 21 07. Boutiques à Thonon-les-Bains et à Sallanches - Email : infos@auvieuxcampeur.fr - Web : www.auvieuxcampeur.fr. Qui ne connaît pas le fameux Vieux Campeur ? Vous qui partez en voyage, allez y faire un tour : vous y trouverez cartes, livres, sacs à dos en tout genre, chaussures et vêtements pour pays chauds, filtres à eau, produits anti-insectes, matériel de montagne ou de ski, matériel de plongée ... Bref, si vous êtes perdus dans tout cela, n'hésitez pas à leur demander conseil !

DECATHLON. Informations par téléphone au ✆ 0 801 08 08 08. Liste des adresses de points de vente consultable sur le Web : www.decathlon.com (possibilité de commander en ligne). Pour votre matériel de voyage, n'oubliez pas de faire un tour chez Décathlon qui offre un large choix de vêtements et de matériel de sport (plongée, équitation, golf, pêche, bateau, randonnée, ski, vélo...), de chaussures, sacs à dos, livres, cartes, Cd-rom ...Décathlon Voyages, véritable tour-opérateur intégré, propose des séjours sportifs en France et à l'étranger : golf, équitation, plongée, randonnée, pêche en eau douce, pêche en mer, VTT, voile. Une vraie caverne d'Ali Baba !

LOWE ALPINE. 51, route de Thônes 74940 Annecy-le-Vieux ✆ 04 50 64 28 29 - Web : www.lowealpine.fr. En plus de ses sacs à dos techniques de qualité, la ligne Lowe Alpine étoffe chaque année et innove avec ses collections de vêtements haut de gamme consacrées à la randonnée et au raid, mais aussi à l'alpinisme et à la détente.

TREKKING. BP 41, 13410 Lambesc ✆ 04 42 57 05 90 - Web: www.trekking.fr. Partenaire incontournable, Trekking propose dans son catalogue tout ce dont le voyageur a besoin : trousse de voyage, ceinture multipoche, sac à dos...Une mine d'objets de qualité pour voyager futé et dans les meilleures conditions.

Sites internet futés

www.abcvoyage.com. Regroupe les soldes de tous les voyagistes avec des descriptifs complets pour éviter les surprises. Les dernières offres saisies sont accessibles immédiatement à partir des listes de dernière minute. Le serveur est couplé au site www.airway.net qui propose des vols réguliers à prix réduits, ainsi que toutes les promotions et nouveautés des compagnies aériennes.

www.bdv.fr. La bourse des vacances propose plus de 1 000 voyages à tarifs dégriffés et promotions de dernière minute. Si le vol que vous vouliez est complet, l'agence s'engage à vous faire une contre-proposition.

www.degriftour.fr. Sur ce site, vous communiquez la destination et le budget dont vous disposez, et le cyber-voyagiste recherche les offres marchés et propose le billet correspondant.

www.diplomatie.fr. Un site pratique et sûr pour tout connaître de votre destination avant de partir : informations de dernière minute, sécurité, formalités de séjour, transports et infos santé.

www.ebookers.com. Il vous suffit de quelques minutes pour réserver votre vol en ligne avec ebookers.com. Sur ce site, des billets d'avion à prix réduit, négociés en direct auprès de 100 grandes compagnies aériennes sur plus de 900 destinations.

www.govoyages.com. Go Voyages propose le plus grand choix de vols secs, charters et réguliers, au meilleur prix, au départ et à destination de n'importe quelle ville du monde entier. Le voyagiste propose également des packages sur mesure " vol + hôtel " permettant de réserver simultanément et en temps réel un billet d'avion et une chambre d'hôtel. La réservation est simple et rapide, le choix multiple et les prix très compétitifs. Possibilité de réserver également des locations de voitures, de bénéficier de nombreuses promotions et de consulter de nombreux services en ligne.

www.kelkoo.com. Ce site vous offre la possibilité de comparer les tarifs des vols ou des voyagistes. Pratique et indispensable. Vous aurez du mal à vous en passer une fois que vous l'aurez découvert !

www.lastminute.com. Vols secs à prix négociés, dégriffés ou publics. En prime, champagne offert si vous trouvez moins cher ailleurs !

www.meteo-consult.com. Pratique, ce site Internet vous donne des prévisions météorologiques pour le monde entier.

www.opodo.fr. Un site créé par de grandes compagnies aériennes telles que Air France et British Airways, qui vous permet de réserver des billets d'avion, des chambres d'hôtel (parmi une sélection de 30 000 établissements) et de louer des voitures.

www.promovacances.com. Promo vacances propose de nombreux séjours touristiques, des week-ends, ainsi qu'un très large choix de billets d'avion à tarifs négociés sur vols charters et réguliers, des locations, des hôtels à prix réduits. Egalement, des promotions de dernière minute, les bons plans du jour. Informations pratiques pour préparer son voyage : pays, santé, formalité, aéroport, voyagistes, compagnies aériennes.

www.partirpascher.com. Ce spécialiste des destinations soleil vous propose toute une gamme de séjours en hôtel en Thaïlande. N'hésitez pas à vous connecter sur le site pour connaître les dernières promotions !

www.travelprice.com. Un site Internet très complet de réservations en ligne pour préparer votre voyage : billets d'avion et de train, hôtels, location de voiture, billetterie de spectacles. En ligne également : de précieux conseils, des informations pratiques sur les différents pays, les formalités à respecter pour entrer dans un pays.

www.travelsante.com. Un site intelligent qui vous donne des conseils santé selon votre destination : vaccinations, trousse de secours, précautions à prendre sur place…

Séjourner

Se déplacer

Avion

Quatre compagnies se partagent le marché des vols intérieurs.

THAI AIRWAYS. 6, Lan Luang Road © 02 280 00 60. www.thaiairwahs.com. *Service " hot line " depuis Bangkok 1566. Ailleurs en Thaïlande 021566.* Service d'infos pratiques, horaires, destinations...

BANGKOK AIRWAYS. Patchadapisek ad Queen Sikirit Convention Center © 02 339 34 56. www.bangkikair.com.

P.B. AIR. 591 Soi / 33 Sukhumvit Road © 02 261 02 20. www.pbair.com.

AIR ANDAMAN © 02 229 95 55. www.airmandaman.com.

Thaï Airways domine le marché et dessert, au départ de Bangkok, 22 villes, principalement dans le Nord, l'Isan et le Sud du pays. Malheureusement Bangkok est le véritable nœud de ce réseau et il existe très peu de liaisons transversales, si ce n'est un Chiang Maï-Phuket (et uniquement dans ce sens) et un Chiang Maï-Khon Kaen.

D'où l'intérêt limité de l'Air Pass mis en service par Thaï Airways. Faites vos comptes : 259 US$ pour 4 coupons, ce n'est vraiment intéressant que si vous utilisez le vol Chiang Maï – Phuket, ou Chiang Maï – Khon Kaen. D'autant plus qu'il ne peut y avoir de discontinuité dans votre parcours : il est impossible, à ce jour, de voler de Chiang Maï à Phuket, puis de Surat Thani à Bangkok sans inclure le Phuket-Surat Thani. Dommage pour le vol Phuket-Koh Samui de Bangkok Airways, qui vous permettrait d'aller directement à Koh Samui, puis de rejoindre votre parcours Air Pass à Surat Thani en effectuant la liaison KS-ST par mer.

La validité de l'Air Pass est de trois mois, le routing et la date du premier tronçon doivent être fixés à l'émission hors de Thaïlande, les modifications restent possibles avec une pénalité de 10 US$ par changement de parcours. Vous pouvez prendre jusqu'à huit coupons, avec supplément de 50 US$ par coupon après le quatrième.

Est-ce vraiment une solution bon marché ? Traditionnellement, le routing Air Pass commun est Bangkok, Chiang Maï, Phuket, Surat Thani, Bangkok.

Aéroport

Il est situé à 22 km au nord de Bangkok. Transferts vers le centre-ville en bus réguliers, climatisés 16 baht, non climatisés 3,5 baht.

Conseil pratique : la circulation est infernale à Bangkok. Deux ou trois heures sont parfois nécessaires pour atteindre l'aéroport. En cas de transit, restez sagement à l'Airport Hotel.

Quelques temps de vol sur des parcours classiques

Bangkok-Chiang Maï : 567 km,	1h10
Bangkok-Chiang Raï : 667 km,	1h25
Bangkok-Udon Thani : 453 km,	1h
Bangkok Ubon Ratchaburi : 482 km,	1h05
Bangkok-Phuket : 720 km,	1h20
Bangkok-Surat Thani : 555 km,	1h05
Chiang Maï-Phuket : 1 187 km,	2h05
Chiang Maï-Mae Hong Son : 119 km	0h30

Train

Un chemin de fer nationalisé qui se porte bien... même sans TGV. Le train reste le transport terrestre le plus sûr et le plus agréable. Le prix au kilomètre en 3e classe, à peine plus cher que le bus en seconde, offre un niveau de confort incomparable. Si les couchettes de 2e classe suffisent à passer correctement les voyages de nuit, la 1re classe conviendrait davantage à ceux qui désirent voyager avec un minimum d'intimité – se renseigner, elles n'existent pas sur tous les trains.

Seule ombre au tableau, les trains ne sont pas rapides et ils ne desservent pas toutes les villes (Phuket, par exemple), sans parler de l'affluence, et des réservations préalables à prendre parfois longtemps à l'avance – attention aux périodes de fêtes. Tout au long du voyage, des vendeurs de poulet grillé, maïs, eau fraîche, Coca Cola... viendront vous solliciter. Inutile, donc, de prévoir votre sandwich.

Le réseau est composé de quatre lignes principales :

Ligne du Nord : Bangkok à Chiang Maï, via Ayuthaya et Phitsanulok.

Ligne du Nord-Est : Bangkok à Nong Khai via Ayuthaya, Khon Kaen, et Udon Thani. Bangkok à Ubon Ratchathani, via Ayuthaya, Pak Cnong et Surin.

Ligne de l'Est : Bangkok à la frontière cambodgienne, Aranyaprathet. Bangkok à Ban Plutaluang via Pattaya.

Ligne du Sud : de Bangkok à Hatyai et la frontière malaise (côte Ouest) via Chumphon, Surat Thani et Songkhla. C'est la ligne qui descend la côte Ouest de la Malaisie, via Butterworth et Kuala Lumpur, pour rejoindre Singapour.

Pour les réservations, les gares de toutes les grandes villes sont informatisées. Ouvertes de 8h30 à 16h du lundi au vendredi, de 8h30 à 12h les autres jours. Demander le " Advance Booking Office ", qui se trouve dans la gare de Bangkok, ouvert tous les jours de 7h à 16h. Plus rapide, et avec peu de surcharge, une agence de voyages sérieuse peut s'occuper de vos réservations. Attention, demandez que vous soit absolument remis un billet, pas simplement une réservation.

Les trains les plus rapides et les plus chers sont en principe les express diesel (Exp DRC ou Sprinter). Si votre train dispose d'un wagon-restaurant, pensez à réserver. Loin des voies express et des axes surchargés, les paysages aperçus du train sont parfois magnifiques.

Distances et prix (en baths) suivant les classes

Bangkok	Kilomètres	1re classe	2e classe	3e classe
Nakhon Pathom	64	59	30	14
Kanchanaburi	133	122	67	28
River Kwae	136	126	65	29
Phetchaburi	167	152	78	34
Hua Hin	229	200	101	44
Chumphon	485	393	190	82
Surat Thani	651	518	246	107
Trang	845	659	310	135
Hat Yai	945	733	345	149
Don Muang Airport	22	21	11	5
Ayuthaya	71	66	35	15
Phitsanulok	389	324	159	69
Lam Phun	729	575	273	118
Chiang Maï	751	593	281	121
Surin	420	346	229	133
Nakhon Ratchasima	264	230	175	110
Ubon Ratchathani	575	460	221	95
Khon Kaen	450	368	239	137
Udon Thani	569	457	219	95
Nong Khai	624	497	298	163
Aranyaprathet	255	-	-	48

Les suppléments

Train express : 50 baht o Train rapide : 30 baht.

Special Express : 70 baht o 2e et 3e classes avec air conditionné : 70 baht.

Couchette en 1ère classe : 520 à 550 baht.

Couchette en Special Express 2e classe avec air conditionné : 250 baht haut / 320 baht bas.

Couchette en rapide ou Special Express 2e classe NA/C : 100 à 130 baht haut / 150 à 200 baht bas.

Le Rail Pass

Si vous aimez prendre le train, les " Rails Pass " forfaits vendus par le réseau thaïlandais, sont des bonnes affaires.

Pour 20 jours, avec utilisation illimitée en 2e ou 3e classe, le prix est de 2 200 baht (tous les suppléments inclus). Sans suppléments, le prix est de 1 250 baht.

INFORMATIONS À BANGKOK © 223 7010 / 7020 o 225 0300 / 5100 / 5000.

Réservations © 223 37 62 o 224 77 88 o 225 0330 / 5201 / 5203 ou à la gare de Hualamphong à Bangkok.

Bus

On en trouve pour tous les goûts et tous les budgets : ordinaires, AC (bleus), NAC (orange), VIP, privés, publics... Ils sont généralement bondés à Bangkok et dans les grandes agglomérations (à éviter, sauf si vous êtes vraiment fauché).

Pour les longs parcours, les bus routiers sont bien organisés :

VIP bus : des parcours confortables entre les grandes villes et Bangkok.

Bus AC, 24 ou 44 places, sièges-couchettes, toilettes et service à bord. Ne soyez pas effrayé par les essais de freins au départ, c'est l'usage... Sachez que la conduite est toujours très audacieuse et que les accidents ne sont pas rares. Au départ de Khaosan, on a vu des bus avec, embarquées à bord, de la nourriture et des boissons droguées, à la plus grande surprise des voyageurs qui se sont réveillés... dévalisés !

Bus privés : leurs prix varient d'une compagnie à l'autre et en fonction des lignes. Il existe dans chaque ville un terminal de bus publics, appelé Bokhoso, abréviation de Borisat Khon Song. Là, les tarifs et les horaires sont affichés et invariables. On dit ces bus publics plus sûrs que les bus privés.

Minibus taxis collectifs. Ils peuvent constituer une alternative intéressante sur un parcours donné, pour 4 à 6 passagers (Phuket-Surat-Thani).

Gares routières de Bangkok :

BANGKOK NORTHERN AND NORTHEASTERN BUS TERMINAL. Phahonyothin Road © 271 0101. Pour les bus AC © 271 0101.

BANGKOK SOUTHERN BUS TERMINAL. Charansanitwong Road © 435 1199. Pinklao-Nakhon Chaisi Road © 434 5557.

BANGKOK EASTERN BUS TERMINAL. Sukhumvit Road © 391 2404.

Auto et moto

Conduite à gauche, trafic intense, panneaux de signalisation en langue thaïe, parfois en anglais, défaut d'assurance des véhicules loués, complications juridiques, voire emprisonnement en cas d'accident (que l'étranger soit ou non responsable, surtout s'il y a des blessés), taux d'accidents élevé... Autant de raisons de vous dissuader de louer un véhicule. Il n'en reste pas moins qu'il peut être intéressant d'être autonome et mobile sur certains parcours. C'est probablement votre degré de capacité d'adaptation et de réaction qui vous déterminera à louer ou non.

Pour vous vous familiariser avec la conduite locale

Les Français roulent à droite, les Anglais à gauche, les Thaïlandais où ils peuvent...

Un conseil qui peut sauver une vie : quand vous apercevez un véhicule approchant en sens inverse, et amorçant une manœuvre de dépassement tout en faisant des appels de phare, freinez immédiatement et dégagez-lui la voie (d'autant plus rapidement s'il s'agit d'un camion). Les appels de phare n'ont d'autre but que de vous indiquer que le chauffeur est ferme dans son intention de continuer sa manœuvre. C'est terrifiant quand ça se répète tous les kilomètres. De même, si un imprudent vous dépasse alors que la voie n'est pas libre (en gros, un camion vient en face), il préférera un choc latéral à un choc frontal... c'est-à-dire qu'il va tout simplement essayer de vous faire sortir de la route.

Il vaut mieux donc préférer les institutionnels de la location (Avis, Hertz, SMT...), plus chers, parfois beaucoup plus chers mais qui, moyennant une franchise de 5 000 baht à 20 000 baht, offrent la garantie de leur enseigne. Les locaux offrent parfois la garantie assurance, noir sur blanc dans leur contrat, mais elle risque de ne pas se vérifier lors d'une collision, et les conséquences seraient pénibles.

Pour les formalités, les institutionnels requièrent un minimum de deux ans de permis, d'être âgé de 23 ans, et exigent un permis international. En ce qui concerne les voitures, si vous avez le choix, optez pour un modèle puissant qui vous permettra des dépassements rapides sur courte distance. Un modèle classique, proposé partout, est la jeep Suzuki Caribian (700 à 1 500 baht par

Plaine d'élevage de la côte Ouest

Quelques conseils pratiques

Evitez de louer une moto sur le bord de mer. Préférez un loueur avec pignon sur rue et des mécaniciens. Lesquels ne vous feront payer que le prix de la réparation en cas de pépin.

Ce n'est pas en Thaïlande qu'on apprend à faire de la moto : évitez donc les remake Top Gun version gros cube : avec une moyenne de deux accidents corporels graves par jour à Phuket, la moto donne à réfléchir aux inexpérimentés.

En cas d'accident responsable (et probablement aussi si vous êtes " le plus riche " des deux accidentés), vous risquez d'être emprisonné jusqu'à versement d'une caution (de 20 000 baht à 100 000 baht), mais rien ne sera solutionné avant qu'un accord financier ne soit trouvé avec la partie adverse. Donc, attention aux carrefours et gare aux accélérations brutales sur Patong Beach.

Attention aux vols, qui se généralisent, donc faites dormir votre engin en face du gardien de votre hôtel.

Evitez de rouler seul sur de longs parcours, ou dans des zones sensibles (frontière birmane notamment) et sur les routes de montagne. Il ne faut jamais se retrouver isolé en cas d'accident.

Impératif, le check up mécanique avant le départ. Soyez très méticuleux et ne faites confiance qu'à vous-même. L'entretien des véhicules de certains établissements est vraiment déplorable.

Evitez de rouler la nuit ou à la tombée de la nuit, ce sont les moments les plus dangereux, et c'est une période propice aux courses de camions.

jour), un modèle parfait pour des courtes balades tranquilles. Mais seulement dans ce cas.

Question deux roues, pour la maniabilité, la stabilité et le prix, la Honda Dream 80 cc (un vélomoteur à quatre vitesses, avec embrayage automatique, louable pour 150 baht par jour) est sans doute le meilleur choix pour ceux qui ne sont pas des motards expérimentés. Même si l'on ne bénéficie pas, avec ce modèle, de la puissance de dépassement d'une moto.

Pour certaines routes de montagne en bordure de la frontière birmane, particulièrement en fin de saison des pluies, préférez la trail 125 qui vous permettra de passer quasiment partout. Attention cependant aux deux temps et à son refroidissement par eau : montagne et puissance donnent des températures élevées. La Honda AX 250 est certainement la moto la plus indiquée pour la région Nord. Quelques-unes sont disponibles depuis fin 1995 à Paï. Attention, le propre de la location de moto en Thaïlande est le " ni permis ni assurance ". Aucun loueur ne vous demandera un permis gros cube pour un V-Max ou une Harley à Phuket... ni aucune assurance – vol par exemple. Quand elle le serait, c'est une assurance caduque, et les dégâts seront quand même à votre charge.

Etat des routes et cartes

Le réseau routier est en général très satisfaisant et bien entretenu, sauf évidemment pendant la saison des pluies. Les cartes, par contre, sont souvent limitées aux grands axes. En général, plusieurs cartes sont nécessaires pour un seul voyage, donc faites le tour des librairies pour chercher les dernières cartes parues. Le prix du super est à moins de 10 baht, mais le carburant est souvent de qualité inégale. La loi concernant le port du casque n'a pas été votée pour l'ensemble du territoire, à vous de voir.

Autoroutes

Le programme autoroutier est encore peu développé, ce qui n'est pas sans incidence sur la sécurité des principaux axes routiers du pays. A ce jour, seules la ville de Bangkok et sa région disposent de tronçons d'autoroutes – souvent à péages, entre 20 et 50 baht. Les principaux axes sont des voies express, doublées sur certaines parties ou avec une troisième voie de dépassement commune dans le meilleur des cas. Sinon, une simple route élargie, pour un trafic qu'elle contient mal.

Les principales routes sont :

H1 : Bangkok, Nakhon Sawan, Tak, Chiang Raï, qui devrait faire partie de la Transasiatique Pékin-Singapour.

H2 : Bangkok, Khorat, Nong Khai, dite aussi autoroute de l'amitié, en fait un cadeau des Américains autrefois pas très amis des Vietnamiens tout proches.

H3 : Bangkok, Pattaya, Rayong, Trat, ou l'autoroute Sukhumvit.

H4 : Bangkok, Hua Hin, Rayong, Trat, Hat Yai. Ou la partie Sud de la Transasiatique.

Attention, la vitesse est limitée à 90 km/h. En cas de contrôle radar, demandez absolument les photos avant de payer la note.

Taxis

Depuis quelques années, les taxis avec compteur se sont généralisés à Bangkok. Le temps d'attente est donc devenu très court ou nul : un véritable luxe. Voitures récentes équipées d'air conditionné, prix modérés (la course commence à 35 baht et ne dépasse que très rarement les 100 baht), bref, un moyen de transport privilégié.

Il arrive que certains chauffeurs vous demandent un prix fixe, surtout la nuit. Refusez tout simplement et changez de voiture. En général, ce sont davantage les taxis stationnés qui jouent à ce petit jeu. Les problèmes sont rares avec les voitures que vous arrêtez.

Il est étonnant de voir que toutes les villes (les plus touristiques) n'offrent pas de service de taxi digne de ce nom. A Chiang Maï, vous ne trouverez pratiquement que des tuk-tuk et des " songthaew ", plus quelques taxis sans compteur, souvent voitures particulières en activité extraordinaire. Pas de règles pour les tarifs. A titre de référence, un parcours en taxi Chiang Maï-aéroport ne dépasse jamais 80 baht.

Ce qui suit vaut pour les taxis, tuk-tuk et songthaew : il est bon de prévoir de la monnaie, sinon vous risquez d'en être de votre poche. Prévoyez donc des petites coupures. Egalement, s'il n'y a pas de compteur, négociez le prix avant le départ, jamais à l'arrivée… Certains touristes gardent longtemps le souvenir de tuk-tuk vraiment vindicatifs.

Les taxis sans compteur portent l'enseigne " Taxi ", les taxis avec compteur portent la mention " Taxi Meter ".

La grille tarifaire est la suivante :

0-2 km = 35 baht. **5 km** = 49 baht. **11 km** = 71 baht. **19 km** = 99 baht. **27 km** = 123 baht.

Vous remarquerez que si la circulation est assez bonne, le coût du trajet ville-aéroport à Bangkok ne dépasse pas les 150 baht.

Motos-taxis

Ils se repèrent au dossard numéroté porté par le conducteur. Pour les porteurs de pli DHL ou ceux qui sont très pressés… de mourir. Non, sans rire, c'est parfois très pratique pour les retards aux rendez-vous, mais il ne faut pas craindre la pollution. Certains résidents les utilisent lorsque, suite aux très fortes pluies de soirées, la circulation devient vraiment impossible : c'est sportif mais, au moins, ça vous évite 4 à 5h de bouchon dans votre véhicule.

Tuk-tuk

Vous en rêviez, le voilà. Tricycle motorisé dont le nom est devenu celui du bruit de sa détente. Très bruyant, polluant et pollué (vous avez le droit et aux gaz de la machine, et à ceux de celles environnantes), pas toujours très propre, voici un animal dont l'attrait est

Etre taxi à Bangkok

En 2002, le ministère des Transports recensait 66 799 taxis exactement à Bangkok. Environ la moitié des chauffeurs louent le véhicule à son propriétaire, de 400 à 600 baht la journée suivant le modèle et son état. A cela, il faut ajouter entre 300 et 400 baht de carburant. La chasse au client est donc féroce pour amortir les 1 000 baht de frais quotidiens (il faut savoir que certains salaires en Thaïlande sont de 5 000 baht par mois). Ces journaliers mènent une vie d'ascètes, 12 heures de travail et ensuite retour à leur chambre collective en banlieue qu'ils partagent souvent avec des collègues. Leur but est de faire vivre leur famille restée au pays : I-San, Chiang Maï, plaine centrale… et, si les affaires marchent bien, acheter un terrain pour y faire construire une maison. L'autre moitié au volant est représentée par le propriétaire du véhicule ; on le reconnaît à son assurance, sa fausse bonhomie et ses bijoux voyants. A ses petites tentatives d'arnaques aussi : " raccourcis " rallongeant la course et donc le prix, proposition d'affaires en or (vêtements, bijoux, voire parfois des filles)… Dire oui serait ouvrir la porte à tous les abus, sans compter les ennuis plus graves si vous refusez de payer. Dans l'ensemble, la bonne conduite à tenir avec les chauffeurs de taxi est de bluffer et de leur faire savoir que l'on sait parfaitement où l'on va et pourquoi.

Vers les îles

Du Long Trail Boat, en passant par le chalutier, en fait tout ce qui flotte. Veiller à passer par une agence de voyages sérieuse.

Liaisons de nuit et liaisons express entre Surat Thani et Koh Samui, express également pour Krabi, Koh Phi Phi et Koh Lanta.

Les grands hôtels et resorts proposent des services de speedboat (grosses vedettes rapides) pour les excursions et transferts. Proches de l'offshore, et plus chers.

Le service est fréquemment interrompu en cas de grosse mer et d'ailleurs inopérant en saison de pluies sur de nombreuses destinations. Evitez les voyages de nuit sur les petites embarcations. Il n'y a vraiment que les plus gros navires qui soient équipés de radar de collision, quoique…

Les Rivers Taxis : de 5 à 15 baht pour un trajet sur Long Trail Boat ou Express Boat, qui vous déposeront aux différents arrêts du Chao Phraya.

celui de l'exotisme et l'emploi les très courts trajets. A essayer, pour connaître les joies du demi-tour sur place ou de la faufile dans le trafic… quand les voitures sont compatissantes. Comme les prix sont souvent proches de ceux des taxis de Bangkok, nous vous recommandons ces derniers, aux chauffeurs moins nerveux. Si vous ne pouvez résister à votre envie de goûter aux tuk-tuk, préférez pour ce faire Chiang Maï, Chiang Raï ou Phuket par exemple.

Les tarifs sont inférieurs à 40 baht (sauf à Chiang Maï sur les routes des usines où les tuk-tuk sont commissionnés, plutôt 40 à 50 baht et plus la nuit). Il faut absolument fixer le prix de la course avant le départ.

Un programme américano-thaï finance un projet de tuk-tuk électrique visant à remplacer les 10 000 engins bruyants et polluants qui sillonnent la ville, dénoncés comme l'un des facteurs majeurs de la pollution à Bangkok. Caractéristiques de la future génération : autonomie 3h, prix 150 000 baht, vitesse 108 km/h, coût kilométrique de 12 baht/mile. Les premiers prototypes sont à l'essai.

Samlor (non motorisé)

L'ancêtre des tuk-tuk. D'ailleurs, à la frontière laotienne, vous pourrez croiser quelques engins hybrides entre le samlor et le tuk-tuk : une demi-moto raccordée au panier voyageur du samlor. Acceptables à Chiang Raï, les samlor sont à éviter quand la circulation est trop dense. Ne soyez pas offusqué d'être baladé par un Thaï qui pédale : il s'agit de son gagne-pain et, pour quelques-uns, ce sont les classes avant le tuk-tuk. Si vous êtes généreux, vous l'aurez bien aidé (environ 10 à 20 baht la course pour un touriste).

Songthaew (littéralement les deux rangées).

Taxi collectif avec deux étages de sièges latéraux, et accès par l'arrière. Pick-up couvert en général, les plus modernes étant des minibus japonais transformés. Dans les plus grandes villes, les itinéraires sont plutôt fixes et les prix en conséquence plus bas (de 2 à 5 baht). Ailleurs, comme les taxi, avec parfois des déviations de parcours pour les nouveaux clients. A Koh Samui, les noms des plages sont indiqués à l'avant (2 à 10 baht).

Pour arriver à bon port...

Cela vaut pour tous les types de taxis que vous allez prendre : taxi, tuk-tuk, samlor. Même si de plus en plus de chauffeurs parlent approximativement l'anglais, pensez toujours à faire écrire votre destination en langue thaïe.

Vélo

A disposition (20 ou 30 baht par jour) dans certaines guesthouses. Plaisant dès que l'on quitte les villes moyennes et les axes fréquentés. Mountain bike à Mae Hong Son et Paï. Si vous voulez faire un périple sur l'ensemble du pays, vous n'aurez pas de difficulté à enregistrer votre monture sur un vol Thaï Airways ou sur un parcours train. Sachez tout de même que l'avancée du moteur à explosion est fulgurante dans ce pays.

Transports fluviaux

Bien développés à Bangkok pour les dessertes intravilles. Pratiquement limités au Chao Phraya (et aux certaines petites îles du Mekong). Au départ de Bangkok, il peut être intéressant et dépaysant de remonter jusqu'à Ayuthaya et Bang Pu, royaume du Rema Hang Yao (en anglais, Long Trail Boat ; littéralement, le bateau à longue queue). Il s'agit, en fait, d'une très longue pirogue dont la propulsion est assurée par une hélice sur un mât mobile de plusieurs mètres, monté sur un pivot faisant penser à une godille. Sa vitesse est parfois surprenante. Les Long Trail servent aussi aux transferts maritimes vers les îles, quand les conditions le permettent.

Ferries

Le parc de ferries de la Thaïlande est satisfaisant, mais attention aux tempêtes durant la mauvaise saison à Koh Samui. Le 10 novembre 1995, un Express Boat de la compagnie Songserm Travel a sombré au large de Koh Nok Ta Phao, à peu près à mi-parcours de Koh Samui, avec à son bord 178 passagers parmi lesquels 130 touristes. De fortes lames avaient brisé les vitres frontales du ferry, qui rapidement s'est rempli d'eau. Le bilan n'a été que de deux morts, et ce uniquement grâce à la rapidité des secours, héliportés notamment. A noter que la couverture en gilets de sauvetage était insuffisante, alors que la Songserm est tenue pour la compagnie la plus sûre de Thaïlande. Moralité, évitez peut-être les voyages de nuit et, en cas de grosse mer, ne choisissez pas une embarcation dont les moyens de communication ne permettraient pas de lancer des appels de détresse. Ouvrez l'œil et ayez le sens de l'observation. Dans le doute, abstenez-vous, même si les tarifs sont intéressants.

Se loger

Hôtels

Malgré une évolution défavorable, on trouve encore beaucoup de petits hôtels et guesthouses à des prix modérés, et ceci sur des sites touristiques (Phuket, Koh Samui, Chiang Maï ou Chiang Raï). Mais la Thaïlande a connu ces dernières années un véritable boom hôtelier avec de très belles réalisations de très grand luxe. Les hôtels se classent par catégorie selon le nombre d'étoiles. Compter de 4 500 à 7 000 baht pour un hôtel à cinq étoiles, de 2 400 à 4 000 baht pour un hôtel de luxe à quatre étoiles et environ 2 000 baht pour un bon hôtel à trois étoiles.

Les hôtels plus modestes coûtent entre 600 et 700 baht. Vous trouverez, pour encore moins cher, d'excellentes guesthouses ou pensions de famille. Les chambres sont soit avec ventilateur (fan), soit avec air conditionné (AC). Renseignez-vous avant de vous installer, les prix sont en conséquence.

Locations

Même si vous n'aviez pas réservé une nuit à Bangkok avant votre arrivée, ce n'est pas grave, les options sont innombrables, et il existe un comptoir de réservation à l'aéroport que vous pouvez éventuellement utiliser. En passant par une agence de voyages locale, vous pourrez obtenir les réductions du moment dans les bons hôtels de la ville. Nous vous conseillons de vous décider pour un bon hôtel à Bangkok, compte tenu de la difficulté de l'environnement (taux de pollution record, chaleur, foule…), quitte ensuite à rééquilibrer votre budget en choisissant quelques bonnes guesthouses à Chiang Maï ou à Chiang Raï.

Camping

A cause – ou grâce – au faible coût de l'hébergement, le camping n'est pas vraiment développé en Thaïlande. Aussi le manque d'infrastructures se fait-il sentir. Il faut dire que même en dehors de la saison des pluies, un simple orage pourrait vite régler son compte à votre canadienne. Et puis, la chaleur humide aurait tôt fait de transformer une tente en sauna. Il vous arrivera cependant peut-être de camper dans les parcs nationaux car, en trekking, vous n'aurez pas toujours le choix. N'oubliez ni votre sac de couchage ni la moustiquaire. Dans le Nord, l'hébergement pendant un trekking se fait souvent dans les villages des tribus.

Rester

Il est particulièrement difficile d'immigrer en Thaïlande. Même si vous vous mariez, le permis de travail est de plus en plus long à obtenir et, de toute façon, vous ne serez jamais considéré comme un permanent : il vous faudra systématiquement renouveler votre visa de résident tous les ans. Un certain nombre d'étrangers, propriétaires immobiliers et installés en Thaïlande sans permis de travail, particulièrement dans la région de Phuket, doivent systématiquement sortir du pays tous les trois mois. Il existe d'ailleurs une ligne aérienne entre Phuket et Penang, que les mauvaises langues appellent la " ligne des visas ". Aussi, à Penang, vous n'avez pas besoin de sortir de votre hôtel : une agence récupère votre passeport et règle pour vous les formalités en 24h. La meilleure solution est évidemment de créer une société ; attention aux " joint venture " et aux propositions d'association. Plus d'un de nos compatriotes se sont ainsi retrouvés sur la paille… Mais si vous envisagez les choses sérieusement, bâtissez un projet et contactez un cabinet d'avocat.

BAKER ET MAC KENZIE. Sathorn Thani II Building. 10th floor, 92/54-57 Sathorn nua Road 10500 Bangkok © 662 234 8600 – Fax 662 236 6071.

INTERNATIONAL LEGAL COUNCELLORS THAILAND Ltd. Bangkok Bank Building. 333 Silom Road 10500 Bangkok © 236 0151 / 237 1210 – Fax 236 7185.

SLY

Le Monde

La fièvre des parieurs asiatiques

En Thaïlande, où les paris sont pourtant illégaux, un cadre supérieur devrait en moyenne miser 510 euros durant la Coupe du monde sur les résultats des différents matches. Dans ce pays, le montant total des sommes en jeu pourrait atteindre 750 millions d'euros, soit 0,6 % du produit intérieur brut. Au Vietnam et au Cambodge, l'engouement est le même.

Le Monde du 15/06/2002
Par Jean-Claude Pomoti (à Bangkok)

L'équipe française n'a pas intérêt à faire un tour en Thaïlande. J'ai parié sur ses buts. Les Bleus n'en ont pas inscrit un seul en trois matches ! ", rapporte un jeune cadre thaïlandais. L'élimination des Argentins a suscité ici le même courroux.

Dans le royaume, la première passion des amateurs de ballon rond et de paris reste cependant, au jour le jour, le championnat d'Angleterre. La presse nationale a rapporté dans le moindre détail la convalescence de David Beckham, la star de Manchester United. Mais, comme au Cambodge ou au Vietnam, l'effondrement des deux favoris du Mondial a fait des trous dans le portefeuille.

Les Thaïlandais ne sont pas aussi fanatiques de football que les Vietnamiens, mais ce sont des joueurs invétérés. Dans la capitale, Bangkok, on parie souvent en famille, entre collègues ou amis. Toutefois, dans un pays où le jeu est interdit, les grosses sommes se jouent sur Internet, à l'étranger, et par l'intermédiaire de bookmakers locaux dotés de portables et difficiles à repérer. Le Thai Farmers Research Center a estimé à 750 millions d'euros le montant des paris pendant la Coupe du monde, soit 0,6 % du produit intérieur brut, ce qui n'est pas mince pour une économie qui tarde encore à sortir de la crise financière de 1997.

Incidents rares

Légère compensation, la participation aux loteries, officielle et clandestines, et les paris sur les courses de chevaux vont chuter de 25 % jusqu'à la fin juin. En Malaisie, où les paris sont également interdits, la police estime à 280 millions d'euros le montant global des paris pendant la Coupe : les parieurs auraient misé entre 14 millions et 28 millions d'euros sur le premier match, perdu par la France, face au Sénégal.

Au Cambodge, une société, Cambo Six, a obtenu le monopole des paris. Mais elle doit s'accommoder de la concurrence illégale de bookmakers dont les rapports sont plus intéressants et qui, selon Cambodge Soir, tiennent à distance la police en ayant recours à des " arguments sonnants et trébuchants ". L'un de leurs rendez-vous est la rue 53, qui donne sur le marché central. En mai, selon le quotidien francophone de Phnom Penh, quelques bookmakers, interpellés, auraient été relâchés après l'intervention de personnes haut placées.

En moyenne, un parieur thaïlandais dépensera 22 % de plus que lors de la Coupe du monde 1998. Les cadres supérieurs sont les plus entreprenants, avec 510 euros en moyenne. A Bangkok, le nombre des bookmakers illégaux est évalué à environ 400. Ils évitent les parieurs jugés non solvables et demandent des garanties - celle d'un parrain, par exemple - quand la mise est supérieure au million de bahts (25 000 euros).

Les incidents, jusqu'ici, ont été rares. Dans le quartier de Chamcarmon, à Phnom Penh, un parieur a été blessé et quatre autres arrêtés lors d'une bagarre à la suite du match France-Sénégal. Un adolescent thaïlandais de dix-sept ans, armé d'un couteau, a grièvement blessé une femme au cours d'un vol. Quelques bookmakers ont été interpellés, dont un adolescent en possession de trois paris d'un montant global de 1 250 euros. Ce dernier, arrêté dans la station balnéaire de Pattaya, a avoué qu'il n'avait pas résisté à la tentation en voyant des millions de bahts changer chaque jour de mains. Les matches du Mondial sont projetés en direct l'après-midi. Des bureaux et des écoles se vident. D'autres choisissent de projeter les matches.

Sok Savanna, directeur du lycée Ba Tuk, dans la capitale cambodgienne, tente de faire face à l'école buissonnière en décidant l'expulsion de tout élève " absent plus de quarante- cinq fois pendant l'année scolaire ". Mais, dit-il, cette sanction est difficile à appliquer : " Certains parient en compagnie de leur père ", a-t-il déclaré à Cambodge Soir.

Disputes familiales

Cette fièvre des paris est l'objet de disputes familiales. Selon le Jakarta Post, chauffeurs de taxi ou de " tuk-tuk " à trois roues ne résistent pas à la tentation de voir les matches, surtout quand leur clientèle se fait rare. Ils ne rapportent donc plus que la moitié de leurs gains quotidiens chez eux. Les Bourses locales attendent la fin du tournoi pour retrouver leur tonus. Des écrans géants ont été montés dans les hypermarchés.

Comme en 2000, pour l'Euro, le Thai Rath, premier tirage quotidien de Thaïlande, a organisé un concours sur l'issue du tournoi. Il offre, cette fois-ci, 625 000 euros de prix, contre 250 000 il y a deux ans, et a reçu 100 millions de réponses, contre 68 millions en 2000.

Bien entendu, la fièvre du football est également exploitée par les vendeurs de T-shirts ou de photos, de chaussures ou de ballons, les bars à bière, restaurants ou salles de projection à la disposition des nombreux téléspectateurs.

Carnet de route
Kredtrakarn offre une nouvelle chance aux prostituées de Thaïlande

Le Monde du 07/02/2002

Bangkok, de notre envoyé spécial Robert Belleret

Implanté dans une île très verte, au milieu de la Chao Praya River, en aval de Bangkok et loin des fièvres urbaines, le centre de Kredtrakarn accueille 242 pensionnaires-naufragées. Objectif : essayer de leur donner une seconde chance dans la vie.

A l'image des trois centres créés dans d'autres provinces de Thaïlande, après l'entrée en vigueur des lois sur " la suppression de la prostitution " (1960) puis sur " la prévention et la suppression de la prostitution " (1996), Kredtrakarn héberge des femmes, des adolescentes et des enfants arrachées aux go-go bars et aux salons de massage de Bangkok et de Pattaya ou aux bordels des localités rurales. Ces anciennes esclaves de l'industrie du sexe bénéficient ici de quiétude, d'écoute et de soins médicaux mais aussi d'une éducation et d'une formation qui doivent leur permettre d'envisager un nouveau départ.

A l'intérieur de la dizaine de bâtiments disséminés dans la verdure, les pensionnaires, vêtues de chemisettes et de jupes bleu marine, s'initient à l'informatique et à la couture, apprennent à confectionner des fleurs artificielles et des batiks, réalisent dans l'institut de beauté maison des brushings et des teintures, apprennent l'art du massage du pied et redécouvrent la joyeuse tonicité des séances de danse rythmique auxquelles participent de jeunes enfants.

Car Kredtrakarn a également sa nurserie, où des adolescentes arrivées ici enceintes peuvent prendre soin de leur enfant, comme Fon, une Laotienne de 14 ans qui berce son bébé de quatre mois, avec dans le regard un mélange de tendresse et de désarroi. C'est la misère, bien sûr, qui l'a poussée à quitter Vientiane à l'âge de 12 ans, à bord d'un camion. Elle a réussi à embarquer sur un bateau pour traverser clandestinement le Mékong et, depuis Nakkhon Phanom, elle a pris un bus pour Bangkok. Là, elle n'a trouvé qu'un emploi de serveuse dans un petit restaurant. Très vite, son employeur en a fait son esclave et, après l'avoir quasiment séquestrée, a abusé d'elle et lui a fait un enfant.

La singularité de Kredtrakarn est d'accueillir une large proportion de femmes et d'enfants " exploités " originaires de pays étrangers : 79 viennent du Laos, 48 de Birmanie, 21 du Cambodge et 2, dépourvus de nationalité officielle, viennent sans doute du Yunnan, province méridionale de la Chine. Alors que, voilà dix ans, les jeunes, garçons ou filles, livrés à la prostitution avaient, majoritairement, été victimes du trafic sévissant dans les collines du nord de la Thaïlande, les efforts des pouvoirs publics ont permis d'endiguer ce flux. Désormais, la plus grande par- tie des jeunes sex workers que les adeptes du tourisme sexuel, mais aussi les autochtones, " consomment " à travers tout le pays viennent des pays voisins.

C'est le cas de Heng, 13 ans, et de sa soeur Pern, 9 ans, deux petites Cambodgiennes qui retrouvent les gestes et les rires de leur âge autour d'une balançoire. Elles sont venues à Bangkok avec leur mère, qui, sous le couvert de la vente ambulante de fleurs, n'a pas hésité à les pousser dans les bras des pédophiles qui rôdent sur Soï Nana, l'un des secteurs chauds de Bangkok.

" Lorsque Pern et Heng ont pu être retirées du trottoir par la Fondation Pavena, en même temps que deux autres petites de 13 ans qui étaient dans la même situation, les mères des quatre fillettes se sont évaporées, explique une travailleuse sociale du centre. C'est très souvent le cas. Plus tard, prises de remords, elles viennent rendre visite à leurs enfants, mais assez furtivement et en donnant de fausses adresses. "

Lorsque les pensionnaires étrangères ont repris pied au centre de Kredtrakarn, le gouvernement de Bangkok se charge de leur rapatriement. Au lieu d'être simplement reconduites à la frontière, les jeunes immigrées clandestines sont aujourd'hui confiées aux autorités de leur pays avec, chaque fois que c'est possible, l'intervention de l'Unicef, afin de limiter le risque des représailles qui accompagnent souvent ces retours au pays.

Alors que de nombreux pays du Sud-Est asiatique déversent sur la Thaïlande leurs lots de miséreux, esclaves en puissance (pas uniquement sexuels), beaucoup de jeunes Thaïes partent, rarement de leur plein gré, pour être prostituées dans des pays économiquement plus développés (Singapour, Australie, Japon, Europe). La situation intérieure de la Thaïlande serait, selon la plupart des observateurs, en nette amélioration depuis dix ans (les estimations du nombre d'enfants prostitués varient cependant de 15 000 à 200 000), mais le pays semble devenir une sorte de plaque tournante pour l'exploitation sexuelle.

Krisana Kraisintu, " Mme Médicaments génériques "

Après ses premiers succès en Thaïlande, elle exporte désormais son savoir-faire en Afrique

Le Monde du 09/02/2002

Barcelone, de notre envoyé spécial Paul Benkimoun

Elle n'a peur de rien, et surtout pas des menaces téléphoniques qu'elle a reçues par le passé. Chef de l'Institut de recherche et développement de l'Organisation pharma-ceutique gouvernementale (GPO) à Bangkok, Krisana Kraisintu a l'enthousiasme commu-nicatif. Curieux mélange de sérénité et d'énergie débordante, cette Thaïlandaise de petite taille, plutôt rondelette et aux yeux malicieux, a fêté cette année ses cinquante ans. Elle a monté à la force du poignet un programme de production de médicaments génériques qui lui a valu une reconnaissance internationale, notamment de la part des organisations non gouvernementales, et quelques solides inimitiés au sein des multinationales pharmaceutiques.

Comme cette professeur de chimie pharmacologique s'ennuyait à enseigner cette discipline à l'université, elle est entrée il y a plus de vingt ans au service de la GPO. Il y a dix ans, faute de trouver auprès de la direction de cette entreprise d'Etat le soutien nécessaire, elle décide de se lancer seule dans la mise au point de médicaments génériques. " Je n'ai jamais enfreint un brevet ", s'empresse-t-elle de pré-ciser, avant d'expliquer sa démarche : " J'avais compris que, à la différence d'autres maladies, le sida était un problème social, qui touchait les femmes, les enfants. Cela me faisait tellement de peine de voir ces enfants malades. Alors, j'ai surtout voulu aider les femmes enceintes, car le prix des traitements était trop élevé pour nous. " A l'époque, indique-t-elle, il en coûtait 600 dollars américains pour traiter une personne pendant un mois.

Krisana choisit deux molécules, l'AZT et la didanosine. Elle trouva un fabricant canadien pour lui fournir les matières premières et parvint à mettre au point des copies identiques à l'original.

" Pendant six ans, GPO s'est abstenu de fabriquer à grande échelle ces médicaments génériques, alors qu'elle disposait des capacités de production ", s'agace-t-elle. Sans doute le résultat des pressions et menaces de représailles des Etats-Unis sur les exportations thaïlandaises de bois et de pierres précieuses. La production démarrera néanmoins avec la quantité nécessaire au traitement de 5 000 malades quand ce pays de 62 millions d'habitants compte 100 000 cas de sida et 1,2 million de séropositifs. Aujourd'hui, la capacité de production couvre plus de 50 000 personnes et l'objectif des 100 000 est en vue.

Seule au départ mais soutenue par Médecins sans frontières, elle dirige aujourd'hui une équipe de soixante-dix personnes. Le coût d'une trithérapie individuelle vient d'être ramené à 27 dollars par mois. De plus, Krisana a mis au point une formulation originale, le GPO-Vir, association dans un même comprimé de trois médicaments anti-rétroviraux (3TC, d4T et névirapine), dont il existe deux dosages différents, ce que les laboratoires concurrents ne peuvent pas faire. Or, moins il y a de comprimés, moins les patients risquent d'en oublier.

Aujourd'hui, son combat, c'est d'exporter son savoir-faire en Afrique. Un accord a déjà été signé avec le Zimbabwe et avec le Ghana pour y démarrer la production de médicaments génériques.

Sitôt la conférence de Barcelone sur le sida terminée (elle s'achève vendredi), Krisana s'envolera pour le Maroc pour une troisième tête de pont, en attendant la quatrième à trouver en Afrique de l'Est.

" Il ne faut pas sous-estimer ces pays, qui ont parfaitement les capacités de faire ce que j'ai fait en Thaïlande pour leur bénéfice et celui de leurs voisins. " Cette militante du générique ne se couche jamais sans avoir écouté de la musique classique. C'est sa grande passion et son rêve serait de devenir chef d'orchestre. Mais Krisana avoue également deux autres faiblesses : la littérature - elle écrit des poèmes - et Rome, une ville où elle aimerait vivre.

Une bonne affaire : payer avec des bahts thaïlandais et récupérer la monnaie en euros

Le Monde du 13/12/2001

Francfort, de notre envoyé spécial Philippe Ricard

Imminente, l'introduction des pièces et billets en euros n'ira pas sans menues surprises. Tandis que le jour J approche, les experts de la distribution automatique peuvent en témoigner : dès le 1er janvier 2002, nombre d'automates à monnaie risquent d'attirer les petits fraudeurs de retour d'un voyage... en Asie du Sud-Est. En effet, les pièces de 10 bahts thaïlandais peuvent être utilisées dans certains appareils en lieu et place de celles de... 2 euros. " Il s'agit d'un problème d'identification de la monnaie, car les deux pièces sont bimétalliques, avec deux couleurs, du même diamètre et d'un poids similaire ", explique la Fédération allemande des installateurs d'automates à cigarettes, où l'on se dit " préoccupé par cette ressemblance ".

Inconvénient pour le secteur : les 10 bahts rapportés de vacances valent actuellement à peine 25 centimes d'euro, d'où un manque à gagner potentiel non négligeable pour la profession. Pour le plus grand plaisir des usagers, au contraire, un café facturé 2 euros (un peu plus de 13 francs) reviendra huit fois moins cher s'il est discrètement réglé en... bahts. Quand on sait qu'environ deux millions d'Européens visitent chaque année la Thaïlande, l'addition risque d'être salée...

L'anecdote ne serait qu'amusante si elle ne venait alourdir la note pour une profession déjà très préoccupée par le déploiement de la monnaie unique. Car l'euro oblige à adapter à temps tous les distributeurs de boissons, de barres en chocolat ou de tickets de métro.

Avec 2,4 millions d'automates en fonctionnement, l'Allemagne est d'ores et déjà très vigilante : les exploitants ont vite identifié la défaillance liée au baht lors du basculement des premières machines. En attendant l'euro, celles-ci sont souvent utilisables avec des marks, et donc des bahts... Mais d'autres Etats membres pourraient être concernés. " Le problème est connu depuis quelque temps. L'hypothèse risque de se poser partout dans la zone euro, surtout si l'on ne fait rien pour empêcher ceux qui rentrent de congés avec des seaux pleins de 10 bahts de les utiliser ", ironise Jean-Loup Bariller, délégué général du Syndicat national de ventes et services automatiques (Navsa), en France. Certains n'excluent pas qu'une coïncidence tout aussi fâcheuse survienne avec l'un ou l'autre des 20 000 types de pièces en circulation dans le monde.

A priori, néanmoins, la parade anti-baht est simple. Selon Philippe Rispal, porte-parole de la Banque centrale européenne (BCE), à Francfort, " la signature électronique et la conductivité électrique des deux monnaies sont différentes, ce qui permet de les départager de manière très fiable ".

De son côté, la Bundesbank espère " que les logiciels d'identification des monnaies seront adaptés le plus vite possible ", mais sans pouvoir garantir que tout sera en ordre lors des premiers pas de l'euro. Les grands voyageurs passionnés d'Asie vont donc disposer d'un peu de temps pour s'enrichir aux dépens de l'Union monétaire : de retour de Bangkok, et à condition de choisir un automate qui rende la monnaie, il sera possible d'écouler ses pièces de 10 bahts en échange d'un modeste achat, tout en récupérant le change en euros...

Amnesty international *vous informe*

SITUATION DES DROITS HUMAINS EN THAÏLANDE

Le rapport annuel 2002 d'Amnesty International fait apparaître " qu'au cours de l'année 2001, dix personnes ont été exécutées à la mitrailleuse, et au moins 72 ont été condamnées à mort. Les conditions de vie en prison sont toujours aussi mauvaises, les prisonniers étant victimes de mauvais traitements, notamment de passage à tabac. A la fin 2001, 120 000 réfugiés karen ou karenni vivaient dans des camps installés à la frontière du pays. Le gouvernement thaïlandais a refusé d'accéder à la requête de demandeurs d'asile chan, originaires du Myanmar, qui demandaient que soient mis en place des camps à leur intention, tout en interdisant l'accès au camps existants.[...] "

Un système judiciaire marqué par des violations systématique des droits humains.

Dans un nouveau rapport intitulé Widespread abuses in the administration of justice [Un système judiciaire marqué par des violations systématiques des droits humains], Amnesty International affirme que la police et l'armée thaïlandaise ont recours à la torture pour extorquer des " aveux " aux suspects, les punir ou encore les humilier.

La police et l'armée thaïlandaises ont recours à la torture et aux mauvais traitements contre des personnes qui sont arrêtées, placées en détention, transférées d'un lieu à un autre ou détenues dans des camps militaires de désintoxication pour drogués. Les classes pauvres de la population thaïlandaise, les immigrés ainsi que les personnes appartenant à des minorités ethniques sont plus particulièrement visées.

En Thaïlande, certains détenus bénéficient de privilèges accordés par les gardiens et infligent fréquemment actes de torture et mauvais traitements à d'autres prisonniers lorsque ceux-ci enfreignent le règlement de la prison ; mais les gardiens sont aussi directement impliqués dans des violences.

Le rapport publié par Amnesty International met également en lumière les conditions éprouvantes dans lesquelles les prisonniers sont détenus : surpopulation carcérale, nourriture insuffisante, état déplorable des installations sanitaires et manque de soins médicaux. Il est courant que les prisonniers condamnés à mort soient entravés en permanence par de lourdes chaînes aux pieds. Par ailleurs, les prisons enregistrent un taux élevé de morts en détention liées à des maladies telles que le sida ou la tuberculose. Enfin, elles souffrent d'un manque de personnel chronique, dû au maigre salaire perçu par les gardiens.

Les recommandations d'Amnesty International :

Dans ce rapport, Amnesty formule plusieurs recommandations à l'intention des autorités thaïlandaises. Elle demande entre autres choses :

- que le gouvernement donne des consignes précises à tous les représentants de l'État, afin qu'ils n'infligent ni actes de torture, ni mauvais traitements aux personnes placées en détention ;
- que toute information faisant état d'actes de torture soit l'objet d'une enquête impartiale et que les responsables présumés de tels actes soient traduits en justice ;
- que les autorités prennent des mesures immédiates en vue d'améliorer les conditions de vie dans les prisons ; elles doivent notamment abolir dans les faits le recours à l'enchaînement prolongé, et s'assurer que les prisonniers disposent d'un espace adéquat, de soins médicaux appropriés et de nourriture en quantité suffisante ;
- que l'administration pénitentiaire veille à ce que le système des privilèges accordés à certains détenus n'ait plus cours.

POUR EN SAVOIR PLUS :

Amnesty International, Rapport annuel / www.amnesty.asso.fr

Index général

Notes

Collabororez à la prochaine édition Thaïlande

Comme le disait déjà au XIXe siècle, notre illustre prédécesseur Baedeker : "Les indications d'un guide du voyageur ne pouvant pas prétendre à une exactitude absolue, l'auteur compte sur la bienveillance des touristes et les prie de bien vouloir lui signaler les erreurs ou omissions qu'ils pourraient rencontrer, en lui faisant part de leurs observations qui seront reproduites dans la prochaine édition".

Aussi n'hésitez pas à communiquer au Petit Futé les adresses qui ont retenu votre attention et plus précisément vos trouvailles, récits de vos expériences, découvertes, bons tuyaux, adresses inédites ou futées qui méritent d'être publiées... Envoyez-nous vos commentaires par courrier en utilisant éventuellement le dos de cette page (joignez, si vous le souhaitez, un complément d'information sur papier libre) et en joignant les cartes de visite ou les factures comportant les coordonnées de l'établissement. Sur vos indications, le Petit Futé effectuera vérifications et tests nécessaires

N'oubliez pas, plus particulièrement pour les hôtels, restaurants et commerces, de préciser avant votre commentaire détaillé (5 à 15 lignes) l'adresse complète, le téléphone et les moyens de transport pour s'y rendre ainsi qu'une indication de prix.

Signalez-nous les renseignements périmés, incomplets ou qui ont, selon vous, changé, en précisant le pays, la date d'achat et la page du guide.

Nom et prénom ....

....

Adresse et coordonnées complètes ....

....

....

Date de votre voyage ....

Afin d'accuser réception de votre courrier, merci de retourner ce document avec vos coordonnées

soit par courrier

LE PETIT FUTE COUNTRY GUIDE
18, rue des Volontaires • 75015 Paris • FRANCE

soit par fax : 01 42 73 15 24

ou par E-mail : infopays@petitfute.com

Collaborez à la prochaine édition

Thaïlande

Continuez
votre
découverte
du Monde
avec les
Country
Guides
du Petit Futé
PETIT FUTÉ
MAURICE
RODRIGUES
avec le courrier des lecteurs
www.petitfute.com

Collection des Country Guides

Açores Madère	12,99€
Afrique du sud	19,99€
Allemagne du nord	12,04€
Amsterdam	10,52€
Andalousie	11,99€
Angleterre	12,04€
Anneau d'Or	30,34€
Argentine	13,57€
Arménie	17,99€
Asie centrale	15,09€
Australie	15,09€
Autriche	11,99€
Baléares	10,52€
Bali Java Lombok	12,04€
Barcelone	10,52€
Belgique	12,04€
Bénin	15,09€
Birmanie	13,57€
Botswana	15,09€
Brésil	13,99€
Bulgarie	13,57€
Burkina Faso	14,99€
Californie	13,57€
Cambodge	13,99€
Cameroun	15,09€
Canada Anglophone	10,52€
Canaries	12,99€
Cap Vert	13,57€
Catalogne	10,52€
Chili Ile de Pâques	13,57€
Chine	15,09€
Chypre	12,04€
Colombie	15,09€
Corée	13,57€
Costa Rica	15,99€
Crète	12,99€
Cuba	12,04€
Croatie	13,99€
Danemark Iles Féroé	11,99€
Dublin	12,04€
Ecosse	12,04€
Egypte	12,04€
Espagne	11,99€
Espagne du nord	12,04€
Espagne du sud	10,52€
Equateur	14,99€
Floride	13,57€
France	14,99€
Georgie	15,09€
Ghana	15,09€
Grèce	11,99€
Gde Bretagne	12,99€
Guadeloupe	12,04€
Guatémala	15,09€
Guinée/Guinée-Bissao	15,09€
Guyane	13,99€
Haïti	14,99€
Himalaya	15,09€
Hong Kong	13,57€
Hongrie	12,04€
Iles Anglo-Normandes	13,57€
Iles Grecques	11,99€
Inde du nord/Rajasthan	15,09€
Indonésie	11,99€
Iran	14,99€
Irlande	12,04€
Islande	13,57€
Istanbul	10,52€
Israël	12,04€
Italie du nord	10,52€
Italie du sud	10,52€
Jamaïque	15,09€
Japon	14,99€
Jordanie	12,04€
Kenya	13,99€
Laos	13,57€
Liban	14,99€
Lisbonne	12,52€
Londres	12,04€
Madagascar	13,57€
Madrid	10,52€
Malaisie Singapour	12,04€
Maldives	15,09€
Mali	15,99€
Malte	11,99€
Maroc	12,99€
Marrakech	11,99€
Martinique	12,04€
Maurice-Rodrigues	11,99€
Mauritanie	14,99€
Mexique	12,04
Moscou	15,09
Mozambique	15,09
Namibie	14,99
Népal	15,09
New York	10,52
Niger	14,99
Norvège	13,57
Nle Calédonie	14,99
Nle Zélande	15,09
Pays Baltes	15,09
Pays de Galles	12,04
Pékin	15,09
Pérou	12,04
Philippines	15,09
Pologne	15,09
Portugal	11,99
Prague	12,99
Quebec	13,57
Rép. Dominicaine	13,57
Réunion/Mayotte	10,99
Rome	10,52
Roumanie	14,99
St-Martin/St-Barth.	12,04
St-Petersbourg	14,99
Sardaigne	12,99
Sénégal	12,99
Seychelles	15,09
Sibérie	30,34
Sicile	12,04
Slovénie	15,09
Sri Lanka	15,09
Suède	10,52
Suisse	12,99
Tahiti	15,09
Tanzanie	15,09
Tchad	15,09
Tunisie	11,99
Uruguay	13,57
Vénézuela	12,04
Vienne	11,99
Vietnam	13,99
Yemen	13,57
Zimbabwe	15,09

Nom .... Prénom ....

Adresse ....

....

Je commande les Guides suivants : ....

....

Je joins en réglement un chèque de .... € (Frais de port inclus)

à retourner à : Nouvelles Editions de l'Université, 18, rue des Volontaires - 75015 Paris

Vous pouvez également commander en ligne sur www.petitfute.co